U0920699

贺兰年鉴

HELAN NIANJIAN

2018

贺兰县史志编纂委员会办公室 编

黄河出版传媒集团
宁夏人民出版社

图书在版编目（CIP）数据

贺兰年鉴. 2018 / 贺兰县史志编纂委员会办公室编
—银川：宁夏人民出版社，2019.6
ISBN 978-7-227-07048-1

Ⅰ. ①贺… Ⅱ. ①贺… Ⅲ. ①贺兰县—2018 —年鉴
Ⅳ. ①Z524.34

中国版本图书馆CIP数据核字（2019）第133381号

贺兰年鉴 2018 贺兰县史志编纂委员会办公室 编

责任编辑 姚小云 周淑芸
责任校对 管世献
封面设计 马福兰
责任印制 肖 艳

黄河出版传媒集团
宁夏人民出版社 出版发行

出 版 人 薛文斌
地 址 宁夏银川市北京东路139号出版大厦（750001）
网 址 http://www.yrpubm.com
网上书店 http://www.hh-book.com
电子信箱 nxrmcbs@126.com
邮购电话 0951-5052104 5052106
经 销 全国新华书店
印刷装订 宁夏九色鹿商务印刷有限公司
印刷委托书号 （宁）0013918

开本 880mm×1230mm 1/16
印张 25
字数 600千字
版次 2019年7月第1版
印次 2019年7月第1次印刷
书号 ISBN978-7-227-07048-1
定价 268.00元

《贺兰年鉴2018》编纂委员会

《贺兰年鉴2018》编辑人员

2017年1月8日，贺兰县宁浙电商创业园宁夏五市特产展销中心开业揭牌

2017年1月18日，县长刘甲锋在县城新贸市场、新百联超市、物美大卖场、四十里店春运服务站、立岗镇农贸市场调研

2017年1月19日，举行“百日招商”重点项目集中签约仪式

2017年2月7日，贺兰县第二届秧歌社火大赛在宣传文化中心广场举行

2017年2月8日，正月迎新春体育健身大拜年职工趣味运动会在县体育中心举行

2017年2月10日，中共贺兰县纪委第十四届二次全体（扩大）会议召开

2017年3月2日，召开全县志愿服务活动总结表彰会，表彰了“十佳志愿服务团队”“百名优秀志愿者”“学雷锋百名标兵”

2017年3月28日，召开全县发展实体经济大会，表彰了2016年为贺兰发展作出突出贡献的12个先进集体和53名先进个人

2017年4月27日，贺兰县志愿者在欣荣村开展文明交通志愿服务活动

2017年5月6日，2017宁夏·中国特产中心开业暨贺兰县首届文化旅游嘉年华启动仪式举行

2017年5月19日，敦煌网宁夏运营中心在贺兰县举行开业仪式

2017年6月10日，纪念毛泽东同志“发展体育运动 增强人民体质”题词65周年，全民健身挑战日——健康宁夏动起来暨宁夏全民健身节启动仪式在贺兰县举行

2017年6月14日，全国人大农委副主任郭庚茂（右一）调研贺兰县现代农业发展情况

2017年6月15号，全县“三大三强”行动动员部署暨首届“最美村官”表彰大会召开

2017年7月17日，2017·中国企业家财富论坛暨魅力贺兰行活动在银川国际交流中心召开

2017年7月22日，举办2017宁夏贺兰山文化旅游季暨贺兰洪广“金山西瓜”文化旅游节

2017年8月3日，召开全县社会主义核心价值观“铸魂工程”暨移风易俗现场推进会

2017年8月14日，召开县委理论学习中心组（扩大）专题报告会，中国人民大学新闻学院栾轶玫教授作“新时代的媒体应对”专题辅导报告

蔬菜丰收

2017年9月8日，种养户展示稻田中收获的螃蟹

2017年9月8日，农业部在贺兰县召开水稻高产生产现场观摩会

2017年9月9日，贺兰县庆祝第33个教师节表彰大会召开

2017年9月24日，2017宁夏科技体育航空模型公开赛、宁夏车辆模型公开赛暨首届贺兰航空体育航空科普节在立岗镇举行

2017年9月29日，贺兰县上万群众参加“迎中秋庆国庆喜迎十九大”升旗仪式

2017年9月30日，中共贺兰县委员会十四届二次全体会议召开

2017年10月16日，贺兰县第二小学学生参加军事夏令营活动

2017年10月18日，贺兰县收看习近平总书记在中国共产党第十九次全国代表大会上的报告

2017年10月31日，德胜工业园区中汽西北（银川）汽车配件集散交易中心品牌电商签约暨招商政策发布会在银川市万达嘉年华酒店举行

2017年11月10日，中国共产党贺兰县第十四届委员会第三次全体会议召开

2017年11月20日，县委书记刘甲锋（主席台中）在洪广镇洪广村，围绕党的十九大精神，为洪广村全体党员讲党课

2017年11月21日，贺兰县第四中学获自治区科技创新优秀学校奖并代表宁夏参加全国机器人大赛

2017年12月4日，举行学习贯彻党的十九大精神，维护宪法权威贺兰县12·4宪法日宣誓大会

2017年12月18日，中国人民政治协商会议贺兰县第十届委员会第二次会议召开

2017年12月19日，举行贺兰县第十八届人民代表大会第二次会议召开

编辑说明

一、《贺兰年鉴》是由中共贺兰县委、贺兰县人民政府主办，县史志办组织实施，各单位共同参与编纂的公开出版的综合性资料。旨在记述贺兰县年度内自然、政治、经济、文化、社会等方面的情况，所载资料全面、系统、翔实、准确，是各界人士了解贺兰的权威性工具书。

二、《贺兰年鉴2018》所收录的资料上限起自2017年1月1日，下限截至于2017年12月31日。为了较完整地保存和积累地方文献资料，对一些史实做了简要的上溯。所收录的先进集体和个人，是2017年度获县级以上表彰的先进集体和个人。由于个别单位未按要求提供资料，以致缺载，请予见谅。

三、《贺兰年鉴2018》主要收集2017年贺兰县各项事业发展的基本情况。主体内容分为类目、分目、条目三个层次，条目标题采用黑体字并加【 】表示。

四、《贺兰年鉴2018》大部分资料由县直各部门、各乡镇（场）、街道办及区、市驻贺兰有关单位提供，《贺兰年鉴》编辑部撰写了部分稿件并统纂全书。所提供的资料均经供稿单位领导审阅，因统计时间、口径不同等原因，个别数据在本书不同位置中可能不尽一致，敬请读者采用时注意。所有数据均以贺兰县统计局资料为准。

五、本年鉴中未注明出处，所称区为宁夏回族自治区、市为银川市、县为贺兰县。

六、本年鉴的编辑出版得到了全县各级各部门和有关单位领导的大力支持，在此一并致以诚挚的谢意。由于本年鉴篇幅较大，图文虽经多次审核、校对，仍难免有差错和疏漏之处，恳请各级领导和广大读者对书中的错误与疏漏予以指正，并提出宝贵意见。

《贺兰年鉴》编辑部

2018年12月

目录
Mulu

中国共产党贺兰县委员会

综述

重要会议

常委会议

纪委、监委工作

组织工作

宣传工作

统战工作

政法工作

政策研究

机构编制

党校工作

老干部工作

贺兰县人民政府

综述

政府常务会议

专题会议

政府办公室

政府法制建设

政府信息公开

信访工作

档案工作

政务服务

中国人民政治协商会议贺兰县委员会

综述

贺兰县妇女联合会

贺兰县残疾人联合会

贺兰县科学技术协会

贺兰县文学艺术界联合会

民主党派和工商联

民革贺兰县支部

检察

审判

司法行政

消防

经济事务管理

经济发展和改革

价格管理

市场监督管理

审计工作

统计工作

国土资源管理

安全生产监督管理

社会经济调查

社会事务管理

人力资源管理

就业创业

社会保险

民政工作

农业开发

精准扶贫

移民

民族宗教

工业和园区建设

综述

银川德胜工业园区

宁夏生态纺织产业示范园区

银川生物科技园

供电

农林经济

综述

农业与农村

畜牧业

水产业

农业机械化

农业技术推广

林业

金山自然保护区

水务

城乡建设与环境保护

住房与城乡建设

城市管理

科技创新

气象服务

体育

卫生与计划生育

医疗卫生

人口与计划生育

疾病预防控制

卫生监督

文化旅游与广播影视

文化事业

广播电视

广电网络

旅游管理与服务

图书馆

乡镇（场）与街道

习岗镇

金贵镇

立岗镇

洪广镇

常信乡

南梁台子农牧场

京星农牧场

习岗街道办事处

表彰奖励

附　录

文献选编

索　引

振奋精神 笃定实干
为打造沿黄生态经济带明星县
建成较高水平全面小康社会目标而奋斗

——在中共贺兰县第十四届委员会第二次全体会议上的报告

中共贺兰县委书记 刘甲锋

（2017年9月30日）

（2017年9月30日中国共产党贺兰县第十四届委员会第二次全体会议通过）

同志们：

现在，我代表中共贺兰县第十四届委员会常务委员会向第二次全体会议作工作报告。

这次大会，是在党的十九大即将召开，全区深入贯彻落实自治区十二次党代会精神，建成全面小康社会决胜阶段召开的一次重要会议。大会的主题是：紧密团结在以习近平同志为核心的党中央周围，高举中国特色社会主义伟大旗帜，深入贯彻习近平总书记系列重要讲话精神和治国理政新理念新思想新战略，全面贯彻落实自治区第十二次党代会、沿黄县（市、区）党委书记座谈会和银川市经济形势分析会议精神，振奋精神、笃定实干，为打造沿黄生态经济带明星县，建成较高水平全面小康社会而奋斗。

过去一年工作回顾

县委第十四次党代会召开以来，在自治区党委和银川市委的坚强领导下，团结带领全县各级党组织和广大干部群众，全面贯彻党的十八大和十八届三中、四中、五中、六中全会及习近平总书记系列重要讲话精神，特别是习近平总书记来宁视察时的重要讲话精神，牢固树立“四个意识”，自觉践行新发展理念，深入推进供给侧结构性改革，全面落实从严治党各项要求，全县经济社会发展取得重大成效。

综合实力不断跃升。今年上半年，全县地区生产总值完成48.02亿元，增长8.4%；实现工业增加值25.8亿元，增长10.1%；全社会固定资产投资达到84.77亿元，增长12.8%；地方财政公共预算收入完成7.35亿元，同口径增长10.1%；综合排名银川市第一名。

产业结构持续优化。成功申报国家级现代农业产业示范园，常信乡“稻渔空间”、通威渔光一体化等一二三产融合发展经验在全国推广，新建高效节水农业2.08万亩。出台支持实体经济加快发展“17条”，开展“进百企、解难题、稳增长”活动，远高杭萧、泰益欣等重点项目加快推进，如意科技、百瑞源等11家规上工业企业入围自治区大中型企业行列。改造提升汽车销售、商贸物流等传统服务业，培育壮大电商物流、金融保险、健康养老、全域旅游等“四新经济”，全县服务业增加值占GDP比重提高1.4个百分点。创新招商模式，福建恒丰、金沃精工、云威新能源汽车等项目签约落地，签约金额达到300多亿元，实际到位资金68.78亿元。

重点改革稳步推进。在全区率先开展相对集中行政许可权改革试点，成立行政审批服务局，推行“互联网+政务服务”，企业投资项目全流程审批90天内办结。全面启动农村土地流转经营权确权颁证工作，探索集体资产股份权能改革试点，建立完善“一优三特”农产品保险机制，深化农村“两权”抵押贷款试点改革，有效缓解农业生产融资难题。全面推进司法体制改革，完善司法人员分类管理制度，健全司法责任制，落实司法人员履职保障制度，法院、检察院案件办理数量和质量实现双提升。加快推进城市综合执法体制改革，组建城市管理综合执法局，整合住建、环保、公安等6个部门306项行政执法权，解决了城市管理力量分散、多头执法等突出问题。

生态环境明显改善。扎实推进中央第八环境保护督察组转办事项整改工作，41件督办件已经销号36件，剩余5件正在加快落实。加强空气污染防治工作，关停72家高污染企业，完成20蒸吨以上燃煤锅炉脱硫除尘升级改造。全面推行“河长制”，落实县乡村三级河长，银新干沟、四二干沟等综合治理项目加快实施。加大闲置低效用地清理，依法收回土地2800亩。实施环境整治网格化管理，探索环卫保洁市场化运作，城乡人居环境不断改善。

社会事业快速发展。上半年，城镇居民人均收入达11882元，农村居民人均收入达6489元，分别增长8.0%和8.1%。新迁入移民1231人，539户2574名建档立卡群众实现脱贫。开展全国新型城镇化支持农民工返乡创业试点，新增城镇就业4256人。推进农村集中办学，实行“三免一补”政策，新扩建第三幼儿园、德胜第二小学、太阳城中学等中小学、幼儿园13所，荣获全区创新素养教育试点县。公共文化服务体系不断完善，文化事业加快发展。建成县第二养老院，成立宁夏互联网医院，实现异地就医结算全国联网，城乡居民基本养老保险增加至220元/月，建成棚户区改造安置房2940套。109国道改扩建、丰庆路至滨河大道连接线等主干道路建成通车，贺兰山路连接线、京藏高速改线等项目快速推进。深入开展普法教育，切实加强社会治安综合治理，安全生产监管全面加强，产品质量和食品药品监管水平不断提高，平安贺兰建设取得实效。

执政能力显著提升。严格落实意识形态工作责任制。开展“最美家庭”“最美村官”“移风易俗示范户”等评选活动，成立红白理事会，社风民风持续好转。扎实推进“两学一做”学习教育常态化制度化，党员干部“四个意识”不断增强。圆满完成村“两委”班子换届，各级领导班子建设不断加强。强化党内监督，查处通报违反“四风”问题典型案件8件，初核违纪问题线索124件，立案90件，给予党政纪处分70人，问责123人，不断释放越往后执纪越严的强烈信号。

同志们，这些成绩是在经济下行压力加大、困难因素增多的不利条件下取得的，包含了全体委员的团结努力，更包含了全县干部群众的共同奋斗。我代表县委常委会向在座的同志和广大干部群众表示衷心的感谢和崇高的敬意！

成绩来之不易，经验弥足珍贵。一年的实

践，我们深刻体会到：必须进一步解放思想，牢牢把握贺兰发展的阶段性特征，实事求是，创造性地贯彻自治区党委和银川市委的决策部署；必须进一步加快发展，牢固树立为民情怀，切实维护好广大人民群众的根本利益，努力让人民群众过上更好的生活；必须进一步深化改革，用创新的举措破解发展难题，推动贺兰赶超发展；必须进一步改进作风，始终保持奋发有为、昂扬向上的精神状态，努力营造求真务实、干事创业的良好氛围；必须进一步加强从严治党，层层传导管党治党压力，发挥基层党组织战斗堡垒作用和党员先锋模范作用，为贺兰发展提供坚强有力的政治保证。

在肯定成绩、总结经验的同时，我们也必须清醒的认识到，在前进道路上我们还面临着不少困难和问题。主要有：经济总量不大，产业支撑不强，创新能力不足，资源环境约束趋紧；城乡发展不平衡，公共服务保障水平较低，集聚发展能力不强；社会治理水平不高，法治建设相对滞后，历史遗留问题较多；少数党员干部思想观念、精神状态、能力作风与新的发展要求还不适应，消极腐败现象时有发生。我们必须进一步增强忧患意识，以等不起的紧迫感、坐不住的责任感、慢不得的危机感，切实解决好这些问题。

今后三年的奋斗目标

未来三年，对贺兰发展至关重要，我们要全面打赢脱贫攻坚战，建成全面小康社会。全县各级领导干部要满怀信心、科学应对、迎难而上，既要看到自身的优势不自满，也要正视差距不懈怠，锁定目标不动摇，坚定思路不反复；既要按照经济规律依法依规办事，也要自我加压，敢打硬仗，开拓创新，使贺兰的经济发展保持比全国、全区、全市更快的速度，逐步缩小同发达地区的差距，推进经济质量效益全面提升。

（一）指导思想

高举中国特色社会主义伟大旗帜，以邓小平理论、“三个代表”重要思想和科学发展观为指导，深入贯彻落实习近平总书记系列重要讲话精神和治国理政新理念新思想新战略，认真学习贯彻党的十九大精神，按照“五位一体”总体布局和“四个全面”战略布局要求，紧紧围绕自治区“两个先行区”“两个示范区”、沿黄生态经济带和打造“绿色、高端、和谐、宜居”新银川等战略机遇，牢固树立和践行新发展理念，以供给侧结构性改革为主线，打好产业兴县、生态靓县、惠民富县、法治安县四大战役，扎实推进全面从严治党，振奋精神、笃定实干，为打造沿黄生态经济带明星县，建成较高水平全面小康社会目标而奋斗。

（二）奋斗目标

通过三年努力，建成经济繁荣、环境优美、人民富裕、社会和谐、风清气正的沿黄生态经济带明星县，实现较高水平的全面小康社会。

——建设经济繁荣的明星县。地区生产总值年均增长10%以上；第三产业增加值占GDP比重达到35%，工业增加值年均增长12%以上；地方公共财政预算收入年均增长10%以上，税收收入占地方公共财政收入的65%；固定资产投资年均增长12%以上；财政R&D经费投入年均增长30%以上，带动全社会R&D投入强度达到2.5%，争创全区创新发展示范县。

——建设环境优美的明星县。高标准完成贺兰山自然保护区贺兰段环境治理和生态修复；万元GDP能耗、主要污染物排放总量控制在区市下达指标以内，空气质量优良天数达到80%以上；黄河贺兰段等河（湖）水质保持在Ⅲ类及以上，城市污水收集处理率达到100%，全面消除建成区黑臭水体；森林覆盖率达到16%，城市建成区绿地率达到40%，推进园林城市向森林城市发展。

——建设人民富裕的明星县。贫困群众全部如期实现脱贫；人民群众物质生活更加殷实，城乡居民人均收入比2010年翻一番，年均增长9%以上；社会保障能力和基本公共服务水平不断增强，常住人口城镇化率达到70%以上，基本社会保险覆盖率达到90%，卫生发展指数达到

80%，人均公共文化财政支出达到150元，群众幸福感和获得感进一步提升。

——建设社会和谐的明星县。深化“放管服”改革，建成职能科学、权责法定、执法严明、公开公正、廉洁高效、守法诚信的法治政府。严格控制刑事案件发案率、交通事故死亡率、非正常上访人次、生产安全事故发生数，社会安全指数达到95%以上，争创全区平安建设示范县。提升食品药品监管水平，创建全区食品安全先进县。深入推进民族团结示范创建活动，提升宗教事务法治化规范化管理水平，创建全区民族团结进步示范县。

——建设风清气正的明星县。坚持问题导向，全面加强和改进党的思想、组织、作风、反腐倡廉和制度建设，做到纪律规矩更加严明、管理监督更加严格、基层组织更加有力、政治生态更加清明、干部作风更加务实，在推进全面从严治党中走在前列、作出表率。

全力建设沿黄生态经济带明星县

贺兰位于沿黄城市带核心区，各类资源要素优势集聚，人心思变的愿望更加迫切，紧张快干的劲头更加饱满。全县干部群众要坚定发展信心，明确重点任务，抓住关键环节，统筹推进经济、政治、文化、社会、生态文明建设，争当沿黄生态经济发展排头兵。

（一）打好产业兴县战役，在推进经济转型发展上取得重大突破

把创新作为引领发展的第一动力，推进技术、人才、管理等资源共同发力，做大园区平台，做优主导产业，做强企业主体。实施工业振兴计划。加大工业园区整合，以宁夏生态纺织产业示范园区为核心，加快宁夏生态纺织产业示范园、银川德胜工业园区、暖泉工业区“一园三区”建设，着力培育百强企业，壮大百亿产业，打造千亿园区。宁夏生态纺织产业示范园以承接东部先进产业转移为重点，依托宁东能源化工基地煤化工项目，紧盯如意、恒丰、云威等重大招商引资项目，重点发展现代纺织、新材料、新能源、装备制造产业，到2020年工业总产值达到300亿元以上。银川德胜工业园区要围绕提质增效，加大百瑞源、厚生记、大北农、凯晨电气、天佳能源、艾尼、华泰龙等成长性好的科技型企业技改投入，加快工业化和信息化融合步伐，推动电气机械、食品加工、家具建材等传统产业向高端化、智能化、绿色化方向改造提升，工业企业技术改造投资年均增长20%以上。暖泉工业区要围绕绿色发展，依托泰益欣、恒康、亚邦等企业，通过延长医药制造、精细化工产业链，加大停产企业嫁接重组，加大污染治理力度，打造百亿绿色产业园。实施服务业翻番计划。制定银川德胜工业园区“退二进三”“腾笼换鸟”计划，大力发展现代物流、金融保险、健康养老、网络经济，加快同济东方医院、顺丰物流园、金融产业园等项目建设，促进转化物流等项目落地，培育经济发展新的增长极。积极发展全域旅游，探索“旅游+”体育、文化、健康、农业等新业态，大力发展都市休闲农业，加快三丁湖—北大湖田园综合体等项目建设，打造西部旅游目的地，旅游人数和收入年均增长25%以上。积极稳妥推进房地产去库存，进一步提升住宅品位，规范住房租赁市场管理，促进房地产业健康发展。实施农业品牌计划。深入推进农业供给侧结构性改革，加快国家级现代农业产业园建设，培育广银有机大米、厚生记枸杞饮品、百瑞源枸杞、大北农饲料、金河酸奶等农产品品牌，大力推广常信“稻渔空间”、通威渔光一体化等农业综合产业园建设经验，加快创意农业、体验农业、农村电商、民俗旅游等田园综合体、农业科技产业园、农业综合产业园等项目建设，提高农产品附加值，持续增加农民收入。实施企业成长计划。强化企业科技创新主体地位，制订企业科技创新三年行动计划，推进百瑞源、大北农、天佳能源、泰益欣等大中型企业研发机构全覆盖，培育孵化国家级、自治区级高新技术企业15家以上。完善企业上市激励制度，引导泰益欣、百瑞源、厚生记等企业挂牌上市，提高企业直接融资比

例。推进科技创新中心公司化运作，分类制定企业人才引进奖励政策，设立创新创业投资引导基金，柔性引进高端人才、急需紧缺人才、企业管理人才、产业技能人才300名以上，实施科技成果转化项目100个。大力倡导企业家精神和工匠精神，建立健全质量激励制度，深入开展质量提升行动，加强企业质量管理，强化企业家“以质取胜”战略意识，着力培养技术精湛技艺高超的高技术人才，切实打造一批行业领军企业和“拳头”产品。

（二）打好生态靓县战役，在加大生态环境治理上取得重大突破

坚决摒弃以牺牲环境换取一时经济增长的做法，大力发展绿色循环经济，加强生态修复和污染治理，全力打造天蓝地绿水清的美丽贺兰。大力发展绿色经济。完善产业发展和招商引资负面清单，强化重点耗能企业管理，落实用能总量和用能强度“双控”目标责任制。加快发展绿色生态农业，深化“一控二减三基本”工作，大力推进现代化生态灌区项目建设，推广生态立体种养模式，提高农业灌溉效率，切实减少农业用水总量和面源污染。加强环境综合治理。大力实施“蓝天”工程，全面拆除20蒸吨以下燃煤锅炉，加快背压式热电项目建设，分片区推进集中供热，减轻冬季空气污染压力。大力实施“绿水”工程，启动宁夏生态纺织产业示范园污水处理厂二期项目，全面完成暖泉工业区蓝星污水处理厂提标改造，加快实施农村污水集中处理项目，确保所有污水达标排放。严格落实河长制，按照“一河（湖）一策”要求，开展“百里清水河道”行动，推进四二干沟、银新干沟、三二支沟人工湿地建设，全面消除建成区黑臭水体。加大水源地保护力度，启动城乡居民直饮水工程，加强水质在线监测，确保群众饮水安全。大力实施“净土”工程，加强贺兰山自然保护区生态修复力度，实施污染土壤修复改良项目，加强土壤环境监测预警，让群众吃上放心食品。加强森林资源保护，实施道路林带、环城林带、农田林网、庄点绿化等工程，打造城在绿中、人在景中的花园城市。健全环境执法机制。完善环境执法、督查、考核、问责制度，建立部门联动执法机制，提升环境监察执法能力。坚持对环境污染行为“零容忍”，坚决关停并转一批“两高两低”企业。

（三）打好惠民富县战役，在打造宜居宜业典范上取得重大突破

坚持把全县作为一个景区来打造，把村作为一个景点来建设，让每一位居民都能享受优质公共服务、实现稳定就业，让城市充满活力、农村充满生机。推进城乡发展一体化。完成空间规划改革任务，积极融入大银川都市圈建设，合理布局生产、生活、生态空间，加强德胜商住区建筑风格、城市绿化、建筑容积等指标管控，加快贺兰黄河大桥等基础设施项目和城市慢行系统建设，改造提升艾依河、如意湖、唐徕渠等城市景观水系，建设市民休闲公园，推进城市道路、地下综合管网、棚户区和老旧小区改造，加快与银川同城化步伐。制定特色小镇发展三年行动计划，加快推进园区与邻近城镇融合发展。实施新一轮农村人居环境综合整治，集中打造一批农产品加工型、农业休闲型、历史文化型、生态度假型、服务接待型特色主题产业园。完成城市管理综合执法体制改革，加快智慧城市建设，提升城市精细化管理水平。探索城乡垃圾分类市场化运作，构建政府、企业、个人多元化经费保障机制，采取定人定点定时投放和收运，推进垃圾分类常态化制度化。推进公共服务均等化。开展精准扶贫、精准脱贫，建设扶贫产业园，推广支部+合作社+移民等新模式，重点发展光伏发电、菌菇种植、设施蔬菜、饲草养殖等产业，全面完成脱贫攻坚任务。实施“引凤还巢”工程，建立创业培训孵化基地，推进大众创业、万众创新。深入推进教育改革，增加教育基础设施建设投入，发展普惠性学前教育，优化城乡优质教育资源配置，着力提高义务教育均衡化发展水平。实施健康贺兰全民行动，与中国中医药大学、上海同济医院建立医联体，借助微医互联网医院、城

乡远程会诊等平台，推动优质医疗资源下沉，缓解群众“看病难”“看病贵”问题。大力发展文化体育产业，加快基层公共文化服务体系标准化建设，推进县乡村三级公共文化设施全覆盖。扩大城乡居民社会保险覆盖范围，提高统筹层次和保障水平，加快住房保障和供应体系建设，加大社会救助力度，大力发展养老产业、残疾人和慈善公益事业，建立更加公平更可持续的社会保障制度。

（四）打好法治安县战役，在提高社会治理能力上取得重大突破

扎实推进法治贺兰建设，完善社会综合治理体系，开展民族团结进步创建活动，切实维护社会大局和谐稳定。推进法治贺兰建设。全面深化“放管服”改革，扩大“互联网+政务服务”覆盖广度和深度，加快政务服务网上在线运行，大力推行“最多跑一次”“不见面、网上办”等审批模式，力争到2018年80%的事项可以在网上全程办理，切实让“信息多跑路、群众少跑腿”。建立完善涉企收费、监督检查等清单制度，探索跨部门联合执法，实施“双随机、一公开”监管，清理涉企收费、摊派事项和各类达标评比活动，细化、规范行政执法条件，最大程度减轻企业负担、减少自由裁量权。健全基层群众自治制度，完善党务、政务、村务公开和各领域办事公开。规范政府债务管理，严控政府债务增量，稳步清理财政暂付款，提高财政保障能力。创新社会综合治理。扎实推进司法体制改革，切实解决执行难等问题，提高司法公信力。深化行政执法体制改革，加大普法宣传力度，提高政府工作法治化水平。完善社会治安防控体系，严厉打击传销、非法集资、电信诈骗、吸毒贩毒等违法犯罪，提升突发公共事件的预警和处置能力，不断增强群众安全感。健全矛盾纠纷多元化解机制，持续开展历史遗留问题“清零”行动，积极化解征地拆迁、不动产登记、土地纠纷、涉法涉诉等领域突出信访问题，构建和谐劳动关系，切实维护社会稳定。全面落实安全生产责任制，持续加强道路交通、高层消防、易燃易爆等危化品安全隐患排查整治，完善食品药品监控监测体系，构建共管共治格局，有效维护公共安全。做好民族宗教工作。深化民族团结进步创建活动，积极培育中华民族共同体意识，广泛建立相互嵌入式的社会结构和社区环境，创造各族群众共居、共学、共事、共乐的良好氛围。依法加强宗教事务管理，深入开展和谐寺观教堂创建活动，积极推进社会主义核心价值观、国旗、报刊、文化书屋进宗教场所，引导宗教人士和信教群众爱党爱国、尊法守法、正信正行，营造和顺的宗教氛围。

扎实推进全面从严治党

事业发展，关键在党，重点依靠各级党组织坚强有力、各级党员干部示范带头。全县各级党组织要自觉扛起全面从严治党的政治责任，从严加强思想、组织、作风、反腐倡廉和制度建设，为建成较高水平全面小康社会营造风清气正的政治生态。

（一）从严加强思想政治建设

加强理想信念教育，教育广大党员干部坚定“四个自信”，传承红色基因，铸牢信仰之基、补足精神之钙、把稳思想之舵。依托党校干部教育培训基地，深入学习习近平总书记系列重要讲话精神和治国理政新理念新思想新战略，全面深入学习党章党规，加强和改进县委理论中心组学习，切实用马克思主义中国化最新理论成果武装头脑、指导工作，推进“两学一做”学习教育常态化制度化。认真落实意识形态责任制，完善政府新闻发布制度，走好“网上群众路线”，及时回应群众关切，把握正确舆论导向，牢牢掌握意识形态工作主动权。大力弘扬社会主义核心价值观，深入开展中国特色社会主义和中国梦宣传教育，加强社会道德建设和社会诚信体系建设，深化群众精神文明创建活动，倡导移风易俗，选树先进典型，弘扬社会正气。

（二）从严加强党内制度建设

严格执行民主集中制，健全党委常委会决策

机制，完善党委决策咨询制度、重大决策意见征求制度，建立县委法律顾问制度，保证决策科学民主、执行规范有序、监督有力有效。完善全委会工作运行机制，充分发挥全委会对重大问题的决策和监督作用。严肃党内政治生活，认真落实“三会一课”、民主生活会和组织生活会、谈心谈话、民主评议党员等制度，用好批评和自我批评武器，不断提高党内生活的政治性、原则性、时代性、战斗性。加强党内制度建设，做好党内规范性文件备案审查工作，强化党内制度执行监督检查，切实用制度管人管事。积极发展党内民主，支持人大、政协依法履职，加强民主党派、无党派人士、新社会阶层人士的团结合作，扎实推进群团改革，促进军民融合发展。

（三）从严加强基层组织建设

牢固树立重视基层、关心基层、支持基层的鲜明导向，推动全面从严治党向基层延伸，夯实党的群众基础和工作基础。开展农村基层党组织“三大三强”行动和“两个带头人”工程，落实村干部补贴和激励政策，大力整顿农村软弱涣散党组织，加强村级财务审计力度，推动力量、投入、资源和工作向基层下沉，确保基层党组织有人干事、有钱办事、有场所议事。构建城市区域化大党建格局，提升机关党建水平，扩大非公有制经济组织、社会组织党的组织覆盖和工作覆盖，充分发挥好基层党组织的战斗堡垒作用。加强党员教育管理，强化党员意识，提高党员队伍质量，列出不合格党员退出清单，保持党员队伍的先进性和纯洁性。

（四）从严加强班子队伍建设

全面落实“20字”好干部标准和“五个注重”选人用人要求，凸显重实干、重实效、重基层的鲜明用人导向，让忠诚干净担当务实的干部有舞台，不思进取、不接地气、不抓落实、不敢担当的“四不”干部没有市场。破除论资排辈、平衡照顾等陈旧观念，完善优秀年轻干部、女干部、少数民族干部和党外干部培养选拔机制，拓宽干部选用视野，优化干部成长路径。强化干部教育管理，落实领导干部个人有关事项报告和提醒、函询、诫勉等制度，加强对“一把手”和重点领域、重要岗位、关键环节干部监督，确保干部干成事不出事。建立干部激励机制，修订干部实绩考核办法，制定县级领导和乡镇、县直部门主要负责人评价评议办法，健全干部末位淘汰机制，推动干部能上能下，激发干部担当作为。完善改革创新容错纠错机制，切实为担当者担当、为负责者负责，大力营造干事创业良好氛围。全面做好离退休老干部工作，完善老干部服务管理办法，切实发挥老干部在经济社会发展中的重要作用。

（五）从严加强党风廉政建设

坚持党要管党、从严治党，压实党风廉政建设主体责任和监督责任，强化权力运行制约和监督，构建权责一致的制度体系。深入贯彻中央八项规定精神，落实“三重”工作督察、曝光、问责“三位一体”制度，防止“四风”问题反弹回潮，着力解决不作为、慢作为、乱作为问题。弘扬优良家规、家风、家教，筑牢干部纪律防线。制定企业“保姆式”服务办法，建立领导干部与企业家联系交流制度，制定损害营商环境责任追究办法，构建“清”“亲”政商关系。坚持把纪律挺在前，正确运用监督执纪“四种形态”，强化纪律政策执行监督检查，推动管党治党从“宽松软”向“严紧硬”转变。保持惩治腐败高压态势，严查项目招投标、政府采购等领域以权谋私、失职渎职案件，严查侵害群众利益的不正之风和腐败问题，推动从严治党压力向基层传导。加强纪检监察干部队伍建设，扎实推进纪检监察体制改革，加大巡察工作力度，持续释放正风反腐正能量。

同志们，新的征程已经开始，宏伟的目标激励着我们，崇高的使命鞭策着我们。自治区党委、银川市委对我们寄予厚望，全县人民对我们充满期待。让我们振奋精神，以更加开放的思想、更加饱满的热情、更加昂扬的斗志、更加扎实的作风，团结一心，开拓创新，务实苦干，为建成沿黄生态经济带明星县，实现较高水平全面小康社会目标而努力奋斗！

名词解释

1.四个意识：政治意识、大局意识、核心意识、看齐意识。

2.四新经济：新技术、新产业、新业态、新模式。

3.农村两权：农村承包土地经营权、农民住房财产权。

4.一优三特：优质粮、特色蔬菜、特色水产品、特色奶产品。

5.三免一补：免除所有建档立卡、农村低保、特困救助、残疾人家庭子女、残疾学生在内的五类学生的学费、课本费和住宿费，免除高中阶段学生学费，开通农村免费校车，实施营养午餐补助。

6.两学一做：学党章、学习近平总书记讲话，做合格党员。

7.四风：形式主义、官僚主义、享乐主义、奢靡之风。

8.五位一体：指经济建设、政治建设、文化建设、社会建设、生态文明建设。

9.四个全面：全面建成小康社会、全面深化改革、全面依法治国、全面从严治党。

10.两个先行区：西部转型发展先行区、西部地区生态文明建设先行区。

11.两个示范区：全国民族团结进步示范区、全国脱贫攻坚示范区。

12.四个自信：道路自信、理论自信、制度自信、文化自信。

13.放管服：简政放权、放管结合、优化服务。

14.两高两低：高污染、高耗能，低税收、低产出。

15.一控两减三基本：控制农业用水总量；减少化肥、农药使用量，化肥、农药用量实现零增长；基本实现畜禽养殖排泄物资源化利用，病死畜禽全部实现无害化处理；基本实现农作物秸秆资源化利用，秸秆露天焚烧现象得到有效控制；基本实现农业投入品包装物及废弃农膜有效回收处理。

16.三会一课：指支部党员大会、党支部委员会、党小组会、党课。

17.三大三强：加大投入力度、强化基本保障，加大培训力度、增强能力素质，加大选拔力度、选优配强基层党组织书记。

18.两个带头人：党组织带头人和致富带头人。

19.20字好干部标准：信念坚定、为民服务、勤政务实、敢于担当、清正廉洁。

20.五个注重：注重选拔理想信念坚定、“四个意识”强的干部，注重选拔求真务实、勤政为民、道德品行和群众口碑好的干部，注重选拔认真负责、敢于担当、善于谋发展促改革、工作实绩突出的干部，注重选拔廉洁从政、廉洁用权、廉洁修身、廉洁齐家的干部，注重把明辨大是大非立场特别清醒、维护民族团结行动特别坚定、热爱各族群众感情特别真挚的优秀少数民族干部选拔到领导岗位上。

21.三重工作：重要指标、重大项目、重点工作。

22.四种形态：一是党内关系要正常化，批评和自我批评要经常开展，让咬耳扯袖、红脸出汗成为常态；二是党纪轻处分和组织处理要成为大多数；三是对严重违纪的重处分、作出重大职务调整应当是少数；四是严重违纪涉嫌违法立案审查的只能是极极少数。

政府工作报告

——在贺兰县第十八届人民代表大会第二次会议上

贺兰县人民政府代理县长　赵　波

（2017年12月19日）

各位代表：

现在，我代表县人民政府向大会报告工作，请予审议，并请政协委员和其他列席人员提出意见。

2017年工作回顾

2017年，是党的十九大、自治区十二次党代会胜利召开之年，是本届政府履新之年。2017年，面对国内经济下行压力持续加大的形势，在区市党委、政府和县委的坚强领导下，在县人大、政协的监督支持下，全县上下以习近平新时代中国特色社会主义思想为引领，深入学习宣传贯彻党的十九大和自治区十二次党代会精神，迎难而上，开拓进取，统筹推进稳增长、促改革、调结构、惠民生、防风险各项工作，全县经济社会发展呈现稳中向实、稳中向好的势头。全年实现地区生产总值127.71亿元，同比增长6%；规上工业增加值同比增长10%；完成全社会固定资产投资210亿元，同比增长1%；完成地方财政公共预算收入11亿元，同口径下降19.7%；实现社会消费品零售总额145亿元，同比增长9%；城乡居民人均可支配收入分别达到28718元、13665元，同比增长8.5%、8.8%。2017年，我们主要取得以下成绩。

现代农业迈上新台阶。以供给侧结构性改革为主线，以农民增收、农业增效为核心，着力构建现代农业三大体系。荣获全国农业现代化先进集体，成功创建国家现代农业产业园。全年实现农业总产值35.4亿元，同比增长8.5%。产业体系稳步提升。以优质高效为主题，发展有机水稻1005公顷，稻渔立体种养268公顷，创新蔬菜产销“安品模式”，依托“黄河绿康”区域品牌优势种植瓜菜20100公顷。以绿色生态为主题，建设渔业设施温棚13万平方米，工厂化车间8000平方米，低碳高效循环池17口。奶牛存栏4.3万头。荣获全国畜牧业绿色发展示范县。稻渔空间田园综合体、通威渔光一体化产业园成为全区一二三产业融合发展的样板。生产体系日益完善。提升农机化装备水平，加强农机农艺融合，发展互联网+农业、物联网+农业等多种模式。在广银米业等11个基地推广应用“互联网+”，全县124家农资经营主体实现在线监管。全产业建立农产品质量安全追溯体系，实现全过程可视监控。被评为全国农业农村信息化整体推进型示范基地。经营体系逐渐壮大。培育规范家庭农场、合作组织、产业联合体、产业联盟、技术联盟等新型经营主体，构建现代农业社会化服务体系，试点推广病虫害统防统治、动物疫病防治等5项政府购买农业公益性服务。

工业转型聚合新动能。全年实现规上工业总产值190亿元，同比增长7%。政策支持保障有力。出台《贺兰县加快工业转型升级促进实体经济壮大发展实施意见》等4个工业发展扶持意见，落实“非公经济三十条”政策，兑现企业转型升级、科技进步等专项奖励资金1866万元。扎实开展“进百企、解难题、稳增长”活动，保姆式服务企业加快发展。企业效益稳步提升。规上工业企业利润总额同比增长9.4%，企业负债总额同比下降8%。远高杭萧绿色建筑、泰益欣生物制药等15个亿元以上重大项目快速推进。13家服装加工企业进驻宁夏服装中小企业孵化园。百瑞源等7家企业入围自治区大中型企业行列。双玉防水等6家企业入围全区中小企业50强。发展基础更加坚实。全年实施招商引资项目197个，到位资金144亿元，同比增长8%。成功举办“中国企业家财富论坛·魅力贺兰行”活动。创新委托招商、以商招商模式，福建恒丰、云威电动车等一批项目签约落地。科技创新驱动力增强。宁夏如意科技时尚产业有限公司被评为自治区级工程技术中心，其智能染色工厂项目被确立为国家智能制造重点项目和绿色制造系统集成项目，获国家专项资金9000万元。科创中心被科技部认定为“星创天地”。

服务业呈现新亮点。传统产业和“四新”经济齐发力，生产性服务业和生活性服务业同发展。传统服务业改造升级步伐加快。汽车销售模式顺应时代变化，线上销售达40%以上。中汽世邦汽车配件集散交易中心一期建成招商，二期工程顺利推进。“四新经济”加速兴起。银川电商物流园快递物流业务占全区六成以上，日均处理快递20万单。电商交易额突破22亿元。出台“金融十八条”利企政策，引进银行、保险、担保机构13家。设立贷款担保、产业发展、中小企业转贷等基金8.3亿元。各金融机构为72家企业贷款12.5亿元，缓解企业融资难题。编制《贺兰县全域旅游总体规划》，构筑“1214”全域旅游空间格局，桃林又一村荣获“全国休闲渔业示范基地”称号，中国枸杞馆入列全国工业旅游名录。全年接待游客272万人次，实现旅游收入5.6亿元。建成宁夏健康谷，金域检测中心等8家企业入驻。宁夏互联网医院投入运营，与8家医院开通线上挂号诊疗服务。

改革创新激发新活力。行政审批制度改革持续深化。在全区率先成立县级行政审批服务局，102项行政审批及98项公共服务事项集中办理，实现“推开一扇门，办成一揽子事”。推进“互联网+政务服务”，审批环节、办结时限压缩65%，投资项目在线审批量居全区第一。推行模拟审批、并联审批和容缺审批，建立代办服务、上门服务、预约服务、延时服务等一系列制度，全力打造优质营商环境。农业农村改革力度加大。全面开展农村土地流转经营权确权颁证工作，累计完成确权27470公顷。深化农村“两权”抵押贷款试点改革，有效缓解农业生产融资难题。启动农业水价综合改革，实施水资源使用权流转交易。城市综合执法体制改革顺利推进。组建城市管理综合执法局，整合6部门306项行政执法权，解决城市管理力量分散、多头执法等突出问题，提升城市管理精细化水平。供销社综合改革、国有林场改革、交巡警合一警务机制改革等改革事项稳步推进。

美丽贺兰展现新面貌。深入实施“蓝天碧水·绿色城乡”专项行动。突出问题整改有效。拆除20蒸吨以下燃煤锅炉117台。整治大地丰之源等5家药企异味污染。中央环保督察组反馈问题年内全部整改销号。河长制全面推进。落实县乡村三级河长，加快银新干沟、四二干沟水质提升综合治理，实施暖泉污水处理厂提标改造工程，德胜工业园区同城化污水管网工程建成并投入使用。严厉打击盗采砂石违法行为，贺兰山东麓环境综合整治取得阶段性成效。城乡环境明显改善。植树造林526.62公顷，栽植各类树木230万株，绿化县城12处闲置空地。拆除违章建筑2200处，整治农村庄点33个。实施欣兰广场、如意湖改造提升工程，建成5个小微公园，完成10个老旧小区改造任务。投资近10亿元建设城乡公路41.7千米。推行环卫保洁市场化运作模式，城乡卫生保洁质量显著提升。银河村、金沙村被评为第五届全国文明村镇，四十里店村被评为第二届自治区美丽乡村文明创建工程示范村，金贵小城镇建设列入自治区美丽小城镇项目。

民生福祉实现新提升。在经济下行、财政收支压力加大的情况下，将70%以上的财力用于改善民生，办成一批事关群众切身利益的实事，让发展成果实实在在地惠及群众。脱贫攻坚扎实推进。创新技能培训，6300人次实现就业。设立扶贫基金，建成扶贫产业园，鼓励农户土地入股，1266户移民变股民，带动户均增收1.5万元。完成“十三五”移民搬迁任务269户1229人。全县精准扶贫低保兜底231户1128人。实现“扶贫保”全覆盖。建档立卡户250户1259人稳定脱贫，人均收入超过3800元。城乡教育均衡发展。投入近4亿元新建5所学校,有效缓解超大班额问题。实施农村集中办学，农村学生“吃、行、学”实现全免费，全面推行高中免费教育。惠及学生近万名。集团化办学延长优质教育链。高考二本上线率达40.1%，实现九连增。医疗卫生保障有力。投入6700万元，实施14个医疗卫生项目，完成中医院主体工程，实现乡镇卫生院中医馆全覆盖。引进3家民营医院及17名中高级医疗人才，35名医师下沉轮转，47个家庭医生团队签约服务7.5万人。看病难、看病贵问题得到有效缓解。文化体育蓬勃发展。培育文化名人10人，打造文艺精品10件，奖励文艺作品89件。《花儿》等3个项目成功申报为自治区级非物质文化遗产。《快乐少年》等2件作品在国家平台展演。完成公共数字文化服务平台试点及文化馆、图书馆总分馆建设，图书馆成功通过国家一级馆验收。建成8个体育活动场所。成功举办3场全国性体育赛事。群众文化体育需求得到不断满足。社会保障全面覆盖。建成第二敬老院、老年活动中心和9个日间照料中心，养老基础设施进一步完善。城乡居民低保每月分别提标130元、60元，高龄津贴每月提标130元，基础养老金达到每人每月220元，居全区较高水平。发放各类救助金8592万元，惠及2.3万人。拨付被征地农民养老保险1.2亿元。实现全国异地就医联网结算，城乡居民住院医保报销比例达75%以上。转移农村劳动力3.2万人，新增城镇就业6123人。入选全国新型城镇化支持农民工返乡创业试点地区。平安贺兰扎实推进。全面实施“雪亮工程”，608处1366路治安监控织密天眼网络。189件历史遗留问题、信访突出问题得到有效化解，全年信访总量同比下降33.8%。安全生产四项指标“三降一升”，没有发生重特大安全事故。全面推行“明厨亮灶”，加大食品抽检力度，健全质量追溯体系，食品安全水平显著提升，成功创建自治区食品安全先进县。

自身建设得到新加强。行政决策科学民主。落实重大问题集体决策、专家咨询、社会公示和听证制度，主动接受人大法律监督和工作监督，自觉接受政协民主监督，办理答复区市县人大议案建议19件、政协提案46件。推行法律顾问及公职律师公司律师制度，促进政府决策民主化、科学化、法制化。依法行政不断强化。“七五”普法扎实推进，法治宣传教育成效明显，干部群众法治意识不断增强。深入推进“双随机、一公开”监管模式。全面加强规范性文件备案审查工作，确保出台的各类规范性文件合法合规。扎实开展行政执法案卷评审和执法监督活动，进一步规范执法行为。阳光政务持续推进。优化升级政府网站，创刊发行政府公报，构建多渠道政务公开格局，13个重点领域“五公开”初见成效。全国基层政务公开标准化、规范化试点工作有序推进。作风建设着力加强。深入开展“守纪律敢担当有作为”“立说立行马上办”等12个专项整治行动，狠抓干部作风，提升机关效能。常态化开展“电视问政”“微博问政”，在贺兰公共频道开辟《督查与落实》专栏，设立监督台、曝光台、展示台，曝光反面典型19起。落实领导干部任期审计制度，对20个单位进行年度例行审计。加大监察工作力度，立案查处各类违纪案件108件，给予党政纪处分108人，同比分别增长184.2%、170%。

2017年，我们扎实推进民族团结、双拥优抚等工作，人民武装、外事侨务、妇女儿童、残疾人、统计、档案等工作取得新成绩，金融、税务、气象、供电、供水、供气、通信、盐业、石油、烟草等工作为全县经济社会发展作出新贡献。

各位代表，成绩来之不易，前景催人奋进。这些成绩的取得，是区市党委、政府亲切关怀的结果，是县委正确领导的结果，是县人大和政协监督支持的结果，是全县人民同舟共济、奋勇拼搏的结果。在此，我代表县人民政府，向全县各族人民，向人大代表、政协委员，向各民主党派、工商联、各人民团体和社会各界人士，向关心和支持贺兰发展的各界朋友，表示衷心的感谢并致以崇高的敬意！

各位代表，“事非经过不知难”。受经济下行压力加大、资源环境约束趋紧，自身发展内生动力不足、稳增长基础不牢固等因素影响，贺兰县固定资产投资等部分经济指标未完成年初预期目标，公共财政预算收入等个别经济指标低于全市平均水平。财政收入结构有待优化，非税收入占比过高，财政增收的稳定性和可持续性不强，致使部分民生建设等刚性支出受到影响。同时，我们也必须清醒地认识到，当前贺兰县经济社会发展还存在不少亟待解决的困难和问题，主要表现在：经济总量不大，产业结构不优，发展质量和效益不高，创新能力不强；民生和重点项目建设资金需求快速增长，刚性支出在财政支出中占比加大，财政收支矛盾加剧；工业发展的资源和环境约束日益突出，高效农业规模不大，农民增收后劲不足；少数干部的思想观念、能力作风与新时代的发展要求不相适应，干事创业的积极性和主动性需进一步提高。对此，我们要高度重视不回避、勇于担当不退缩、有效解决不推诿，决不辜负全县人民的厚望！

2018年主要工作

2018年，是全面贯彻落实党的十九大精神的开局之年，是实施“十三五”规划承前启后的关键之年，也是实现进位赶超的攻坚之年。新时代赋予新使命，新思想引领新征程。纵观国内宏观形势、全区经济态势和自身发展优势，贺兰县加快转型升级、补齐发展短板的机遇难得、条件有利，加速发展的前景广阔、潜力巨大。随着国家“一带一路”战略的深入实施，自治区沿黄生态经济带建设的大力推进，银川市“两个率先”的全面推开，各类利好要素不断叠加。只要我们坚定信心不动摇，抢抓机遇不迟疑，自我加压不懈怠，就一定能在新起点上实现新跨越，在新征程中夺取新胜利。

政府工作的总体要求是：以习近平新时代中国特色社会主义思想为指导，认真贯彻落实党的十九大精神，按照“五位一体”总体布局和“四个全面”战略布局要求，牢牢把握自治区“两个示范区”“两个先行区”、沿黄生态经济带建设和打造“绿色、高端、和谐、宜居”新银川等战略机遇，紧紧围绕银川市“两个率先”目标任务，全面落实县委十四届二次、三次全体会议精神，以深化供给侧结构性改革为主线，振奋精神、笃定实干，全力打好产业兴县、生态靓县、富民强县、法治安县四大战役，为早日建成经济繁荣、环境优美、人民富裕、社会和谐、风清气正的沿黄生态经济带明星县，实现较高水平全面小康社会而努力奋斗。

经济社会主要预期目标是：地区生产总值增长8.5%左右；固定资产投资增长10%左右；地方公共财政预算收入增长6%左右；规上工业增加值增长12%左右；社会消费品零售总额增长9%左右；城乡居民人均可支配收入分别增长8.5%、9%左右。全面完成区、市下达的环境保护、安全生产、万元GDP能耗等各项目标任务。

为实现上述目标，我们将聚力实施“重大项目引领行动、工业提质增效行动、乡村振兴行动、服务业升级行动、创新驱动行动、脱贫富民行动、民生福祉增进行动、生态环境治理行动、平安贺兰创建行动、政府效能提升行动”十大行动，全面攻坚2018年经济社会发展各项任务，努力向全县人民交上一份满意答卷。

实施重大项目引领行动。当前乃至未来三年，投资拉动全县经济社会稳定增长的“基石”地位不会变。补齐发展不足的短板，最直接、最有效、最管用的抓手仍然是项目建设。必须始终坚持经济工作项目化，项目工作具体化，具体工作责任化，以投资稳增长、调结构、促转型、提质量、增效益。着力健全项目推进服务机制。政府班子带头持续开展“抓推进、再谋划、增投资”县级领导包抓重点项目活动，建立政府主要领导每月督导协调、分管领导每周研究推进和不定期督查、巡查、通报问责机制，健全完善重大项目全链条跟踪服务制度。年度计划投资280亿元左右。着力建设200亿项目。加快贺兰工业振兴，围绕主导产业增链、补链、延链、强链，实现产业集聚发展，完成工业投资100亿元。加快国家现代农业产业园建设，实施田园综合体、农业科技产业园等一批农业产业化项目，完成农业及其基础配套设施投资40亿元。培育多元化消费市场，促进服务业繁荣发展，服务业项目投资60亿元。着力招引100个重点项目。加强产业布局的统筹规划，探索重大项目招商引资统筹流转和利益分享机制。坚持引资、引智、引技并举，重点围绕主导产业开展招商推介活动，持续跟踪对接中阿博览会、民营企业助推宁夏创新发展大会、中企会财富论坛签约项目，尽快落地一批重点项目。实施央企、民营500强及上市公司对接计划，探索市场化招商模式，打造专业化招商团队，完成招商实际到位资金178亿元左右。着力争取100个重大项目。加强国家、自治区重大战略、重要政策研究，对标中央和自治区政策方向、资金投向，结合本地资源禀赋、产业特色、发展愿景，加快编制实施三年滚动投资计划，谋划一批增动能、打基础、利长远的大项目、好项目，充实完善重大项目库。严格执行“负面”清单和产业政策，发挥政府性资金、产业基金撬动功能，探索实施PPP项目，千方百计扩大民间投资。

实施工业提质增效行动。坚持以壮大实体经济为主攻方向，提振企业发展信心，加大有效投入，通过增品种、提品质、创品牌，加快实现“亿元项目、十亿企业、百亿产业”目标。创新管理模式，激活发展动力。加快推进工业平台发展壮大，整合宁夏生态纺织产业示范园区、银川德胜工业园区、暖泉工业区，成立贺兰工业园，实施“一园三区”发展管理模式，促进工业园区管理现代化。力争完成园区规上工业总产值221亿元，增长15%左右，税收总额突破13.6亿元，增长13%左右。突出扩容增量，力促生态纺织园区壮大。围绕现代纺织、新能源、新材料、装备制造产业招引项目，依托宁东化工基地聚丙烯原料，发展无纺布产业。实施国际医卫材料科技园、北斗产业园、热电联产等重点项目，确保昊晶蓝宝石加工项目、云威电动车、如意1亿米织布项目投产达效，力促琰钰纺织、金胜康服饰升入规上企业，新引进5家成衣加工企业。力争园区规上工业总产值突破24亿元。突出“退二进三”，力促德胜工业区转型。发行土地储备专项债券。综合运用环保、土地等政策杠杆和税收等价格杠杆，推进园区闲置厂房、僵尸企业、污染企业转型升级。大力支持企业技术改造，加快工业化和信息化融合步伐，推动传统产业向高端化、智能化、绿色化方向发展。实施山逗子杂粮深加工等15个产业项目。确保厚生记休闲食品智能化工厂、金河乳业10万吨发酵乳、中地婴幼儿配方奶粉等8个重点项目投产达效。力争园区规上工业总产值突破134亿元。突出绿色发展，力促暖泉工业区升级。围绕生物医药、精细化工、现代建材、葡萄酒产业链向上下游延伸，加大企业“腾笼换鸟”、嫁接重组力度，培育绿色循环产业。支持泰益欣与亚邦集团合作上市，重点实施泰益欣泰乐菌素、金泉制药等13个产业项目，确保德圣亚纤维素、华美伟业玻璃棉等9个项目投产达效。力争园区规上工业总产值突破63亿元。

实施乡村振兴行动。按照产业兴旺、生态宜居、乡风文明、治理有效、生活富裕的总体要求，加快推进农业农村现代化。做强产业，建设宜业新农村。健全完善现代农业产业体系、生产体系、经营体系，加快农业大县向农业强县转变。扎实推进国家现代农业产业园建设进程，建设蔬菜产业综合服务中心，建成立岗镇蔬菜科技农业示范园、常信乡渔业科技创新示范园等一批规模化、标准化现代农业示范基地，提升优质粮、草畜、瓜菜、水产“一优三特”产业发展水平。新建乐享时光、蓝湾小镇等5个田园综合体，加速推动一二三产业融合发展。深入实施百万亩盐碱地改良工程、沃土工程和高效节水灌溉工程，治理盐碱地2010公顷，改造中低产田3350公顷，建设高标准农田3350公顷，改善灌溉面积6700公顷。加强良种良法配套、农机农艺融合，提高农业综合生产能力。推广农业标准化生产，健全农产品质量安全监管和追溯体系。培育专业大户、家庭农场、农民合作社、龙头企业等新型农业经营主体15家，鼓励发展“家庭农场+社会化服务”经营模式。实施农业品牌计划，培育广银有机大米、大北农饲料、金河酸奶等一批特色农产品品牌。优化环境，建设宜居新农村。开展新一轮农村人居环境整治，健全完善农村环卫市场化监管服务机制，推进农村生活垃圾无害化处理、生活污水处理及改厕工程。加大水源地保护力度，加强农村饮用水水质监测。建设农村公路30千米，农村公路生命安全防护工程50千米。实施农田林网工程，规划建成6个美丽村庄。推进“六纵四横”水系连通工程，如意湖、艾依河景观水系互联互通。统筹山、水、林、田、湖、路综合治理，展现美丽贺兰田园风光。深化改革，释放农业新活力。聚焦农村土地制度改革，探索农村宅基地退出机制，全面完成土地承包确权登记颁证。有序推进土地经营权流转，全县农村土地流转累计达到20100公顷，推进农业规模化、集约化发展。开展四荒地、水域滩涂、农村集体资产确权登记颁证。稳步推进农业水价综合改革，有效提高水资源利用效率和效益。深化供销社改革，促进供销合作社与农民利益联结更紧密、为农服务功能更完备。推广政府购买农业公益性服务，健全农业社会化服务体系。加强治理，打造农村新风尚。加强乡镇政府服务能力建设，完善村民自治机制，全面推进依法治村，深入推进乡村德治。深入开展“星级文明户”“五好文明家庭”创建，抓好移风易俗，培育文明乡风、优良家风、新乡贤文化，进一步提升乡村治理水平和农村文明程度。

实施服务业升级行动。加快发展现代服务业，促进传统服务业转型升级，培育新的经济增长极，力争服务业增加值占地区生产总值的比重达到35%左右。做活金融服务业。引进、培育金融机构8家。进一步扩大联合产业基金、中小企业转贷基金等基金规模，设立创新风险补偿基金，引导金融机构加大对实体经济的支持力度。推进国有投融资体系建设，提高融晟公司信用等级，加快经营转型，发行企业债券8.5亿元，增加公司造血功能。健全金融风险防控机制，着力防范系统性金融风险。做优全域旅游业。围绕贺兰山东麓、黄河金岸、艾依河畔旅游集聚区，开辟10条精品旅游线路，打造独具特色的都市休闲旅游目的地。新建宁夏枸杞小镇、农业休闲综合体等项目，实施光明渔村等4个农家乐星级提升工程。全年实现接待游客280万人次，旅游收入突破6亿元。做强商贸物流业。启动银川物流园三期工程，推进中汽西北汽车配件集散交易中心运营步伐，引进中油北斗建立西北结算中心，推动总部经济发展。新建熙瑞菊芋粉生产、海吉星冷链物流等6个项目。推动汽车后市场和医药配送业发展。做大健康养老业。加快推进同济东方医院医养结合项目建设，推动宁夏健康谷扩容增量，扩大宁夏互联网医院的影响力，让群众享受更多“健康红利”。大力推广养老机构公建民营运营模式，现有养老机构全部投入运营，不断满足群众老有所养的需求。

实施创新驱动行动。坚持把创新驱动作为追赶超越的强大动力，把激活内力与借助外力更好的结合起来，为加快经济转型升级、实现跨越发展注入新动力。强化政策引导。全面落实《贺兰县关于加快推进创新驱动战略的实施意见》等政策。建立健全财政科技投入增长机制，设立5000万元创新驱动发展专项资金，2500万元工业经济发展专项资金。组织开展资金、资产、土地、负债4个清理专项行动，市场化运作盘活存量资产；放大财政资金的效益，设立产业发展引导基金，每年整合5000万元，连续5年，投入2.5亿元，支持重点项目建设。激励创新主体培育、创新人才引进、科技成果转化和创新环境优化。激励企业创新。县科创中心实行社会化运营，争创国家级孵化基地。实施凯晨电器研发中心、双玉防水研发中心等一批技改项目，完成技改投入44亿元。培育国家级高新技术企业1家、自治区级高新技术企业3家、自治区级科技型企业5家。培育产值10亿元以上企业2家，争取10家企业入围宁夏中小企业50强。坚持人才引进。大力引进重点领域创新领军人才和团队，制订引进国际、国内领先技术项目扶持奖励办法。鼓励各类人才承担创业项目，对获得自治区科研项目资金和奖项的，给予1:1配套奖励。对支持创新创业作出突出贡献的单位和个人，最高给予30万元奖励。

实施脱贫富民行动。让贫困人口和全县人民一道进入全面小康社会是我们作出的庄严承诺。我们有决心、有信心、有能力打赢脱贫攻坚战，确保2018年219户1204人实现脱贫。夯实产业带动一批。引进龙头企业在移民区建设5个扶贫产业园，大力发展设施农业、水产养殖、观光旅游，搭建“公司+园区+农户”的产业扶贫平台，实现建档立卡户产业扶贫全覆盖。输出劳务就业一批。建设实用技术培训基地，完成职业技能培训1200人次，确保移民家庭主要劳动力至少掌握一门就业技能，通过劳务派遣、劳务经济带头人转移剩余劳动力6000人次。实施金融助力一批。为扶贫户提供贴息贷款，入股宁夏九三零种鸡养殖公司等企业，增加分红收益。加强教育扶智一批。脱贫致富的根本是消除精神贫困。要采取更加有力的措施，落实国家及自治区各项教育惠民政策。推进学前教育资源向贫困村延伸，做好建档立卡户学前幼儿“一免一补”精准资助工作。深入实施“雨露计划”，让每个贫困家庭都享受公平、优质教育。社会保障兜底一批。将家庭困难且无法通过产业扶持脱贫的建档立卡户全部纳入低保范围，实现应保尽保。落实贫困人口医保个人缴费补助政策，实现建档立卡户医保和大病保险全覆盖，个人年内住院自付费用不超过5000元。实施“阳光助残小康计划”，落实残疾人贫困户补贴、救助、就业创业政策。完善移民区基础设施、公共服务和干部结对帮扶工作长效机制。

实施民生福祉增进行动。人民群众对美好生活的向往就是我们奋斗的目标，我们要紧紧抓住群众最关心、最直接、最现实的利益问题，既尽力而为，又量力而行，切实增强人民群众的获得感、幸福感。优先发展教育。深化教育改革，加快教育现代化，办好人民满意的教育。新建太阳城二小，扩建德胜二小、太阳城中学，完成银川景博学校等3个续建项目。调整教育布局规划，推广集团化办学模式，实现优质教育资源均衡配置。引进第三方专业培训服务机构，加大名师培养力度，培养名师30名、专家15名，发挥各类名师的引领示范作用，全面提高教育教学质量。深入推进医疗卫生事业。实施“健康贺兰”计划。以公立医院改革为突破口，加快推进医疗卫生改革。建成中医院并投入运营。与上海同济东方医院、宁夏医科大学总院建立医联体，引进或培育中高级职称医生30名。借助宁夏互联网医院、城乡远程会诊等平台，推动优质医疗资源下沉，提升家庭医生签约服务率。大力繁荣文体事业。新建民俗村、数字影院等项目，建设数字文化馆，建成5个基层综合文化服务中心。编印《贺兰文化旅游产业项目名录》，建立文化艺术人才库。培育文化名人4人，创造文艺精品8件。实施“四送六进·文化惠民”工程，开展文化活动1700场次。实施农村困难人群免费安装有线电视公共服务项目。广泛开展全民健身活动，新建标准化足球场等4个项目。织密社会保障网络。把稳就业摆在突出位置，完善就业创业政策及服务体系。城镇新增就业6000人，转移农村劳动力2.5万人。统筹落实社保惠民新政，健全城乡救助体系，加大五保供养、流浪乞讨人员等弱势群体的救助力度，不断完善农村“三留守”人员的关爱机制，实现弱有所扶。稳步推进养老服务体系建设，切实提高养老机构使用率，实现老有所养。探索完善购租并举的住房保障制度，提高农民工购房补助标准，实现住有所居。

实施生态环境治理行动。牢固树立和践行“绿水青山就是金山银山”的发展理念，筑牢银川城北生态屏障，让贺兰的天更蓝、水更清、地更绿。大力实施蓝天工程。加大燃煤锅炉拆除力度，推广使用清洁能源，坚决遏制燃煤空气污染。实施热电联产、动力岛等项目，实现工业企业集中供热供气。推进城市建成区及小城镇集中供热，有效提高供热效率。促进秸秆回收利用，建立秸秆禁烧管理和惩戒机制。加强药企异味、工地、道路扬尘等污染防治，建立空气污染气象预警机制，空气质量优良天数比例达到77%。大力实施碧水工程。严格落实河长制，开展“百里清水河道”行动，完成银新干沟、四二干沟水质提升工程，实施第二排水沟、三二支沟人工湿地工程，启动宁夏生态纺织产业示范园污水处理厂二期项目，全面消除黑臭水体，实现入黄排水口水质达标排放。大力实施净土工程。坚持环境污染“零容忍”，坚决关停并转“两高两低”企业，依法关闭禁养区内养殖场。抓好“一控两减三基本”工作，发展生态循环农业，化肥用量减少8%，农药使用量减少10%，农作物秸秆利用率达到80%，规模养殖场粪污综合利用率达到90%以上。加大垃圾集中处理力度，实施固废堆场、建筑垃圾消纳场等项目。加强贺兰山自然保护区生态修复力度，实施酒庄、景区、废旧矿场综合整治，还贺兰山以美丽宁静。大力实施绿化工程。加强森林资源保护，实施沿山沿河沿沟沿路、环城林带、农田林网、庄点绿化工程，建设城市生态公园、金山森林公园，新增造林面积1340公顷，打造四季分明、色彩缤纷的园林城市。大力加强城乡基础设施建设。实施老旧小区改造工程等一批城市基础设施建设项目，富兴街特色街区改造等城市景观提升工程，增强城市服务功能，建设宜居城市。

实施平安贺兰创建行动。健全完善社会治安防控体系，加强重大敏感案件舆情应对，提升风险管控能力。不断完善立体化社会治安防控体系。在重点区域安装1000路治安监控，实现视频监控并网全覆盖。建立智慧城乡管理和综合执法联动机制。全面启动社会治安综合治理平台，实现村级综治工作信息化全覆盖。依法严厉打击各类违法犯罪行为，有效遏制非法集资、电信网络诈骗等涉众经济犯罪。继续加强国防动员建设和双拥工作。全面落实安全生产责任制，建立行政执法、专家会诊、技术抽检、中介帮扶“四位一体”监管机制，加强39个行业全员安全教育培训。建立食品安全智能信息化监管机制，让全县人民吃得放心。健全矛盾纠纷多元化解机制。完善司法行政工作室律师参与化解和代理涉法涉诉信访案件制度，强化诉调联动、政调联动，矛盾纠纷排查化解率达到90%左右。持续开展领导包案化解信访积案，确保信访积案不反弹。着力营造宗教和顺氛围。坚持宗教中国化方向，深化民族团结进步创建活动，推进社会主义核心价值观、国旗、报刊、文化书屋“四进”宗教场所，深入开展和谐寺观教堂创建活动，创建区级示范单位3个、市级示范单位5个、县级示范单位30个，在重点宗教活动场所建立民事调解室、禁毒教育基地各4个。引导宗教人士和信教群众爱党、爱国、尊法守法、正信、正行。

实施政府效能提升行动。新时代、新使命、新任务，对政府工作提出新的更高的要求。我们将致力于转变政府职能，努力建设人民满意政府。依法决策，科学施政。牢固树立“四个意识”，坚持重大事项向党委请示报告制度，坚持重大决策公开听证、专家论证、合法性审查、集体研究决定。加大政务公开力度。自觉接受人大法律监督、政协民主监督和社会舆论监督，认真办理人大议案、政协提案。注重调查研究，深入基层一线，掌握群众最关心的问题，最迫切的愿望。广泛听取民主党派、工商联、无党派人士的意见建议，确保政府决策经得起时间和实践的检验。简政放权，优化服务。深化放管服改革，进一步精简办事程序，拓宽服务渠道，最大限度方便群众和企业。大力推行“最多跑一次”“不见面、网上办”等审批模式，力争80%的事项网上全程办理。提升“保姆式”“代办制”服务水平，完善事中事后监管制度，做到更彻底地“放”，更有效地“管”，更优质地“服”。务实创新，提升效能。新常态下面临新的挑战，有多大的担当才能干多大的事业，尽多大的责任才会有多大的成就。必须形成说干就干、干就干成，马上就办、办就办好的工作作风。严格落实容错纠错、激励奖惩等制度，形成干多干少不一样，有为才能有位，无为就要让位的用人导向，切实激发领导干部干事激情、创业热情，切实提升政府执行力、公信力。严明纪律，清正廉洁。严格落实全面从严治党的要求，切实履行“一岗双责”，始终把纪律和规矩挺在前面，坚决防止“四风”变异反弹。强化监督，切实管好公务人员、公共资源、公共权力和公共资金。始终保持反腐败的高压态势，尤其对破坏发展环境、侵害群众利益等行为和腐败问题，发现一起、查处一起，绝不姑息、绝不手软，切实营造风清气正的政治生态。

各位代表，拼搏正当其时，圆梦恰逢其势。党的十九大为我们描绘新的蓝图。让我们在区市党委、政府和县委的坚强领导下，坚持“产业引领、生态优先、环境升级、民生为本”的工作思路，把加快发展作为第一要务、把改革创新作为第一动力、把扩大投资作为第一支撑、把改善民生作为第一责任、把作风建设作为第一保障，振奋精神，笃定实干，为打造沿黄生态经济带明星县，决胜全面建成小康社会目标而努力奋斗！

名词解释

1.安品模式：由广州安品农业有限公司与农产品生产基地“风险共担，利益共享”的产销一体化模式。

2.“黄河绿康”区域品牌：全县的区域蔬菜公用品牌名称。

3.金融十八条指《贺兰县加快德胜园区金融产业集聚建设若干政策意见(试行)》中关于加快推进金融发展的18条扶持政策。

4.“1214”：即“一核、两极、一廊、四区”的全域旅游空间格局。一核指银川北城商贸文化旅游综合服务核心区；两极指以艾依河为界，形成西侧洪广营旅游增长极，东侧滨河（长河湾）旅游增长极；一廊指将贺兰打造为银川北部旅游景观廊道；四区指黄河金岸生态观光度假、塞上江南乡村休闲旅居、洪广营边塞古城风情体验、贺兰山文化运动休闲四个产业集聚区。

5.五公开：政务决策、执行、管理、服务、结果公开。

6.一免一补：对经县级以上教育行政部门审批设立的幼儿园在园建档立卡家庭贫困户适龄儿童（含农村非建档立卡贫困户经济困难残疾儿童），按政策标准免除保教费，补助伙食费。

7.“四送六进·文化惠民”工程：送文艺演出、电影、培训、图书进农村、社区、机关、企业、工地、学校。

8.两高两低：高投入、高耗能，低效益、低产出。

9.一控两减三基本：严格控制农业用水总量，大力发展节水农业；减少化肥和农药使用量，实施化肥、农药零增长行动；畜禽粪便、农作物秸秆、农膜基本资源化利用和无害化处理。

贺兰县人民代表大会常务委员会工作报告

——在贺兰县第十八届人民代表大会第二次会议上

贺兰县人大常委会党组书记、主任　俞学华

（2017年12月20日）

各位代表：

我受县人大常委会委托，向大会报告工作，请予审议。

2017年主要工作

2017年，县人大常委会在中共贺兰县委的正确领导下，全面贯彻落实党的十八大和习近平总书记系列重要讲话精神，以党的十九大精神为指引，围绕中心，服务大局，依法履职，扎实工作，各项工作都取得新的进展。2017年，共召开常委会8次，主任会议11次，听取和审议“一府两院”工作报告19项，开展执法检查4次，作出决议、决定24项，为推进全县经济社会发展和民主法治建设作出积极贡献。

（一）围绕中心，依法履行监督职责

紧紧围绕县委重大决策部署和人民群众关切的热点难点问题，通过深入调研、专项视察、执法检查、听取审议工作报告、满意度测评等方式，加强和改进监督工作，为加快推进全县政治、经济、文化、社会和生态文明建设，发挥重要作用。

以监督促经济健康运行。常委会高度重视经济发展质量和效益，听取审议国民经济和社会发展计划执行情况报告，确保经济社会发展规划和计划全面实施。高度重视预决算审查监督，听取2016年年度财政决算和2017年预算执行情况报告，及时审批本级财政决算和预算调整方案，加强全口径预决算监督。听取审议审计工作报告，督促政府不断拓宽审计范围，打造审计铁军，提升审计质量，加强源头管理，确保审计意见的整改落实。高度重视产业转型升级，听取审议全县实体经济、电商产业发展情况报告，对贺兰县欠缴税费清理工作推进情况进行调研，积极为经济结构调整和转型发展“把脉开方”，推动全县经济实现高质量、高效率、可持续发展。听取审议全域旅游发展情况的工作报告，提出要大胆探索“旅游+”体育、文化、健康、农业的新业态创新发展之路等建议意见。县人民政府积极落实审议意见，编制出台《贺兰县全域旅游发展总体规划》，进一步整合旅游资源，加大产业融合力度，完善基础设施建设，全域旅游蓬勃发展，乡村旅游方兴未艾。高度重视推进城乡发展一体化建设，听取审议全县特色小镇建设情况的报告，督促县人民政府及相关部门坚持因地制宜、各具特色，科学规划、协调推进，振兴产业、项目带动，精致宜居的原则，补齐短板，多措并举，高标准、高质量推动特色小镇建设。

以监督促民生改善。民生无小事。常委会围绕关系人民群众利益的“上学难、就医难、养老难”等问题，对贺兰县实施名师名校工程、推进教育均衡发展工作，慈善事业发展，基层公共卫生服务设施和分级诊疗服务，完善老年服务设施建设推进养老服务等工作进行视察，听取审议专项工作报告。针对县城学校“大班额”、教育资源不均衡等问题，督促政府合理布局，整合优化城乡教育资源，将农村23所学校合并为10所，新建、续建、扩建学校10所，为解决县城“大班额”问题迈出关键性步伐；加大投入，实施高中免费教育、为农村小学提供免费校车接送和营养午餐供给等多项教育惠民政策；优化结构，成立教育集团、名师工作室等多项措施，努力办好人民满意的教育。听取审议全县社会治安防控工作报告，要求县人民政府提高认识、强化责任、加大投入、整合资源，切实提高治安防控工作水平能力，保障群众安居乐业。积极回应人民群众对良好生态环境的热切期待，听取审议全县环境保护工作报告，督促政府及有关部门、企业牢牢守住生态红线，坚持生态优先，绿色发展，大力实施“蓝天”“绿水”“净土”工程，加强生态修复和污染治理，全力打造天蓝地绿水清、环境优美的明星县。

以监督促依法行政、公正司法。着眼于推动法治政府建设，对全县环境保护法、慈善法的贯彻执行情况进行执法检查，进一步强化政府法治意识，促进依法行政，保障宪法和

法律法规在贺兰县正确有效实施。着眼于推动公正司法，听取审议县人民法院司法公开情况、县人民检察院刑事诉讼法律监督工作情况的报告，督促司法机关以公开促公正，以公正立公信，努力让群众在每一个司法案件中都能感受到公平正义。着眼于弘扬宪法精神，全面贯彻落实宪法宣誓制度，依法组织宪法宣誓仪式，增强国家机关工作人员的宪法意识和公仆意识。听取审议全县“七五”普法工作开展情况的报告，要求深入学习宣传习近平总书记关于全面依法治国的重要论述，促进全社会尊法学法守法用法。认真落实来信来访接待、登记、转办和督办等制度。共受理群众来信来访36件次，接待群众120余人次，及时转交“一府两院”及有关部门办理，维护群众合法权益。

（二）恪尽职守，依法决定重大事项

依法决定重大事项。常委会坚持把握政治方向，在服务大局中积极行动，及时将县委的主张通过法定程序转化成全县人民的共同意志和自觉行动。适时作出批准2016年财政决算、2017年使用地方政府新增债券资金计划项目、2016年及2017年政府债务限额等决议、决定24件，促进政府依法理财，合理安排收支，提高财政资金使用效益。

依法行使人事任免权。常委会坚持党管干部和人大依法任命相结合的原则，落实县委人事安排意见，充分发扬民主，严把任前考试关、投票表决关、任职承诺关、任后监督关，举行任命干部向宪法宣誓仪式。今年，共依法任免国家机关工作人员72人次，为贺兰县各项事业发展提供组织保证。

（三）夯实基础，充分发挥代表主体作用

常委会始终把代表工作作为一项基础性、长效性、根本性的工作来抓，完善制度，强化服务，支持和保障人大代表依法履职、发挥作用，增强人大工作的生机和活力。

强化培训工作，提高代表素质。常委会把提高代表履职能力作为一项重要工作来部署和实施，及时组织新一届人大代表参加区市县各类培训班3次，以会代培2场次、专题辅导1场次、外出考察学习2次，全力提升代表履职能力和水平。坚持定期向代表赠阅区市人大刊物及人大常委会会情通报、及时更新贺兰人大网站内容，拓宽代表知情知政渠道。建立代表履职评议制度，全面开展代表向选区选民述职活动，共有169名代表到选区开展述职活动，接受选民对代表履职情况的满意度测评。进一步完善代表履职档案，加强代表管理，激发代表活力。

搭建履职平台，丰富代表活动。2017年，共邀请代表65人列席常委会议，参加调研、视察、执法检查86人次，为代表及时了解掌握全县经济、社会、民生事业发展建设情况和积极履职做好服务。以“五有四好四上墙”标准，进一步完善全县5个乡镇代表工作室、70个村（社区）代

表小组。同时将全县524名区、市、县、乡四级人大代表按选区混合编成70个代表小组，分别联系辖区63个基层组织，确定代表小组活动日，积极开展代表小组活动，充分发挥代表依法履职、凝心聚力，带动示范作用。积极探索代表工作与脱贫攻坚、特色小镇等工作融合推进的办法，通过“听、带、查”，带回群众建议意见126件，均得到答复或解决，实现人大工作接地气，扎实根，有成效。

加强建议办理，增强办理实效。坚持把办理代表议案建议作为支持代表依法履职、充分发挥代表作用的关键环节。听取审议政府对代表议案建议办理情况的报告，建立和落实议案和重点建议督办制度，多次组织代表深入到承办部门，对反映比较突出的问题通过会议集中督办，对代表高度关注的问题组织视察检查，对重点难点问题跟踪督办，推动议案建议办理工作落实。县十八届人大一次会议6件议案全部办结，7件意见建议办理6件，1件正在办理。

精心组织指导，强化乡镇人大职能。常委会多次深入各乡镇，检查指导各乡镇人大开展工作，突出问题导向，提出整改措施。各乡镇进一步规范人代会、主席团会议、代表小组会召开时间、内容、程序等会议制度；健全闭会期间视察调研、执法检查、人事选举等工作机制和制度；规范自身建设、完善档案资料。全县各乡镇人大工作步入规范化轨道。

（四）强基固本，切实加强自身建设

2017年，常委会坚持总结、继承、完善、提高的原则，推动常委会和机关思想、作风和制度建设，营造风清气正、谋事干事、团结和谐的良好风气。

强化理论武装。学习贯彻落实党的十八大和习近平总书记系列讲话精神、学习领会十九大报告，坚持中心组学习制度，组织各类专题学习。积极参加区市县党委和人大组织的各类培训班、研讨会19人次，对机关及各委室主任实行全员培训，先后组织赴浙江大学、青岛人大等地参加履职能力提升专题培训2期12人次，逐步提高常委会依法履职水平和机关服务保障能力。

切实转变作风。认真组织开展“两学一做”学习教育，突出活动主题，要求机关党员干部把严的标准、实的作风落实到各项工作中。转变调研方式，将视察、检查与调研、督查有机结合起来，紧盯人大常委会审议意见的整改落实，及时召开常委会专门听取县人民政府对代表审议意见落实整改情况的汇报，加强跟踪问效，一抓到底。以“三进”、精准扶贫、领导干部进百企解难题稳增长帮扶工作等为突破口，深入基层开展调研，切实做到问计于民、问需于民、问效于民。强化机关效能考核，机关作风进一步转变，机关形象进一步改观，机关办事效率和服务质量进一步提高。

完善制度规范。制定并通过贺兰县人大常委会议事规则、代表履职评议办法、常委会组成人员守则、听取和审议“一府两院”工作报告及满意度评价办法等五项制度，进一步促进人大工作的制度化、规范化、法制化，人大自身建设水平、代表履职水平及监督工作效能有大幅度提升。

各位代表：2017年，县人大常委会工作取得的成绩，得益于县委的正确领导，得益于“一府两院”的积极配合，得益于全体代表的共同努力，得益于广大人民群众的充分信任和衷心拥护。这也是常委会组成人员和机关干部职工团结协作、辛勤努力的结果。在此，我代表县十八届人大常委会向2017年支持人大工作的同志们表示衷心的感谢！

在总结成绩的同时，我们也清醒地认识到，常委会工作与党和人民的期盼，与新形势新任务对人大工作的要求相比，还存在一定差距，主要是：监督工作的实效需要进一步加强，决定重大事项需要进一步规范，服务保障代表履职的载体需要进一步拓展，作风建设需要进一步加强，等等。对于这些问题和不足，我们将高度重视，采取有效措施，切实加以改进，努力使人大工作更加与时俱进，更加贴近民意，更加富有实效。

2018年主要工作任务

2018年是深入贯彻落实党的十九大的开局之年，也是贺兰县全力打造沿黄生态经济带明星县，建成较高水平全面小康社会的关键之年。做好2018年的人大工作，具有十分重要的意义。常委会工作的指导思想和总体要求是：认真贯彻落实党的十九大精神和区市党委各项决策部署，全面落实县委全委会精神，坚持党的领导、人民当家作主和依法治国有机统一，认真履行宪法和法律赋予的职责，以供给侧结构性改革为主线，监督并支持政府打好产业兴县、生态靓县、富民强县、法治安县四大战役，扎实推进全面从严治党，振奋精神、笃定实干，为建成经济繁荣、环境优美、人民富裕、社会和谐、风清气正的沿黄生态经济带明星县，建成较高水平全面小康社会目标而奋斗。

（一）以服务大局为核心促进人大工作

认真学习贯彻落实十九大精神，用习近平新时代中国特色社会主义思想武装头脑、指导实践、推动工作。坚定“四个自信”，增强“四个意识”，旗帜鲜明讲政治。进一步增强党对人大工作领导的意识，将贯彻县委中心工作任务贯穿于人大依法履行监督职权的全过程，找准服务大局的切入点、着力点和结合点，使人大工作重点始终向党委政府的中心工作聚焦，做到同步合拍，同舟共济，在服从服务大局的实践中彰显人大地位和价值。

（二）以增强实效为目标加强监督工作

紧紧围绕县委十四届二次全委会作出的重大部署，紧扣事关长远发展重大问题，坚持问题导向，完善监督工作方式方法，增强监督的有效性和实效性。一是围绕产业兴县，以深化供给侧结构性改革、加强创新驱动、构建农业三大体系、实施乡村振兴战略、实施区域协调发展为重点，加强对贺兰县实体经济、招商引资、科技创新、三农问题、城乡一体化建设、行政审批等工作的监督，推动贺兰县产业结构升级、产业链延伸闭合，提高审批优化发展环境，提升科技创新能力，加快推进农业农村现代化，实现经济持续健康发展。加大对国民经济和社会发展计划、财政预决算的监督力度，推动“十三五”规划全面实施。探索监督方式，全面实施预算联网监督工作，对政府预算资金的安排、拨付和使用情况进行实时在线全程监督，推动财政资金在阳光下运行，督促政府管好用好“钱袋子”。二是围绕生态靓县，持续加大对环境保护工作的监督力度，督促政府建立健全绿色低碳循环发展的经济体系、着力解决人民群众反映强烈的大气、水、土壤等方面的突出环境问题、加大生态系统修复保护力度、加强环境监管，有效促进贺兰县生态环境质量持续改善，实现人与自然和谐共生。三是围绕富民强县，将群众普遍关心关注的衣、食、住、行、学、医等民生热点问题作为重点，加强对精准扶贫、健康产业、劳动就业、社会保障、义务教育均衡化、社会救助、公共文化服务体系建设等方面的监督，努力在幼有所育、学有所教、劳有所得、病有所医、老有所养、住有所居、弱有所扶上取得新进展，不断满足人民日益增长的美好生活需要，使群众的获得感、幸福感，安全感更加充实、更有保障、更可持续。四是围绕法治安县，加大执法检查力度，及时发现法律法规贯彻执行中存在的具体问题，提出意见建议，推进依法行政，严格规范公正文明执法。听取审议县人民法院关于司法改革、县人民检察院关于矛盾纠纷排查化解工作情况的报告，督促司法机关严格依法办案，公正司法，维护社会公平正义。听取审议县人民政府关于禁毒工作、法律服务工作的报告，依法维护群众合法权益。严格执行新任职人员向宪法宣誓制度，促使任职干部强化责任意识，担当意识、为民意识。五是完善监督工作机制。把监督和支持有机结合起来，在支持中强化监督，在监督中体现支持，推动“一府两院”抓执行，抓落实，确保县委各项决策部署落地生根。改进监督方式，用好审议报告、执法检查等常规监督方式，创新运用专题询问、特定调研等多种监督手段，即敢于监督，又善于监督，切实提高监督效力，增强监督的权威性。把人大监督与党内监督、行政监督、审计监督、司法监督、民主监督、舆论监督及社会监督有机结合起来，形成监督合力。

（三）以发挥作用为重点加强代表工作

密切同人大代表的联系。创新载体，丰富内容，深化和巩固“双联”活动成效。加强代表小组建设，畅通社情民意的反映和表达渠道，不断拓宽代表知情知政渠道。健全完善代表向选民述职制度,接受群众监督。提高议案建议办理质量。进一步完善代表议案建议办理机制，创新代表建议、意见办理方式方法，实行跟踪督办，强化重点建议督办力度，不断提高代表议案建议办理实效。提高代表履职服务保障水平。完善代表知情知政、联系人民群众等平台，健全代表学习制度，加强代表履职培训，使代表深入了解经济社会发展情况。细化保障措施，做好代表集中视察、专题调研、列席常委会议等服务工作，切实保障代表依法行使职权，更好地发挥代表反映民意、汇聚民智、化解矛盾、促进和谐作用。

（四）以提升能力为根本加强自身建设

持续深入改进作风。进一步贯彻落实全面从严治党要求，严守党的纪律和政治规矩，巩固“两学一做”学习教育成果，严格执行中央八项规定，扎实推进党风廉政建设和反腐败斗争。规范履职行为。继续抓好常委会组成人员和机关干部学习培训，为依法履职奠定基础；狠抓制度落实，严格以制度办文、办会、办事，形成科学、高效的运行机制。完善制度体系，把实践中创造的好经验、好做法及时充实到制度中，进一步提高工作规范化水平。优化服务质量。围绕提高服务保障水平，加强机关建设，努力造就一批信念坚定、为民服务、勤政务实、敢于担当、清正廉洁的人大常委会机关干部队伍，充分发挥参谋助手和服务班子的作用。

各位代表，时代重任艰巨而又光荣，人民期盼殷切而又厚重。在新的一年里，让我们在习近平新时代中国特色社会主义思想武装下，在区、市、县党委的坚强领导下，认真履职，不忘初心，牢记使命，开拓创新，务实苦干，为建成沿黄生态经济带明星县，实现较高水平全面小康社会目标而努力奋斗！

中国人民政治协商会议
贺兰县第十届委员会常务委员会工作报告

——在政协贺兰县第十届委员会第二次会议上

贺兰县政协党组书记、主席　恩建国

（2017年12月18日）

各位委员：

我代表政协贺兰县第十届委员会常务委员会，向大会做报告，请予审议，并请列席会议的同志提出意见。

2017年工作回顾

2017年是本届政协工作的开局之年。在区、市、县党委的坚强领导下，在区市政协的指导帮助和县人大常委会、县人民政府的大力支持下，县政协常委会团结带领政协委员和社会各界认真学习宣传党的十九大精神、自治区第十二次党代会精神、银川市第十四次党代会精神，围绕县委十四届二次、三次全会确定的打造沿黄生态经济带明星县、建成较高水平全面小康社会目标，坚持团结和民主两大主题，认真履行政治协商、民主监督、参政议政职能，突出政协特色优势，发挥委员主体作用，凝聚人心、汇聚力量、推动发展、促进和谐，为全县经济社会发展作出新贡献，实现政协十届委员会工作良好开局。

（一）聚焦中心任务，政治协商务实民主

常委会把服务发展作为履职的第一要务，通过召开全委会、常委会、主席会等方式，紧扣县委、政府中心工作广泛协商议政，积极出力谋为。全年召开全委会议1次，常委会议4次，主席会议10次。

围绕发展全局议政有声。常委会高度重视协商议政职能的发挥，按照“县委、政府出题—政协调研献策—县委、政府研究采纳的专题议政模式”，紧扣县委、政府的决策部署，积极协商议政、建言献策，切实做到会前充分准备、会中积极协商、会后认真落实，在服务发展大局中发挥政协议政建言的作用。

围绕重点项目献计出力。扎实落实常委会专题协商、主席会重点协商、政协领导参与“三重”工作全面协商的机制，重点围绕全县产业转型发展、现代农业、“四新经济”、生态环境治理、民生领域等重点项目建设情况进行视察调研，开展重点协商、积极建言献策，有力推动项目加快建设，切实发挥效益。

围绕大事要事对口协商。切实发挥专委会协商议事的作用，建立政协专委会与党政部门之间的会议联系、工作联系及文件、信函、电话联系等制度，确立8个政府部门与3个政协专委会的对口协商关系，及时通报情况、沟通信息、参与会议、交换意见，有针对性地开展专题座谈协商，共同探讨解决提案办理、环境综合整治和精准扶贫精准脱贫等问题的途径和办法，在增

强全局性、体现务实性、富有创造性上取得新成效。

（二）关注热点难点，民主监督精准有力

常委会把维护人民群众的根本利益作为工作的出发点和落脚点，通过办理提案、专项视察、民主评议等方式，致力打通服务群众“最后一千米”，努力做到人民政协为人民。

紧贴民生办好提案。县政协十届一次会议期间，涉及贺兰县现代农业、城市建设、生态文明和党的建设等方面的提案共立案23件，其中：重点提案5件，一般提案16件，意见建议2件。为做好委员提案、意见建议的办理，常委会采取领导包案、现场点评、多方对接、面商办理等方式，一件提案一个责任部门、一个问题一个落实措施，扎实做好提案办理工作。提案办结20件，办结率95.2%，意见建议2件，办结2件。从民主测评看，提案人对提案办复结果和1件未办提案情况说明均表示满意。

紧抓落实跟踪视察。把视察调研贯穿于提案建议办理工作全过程，在参与中支持、在支持中服务、在服务中监督。围绕县委、政府“三重”工作安排，先后组织委员对重点产业项目进展情况、特色小镇建设、生态环境保护等工作开展专题视察5次，促使各项工作得到落实。同时高度关注民生，围绕农村土地流转、优化学校布局解决大班额和大健康产业发展等问题开展视察4次，提出意见建议，有效解决了群众关心的热点难点问题。

紧扣实际强化评议。广泛开展政协委员深入基层联系群众活动，听群众“心里话”，看百姓“身边事”，建立委员联系点8个，帮助群众解决子女入学、困难救助及生产生活等问题，为移民建档立卡户安装有线电视和宽带，得到群众好评。邀请部分群众参与问卷调查、座谈，旁听政协常委会、民主评议大会，把社情民意“端口”延伸到广大群众当中。推荐委员担任相关部门的特邀监督员、人民监督员、行风监督员、人民陪审员和民情信息员等特约“五员”，有力履行民主监督职能。

（三）积极建言献策，参政议政扎实有效

常委会把调查研究作为参政议政的重要基础，组织委员开展形式多样的参政议政活动，汇聚委员的智慧，凝聚委员的力量，推动全县加快发展。

突出重点，精选课题，抓好调研献良策。常委会把搞好专题调研作为履职尽责的重要抓手，精心选择课题，深入调查研究，积极参政议政。先后组织委员对贺兰县全域旅游发展、公立医院改革、现代农业发展、禁毒工作等课题进行专题调研，形成了关于贺兰县全域旅游工作情况、关于贺兰县县级公立医院综合改革进展情况、关于贺兰县发展现代农业和农业强县工作情况等5篇调研报告，提出37条切实可行的意见建议。为了学习和借鉴区外各地的好做法好经验，参加银川市考察团赴周边和毗邻地区考察学习，撰写关于赴毗邻地区考察学习全域旅游工作、关于赴周边地区考察学习特色农业发展情况等专题调研报告，为县委、政府科学决策提供依据。

联系群众，广听民意，收集社情解民忧。充分发挥政协工作的特点和联系广泛的优势，把反映社情民意当作履行职能的关键环节。通过调研视察、走访座谈、发放征集表等形式，广泛征集事关全县经济社会发展、事关群众民生等方面的问题信息65条，及时整理报县委、政府及有关部门关注解决。建立主席约谈委员制度，开展约谈4次，进一步调动委员履职的积极性主动性。

服务全局，谋在关键，参与中心见实效。按照县委、政府“三重”工作和进百企解难题稳增长的要求，政协领导积极走访包抓企业、深入项目现场，了解进展、搞好服务，协调解决影响项目进展和企业发展的问题，大力宣传自治区工业振兴10条、银川市促工业发展19条和贺兰县壮大实体经济17条惠企政策，帮助企业用好用足各项政策“爬坡过坎”，增强企业发展信心。多次深入一线，现场协商推进全县旧城改造、新建续建项目建设、德胜园区“退二进三”、河长制等工作，鼓实劲、出实力、干实事，做到县委、政府有决策有部署，政协就有声音有行动。政协委员积极履行“双岗双责”，在经济、科技、教育、文化、卫生等各领域各显才华，各尽其能，成为助推县域经济发展的重要力量。

（四）广泛团结各界，凝聚作用有效发挥

常委会把发扬民主、增进团结、协调关系作为履职的着力点，积极做好汇集各方力量、凝聚各界人心、联谊各地朋友的工作，为推动全县经济社会发展提供广泛的社会基础。

搭建共事平台，促进多党合作。注重加强与各民主党派和无党派人士的联系，主动结对子、交朋友，沟通情况、征求意见，帮助解决有关问题，积极为各民主党派和无党派人士开展协商议政和民主监督活动创造条件、搭建平台，做到目标上同心同向、行动上同心同行。

团结各界朋友，汇聚发展力量。注重加强和不同民族、宗教、阶层、团体人士的联系，维护和谐稳定的良好局面。鼓励和支持各民主党派开展公益慈善活动，共捐款75500元，走访慰问宗教人士，共捐赠23000元；以界别活动为载体，了解委员履职及生产、生活等情况，帮助委员排忧解难；邀请离退休老干部观摩县域经济发展和参加“重阳节”座谈会，发挥老干部余热；邀请各民主党派、工商联、人民团体和无党派人士参加调研视察14次，营造协商议政、建言献策的良好环境。

加强对外交流，拓宽联谊领域。加强与区市政协办公厅及兄弟县市政协的沟通联系，积极参加自治区基层政协主席联席会议和提案工作会等。邀请外县区政协带领企业家来贺兰考察，先后接待区内外政协考察团29批170人次。发挥政协委员联系广泛、凝聚各方的优势，组织企业家委员开展招商引资活动，主动牵线搭桥、穿针引线、推介服务、宣传贺兰。以“文化政协、书香政协”为载体，举办政协委员书画摄影作品展，展现政协委员的风采，丰富政协委员的生活。

（五）坚持强基固本，自身建设不断提升

常委会把加强自身建设摆在突出位置，不断改进履职方式，切实提升履职效能，推动政协各项工作有序有效扎实开展。

加强领导班子建设，进一步提升执行能力。修订完善《常委会工作规则》《党组工作规则》等八项制度，确保政协工作协调统一、规范有序。坚持民主集中制原则，牢固树立一盘棋思想，创新工作理念，完善工作思路，找准政协工作与党政工作的结合点，与民生工作的切入点，在共识中求团结，在信任中求融洽。政协党组把学习宣传党的十九大精神作为当前的头等大事抓紧抓实，增强履职责任，提高履职能力，提升履职实效。

加强委员队伍建设，进一步提升履职能力。召开委员学习大会3次，组织认真学习党的十九大精神、全国及区市“两会”精神和区市县党政主要领导讲话精神等，增强全体政协委员政治意识。举办新任委员培训班，邀请自治区政协专家从政协理论、工作实践等方面主讲授课，提高委员的履职能力。积极探索发挥委员主体作用的有效方法，通过调研、视察、会议等途径，为委员知情参政提供良好服务。通过订阅报刊、发放资料、专题学习等形式，增强委员参政议政能力。认真落实《政协委员管理办法》等规章制度，建立委员履职档案，强化委员队伍管理。

加强机关干部队伍建设，进一步提升服务能力。以“作风建设深化年”为抓手，大力推进政协机关建设，在政协机关建设书香文化长廊，提升机关形象，激发干部活力。围绕提效率、重落实、见实效，进一步完善政协机关目标任务、责任落实、监督考核“三个体系”。围绕创建学习型、创新型、服务型政协机关，扎实推进“两学一做”学习教育常态化制度化，讲修养、讲道德、讲诚信、讲廉耻，继承发扬党的优良传统和作风，进一步规范党组议事规则，规范“三会一课”制度。严格执行中央八项规定，进一步从严教育干部、从严要求干部、从严管理干部，机关作风建设得到加强。积极开展文明单位创建活动，认真做好进村组、进社区下基层活动，积极参与捐资助学、扶贫济困等社会公益活动，落实帮扶资金6.5万元。按照县委部署和学懂弄通做实的要求，组织全体委员通过收听报告学、专题辅导学、座谈研讨学、到村组社区宣讲学等多种形式，深入学习党的十九大报告，深刻领会习近平新时代中国特色社会主义思想。

各位委员、同志们，2017年，政协工作取得的成绩，是县委坚强领导的结果，是县人大、县政府和社会各界大力支持的结果，是各乡镇场、各部门密切配合的结果，是各民主党派、工商联、无党派人士、各人民团体和全体委员共同努力的结果。在此，我代表县政协十届常委会，向所有关心、支持县政协工作的各级领导和各民主党派、各人民团体、社会各界人士，向县政协各参加单位和全体政协委员致以崇高的敬意和衷心的感谢！

在肯定成绩的同时，我们也清醒地看到，常委会的工作与新时代人民政协事业发展的需要、县委的要求和社会各界的期望相比，还有一定差距和不足，主要是履行职能的制度体系不够完善，建言献策的质量还要提高，协商民主的成果转化仍需加强，界别优势尚未得到有效发挥，政协工作的创新方式和服务水平还需不断提升等。这些问题我们将在今后的工作实践中积极探索、认真研究、切实加以解决。

2018年工作任务

中国特色社会主义进入新时代，党的十九大对中国特色社会主义民主政治作出新部署，为人民政协工作指明新方向，新时代新使命新思想新征程对政协工作提出新的更高要求，也为政协事业提供新的广阔舞台。2018年政协常委会工作的总体要求是：高举中国特色社会主义伟大旗帜，深入学习贯彻党的十九大精神和习近平新时代中国特色社会主义思想，认真贯彻落实习近平总书记系列重要讲话精神和治国理政新理念新思想新战略，深入贯彻落实创新驱动、脱贫富民、生态立区战略，大力践行绿色、高端、和谐、宜居城市发展理念，按照县委十四届二次、三次全会打好产业兴县、生态靓县、富民强县、法治安县四大战役工作部署，牢牢把握团结和民主两大主题，不忘初心、牢记使命，认真履行政治协商、民主监督、参政议政职能，凝心聚力，建言献策，不断开创贺兰县政协工作新局面，为打造沿黄生态经济带明星县，建成较高水平全面小康社会作出新的贡献。

（一）加强理论学习，提高政治站位，在推进社会主义协商民主建设上迈出新步伐

深入学习宣传贯彻党的十九大精神，是全党和政协委员履职的重要政治任务。要组织政协委员深入学习宣传党的十九大精神，深刻领会重大理论创新、重大战略目标、重大工作部署的精神实质、思想内涵，以习近平新时代中国特色社会主义思想武装头脑、指导实践，切实坚定中国特色社会主义道路自信、理论自信、制度自信、文化自信，始终坚持党的领导，始终坚持以习近平同志为核心的党中央保持政治同心、思想同向、行动同步，始终坚定正确的政治方向，在全县打好四大战役的大合唱中找准位置、发挥作用。要把学习宣传党的十九大精神与贯彻落实县委十四届二次、三次全会精神结合起来，牢牢把握县委三年奋斗目标和工作要求，充分发挥政协凝聚人心、联谊交友、团结合作的独特优势，努力把全体委员的力量和智慧凝聚到实现县委的决策部署上来，努力把全体委员的共识和行动凝聚到落实县委的工作要求上来，在加快打造沿黄生态经济带明星县、建成较高水平全面小康社会中奋发有为、与时俱进。要深刻理解党的十九大提出的“发挥社会主义协商民主重要作用”的内涵要求，进一步创新工作思路，健全工作机制，聚焦中心任务，逐步形成以政协全体会议为龙头，以专题议政性常委会议和专题协商会议为重点，以视察调研、座谈评议、委员提案、反映民意等活动为常态的协商议政新格局，切实把协商民主贯穿于政治协商、民主监督、参政议政全过程，拓展协商内容，丰富协商形式，增加协商密度，提高协商成效，积极搭建与群众沟通对话和表达民意的平台，使社会主义协商民主有根、有源、有生命力。

（二）加强议政建言，助推改革发展，在加快建成较高水平全面小康社会上作出新贡献

紧紧围绕县委十四届二次全会建成经济繁荣、环境优美、人民富裕、社会和谐、风清气正的沿黄生态经济带明星县，实现较高水平全面小康社会的奋斗目标，把多协商建净言献良策作为主线，在促进全县经济社会加快发展中建功立业。积极发挥政协凝聚共识的优势，努力把全体委员的思想和行动统一到县委的目标要求上来，组织委员深入学习、思考和认识打好四大战役的现实意义，鼓足发展的劲头、筑牢发展的信心，最大限度地调动委员的积极因素，激发委员的创造活力，万众一心拧成一股绳，以必胜的信心、昂扬的斗志、扎实的努力为贺兰的发展注入强劲动力。积极发挥政协集思广益的优势，在深入调查研究、广泛征求意见的基础上制订年度协商计划，坚持问题导向，补齐发展短板，突出建成较高水平全面小康社会的重点难点，围绕推进经济转型发展、生态环境综合治理、实施乡村振兴战略、提高社会治理能力等重点课题协商议政，建加快发展之言、献保持增长之策，以含金量高的建言献策助推贺兰发展。积极发挥政协协商广泛的优势，组织全体政协委员学习宣传县委、政府加快发展的各项决策部署，增强各党派、各行业、各领域发展信心，把党的主张、政府决策转化为政协委员的共同意志和实际行动。按照协商于民、协商为民的要求，建立基层协商民主建设协调联动机制，围绕产业发展、城乡规划、征地拆迁以及群众反映强烈的民生问题，积极组织开展协商，及时化解矛盾纠纷，促进社会和谐稳定。

（三）加强民主监督，扎实履行职能，在倾力推动保障和改善民生上取得新成效

有事好商量，众人的事情由众人商量，是人民民主的真谛。坚持以人为本、履职为民的“亲民政协”工作定位，既要促进发展做大蛋糕，也要雪中送炭分好蛋糕，尽职尽责为民生献计献策，真心实意为群众排忧解难，使政协工作更加充满活力、富有成效。坚决贯彻以人民为中心的发展思想，在幼有所育、学有所教、劳有所得、病有所医、老有所养、住有所居、弱有所扶的民生之本、民心所向方面反映实情、提出建议，多谋民生之利、多解民生之忧，不断创造美好生活，增进民生福祉。围绕打造共建共治共享社会治理要求，在社会治安防控体系、树立安全发展理念、加强城市综合治理、积极应对突出事件等方面献计献策、提出建议，提升共建共治共享社会化、法治化、智能化、专业化水平，形成群众安居、社会安定的良好局面。切实加强社会心理服务体系建设，在社会公德、职业道德、家庭美德、个人品德等方面履行责任、提出建议，践行社会主义核心价值观，宣传讲仁爱、重民本、守诚信、崇正义、尚和合、求大同的时代价值，培育自尊自信、理性平和、积极向上的社会心态，使人民有信仰、民族有希望、国家有力量的社会主义先进文化深入人心。

（四）加强团结联谊，凝聚各方力量，在发挥爱国统一战线组织作用上展现新作为

团结各界、凝聚人心、促进和谐是人民政协的重要使命。坚持民主和团结两大主题，充分发挥人民政协联系广泛的优势，进一步做好民主党派工作，建立完善与各民主党派、各人民团体、无党派人士定期交流沟通和政协领导班子成员联系走访各民主党派、各人民团体、无党派人士制度，支持他们通过大会发言、视察调研等形式，参政议政、发挥作用，致力于贺兰建设发展。进一步做好党外知识分子和新的社会阶层人士工作，积极开展联谊交友活动，尊重党外知识分子和新的社会阶层人士，把党外知识分子和新的社会阶层人士团结在县委、政府周围，为贺兰发展凝聚新力量。进一步做好非公有制经济领域工作，坚持团结、服务、教育的方针，引导非公有制经济人士发扬企业家精神，始终保持发展的信心和定力，热爱贺兰这片土地，为贺兰发展献策出力。进一步做好民族工作和宗教工作，全面贯彻党的民族政策和宗教政策，加强交往交流交融，积极发挥少数民族和宗教界别委员的界别优势和作用，营造和谐稳定的政治氛围。进一步做

好社会公益事业，大力推动和支持政协委员及社会各界开展扶贫帮困、慈善救助活动，高度关注教育、科技、文化、卫生、体育等事业健康发展，积极参与各项社会公益活动，展现委员社会正能量。

（五）加强自身建设，完善工作机制，在激发政协活力强化履职能力上实现新提升

加强政协自身建设，是做好政协工作的根本要求。加强政协党组建设，认真贯彻落实《中国共产党党组工作条例（试行）》，强化政协党的建设和班子建设，以上率下、示范引领，切实发挥好政协党组把方向、管大局、保落实的重要作用。高度重视常委会建设，充分调动政协常委的积极性，提高常委会履职能力。加强专委会履职能力建设，积极创新专委会工作的新思路新方式，充分发挥专委会在课题调研、提案督办、联系界别的基础作用，更加灵活、更加经常地开展专题协商、对口协商、界别协商、提案办理协商，增强政协工作的活力和成效。加强委员队伍建设，围绕“懂政协、会协商、善议政”和“守规矩、讲纪律、重品行”的要求，制定实施《委员履职工作规则》，强化委员学习培训，完善委员履职档案，切实发挥委员的主体作用，使委员乐于讲真话、讲实话、讲心里话，形成又有集中又有民主、又有纪律又有自由、又有统一意志又有个人心情舒畅生动活泼的工作局面，着力提升委员政治把握能力、调查研究能力、联系群众能力、合作共事能力。加强政协机关建设，扎实推进全面从严治党，持之以恒落实中央八项规定精神，巩固扩大“两学一做”学习教育成果，深入开展“不忘初心、牢记使命”主题教育和“学、查、改”干部作风整治活动，进一步增强政协机关干部的责任意识、法纪观念和履职能力，形成风清气正、积极向上、乐于奉献的良好局面。

各位委员、同志们：新时代赋予新使命，新目标开启新征程。让我们紧密团结在以习近平总书记为核心的党中央周围，高举中国特色社会主义伟大旗帜，深入学习贯彻党的十九大精神和习近平新时代中国特色社会主义思想，在县委的坚强领导下，在县人大、县政府及社会各界的大力支持下，不忘初心、牢记使命，开拓创新、奋发有为，不断谱写贺兰政协事业的新篇章，为打造沿黄生态经济带明星县，建成较高水平全面小康社会而努力奋斗！

韩启德率全国政协调研组到贺兰县调研

4月23日，全国政协副主席、九三学社中央主席韩启德率全国政协文体卫委员会调研组和九三学社中央调研组，专题调研贺兰县校园餐食管理工作。

调研组来到贺兰县第一中学、贺兰县第三中学，实地察看学校供餐模式、实施标准、食材供应、餐厅设备、人员工资情况、就餐场地、操作间设施情况，察看学校校园餐食管理工作的主要做法、各学校存在的困难。

调研组认为，贺兰县抓组织制度保障、基础设施建设、食品安全监管等措施，形成一套符合县情的管理方法，促进了全县中小学营养餐改善计划稳步实施。

韩启德对贺兰县实施校园餐食管理工作取得的成效给予充分肯定。要求贺兰县继续围绕国家关于学生营养改善计划要求，从当地经济社会发展全局出发，分类指导，因地施策，筑牢校园食品安全防线。加强从业人员管理，培育学生健康饮食习惯；要加大对校园餐食管理的投入和保障力度，强化安全、监管等工作，保障各类在校学生的饮食安全和营养均衡；要发挥党委政府的职能作用，加强服务和监督，增强和改进全县校园餐食管理工作。

县领导刘甲锋、秦建忠、陈娜、马建民等参加活动。

石泰峰调研德胜工业园区建设发展情况

11月23日，自治区党委书记、人大常委会主任石泰峰调研德胜工业园区建设发展情况。石泰峰要求：要学习贯彻党的十九大精神，以习近平新时代中国特色社会主义思想为指导，围绕建设现代化经济体系，坚持质量第一、效益优先，大力推进工业园区创新发展、转型发展，切实发挥工业园区在经济发展中的重要支撑作用。

石泰峰在贺兰德胜工业园区调研园区建设管理和配套、产业先进技术应用、企业生产经营、项目工艺流程情况，调研企业绿色、低碳、循环经济和节能环保情况。与园区、企业负责人交流转变发展方式、优化经济结构、转换增长动力等情况及存在的问题。石泰峰说，工业园区要走特色化、专业化、集聚化发展的路子，优化产业布局；要以创新为引领，打造品牌，延长产业链，提高附加值，增强市场竞争力；要引导园区企业建立健全绿色、低碳、循环发展的经济体系。

石泰峰强调，各级党委、政府要高度重视工业园区发展，党政主要负责同志要负总责、亲自抓，解决园区发展中遇到的难题。要推进园区改革开放，加大园区优化整合，深化园区体制、机制改革，扩大对内对外开放。要优化营商环境，推行“不见面”审批、“两不出”服务，以优质的服务吸引更多的好企业、好项目进入园区。要加大对园区的考核力度，发挥好考核的“指挥棒”作用。要加强园区党的建设，选优配强园区党政领导班子，打造一支作风过硬、业务精通、工作扎实的园区干部队伍。

自治区党委副书记、银川市委书记姜志刚，自治区党委常委、自治区常务副主席张超超，自治区党委常委、秘书长纪峥，贺兰县委书记刘甲锋等领导参加调研。

咸辉调研贺兰县现代农业发展

5月24日，自治区主席咸辉来到贺兰县种植养殖基地，专题调研沿黄生态经济带现代农业发展情况。

在贺兰县常信乡谭渠村宁夏蓝湾公司南美白对虾养殖基地，咸辉调研基地销售、利润情况、示范带动情况。她指出，要珍惜好、保护好、利用好母亲河恩赐宁夏的宝贵资源，科学发展适水产业，确保养得好、卖得出、效益高。要统筹谋划、因地制宜、大胆探索，在巩固好传统项目的同时，推广和引进新品种，带领周边移民增收致富。

在宁夏中地生态牧场，咸辉指出，要坚持走生态循环的路子，生产高质量的优质牛奶，把宁夏黄金奶源地的资源优势转化为宁夏奶业的品牌效益。要加强技术人才培养和检测队伍建设，确保产品质量安全，在婴幼儿配方奶等产品的研发方面寻求突破，把奶产业打造成为沿黄生态经济带的特色优势产业。

咸辉来到宁夏广银米业优质水稻生产基地，她对广银米业实现水稻、虾蟹、泥鳅等规模化种养、产业链发展、多业态推进，一二三产业融合，综合效益提高给予肯定。咸辉指出，要推进农业供给侧结构性改革，加快培育农业农村发展新动能，充分发挥基地的技术集成、产业融合、创新创业作用，示范带动更多农民参与，实现现代绿色有机生态农业良性持续发展。

咸辉到贺兰县金山村宣讲党的十九大精神

10月29日，党的十九大代表、自治区主席咸辉来到贺兰县洪广镇金山村，为基层党员宣讲党的十九大精神。咸辉指出，要在习近平新时代中国特色社会主义思想的指引下，树立以人民为中心的发展思想，发挥基层党组织战斗堡垒作用，发挥好党员先锋模范作用，让农村发展得越来越好，让老百姓的日子越来越富。

在金山村党员樊新祥家中，咸辉与20多名基层党员代表围坐在一起，交流学习党的十九大精神，畅谈产业发展和群众生活变化，并结合参加党的十九大的感受，介绍党的十九大的盛况，对报告中村民关心的问题做讲解。

咸辉说，党的十八大以来的五年，我们党和国家取得重大的成就和历史性变革，具有里程碑意义，群众生活也发生翻天覆地的变化，这都得益于以习近平同志为核心的党中央的英明领导。我们要坚决拥护核心、爱戴核心、捍卫核心。

宣讲中，咸辉从习近平总书记在陕西延川县梁家河村的七年知青岁月切入，结合报告中农民关心关注的具体内容，用群众听得懂的语言，向基层党员代表宣讲报告。咸辉指出，党的十九大最大的亮点、最大的贡献，就是把习近平新时代中国特色社会主义思想确立为党的指导思想和行动指南，并写入党章，要原原本本、原汁原味学深悟透这一伟大思想。

咸辉指出，要坚定政治信仰，牢固树立“四个意识”，知党心、感党恩、跟党走；要不忘初心、牢记使命，践行全心全意为人民服务的宗旨，坚持发展第一要务不松劲，努力实现更高质量、更有效率、更加公平、更可持续的发展；要发挥基层党组织的战斗堡垒作用，想群众所想，急群众所急，干群众所盼，带领他们发家致富；要发挥好党员先锋模范作用，与群众互帮互助、共学共乐，确保党的十九大精神落地生根、开花结果。

姜志刚调研贺兰县经济社会发展

7月6日，自治区党委副书记、银川市委书记姜志刚来到贺兰县，察看特色产业，查看基层党建，听取经济发展和生态、民生建设工作开展情况汇报，调研贺兰县经济社会发展。

在百瑞源枸杞股份有限公司，姜志刚来到企业研发中心、生产车间、枸杞馆，查看企业枸杞生产经营情况。

来到德胜工业园区的贺兰县汽车销售行业党群活动服务中心，在察看中心建设、服务情况后，姜志刚要求，要创新党组织设置模式，坚持重心下移、力量下沉，加大在非公企业较为集中的园区、楼宇等地方设立党群服务中心的力度，拓展服务中心功能，扩大党的工作和党组织在非公经济组织中的覆盖面，提升非公企业党建工作水平。

姜志刚还来到宁夏远高杭萧绿色建筑科技有限公司、宁夏泰益欣生物科技有限公司、贺兰县中地生态牧场有限公司调研。

市委副书记周云峰，市委常委、副市长杨有贤，县委书记刘甲锋等参加调研。

马廷礼调研贺兰县统战工作

2月14日，自治区党委常委、统战部部长马廷礼来到贺兰县调研。围绕贺兰县贯彻落实全区宗教工作会议精神情况，迎接全国工商联十一届十次常委会暨民营企业助推宁夏创新发展大会招商引资工作情况，构建“亲”“清”政商关系情况；基层统战工作情况等，马廷礼下到贺兰部分乡镇、企业、宗教场所走访，与大家座谈。

调研中，马廷礼要求，要提升对贺兰县县情

的认识，对构建统战工作大格局的认识，对宗教工作重要性的认识，对民营企业的认识，充分发挥统一战线凝聚人心、凝聚力量的作用。要从提升认识、压实责任、解决问题、创新机制、培养人才等方面，抓好自治区宗教工作会议精神的贯彻落实，要着力构建“亲”“清”政商关系。

马廷礼对贺兰县统一战线工作给予充分肯定。银川市委常委、副市长杨有贤，县长刘甲锋，县领导秦建忠、黄自爱参加活动。

马顺清调研贺兰县农业发展

5月10日，自治区党委常委、副主席马顺清来到贺兰县调研农业发展情况，县长刘甲锋，副县长叶正忠一同调研。

调研组来到习岗镇黎明村青贮玉米前茬种植冬牧70示范点。相关人员的介绍：贺兰县种植冬牧70黑麦草507.9公顷，实施地点涉及4个乡镇15个村，冬牧70适应性强，耐严寒，无病虫害、是首选的“一年两熟”前茬种植作物。马顺清指出，既提高种植业收入，又为农业开辟有机肥源，净化环境，很好。

调研组来到贺兰县常信乡谭渠村南美白对虾养殖基地。对园区配套设施、生态化、规模化、产业化养殖给予肯定。对企业转移农村剩余劳动力，促进本地区及周边省区渔业发展的做法也给予肯定。

在贺兰县中地生态牧场，调研组观看转盘式挤奶，精准化饲料投喂等现代化设施。马顺清强调，在采用现代化机械耕作的同时，要保障饲料的品质，提高生产效率，创新体制机制。

调研组还来到在广银米业，宁夏天缘种业。调研组对贺兰县农业发展取得的成绩和经验给予充分肯定并指出，发展现代农业是转变农业发展方式、提升产业发展水平的迫切需要。

马力调研贺兰县四二干沟综合整治情况

2月24日，自治区副主席马力调研贺兰县银新干沟和四二干沟综合整治情况。银川市委常委、贺兰县委书记李郁华，银川市副市长徐庆，县长刘甲锋等参加调研。

在四二干沟贺兰段，马力察看沟道现状、治理工程谋划情况，听取二干沟水质提升工程规划思路。马力指出，加强环境保护，让老百姓生活在良好的环境中，是政府和企业的共同责任，我们要对老百姓负责，对子孙后代负责，给今后发展留下空间。贺兰县政府要尽最大力量做好沟渠整治，要增强全社会的环境保护意识，教育引导广大群众养成文明的习惯，自觉保护环境，共同提升城市形象，着力建设美丽宁夏。

许尔锋调研贺兰县残疾人工作

2月10日，自治区副主席许尔锋带领有关部门负责人来贺兰县调研残联工作。县长刘甲锋、副县长陈娜参加调研。

许尔锋来到如意湖社区康复站，查看残疾人康复及就业情况，残疾儿童治疗、康复情况。如意湖社区康复站负责人向调研组汇报中心建设、业务开展、科室功能设置、康复训练器材配置、康复专业人才引进情况，在中心接受治疗的残疾人数量情况。调研组来到科室看望正在接受治疗的残疾人，许尔锋鼓励要坚定康复训练的信心，争取尽早康复。

许尔锋说：促进残疾人事业发展是党和政府的责任，是全面建成小康社会的现实需要。要落实残疾人各项优惠政策，让残疾人同步进入全面小康社会。

安纯人视察贺兰县食品安全管理工作

5月27日，自治区政协副主席安纯人视察贺兰县食品安全管理工作，县领导马刚、钱瑞等陪同视察。

安纯人实地视察金河乳业、百瑞源枸杞有限公司，听取企业相关负责人关于企业发展及产品质量安全管理工作的介绍。安纯人要求企业，做食品就是做良心，乳业产业链长而复杂，任何一个环节出现差错，都会造成严重的食品安全问题。

在百瑞源枸杞有限公司，安纯人对企业食品安全体系建设给予肯定，他勉励百瑞源公司加大食品安全管控，落实“四个最严”的要求，保障人民群众舌尖上的安全。

张乐琴在贺兰慰问老人、劳模及困难群众

1月19日，自治区政协副主席张乐琴来到贺兰，看望慰问高龄老人、劳动模范、困难老党员、农村低保户群众，向大家送上新春的祝福。

在县中心敬老院，张乐琴来到老年人公寓、厨房、餐厅，听取敬老院负责人的汇报，查看生活在这里的高龄老人们的身体和生活状况。

在自治区劳模夏永福家中，张乐琴说，我们不能忘记劳动模范，你们为地方发展作出贡献。

在洪广镇欣荣村，张乐琴与村民拉起家常，查看村民的生产生活情况。张乐琴还看望慰问困难老党员谢建国，农村低保户王改巧、康维信，为大家送上新春祝福。

于康震调研贺兰县渔业发展情况

7月5日，农业部副部长于康震带领北京，上海、天津、山西等25个省、自治区、直辖市农牧厅，水产技术推广站、水产科学研究院负责人调研贺兰县渔业发展情况。自治区党委常委、副主席马顺清，自治区人大常委会副主任陈军，自治区农牧厅厅长王文宇，县委副书记、县长刘甲锋，县领导叶正忠等一同调研。

在贺兰区水产研究所，于康震进车间，看苗种，听取技术人员对良种选育的新方式汇报。在广银米业稻渔综合种养基地，于康震一行坐观光缆车领略塞上贺兰风光，品尝贺兰特产西瓜。他对贺兰稻渔综合种养、以渔促游、以渔富民农业生产方式给予充分肯定。

于康震指出，习近平总书记强调“绿水青山就是金山银山”，内陆湖库地区要科学布局禁养区、限养区和养殖区，发挥水产养殖净水养水作用，合理控制养殖密度，发展资源节约和环境友好型渔业，在保护中发展，在发展中保护；要推广适合大水面的养殖方式，切实转变养殖方式。

全国水产技术推广现场会在贺兰县召开

7月5日，全国水产技术推广工作会议暨生态健康养殖技术集成现场会在贺兰县召开，农业部副部长于康震、全国各地水产养殖技术推广负责人共130多人参加会议。

自治区常委副书记、银川市委书记姜志刚，自治区党委常委、副主席马顺清，自治区农牧厅厅长王文宇、副厅长马新明，银川市副市长李鸿儒，县长刘甲锋等领导与会。

与会者现场参观自治区水产技术推广站，考察贺兰试验示范基地渔业物联网追溯体系建设，贺兰水产养殖水质净化技术、宁夏黄河鲶鱼品种选育、集装箱养殖技术，广银米业公司稻渔综合种养基地的稻渔、稻鸭、稻泥鳅、稻虾等综合养殖模式。

于康震指出：要以创新、协调、绿色、开发、共享发展理念为基础，推进渔业供给侧结构性改革。坚持生态优先、提质增效、绿色发展、集约高效、种养结合的生态清洁养殖模式；推动建立渔业可持续发展。

于康震对贺兰县的水产生产给予肯定。

白尚成督察贺兰山沿线环境保护工作

5月10日，银川市市长白尚成带领督察组来到贺兰县督查贺兰山国家级自然保护区及沿线环境保护工作。县领导刘甲锋、马刚参加活动。

白尚成一行来到贺兰山拜寺口，查看贺兰山东麓沿线清理整治情况。白尚成要求各部门尽快制定出切实可行的整改措施，把保护目标、任务层层分解，该退出保护区的企业要坚决退出，绝不能留余地、搞变通、打折扣。

白尚成指出，相关部门要把解决环保督察反馈问题整改作为推进生态文明建设的重要抓手，以高度负责的精神，将贺兰山自然保护区存在的问题整治一项、核查一项、到位一项，推动保护区环境持续稳定改善。

杨玉经调研贺兰县社会经济发展情况

11月21日，银川市代市长杨玉经一行调研贺兰县经济社会发展情况，协调解决发展中存在的问题。

杨玉经来到贺兰县金贵镇银河村，对银河村在11月17日全国精神文明建设表彰大会上被授予第五届“全国文明村”表示祝贺。对银河村通过农业产业结构调整，形成蔬菜种植、奶牛养殖等主导产业，村民人均可支配收入达15200元，比全市平均水平高3163元的工作给予肯定。他要求相关部门加大力度，支持村“两委”班子建设，把“全国文明村”的品牌擦得更亮。

杨玉经还来到贺兰县宁夏厚生记食品有限公司、宁夏如意科技时尚产业有限公司调研。市领导毕俊生、韩江龙，县委书记刘甲锋参加调研。

刘甲锋到洪广镇洪广村讲党课

11月20日，县委书记刘甲锋来到洪广镇洪广村，围绕党的十九大会议精神，为洪广村全体党员讲授专题党课。

刘甲锋指出，党的十九大是在全面建成小康社会决胜阶段、中国特色社会主义进入新时代的关键时期召开的一次十分重要、意义非凡的大会。洪广村作为党的基层组织，学习宣传贯彻十九大会议精神，要真正做到一个都不掉队。要认识到党的建设的重要性，准确把握好党的初心和使命，深刻领会习近平新时代中国特色社会主义思想。

要认识到实施乡村振兴战略的重要意义，始终把解决好“三农”问题作为全村工作的重中之重。要结合洪广镇发展规划及洪广村实际情况，动员全体党员干部，投身农村建设。

要围绕贺兰县“产业强县”工作部署，以产镇融合为抓手，大力实施一二三产业融合，带动更多失地农民在家门口就业。要结合棚户区改造、美丽乡村建设等重点工作，逐步改善人居环境，打造宜居、宜业、宜商的新洪广。

授课后，刘甲锋下到洪广镇广荣村，走访、慰问对口帮扶的贫困户。

刘甲锋在新华网第三届公务车论坛上发言

1月7日，以“县域汽车发展新趋势”为主题的新华网第三届公务车论坛在北京举办。县长刘甲锋在对话环节中介绍，贺兰县公务用车实现市场化运作，在其带动下汽车销量实现10%的增长。从现在开始，贺兰县汽车产业布局的规划是与汽车制造企业携手，打造本地区汽车全产业链落地。

刘甲锋在论坛介绍：得益于区域优势，贺兰汽车销售、汽车零配件销售、二手车销售占贺兰社会消费品零售总额的70%。贺兰德胜汽车产业园区有110多家的汽车销售4S店。中国中汽集团在贺兰建立西北最大的汽车整车销售、汽车零配件、汽车市场。汽车产业在贺兰县具有很广阔的发展前景。

刘甲锋认为，从地理位置上来看，贺兰周边500多千米的兰州、西安、包头等城市均没有汽车生产制造企业，汽车整车制造企业的引入可以助推贺兰汽车全产业链的形成。

代县长赵波在德胜工业园区调研

11月20日，代县长赵波带领县发改局、安监局、国土局等部门负责人调研德胜工业园区发展情况。

赵波来到百瑞源、凯晨电气、远高杭萧、华泰龙家具等企业，通过听取汇报、查看生产流水线，调研企业生产运行状况、产品市场销售及企业在转型升级中遇到的困难等情况。在召开的座谈会上，相关部门负责人汇报园区情况、招商引资情况。

赵波指出，贺兰县以“绿色、高端、和谐、宜居”的城市建设理念为引领，把创新作为引领发展的第一动力，做大园区平台，做优主导产业，做强企业主体，推动产业兴县，经济转型发展，十分准确、正确。作为贺兰县域经济发展的排头兵，转型升级的领头羊，银川德胜工业园区2017年入园项目有48个，总投资概算190亿元，开工项目30多个。下一步，相关部门要切实帮助企业解决实际困难，为企业投资发展建立良好环境。要抓住区位优势，加大“腾笼换鸟”力度，助推产业转型升级。培育发展第三产业，逐步引导工业企业“退二进三”，有效盘活土地资源，相关部门要紧盯安全生产和环境保护问题不放松，做好监督管理工作，促进全县工业经济快速健康发展。县领导李炳杰、王鹏辉一同调研。

贺兰县获两项互联网经济国家级称号

1月7日，在北京举行的首届中国县域经济发展论坛上，贺兰县获得2016中国县域经济互联网+实践县、2016中国县域经济投资潜力县两个称号。

2015年起，贺兰瞄准打造宁夏产业发展示范区的目标，全力建设贺兰特色的全域产业体系。创建贺兰县宁浙创业园、银川快递物流园、中阿跨境产业园。实现实体经济与网络经济的零距离对接，构建起宁夏产品走出去的“贺兰模式”。

2016年，贺兰电子商务产业持续高速增长，全县电子商贸交易额达17亿元。

宁夏五市特产展销中心落地贺兰

1月8日，宁夏五市特产展销中心在贺兰县宁浙电商创业园揭牌。自治区商务厅巡视员马迎秋，银川市委常委，贺兰县委书记李郁华，县人大常委会主任俞学华，县政协主席恩建国，县委副书记何建勃等县四套班子领导参加开业仪式。

宁夏五市特产展销中心建设面积5000平方米。在展销中心内，以图片、模型介绍与推介宁夏五市的自然禀赋、人文风俗、旅游特色；运用电子商务技术将五市资源及特色产品，形成线上线下、内贸外贸、虚拟与实体全方位的外销。

“百日招商”重点项目集中签约

1月19日，贺兰县举行“百日招商”重点项目集中签约仪式。此次签约的项目有：

宁夏泰瑞药业股份有限公司和同济大学附属医院、上海东方医院合作建设的宁夏（上海）同济东方医养产业项目，项目选址位于德胜工业园区，项目总投资30亿元，项目规划建设2000个床位。

宁夏多维药业公司投建的中化药智能化技术建设项目，公司计划投资12亿元，用地面积15.41公顷，在德胜工业园区建设中化药智能化技术搬迁改造项目。

宁夏泰益欣生物制药有限公司投资建设的泰益欣二期，项目概算总投资20亿元，建设盐酸克林霉素、泰乐菌素、大观霉素、土碱等产品生产线项目。

宁夏金维制药股份有限公司投资建设的维生素原料药项目，项目概算总投资20亿元，建设年产10吨甲钴胺、10吨腺苷钴胺、250吨辅酶Q10及其配套设施产业化项目。

宁夏宝兰德化工有限公司投资建设的年产2万吨金属钠项目，项目生产采用业内最先进的美国杜邦技术，在提升产能的同时大幅降低生产能耗。项目建规划年产值4.4亿元，利税0.88亿元。5个项目总投资达到85.3亿元。

贺兰县获批全国农村承包土地经营权抵押贷款试点县

经全国人大常委会授权，贺兰县获准成为全国农村承包土地经营权抵押贷款试点县。

2016年5月，贺兰县开展农村承包地经营权抵押贷款试点工作。成立农村产权交易中心，出台《贺兰县农村承包土地经营权抵押贷款试点办法（试行）》《贺兰县农村承包土地经营权抵押贷款风险补偿基金管理办法（试行）》，设立300万元的农村承包土地经营权抵押贷款风险补偿基金。实施网上审批，搭建贺兰县农村产权交易信息网和农村产权抵押贷款管理系统服务平台，实行网上审核备案，贷款群众一次申请，即时审核备案。

至2017年2月，全县受理农村承包土地经营权抵押贷款申请250笔，贷款金额1524.1万元。通过与农发行、回商银行、石嘴山银行等6家金融机构建立合作关系，形成贺兰县农村金融服务网络。

贺兰开启2017作风建设深化年活动

2月10日，全县作风建设深化年举行启动大会。银川市委常委、贺兰县委书记李郁华出席会议并讲话。县人大常委会主任俞学华、县长刘甲锋、县政协主席恩建国等县四套班子领导，在职副处级以上领导、全县副科级以上干部等600余人参加启动会。

大会通报全县2016年度各部门绩效考核情况，2016年度驻县区、市属单位服务县域经济发展考核排名情况。

“作风建设深化年”活动将从2月开始到10月结束，开展农民工欠薪问题专项整治、信访投诉受理答复不及时专项整治、违法违规用地专项整治等12项专项整治

李郁华指出，召开作风建设深化年活动启动大会，表明县委狠抓作风建设的信心和决心，以促进各级干部迅速收心归位，以过硬的作风，凝神聚力谋发展、抓落实，实现贺兰县县域经济跨越发展目标。

中共贺兰县纪委十四届二次全体（扩大）会议

2月10日，中共贺兰县第十四届纪律检查委员会召开第二次全体（扩大）会议。县纪委委员17人出席。银川市委常委、贺兰县委书记李郁华，县人大常委会主任俞学华，县长刘甲锋，县政协主席恩建国等出席会议。

县委常委、县纪委书记刘勇主持会议。会议传达十八届中央纪委七次全会精神、十一届自治区纪委八次全会精神、十四届银川市纪委二次全会精神。县委常委、纪委书记刘勇代表县纪委常委会作题为《强化监督执纪问责 推进全面从严治党 为建设“五个贺兰”提供坚强纪律保障》的工作报告。

报告认为，2016年，县委坚定不移地推进全面从严治党，坚持以上率下担起管党治党责任，强化领导核心作用，层层传导责任压力。各级纪检组织突出主责主业，监督执纪问责全面延伸。全县广大党员和干部的纪律观念和廉洁意识明显增强，党内政治呈现新的气象。

全会要求，2017年全县党风廉政建设和反腐败工作要贯彻党的十八大和十八届历次全会、习近平总书记系列重要讲话精神，全面落实中央、区、市纪委全会和县第十四次党代会的部署和要求，强化监督执纪问责，遏制腐败蔓延势头。

贺兰重大项目推进年活动动员大会

2月16日，全县重大项目推进年活动动员大会召开，银川市委常委、贺兰县委书记李郁华，县人大常委会主任俞学华，县长刘甲锋，县政协主席恩建国及其他县四套班子领导，各部门、各单位、各工业园区、各乡镇场主要负责人参加大会。县发改局、县财政局等13个项目实施和项目服务单位中层以上干部，农业、工业等领域83家企业负责人参加会议。

县委副书记马金龙通报2016年贺兰县主要经济指标完成、贺兰在区市排名情况。通报《关于2016年全区争取政策项目资金落实情况》。德胜工业园、网络经济发展局等6个单位负责人分别做表态发言。

县上与发改局、住建局等单位分别签订全年绩效考核目标责任书。

银川市市委常委、贺兰县委书记李郁华指出：一个地方的发展，关键在于解决项目，项目，是凝聚智力、人力、财力、物力的重要载体，是推动贺兰经济社会发展的重要平台。要正视成绩，明确目标，以持之以恒的韧劲、一抓到底的干劲、着眼长远的实劲，一张蓝图绘到底，一条决心做到底，一个声音喊到底，大干苦干、实干快干。

“平安贺兰”推进大会

2月17日，贺兰县召开“平安贺兰”推进大会。银川市委常委、贺兰县委书记李郁华，县领导俞学华、刘甲锋、恩建国等领导参加会议。

县委常委、纪委书记刘勇做《关于银川市“1·05”公交车放火案责任追究情况的通报》。县委常委、政法委书记、公安局局长白建斌做《关于2016年度全区综治工作考评结果的通报》。县委副书记马金龙安排部署“平安贺兰”推进的具体工作，要求年底前，摘掉管控帽子，使贺兰县进入2017年度平安县的行列。

公安局、信访局等6个单位负责人就2017年推进建设“平安贺兰”工作做表态发言，并签订2017年度平安建设工作责任书。

李郁华指出，“平安贺兰”建设要突出重点，在工作目标上有更高标准。要盯紧“四项约束性”指标，要按照“发现得早、化解得了、控制得住、处置得好”的要求，减少刑事发案率、减少上访率、减少安全生产事故率，确保无群体性事件发生。

杭萧钢构在贺兰建设西北最大新型制造基地

2月23日，银川市人民政府与杭萧股份有限公司举行战略合作框架签约仪式，杭萧钢构集团新型建筑工业制造基地落户贺兰县。市长白尚成，银川市委常委、贺兰县委书记李郁华，银川市副市长徐庆与杭萧股份有限公司总裁张振勇一行出席签约仪式。县长刘甲锋主持签约仪式。

项目占地46.公顷，总投资13.8亿元，一期投资3.6亿元，建设绿色建筑构件产业基地、研发中心、孵化厂房示范区及配套项目，主要生产重型、轻型钢结构等；二期投资5.2亿元，主要建设风电塔桶及法兰生产配套设施；三期投资约5亿元，主要建设钢结构住宅、智能化装备加工、模块化装配式重型钢结构体系加工。产品销售形成辐射银川周边600千米范围城市圈。2月24日，杭萧钢构建设在贺兰举行开工仪式

贺兰“宁夏健康谷”八家企业入驻

2017年2月，有八家企业入驻贺兰“宁夏健康谷”。

全国最大的医疗检测中心——广州金域医学检验中心，投资5000万元，建设宁夏金域医学检验所生化检验等医学诊断实验室项目。

浙江舒宜康医疗设备有限公司，投资1000万元，建设舒宜康电动手术刀研发及生产基地。

宁夏斯维尔特信息技术有限公司，投资1000万元，实施VR虚拟现实导医技术、虚拟手术教学技术的研发及推广，探索VR虚拟现实等

技术在医疗行业的应用。

宁夏康美瑞医疗器械有限公司，投资1000万元，实施康美瑞健康小屋，为居民提供全自动血压计、精神压力分析仪等体检设备。

西部发展（宁夏）建设投资有限公司，实施健康产业招商及培育工程，在宁夏生态纺织园建设268公顷的健康产业园，围绕大健康产业进行项目培育。

林州太行藜农业科技有限公司，投资1000万元实施藜麦种植、加工及食品研发基地建设。

杨凌华翼纳米医药科技有限公司，建设高效、浓缩医用、药用纳米乳研发及生产基地，实现高浓缩纳米乳在化工产业领域的应用研发。

宁夏舒友医疗设备有限公司，投资1000万元，建设浙江舒友医疗检测试剂盒研发及生产基地。

阿里巴巴集团副总裁孙军工到贺兰考察

3月24日，阿里巴巴集团副总裁孙军工到贺兰考察。银川市委常委、贺兰县委书记李郁华，副县长陈娜陪同考察。

孙军工考察贺兰阿里巴巴村淘县级运营中心、跨境电商产业园、宁浙电商创业园等地，就宁浙电商创业园规划建设，贺兰县企业电商、跨境电商及农村电商发展等情况做规划交流。

李郁华向阿里巴巴长期对贺兰电商产业发展给予的支持表示感谢。李郁华向孙军工介绍：贺兰发展互联网经济具有独特优势，希望阿里巴巴集团与贺兰开展更多合作，推动双方实现互利双赢。

孙军工说，贺兰县电商产业发展氛围浓厚，前景广阔，阿里巴巴将在农村电子商务、跨境电商人才培养等方面进一步加强与贺兰的合作。

全县发展实体经济大会召开

3月28日，全县发展实体经济大会召开。银川市委常委、贺兰县委书记李郁华，县人大常委会主任俞学华，县长刘甲锋，县政协主席恩建国等领导参加会议。

县委副书记马金龙主持会议。会上，县上拿出1871万元，对2016年为贺兰发展作出突出贡献的12家企业、单位，53名个人予以表彰奖励。

大会宣布《贺兰县关于支持实体经济加快发展的政策意见》《贺兰县深化东西合作交流促进贺兰换道超车跨越发展的实施意见》。

会上，刘甲锋指出，贺兰县以供给侧结构性改革为主线，打好“三去一降一补”系列组合拳，做好“加减乘除”4篇文章，形成生态纺织、精品农业集群和大健康产业、全域旅游等新兴产业等5个产业体系，电子商务与实体经济形成相互促进的态势，工业、农业及新经济、新业态对实体经济的支柱作用越来越明显，企业的核心竞争力越来越强。全县将按照一张蓝图绘到底的目标、一届接着一届干的韧劲，推动贺兰的实体经济有质的飞跃。

李郁华指出，贺兰县仍将围绕打造东西合作、转型升级、科学发展、换道超车“四个样板”的具体要求，处理好实体经济与虚拟经济、工业化与信息化、大企业与小企业、增量市场与存量市场、先进制造业与现代服务业、“走出去”与“引进来”及“破”与“立”七大关系。

全县农业“八化”战略暨特色小镇建设推进会召开

3月30日，全县农业“八化”战略暨特色小镇建设推进会召开。银川市委常委、贺兰县委书记李郁华，县人大常委会主任俞学华，县长刘甲锋，县政协主席恩建国等县四套班子领导及全县涉农部门负责人参加会议。

县上拿出2339万元，在大会上表彰奖励2016年度农业农村工作先进集体和先进个人。

会上提出《贺兰县深入推进农业“八化”加快培育农业农村新动能的实施意见》，实施意见通过资金加政策的影响，推进全县农村改革，推进脱贫攻坚，提高农业综合效益和竞争力。

县长刘甲锋指出，2017年，政府将加大农村改革力度，全县主要农作物良种覆盖率、农业生产主要环节综合机械化水平达到95%以上。建成“智慧贺兰”农业云服务平台，全县化肥、农药施用量分别下降4.5%和4%。农业总产值增长、增加值增长5%以上，农民人均可支配收入增长11%以上。

李郁华指出，2017年，贺兰县农业“八化”和特色小镇建设将以打造“四个样板”为总目标，以农业“八化”为总纲，依托打造特色小镇、美丽乡村、主题村落为发展途径，以农村电商全域化、乡村旅游全域化为工作重点，推进农业大县向农业强县转变。

会议通报2016年全区农业现代化和农村全面小康社会建设综合考评结果，贺兰县获得2016年度农业现代化建设先进集体，农村全面小康建设先进集体一等奖，农业产出效益、农业科技进步、新型职业农民培育、农业社会化服务、农产品质量安全、农业招商引资六项指标在全区13个川区县中获得第一名。

2017年全县扩大有效投资第二批重大项目集中开工

4月12日，宁夏贺兰县举行扩大有效投资第二批重大项目集中开工仪式。第二批集中开工项目共31个，概算总投资38.37亿元。

开工项目涵盖新材料、新能源、精细化工、生物医药、农业产业等多个领域。贺兰县太阳城中学新建项目是第二批重大项目集中开工重点项目。规划建设36个教学班，建筑面积30046平方米，总投资13000万元。

宁夏泰益欣生物科技有限公司三期建设项目。泰益欣公司一、二期项目建成并投产运营，三期主要是泰乐菌素、大观霉素等项目及其污水处理、溶媒回收、动力等配套设施项目的建设。投资达20亿元。

县长刘甲锋在集中开工仪式上指出，全县干部要树立人人都是“店小二”的定位，为项目建设和企业发展提供全方位、无缝隙、链条式的服务。推进供给侧结构性改革，推进产业转型升级，推进重点项目建设。

贺兰建成中国特产中心

5月6日，宁夏—中国特产中心在宁浙电商创业园开业。银川市民在家门口就能在33个省级特装馆买到各地名优特产。

宁夏—中国特产中心是宁浙两省区在东西合作大框架下具体落实的省级合作项目。该项目不但将实惠带给当地的老百姓，还借鉴“世界小商品之都”义乌的成功经验，参照义乌副食品市场名特优新产品展销中心的经营模式和绿禾网的农产品电商模式，利用先进的光电技术和互联网技术，创造性开发智能旅游购物体验项目，使宁夏—中国特产中心成为宁浙对接的新样本。

宁夏—中国特产中心总面积约16000平方米，由33个省级特装馆、O2O购物系统、互联网旅游体验区3个部分组成。

贺兰18个产品获“宁夏名牌产品”

6月15日揭晓的2016年度宁夏名牌产品，贺兰县18个产品荣获宁夏名牌产品称号。

贺兰县大力实施名牌战略，市场监督部门组织辖区企业参加宁夏名牌产品申报评选活动。市场监管部门组织工作人员下到企业宣传名牌效应，指导企业开展申报工作。2017年，贺兰县共有20个产品参加2016年度宁夏名牌产品评选活动，最终厚生记等14家企业18个产品荣获宁夏名牌产品称号。

2017中国企业家财富论坛开启魅力贺兰行

7月17日，2017中国企业家财富论坛暨魅力贺兰行活动在银川国际交流中心举行。

全国政协委员、全国工商联原副主席孙晓华，全国政协委员、安徽省政协原副主席王鹤龄，中国城镇化促进会特色小镇规划研究院院长程东谦，马来西亚国会议员、原交通部部长翁诗杰，著名经济学家、经济日报原总编辑冯并等国内外知名专家、学者及中国企业家协会会员268人出席活动。

会议组织企业家到贺兰实地考察投资环境，推介贺兰县产业园区及产业发展方向和招商引资优惠政策。举办“一带一路战略对西部经济崛起的影响和展望”“中国特色小镇的可持续发展”“当前形势下的股权投资与探索”等10场次论坛讲座。发布“青鸟盛地城市足球公园”“互联网+4E外贸综合服务平台”等3个重大项目。

会议期间，贺兰县与中企会会员企业签署海尔医疗贺兰山国际健康谷、亚邦集团（贺兰）产业园等6个项目框架协议，协议规划投资近100亿元。

132户海原移民“插花”落户贺兰

8月7日，海原县七营镇、李旺镇、贾塘乡132户641名村民组成的搬家车队移民来到贺兰县金贵镇。金贵镇一个单元配一个镇领导及5名工作人员，帮助移民入户。每户移民家里配备衣柜、煤气灶，还为他们准备一星期使用的米、面、油、蔬菜。贺兰县在金贵镇馨怡家园共计回购住房203套14744平方米，安置移民203户930人。

在移民产业扶持方面，贺兰县为“插花”移民每户建设一栋40平方米养殖圈棚，每户分配一头母牛，人均分配一亩水浇地。在金贵镇银光村规划建设27.135公顷移民扶贫产业园，用于劳务移民产业发展和务工就业。利用金贵镇小城镇建设开发的商品营业房，对具有创业技能、商贸经营能力的移民租用营业房开展商贸经营活动，给予部分房租补助。

第十三届全国网络媒体宁夏行总结表彰大会在贺兰举行

由自治区党委宣传部、自治区党委互联网信息办公室主办，宁夏新闻网承办的第十三届全国网络媒体宁夏行采访活动于8月11日走进贺兰。来自人民网、新华网、中国网、中国新闻网、宁夏新闻网等国内40余家的主流网络媒体走进远高杭萧绿色建筑有限公司、宁夏中小企业孵化园、稻渔空间等实地采访。

观摩结束后，全国网络媒体宁夏行总结表彰大会在贺兰召开。县委书记、县长刘甲锋讲话时对各位媒体朋友表示欢迎，感谢来自全国的网络媒体传递贺兰好声音，讲述贺兰好故事。

自治区党委宣传部常务副部长杜银杰等为突出个人和媒体颁奖。

丁北香菜“飞”向大江南北

9月7日，贺兰县常信乡丁北村的十几位村民蹲在杨兆雄家的田里，用小铁铲铲起香菜捆成小捆，堆放在田埂边，等待装箱，运往河东机场销往四川成都。

丁北村是贺兰县最偏远的村落之一，这里适宜种植西芹和香菜，西芹获得国家农产品地理标志认证，香菜更是远近闻名。

2016年1月，村委会与成都诚信公司建立合作关系，签订40.2公顷西芹、13.4公顷香菜的订单销售合同，合同规定对西芹和香菜分别实行最低每公斤0.8元和2元的保护价收购。2016年，村民们的西芹和香菜分别卖到每公斤1.4元和4元。

丁北村的香菜90%销往广东、上海、成都、郑州、西安等省市，有60%的香菜是从河东机场“坐”飞机运到广州。

杨兆雄家共有1.072公顷地，以前种水稻、玉米、小杂粮等作物。后来这些地全部改种香菜，而且都是订单销售，卖出5000多公斤，菜价最好时每公斤卖到6元。他家2016年香菜收入2万多元，今年收入4万多元。

国务院食安委督察组督导贺兰县食品安全工作

9月9日，国务院食品安全督察组副组长王松林一行督导检察贺兰县食品安全工作。

督察组来到金河乳业、常信乡稻渔空间基地，对乳业食品和农渔业产品的安全检测工作进行专项检查。

督察组认为，广银米业以绿色发展的理念推动农业供给侧结构性改革，使生态环境得到有效保护，实现稳粮增收和提质增效，为老百姓提供绿色健康有机的大米。督察组副组长王松林强调，要保障食品在来源、运输、销售等全过程的质量安全。

贺兰县获“全国农业农村信息化示范基地”称号

10月20日，农业部公布2017年新认定的全国农业农村信息化示范基地名单，贺兰县上榜。贺兰县成为宁夏首个获得整体推进型称号的示范基地。贺兰中地生态牧场也同批荣获“2017年度全国农业农村信息化生产应用型示范基地”称号。

2016年，贺兰县农业信息化实现“一优三特”产业全覆盖，大米可追溯，设施农业大棚管家、自动控制，奶牛场全程信息化管理，渔业养殖水质远程监测，农业农村电子商务等一批“互联网＋现代农业”技术推广应用快速发展，加快推进了农业现代化进程。

中共贺兰县第十四届委员会二次全体会议

9月30日，中共贺兰县委员会十四届二次全体会议召开。

县委书记、县长刘甲锋代表常委会向大会作题为《振奋精神 笃定实干 为打造沿黄生态经济带明星县 建成较高水平全面小康社会目标而奋斗》的工作报告。

报告回顾了全县上半年经济社会工作。2017年上半年，全县地区生产总值完成48.02亿元，增长8.4%；实现工业增加值25.8亿元，增长10.1%；全社会固定资产投资达到84.77亿元，增长12.8%；地方财政公共预算收入完成7.35亿元，同口径增长10.1%；综合排名银川市第一名。上半年，城镇居民人均收入达11882元，农村居民人均收入达6489元，分别增长8.0%和8.1%。新迁入移民1231人，539户2574名建档立卡群众实现脱贫。

严格落实意识形态工作责任制。开展“最美家庭”“最美村官”“移风易俗示范户”等评选活动，成立红白理事会，社风民风持续好转。扎实推进“两学一做”学习教育常态化制度化，强化党内监督，查处通报违反“四风”问题典型案件8件，初核违纪问题线索124件，立案90件，给予党政纪处分70人，问责123人。

报告提出：未来三年贺兰县要建成经济繁荣的明星县、环境优美的明星县、人民富裕的明星县、社会和谐的明星县、风清气正的明星县。

会议审议通过《中共贺兰县委员会十四届二次全体会议工作报告》《中共贺兰县委员会关于深入推进全面从严治党的意见》。

县人大常委会主任俞学华、县政协主席恩建国、县委副书记马金龙等县四套班子领导参加会议。不是县委委员的在职处级领导干部，县纪委常委，各乡镇（场）、街道、县委各部门、人民团体、县直部门、事业单位及驻区（市）属单位党政主要负责人，人大办、政协办及其各委室负责人，各民主党派县委会主要负责人，部分离退休老干部代表，基层党代表和企业负责人代表，共计122人列席会议。

中共贺兰县第十四届委员会三次全体会议

11月10日，县委书记、县长刘甲锋主持召开县委十四届三次全体会议并讲话，县人大常委会主任俞学华、县政协主席恩建国、县委副书记马金龙、各县委常委、县委委员、县委候补委员参加会议。在职县处级领导干部，县纪委常委，各乡镇（场）、党政负责人，部分驻县区、市属单位主要负责人，基层代表，企业负责人列席会议。

全会学习党的十九大精神，审议通过《中共贺兰县委员会关于学习宣传贯彻党的十九大精神的意见（草案）》和《中国共产党贺兰县第十四届委员会第三次全体会议决议（草案）》。

全会认为，党的十九大，是在全面建成小康社会决胜阶段、中国特色社会主义进入新时代的关键时期召开的一次十分重要的大会。全县各级党组织要立即行动、精心组织，以集中培训、辅导宣讲等多种形式，切实把党员干部群众的思想和行动统一到党的十九大精神上来，把力量凝聚到实现党的十九大确定的各项目标任务上来。

全会审议通过《中共贺兰县委员会关于学习宣传贯彻党的十九大精神的意见（草案）》，全会要求，要提高政治站位，充分认识党的十九大精神的深远历史意义和重大现实意义，坚持用习近平新时代中国特色社会主义思想武装头脑、指导实践、推动工作；要深刻领会和准确把握坚决维护习近平总书记作为党中央的核心、全党的核心的极端重要性；要加强组织领导，迅速兴起学习宣传贯彻党的十九大精神热潮；要抓好贯彻落实，切实用党的十九大精神指导实践推动工作，并从突出转型升级，夯实经济发展新优势；要严格生态保护，走好绿色发展新路子；坚持统筹协调，打造城乡一体新面貌；狠抓民生改善，实现幸福指数新提升；深化改革开放，集聚加快发展新动能；创新治理方式，实现社会建设新突破；聚焦党的建设，落实从严治党新要求。

全会强调，全县各级党组织和广大党员干部群众，要紧密团结在以习近平同志为核心的党中央周围，高举中国特色社会主义伟大旗帜，以习近平新时代中国特色社会主义思想为指导，不忘初心、牢记使命，振奋精神、笃定实干，为加快建设沿黄生态经济带明星县、决胜建成较高水平的全面小康社会而不懈奋斗！

政协贺兰县第十届委员会第二次会议

12月18—20日，中国人民政治协商会议贺兰县第十届委员会第二次会议召开。大会应到委员159人，实到委员147人。

大会执行主席恩建国、马文霞、马建民、钱瑞、傅龙、张晓飞、徐建忠、李玉军、吴勇锋、邓晓明、杨少亭、马秀娟出席。

出席大会的有市政协副主席缑转会，县委书记刘甲锋，县领导俞学华、赵波、恩建国、马金龙、白建斌、潘建国、刘勇、王涛、吴静、李炳杰、马文霞、马建民、钱瑞。

贺兰县委书记刘甲锋在会上做讲话。县政协主席恩建国代表中国人民政治协商会议贺兰县第十届委员会常务委员会向大会作工作报告。县委常委、常务副县长李炳杰通报政协贺兰县十届一次会议委员提案办理情况。

会议审议通过县政协主席恩建国代表中国人民政治协商会议贺兰县第十届委员会常务委员会向大会作工作报告，政协贺兰县第十届委员会第二次会议关于提案审查情况的报告；审议通过政协贺兰县十届二次会议各项决议。会议选举政协贺兰县第十届委员会秘书长。傅龙当选为政协贺兰县第十届委员会秘书长。

贺兰县第十八届人民代表大会第二次会议

12月19—21日，贺兰县第十八届人民代表大会第二次会议召开。

县领导刘甲锋、俞学华、赵波、恩建国、马金龙、刘勇、吴静、任学军、盛国为、朱敏参加会议在主席台前排就座。参加会议并在主席台就座的还有白建斌、潘建国、王涛、李炳杰、秦建忠、黄自爱等。银川市人大常委会副主任王勇受邀参会并在主席台就座。

县人大常委会主任俞学华主持会议。代县长赵波向大会作政府工作报告。大会表决通过《贺兰县人民政府工作报告的决议》；通过关于贺兰县2017年国民经济和社会发展计划执行情况与2018年计划报告的决议；通过关于贺兰县2017年财政预算执行情况和2018年财政预算报告的决议；通过关于贺兰县人大常委会工作报告的决议；通过关于贺兰县人民法院工作报告的决议；通过关于贺兰县人民检察院工作报告的决议。会上，议案审查委员会主任委员盛国为作关于议案的审查报告。会议表决通过关于县十八届人大二次会议议案的决定。

12月21日，大会以无记名投票方式选举赵波为贺兰县人民政府县长。

第二十届布鲁塞尔国际葡萄酒大赛
贺兰县产区7款葡萄酒获奖

在2017年5月5—7日举办的第20届布鲁塞尔国际葡萄酒大赛上，贺兰山东麓贺兰县产区共有7款葡萄酒获奖。宁夏圆润酒庄2015西拉干红、宁夏嘉地酒园2015咏叹调干红、宁夏观兰酒庄2014隼之酿3款酒获得金奖,宁夏原歌酒庄2015雅沁干红，宁夏圆润酒庄2015品丽珠半干红，宁夏嘉地酒园2015四季干红、2015风信子桃红4款酒取得银奖。

布鲁塞尔国际葡萄酒大赛创办于1994年，是世界最具权威的四大国际葡萄酒大赛之一。每年，大赛都会会聚超过6000款、来自40余个国家的葡萄酒参赛，有来自全世界300位以上的葡萄酒权威专家组成评委团开展品评，大赛业成为国际酒类的“奥斯卡”级的评选。

2017年，贺兰县建成酿酒葡萄种植基地达1340公顷，建成具有生产能力的酒庄9座，2017年度新建酒庄5座，酒庄建设固定资产入库达2.2亿元。

组织机构负责人

Zuzhi Jigou Fuzeren

（2017年1月1日—12月31日）

中国共产党贺兰县委员会

书　记：李郁华（4月免）
　　　　刘甲锋（9月任）
副书记：刘甲锋（9月免）
　　　　何建勃（1月免）
　　　　马金龙（回族，2月任）
　　　　赵　波（11月任）
常　委：李郁华（4月免）
　　　　刘甲锋
　　　　何建勃（1月免）
　　　　马金龙（回族，2月任）
　　　　赵　波（11月任）
　　　　白建斌
　　　　潘建国
　　　　刘　勇（回族）
　　　　王　涛（回族）
　　　　吴　静（女）
　　　　李炳杰
　　　　秦建忠
　　　　黄自爱
　　　　李　云（2月免，挂职）
　　　　许伟良（挂职）
　　　　吴宁成（挂职，1月任）
　　　　王鹏辉（挂职，2月任）

贺兰县人民代表大会常务委员会

主任、党组书记：俞学华
副主任：任学军
　　　　盛国为
　　　　朱　敏
　　　　王　勇（回族）

贺兰县人民政府

县长、党组书记：刘甲锋（11月免）
　　　　　　　　赵　波（11月任）
常务副县长：李炳杰
副县长：李　云（2月免，挂职）
　　　　许伟良（挂职）
　　　　吴宁成（挂职，2月任）
　　　　王鹏辉（2月任，挂职）
　　　　马　刚（回族）
　　　　邓一凌（4月免，挂职）
　　　　牛东学
　　　　叶正忠
　　　　陈　娜（女）
　　　　朱廷恒（2月免，挂职）

中国人民政治协商会议贺兰县委员会

党组书记、主席：恩建国（满族）
党组副书记、副主席：马文霞（女，回族）
副主席：马建民
　　　　钱　瑞
秘书长：张宏荣（12月免）
　　　　傅　龙（12月任）

县人民武装部

部　长：潘建国
政　委：刘　凯（7月免）
　　　　朱国祥（7月任）
副部长、军事科科长：齐彦辉
政工科科长：　　　　冯　晗

中共贺兰县纪律检查委员会

书　记：刘　勇
副书记：曹　凯
　　　　方华伟
常　委：郝建新
　　　　李　妍（女）
　　　　吕爱玲（女）
常委兼纪检监察一室主任：李世赟
监察局局长：曹　凯
　　副局长：张红军
党风政风室主任：金思洁（女，回族）
办公室主任：李　菲（女，回族，3月任）

贺兰县人民法院

党组书记、院长：李彤伟
副院长：　　　　纪银凤（女）
　　　　　　　　毋建宁
纪检组长：　　　方　燕（女）
党组成员：　　　纪银凤
　　　　　　　　毋建宁
　　　　　　　　方　燕
　　　　　　　　苏蓓蓓（女）
　　　　　　　　王　金（回族）
　　　　　　　　肖　健
政工科科长：　　苏蓓蓓
立案庭庭长：　　李　莹（女，2月免）
审判监督庭庭长：李　莹（女，2月任）
刑事审判庭庭长：王　金
行政审判庭庭长：尹晓静（女，回族）
民事审判一庭庭长：
　　　　齐美超（女，蒙古族，2月任）
民事审判二庭庭长：王海涛（10月免）
执行局局长：　张旭旻（1月任）
执行一庭庭长：高　波（2月任）
执行二庭庭长：马小梅（女，回族）
城关法庭庭长：盖　焱（12月任）
暖泉法庭庭长：张保生（2月任）
立岗法庭庭长：马丽波（女，回族，2月免）
　　　　　　　周新涛（2月任）
金贵法庭庭长：杜迎春（2月免）
司法警察大队队长：马克忠（回族）
　　　　　　政委：李　秦（女）

贺兰县人民检察院

党组书记、检察长：张学信
副检察长：白　洁（女，回族）
　　　　　王建军（9月免）
　　　　　冯　硕（蒙古族，10月任）
纪检组长：吴　军
党组成员：白　洁
　　　　　冯　硕（蒙古族，9月任）
　　　　　吴　军
　　　　　陈丽敏（女）
　　　　　谢玉琴（女）
　　　　　王新刚
　　　　　王建军（9月免）
政工科科长：谢玉琴（女，2月免）
　　　　　苏小桃（女，回族，2月任）
反贪污贿赂局局长：王新刚（2月免）
　　　　　　　　　郭少华（2月任）
办公室主任：　　　谢翌涛（回族）
反渎职侵权局局长：郭少华（2月免）
　　　　　　　　　李晓英（女，2月任）
侦查监督科科长：　朱戎战（女）
公诉科科长：　　　邱凌芳（女，2月任）
民事行政检察科科长：石玲敏（女，回族）
控告申诉检察科科长：李晓英（女，2月免）
　　　　　　　　　　王新刚（2月任）
法警大队大队长：　　徐静洲

贺兰县公安局

党委书记、局长：白建斌
党委副书记：尤进祥
政　委：陈　清
纪委书记：尤进祥
副局长、防范和处理邪教问题办公室主任：
桂万录
副局长：宋永明
孙　明（9月免）

指挥中心

主　任：蒋振坤

警务保障室

主　任：张伟刚
副主任：熊炳安

法制大队

法制科科长：马英武（回族）
副大队长：郭建忠

政工监管室

副主任：马伏军（回族）

国内安全保卫大队

大队长：杨锐强（回族）
教导员：王　飞

刑事侦查大队

大队长：吴　刚（1月任）
教导员：王曦东（1月免）
副队长：赵晓鹏

刑警大队

刑警大队（技术）三中队中队长：石　潭

治安管理大队

大队长：宋学仁
副大队长：汪丽华（女）
教导员：王海军

巡警大队

教导员：雷志虎

禁毒大队

大队长：张学川

经济犯罪侦查大队

大队长：吴　刚（1月免）
王贺宁（回族，1月任）
副大队长：阚宗武

交警大队

大队长：谢立志
教导员：张自军

看守所

所　长：侯伯宁
教导员：石振宇（回族）
副所长、监管大队副大队长：刘长春（回族）

拘留所

所　长：王立峰（回族）

城关派出所

所　长：胡继升
教导员：马学军（回族）

金贵派出所

所　长：
教导员：蔡文忠（回族）

立岗派出所

所　长：赵立军
教导员：樊　明

常信派出所

所　长：叶红林
教导员：张学彦

暖泉派出所

所　长：李　瑞

德胜工业园区派出所

所　长：王友宁
教导员：吴建华（回族）

消防大队

大队长：王吉清（8月免）
王　磊（8月任）
教导员：张国联（8月免）
顾长福（8月任）

贺兰县委工作部门

县委组织部

部　长：吴　静（女）
常务副部长、机关工委书记：朱建新（2月免）
丁秀娟（女，回族，3月任）
副部长：张卫东（9月兼任，11月免）
李东鹰（11月兼任）

人才办主任：马永芬（女，回族）
非公经济党工委副书记：马晓双（女，回族）

县委宣传部
部　长：王　涛
副部长、文明办主任：高学东
副部长：马小龙（回族）

县委统战部
部　长：秦建忠
副部长、宗教局局长：保学军（回族）
副部长：吴勇锋（蒙古族）

县委政法委
书　记：白建斌
副书记、秘书长、综治办主任：樊利宁
副秘书长：田文彦（回族）
社会管理综合治理委员会专职副主任：
仇国磊（12月任）

县委办公室
主　任：保旭锋（回族）
副主任：金　华（回族）
陈日新（9月免）
袁海斌（2月任）
吕广东（11月任）

督查室
主　任：袁海斌（2月任）

机要局
局　长：金　华（回族，9月兼任）

保密局
局　长：陈日新（2月兼任，9月免）
吕广东（兼任，11月任）

县史志编纂委员会办公室
主　任：吴学良（回族）

县委老干部局
局长兼县离退休干部党工委书记：
张卫东（11月免）
李东鹰（11月任）
副局长：孙林森
离退休党工委专职副书记：
王金梅（女，12月任）

县委党校
校　长：吴　静（女，9月免）
马金龙（9月兼任）
常务副校长：张新林
副校长：杨桂梅（女，回族）

县委政策研究室
主　任：保旭锋（回族，2月免）
马建宁（2月任，11月免）
副主任：徐彦宁

县机构编制委员会办公室
主　任：时新花（女，11月免）
吴士忠（回族，11月任）
副主任：李　洁（女，3月任）

事业单位登记管理局
局　长：徐　华

人大常委会工作部门

人大办公室
主　任：王国兵
副主任：邢彩霞（女）

财经工作委员会
主　任：吴晓凤（女）

教科文卫工作委员会
主　任：韩建勇

法制工作委员会
主　任：王　兴

代表联络信访工作委员会
主　任：张占河

贺兰县政府工作部门及其所属企事业单位

县政府办公室
主　任：韩廷锋
副主任：张兴旺
张　锋
杨学生
刘占荣
徐晓庆（女）
纪检专职副书记：段　誉（回族）

信访局
局　长：张兴旺（兼任）
法制办
主　任：杨学生（兼）
县外事侨务办公室
主　任：徐晓庆（女）
县红十字会
秘书长：刘占荣
县电子政务中心（应急办）
负责人：刘福军
县机关事务管理中心
主　任：张少忠（11月任）
县安全生产监督管理局
局　长：傅　龙（12月免）
　　　　闻国泰（12月任）
副局长：杨丽华（女，回族，1月任）
县行政审批服务局（政务服务中心）
原政务服务中心主任：陈立新
　　　　　副主任：杨　荣（9月免）
　　　　　　　　　张海敏
县档案局
局　长：彭　虎
县经济发展和改革局
党委书记、局长兼商务局局长：
　　　　杨　慧（回族，12月免）
　　　　李宗怀（12月任）
副局长兼物价检查所所长：徐轶农
副局长：周　坤（2月任，12月免）
　　　　哈霜莹（女，回族）
　　　　袁海斌（2月免）
　　　　顾绍军（1月任）
　　　　郑利民（11月任）
县供销合作社
主　任：李武雄
副主任：张治林
　　　　包岩波（满族）
县教育体育局
党工委书记、局长：王剑平
副局长：达秀梅
　　　　张学信（3月免）
　　　　韩玉峰（3月任）
纪检专职副书记：哈晓康（女）
教研室主任：　　徐国福
县人民政府教育督导室
专职副主任：张少忠（11月免）
县体育运动中心
主　任：郭　淳
县民政局
局长、社会组织工委书记：
　王秀花（女，回族）
副局长：张海军
　　　　钟立军（满族，12月免）
　　　　伊俊阳（12月任）
老龄委副主任：陈建军
县司法局
党组书记、局长：　李东鹰（2月免）
　　　　　　　　　朱建新（2月任）
副局长：　　　　　哈　莉（女，回族）
城关司法所所长：　熊彦清（女，11月任）
金贵镇司法所所长：何　鑫（回族，11月任）
习岗镇司法所所长：王爱玲（女，11月任）
立岗镇司法所所长：陈雪慧（女，11月任）
洪广镇司法所所长：闫　波（回族，11月任）
常信乡司法所所长：石学文（11月任）
南梁台子司法所所长：
　　　　　　马敏霞（女，回族，11月任）
公证处主任：韦爱民
县财政局
党委书记：　　任学军（9月免）
　　　　　　　刘国荣（9月兼任）
副书记、局长：徐　东（3月免）
　　　　　　　刘国荣（3月任）
副局长：　　　王晓东（女）
　　　　　　　吴静波（女）
　　　　　　　马晓东（回族）
国库支付中心主任：桂韶华（12月任）

市场监督管理局
党委书记、局长、食品安委办主任：刘　伟
党委副书记、纪检专职副书记：　刘德彬
副局长兼食品药品稽查员：　李晓忠
副局长：马晓林（回族）
　　　　韩建云
　　　　武晓莉（女）
　　　　石纪平
市场综合执法大队大队长：郭银虎（12月任）
市场稽查队队长：王飞雷（1月任，12月免）
德胜市场监督管理所所长：赵宏云（1月任）
金贵市场监督管理所所长：
　　马燕飞（女，回族，1月任）
暖泉市场监督管理所所长：
　　周建军（1月任）
立岗市场监督管理所所长：
　　王海峰（1月任）

县农业综合开发办公室
农发办、扶贫办、生态移民办主任：
　杨　宁（回族）
农发办、扶贫办、生态移民办副主任：王　佳
农发办副主任：吴　萍（女）
　　　　　　　解迎春
　　　　　　　程　凯

县生态移民工作办公室
主　任：杨　宁（回族）
副主任：郝彦平（回族）

县融晟投资运营集团有限公司
董事长、总经理：李生君（2月免）
副经理：邢　涛
　　　　陈焕哲
　　　　尤　杰
　　　　柳青川

国有投资运营有限公司
经　理：尤　杰
副经理：叶永胜

县人力资源和社会保障局
局　长：吴士忠（回族，12月免）
　　　　周　坤（12月任）
副局长：朱　莹（女）
　　　　张家伟

县社会保险事业管理局
局　长：姜桂娥（3月免）
　　　　张晓东（3月任）
副局长：王恩明（3月任）
　　　　黄学军（3月任）
　　　　张晓罡（3月免）

县劳动创业和人才服务局
局　长：张家伟（兼任，12月免）
　　　　陆建光（12月任）

县国土资源管理局
局　长：常雪峰
副局长：谢庆福（回族）
　　　　郭　君（女，2月任）
副局长兼不动产登记中心主任：
　　　　王　军（回族，12月免）
纪检专职副书记：樊学山
国土管理所所长：吴　海

县环境保护局
局　长：宋　健
副局长：梁晓燕（女）
　　　　陈伏贵

县住房和城乡建设局
书记、局长：李宗怀（11月免）
　　　　　　岳建平（11月任）
地震局局长：李宗怀（兼任，11月免）
　　　　　　岳建平（11月兼任）
纪检专职副书记：钱忠军
副局长：　张孝平
　　　　　梁宇鲲（回族，1月任）
　　　　　邢　冰（女，12月任）

城市管理综合执法局（原城市管理监察大队于2017年9月更名）
局　长：孙　明（9月任）
副局长：徐　勇（9月任）
　　　　田沛霖（9月任）

县交通运输局
局长、交通战备办主任：孙富忠
副局长：刘利平
任　吉（满族）
县公路段
段　长：谢立仁
副段长：王占福
县水务局
局长兼防汛办主任：闻国焘（12月免）
叶正忠（兼任，12月任）
纪检专职副书记：陕永贵（回族）
副局长：龚桂芳（女，2月任）
吴建军（回族）
马建宁（2月免）
防汛办副主任：王东文（女）
县农牧渔业局
书记、局长兼粮食局局长：吴志军（回族）
副局长：徐建忠
杨雪霞（女，回族）
丁书涛（回族，11月免）
纪检专职副书记：马宏文（回族）
县农业技术推广服务中心
主　任：包长征（11月免）
马晓成（回族，11月任）
副主任：韩建珍
县卫生和计划生育局
党委书记：时新花（女，11月任）
局　长：王生平（12月免）
时新花（女，12月任）
纪检专职副书记：赵建华
党委副书记、副局长兼妇幼保健计划生育服务中心主任：王旭升
副局长：郑永锋
杨艳军
爱卫办副主任：蒋　荣
县疾病控制中心
主　任：李天灵
副主任：王冬霞（女）
县卫生监督所
所　长：杨再平
县动物卫生监督所
所　长：张树军（12月任）
县审计局
局　长：刘国荣（4月免）
王岩弘（4月任）
副局长：顾建宏
马学儒（回族）
副局长兼经济责任审计局局长：
丁桂萍（女）
县文化旅游广播电视局
局　长：郭利平
副局长：李继春
马　婧（女，回族）
县广播电视台
台　长：马　贤（回族）
县图书馆
馆　长：蔡生福
副馆长：方建斌
县文化馆
馆　长：贾　刚
县科创中心
主　任：祁伟斌（12月任）
县统计局
局　长：安建保（12月免）
张　翠（女，12月任）
副局长：叶安祥
张　翠（女，12月免）
县林业局
局　长：杨进平（回族）
副局长：陆永海
龚桂芳（女，2月免）
县公安局森林派出所
所　长：缪全勇
指导员：吴学平
县经济技术合作局
局　长：王海峰
副局长：王永利
刘　忠

德胜工业园区管委会
党工委书记：（暂无）
副书记：梅振龙（11月免）
陈万国
主　任：梅振龙（11月免）
副主任：王恩清（1月任）
杨晓庆（女，1月任）
董英华
全民创业园办公室副主任：史学功
综合办公室副主任：高元柱
安全生产监督管理部部长：
杨凯军（回族，12月任）

宁夏生态纺织产业示范园区管理委员会
规划建设部部长：张海宁
投资部副部长：丁金虎（回族）

银川生物科技园管委会（暖泉工业园区管委会）
党工委书记：李炳杰
办公室主任：李海升
党工委副书记、副主任：付　振

金山自然保护区管理局
局　长：王生贵（1月免）
朱海峰（11月任）
副局长：马进军
保健生（回族）

贺兰县政协工作部门

办公室
主　任：张宏荣（11月免）
傅　龙（11月任）
副主任：任　娜（女）

提案委员会
主　任：张晓飞

专委会
办公室主任：杨　慧（回族，11月任）

社会和法制委员会
主　任：李玉军

群众团体

县总工会
主　席：盛国为
常务副主席：张学军
副主席：闵志军（回族，12月免）
李　伟

共青团贺兰县委员会
书　记：周　坤（2月免）
刘　磊（2月任）
副书记：李锦明（11月免）
刘　源（11月任）

县妇女联合会
主　席：池海霞（女）
副主席：马　丽（女，回族，3月免）
马　洁（女，回族，12月任）

县文学艺术界联合会
主　席：吴惠霞（女，11月免）
张宏荣（11月任）
副主席：王志明

县科学技术协会
主　席：邓晓明
副主席：夏巧燕（女）

县残疾人联合会
理事长：王岩弘（3月免）
徐　华（3月任）
副理事长：徐　华（3月免）
马　丽（女，回族，3月任）

民主党派和工商联

民革贺兰县支部
主　委：钱　瑞
副主委：王紫燕
李广成

民盟贺兰县支部
主　委：钟立军
副主委：武泽萍（女）
吴永祥

民进贺兰县支部
主　委：马新颖

副主委：尹晓静（女，回族）
张晓燕

农工党贺兰县支部

主　委：杨少亭
副主委：段文鑫
徐　勇

民主建国会贺兰县支部

主　委：刘　峰
副主委：黄　伟
郭　黎

县工商业联合会

书　记：吴勇锋（蒙古族）
副会长：吴勇锋（蒙古族）
副会长、秘书长：赵立新

乡镇（场）、街道办事处

习岗镇

党委书记、综治委主任：王恩清（2月免）
李东鹰（2月任，11月免）
马国峰（回族，11月任）
副书记、镇长：吴学东（回族，11月免）
马建宁（11月任）
副书记综治办主任：董振华
纪委书记：陈　刚
人大主席团主席：谢永生
副镇长：王兴华
孙建军
陈学鹏（2月免）
陈　瑛（女，2月任）
副镇长、武装部长：杨　君（回族）
组织委员：陈　瑛（女，2月免）
陈学鹏（2月任）

金贵镇

党委书记、综治委主任：黄自爱
副书记、镇长：马立坤（回族，9月免）
保学东（回族，9月任）
副书记、综治办主任：陈晓伟
纪委书记：黄菊兰（女）
人大主席团主席：杨茂蜚（回族）
副镇长：胡克军（回族）
吕　宁
朱佳利
副镇长、武装部长：陶精华
组织委员：刘　源（11月免）
李　丽（女，回族，12月任）

立岗镇

党委书记、综治委主任：叶　宏
副书记、镇长：马国峰（回族，11月免）
丁书涛（回族，11月任）
副书记、综治办主任：
蔡　霞（兼任，9月免）
屠志刚（9月任）
纪委书记：祁玉芬（女）
人大主席团主席：殷学锋
副镇长：秦文博（回族）
屠志刚（9月免）
马续超（回族，9月任）
副镇长、武装部长：宋　瑞
组织委员：盛晓超（12月免）
胡　洁（女，12月任）

洪广镇

党委书记、综治委主任：杨晓辉
副书记、镇长：董　斌（9月免）
蔡　霞（女，9月任）
副书记、综治办主任：
王彩宁（女，1月免）
强玉梅（女，回族，1月任）
纪委书记：汪　洋
人大主席团主席：朱晓峥（1月免）
王彩宁（女，1月任）
副镇长：马立中（回族）
陈保家
副镇长、武装部部长：张占林
组织委员：朱燕华

常信乡

党委书记、综治委主任：李正忠
副书记、乡长：张　才
副书记、综治办主任：
保学东（兼任，9月免）
马宏伟（回族，9月任，11月免）
蒋正春（11月任）
纪委书记：张建军
人大主席团主席：舒建军
副乡长：孙　涛（12月任）
强玉梅（女，回族，1月免）
殷建明（1月任）
马宏伟（回族，9月免）
郑　莹（女，回族，9月任）
蒋正春（11月免）
武装部长：马宏伟（回族，9月免）
殷建明（9月兼任）
组织委员：殷建明（1月免）
王建明（回族，1月任）

习岗街道办事处

党工委书记：陈　锋（女）
副书记：王建宁（回族）
副书记、办事处主任：
贾治银（9月免）
马立坤（回族，9月任）
副主任：李海明
王学文
王建军（回族）
王　虎
张晓罡（3月任）

南梁台子农牧场管委会

书　记：保学东（9月免）
管委会主任：保学东（9月免）
马宏伟（回族，9月任）
副书记兼纪检专职副书记：吴士兵（回族）
副主任：白文贤
杨文军

京星农牧场

党总支书记、场长：蔡　霞（女，9月免）
陈来祥（9月任）
副场长：王　锋
许　晖

驻县区、市属单位

银川市住房公积金中心贺兰分中心

主　任：史元娜（女）

贺兰县国税局

局　长：张永忠（9月免）
王晓军（9月任）
副局长：杨　凯
王素芬（女）
吉宁卫
黄学东（11月免）
顾志宁（12月任）
纪检组长：赵亚军（11月免）
李雅男（12月任）

贺兰县地税局

局　长：卢振恒
副书记：黄学峰
副局长：杨　馨
姚　辉
纪检组长：马光年（回族）

贺兰县邮政局

局　长：周　红（女，回族，11月任）
办公室主任：马　磊（回族）

中国电信贺兰分公司

总经理：郑力宁
副总经理：程靖尧

贺兰县社会经济调查队

队　长：伊生福
副队长：闵新林

贺兰县气象局

局　长：吕巡均
气象台台长：牛　斌
纪检组长：姜海峰

中国农业发展银行贺兰支行

行　长：王世涛（5月任）

副行长：杨艳荣（5月免）
景寿文（5月任）
王海涛（回族）

中国农业银行贺兰支行

行　长：邱学东
副行长、纪委书记：马晓明（12月免）
王成伟（12月任）
副行长：王建宏

中国建设银行贺兰支行

行　长：张兆奇（12月任）
副行长：于春龙（4月免）
沈　泉（4月任）
李冬宁
叶　科

中国工商银行贺兰支行

行　长：于振华（3月任）
副行长：宋东平
袁意志

贺兰农村商业银行

董事长：隋生秀
代理行长：郭立波（4月任）
监事长：马溪璘（女）
副行长：代　利
纪委书记：吴玉茹（女，回族，11月免）
刘　丽（女，11月任）
行长助理：张　野

中国人民财产保险公司贺兰支公司

经　理：张　强
副经理：吴亚宁

中国人寿保险公司贺兰支公司

经　理：周家忠（回族，10月任）
副经理：张　斌（10月免）
王　峥（10月任）
杨秀萍（女，回族）

县烟草专卖局（公司）

经　理：张学勤（11月免）
刘　涛（11月任）
副经理：张　奎（3月任）
副局长：闫　超（11月免）

中铁银川水务公司贺兰公司

书记、经理：陈　刚
副经理：赵宏兵
王　涛
杜天祥（2月任）
综合科科长：薛　蕾
客服中心主任：郑琳琳（女）

贺兰县供电局

局　长：张建民（11月免）
田　玮（11月任）
书　记：保　瑞
副局长：马　涛（回族）
程晓冰（12月任）

大事记

Dashiji

1月

4日 由中国文明网、中国社区发展协会、中国社区志愿服务会、社区志愿服务全国联络总站主办的2017全国社区网络春晚在贺兰选拔节目，贺兰5个节目被选入2017全国社区网络春晚.

同日 甘肃省玉门市行政服务中心到贺兰县“互联网+政务中心”考察行政审批制度改革工作。

5日 贺兰县召开基层党建工作专项述职会，专题听取基层党建工作情况述职。银川市委常委、贺兰县委书记李郁华主持会议并点评。会议强调，全县各级党组织要坚持把党建工作与经济工作同谋划、同部署、同推进、同考核，形成抓党建、促发展，抓发展、强党建的良好格局。

6日 全国总工会副主席郭明义率领全国总工会送温暖慰问团一行，到贺兰慰问困难企业、困难劳模和困难职工。自治区人大常委会副主任、总工会主席左军，自治区总工会副主席马启宁，银川市委副书记周云峰，银川市委常委、贺兰县委书记李郁华，县领导盛国为一同慰问。

同日 青海省海南藏族自治州贵德县委常委、副县长马文博带领贵德县行政服务中心、国税局、地税局等部门主要负责人一行到贺兰县“互联网+政务中心”考察政务服务工作。

7日 首届中国县域经济发展论坛会发布，贺兰县获得2016中国县域经济互联网+实践县，2016中国县域经济投资潜力县称号。县长刘甲锋参加论坛，并结合贺兰实际，围绕“幸福产业与县域经济发展”发表演讲。

同日 以“县域汽车发展新趋势”为主题的新华网第三届公务车论坛在北京举办，县长刘甲锋在对话环节中介绍，贺兰县公务用车已实现市场化运作，在其带动下汽车销量实现10%的增长，未来将与汽车制造企业携手打造本地区汽车全产业链。

8日 宁夏五市特产展销中心在贺兰宁浙园举办开业暨揭牌仪式，宁夏五市特产展销中心开始运营。该中心将实现宁夏特色产品线上线下结合、内贸外贸整合、虚拟实体整合的新零售模式。自治区商务厅巡视员马迎秋及宁夏五市政府、商务、旅游等单位代表，银川市委常委、贺兰县委书记李郁华，县领导俞学华、恩建国、何建勃参加了揭牌仪式。

同日 宁夏昊晶新材料产业园项目落地贺兰县举行签约仪式。项目涉及高端装备制造、大尺寸蓝宝石规模化长晶新材料加工、电子信息产品制造、新材料技术研究以及国内国际市场营销拓展等。项目计划投资30亿元。银川市委常委、贺兰县委书记李郁华，县领导俞学华、恩建国、何建勃、李炳杰、许伟良等参加签约仪式。

15日 由国家体育总局社会体育指导中心、中央电视台体育频道、自治区体育局主办，县总工会、县文化旅游广电局、县体育中心、习岗街道办事处、县文化馆、县广播电视台承办的“谁是舞王”——中国广场舞民间争霸赛宁夏海选贺兰赛区开赛。贺兰县是全区唯一一个县级分赛区，共有40支代表队714名选手参加此次比赛。

16日 2017电商小镇新春年货节在欣兰广场开场。当日，吸引近100家电商参展。电商年货节从1月16—25日，为期10天。

同日 宁夏生态纺织产业示范园区鲁商产业园项目在贺兰落地签约。该项目规划占地60.434公顷，山东鲁锦文化产业有限公司投资建设。项目分三期建设，一期项目占地20.1公顷，计划投资4亿元。银川市委常委、贺兰县委书记李郁华出席签约仪式并讲话。银川市人大常委会副主任王克善、纳影丽，银川市政协原副主席顾川，县领导俞学华、恩建国参加签约仪式。

△ 银川市委常委、副市长杨有贤带领督查组督查贺兰县2016年项目推进及2017年建设之春项目储备情况。县领导李炳杰陪同。

△ 由县教育体育局、共青团贺兰县委员会组织举办的“情系留守儿童 让艺术点亮梦想——首届困难青少年兴趣班”开班。共有80余名生活困难的青少年成为首批学员。兴趣班开设了电子琴班、书法绘画班、舞蹈班、乒乓球班等4个特色班，共16个课时，每课时2小时。

17日 银川市委常委、贺兰县委书记李郁华调研全县安全生产情况。李郁华来到新贸市场、县交警大队指挥中心、宁夏誉景食品有限公司等地，现场听取相关负责人关于交通安全管控、企业安全生产经营情况汇报，实地查看企业生产车间及人口密集场所安全防范工作等情况。县领导马刚一同调研。

同日 县长刘甲锋主持召开宁夏现代农业融合产业园项目签约会。宁夏现代农业融合产业园项目由贺兰县政府、北京吉奥金禾农业发展有限公司、宁夏现代农业集团有限公司共同投资建设。园区规划投资25亿元，项目包括农业嘉年华、植物工厂、花海项目、亲子项目、爱情小镇、房车营地、婚庆项目、水上世界等八大类。县领导黄自爱、盛国为、叶正忠参加签约仪式。

△ 县工商联召开第十届执委联系会。会上，县工商联负责人对2017年工作做安排部署，会议要求各位执委开展推进企业党建工作，引导非工企业投入社会公益活动。

18日 县长刘甲锋在新贸市场、新百联超市、物美大卖场、四十里店春运服务站、立岗镇农贸市场、原种场环卫基地等地就市场供应、物价稳定、食品安全、春运期间道路交通安全开展调研督导。副县长马刚一同调研。

同日 银川市政协主席、党组书记马凯，银川市人大常委会副主任、党组成员关琪到贺兰县慰问困难群众。银川市委常委、贺兰县委书记李郁华陪同。马凯先后来到困难群众马新梅和因病至困群众吕桂红的家中，了解他们的家庭收入、养老医疗、子女就业情况。

△ 银川市委常委、贺兰县委书记李郁华走访慰问武警贺兰县中队官兵和离退休老干部，向他们致以节日的问候，并送去慰问金。

△ 县人大常委会主任俞学华，县长刘甲锋，县政协主席恩建国，县委常委、武装部部长潘建国等到银川市警备区走访慰问全体官兵，送去节日的祝福和慰问金。

19日 贺兰县举行“百日招商”重点项目集中签约仪式。共签约项目5个，总投资概算85.3亿元。5个签约项目为：宁夏泰瑞药业股份有限公司和同济大学附属医院、上海东方医院合作建设宁夏（上海）同济东方医养产业项目，项目总投资30亿元；泰瑞公司出资，同济大学附属医院、东方医院共同建设医养健康产业谷，项目规划建设2000个床位，肿瘤医院规划建设500个床位；宁夏多维药业公司投建的中化药智能化技术建设项目，计划投资12亿元，用地面积15.41公顷；由宁夏金维制药股份有限公司投资建设的维生素原料药项目，项目概算总投资20亿元，年产10吨甲钴胺、10吨腺苷钴胺、250吨辅酶Q10；宁夏宝兰德化工有限公司投资建设的年产2万吨金属钠项目，项目生产工艺采用美国杜邦技术。

同日 银川市副市长、党组成员张全智一行督察贺兰县春节前安全生产工作。督察组一行来到银川生物科技园、四十里店春运检查服务站、贺兰运通运输有限公司等地，实地走访企业生产现场。副县长马刚陪同。

△ 县政协主席恩建国，县委常委、纪委书记刘勇，县委常委、金贵镇党委书记黄自爱，县人大常委会副主任朱敏一行走访慰问全县城乡困难群众，为他们送去党和政府的关怀与问候。

△ 由京星农牧场主办、贺兰电视台举办的“承乡贤文化，育时代新贤”主题文化活动结束。该活动时间1月6—19日，贺兰电视台微信公众平台宣传乡贤人物的典型事迹，累计浏览量9980次，最高浏览量2576次。

20日 自治区安全生产应急救援指挥中心主任王廷文一行到贺兰检查安全生产工作，并召开自治区督查银川市、贺兰县2017年春节前安全生产工作汇报会。银川市副市长张全智、副县长马刚参加会议。春节前，贺兰县在危化领域，共检查企业44家，查出隐患230条，下发责令限期改正指令书44份。工矿领域，排查企业74家，查出隐患95余条，整改90条，整改率95%。道路交通领域，开展危货车辆检查7次，酒驾夜查11次，客运车辆检查8次，查处违法行为2600多处，立刑事案件14起，行政拘留7人。教育领域，检查各类学校（含民办）150家，责令停业12家，关闭取缔8家。文化娱乐场所，排查218家次，查处隐患80条，整改25条，整改率31%。

23日 县委政法委集中慰问全县13名见义勇为先进个人，为每人发放慰问金1000元。

25日 县委、政府组织慰问坚守在生产线上的干部职工。县委常委、宣传部部长王涛，县人大常委会副主任盛国为，前往爱的礼物、麦尔乐、山逗子等企业，县委常委、组织部部长吴静来到跨境电商产业园和科技创新中心，副县长李炳杰来到宁夏泰益欣生物科技有限公司、宁夏共享化工生物科技有限公司、宁夏蓝星水务有限公司，向企业员工致以节日问候。

2月

3日 自治区农牧厅副厅长赖伟利调研贺兰县春耕备耕工作。赖伟利来到宁夏汇丰农资有限公司、立岗镇通义村农机作业现场、永兴村冬牧70黑麦种植基地等，查看春耕生产农资、化肥储备情况等。县领导黄自爱、叶正忠参加调研。

同日 县委常委、县纪委书记刘勇主持召开十八届中央纪委七次全会及自治区纪委十一届八次全会精神专题学习会。会议学习传达十八届中央纪委七次全会工作报告精神、自治区纪委十一届八次全会工作报告精神。贺兰县派驻各纪检组长及纪检专职副书记汇报2015年来履行监督执纪问责工作情况。

4日 由县委、政府主办，县委宣传部、县文化旅游广电局承办，县文化馆、各乡镇场民间文艺社团协办的贺兰县第八届农民文艺汇演暨春满湖城广场文艺展演开幕。活动从正月初八至正月十五，历时8天，每天13点至15点，由一组表演团队在文化广场进行文艺汇演比赛。节目由四镇一乡和街道办各组织辖区内的民间文艺社团选送。

6日 银川市安全生产监督管理局局长王宁康带领调研组到贺兰县调研安全生产工作，调研组来到宁夏泰益欣生物科技有限公司、宁夏大地循环发展有限公司，听取企业负责人安全生产预案工作汇报，查看企业生产现场安全状况。副县长马刚一同调研。

7日 县第二届秧歌社火大赛在宣传文化中心广场举行，共7支代表队500余人参加比赛。活动表演有秧歌、杂要、舞狮子等。县领导李炳杰、王勇、马文霞观看比赛。

同日 贺兰在全县范围内禁止制售燃放孔明灯。

8日 由县委、政府主办，县体育中心承办的2017年迎新春体育健身大拜年职工趣味运动会在县体育中心开幕，县领导俞学华、王涛、王勇、陈娜、马文霞出席开幕式。

9日 自治区经信委党组书记、主任许宁带领调研组到贺兰调研工业经济发展及2017年园区低成本化改造项目准备情况。调研组来到银川电商物流园、塞尚乳业、誉景薯业、远高集团等企业，听取德胜工业园区各工业企业生产经营、项目建设情况以及存在的问题。银川市副市长毕俊生，县领导刘甲锋、李炳杰、王鹏辉一同调研。

同日 县政协主席恩建国视察银川生物科技园2017年一季度开工项目推进工作情况。恩建国来到宁夏泰益欣生物科技有限公司大观霉素项目现场，查看项目建设进展及推进措施等情况。

10日 中共贺兰县第十四届纪律检查委员会第二次全体（扩大）会议召开。出席会议的县纪委委员17人。银川市委常委、贺兰县委书记李郁华，县领导俞学华、刘甲锋、恩建国等出席会议。县委常委、县纪委书记刘勇主持会议并代表县纪委常委会作题为《强化监督执纪问责 推进全面从严治党 为建设“五个贺兰”提供坚强纪律保障》的工作报告。

同日 全县“作风建设深化年”活动启动，银川市委常委、贺兰县委书记李郁华出席会议并讲话。县领导俞学华、刘甲锋、恩建国，在职副处级以上领导、全县副科级以上干部等600余人参加启动会。启动会通报2016年度全县各部门绩效考核情况，2016年度驻县区、市属单位服务县域经济发展考核排名情况。2017年全县“作风建设深化年活动”开展以农民工欠薪问题专项整治，“信访投诉受理答复不及时专项整治”，违法违规用地专项整治等12项专项整治为重点。

△ 自治区副主席许尔锋带领有关部门负责人到贺兰县调研残联工作。许尔锋来到如意湖社区康复站，查看残疾人康复及就业情况并看望残疾儿童。县长刘甲锋、副县长陈娜参加调研。

11日 贺兰县举办首届航空模型展演，SU27双飞飞行、T45X8滑翔机拉烟表演等9个项目吸引两万余名观众前来观看。

13日 县长刘甲锋主持召开全县综合治税工作。刘甲锋指出：全县各级各部门要进一步加强税收治理工作，分析研判税收形势，加强税收征管，确保全县税收应收尽收。县领导李炳杰、吴宁成、任学军、牛东学参加会议。

14日 自治区党委常委、统战部部长马廷礼到贺兰县调研统战工作、全区宗教工作会议精神贯彻落实情况，迎接全国工商联十一届十次常委会暨民营企业助推宁夏创新发展大会招商引资工作情况，构建“亲”“清”政商关系情况，基层统战工作情况及存在的问题等。马廷礼到部分乡镇、企业、宗教场所进行实地走访，并进行座谈。银川市委常委、副市长杨有贤，县领导刘甲锋、秦建忠、黄自爱一同调研。

同日 银川市副市长李鸿儒带领市农牧局相关负责人调研贺兰县2017年春耕备耕情况。副县长叶正忠参加调研。

15日 自治区农牧厅在立岗镇召开磷石膏改良盐碱地示范应用现场会。自治区农牧厅副厅长赖伟利、县领导长叶正忠及宁夏农业专家参加会议。贺兰县是银北地区耕地土壤盐渍化较严重的区域，耕地盐渍化面积19296公顷，占全县耕地总面积的近50%。其中：轻渍化面积11256公顷，中度以上盐渍化面积8040公顷。

同日 市人大常委会副主任陈军、市政协副主席哈宁东督察贺兰县2017年第一季度项目推进情况暨“建设之春”集中开工项目准备情况。县领导许伟良、王勇、钱瑞参加督查。

16日 全县重大项目推进年活动动员大会召开，银川市委常委、贺兰县委书记李郁华，县领导俞学华、刘甲锋、恩建国，各部门、各单位、各工业园区、各乡镇（场）主要负责人，发改、财政等13个项目实施和项目服务单位中层以上干部，全县农业、工业等领域的83家企业负责人参加会议。

17日 宁夏农业投资集团公司副总经理作光荣考察贺兰县农业项目融资合作、农业担保基金、龙头企业扶持等工作，县长刘甲锋一同考察。

同日 贺兰县召开2017年卫生与健康大会暨卫生和计划生育工作会。会议对“健康贺兰2030”发展规划进行安排部署，总结2016年全县卫生和计划生育工作，安排2017年全县卫生和计划生育工作，表彰奖励2016年人口和计划生育工作先进集体。县领导秦建忠、王勇、陈娜、马文霞参加会议。

△ “平安贺兰”推进大会召开。银川市委常委、贺兰县委书记李郁华，县领导俞学华、刘甲锋、恩建国等参加会议。县委常委、县纪委书记刘勇做《关于银川市“1·05”公交车放火案责任追究情况的通报》。县委常委、政法委书记、公安局局长白建斌做《关于2016年度全区综治工作考评结果的通报》。县委副书记马金龙安排部署“平安贺兰”推进的具体工作，会议要求年底前，摘掉管控帽子，使贺兰县进入2017年度平安县的行列。

△ 县人大常委会主任俞学华督查2017年一季度首批重点开工项目推进情况。俞学华来到德胜工业园区、习岗镇，重点督查两地首批开工项目手续完善进度并现场协调解决项目推进过程中遇到的困难和问题。

18日 自治区供销合作社党组书记桂福田一行调研贺兰县供销社工作情况。桂福田查看贺兰县供销社在土地托管、地方特色产业发展，社有企业、专业合作社和农民的合作情况。他强调：供销合作社改革发展任重道远，要持续推进深化改革和转型发展，让供销社成为党和政府抓得住、用得上、有保障的为农服务骨干力量。自治区供销社将强化与贺兰县政府以及县供销社的联合合作，重点在育苗产业、农产品营销方面寻求突破，推动特色农产品生产、加工、流通一体化发展，县领导刘甲锋、陈娜一同调研。

20日 青海省科协副主席徐东向参观考察银川地区农作物蔬菜种子协会、宁夏天缘种业科普示范基地和宁夏贺兰广银米业有限公司。

23日 银川市和宁夏远高杭萧绿色建筑科技股份有限公司举行签约仪式，宁夏远高杭萧绿色建筑科技股份有限公司总投资13.5亿元，在贺兰县建设新型绿色建筑工业化产业园项目，项目共占地26.8公顷。项目设计产能达年产70万平方米装配化建筑部件，将成为西北地区规模最大的全产业链绿色建筑企业。

同日 银川市长白尚成，银川市委常委、贺兰县委书记李郁华在银川国际会议交流中心会见杭萧股份有限公司总裁张振勇一行。副市长徐庆、县长刘甲锋及县领导马金龙、许伟良参加会见。双方就与银川市、贺兰县合作建立新型建筑工业化制造基地，推动银川市、贺兰县住宅产业化发展，促进城乡住宅质量不断提升等相关事宜进行交流。白尚成表示。银川市委、政府，贺兰县委、政府将全力支持项目建设，为杭萧钢构在银川、贺兰的长足发展提供全方位的支持和保障。

△ 贺兰县总工会召开九届六次全委（扩大）会议。县人大常委会副主任、县总工会主席盛国为主持会议，银川市总工会党组成员、纪检组组长姚永伟与会。会议听取和审议县总工会2016年工作总结暨2017年工作安排的报告（审议稿）以及经审委员会2016年度工作报告，表彰奖励2016年度工会先进集体和先进个人。县领导秦建忠、钱瑞出席会议。

24日 贺兰县2017年“建设之春”项目举行集中开工仪式，银川市委副书记周云峰，市委常委、贺兰县委书记李郁华，银川市人大常委会副主任达英、副市长钱秀梅，县领导俞学华、刘甲锋、马金龙、李炳杰等出席主现场杭萧钢构项目的开工仪式。

同日 宁夏厚生记食品有限公司科学技术协会成立并召开第一次会员代表大会。宁夏科技咨询中心副主任李雪青为厚生记企业科协授牌。

△ 自治区副主席马力到贺兰县调研银新干沟和四二干沟综合整治情况。银川市委常委、贺兰县委书记李郁华，银川市副市长徐庆，县长刘甲锋等参加调研。

△ 县人大常委会主任俞学华带领相关部门负责人督查一季度开工项目手续办理情况和部分项目复工情况。俞学华一行先后来到四十里店村休闲旅游产业区建设项目、广银米业高端有机大米种植基地建设项目、立岗镇兰星村大中拱棚扩建项目等地，实地督查项目手续办理情况和部分项目复工情况。

26日 两岸企业家文创小组（台湾）成员考察贺兰县经济发展方向、全域旅游发展情况。县领导王涛、陈娜参加活动。

27日 召开2017年信访维稳工作会。县长刘甲锋主持，县领导马金龙、白建斌、李炳杰、吴宁成、王鹏辉、牛东学、邓一凌参加。刘甲锋强调，各责任单位要提高认识，务必讲政治，顾大局，严稳控，守底线，担起责，尽好责。围绕营造安全稳定的社会环境，结合各自的实际情况，把各项信访案件解决好。

同日 宁夏交投集团副总理张彪率领宁夏交通建设股份公司、宁夏路桥PPP事业部投资集团投资发展部、宁夏交通投资集团投资发展部成员调研贺兰县"十三五"交通路网建设和投资情况。县领导刘甲锋、吴宁成、邓一凌参加活动。

28日 贺兰县人民政府与宁夏国有资产投资控股集团召开意向合作座谈会。双方就进一步加深了解，尽快达成更深层次的合作进行交流座谈。宁夏国有资产投资控股集团副总经理郭聿维、县长刘甲锋及县发改、农牧等相关部门负责人参加座谈。

同日 县委中心组举行理论专题学习报告会，会议邀请自治区党校副校长郝彤为与会人员作报告。郝彤从党的十八届六中全会的重要意义、坚定不移推进全面从严治党、全面加强和规范党内政治生活、全面落实党内监督责任等方面讲解党的十八届六中全会精神。县领导王涛、王鹏辉、盛国为、王勇、朱敏、邓一凌、马文霞、马建民等参加会议。

3月

1日 县长刘甲锋主持召开一季度开工项目推进会，对全县2017年一季度计划开工的93个项目手续办理、开工筹备等工作进行再安排、再部署。县委副书记马金龙，县领导王鹏辉、牛东学、叶正忠、邓一凌、马建民及各项目责任单位负责人参加会议。

同日 银川市政协副主席蒋光临带领市政协班子领导、部分政协常委现场视察贺兰县"互联网+政务中心"各办事大厅，听取相关情况汇报。县领导恩建国、马金龙、李炳杰、王鹏辉一同视察。

△ 贺兰县召开2016年度基层党委书记向县纪委全会述责述廉大会，县委常委、县纪委书记刘勇参加会议。立岗镇、习岗镇、县农牧渔业局等7位基层党委主要负责人，分别向县纪委全会进行述责述廉。

△ 内蒙古磴口县县长樊文一行到贺兰县考察养鱼光伏发电一体、渔业、苗种场建设、规模化渔业养殖等产业发展情况。副县长叶正忠陪同考察。

2日 全县志愿服务活动总结表彰会召开，会议表彰县公路管理段等10个"十佳志愿服务团队"、申丽伟等百名优秀志愿者、赵阳等"学雷锋百名标兵"。

同日 银川市委常委、纪委书记宋志霖带领市委班子成员及相关委室一行到贺兰"互联网+政务中心"视察工作。县长刘甲锋等陪同。

△ 自治区安委办副主任、安监局副局长万东刚带领督察组在贺兰磷肥有限责任公司和宁夏现代纺织产业示范园督查企业安全生产工作。县长刘甲锋、副县长牛东学参加督查。

6日 自治区副主席刘可为率环保厅、住建厅等部门，实地调研第三、第五排水沟贺兰段治理情况。银川市委常委、县委书记李郁华，县领导刘甲锋、马刚、叶正忠一同调研。

7日 县长刘甲锋就加快推进重点项目建设，到德胜工业园区各项目工地现场办公，协调解决项目推进中存在的困难和问题。刘甲锋进企业、下工地，边听边看，边看边安排，对德胜工业园区内中地乳业乳制品加工项目土地闲置、厚生记二期休闲食品深加工项目建设、金河乳业互联网+乳业智能生产建设项目、宁夏太平洋药业医养项目建设、加快推进"211"项目等事宜逐个做详细的安排部署。县领导马金龙、李炳杰参加活动。

同日 自治区运管局局长安金钟到贺兰县调研农村客运班线运输情况。

8日 县长刘甲锋带领农牧局、扶贫办相关负责人，调研项目实施情况、生态移民和扶贫工作情况。刘甲锋来到洪广镇洪鑫苑、欣荣村、广荣村等地，重点调研棚户区改造、拆迁和扶贫工作。副县长叶正忠一同调研。

同日 新疆维吾尔自治区人民政府秘书长来景刚率领考察团到贺兰县“互联网+政务中心”考察，自治区政府办公厅副巡视员、政务服务中心副主任贾志平，县委常委、副县长王鹏辉等一同考察。

同日 全县脱贫攻坚推进会召开，县长刘甲锋出席会议并讲话。刘甲锋强调，全县上下要更加扎实地推进大扶贫战略行动，有效解决脱贫攻坚的突出问题，坚定不移地打赢脱贫攻坚翻身仗。会议学习《贺兰县2017年脱贫攻坚工作要点》《贺兰县2017年脱贫攻坚任务清单》《贺兰县2017年贫困村脱贫退出及贫困人口脱贫销号实施方案》等文件精神。总结贺兰县2016年脱贫攻坚工作，安排部署2017年全县脱贫攻坚工作。

△ 中国科协科普部副部长、中国科技馆副馆长庞晓东考察贺兰县马家寨社区、贺兰四中、银川地区农作物蔬菜种子技术协会贺兰分会、京星农牧场科普落地应用工作。

△ 自治区文明办专职副主任高建博调研贺兰县欣荣村农民文化大院建设使用情况。县领导王涛一同调研。

10日 县科协、县供销社、县科丰种业有限公司联合举办宁夏保护性农业培训班暨农民专业合作社培训研讨会。宁夏农科院副院长、小麦专家袁汉民，陕西省农技协副理事长王俭就宁夏保护性农业研究进展状况、“农技协领办——农产品联合社模式”为全县各农村专业技术协会理事长、乡镇（场）科普专干及部分科技特派员等60余人授课。

13日 中央网信办调研组、自治区党委宣传部副巡视员王康宁、自治区农牧厅副厅长杨明红来到贺兰中地生态牧场有限公司、银川科海渔业生物技术有限公司、立岗新平设施农业园区，调研企业智能化、数字化、信息化、机电一体化建设情况，县领导叶正忠一同调研。

同日 县纪委监察局组织召开“开展查处涉农扶贫领域腐败问题专项行动动员大会”。专项行动聚焦脱贫攻坚、农村集体“三资”管理、征地拆迁、惠农资金、低保等发生在群众身边、基层反映强烈的突出问题。县领导刘勇、黄自爱参加会议。

14日 中华全国总工会书记处书记、党组成员、组织部部长张茂华到贺兰调研工会工作、社区阵地建设工作，自治区人大常委会副主任、总工会主席左军，银川市委常委、贺兰县委书记李郁华，县领导刘甲锋、王涛、盛国为、陈娜一同调研。

同日 银川市委常委、贺兰县委书记李郁华带领县发改、国土、住建等部门负责人到德胜工业园区塞尚乳业、艾尼集团、达美医药等处现场办公，召开“211工程”企业家座谈会，协调解决全县“211工程”项目推进中存在的困难和问题。县领导马金龙、李炳杰参加现场办公。

16日 自治区副主席刘可为调研贺兰县房地产去库存情况。银川市委常委、贺兰县委书记李郁华，银川市副市长徐庆，县领导刘甲锋、牛东学参加调研。

△ 贺兰县召开“两权”试点工作推进会，推进落实贺兰县农村承包土地经营权抵押贷款试点工作，加强农村承包土地经营权抵押贷款财政贴息资金管理，解决农民生产资金需求。自承包土地经营权抵押贷款财政贴息启动后，全县农村土地经营权抵押贷款登记备案共418笔，累计办理贷款396笔，贷款金额共2542万元。

17日 贺兰县召开预防职务犯罪警示教育报告会。县长刘甲锋，县政协主席恩建国，白建斌、刘勇、秦建忠、黄自爱、王鹏辉等县四套班子领导，法院院长、检察院检察长及其他在职县处级领导，全县副科级以上领导干部，各村党支部书记、村委会主任、村监会主任参加报告会。

21日 重庆客商考察团考察贺兰蔬菜产销情况，考察团来到立岗镇兰星村贺兰光杰果蔬专业合作社永久性蔬菜生产基地、宁夏天缘种业有限公司等蔬菜种植基地，查看贺兰县蔬菜种植规模、品种、冷链物流建设及市场销售情况。双方召开产销对接会。县领导王勇参加考察。

同日 贺兰县本级核定取消公务用车拍卖会在银川财军二手车市场举行。拍卖会共拍卖137台公务用车，合计起拍价195.26万元，其中：成交127台，总成交金额343.84万元，溢价率达到86.7%。县纪委、县审计局现场监督。

22日 贺兰县召开2017年统战、民族宗教工作会议暨表彰大会，会议传达《自治区宗教工作会议精神传达提纲》《2017年贺兰县统战工作要点》，会议表彰民族团结进步集体及个人。县委常委、统战部部长秦建忠与单位代表签订《贺兰县2017年度统战部（民宗局）目标管理责任书》。县领导王勇、马文霞、钱瑞等参加会议，副县长马刚主持会议。

23日 县长刘甲锋带领相关部门负责人调研全县各项目建设情况。刘甲锋来到县中小企业孵化园、宁夏昊晶新材料产业园、生态纺织园污水处理厂、京藏高速改线工程、习岗镇棚户区改造拆迁工程等处，查看各项目建设进度并听取项目建设方和部门负责人的相关汇报。县领导李炳杰、黄自爱、牛东学参加调研。

24日 阿里巴巴集团副总裁孙军工到贺兰考察。银川市委常委、贺兰县委书记李郁华，副县长陈娜陪同考察。孙军工实地察看贺兰阿里巴巴村淘县级运营中心、跨境电商产业园、宁浙电商创业园等地。

25日 贺兰科协组织参加第三十二届宁夏青少年科技创新大赛暨第十七届中国青少年机器人竞赛（宁夏赛区），贺兰县共有6幅科学幻想绘画获得一、二等奖，其中：一等奖4幅，二等奖2幅。在机器人FLL工程挑战赛初中组比赛中，贺兰四中机器人社团获得总冠军，贺兰四中李扬老师被评为优秀教练员。

同日 宁夏全民健身暨首届业余乒乓球俱乐部联赛（贺兰站）在县体育馆开赛，来自全区16支乒乓球俱乐部代表队的160多名运动员参赛。

28日 全县发展实体经济大会召开，大会表彰奖励工业经济发展先进单位12个和先进个人53名，奖励2015年度为县域经济发展作出突出贡献且符合“非公经济三十条”奖励补助政策的130户非公企业，奖励加快贺兰产业升级及推进技术进步的3名个人，兑现奖励补助资金1866万元。大会宣布《贺兰县关于支持实体经济加快发展的政策意见》《贺兰县深化东西合作交流促进贺兰换道超车跨越发展的实施意见》。银川市委常委，县委书记李郁华，县领导俞学华、刘甲锋、恩建国、马金龙、王涛、吴静、李炳杰、黄自爱、吴宁成、王鹏辉、王勇、任学军、马文霞、马建民以及县委、政府各部门、县直机关、人民团体、企事业单位负责人参加大会。

同日 县委、政府审议通过在政务服务中心基础上组建贺兰县行政审批服务局，负责行使14个县直部门的102项行政审批事项。

△ 贺兰县召开共青团第十八届委员会第五次全体（扩大）会议。县领导王涛、朱敏参加会议。与会人员学习中央十七届六中全会主要精神，解读《共青团贺兰县委改革方案》。

29日 自治区政协副主席张守志一行调研贺兰县农村畜禽养殖场废弃物资源化利用落实情况。张守志来到宁夏九三零种鸡场、贺兰中地生态牧场有限公司，查看企业废弃物资源化利用处理过程及工艺流程。县领导刘甲锋、恩建国、叶正忠等一同调研。

30日 全县农业“八化”战略暨特色小镇建设推进会召开，大会表彰奖励2016年度农业农村工作先进集体和23名先进个人，兑现2016年度美丽乡村和特色小镇建设以奖代补资金共计800万元。银川市委常委、贺兰县委书记李郁华，县领导俞学华、刘甲锋、恩建国、马金龙、刘勇、王涛、黄自爱、吴宁成、王鹏辉、王勇、马文霞、马建民以及县委、政府各部门，县直属机关、人民团体、企事业单位、各乡镇（场）主要负责人参加大会。

31日 贺兰县举行2017年度基干民兵整组点验大会。大会宣读民兵连队干部任职命令，演练警棍盾牌术、防暴队形、战地医疗救护和抗震救援等活动。宁夏军区副参谋长、银川警备区代司令员陶国生，银川市委常委、贺兰县委书记李郁华，银川警备区参谋长李锋斌，银川警备区后勤部部长郑晓军，县领导俞学华、恩建国、马金龙、潘建国、刘凯、陈娜参加大会。兴庆区、金凤区、西夏区、灵武市和永宁县人武部部长和政委等与会。

4月

1日 县人民政府、宁夏建设投资集团、北京顺鑫建投基金管理有限公司三方战略合作举行签约仪式，银川市委常委、贺兰县委书记李郁华，县领导俞学华、刘甲锋、恩建国、李炳杰、黄自爱、牛东学以及县交通局、发改局、财政局、住建局、文广局、教育局负责人参加签约仪式。

4日 自治区科协批复，同意成立宁夏现代渔业产业技术能力提升院士专家工作站。院士专家工作站设于贺兰县。

6日 贺兰县安委会召开2017年第二次全体（扩大）会议，专题研究食品安全工作，县长刘甲锋就加强校园周边食品安全监督做讲话。县领导李炳杰、马刚、牛东学、叶正忠，以及安委会单位、食安委会单位、食协管负责人参加会议。

同日 县长刘甲锋、县委副书记马金龙就生物科技园新项目建设及洪广镇棚户区拆迁改造工作进行调研，并协调解决工作推进中存在的困难和问题。

△ 青铜峡市人大常委会主任姬文泽，青铜峡市委常委、副市长杨春燕，青铜峡市广播电视台台长林波等一行到贺兰电视台考察。县领导俞学华、盛国为一同考察

7日 贺兰县残联召开第六届主席团第三次全体会议，会议听取县残联负责人关于县残联2016年工作汇报及2017年工作安排。并聘请县政协主席恩建国为县残联主席团名誉主席。县领导恩建国、秦建忠、朱敏等参加会议

9日 县长刘甲锋调研全县部分项目建设进展及城乡环境综合整治情况，副县长牛东学一同调研。

11日 自治区党委常委、常务副主席张超超，区、市等相关部门主要负责人到宁夏远高杭萧、宁夏厚生记食品有限公司，调研德胜工业园区重点项目建设情况。县领导刘甲锋、马金龙、李炳杰一同调研。

同日 贺兰县科协六届四次全委（扩大）会议召开。全体委员及各基层科协组织秘书长和农技协理事长代表参加会议，会议选举邓晓明为贺兰县科协委员、常委、主席；听取和审议邓晓明代表六届常委会所作的工作报告。县领导秦建忠、马建民出席会议。

12日 贺兰县举行扩大有效投资第二批重大项目集中开工仪式。第二批集中开工项目共31个，概算总投资38.37亿元，其中：2017年度完成总投资22.71亿元。开工项目涵盖新材料、新能源、精细化工、生物医药、农业产业等多个领域。贺兰县太阳城中学新建项目作为此次民生项目的重点，学校规划建设36个教学班，建筑面积30046平方米，总投资13000万元。建成后将满足县城周边及太阳城商住区的学生就近上学的需求。

同日 银川市副市长徐庆携全国工商联直属商会企业家观摩贺兰县电商物流园发展情况，观摩组来到e+1电商创客空间大厅、公共仓分拣中心、农村电商体验区宁谷物配、020模式企业暨西域摩界等运营车间，查看e+1创业空间运营有关情况。县领导刘甲锋、王涛、陈娜一同观摩。

13日 县长刘甲峰前往智慧贺兰运营服务中心和如意湖社区调研建设“智慧贺兰”项目的推进工作情况。县领导潘建国一同调研。

14日 自治区十大特色产业示范村建设开工仪式暨工作推进会在常信乡四十里店村召开。十大特色产业示范村基础设施建设要求当年10月初完成建设任务。2016年11月，自治区旅游发展委牵头，从全区遴选10个资源禀赋较好、交通便利、有产业基础、田园风光浓郁、文化积淀深厚的村庄作为首批特色产业示范村集中建设。常信乡四十里店村是宁夏十大特色产业示范村之一。

同日 贺兰县举行盐碱地蚯蚓零化肥高效有

机循环农业产业示范基地项目签约仪式。该项目利用蚯蚓综合生物技术，对盐碱地土壤进行改良与修复。通过产业发展、示范，将改善盐碱土壤的肥力与结构，缓解土地盐碱化压力，在作物生产上用蚯蚓粪替代化肥、减少对化肥、化学农药的使用。该项目总投资1.5亿元。

18日 银川市人大常委会主任左新军率调研组调研贺兰县重点企业的环境卫生、排污治理等工作。调研组实地查看银川兄弟彩兴化工有限公司、泰益欣生物科技有限公司。左新军指出，全市环境治理刻不容缓，要把环境综合整治作为推动产业转型升级的有效途径，把工程措施与企业整改结合起来，解决工业废水的回收和再利用等环境突出问题。县领导俞学华、刘甲锋、马刚陪同调研。

20日 内蒙古自治区阿拉善盟委组织部一行考察贺兰县农村电商产业发展情况。考察团到银川电商物流园、京星农牧场村淘服务站等地，查看贺兰县电子商务产业发展情况及农村淘宝运营情况。

21日 江苏省亚邦投资集团有限公司董事长张华带领江苏省客商考察团到贺兰考察。考察团来到百瑞源中国枸杞馆、宁夏誉景薯业、宁夏生态纺织产业示范园区等地，县领导马金龙向考察团介绍了贺兰县情、招商环境和相关项目的优惠政策。

23日 全国政协副主席韩启德率全国政协教科文卫体委员会、九三学社中央联合调研组，到贺兰县一中、三中等学校，实地查看银川改进校园餐食管理情况。

24日 自治区编办主任周万生、银川市编办主任马小兰到贺兰县行政审批服务局进行调研。县领导刘甲锋、王鹏辉一同调研。

同日 自治区经信委副主任李飞带领调研组到贺兰县调研工业经济运行情况。李飞来到昊王酒业、厚生记、凯晨电气、艾尼散热器等企业，查看企业生产经营和项目进展、工艺装备、技术创新、机器自动化、节能减排等方面的情况。县领导李炳杰一同调研。

26日 石嘴山市政务服务中心副主任和峰一行来到贺兰县行政审批服务局考察。

5月

1日 县长刘甲锋带领调研组调研城乡环境整治及重点项目建设情况。刘甲锋查看园艺东路、银新干沟施工现场、宁夏琰钰服装有限公司、宁夏昊晶新材料产业园等处，针对项目在推进过程中出现的供水、供电、交通等问题现场与分管领导协商解决。县领导马刚、牛东学参加调研。

2日 石嘴山市委常委、宣传部部长薛文斌一行在县长刘甲锋的陪同下考察贺兰电视台，交流媒体行业发展经验。

6日 贺兰县举行2017宁夏·中国特产中心开业暨贺兰首届文化旅游嘉年华启动仪式，银川市副市长钱秀梅，县领导俞学华、刘甲锋、恩建国、马金龙为“2017宁夏·中国特产中心开业暨文化旅游嘉年华”共同点亮“希望之珠”，向宁夏兰山广电旅行社等6家旅行社发放贺兰精品旅游路线“金钥匙”。宁夏·中国特产中心是贺兰县与浙江义乌市合力建设的全国特产销售平台。

同日 贺兰县创建国家现代农业产业园座谈会在贺兰举行，农业部发展计划司副司长赵哲、规划设计研究院研究员张学军、高级工程师李健，自治区农牧厅总农艺师宿文军、计财处处长王登科，县领导刘甲锋、黄自爱、盛国伟、叶正忠、马建民参加会议

8日 自治区农牧厅厅长王文宇一行调研洪广镇金山村农村项目产业脱贫情况。县领导刘甲锋、叶正忠一同调研。

同日 县委常委、政法委书记、公安局局长白建斌带领督察组实地督查贺兰县青少年毒品预防教育工作。白建斌来到习岗镇社区戒毒工作站、如意湖中学、主题网咖等地，实地督查娱乐场所、学校、社区等禁毒示范点，白建斌要求，学校要将禁毒工作与“互联网+”相结合，发挥“禁毒微信公众平台”“禁毒数字展览馆”媒体

的作用，增强青少年毒品预防教育工作，

△ 民盟宁夏区委会主任冀永强调研贺兰县生物科技园工业新能源产业项目。

9日 建设银行宁夏分行行长张敏调研贺兰县2017年社会投资基本建设项目。调研组来到宁夏生态纺织产业示范园区，查看宁夏如意科技时尚产业有限公司项目。张敏对宁夏生态纺织产业示范园投资的5个项目给予肯定。张敏表示，将加大与贺兰县的合作。县领导刘甲锋、李炳杰、吴宁成一同调研。

同日 县长刘甲锋带领相关部门负责人，就城乡环境综合整治工作进行现场办公。刘甲锋来到习岗镇银山马会、新平园区等地现场办公，就做好城乡环境综合整治工作提出具体要求。刘甲锋要求，对于城乡环境问题，各部门、各乡镇要高度重视，要进一步细化工作任务、明确目标，责任到人，快速推进。要多部门联合，相互协调、密切配合，确保城乡环境综合整治工作取得实效。

△ 银川市委党校组织银川市春季县处级干部研修班学员到贺兰县欣荣村和兰光村进行“三同”实践锻炼。共有28名县处级干部在欣荣村和兰光村与农民“同吃、同住、同劳动”。

10日 石嘴山市政协副主席李斌带领考察组到贺兰县行政审批服务局考察。银川市政协副主席陈艳菊、县政协主席恩建国、副县长陈娜等一同考察。

同日 自治区党委常委、副主席马顺清到贺兰县调研农业发展情况。马顺清来到习岗镇黎明村青贮玉米前茬种植冬牧70示范点、常信乡谭渠村南美白对虾养殖基地、贺兰县中地生态牧场、广银米业、宁夏天缘种业等企业。县领导刘甲锋、叶正忠一同调研。

△ 银川市市长白尚成带领督察组到贺兰县，对贺兰山国家级自然保护区及沿线环境保护工作开展督查。白尚成来到贺兰山拜寺口，查看贺兰山东麓沿线清理整治情况。白尚成指出，没有贺兰山，就没有银川平原，就没有“塞上江南”的美景。将贺兰山自然保护区保护好，功在当代利在千秋。县领导刘甲锋、马刚一同督查。

△ 宁夏军区副政委安宗让、宁夏军区副参谋长陶国生、宁夏军区政治部副主任关应祥、银川警备区政治部主任王玉峰带领宁夏军区12名师团职交流干部到贺兰县人武部参观交流基层人武工作。县领导潘建国、秦建忠、黄自爱陪同参观。

△ 县长刘甲锋到宁浙电商创业园，调研创业园发展情况。县领导马金龙、王涛、陈娜参加调研。

△ 自治区新闻出版广电局举办的全区农村电影管理培训班现场会在贺兰县习岗镇新胜村举行。自治区广电局电影电视处副处长唐万成、自治区广电局新闻培训中心主任段卫宁参加现场会。

11日 银川市副市长张全智到德胜工业园区调研企业用工情况并召开相关会议。企业负责人介绍了企业用工情况，以及企业用工存在的困难。张全智与企业负责人进行互动交流。张全智表示，就业是民生之本，人社部门要会同有关部门将服务企业工作抓在手上，放在心上，落实在行动上。县领导马刚参加会议。

12日 贺兰县召开2017年重点项目融资贷款座谈会。

同日 县人民政府与北京碧水源有限公司签订合作框架仪式。自治区水利厅办公室主任王岚海、计划处处长王景山、农建中心主任高宏，县领导刘甲锋、李炳杰参加签字仪式。框架协议涉及全县海绵城市建设、安全饮水工程，污水处理工程。

△ 江西省资溪县委常委、常务副县长傅武彪带领资溪县编办、行政服务中心、法制办负责人到贺兰县行政审批服务局考察。县领导王鹏辉陪同考察。

△ 县政协主席恩建国带领督察组督查全县城乡环境综合整治情况。督察组来到和平社区、新平园区、银新干沟、海亮国际、银川生物科技园等地，实地督查城乡环境存在的各类污染问题，并督查整改。

△ 自治区政府副秘书长王凌、农牧厅副厅长赖伟利带领全区市县观摩组，观摩常信乡四十里店村广银米业，了解龙头企业带动产业融合发展示范园区情况、立岗镇兰星村光杰果蔬现代农业园区等农业生产情况。副县长叶正忠参加观摩。

△ 全区宣传思想文化系统“深化走转改 见证新发展”集中观摩团采访活动走进贺兰县，区直宣传思想文化部门相关负责同志、自治区新闻单位和中央驻宁媒体的40多名记者参加观摩。

△ 贺兰县农技推广服务中心举办引黄灌区夏播生产暨龙头企业带动产业融合发展现场推进会。自治区政府副秘书长王凌、农牧厅副厅长赖伟利，县领导叶正忠参加现场会。

13日 宁夏常龙新材料科技有限公司开业暨银川市预拌砂浆技术推广会启动仪式在银川生物科技园举行，银川市副市长徐庆，县领导马金龙，李炳杰出席启动仪式。

17日 县科协邀请北京亿维讯总经理、工学博士后林岳，自治区科技厅科技发展战略和信息研究所副所长赵功强，企业创新咨询师王涛，创新方法专家韩博，自治区科技咨询中心业务科科长张昆来到厚生记食品有限公司、凯晨电气集团有限公司，对企业的创新活动开展指导。

18日 县长刘甲峰主持召开贺兰县四套班子联席（扩大）会议，研究分析全县工业经济运营情况，对贺兰县领导干部进百企、解难题、稳增长帮扶工作进行安排部署。县领导俞学华、恩建国、马金龙出席会议。

19日 全球零售商一站式采购交易平台敦煌网宁夏区域运营中心在贺兰县中阿幸福里跨境电商产业园举行开业仪式。自治区发改委高技术产业处处长王红梅，银川市商务局局长郝春明，县领导俞学华、刘甲锋、恩建国、马金龙，敦煌网副总裁刘毅，敦煌网华西运营中心总经理王云飞出席中心揭牌仪式。

同日 县长刘甲锋来到德胜工业园区宁夏麦尔乐食品股份有限公司、百瑞源中国枸杞馆等企业，调查研究企业发展现状，研究解决企业发展问题，政府帮助企业解决科技创新能力、品牌效益等企业发展问题。

19—26日 县科协组织开展以“科技强国 创新圆梦”为主题的“科技周”活动。在常信乡、金贵镇等乡镇农贸集市、蔬菜种植示范基地等劳动人口相对密集的区域摆放展板，悬挂横幅，播放广播视频，发放科普图书、彩页、科普宣传品，开展科普宣传活动。

21日 中国移动贺兰分公司、宁夏西夏种业有限公司举行宁夏西昱·普罗旺斯薰衣草庄园“幸福家庭农业”开园仪式。西昱·普罗旺斯薰衣草庄园引进欧美及国内鲜食甜糯玉米、向日葵、花生、小杂粮、特色马铃薯、精品蔬菜及薰衣草等芳香植物新品种，在贺兰县开展示范种植。

22日 自治区纪委常委王秀春在银川市纪委副书记、监察局局长马雪飞的陪同下，对贺兰县查处基层不正之风和腐败问题进行调研，县委副书记、县长刘甲锋先就党委落实主体责任情况做汇报。王秀春指出，在农村“三资”管理、扶贫脱贫等多领域开展专项整治，是基层纪律审查重要工作，必须抓严抓实。县领导马金龙、刘勇等参加调研。

同日 贺兰县开展纪念毛泽东同志《在延安文艺座谈会上的讲话》发表75周年系列活动启动仪式。自治区文联党组成员、副主席刘伟大，银川市文联党组书记张秉东，县领导王涛、朱敏、马文霞等参加启动仪式。

23日 由县科协牵头，县工会、团委、妇联、文联、科技局、农牧局等25家单位及4家企业在文化广场路段开展“科技一条街”集中宣传活动

同日 贺兰县第六届离退休干部及老年人运动会在县体育馆举行，自治区党工委秘书长、老干部局副巡视员周龙，县领导俞学华、刘甲锋、吴静、秦建忠、任学军、马文霞等参加开幕式。运动会由县委组织部、县离退休干部党工委、县委老干部局主办。

24日 自治区主席咸辉来到贺兰县专题调研

沿黄生态经济带现代农业发展情况。在常信乡谭渠村宁夏蓝湾公司南美白对虾养殖基地，咸辉查看基地建设，考察企业市场销售、利润情况。在宁夏中地生态牧场，咸辉查看奶牛规模养殖，了解对周边农民养殖的带动作用情况。在广银米业优质水稻生产基地，咸辉对水稻、虾、蟹、泥鳅规模化立体种养、产业链发展、多业态推进给予肯定。咸辉指出，要深入推进农业供给侧结构性改革，加快培育农业农村发展新动能，实现现代绿色有机生态农业良性持续发展。

同日 国家税务总局总会计师王陆进到贺兰县行政审批服务局国、地税联合办税大厅视察工作，自治区国、地税局局长张曙东、马建民，县长刘甲锋等陪同视察。

△ 召开工业经济运行及投资推进会，研究解决全县经济发展中遇到的困难和问题。县发改局、统计局，德胜工业园区就各项经济指标预测情况做汇报。县长刘甲锋指出，要通过开展领导干部进百企、解难题、稳增长帮扶活动，帮助企业攻坚克难，确保全县工业经济平稳增长，实现企业稳产达效。要做好开工项目建设，确保全县上半年各项经济指标实现目标任务。县领导马金龙、李炳杰、王鹏辉参加会议。

△ 县人民政府与上海辰钰财富投资管理有限公司签订战略合作协议。上海辰钰财富投资管理有限公司入驻德胜园区金融集聚区，为园区引进银行、保险、基金等金融企业，为园区的企业融资、上市挂牌等服务。县长刘甲锋出席签约仪式并讲话，县委常委、副县长吴宁成主持签约仪式。

△ 贺兰县召开全面治理农民工工资突出问题推进会。会议通报全县农民工工资清欠进度，安排治理拖欠农民工工资突出问题有关工作，县委常委、政法委书记、公安局长白建斌要求，要落实银川市建设项目农民工工资管理“十到位”“十不准”，督促建筑领域主体责任单位严格落实农民工银行卡拨付到位。县领导朱敏、钱瑞参加会议。

25日 县长刘甲锋调研贺兰山自然保护区拜寺口景区违建拆迁工作，刘甲锋要求各工作组要互相配合，保证拆迁工作顺利进行。公安局牵头，做好拆除违法建筑中的治安工作，对妨碍执法人员及工作人员工作的人员要依法制止和处置，维护现场秩序和安全。洪广镇牵头，县国土局、环保局、林业局、公证处等部门要做好物品保全登记工作。在拆迁过程中要坚持依法行政、依法办事，抓好每一个细节，做到时间、进度、质量有机统一。县领导白建斌、马刚参加调研。

同日 北京市政府副秘书长赵根武带领北京市水务局考察团一行，到贺兰考察高效节水灌溉工程。副县长叶正忠陪同考察。

26日 县政府组织城管、公安、消防、国土等多个部门的300余名工作人员对贺兰山自然保护区拜寺口双塔景区内的违章建筑进行集中拆除。县委常委、政法委书记、公安局局长白建斌，副县长马刚在现场指挥拆除工作。

同日 石嘴山市委常委、大武口区委书记张伟，副书记李云带领大武口区党政主要部门负责人来到县“互联网+政务中心”参观考察，县委副书记马金龙陪同考察。

27日 自治区政协副主席安纯人视察贺兰食品安全管理工作。安纯人来到金河乳业、百瑞源枸杞有限公司实地查看，听取企业负责人关于企业发展及产品质量安全管理工作的介绍。安纯人指出，食品安全事关人民群众身体健康和生命安全，企业要落实“四个最严”的要求，保障人民群众“舌尖上的安全”。县领导马刚、钱瑞等陪同视察。

同日 自治区农牧厅党组书记、厅长王文宇带领专家组来到洪广镇中地生态牧场、常信乡四十里店丰谷稻渔生态种养示范园区考察贺兰现代农牧业发展情况。并在贺兰县召开全区农业特色优势产业“两组一会”工作推进会。推进会上，宁夏小麦、水稻、玉米、奶牛等产业技术服务组的首席专家汇报2016年产业重大技术示范推广、技术指导、技术培训等工作成效，2017年重点工作推进进度。自治区农牧厅党组成员、总农艺师宿文军，自治区农牧厅副厅长、党组成员赖伟利，县领导叶正忠参加会议。

6月

1日 贺兰县召开领导干部进百企、解难题、稳增长工作推进会。会上，各分管领导就帮扶企业的情况及存在问题做汇报。全县帮扶联系的55家企业，有55%的企业由于融资困难，有62%的企业由于原材料成本上升过快，导致企业利润空间明显压缩；有51%的企业由于市场需求相对疲弱，造成企业产品优质订单减少。会上，县长刘甲锋对领导干部进百企解难题稳增长工作进行再部署。县领导俞学华、恩建国、马金龙，各乡镇（场）、县委各部门、县直机关、人民团体、企事业单位等相关负责人参加会议。

同日 县长刘甲锋先后来到政务服务中心、如意湖社区、立岗镇及德胜工业园区汽车党群服务中心等处，走企业、进社区、看材料、听汇报，调研全县“两学一做”学习教育开展情况。县领导吴静及县委组织部等相关部门负责人参加调研。

2日 广东省化州市政协党组成员、秘书长李剑锋带领化州市政协委员、政府相关部门一行到“互联网+政务中心”参观考察，县政协党组成员、政协办公室主任张宏荣等领导一同考察。

3日 召开全县扶贫开发工作推进会，会议通报全县2016年扶贫开发成效考核、问题整改情况。县长刘甲锋指出，2017年是脱贫攻坚的关键之年，各级各部门要克服松懈麻痹、消极厌战情绪，为脱贫攻坚提供持久动力。县领导俞学华、恩建国、马金龙、刘勇、吴静、李炳杰、黄自爱、许伟良、吴宁成等参加会议。

5日 自治区安监局总工程师黄建军带领自治区安委会督察组督查贺兰县安全生产工作。督察组来到泰益欣生物科技有限公司、苏荷阳光建设项目工地、物美大卖场，查看企业安全生产主体责任落实情况。副县长马刚向督察组汇报贺兰县关于国务院安委会安全生产第八巡查组发现问题整改落实情况，开展安全生产专项整治活动、自治区第十二次党代会期间的安全生产工作部署情况。县领导白建斌、任学军、马刚、钱瑞参加督查。

6日 中国共产党宁夏回族自治区第十二次代表大会在宁夏人民会堂开幕。贺兰县组织全体党员干部通过电视、网络等收听收看开幕式实况。县领导恩建国、马金龙、白建斌、刘勇、王涛、李炳杰、秦建忠、黄自爱、吴宁成、任学军、盛国为、朱敏、马刚、牛东学、叶正忠、陈娜、钱瑞及各乡镇（场）、街道办、工业园区及其他各党工委、驻县区（市）属单位全体干部职工收听收看开幕式。

8日 自治区农民工工作领导小组专项督查贺兰县2017年农民工工作推进情况。督查组来到浙江新东阳建设公司银川海亮滨河一期、宁夏陆磐苏荷阳光施工现场，查看建设项目施工现场农民工工资支付维权信息公示栏，与农民工进行交谈，查询工资发放情况、劳动合同签订情况。贺兰县相关负责人向自治区农民工工作领导小组汇报贺兰县治欠保支工作开展情况。县领导朱敏、马刚参加督查。

9日 贺兰县现代农业产业园建设现代化生态灌区一体化服务项目签约仪式举行，自治区水利厅领导、贺兰县政府及有关局和乡镇领导，京蓝生态、奥特美克和宁夏水利水电勘测设计研究院有关人员参加签约仪式并签订《贺兰县依托现代农业产业园建设现代化生态灌区投建管服一体化项目战略合作框架协议书》。项目总投资预计约12亿元，项目建设规模约40200公顷。项目将利用PPP模式完成贺兰县全县域灌区的现代化改造，发展高效节水灌溉。

10日 贺兰县举行全民健身挑战日——健康宁夏动起来暨宁夏全民健身节活动。组委会技术统计，当日参加人数为6174人，占全县人口的2.77%；有25893人通过扫描官方二维码关注本次活动，占全县人口的11.6%。国家体育总局群体司副司长高元义，自治区体育局副局长张梅，县领导刘甲锋、恩建国、马金龙、秦建忠、任学军、陈娜参加活动。

12日 农业部公布第一批畜牧业绿色发展示范县名单，贺兰县被评选认定为第一批畜牧业绿色发展示范县。

同日 中商国能集团副董事长、中商国能集团（宁夏）公司董事长汪辉带领考察团来到宁夏如意科技时尚产业有限公司、宁夏服装中小企业孵化园、金融保险总部一条街等项目现场，考察贺兰县县域经济发展情况。双方签订战略合作协议，中商国能集团在贺兰开展直饮水工程、博物馆、金融商务街、高校孵化器、康养文旅小镇建设等项目的合作。县领导刘甲锋、俞学华、马金龙、王涛、李炳杰、叶正忠、陈娜参加战略合作协议的签署。

14日 全国人大农业与农村委员会副主任委员郭庚茂到贺兰县蓝湾南美白对虾养殖示范基地、中地生态牧场、广银米业等地调研水产、奶牛养殖以及有机水稻种植等农业产业经济发展情况。自治区党委常委、人大常委会副主任李锐，银川市人大常委会主任左新军，贺兰县人大常委会主任俞学华等陪同调研。

15日 召开全县“三大三强”行动动员部署暨首届“最美村官”表彰大会。大会表彰10位贺兰“最美村官”。县领导刘甲锋、俞学华、马金龙、潘建国、刘勇、吴静、秦建忠、黄自爱、叶正忠、马文霞参加大会。

同日 全县2017年入党积极分子培训班开班，培训班重点围绕《中国共产党廉洁自律准则》《中国共产党纪律处分条例》《发展党员工作专题解读》等内容学习。

16日 中国银行宁夏分行贺兰支行举行开业仪式。银川市副市长周妙亮，中国银行宁夏分行党委书记、行长陈志能，县领导俞学华、黄自爱、吴宁成及贺兰县金融业代表、相关企业代表参加开业仪式。中国银行贺兰支行位于贺兰县富兴南街129号，群众和企业可办理法人开户、对公理财、企业网银、企业融资、出国金融、外币结算等业务。

20日 贺兰县召开青岛—银川农产品产销区域合作洽谈会。根据协议，双方将长期开展农产品产销合作。当一方所在地蔬菜生产供大于求出现滞销时，另一方要组织有关企业开展促销活动，扩大销售渠道，帮助增加销量。当一方所在地蔬菜市场出现货源紧缺时，另一方则组织相关企业积极组织货源，保障蔬菜供应。该合作意向书的签订，将加强贺兰与青岛农产品产销衔接，丰富两市居民的“菜篮子”。县领导王涛参加洽谈会。

同日 县政协组织部分离退休老干部观摩贺兰县2017年重点工程项目。老干部们观摩常信乡南美白对虾养殖基地、洪广镇朝阳锦鲤养殖场、常信乡稻渔空间生态休闲观光园等建设项目。老同志们对全县农业现代化、全域旅游等方面建设给予肯定。县领导马文霞、钱瑞陪同观摩。

△ 珠海银隆新能源公司董事长魏银仓一行到贺兰考察，银川市委常委、副市长毕俊生，县领导刘甲锋、俞学华、恩建国、马金龙等陪同考察。珠海银隆新能源有限公司是我国新能源产业大型现代化高新技术企业之一，是以锂电池、电动汽车动力总成、整车制造、智能电网储能系统的研发、生产、销售于一体的新能源闭合式循环产业链大型企业。

21日 县运管所、县公安局联合举办全县道路运输行业2017年反恐处突暨应急救援演练现场会，演练公交车遭暴恐分子劫持、危货车泄漏失火事故两个场景的救援。

22日 县政协主席恩建国，县委常委、统战部部长秦建忠等分别带领4个督察组督查贺兰县重点项目建设情况。恩建国来到银川市生物科技园区，宁夏泰益欣生物科技有限公司盐酸克林霉素、泰乐菌素、大观霉素项目现场。秦建忠来到艺丰农场蔬菜科技示范园区建设项目、光杰果蔬2017年现代农业园区试点建设等项目现场，第三督察组来到贺兰县第三幼儿园。第四督察组来到南梁台子、蓝湾养殖场、常信乡、习岗镇五星村七社、金贵镇金贵村等地进行实地督查。督导组就督查发现的问题提出意见和建议，并集中报告县委、政府。

23日 银川市委常委、纪委书记 宋志霖，市人大常委会副主任 王勇，市政协副主席 徐永豪带领慰问组慰问回族群众。县领导刘甲锋、俞学华、恩建国、刘勇、秦建忠陪同慰问。

同日 山东省德州市政务服务中心管理办公室主任董国辉率领德州市政务服务中心、德州市各县政务服务中心到贺兰县政务服务中心考察。

27—28日 县委、政府组织全县100余名领导干部对上半年重大项目、重点工程、城乡环境综合整治工作进展情况开展集中观摩。县长刘甲锋对上半年重大项目、重点工程、城乡环境综合整治工作做全面总结。县领导俞学华、恩建国参加集中观摩。

29日 自治区主席咸辉到“两学一做”学习教育常态化制度化基层指导点——贺兰县洪广镇，为基层党员讲党课。咸辉强调，要坚持以习近平总书记关于“三农”工作的重要讲话为指导，深入贯彻落实自治区第十二次党代会精神，发挥基层党组织战斗堡垒作用，振奋精神，实干兴宁，努力实现农业强、农村美、农民富。

同日 国家新闻出版广电总局研修学院“发展中国家全媒体记者研修班”成员参观贺兰县智慧城市建设情况，来自蒙古、巴拿马、马拉维、尼日利亚等23个国家的65位资深媒体人士组成的记者研修班来到如意湖社区，听取相关负责人关于智慧城市的介绍。县领导王涛陪同参观。

30日 中国企业家协会中企会会长樊兴龙、中企会执行主席陈枫，中企会副会长颜安、胡秀清、裴正刚，中企会秘书长侯祥等其他30名中企会成员对贺兰县进行2天考察。县领导刘甲锋、俞学华、恩建国、马金龙、李炳杰、陈娜等陪同考察。

同日 自治区编办副主任李建军到行政审批服务局督查“放、管、服”改革工作。县领导王鹏辉陪同督查。

△ 宁夏农作物种业联盟成立暨品种授权维权签约仪式在贺兰举行。自治区农牧厅党组成员、副厅长赖伟利，农牧厅种植业管理局局长康波，县领导叶正忠参加签约仪式。农作物联盟以提升小麦企业核心竞争力、小麦品牌知名度为宗旨和任务。

△ 县中医院被授予贺兰县首家“爱心医院”并挂牌。近两年，县中医院出台和实施一系列医疗救助项目，缓解百姓看病难、看病贵等问题，让百姓享受到优质的医疗资源，受到群众的褒奖。县领导秦建忠、陈娜参加授牌仪式。

7月

1日 自治区政法综治重点工作落实情况督察组对贺兰县2017年上半年政法综治工作开展督查调研。自治区党委政法委员会巡视员于霆一行来到立岗镇永华村、民乐村走访看望基层困难老党员。县领导马金龙、牛冬学陪同督查。

3日 贺兰县与江苏友诚数控科技有限公司签订宁夏生态纺织产业园区家纺工业园合作开发框架协议。协议计划，未来5年，江苏友诚数控科技有限公司在宁夏生态纺织产业示范园建设世界最大的家纺产品生产基地。项目规划占地335公顷，投资260亿元，形成产值300亿元以上的产业规模。

4日 县委副书记、县长刘甲锋到贺兰县常信乡四十里店村，给70余名基层党员讲党课。刘甲锋强调，要深入贯彻落实自治区第十二次党代会精神，发挥基层党员战斗堡垒作用，坚持走“党员带领 支部带富”的发展道路，“两学一做”才能见真章。县委常委、组织部部长吴静参加活动。

同日 银川市政协副主席哈宁东带领部分政协委员及相关部门负责人视察贺兰县农业发展情况。视察组视察了贺兰县丰谷稻渔综合种养园区、科海渔业科技示范园区、普罗旺斯薰衣草庄园。县领导恩建国陪同视察。

△ 贺兰县与ofo共享单车签约。副县长陈娜与北京拜克洛克科技有限公司（西北区域经理）卫楠签订共享单车在贺兰投放协议，首批协议投放1500辆。

5日 全国水产技术推广工作会议暨生态健

康养殖技术集成现场会在贺兰县召开，农业部副部长于康震、全国各地水产养殖技术推广负责人共130多人参加会议。自治区党委副书记、银川市委书记姜志刚，自治区党委常委、副主席马顺清，自治区农牧厅厅长王文宇、副厅长马新明，银川市副市长李鸿儒，贺兰县县长刘甲锋等与会。

△ 15时左右，贺兰山沿山地区累计雨量超过15毫米，沿山中北雨量超过30毫米，其中：贺兰山滑雪场累计降水量108.3毫米，最大小时雨强47.4毫米，达大暴雨级别。洪水发生后，县相关部门快速反应，全力抗洪。

6日 自治区党委副书记、银川市委书记姜志刚到贺兰县调研特色产业、基层党建，听取经济发展和生态、民生建设等工作开展情况。姜志刚强调，贺兰县要贯彻落实自治区第十二次党代会精神，大力实施创新驱动战略，坚持向科技创新要效益，推进产业转型升级。银川市委副书记周云峰，银川市委常委、副市长杨有贤，县领导刘甲锋、马金龙、吴静等陪同调研。

7日 贵州省毕节市政协调研组一行到贺兰县实地调研供港蔬菜建设情况。银川市政协副主席哈宁东，县领导恩建国、吴宁成参加调研。

同日 贺兰县邀请成都电子科技大学博士生导师、教授杜义飞为全县企业负责人做“互联网时代商业模式创新”专题讲座。

9日 由银川市民族事务委员会、银川市体育总会、贺兰县统战部、贺兰县总工会联合主办的银川市首届民族团结杯篮球联赛暨银川市奥特莱斯城镇职工篮球联赛在贺兰奥特莱斯开幕，县领导秦建忠、陈娜出席开幕式。

10日 江西省萍乡市芦溪县委常委、常务副县长李政率领芦溪县公共政务局、编办、建设、国土等部门一行人到贺兰考察学习政务服务工作。

11日 宁夏新闻网承办的第十三届全国网络媒体宁夏行采访活动走进贺兰。人民网、新华网、中国网、中国新闻网、宁夏新闻网等国内40余家的主流网络媒体走进远高杭萧绿色建筑有限公司、宁夏中小企业孵化园、稻渔空间等实地观摩采访。

12日 全国农业技术推广中心党委书记魏启文带领参加2017年下半年全国水稻和马铃薯重大病虫害发生趋势会参会人员，观摩常信乡四十里店村广银米业水稻基地和立岗镇先进村生瑞米业水稻基地，县领导黄自爱一同观摩。

同日 自治区食品药品监督管理局考核验收组到贺兰检查食品安全先进县创建工作，并召开贺兰创建食品安全先进县验收工作座谈会。相关负责人汇报贺兰县创建食品安全先进县工作、食品药品监管工作。考核验收组查阅相关资料，来到习岗农贸市场进行实地查看，对群众普遍关心的食用油、经营资格，以及对生产、销售点开展考察。

13日 县长刘甲锋带着清凉慰问品对全县581名在高温酷暑下辛苦工作的环卫工人以及重点项目工地一线工人进行慰问。

同日 自治区农牧厅举办“蔬菜销售商走进宁夏”活动，来自全国的100多位知名蔬菜销售商来到习岗镇新平园区、供港蔬菜基地、五星村蔬菜新品种展示园、兰星村绿色蔬菜产业联盟示范基地观摩贺兰县蔬菜产业发展情况。县领导叶正忠陪同观摩。

15日 农业部党组成员、人事劳动司司长毕美家调研贺兰县农业发展工作。毕美家对贺兰县农业发展供给侧结构改革、一二三产业融合、发展休闲农业、提高产品附加值工作给予肯定。自治区农牧厅厅长王文宇、县长刘甲锋陪同调研。

17日 2017中国企业家财富论坛暨魅力贺兰行在银川国际交流中心召开。全国政协委员、全国工商联原副主席孙晓华，全国政协委员、安徽省政协原副主席王鹤龄，中国城镇化促进会特色小镇规划研究院院长程东谦，马来西亚国会议员、原交通部部长翁诗杰，著名经济学家、经济日报原总编辑冯并等国内外知名专家学者及中国企业家协会会员共计268人出席活动。活动期间，中企会会员到贺兰实地考察投资环境。举办“一带一路战略对西部经济崛起的影响和展望”

“中国特色小镇的可持续发展”“当前形势下的股权投资与探索”等10场论坛讲座。贺兰县与中企会会员企业签署海尔医疗贺兰山国际健康谷、亚邦集团（贺兰）产业园等6个项目框架协议，投资额近100亿元。

同日 2017年中国企业家财富论坛特别邀请曾创作《“一带一路”：全球发展的中国逻辑》等诸多经济著作的著名经济学家冯并，就《“一带一路”战略对西部经济崛起的影响和展望》做主题演讲，冯并认为，在“一带一路”战略中，贺兰已是大有可为。

19日 召开全面推进河长制工作会议。会议宣读贺兰县全面推进河长制工作方案，宣布河长名单，细化河长职责、河长制办公室职责、河长制责任单位等工作职责，明确加强水资源保护、水污染防治及水环境治理等主要任务。县领导刘甲锋、俞学华、恩建国等参加会议。

22日 2017宁夏贺兰山文化旅游季暨贺兰洪广“金山西瓜”文化旅游节开幕。当天吸引游客近1万人，销售西瓜超20万公斤。

25日 自治区党委副书记、银川市委书记姜志刚到艾依河（今典农河）沿线地区实地走访调研艾依河环境治理情况。自治区党委副秘书长杨青龙，银川市委副书记周云峰，银川市副市长李鸿儒，县领导刘甲锋、黄自爱等参加调研。姜志刚在艾依河贺兰县常信段察看水质，听取水污染治理情况汇报。他强调，艾依河水污染防治工作任务很艰巨，沿河各地和相关部门要牢固树立生态意识、环保意识、责任意识，全面推行河长制，加大投入、综合施策、精准治理。

同日 贺兰物业管理协会正式挂牌成立，来自全县54家物业管理企业的代表出席成立仪式。副县长牛东学参加活动挂牌并发表讲话。

△ 自治区副主席王和山到宁夏园艺产业园调研中阿博览会筹备工作，县长刘甲锋陪同调研。

26日 县长刘甲锋带领县四套班子领导走访慰问银川市警备区官兵。刘甲锋代表县委、政府向警备区的官兵们致以节日的问候，并送去30000元的慰问金。县领导俞学华、恩建国、马金龙，潘建国参加慰问。

同日 巴西圣保罗市创新科技局局长丹尼尔、中兴通讯销售总监费尔南德斯等一行到县“互联网+政务中心”参观考察。

△ 天津市政协考察团一行考察贺兰县农业产业、一二三产融合发展。县领导黄自爱、马建民陪同考察。

△ 全国政协委员、中广联副会长王求一行专题调研贺兰广电改革发展情况。自治区新闻出版广电局局长马宇桢，县领导恩建国、马金龙参加调研。

27日 自治区党委副书记、银川市委书记姜志刚带领观摩组一行观摩贺兰县2017年上半年全市重点项目建设情况。观摩组来到贺兰县泰益欣生物科技有限公司的盐酸克林霉素泰乐菌素项目以及远高杭萧绿色住宅构建智能化装备加工项目施工现场。银川市政协主席、党组书记马凯，银川市委副书记、秘书长周云峰，县领导刘甲锋、马金龙、李炳杰参加观摩。

同日 全国总工会督察组来到贺兰县调研督查企业工资集体协商工作开展情况，督察组一行来到百瑞源、泰益欣生物制药，视察企业文化建设情况。督察组与企业职工代表座谈，就工资协商工作听取基层工会、企业和职工代表的意见与建议。县领导王涛、盛国为陪同调研。

△ 山东省日照市编办、莒县编办、日照市编办、莒县编办政务服务中心考察组到贺兰考察行政许可相对集中改革工作。

△ 贺兰县人民法院开展人大代表、政协委员视察日活动，邀请35位人大代表、政协委员走进法院视察工作。人大代表、政协委员观摩德胜工业园区人民法庭家庭调解室、诉调对接中心、多功能审判庭、党风廉政建设等窗口。

31日 自治区农牧厅副厅长马新民来到贺兰县“互联网+政务中心”农村产权交易中心窗口，对农村承包土地经营权抵押贷款试点工作开展调研。

8月

4日 国土资源部副部长曹卫星带领调研组一行调研贺兰县耕地拆除复垦情况、耕地占补平衡项目、高标准农田建设项目等国土资源保护与监管工作。自治区副主席刘可为、国土资源厅厅长王政，县委书记、县长刘甲锋陪同调研。

同日 县委书记、县长刘甲锋到宁浙电商创业园实地调研创业园各平台经济运行情况。

△ 由中国园艺学会与自治区园艺技术推广总站共同主办的中国园艺学会番茄峰会2017学术会暨宁夏首届番茄新品种展示推介会在贺兰召开，会议共邀请全国各相关科研院校、番茄学会学者300余人及全区农技推广系统100余人员参加。

5日 由银川市文联主办，县委组织部、宣传部，县文联，银川市摄影家协会承办的“稻渔空间”摄影展开幕式暨文艺进乡村演出在常信乡举行。摄影展共收到130多位摄影爱好者的摄影作品近1000幅。副县长叶正忠为获奖者颁发荣誉证书。

7日 贺兰县公安局成功破获一起贩卖毒品大麻案，抓获贩卖毒品大麻嫌疑人1名，缴获毒品大麻疑似物162.15克。

8日 县委书记、县长刘甲锋带领调研组一行到宁夏生态纺织产业示范园调研宁夏昊晶新材料产业园、研发中心等项目进展情况。调研中刘甲锋强调：要做强平台、做优产业、做大主体，大力发展实体经济建设，推动贺兰县经济快速发展。县领导马金龙、王涛、李炳杰、黄自爱等参加调研。

同日 贺兰县“全民健身日”职工趣味运动会在县体育馆开幕。县领导吴静、秦建忠、陈娜、马文霞出席活动。

8日 山西省运城市经济开发区行政审批局局长郝清焕带领相关科室人员一行到贺兰考察行政审批服务工作。

同日 自治区农牧厅组织全区各市县农牧局、畜牧中心领导及全区养殖大户等130多人在贺兰举行苜蓿青贮加工利用现场会。

9日 银川市警备区司令陶国生视察贺兰县人武部安全工作。县领导潘建国陪同视察。

同日 县委书记、县长刘甲锋主持召开推进“两学一做”学习教育常态化制度化专题研讨会。刘甲锋就推进“两学一做”学习教育常态化制度化作出指示：要做到心中有党，对党忠诚。要做到心中有责，敢于担当。要做到心中有戒，清正廉洁。县政协主席恩建国、县委副书记马金龙、副县长陈娜围绕“强理想信念，做政治合格”主题做交流发言。县领导白建斌、刘勇、王涛、吴静、黄自爱、吴宁成、王鹏辉等参加会议。

△ 县委书记、县长刘甲锋主持召开中企会签约项目对接工作会。会上，刘甲锋就推进中企会签约项目落地实施进行工作安排，他要求按照中企会签约项目对接分工责任表，将18个签约项目进行任务分解及跟进对接。县领导恩建国、马金龙、白建斌、刘勇、王涛、吴静、黄自爱、许伟良、吴宁成、王鹏辉等参加会议。

10日 银川市委副书记周云峰带领调研组一行实地调研贺兰县艾依河河长制落实情况。周云峰听取贺兰县就开展艾依河环境治理的思路及措施汇报。周云峰指出，沿河地方一定要把思想和行动统一到自治区党委、政府的部署上来，确保艾依河生态健康。要充分认识推行河长制的重大意义，各级各部门要进一步落实责任，加强源头治理，明确问题清单，解决好河湖管理存在的突出问题。县委书记、县长刘甲锋参加调研。

同日 县委书记、县长刘甲锋带领督察组实地督查贺兰县2017年棚户区改造工作。刘甲锋来到习岗镇和平村五社、和平村四社，察看棚户区改造在征收拆迁、安置房分配进度、分配房源等方面的工作情况。县领导马金龙参加督查。

11日 县委书记、县长刘甲锋带领调研组一行调研全县社会事业工作发展情况。刘甲锋来到德胜第二小学新建项目施工现场、县老年活动中心、利民社区、贺兰县第一人民医院、县图书馆。刘甲锋在现场与相关部门负责人交流、交谈，听取相关方面的汇报，并提出相关要求。县领导马金龙、王涛等参加调研。

同日 县委书记、县长刘甲锋接待人民网、新华网、中国网、中国新闻网、宁夏新闻网等国内40余家的主流网络媒体记者，对记者们表示慰问和感谢，他希望全国主流网络媒体能传递贺兰好声音，讲述贺兰好故事，展示贺兰好形象。县领导王涛等参加活动。

△ 自治区党委政研室督察组督查贺兰农业农村重点工作。督察组来到常信乡谭渠村的通威渔光互补项目、新平园区天缘种业育苗中心、习岗镇全农供港蔬菜基地、洪广镇中地乳业等地实地调研。督察组对贺兰县大力发展新产业新业态、特色优势产业，加快现代农业建设，创新财政支农方式，夯实农业基地、农业农产品品牌建设给予肯定。县领导黄自爱、叶正忠陪同调研。

△ 永宁县委常委、政府副县长杨锋，副县长马燕一行观摩考察贺兰县2017年重点项目建设情况。县领导李炳杰、任学军、马建民陪同考察。

△ 贺兰县召开水稻、玉米黏虫防控工作会。会议通报：宁南山区和石嘴山等地区相继发生黏虫危害水稻和玉米的现象，来势凶猛，发生面积已达85090公顷。贺兰县一些沿河粮作区也相继爆发黏虫灾害。会议要求各乡镇（场）高度重视黏虫防控工作，动员组织农户采取切实有效的措施控制黏虫危害，保障秋粮作物安全。

14日 由宁夏法制报、宁夏报业集团主办的“全媒体记者宁夏行”采访团到贺兰县人民法院，采访报道贺兰人民法院的执行工作。

15日 全县非公企业和社会组织工委召开会议,对推进非公企业和社会组织领域的“两学一做”学习教育常态化制度化进行安排部署。会议要求，要抓紧开展新一轮的摸底排查工作,在列出清单、建立台账的基础上,通过发展党员计划倾斜、加大党员职工引进力度，确保覆盖率持续提升。

16日 中华环保世纪行宁夏首府行动组委会主任袁科带领督察组到贺兰县调研督查“绿色田园”工作开展情况。县领导盛国为参加活动。

同日 自治区安委会、自治区安监局督察组一行督查贺兰县安全生产工作。督察组来到宁夏鑫旺德碳化硅有限公司，查看企业安全生产主体责任落实情况。对企业安全制度档案进行检查，对企业教育培训、隐患排查、特种作业等制度落实情况进行抽查。

18日 自治区副主席、安委会副主任马力对贺兰县安全生产工作开展实地督查。实地查看泰益欣生物制药生产车间安全生产落实情况。县领导马金龙、白建斌、马刚参加督查。

同日 贺兰县人武部组织召开征兵工作人员警示教育会，会议通报全国廉洁征兵案件事例，组织学习军委国防动员部廉洁征兵“十个不准”的要求。县委常委、县人武部部长潘建国指出，廉洁征兵直接关系到兵员质量，全体征兵工作人员要从违纪违法案例中吸取深刻教训，做到阳光征兵、廉洁征兵，确保推动征兵工作依法有序进行。

19日 银川警备区副司令员李锋斌查看指导贺兰征兵体检工作。在征兵体检点，李锋斌和应征体检的应征青年交谈。李锋斌还看望参加体检医务工作者，他要求大家落实责任，严格把关，为部队输送优质兵源。县领导潘建国、陈娜参加活动。

20日 2017年宁夏第三届全民健身节“中旅杯”全国太极拳邀请赛在贺兰县开赛，宁夏社会体育服务中心主任邓晓燕，县领导俞学华、秦建忠、王勇等参加开幕式。

22日 国务院安委办督导组来到贺兰县督查全县安全生产检查工作。督导组听取县长刘甲锋就组织开展自查自改的整改工作汇报。督导组随机来到银川生物科技园，随机抽查企业实地察看。督导组要求，贺兰县要继续重视企业安全生产，要履行好主体责任，加强一线员工培训教育，把隐患消除在一线，严防事故发生。县领导白建斌、马刚参加活动。

23日 农业部粮食绿色高产高效创建项目重

庆市督导组交叉督导贺兰县水稻绿色高产高效示范县项目。重庆市农委农技推广总站书记李杰、自治区农牧厅种植业管理局局长康波等参加督导。

23—24日 贺兰县抽调县委政法委、公安局、市场监督管理局、城管局等100余人组成行动组开展为期两天的打击传销专项行动。

24日 重庆耐德工业股份有限公司董事长林朝阳带领考察团一行实地考察贺兰县装备制造企业。考察团来到宁夏如意时尚科技有限公司、中小企业孵化园、宁浙电商创业园、宁夏远高新能源装备有限公司考察。县领导马金龙、李炳杰参加考察。

26日 召开平安贺兰暨城乡环境综合整治推进大会。会议通报全县平安贺兰建设有关情况，分析全县平安建设工作形势，明确开展平安贺兰百日攻坚专项行动的目的和意义，制订出台“百日攻坚”专项行动具体实施方案。县委书记、县长刘甲锋强调：推进平安贺兰建设和城乡环境综合整治工作，事关全局、任务繁重、责任重大。全县上下一定要齐心合力，全力打赢平安建设和环境整治攻坚战。县领导俞学华、马金龙、白建斌、潘建国、刘勇、吴静、李炳杰、秦建忠、黄自爱、吴宁成、王鹏辉参加会议。

27日 江苏亚邦考察团考察贺兰县精细化工产业发展情况，并进行项目对接落地。考察团来到宁夏恒康科技制药有限公司、银川百泓新材料等企业，考察贺兰县在精细化工、医药产业等方面的发展情况。县委书记、县长刘甲锋，县领导俞学华、李炳杰参加考察。

28日 召开全县农村“三大三强”暨“两个带头人”工程推进工作会。县委书记、县长刘甲锋强调：全面建成小康社会，推进依法治县和全面从严治党，工作在基层，工作重点在组织。要加强农村基层组织建设，深入开展”三大三强”行动和“两个带头人”工程，对补齐党建短板、夯实执政根基、创新社会治理具有重要意义。县委常委、组织部部长吴静传达自治区开展“三大三强”行动、推广“两个带头人”工程经验、促进脱贫富民战略实施工作会议精神，对全县相关工作进行安排。县领导马金龙、黄自爱参加会议。

同日 召开2017年欢度古尔邦节座谈会，会议通报贺兰县2017年上半年经济社会发展情况以及民族宗教工作情况。会上，县委常委、统战部部长秦建忠强调：宗教界人士要做好爱国爱教的举旗人，做好发家致富的带头人，做好民族团结的示范人，做好促进和谐的引领人。县领导王勇参加座谈会。

△ 贺兰县举行宁夏国际卫生材料科技园合作开发项目签约仪式。宁夏国际卫生材料科技园合作开发项目，选址在宁夏生态纺织园，总体规划占地167.5公顷，投资160亿元，建成后形成年加工聚丙烯50万吨、产值400亿左右的产业规模。县委书记、县长刘甲锋，县领导马金龙、李炳杰参加签约仪式。

29日 县人大常委会副主任、县总工会主席盛国为，走访慰问部分困难职工，为子女入学困难家庭送去2000～5000元不等的助学金。7—8月，县总工会在全县范围内开展金秋助学活动，帮扶符合总工会标准的困难职工、农民工困难家庭子女上学。县领导钱瑞参加活动。

同日 贺兰县召开政务公开标准化规范化试点工作实施方案讨论会。2017年，贺兰县被列入全国100个基层政务公开标准化规范化试点单位。贺兰县将依法全面推进县、乡两级决策、执行、管理、服务、结果“五公开”，全面提升基层政务公开和政府政务服务标准化规范化水平。全县各乡镇（场）、街道等49个部门负责人参加会议。

30日 贺兰县举行长河湾春风江南特色小镇项目签约仪式。长河湾春风江南特色小镇项目位于贺兰县金贵镇滨河大道，项目总占地497.475公顷，规划总投资58亿元，项目将建设世界农业文旅园、国际黄河文化园、现代都市农业园、城市创意创业园四大园区，把农业观光体验、生态文化旅游和创意创业产业融为一体的特色小镇。县委书记、县长刘甲锋，县领导俞学华、牛东学出席签约仪式。

9月

3日 全县领导干部集体督查观摩重点项目、重点工作进展情况。观摩组来到天心医药公司功能药生产项目施工现场、如意湖中学文苑路南延伸及西延伸段道路及给排水工程施工现场、习岗镇棚改项目以及金贵镇小城镇街区改造及生态移民安置等施工现场。县委书记、县长刘甲锋，县领导俞学华、恩建国、各项目分管领导、各部门各单位主要负责人参加督查观摩。

5日 县委书记、县长、县全面深化改革领导小组组长刘甲锋主持召开贺兰县全面深化改革领导小组会议。会议传达中央、自治区、银川市全面深化改革领导小组会议精神。县农牧局、行政审批服务局等2017年重点改革任务牵头单位汇报专项改革推进落实情况。刘甲锋要求：要深化“放管服”改革。要深化农村产权制度改革。要深化医疗卫生体制改革。要加快推进国有资产管理改革。要加快推进城市管理综合执法体制改革。要深化党的建设制度改革。要提高政治站位，要压实改革责任，推进重点改革事项落地惠民。县全面深化改革领导小组副组长马金龙、王涛、吴静、李炳杰、秦建忠、黄自爱、吴宁成等参加会议。

同日 国家能源局调研组到贺兰县通威“互联网+渔光一体”项目现场调研该企业运行发展情况。调研组认为，通威“渔光一体”模式将养殖和光伏发电有机结合，改变以往单一的盈利模式，大有可为。县委书记、县长刘甲锋，县领导叶正忠参加调研。

△ 参加全国绿色高产高效创建推进落实会的专家、代表来到贺兰县观摩绿色高产高效创建工作情况。农业部种植业司副司长潘文博、全国农技中心副书记刘信等参加观摩，副县长叶正忠陪同。

△ 广东省中山市政务考察团来到贺兰县“互联网+政务中心”考察“放管服”改革、政务信息化建设等工作。

9日 全县庆祝第33个教师节暨表彰大会召开。会议表彰奖励全县优秀校（园）长、优秀班主任、优秀教师以及优秀工作者代表384名。受表彰的优秀校（园）长、优秀教师、优秀教育工作者代表做表态发言。县委书记、县长刘甲锋，县领导俞学华、恩建国出席表彰大会。

9—10日 国务院食品安全督察组副组长王松林、自治区食品药品监督管理局副局长兰德政督导贺兰县食品安全工作。督察组来到金河乳业、常信乡稻渔空间基地，就乳业食品安全和农渔业产品的安全检测工作进行专项检查。

18日 银川市人大常委会副主任陈军带领专项督察组督查2017年未开工项目。督察组要求，要落实好自治区党委副书记、银川市委书记姜志刚在9月14日召开的市委专题会议上提出的“目标不变、任务不减、标准不降”的要求，完成全年目标任务。县领导李炳杰、牛东学参加督查。

19日 贺兰县举办2017年全国科普日“科普一条街”宣传活动。由贺兰县科协牵头，县委宣传部等22家单位共同参与，在县城银河路人大门口至文化广场路段集中宣传展示。

20日 国务院安委会安全生产大检查督察组来到长庆（宁夏）精细化工有限公司开展安全生产督查工作。自治区安委办主任、安监局局长曹志斌，银川市委常委、政府副市长谢冬伟，县领导白建斌、任学军、马刚陪同督查。

21日 贺兰县年轻干部“加强党性修养 提升能力素质”专题培训班在宁夏军区教导大队正式开班。县领导吴静出席开班仪式并讲话。

23日 2017年秋冬农田水利基本建设启动仪式在立岗镇通义项目片区召开。水务局、林业局、农牧局部门负责人就2017年秋冬农田水利基本建设、秋季植树造林任务作出安排。

24日 2017宁夏科技体育嘉年华系列赛事——宁夏航空模型公开赛、宁夏车辆模型公开赛暨首届贺兰航空体育航空科普节在立岗镇宁夏安翔航空运动俱乐部飞行营地举行。

25日 马达加斯加代表团考察贺兰县习岗镇新平园区。

27日 福建院士、专家及福建省科协一行20人在自治区科协副主席陈国顺、银川市科协主席张芳陪同下，考察贺兰县蓝湾水产养殖专业技术协会、优质稻米产业技术联合会和泰益欣生物制药有限公司。吉林农业大学菌类作物在读博士、教授级高级工程师、硕士生导师曾辉与贺兰县欣荣和食用菌有限公司签署意向性合作协议。

29日 县委、政府、县人大、县政协领导，县党群部门干部职工，人武、驻县部队、公检法、学校师生代表，市民上万人在欣兰广场参加“迎中秋 庆国庆 喜迎十九大”升旗仪式，庆祝中华人民共和国成立68周年，迎接党的十九大召开。

同日 银川市2017秋季农业嘉年华暨宁夏稻渔空间丰收节在贺兰县举行。自治区农牧厅巡视员马明，银川市农牧局局长黄振亚，县领导盛国为、叶正忠，县直部门、各乡镇（场）负责人出席开幕式。

30日 中共贺兰县委员会十四届二次全体会议召开。县委书记、县长刘甲锋代表常委会向大会作题为《振奋精神 笃定实干 为打造沿黄生态经济带明星县 建成较高水平全面小康社会目标而奋斗》的工作报告。会议审议通过《中共贺兰县委员会十四届二次全体会议工作报告》《中共贺兰县委员会关于深入推进全面从严治党的意见》。

10月

6日 贺兰举行重大项目推进年第三批产业项目集中开工仪式及重点项目观摩活动。此次开工项目22个，规划投资33.4亿元。2017年，全县谋划项目285个，年度计划投资200.6亿元。已开工建设252个，完成固定资产投资134.3亿元，同比增长10.1%。实施招商引资项目168个，概算总投资350亿元。

7日 贺兰县组织开展2017年秋冬农田水利基本建设观摩活动，观摩规划面积8341.5公顷的13个重点建设片区建设情况。县委书记、县长刘甲锋，县领导俞学华、恩建国等参加观摩。

10日 贺兰县特邀暨南大学生命科学技术学院尹平河教授对生物科技园部分企业“三废”处理情况进行调研与技术交流指导。尹平河来到银川兄弟彩兴化工有限公司、宁夏共享生物化工有限公司等4家企业及银川生物科技园污水处理厂改造项目现场，察看及企业污水处理站废水、废液、废气处理综合利用情况。尹平河就调研状况与县环保局进行综合利用等技术的交流和指导

12日 县委书记、县长刘甲锋调研城市生态公园建设、棚户区改造工作进展情况。刘甲锋强调，城市生态公园建设、棚户区改造是国家政策要求建设工程，是自治区、银川市密切关注的民生工程。各部门要以强烈的紧迫感和责任感，担当实干，攻坚克难，把贺兰县打造为沿黄生态经济带明星县。县领导王勇、叶正忠参加调研。

同日 宁夏中小企业50强榜单发布，贺兰县泰益欣生物科技有限公司、保利节能有限公司、双玉防水集团、欣奥化工、鑫华源装备制造、泉水药业6家企业入围。贺兰县入围企业占全区二产50强工业企业总数的14.3%。

△ 56个单位1500余名机关干部在金贵镇红星村、立岗镇通义村参加秋季农田水利基本建设义务劳动。3天清淤斗农沟28条12.64千米，清淤斗农渠36条15千米，整修农路36条17.2千米，整修林带8条3.6千米。

13日 县委书记、县长刘甲锋主持召开1—9月全县经济运行暨重点项目对接落实工作汇报会。县领导俞学华、恩建国、王涛、李炳杰、黄自爱、许伟良、任学军、牛东学、叶正忠、陈娜参加会议。

同日 县第十三届青少年科技创新大赛举办。通过专家评审，共评选出238件优秀作品。其中：青少年科技创新作品12件，青少年科技实践活动作品11件，少年儿童科学幻想绘画作品180幅，青少年创意作品17件，青少年影像（DV）作品8件，科技辅导员作品10件。

17日 县委书记、县长刘甲锋主持召开全县综合治税工作领导小组会。刘甲锋强调，全县各部门各单位要树立一盘棋思想，共同发力，共同

出力，共同努力，确保完成全年税收收入任务。会议听取财政局就全年完成财政收入计划及具体措施的汇报，分析研判财政收入方面存在的问题并提出针对性的解决措施；汇报国有资产摸底调查工作开展情况，并就国有资产保值增值提出合理化建议等事项。县领导李炳杰、任学军、牛东学参加会议。

同日 农业部畜牧业司奶业处副处长邓兴照率调研组到贺兰县，就畜禽粪污资源化利用整县推进项目督导调研评估。县领导黄自爱陪同调研。

△ 在第4个扶贫日、第25个国际消除贫困日到来之际，银川市人大常委会主任左新军、人大常委会办公厅秘书处处长王方成到洪广镇移民村调研精准扶贫工作。左新军对于移民扶贫工作提出几方面的要求：精神层面的扶贫，要从孩子做起，天上不能掉馅饼，不要有心安理得的心思；产业扶贫方面，政府要尊重企业给社会创造的财富，要抓产业带动，企业壮大大家得利。县领导俞学华、马金龙陪同调研。

18日 中国共产党第十九次全国代表大会在人民大会堂举行，习近平总书记代表第十八届中央委员会在开幕式上向大会作报告。贺兰县干部群众欢欣鼓舞，从县城到村镇，从机关到村委，从会场到田间，广大党员纷纷通过广播、电视、手机网络等多种形式收看十九大开幕式盛况。县委书记、县长刘甲锋带领县四套班子领导及近200余名党员干部通过电视聆听习近平总书记所作的报告。

20日 县委书记、县长刘甲锋调研贺兰国家现代农业产业园建设情况。刘甲锋强调，贺兰县国家现代农业产业园建设符合现代生态康养休闲的田园综合体开发理念，适应全域旅游的发展需求，相关部门要集中精力智慧，建立工作推进表，明确时间、节点、任务和主体责任人，强力推动立岗镇、常信乡片区建设。县领导黄自爱、叶正忠参加调研。

22日 自治区科协主席李晓波、银川市科协主席张芳一行到贺兰县调研科普信息化、“科普e站”建设情况，县领导吴静陪同调研。

23日 银川市委副书记周云峰、副市长李鸿儒、市政协副主席哈宁东等调研贺兰县秋冬农田水利基本建设情况。县委书记、县长刘甲锋陪同调研。周云峰来到金贵镇、立岗镇、常信乡农建片区，实地查看农田整治、沟道清淤等项目建设及施工管理情况。周云峰指出，大力加强农田水利基本建设，着力改善农业发展基础条件，是提高灌溉效率、促进农业规模化生产的必然要求。贺兰县要快速推进项目建设，抢抓有利时机，科学组织工程机械和施工人员，在确保质量和安全的前提下加快项目建设进度，按时完成项目建设任务。

同日 县委书记、县长刘甲锋调研电子商务发展情况并召开现场会。刘甲锋来到科技创新中心、跨境电商产业园、习岗镇德胜村农村电商站等查看电子商务服务平台运行情况。刘甲锋在现场会指出：要把实体经济和互联网经济紧密结合，进一步延伸电商产业链条。刘甲锋同时强调，一定要组织好电子商务等非公企业开展党建工作，用党建的“红色引擎”助力电子商务蓬勃发展。县领导王涛、吴静等陪同调研。

24日 召开全县政务公开试点工作启动大会暨政务公开工作专题培训班。自治区政府政务公开办主任陆生宏、银川市政务公开办主任伊扬应邀出席启动大会。全县49个政务公开责任单位的分管领导和专职工作人员100多人参加培训班。

28日 自治区党委副书记、银川市委书记姜志刚调研黄河银川段治理工作。县委书记、县长刘甲锋陪同调研。姜志刚来到银新干沟等沟道，查看水生态建设情况。姜志刚要求，要采取切实措施开展农业面源污染和工业污水污染治理，要加强人工湿地建设和执法监管整治。要建立河长责任工作体系、水质动态监测监控责任体系、管理法规体系、督查问效责任体系、社会舆论监督体系，岸上岸下同治、联动联抓共管，一级盯一级，一级抓一级，形成全民共治的强大合力，全力打造良好的水生态环境。

同日 召开领导干部大会，县委书记、县长刘甲锋主持会议并讲话，就全县学习贯彻党的十九大精神工作进行安排部署。会议指出，贺兰县各级党组织要深刻认识党的十九大的重大政治意义、理论意义和实践意义，学习宣传、贯彻落实党的十九大精神，学习贯彻习近平新时代中国特色社会主义思想，在思想上政治上行动上同以习近平同志为核心的党中央保持高度一致。县领导俞学华、恩建国参加大会。县委各部门、县直机关、人民团体、事业单位主要负责人、各乡镇（场）、街道、工业园区党政主要负责人及自治区、银川市、贺兰县一线党代表、企业家代表200余人参加会议。

△ 贺兰县召开冬季大气污染防治工作动员会。会议对贺兰县冬季大气污染防治工作进行集中动员、安排部署。会议指出，要严格落实习近平总书记提出的像保护眼睛一样保护生态的战略思想，切实打赢冬季大气污染防治战役。会议要求，各部门要严格落实“党政同责、一岗双责”，强化领导责任、行业责任、企业责任，出实招、下硬茬，抓实抓细抓好工作。县领导俞学华、恩建国、马金龙、马刚出席会议。

29日 党的十九大代表、自治区主席咸辉到贺兰县洪广镇金山村，为基层党员宣讲党的十九大精神。在金山村党员樊新祥家中，咸辉与20多名基层党员代表围坐在一起，交流学习党的十九大精神，畅谈产业发展和群众生活变化，并结合参加党的十九大的感受，介绍党的十九大的盛况，对报告中村民关心的问题做讲解。

31日 中汽华夏汽车港品牌电商签约暨招商发布会在银川市万达嘉年华酒店举行。县领导李炳杰，中国汽车工业配件销售有限公司、中国汽车后市场总会的代表以及宁夏地区500多名汽车行业商家参会。

同日 县政协主席恩建国实地督查常信乡、洪广镇、立岗镇河长制工作落实情况。恩建国强调，推动河长制全面实施，让生态文明新理念融入居民的生产生活之中，在全社会形成水忧患意识和水节约保护意识，共同维护河湖健康生命。

△ 贺兰县第一人民医院举行急救分站授牌仪式，经过近一年分站试运行的考验，县第一人民医院成为贺兰县首家急救建站的医院。

11月

1日 自治区深度贫困地区脱贫攻坚工作电视电话会议在银川召开，贺兰县组织各相关单位负责人收听收看会议。县领导马金龙、黄自爱等收看会议。

2日 在五征杯第四届中国农机手全国大赛总决赛中，贺兰县农机手马海超荣获五征杯总决赛（男子组）亚军，贺兰县2名参赛选手进入前30强，4名进入前100强。

3日 自治区文化厅副巡视员贺亚平带领视察组一行视察贺兰县图书馆分馆建设情况。县领导王勇、陈娜陪同。

同日 贺兰县2017年“119消防宣传月”活动启动仪式在贺兰县电影城广场举行。银川市消防支队副支队长吴克辉，县领导潘建国、马刚参加启动仪式。

5日 县委督查室对全县秸秆禁烧工作进行督查。督察组分别对四镇一乡两个农场进行督查，在督查中发现全县有焚烧秸秆现象7处，督查现场，督查组立即扑灭火源，对点火人员进行批评教育，将焚烧秸秆事件以电话告知各乡镇（场）领导和负责秸秆禁烧工作相关人员。在常信乡发现焚烧秸秆现象4处、着火点2个。分别位于于祥村六社、新华村五社、丁义村九社、2814渔场西南侧。在金贵镇红星村发现垃圾焚烧的现象1处，着火点较小。在京星农场六队发现焚烧秸秆现象1处、着火点1个。督察组对火点全部予以处理。

7日 召开全县拆除违章建筑专项行动启动会。专项行动将历时一个月左右，制订拆违清单和具体的实施方案，要建立工作报告制度，每周向领导小组办公室报送拆违数据及工作进展情况，纪检监察和组织部门要建立责任追究制度，集中主题抓好舆论宣传，强化法纪，彻底解决影响全县城乡建设环境的违章问题。县领导王涛、马刚、牛东学等参加会议。

9日 贺兰县开展第11次《电视问政》。县委书记、县长刘甲锋，县领导俞学华、刘勇、王涛、王勇、马文霞出席。问政曝光农田水利建设、秸秆焚烧、私充液化气、散煤露天堆放、小微公园管护等5个方面的问题。问政现场，责任单位承诺，对反映的问题立说立行，立即整改。

同日 自治区政府督察组督查贺兰县重点项目建设及固定资产投资完成情况。贺兰县1—9月实现地区生产总值96.55亿元，同比增长7%，规模以上工业总产值完成200.38亿元，同比增长8.4%。全社会固定资产投资完成154.95亿元，同比下降2.9%。社会消费品零售总额完成103.3亿元，同比增长9%。地方公共财政预算收入完成8.89亿元，按营改增同口径比较下降8.98%。城镇居民人均可支配收入完成19171.5元，同比增长8.2%；农民人均可支配收入完成10916.3亿元，同比增长8.3%。督察组指出，贺兰县离年初确定的目标任务还存在着一定的缺口。全县领导干部要加快进度补缺口，完成全年目标任务。县领导马金龙、牛东学参加活动。

△ 自治区食品药品监督管理局党组成员、副局长兰德政一行验收贺兰县食品安全先进县创建工作。验收组对2017年贺兰县将五大食品安全监管片区细化为18个责任区，将全县3656家食品经营主体纳入监管网络，在全县12个社区、63个行政村安排食品安全协管员75人，全县食品安全状况明显改善给予肯定。

△ 自治区政府督察组督查贺兰县重点项目建设及固定资产投资完成情况。县领导马金龙、牛东学参加督查。

△ 县委常委、金贵镇党委书记黄自爱带领河长制主要成员单位的分管领导、各乡镇（场）主要领导以及相关工作人员到灵武市学习观摩河长制工作。

10日 县委书记、县长刘甲锋主持召开县委十四届三次全体会议并讲话。县人大常委会主任俞学华，县政协主席恩建国，县委副书记马金龙，各县委常委、县委委员、县委候补委员参加会议。在职县处级领导干部，县纪委常委，各乡镇（场）、党政负责人，部分驻县区（市）属单位主要负责人，基层代表，企业负责人列席会议。

11日 自治区举行党的十九大精神中央宣讲团报告会。县委书记、县长刘甲锋，县人大常委会主任俞学华，县政协主席恩建国，县委副书记马金龙在贺兰分会场收看宣讲报告，县四套班子有关领导一同收看。

12日 工信部节能与综合利用司巡视员李力，银川市委常委、副市长毕俊生调研厚生记企业发展情况。县领导李炳杰陪同调研。

13日 副县长牛东学主持召开全县2017年今冬明春火灾防控工作动员部署会议，各消防安全委员会成员单位负责人，各乡镇、街道负责人及各消防安全重点单位负责人代表参加会议。

同日 由县农牧局主办的以培养具有较高的专业技能、扎根农村从事农业的新型职业农民为目的的银川市农广校2017年新型职业农民培育工程贺兰县水产养殖培训班开班。

14日 召开全县领导干部会议。会议宣读自治区党委、银川市委关于贺兰县政府主要负责同志调整的决定：赵波任贺兰县委委员、常委、副书记，提名为贺兰县县长候选人，免去刘甲锋同志兼任的贺兰县县长职务。市委副书记周云峰出席会议并做重要讲话。县委书记刘甲锋对赵波同志来贺兰县工作表示热烈欢迎，希望赵波同志能够尽快熟悉情况进入角色。赵波做表态发言。县四套班子领导、县委委员、候补委员，县人大、政府、政协领导班子成员，县纪委领导班子成员，县法检“两长”，县委、政府工作部门、县直机关主要领导等参加会议。

同日 银川生物科技园园区管委会对3家大气污染企业进行约谈。对3家企业下发限期环境整治通知，限于2018年3月完成环境整治工作，对整治不到位的，园区管委会将联合相关执法部门坚决予以关停。

15日 自治区河长办对贺兰县河长制工作进

行督查。督察组指出，贺兰县河长制工作制度体系建设尚未完善；台账检查不规范，各级河长履职情况记录不完善，总河长会议纪要缺失，河道坡面卫生管护不到位。督察组要求，各级河长要利用高科技信息化手段管理巡河工作，保障年内全面建立河长制体系。县领导叶正忠陪同督查。

同日 县委书记刘甲锋对各乡镇（场）就冬季大气污染防治、秸秆禁烧情况进行暗访督导。督查发现习岗镇经济桥一队，有焚烧建筑垃圾现象，常信乡常南公路以北新华村八队有人在焚烧秸秆，过火面积较大，产生大量烟尘，严重影响空气质量。刘甲锋对督导中发现的问题现场责令相关负责人立即整改，确保辖区内不见烟雾、不见火光、不见黑斑，对禁烧责任落实不力的将由相关部门进行约谈问责，确保完成自治区蓝天碧水领导小组对秸秆禁烧的各项工作要求。

△ 全县科级干部学习党的十九大精神专题培训班开班，县委副书记马金龙出席开班仪式。

△ 江西省吉安市政务考察团到贺兰县“互联网+政务中心”考察。

16日 银川市人大常委会副主任陈军带领考核验收组对贺兰县2017年秋冬农田水利基本建设工作、秋季农业生产、秋季植树造林工作完成情况开展考核验收。县领导黄自爱、盛国为、叶正忠参加验收。

17日 县委书记刘甲锋带领水务、环保及各乡镇（场）负责人就水源地保护、河长制落实、中央环保督察组交办件办理等环保突出问题进行督查，刘甲锋指出，要严格落实自治区生态立区战略，守住生态红线。县领导马刚参加督查。

18日 举行县委中心组 党的十九大精神专题学习会，确保党的十九大精神在贺兰落地、落实。县委书记刘甲锋，县领导赵波、恩建国、王涛参加学习会。

20日 县委书记刘甲锋深入洪广镇洪广村，围绕党的十九大会议精神，为洪广村全体党员讲授专题党课。刘甲锋指出，党的十九大是在全面建成小康社会决胜阶段、中国特色社会主义进入新时代的关键时期召开的一次十分重要、意义非凡的大会。洪广村作为党的基层组织，在学习宣传贯彻十九大会议精神上，要真正做到一个都不掉队。

同日 代县长赵波带领县发改局、安监局、国土局等部门负责人调研德胜工业园区发展情况。赵波来到百瑞源、凯晨电气、远高杭萧、华泰龙家具等企业，通过听取汇报、查看生产流水线等方式，了解企业生产运行状况。赵波指出，德胜工业园要抓住区位优势，加大“腾笼换鸟”力度，助推产业转型升级。培育发展第三产业，逐步引导工业企业“退二进三”，有效盘活土地资源。

21日 自治区发改委副主任王凌、自治区农牧厅副厅长赖伟利一行调研贺兰县农业工作。县领导叶正忠陪同调研。

同日 云南省文山州政务服务考察团来到贺兰“互联网+政务中心”考察。

△ 银川市代市长杨玉经调研贺兰县经济社会发展情况，协调解决发展中存在的问题。杨玉经要求，贺兰县要全力抓好招商引资、实体经济发展、新经济新业态培育等工作，加快推动产业结构升级、经济结构转型，不断形成新的经济增长点。县委书记刘甲锋陪同调研。

△ 代县长赵波带领调研组调研宁夏生态纺织产业示范园发展情况。赵波来到昊晶新材料建设项目现场、宁夏如意时尚科技有限公司、服装中小企业孵化园等企业，实地查看生产车间，现场查看各纺织企业产品生产、生产线技改、吸纳就业等情况。赵波表示，要坚持园区是我们招商的主战场，加大对新材料、高端装备制造、新能源企业的引进力度，促进产业发展。县领导王鹏辉陪同调研。

22日 县人大常委会主任俞学华主持召开贺兰县第十八届人大常委会第七次会议。会上，新当选的贺兰县人民政府代县长赵波向国徽和宪法宣誓就职。县人大常委会副主任任学军、盛国为、朱敏、王勇参加会议；县委常委、组织部部长吴静，县委常委、副县长王鹏辉列席会议。会议以投票的形式，全票通过关于任命赵波同志为贺兰县人民政府代县长的议案。并由县人大常委会主任俞学华向赵波颁发任命书。

同日 宁夏党的十九大精神宣讲团成员，宁夏日报报业集团党委书记、社长刘卫到贺兰县宣讲党的十九大精神。县领导恩建国、王涛、秦建忠等参加活动。

△ 自治区科协主席李晓波、银川市科协主席张芳一行到贺兰县调研科普信息化、“科普e站”建设情况。县领导吴静陪同调研。

23日 自治区党委书记、人大常委会主任石泰峰在自治区党委副书记、银川市委书记姜志刚，自治区党委常委、常务副主席张超超，自治区党委常委、秘书长纪峥等陪同下，到贺兰县进行调研，视察德胜工业园区，走访百瑞源枸杞股份有限公司。

25日 黄河水利委员会副主任赵勇带领调研组调研贺兰县河长制落实情况。副县长叶正忠陪同调研。

27日 县委书记刘甲锋现场督查全县城乡环境整治、蓝星污水处理厂提标改造、海峡建材城环境整治等项目进行工作。刘甲锋强调，要深入贯彻落实党的十九大精神，以习近平新时代中国特色社会主义思想为指导，牢固树立社会主义生态文明观，坚决落实自治区生态战略要求。向一切破坏环境的行为亮剑。

同日 文化部全国公共图书馆第六次评估验收专家组到贺兰县图书馆实地抽查评估。专家组视察贺兰图书馆服务大厅，少儿借阅，成人借阅，报刊借阅，政府信息公开查询，书画展厅，电子阅览，文献特藏，书画体验等功能区。专家对贺兰县图书馆开展的数字化服务、智能借阅，公益培训工作给予肯定。县领导王鹏辉陪同。

△ 代县长赵波对贺兰山1958创意产业休闲区拆迁工作及贺兰山东麓葡萄长廊2日水库进行调研。赵波指出，要落实整治主体责任。要限期做好保护区内企业依法有序退出、各类设施清理拆除、职工分流安置、生态环境恢复治理等工作。要加大执法监管力度，依法打击盗采偷采等各类违法行为。

△ 自治区文明办验收组一行，抽查验收贺兰县2017年度自治区文明单位创建及文明村创建工作。验收组先后来到金沙村、德胜村，实地查看文明村创建工作。县领导黄自爱参加活动。

28日 由农业部组织的相关领导和专家调研贺兰县蔬菜产业发展情况，调研人员来到金贵镇银河村蔬菜园区、新平蔬菜标准示范园区，实地查看园区生产情况、科技成果转换情况、销售网络建设情况、农民种植投入产出情况。专家们对贺兰县蔬菜产业发展给予肯定。县领导赵波、黄自爱、叶正忠一同调研。

同日 农业部组织的金融支农创新组到广银米业就农业农资担保贷款模式进行调研，县领导叶正忠参加活动。

29日 市政府办公厅副秘书长侯文莅带领市政府应急办督查调研组到贺兰县督查调研应急管理工作开展情况，县领导王鹏辉一同调研。

30日 县委书记刘甲锋主持召开全县环境综合整治部署推进会，会议就银川市第28期电视问政曝光的秸秆焚烧、违章建筑、散乱污黑作坊等工作进行整治安排部署。刘甲锋要求，要领导包抓，拉网排查，全面彻底，不留死角。县领导赵波、马金龙、白建斌、刘勇、吴静、秦建忠、黄自爱、吴宁成、王鹏辉等参加会议。

同日 洪广镇、环保局、国土局、市场监督管理局、暖泉派出所等部门联合召开整治环境推进现场会，出动执法人员80余人，出动吊车、装载车、铲车、运输车辆等大型机械10台次，清理非法经营小煤厂10处，转运散煤1000余吨，拆除地磅9台，清理垃圾100余吨，拆除违章建筑2000平方米。

12月

1日 贺兰县政府与中国银行宁夏分行举行战略合作签约仪式暨政银合作签约仪式。中国银行宁夏分行行长陈志能，县委书记刘甲锋，县领导赵波、吴宁成等出席签约仪式。

同日 自治区经济和信息化委员会主任赵旭

辉调研贺兰县工业经济，代县长赵波向调研组一行汇报全县“一园三区”整合发展情况。赵旭辉指出，工业的发展，园区是平台，关键是项目，贺兰要继续加大园区优化整合力度，深化园区体制机制改革，培养一支专业化的招商团队。银川市委常委、副市长毕俊生，县领导赵波、李炳杰参加调研。

2日 代县长赵波调研督查城乡环境整治工作。赵波来到习岗镇、金贵镇、立岗镇、常信乡，查看各地环境整治、卫生清理、环境美化、花木栽植等情况，听取各乡镇城乡环境综合整治工作的实施情况。督查中，赵波对私搭乱建、散煤堆放、秸秆焚烧等情况提出整改要求。县领导马刚、叶正忠，各相关部门、各乡镇负责人陪同督查。

4日 县委、政府在欣兰广场举办宪法日集中宣传活动。县领导俞学华、赵波、恩建国、马金龙，县委各部门、县直机关、人民团体、事业单位全体干部职工，法院、检察院、公安局全体干警，各乡镇（场）、园区负责人，街道社区群众代表，第四中学学生等千余人共同参加活动。

同日 自治区党委副书记、银川市委书记姜志刚在贺兰县调研经济社会发展各项工作。姜志刚强调，要深入学习贯彻党的十九大精神，用习近平新时代中国特色社会主义思想武装头脑、指导实践、推动工作，按照“贺兰、永宁两翼齐飞”的要求，找准定位、改善生态、脱贫富民、党建引领，为实现两个“率先”奋斗目标作出更大贡献。县委书记刘甲锋，县领导俞学华、赵波、恩建国参加调研。

7日 宁夏旅游投资集团董事长白建平带领考察组考察贺兰县电商物流园并举行合作座谈会，县委书记刘甲锋，县领导马金龙、王涛参加活动。

8日 第四届全国县级广播电视系统十佳广播电台、十佳电视台评选表彰会在浙江开幕。贺兰广播电视台台长马贤受到大会的表彰。贺兰广播电视台获全国县级广播电视系统“十佳广播电台”称号。2015年，贺兰电视台曾获全国县级广播电视系统“十佳”称号。

13日 县委书记刘甲锋督导洪广镇欣荣村迎接国务院脱贫攻坚督察组准备工作情况。刘甲锋强调：各级乡镇、部门要对照问题，查缺补漏，加快推进国务院督查巡查重点内容的落实。

同日 贺兰县举行中节能建筑节能有限公司贺兰县热电联产项目洽谈会，县领导赵波、李炳杰、牛东学参加会议。会上，双方就中节能建筑节能有限公司贺兰县热电联产项目建设、运营及管理方面达成共识。

16日 代县长赵波带领农牧局、发改局、国土局等部门负责人，到通义村敬老院、通义村民俗产业园、兰光村产业扶贫园调研立岗镇农业农村工作。

同日 代县长赵波到立岗镇兰丰村，以十九大精神指引乡村振兴为主题，给村民上党课。赵波指出，要继续加大美丽乡村的建设力度，抓好生态环保、生态建设工作，同时，关注乡风文明建设，真正把农村建设成宜居、宜业、生产、生活、生态一体的综合体。要培养一支懂农业、爱农村、爱农民的“三农”工作队伍，使他们成为提升农业质量、效益和竞争力的生力军。

17—20日 中国人民政治协商会议贺兰县第十届委员会第二次会议在县城召开。大会应到委员159人，实到委员147人。市政协副主席缑转会，县委书记刘甲锋，县领导俞学华、赵波、恩建国、马金龙、白建斌、潘建国、刘勇、王涛、吴静、李炳杰、马文霞、马建民、钱瑞出席大会。应邀出席大会的还有县委、人大、政府、人武部、公安局、法院、检察院等单位副县级以上领导同志，县政协老领导，县直有关部门、各乡镇（场）、各民主党派、工商联、人民团体负责人。会上，县委书记刘甲锋做重要讲话。会议听取并审议通过政协主席恩建国代表十届政协常委会所作的工作报告；会议听取并审议通过政协副主席马建民所作的提案工作情况的报告；会议听取政府常务副县长李炳杰关于政协贺兰县十届一次会议提案办理情况的通报；会议审议通过政协贺兰县十届二次会议关于提案审查情况的报告和政协贺兰县十届二次会议各项决议；会议依据《政协章程》有关规定，补选傅龙为政协贺兰县第十届委员会秘书长。

19—21日 贺兰县第十八届人民代表大会第二次会议在县城召开。刘甲锋、俞学华、赵波、恩建国、马金龙、刘勇、吴静、任学军、盛国为、朱敏、王勇在主席台前排就座。出席开幕式并在主席台就座的还有白建斌、潘建国、王涛、李炳杰、秦建忠、黄自爱等。银川市人大常委会副主任王勇受邀参会。会议听取和审议贺兰县人民政府、贺兰县人大常委会、贺兰县人民法院、贺兰县人民检察院等7项工作报告；会议审议并通过这7个报告。会议补选赵波为贺兰县人民政府县长；选举刘勇为贺兰县监察委员会主任；会议补选丁秀娟、王彩霞、李海升为贺兰县第十八届人民代表大会常务委员会委员。

23日 贺兰县监察委员会成立并挂牌，原县监察局，县检察院反贪污贿赂局、反渎职侵权局撤销，相关职能整合至县监察委员会。

贺兰综览

Helan Zonglan

贺兰概貌

【地理位置】 贺兰县位于银川市北，南与银川市兴庆区毗邻，东临黄河与石嘴山市平罗县陶乐镇隔河相望，西倚贺兰山分水岭与内蒙古自治区阿拉善左旗接壤，北接石嘴山市平罗县，介于东经105°57′~106°36′，北纬38°26′~38°48′。县境东西长49.75千米，南北宽31.2千米，县城距银川市中心10千米，县人民政府驻地习岗镇。全县土地总面积1197.57平方千米。

【历史沿革】 贺兰县前身为宁夏县。清雍正二年（1724年），改宁夏左屯卫置宁夏县，县治设在宁夏府城（今银川市兴庆区），为宁夏府首县。民国2年（1913年），宁夏府改为朔方道（后改为宁夏道）。民国18年（1929年），宁夏道改为宁夏省，贺兰县隶属宁夏省。民国24年（1935年），宁夏县治移驻谢岗堡（今习岗镇）。民国30年（1941年）4月，宁夏县因与宁夏省重名，更名为贺兰县。1954年9月，宁夏、甘肃并省，贺兰县隶属甘肃省银川专区。1958年10月，宁夏回族自治区成立，贺兰县归其管辖。1972年，贺兰县划归银北地区，1976年归银川市管辖。

【行政区划】 1985年，贺兰县辖习岗、立岗、金贵、洪广四镇，习岗、潘昶、常信、通义、丰登、四十里店、金山七乡，以及县属京星农牧场。1988年，习岗乡并入习岗镇。2000年，海原县南梁台子吊庄与贺兰县南梁台子指挥部合并为南梁台子管委会，设铁东、铁西两个生产大队。2002年10月，从贺兰县划出丰登乡归银川市金凤区管辖。2002年成立习岗街道办事处。2003年2月，银川市兴庆区满春乡八里桥村4个生产队划归贺兰县。2003年7月，贺兰县将五乡四镇调整为四镇一乡。保留常信乡，将四十里店乡整建制并入，乡政府驻原常信乡政府驻地。保留立岗镇，将通义乡整建制并入，镇政府驻地不变。保留金贵镇，将潘昶乡整建制并入，镇政府驻地不变。保留洪广镇，将金山乡整建制并入，镇政府驻地不变。对习岗镇行政区划未做调整。

2004年，贺兰县调整村社行政区划，全县撤并19个村。习岗镇德胜村与永胜村合并为德胜村，习岗镇辖11个村。金贵镇王澄村与红星村合并为红星村，金贵镇辖12个村。立岗镇通吉村与通伏村合并为通伏村，复兴村与幸福村合并为幸福村，永乐村与民乐村合并为民乐村，撤销立新村，立岗镇辖15个村。洪广镇高渠村与高荣村合并为高荣村，金南村与金北村合并为金鑫村，洪广镇辖7个村。常信乡安渠村与新华村合并为新华村，光明村与四十里店村合并为四十里店村，丁南村与丁义村合并为丁义村，常信乡辖14个村。2012年，在洪广镇设立欣荣村，南梁台子农牧场铁东大队、铁西大队撤销，新设铁东村、铁西村。

2017年，全县辖习岗、金贵、洪广、立岗、常信四镇一乡，65个村委会，13个居委会。辖习岗街道办事处1个。辖京星农牧场、南梁台子农场两个县属事业单位。辖银川德胜工业园区、宁夏生态纺织产业示范园、银川生物科技园3个工业园区。境内还有隶属自治区农垦局的暖泉农场、自治区原种场2个国营农场。

【地质地貌】贺兰县地势西高东低，总趋势由西南向东北倾斜。全县地貌自西向东大致分为贺兰山地、山前洪积平原、黄河近代冲积平原及其他风沙地和黄河水面。西部贺兰山峰层峦叠嶂，海拔2500～3000米，主峰海拔3556.1米。习惯把贺兰山和山前洪积平原称为山区，其余称为灌区。贺兰山东麓为银川平原，属山前洪扇区，地势平坦，海拔1120～1100米，沙石混杂，间有小沙丘。东部黄河冲积平原，地势平坦，海拔1100米左右，依山傍水，引黄灌溉，土地肥沃，交通方便，系宁夏商品粮食重要产地之一。

贺兰山主脉由西南向东北走向纵贯县境西部，境内长22.3千米，宽19.8千米。贺兰山林地为自治区国家级自然保护区，县境贺兰山内森林茂密，覆盖有针叶林、混交林，盛产云杉、油松等，面积7333公顷。贺兰山共有维管植物665种，具有经济价值、药用植物的有308种。沙草青、野大豆、蒙古扁桃、贺兰山丁香、四合木被列为国家重点保护植物。山内有鹿、獐子、岩羊、狐狸、蓝马鸡等珍禽异兽。

惠农渠以东为河滩地，海拔在1120米以下，黄河低水位时，滩地高于河面，可种植生长期较短的扁豆、豌豆等农作物。沼泽地势低洼，土壤较肥沃，渗透性强，地面潮湿。平原土质有淡灰钙土、草甸土、灌淤土、盐土、湖土、白僵土、风沙土、堆垫土8个土类25个亚类46个土属426个土种，大部分土地适于种植小麦、水稻、糜谷、高粱、玉米、豆类等农作物。林木生长茂盛，植被良好，覆盖率在95%以上。平原地形开阔，道路宽阔，交通方便，居民较集中，人烟稠密。敖包疙瘩、沙锅洲、水沟垴子三大高峰在贺兰县境内，主峰敖包疙瘩海拔3556米。境内有苏峪口、拜寺口、贺兰口、黄旗口、插旗口5道沟口。贺兰山地资源丰富，蕴藏有铁、石英石、磷矿石、石灰石、铜、贺兰石、白云岩、煤、砂石岩等多种矿产。

黄河从县境东部流过，自贺兰县东南金贵镇流入，从东北角立岗镇出境，流径20.5千米。黄河灌溉自流，得天独厚。境内有唐徕渠、第二农场渠、惠农渠、汉延渠、西干渠五大干渠纵贯南北，有第二、第三、第五排水沟等排水沟，排灌体系齐备，利于耕种，是国家商品粮生产基地县，也是全国水稻、小麦高产区和全区主要农副产品供给地。

【气候特征】贺兰县西倚贺兰山，地处内陆，属中温带大陆性气候，四季分明，气候干燥，冬寒少雪，春秋季多风，降水少而集中，光照长，热量多，温差大。四季晴天多，日照时间长，太阳辐射量大。无霜期188天，年平均气温8.5℃，最高气温35℃左右，最低气温-25℃左右。最冷月为1月，月平均气温为-7.2℃，最热月为7月，月平均气温为24℃。霜冻发生在4月下旬至5月中旬、9月下旬至10月中旬，无霜期为184天。盛行北东北风、南风，其次是南西南风。全年大风平均日数为8次，多集中在3—5月，最多年出现过14次（1983年），最少年只有3次（1989年、2004年）。夏季出现雷阵雨的，一般都伴有阵性大风，危害甚大。昼暖夜寒，昼夜温差大，平均气温年较差为31.7℃。平均气温日较差为12.7℃，最大日较差可达26.4℃。春秋两季气温日较差更为明显。1980—2005年，贺兰县平均气温为9.4℃，历年极端最高气温为38.5℃（2005年7月12日），极端最低气温为-24.4℃（1984年12月18日、23日）。贺兰县深居内陆，受北方、西北方、西方侵入的干冷空气影响大，时间长，形成降水少、气候干燥，降水年际变化大，季节降水分配不均的特点。降水少，且分布不均，年平均降水量193毫米，7月、8月降水集中且量大，多以大雨、暴雨出现，造成降水径流量大，利用率不高，而其他月份雨水都较少，对农作物生长不利，满足不了农业生产用水需求，需黄河水补水灌溉。

贺兰县属于干旱地区，晴天多，日照时间长，历年平均日照时数为3032.1小时，年平均日照百分率为68%。其中：3—4月、7—9月日照百分率为67%，为各月最少。全年太阳辐射总量140.9千卡/厘米。气温高于10℃的太阳总辐射为85.4千卡/厘米，占全年总辐射量的58.7%。

2017年，全年平均气温为10.0℃，比历年平均值偏高0.6℃，年总降水量为218.9毫米，比历年平均值偏多43.8毫米；年极端最高气温为39.6℃，出现在7月11日，年极端最低气温为-18.6℃，出现在1月20日；年日照时数为2959.0小时，较历年平均值偏少35.1小时。

【水资源】贺兰县地处银川平原中部，黄河入境而过，沟渠纵横交错，湖泊星罗棋布，水资源比较丰富。水资源包括黄河水、湖泊积水、人工渠、山泉水、降水、地下水。贺兰县地下水储量丰富，主要源于引黄灌溉补给及大气降水。

【矿产资源】县境内的矿产资源主要有7种：煤炭、磷矿石、白云岩、石灰岩、芒硝、池盐和贺兰石等。

【生物资源】贺兰县生物资源丰富，种类较多。全县森林面积约13159.6公顷，其中：有林地面积10523.666公顷，疏林地88.1333公顷，灌木林80.73333公顷，未成林地1574.9333公顷，四旁树折合800.8公顷，全县森林覆盖率占土地总面积的12.6%。全县林地活林木总蓄积量为185851.5立方米。2006年被评为国家园林县城。境内有乔木、灌木21科33属59种78个品种。白蜡、臭椿、新疆杨是经过选育和实践适合贺兰县二代林网建设的三大树种，占全县防护林造林面积的60%以上。草地广阔，草源丰富，总面积为48735.4公顷，有荒漠草原类、低温地草甸类、灌丛草原类、沼泽类、沙生植被类、盐生植被类共6种。家生植物有牧草、林果、苹果、枸杞等数十个品种。沙冬青、野大豆、蒙古扁桃、贺兰山丁香及四合木等5种列为国家重点保护植物。

2017年,全县实施林网、通道绿化、庄点绿化等造林绿化工程，开展秋季农田大网格宽林带农田防护林建设，美丽乡村绿化建设，结合县内新修主干道路，进行高速公路、国道、滨河大道、正源北街道路两侧绿化工作。共完成新造林48.755公顷，完成补植补造165.28公顷，总投资8962万元。实施石中高速、110和109国道、丰庆路、正源北街延伸段、滨河大道等重点道路的绿化改造提升工程。

【人口】2017年，全县总人口260941人，比2016年增加4946人，其中：城镇人口145866人，比2016年增加10829人；乡村人口115075人，比2016年减少5883人。城镇化率55.90%，同比提高3.15个百分点，比全区平均水平低2.08个百分点。人口出生率14.05‰，比2016年提高1.12个千分点；人口死亡率5.42‰，比2016年提高0.87个千分点；人口自然增长率8.63‰，比2016年提高0.25个千分点

国民经济与社会发展

【概况】2017年，全县实现地区生产总值127.71亿元，按可比价计算，比2016年增长6.0%，增速位居全市第三、川区六县第五。其中，第一、二、三产业增加值分别为17.48、62.95、47.28亿元，分别增长4.4%、4.9%、8.8%。按常住人口计算，人均地区生产总值48942元。三次产业结构比由2016年的12.2:56.4:31.4调整为13.7:49.3:37.0，第三产业占比提升5.6个百分点，产业结构逐步优化。三次产业对经济增长的贡献率分别是27.2%、46.0%、44.8%，分别拉动经济增长0.5、2.7和2.8个百分点。

【农业生产】全年完成农林牧渔业总产值35.03亿元，同比增长5.2%，实现增加值18.16亿元，同比增长4.5%。其中农业

增加值13.45亿元，同比增长2.3%；林业增加值0.01亿元，同比增长11.6%；牧业增加值2.23亿元，同比增长11.9%；渔业增加值1.74亿元，同比增长11.5%；农林牧渔服务业增加值0.68亿元，同比增长6.3%。农林牧渔业所占的比重分别为农业74.0%、林业0.4%、牧业12.3%、渔业9.6%、农林牧渔服务业3.7%。

全年粮食播种面积40.4万亩，与2016年基本持平。其中小麦10.5万亩，同比增长3.4%；水稻19.5万亩，同比下降3.0%；玉米10.1万亩，同比增长4.3%。全年设施蔬菜6.0万亩，同比下降8.4%。全年粮食总产量21.2万吨，较2016年同期增长3.8%。其中小麦产量3.9万吨，较2016年同期增长1.3%；水稻产量11.2万吨，较2016年同期增长0.6%；玉米产量6.1万吨，较2016年同期增长12.3%。

全年肉类总产量7939吨，其中：猪肉产量1936吨，同比增长0.6%；牛肉产量3532吨，同比下降2.9%；羊肉产量1717吨，同比下降0.1%。生猪年末存栏2.0万头，同比增长7.0%；生猪出栏2.47万头，与2016年基本持平。牛奶产量17.52万吨，同比增长15.5%。全年水产品产量4.57万吨，增长8.1%。

【农业机械总动力】 年末，农业机械总动力为42.35万千瓦时；农用大中型拖拉机4486台，小型拖拉机11651台；农村用电量4616万千瓦时，同比增长0.2%，农用化肥施用量（实物量）5.97万吨，同比下降0.4%。

【居民消费价格】 全年居民消费价格比2016年上涨1.7%，其中，其他用品和服务上涨2.3%，衣着类上涨1.7%，医疗保健上涨6.3%，教育文化和娱乐类上涨2.7%，居住类上涨3.0%，生活用品及服务类上涨2.1%，交通和通信类上涨2.9%。工业生产者出厂价格指数上涨12.3%，工业生产者购进价格指数上涨13.4%，新建住宅价格指数上涨2.5%，商品零售价格指数上涨1.5%。

【工业经济】 2017年，全县119家规模以上工业企业增加值同比增长1.5%。全年销售产值同比下降5.1%，产销率达到95.4%，比2016年同期提高2.4个百分点。工业企业实现出口交货值3.09亿元，同比增长199.1%。

按经济类型分，国有工业企业工业增加值同比增长3.8%；股份制工业企业同比增长1.9%；外商及港澳台投资企业同比下降2.9%。全县规模以上非公有制工业企业同比增长6.3%。

按轻重工业分，轻工业占比略高于重工业，增速同比下降，全县轻工业增加值同比下降6.2%，重工业增加值同比增长8.6%。轻重工业增加值占全县比重为52%和48%。

按行业分，八大行业两升六降，纺织业同比增长5.1%，医药制造业同比增长4.6%；而金属制品业、农副食品加工业、电气机械和器材制造业、非金属矿物制品业、食品制造业、酒、饮料和精制茶制造业分别同比下降2.8%、2.2%、0.7%、0.6%、0.5%和0.3%，对增加值的下拉作用较大。

2017年，全县规上工业资产总计237.1亿元，同比增长3.6%，负债总计144.5亿元，同比增长5.8%，资产负债率达60.9%，同比增长1.2个百分点。主营业务同比增长1.9%，主营业务成本同比增长1.3%，每百元主营业务收入中的成本为84.58元，同比减少0.47元。利润总额达到4.9亿元，同比增长8.9%，主营业务收入利润率为3.63%，比2016年增长0.23个百分点。规上工业企业应收账款28.4亿元，同比增长21.4%，且应收账款平均回收期达到37.9天，比2016年增加6.1天。企业年末存货23.4亿元，同比增长1.7%，产成品存货周转天数为13.9天，比2016年减少2.4天，企业存货变现能力得到提高，销售状况相对改善。

【固定资产投资】 全年完成全社会固定资产投资总额215.14亿元，同比增长3.9%，其中，生产性领域完成投资139.73亿元，同比下降5.7%，占全县投资的65%，较2016年下降6.9个百分点；建筑安装工程投资140.11亿元，增长4.8%。

从投资主体看，民间固定资产投资完成167.19亿元，同比增长16.5%。从投资结构看，第一产业完成29.75亿元，增长16.9%；第二产业完成投资79.33亿元，同比下降17.3%，第三产业完成106.07亿元，增长5.9%。一、二、三产完成投资占总投资的比重分别为13.8%、36.9%、49.3%。

【建筑业】 2017年，全县具有资质等级建筑业企业31个，实现建筑业总产值32.75亿元，同比下降1.4%。其中国有及国有控股企业实现产值25.45亿元，同比下降2.5%。房屋建筑施工面积68.55万平方米，同比下降62.3%；房屋建筑竣工面积20.3万平方米，同比下降42.5%。

【房地产业】 全年完成房地产开发投资46.25亿元，同比增长23.6%，其中住宅开发投资28.35亿元，同比增长1.6%。全年购置土地面积10.87万平方米，同比下降44.3%。全县在库房地产企业房屋施工面积570.6万平方米，同比下降2.9%；商品房销售面积93.75万平方米，同比增长5.8%，其中：住宅销售面积79.84万平方米，同比增长20%。商品房待售面积117.8万平方米，同比下降7.7%。全年商品房销售额46.37亿元，同比增长36.5%，其中住宅销售额36.9亿元，同比增长19.8%。

【交通】 境内通车里程1194.353公里，其中国道104.51公里，高速55.005公里，省道80.384公里，县道85.944公里，乡道325.111公里，村道507.797公里，专用公路90.607公里。全年道路客运量102.21万人次，乘客周转量1840.34万人公里。全县营运汽车拥有量5227辆，其中载客汽车594辆，载货汽车4633辆。

【邮电】 全年完成邮政业营业收入1880.93万元，全年订销报刊59.96万份，完成邮政函件业务5162件。全年交通运输、仓储和邮政业实现增加值6.01亿元，同比增长4.9%。全年电信业务收入1.72亿元；年末本地固定电话用户1.71万户；移动手机用户达34.14万部；互联网用户数7.4万户。

【国内贸易】 全年实现社会消费品零售总额143.93亿元，同比增长8.2%。按销售单位所在地分，城镇消费品零售总额137.29亿元，增长7.0%；农村消费品零售总额6.64亿元，增长39.6%。按行业分，批发业、零售业、住宿业和餐饮业分别实现零售总额12.29、124.61、0.43、6.60亿元，分别增长25.0%、5.9%、24.1%、26.4%。按经济注册类型分，国有经济实现零售230.7万元，增长39.6%；集体经济实现零售额1245.9万元，增长39.6%；私营经济实现零售额81.43亿元，同比下降1.1%；个体经济实现零售额34.57亿元，增长38.9%；股份制经济实现零售额17.53亿元，增长3.6%；其他各种经济实现零售额10.25亿元，增长17.4%。汽车销售实现零售额89.38亿元，同比下降2.9%，占全县消费品零售总额的比重达62.1%。汽车销售业企业达106家，其中4S店65家，限额以上汽车销售企业55家，比2016年减少2家。

【财政】 全年完成县级财政总收入26.95亿元，比2016年增长13.4%，完成地方公共财政预算收入11.06亿元，同口径比较下降19.3%，其中税收收入7.75亿元，同比下降12.2%，税收占公共财政预算收入的比重为70.1%。税收收入中：增值税增长47.56%、营业税下降97.27%，企业所得税下降3.6%，个人所得税增长7.97%，契税下降3.44%。全年完成地方财政支出42.07亿元，同比增长15.1%，公共财政预算支出32.84亿元，增长1.8%。其中，一般公共服务支出增长8.41%，公共安全支出下降14.62%，教育支出增长9.83%、科学技术支出增长12.9%，社会保障和就业支出下降2.13%，医疗卫生支出增长13.49%，节能环保支出增长97.81%，城乡社区事务支出增长30.82%。

【金融和保险】金融机构各项存款余额147.01亿元，同比增长9.4%。其中，城乡居民储蓄存款余额104.67亿元，增长7.7%；各项贷款余额110.97亿元，下降0.8%；贷存比为75.5:100。全年金融业实现增加值5.09亿元，同比增长1.2%，占第三产业比重10.7%，对第三产业增长的贡献率为1.5%。全年实现保费收入9437万元，比2016年增长18.6%。全年支付各项赔款及给付额1928万元，下降41.4%。

【教育】全县有各级各类学校76所，在校学生47246人。其中：幼儿园43所，幼儿园、学前班学生10520人；小学26所，在校学生21676人；中学5所（完全中学1所，高级中学1所，初级中学2所，九年一贯制学校1所），在校学生13345人（初中生9003，高中生4342人），中等职业学校1所（自治区交通学校），在校学生1705人。初中学龄人口毛入学率117.15%，小学六年巩固率110.66%，初中三年巩固率95.68%。

【科学技术】全年县本级财政共投入科技经费47529万元，比2016年增长12.9%；举办科普宣讲活动23次，宣讲活动受众1400人次；开展实用技术培训14场，培训各类人员1120人次；推广农业新技术26项、新品种9个。新增1家国家级高新技术企业，累计达到8家。新增自治区科技型中小企业15家，累计达到52家。全县共有学会7个，企业科协11个，街道科协1个，乡镇科协7个，农技协26个，科普活动站17个，科普示范街道（乡镇）6个，科普示范社区（村）10个，农村科普示范基地60个，科普e站54个。

【文化】全县拥有艺术表演团体25个，其中：2个为文化馆馆办文艺团体，23个为群众业余文艺团队，文化馆1个，公共图书馆1个，非国有博物馆1个。广场5处，公园4个。电视台1个，广播电台1个，县城有线电视覆盖率100%，并全部实现数字化。

【体育】2017年共举办各类体育活动16场次，参加人数达10万人。全县共有三级以上社会体育指导员586人，经常服务的社会体育指导员人数达到注册指导员人数的60%以上。全年在区、市比赛中获得金牌37个、银牌28个、铜牌26个。达到国家级一级运动员等级标准5人、二级运动员8人，破自治区纪录2人，竞技体育成绩在全区继续名列前茅。

【卫生】年末，全县共有医疗卫生机构184个，其中：县级医院5个，乡镇卫生院7个，诊所90个，次级卫生所和医务室70个，妇幼保健院1个，疾病预防控制中心1个，卫生监督所1个，其他卫生机构1个，床位762张。卫生技术人员1208人，其中，执业医师294人，执业助理医师126人，注册护士444人，药师74人、技师（士）62人。全县5岁以下儿童死亡率9.06‰，新生儿死亡率4.26‰，婴儿死亡率5.86‰，孕产妇死亡率0.53‰。人口出生政策符合率98.73%。城乡居民医疗门诊大病报销病种30种。全县定点零售药店增加至123个。

【人民生活】全年城镇居民人均可支配收入28641.2元，比2016年增长8.2%。城镇居民人均消费支出18375.5元，增长7.8%，其中增幅较大的是：生活用品及服务增长78.8%，衣着支出增长19.8%。城镇居民人均住房使用面积38.6平方米。全年农村居民人均可支配收入13668.1元，增长8.8%。农民人均消费支出13278.2元，增长2.1%，其中，消费支出增幅较大的有：教育文化娱乐支出增长16.3%，交通通信支出增长12.3%。农村居民人均住房使用面积53.1平方米。

【旅游】全年共接待各类旅游282万人次，实现旅游总收入5.6亿元，全县共有旅行社11家，其中四星级酒店2家，三星级酒店1家。

【社会保障】年末，全县参加城镇企业职工基本养老保险44398人；城镇职工医疗保险参保26986人；机关事业单位参保6494人；失业保险参保28065人；工伤保险参保21460人；生育保险参保20115人；城乡居民养老保险参保75620人；城乡居民医疗保险参保176165人。

年末，全县拥有养老机构4个，床位656张；全县享受城镇最低生活保障人数为2621人，发放城镇居民最低生活保障金104.04万元；农村享受最低生活保障8985人，发放农村最低生活保障金310.71万元。发放城乡医疗救助金628.90万元，接收城乡医疗救助3372人次。全县共有城乡社区服务站76个、城镇居家养老服务站11个。

【城镇就业】 全县城镇单位从业人员23104人，比2016年下降10.8%，从业人员劳动报酬总额12.84亿元，比2016年增长3.2%，单位从业人员人均劳动报酬56541元，比2016年增加5510元，增长10.8%，其中，城镇单位在岗职工年平均工资为64651元，比2016年增加4017元，增长6.6%。

【资源环境保护】 全县国土面积1197.57平方公里。全县自然保护区1个，自然保护区面积3.14万亩。全年完成造林面积3848.4亩，森林抚育面积8000亩。年末全社会用水量1951.28万吨。全行业销售电量10.83亿千瓦时，同比增长12.2%。

全年全县能源消费总量（等价值）为80.8万吨标准煤，同比下降0.1%，单位地区生产总值能耗（可比价）0.566吨标准煤/万元，同比下降5.76%。

全年平均气温为10.0℃，比历年平均值偏高0.6℃，年总降水量为218.9毫米，比历年平均值偏多43.8毫米；年极端最高气温为39.6℃，出现在7月11日，年极端最低气温为-18.6℃，出现在1月20日；年日照时数为2959.0小时，较历年平均值偏少35.1小时。全县运行的污水处理厂2个，全年工业污水排放量1680万吨。

【安全生产】 全县共发生生产安全事故9起，其中，工矿2起，道路交通7起，核销非生产安全事故1起。死亡4人，其中，工矿2人，道路交通2人。核销非生产安全事故死亡人数1人，受伤7人，直接经济损失40.215万元，其中，工矿1人，道路交通6人，事故起数、死亡人数、直接经济损失同比分别下降10%、33.3%、1.2%，受伤人数同比上升16.7%，四项指标呈“三降一升”趋势。

【生态文明建设】 实施“蓝天碧水·绿色城乡”专项行动。拆除20蒸吨以下燃煤锅炉117台。整治大地丰之源等5家药企异味污染。中央环保督察组反馈问题年内全部整改销号。河长制全面推进。落实县乡村三级河长，加快银新干沟、四二干沟水质提升综合治理，实施暖泉污水处理厂提标改造工程，德胜工业园区同城化污水管网工程建成并投入使用。严厉打击盗采砂石违法行为，贺兰山东麓环境综合整治取得阶段性成效。城乡环境明显改善。植树造林526.62公顷，栽植各类树木230万株，绿化县城12处闲置空地。拆除违章建筑2200处，整治农村庄点33个。实施欣兰广场、如意湖改造提升工程，建成5个小微公园，完成10个老旧小区改造任务。投资近10亿元建设城乡公路41.7千米。推行环卫保洁市场化运作模式，城乡卫生保洁质量显著提升。银河村、金沙村被评为第五届全国文明村镇，四十里店村被评为第二届自治区美丽乡村文明创建工程示范村，金贵小城镇建设列入自治区美丽小城镇项目。

中国共产党贺兰县委员会

Zhongguo Gongchandang Helanxian Weiyuanhui

综　述

【概况】 2017年，县委领导班子团结带领全县各级党组织和广大党员干部群众，学习贯彻党的十九大精神，扎实推进自治区十二次党代会决策部署，自觉践行“绿色、高端、和谐、宜居”的城市发展理念，积极应对各种困难挑战，振奋精神、笃定实干，全力打好产业兴县、生态靓县、富民强县、法治安县四大战役，坚定不移推进全面从严治党，奋力开创党的建设和经济社会各项事业发展新局面。

【政治建设】 把政治建设放在首位，提高政治站位，牢固树立“四个意识”，把学习宣传贯彻党的十九大精神和习近平总书记来宁视察重要讲话精神作为首要政治任务，召开县委全委会议、全县干部大会，通过中心组学习、专家讲座、专题研讨等方式，深刻领会、准确把握十九大精神的历史地位和丰富内涵，研究制订创新驱动、脱贫富民、生态靓县、法治安县三年行动计划，切实用习近平新时代中国特色社会主义思想武装头脑、指导实践、推动工作。2017年，共召开理论中心组学习18场次，组织开展集中宣讲活动271场次，深入基层开展调研76次，在全县上下凝聚起共建沿黄生态经济带明星县的强大动力。

【经济发展】 开展“重大项目推进年”活动，厚生记食品有限公司休闲食品深加工、昊晶工业蓝宝石新材料产业园等278个开工项目加快建设，远高杭萧新型建筑工业化产业园、泰益欣生物科技盐酸克林霉素等205个项目投产运行。加大招商引资力度，引进实施重大招商引资项目197个，实际到位资金144.5亿元。完善农业产业体系、生产体系、经营体系，“一优三特”产业规模和品牌影响不断扩大，农业一二三产融合发展经验在全国推广，成功创建国家级现代农业产业示范园。开展“进百企、解难题、稳增长”活动，坚持每月分析研判经济运行情况，美国辛普劳公司废水处理站等11个技改项目全部建成投入使用。改造提升汽车销售、商贸物流等传统服务业，汽车线上销量占比达到40%以上。加快全域旅游产业发展，中国枸杞馆列入全国工业旅游名录。

【城乡环境建设】 主动融入沿黄生态经济带和银川都市圈建设，扎实推进空间规划编制工作。实施贺兰山路、贺立公路、京藏线改扩建工程，竣工交付使用棚户区安置住房3314套，整治绿化县城空地2150亩，拆除城乡违章建筑20万平方米。推进特色小镇和美丽乡村建设，常信乡、银河村、金沙村被评为全国文明村镇。加强生态环境综合治理，全面完成中央环保督察组反馈问题整改，贺兰山生态修复进程加快，问责环境保护不力干部46人。全力打好蓝天保卫战，拆除建成区20蒸吨以下燃煤锅炉117台。全面推行河长制，推进县城及德胜工业园区污水集中处理，完成银新干沟清淤工程、同城化污水管网和蓝星污水处理厂提标改造项目。大力实施植树造林工程，新增造林面积7680亩。

【社会事业发展】聚焦精准扶贫、精准脱贫，新建扶贫产业园4个，发放扶贫贷款3100万元，建档立卡户“脱贫保”实现全覆盖，307户1515名建档立卡群众实现脱贫。开展全国新型城镇化支持农民工返乡创业试点，城镇新增就业6123人。推进农村集中办学，实施高中免费教育，新扩建中小学及幼儿园6所，开通农村平安交通专线，营养午餐计划惠及6200名学生。深化医药卫生体制改革，借助互联网医院开通双向诊疗通道，实现全国异地就医联网结算。完成公共数字文化服务平台建设。新建养老服务机构2个。残疾人、慈善事业健康发展。扎实推进民主法治建设，启动“七五”普法，支持人大、政协和各民主党派履职尽责、参政议政，全面加强党对武装工作的领导。创新社会综合治理，实施“雪亮工程”，开展安全生产专项整治，加强食品药品市场监管，群众安全感不断提升。开展历史遗留问题“清零”行动，化解信访突出问题185件。扎实推进民族团结进步创建，依法加强宗教事务管理，民族团结、宗教和顺的良好局面不断巩固。

【社会改革】开展“放管服”改革，在全区率先开展相对集中行政许可权改革试点，推行“互联网+政务服务”，出台项目管理“保姆式”服务办法，编制“不见面、网上办”“最多跑一次”服务清单，群众和企业反映强烈的不动产登记等审批时限压缩65%以上。深入推进农业农村改革，全面启动农村土地流转经营权确权颁证工作，探索集体资产股份权能改革试点，建立完善“一优三特”农产品保险机制，深化农村“两权”抵押试点改革，发放农村承包土地经营权抵押贷款6910万元。扎实推进城市综合执法体制改革，组建城市管理综合执法局，整合城市管理行政执法权，探索城乡环卫保洁市场化运作，城市精细化管理能力不断提高。全面推进司法体制改革，逐步建立司法人员分类管理制度，落实司法责任制和司法人员履职保障制度，法院、检察院案件办理质量显著提升。

【党的建设】修订《县委常委会议事规则》《县委常委会议干部票决制度》等党内规范性文件，全面提升县委决策水平。扎实推进“两学一做”学习教育常态化制度化，复核496个党组织11825名党员信息。落实党管意识形态主体责任，加强网络舆情监测管控，妥善处置重大舆情7起。把重品行、重实干、重基层、重实效的用人导向贯穿干部选拔全过程，制定干部信访挂职、退职管理、考核评价、激励容错等制度，优化干部队伍结构，激发干部队伍活力。开展“三大三强”行动，实施“两个带头人”工程，村干部中致富带头人占比超过60%。加强非公企业和社会组织党建工作，创建自治区“双强六好”党组织3个。开展中央八项规定“回头看”活动，查处曝光违反八项规定精神案件12起。建立督查、曝光、问责“三位一体”机制，形成督查闭环，放大督查效应。开展涉农扶贫领域专项整治和扶贫工作专项巡察，试点村级财务会计服务委托代理，实现行政村审计全覆盖。积极推进国家监察体制改革试点工作，成立全区首个监察委员会。坚持有案必查、有贪必肃，初核违纪问题线索146件，立案108件，给予党政纪处分108人，不断释放越往后执纪越严的强烈信号。

重要会议

【中共贺兰县委十四届二次全体会议】9月30日召开。县委书记、县长刘甲锋代表常委会向大会作题为《振奋精神 笃定实干 为打造沿黄生态经济带明星县建成较高水平全面小康社会目标而奋斗》的工作报告。

报告指出：县委第十四次党代会召开以来，在自治区、银川市党委的坚强领导下，团结带领全县各级党组织和广大干部群众，全面贯彻党的十八大和十八届三中、四中、五中、六中全会及习近平总书记系列重要讲话精神，特别是习近平总书记来宁视察时的重要讲话精神，牢固树立“四个意识”，自觉践行新发展理念，深入推进供给侧结构性改革，全面落实从严治党各项要求，全县经济社会发展取得重大成效。综合实力不断跃升、产业结构持续优化、重点改革稳步推进、生态环境明显改善、社会事业快速发展、执政能力显著提升。

会议提出：未来三年贺兰县要以建成经济繁荣的明星县、环境优美的明星县、人民富裕的明星县、社会和谐的明星县、风清气正的明星县为目标，打好产业兴县战役，在推进经济转型发展上取得重大突破，要实施工业振兴计划。加大工业园区整合，以宁夏生态纺织产业示范园区为核心，加快宁夏生态纺织产业示范园、银川德胜工业区、暖泉工业区“一园三区”建设，着力打造百亿产业千亿园区；要实施农业品牌计划，深入推进农业供给侧结构性改革，加快国家级现代农业产业园建设，培育广银有机大米、厚生记枸杞饮品、百瑞源枸杞、大北农饲料等农业综合产业园建设经验，发展创意农业、体验农业、农村电商、民俗旅游等分享经济，提高农产品附加值，持续增加农民收入。要实施企业成长计划。强化企业科技创新主体地位，培育孵化国家级高新技术企业15家以上。完善柔性引才政策，设立人才发展基金，建立大学生创业培训孵化基地5个，柔性引进高技能人才100名，实施科技成果转化项目100个。

县委委员审议通过《中共贺兰县委员会十四届二次全体会议工作报告》《中共贺兰县委员会关于深入推进全面从严治党的意见》。中共贺兰县委员会十四届委员会常委、委员、候补委员参加会议。县人大常委会主任俞学华、县政协主席恩建国等县四套班子领导参加会议。不是县委委员的在职处级领导干部，县纪委常委，各乡镇（场）、街道、县委各部门、人民团体、县直部门、事业单位及驻区(市)属单位党政主要负责人，人大办、政协办及其各委室负责人，各民主党派县委会负责人，部分离退休老干部代表，基层党代表和企业负责人代表122人列席会议。

【中共贺兰县委十四届三次全体会议】 11月10日召开。县人大常委会主任俞学华、县政协主席恩建国、县委副书记马金龙、县委常委、县委委员、县委候补委员参加会议。在职县处级领导干部、县纪委常委、各乡镇（场）、党政负责人、部分驻县区（市）属单位主要负责人、基层代表、企业负责人列席会议。

全会深入学习贯彻党的十九大精神，审议通过《中共贺兰县委员会关于学习宣传贯彻党的十九大精神的意见（草案）》《中国共产党贺兰县第十四届委员会第三次全体会议决议（草案）》。

全会认为，党的十九大，是在全面建成小康社会决胜阶段、中国特色社会主义进入新时代的关键时期召开的一次十分重要的大会。全县各级党组织要立即行动、精心组织，以集中培训、辅导宣讲等多种形式，切实把党员干部群众的思想和行动统一到党的十九大精神上来，把力量凝聚到实现党的十九大确定的各项目标任务上来。

全会审议通过《中共贺兰县委员会关于学习宣传贯彻党的十九大精神的意见（草案）》。全会要求，要提高政治站位，认识党的十九大精神的深远历史意义和重大现实意义，坚持用习近平新时代中国特色社会主义思想武装头脑、指导实践、推动工作；要深刻领会和准确把握坚决维护习近平总书记作为党中央的核心、全党的核心的极端重要性；要加强组织领导，迅速兴起学习宣传贯彻党的十九大精神热潮；要抓好贯彻落实，切实用党的十九大精神指导实践推动工作，并从突出转型升级，夯实经济发展新优势；要严格生态保护，走好绿色发展新路子；坚持统筹协调，打造城乡一体新面貌；狠抓民生改善，实现幸福指数新提升；深化改革开放，集聚加快发展新动能；创新治理方式，实现社会建设新突破；聚焦党的建设，落实从严治党要求。

全会强调，全县各级党组织和广大党员干部群众，要紧密团结在以习近平同志为核心的党中央周围，高举中国特色社会主义伟大旗帜，以习近平新时代中国特色社会主义思想为指导，不忘初心、牢记使命，振奋精神、笃定实干，为加快建设沿黄生态经济带明星县、决胜建成较高水平的全面小康社会而不懈奋斗！

常委会议

【十四届县委2017年第六次常委会议】 1月20日，银川市委常委、贺兰县委书记李郁华主持召开。县长刘甲锋，县领导何建勃、白建斌、潘建国、刘勇、王涛、吴静、李炳杰、秦建忠、吴宁成参加会议。县人大常委会主任俞学华、县政协主席恩建国列席会议。

会议审议2017年财政预算安排事宜。李郁华指出，2017年财政预算要坚持合法性原则。执行《预算法》和其他法律法规。做到收入合法合规，收支合理。要坚持真实性原则，确保各项收支数据真实准确。要坚持稳妥性原则，做到稳妥可靠量入为出收支平衡不得编制赤字预算。要坚持重点性原则，根据财力情况，按轻重缓急优先安排县委、政府交办的事项以及符合国民经济和社会发展计划。要坚持透明性原则，及时公开财务开支情况，接受人大、政协、群众及社会各界监督。要坚持绩效性原则，对预算的执行过程和完成结果实行全面追踪问效，不断提高资金使用效益。

会议还审议《关于促进服务业发展的实施意见》《关于促进服务业发展的扶持意见》《服务业发展绩效考评办法》。李郁华指出，全县服务业总量要不断扩张，服务业增加值要增长10%以上，服务业占GDP比重要持续增加，“十三五”期间要不断优化经济结构。体制机制要改革及项目建设都要取得突破，力争年均实施服务业项目达到30个以上，年均实际到位投资30亿元以上，其中：超千万元以上项目达15个。

【十四届县委2017年第七次常委会议】 2月6日，银川市委常委、贺兰县委书记李郁华主持召开。县长刘甲锋，县领导白建斌、潘建国、刘勇、王涛、吴静、李炳杰、秦建忠、黄自爱参加会议。县人大常委会主任俞学华、县政协主席恩建国列席会议。

会议听取全县招商引资情况的汇报。2016年，全县招商引资认定实际到位资金80.8亿元，列银川市第一，被自治区评为全区招商引资一等奖，奖励招商引资业务经费40万元。李郁华指出：全县上下要把招商引资作为一号工程，把新经济、新业态的培育作为一号产业，把实体经济发展作为一号引擎。按照高度重视、紧盯目标、突出重点、创新方法、加强督考的工作要求，层层传递压力、压实工作任务，做到各级领导干部人人身上有任务、个个肩上有担子，在全县形成一心一意抓招商、全心全力促招商、尽心尽力招大商的工作氛围。力争围绕1+3重点产业，紧盯行业龙头、全国百强，着力招大引强、招强引链，形成主导产业集群。围绕增链、补链、强链，在以商招商、精准招商、专业招商上下功夫，以全县上下的齐心协力，推动招商工作取得实效。

会议听取一季度重点工作的汇报。李郁华指出，各责任领导、责任人员要主动认领任务，做好协调督导，全力以赴推进各项工作；要倒排工期、挂图作战，紧盯关键节点、关键时间点，逐个、逐项、逐步推动各项工作落实。要坚持一线工作法，在一线发现问题，在一线解决问题，切切实实当好作战员。同时，3月份确定的集中开工项目，必须做到手续完善、项目开工。节假后工业企业开始复工生产，开春以后项目建设进入施工期，安监局要牵头抓好安全生产大检查，确保做好安全生产。

会议还研究了其他事宜。

【十四届县委2017年第八次常委会议】 2月8日，银川市委常委、贺兰县委书记李郁华主持召开。县长刘甲锋，县领导白建斌、潘建国、刘勇、王涛、李炳杰、秦建忠、黄自爱、吴宁成参加会议。县人大常委会主任俞学华、县政协主席恩建国等列席会议。

会议听取审议《贺兰县开展作风建设深化年活动的实施方案》。会议指出，为持之以恒深化作风建设，决定从2月开始，在全县开展“作风建设深化年”活动，通过“农民工欠薪问题”等11项专项整治，进一步推动重大决策部署落实提效、行政审批服务提质、重大项目推进提速、民生服务提升、干部素质提高。

会议听取审议《贺兰县农村

学校布局调整实施方案》。会议指出，为缩小城乡之间、校际之间教育水平差距，决定合并生源少、规模小、质量差、办学效益低的农村小学，扩大农村完全小学规模，将全县乡镇中心所辖的23所小学调整为10所。学校调整后将招入校车运营服务企业来解决2004年以来合并学校学生上下学交通问题。为妥善解决农村学生午餐问题，决定对农村学校约6800名学生补助营养午餐。会议还研究审议《贺兰县改革创新容错纠错机制的实施细则（试行）》《贺兰县农村集体资产股份权能改革试点工作方案》及其他事宜。

【十四届县委2017年第九次常委会议】2月15日，银川市委常委、贺兰县委书记李郁华主持召开。县长刘甲锋，县领导马金龙、白建斌、潘建国、刘勇、王涛、黄自爱、吴宁成、王鹏辉参加会议。县人大常委会主任俞学华等列席会议。

会议传达学习习近平总书记在中央党校省部级主要领导干部学习贯彻十八届六中全会精神专题研讨班上的讲话精神。审议《贺兰县"重大项目推进年"活动实施方案》，审议《平安贺兰推进工作实施方案》。

【十四届县委2017年第十次常委会议】2月22日，银川市委常委、贺兰县委书记李郁华主持召开。县长刘甲锋，县领导马金龙、白建斌、李炳杰、秦建忠、黄自爱、吴宁成、王鹏辉参加会议。县人大常委会主任俞学华等列席会议。

会议学习自治区领导干部学习贯彻党的十八届六中全会精神专题研讨班有关精神，会议指出，中央和自治区部署关于全面从严治党的决定，自治区专门举办十八届六中全会精神专题研讨班，为全区领导干部提供一次全面、系统的学习机会。

会议强调，为加强贺兰县的干部队伍建设，加快推进贺兰跨越发展、弯道超车，全县上下要全力打造一支"勇立潮头、勇于担当、善打胜仗、干净干事"的贺兰铁军干部队伍，为全面建成小康社会提供坚强保障。

会议还听取3月12号重大项目集中开工庆典筹备、推进网络经济、大健康产业、金融产业发展，招商引资推进等情况的汇报。李郁华指出，贺兰县通过全县重大项目推进年活动，将推动全县上下再次把目光聚焦到项目建设上，把工作重心转移到推进项目建设上，把作风转变体现到服务项目上。全县一季度将开工项目93个，概算总投资174.96亿元，年度计划投资110.7亿元。对手续还未完善的项目，各责任单位要通过一线工作法，以店小二的精神，跟踪服务，主动为企业送政策解难题，逐个项目落实到位做到项目真开工。电视台要围绕项目进度，设立《重大项目推进监督台、曝光台、展示台》专栏，督促各开工项目有序推进。

会议还就春耕备耕、招商引资、狠抓"三减"、做好"三争"等工作做了安排部署。

【十四届县委2017年第十二次常委会议】3月7日，银川市委常委、贺兰县委书记李郁华主持召开。县长刘甲锋，县领导马金龙、白建斌、潘建国、刘勇、王涛、李炳杰、秦建忠、黄自爱、许伟良、吴宁成、王鹏辉参加会议。县人大常委会主任俞学华、县政协主席恩建国等列席会议。

会议首先由李郁华传达宁夏党政代表团赴江苏、浙江考察的体会。李郁华指出，这次考察学习，是一次学习借鉴先进地区发展经验的好机会，也是一个反思不足、改进方法、谋划重点、明确方向的好过程。考察中，大家一致认为，江、浙两省在新思路、新理念、新举措的运用上，非常值得宁夏学习借鉴。尤其是江浙两省领导干部干事创业的精神状态，以及江苏提出的"两聚一高"奋斗目标和浙江提出的"干在实处、走在前列"的要求，都是贺兰县学习的经验。

会议还听取一季度"开门红"主要经济指标预计完成情况、3月12日重大项目集中开工仪式会场筹备情况、一季度重大项目开工情况的汇报。审议表彰奖励2016年度农业农村工作先进集体先进个人、《贺兰县深入推进农业农村供给侧结构性改革加快培育农业农村发展新动能的实施意见》、2016年度美丽乡村和特色小镇建设奖补事宜、德胜工业园区局部片区“退二进三”规划情况事宜、2016年度贺兰县文明单位（村）事宜。

【十四届县委2017年第十三次常委会议】3月20日，银川市委常委、贺兰县委书记李郁华主持召开。县长刘甲锋，县领导马金龙、白建斌、刘勇、吴静、李炳杰、秦建忠、黄自爱、许伟良、吴宁成、王鹏辉参加会议。县人大常委会主任俞学华，县政协主席恩建国等列席会议。

会议传达学习全国“两会”精神。会议指出，全县上下要结合“两会”精神，狠抓贯彻落实，集中精力抓好重点工作。各乡镇场、各部门要学习政府工作报告，结合实际和各自职能找准政策要点，加强沟通对接，争取国家支持，抓好贯彻落实。要坚决打赢脱贫攻坚战，确保2017年完成1231人建档立卡户的脱贫销号。

会议还听取第一批集中开工项目推进情况和4月份第二批集中开工项目情况的汇报，听取中央环保督察组反馈问题整改情况、春节后全县安全生产隐患整治情况、首季“开门红”情况的汇报。并审议关于表彰2016年度民族团结进步模范集体、模范个人及贺兰县行政审批服务局组建方案的事项。

会议指出，3月12日组织“建设之春”集中开工仪式后，累计开复工项目90个，年度计划投资106.5亿元，开工率32%。

【十四届县委2017年第十四次常委会议】3月27日，银川市委常委、贺兰县委书记李郁华主持召开。县长刘甲锋，县领导马金龙、潘建国、刘勇、王涛、吴静、李炳杰、黄自爱、吴宁成、王鹏辉参加会议。县人大常委会主任俞学华、县政协主席恩建国等列席会议。

会议审议《关于深化东西合作交流促进贺兰换道超车跨越发展的实施意见》。李郁华指出：7月19日是习近平总书记来贺兰宁浙电商创业园视察一周年，贺兰县要把深入贯彻总书记的讲话精神与推动东西合作紧密结合起来，以合作促共赢，以合作促贺兰经济“换道超车”跨越发展。7月19号，要通过举行东西合作互联网经济发展论坛及东西合作项目签约仪式，扩大东西合作的战果，推动贺兰县“换道超车”。会议还审议《关于支持实体经济发展的政策意见》。李郁华指出：贺兰县出台《关于支持实体经济发展的政策意见》，进一步加大对实体经济企业的扶持力度，充分激发产业主体的发展动力和活力，打造新引擎，培育新动能，真正支持全县实体经济做大做强，促全县实体经济“换道超车”、跨越发展。

会议还审议《贺兰县加快金融保险及经济总部中心建设若干政策意见》。李郁华指出：加快推进金融保险街建设，是实现德胜工业园区转型升级、节约集约发展的一项重要举措，相关部门要紧密配合，围绕金融的高管政策、人才政策及引进金融机构的人员购房政策、子女教育政策、医疗政策等内容，继续完善《关于加快金融保险及经济总部中心建设若干政策意见》，以实实在在的措施促进德胜园区金融产业集聚发展。会议还研究审议其他议题。

【十四届县委2017年第十五次常委会议】8月5日，县委书记、县长刘甲锋主持召开。县领导马金龙、潘建国、刘勇、王涛、吴静、李炳杰、秦建忠，黄自爱、吴宁成、王鹏辉参加了会议。县人大常委会主任俞学华、县政协主席恩建国等四套班子领导及各乡镇（场）、各部门、各园区管委会负责人列席会议。

会议就自治区、银川市经济形势分析会议精神、第八次全国信访工作会议及区市信访维稳工作会议精神、贺兰县落实河长制工作推进情况进行专题研究部署。

刘甲锋指出：全县领导干部要贯彻落实自治区第十二次党代会精神和自治区党委副书记、银川市委书记姜志刚调研贺兰提出的坚持“绿色、高端、和谐、宜居”城市发展理念，要把它作为一项重要任务来完成。对于全县经济形势，要树立信心，抓项目，促进工业增效；按照环保的要求，把工作着力点放在供给侧结构性改革上，培育壮大刺激经济发展；重新编制三大园区的发展规划，腾笼换鸟，促进企业转型升级，保持工业园区产值不减；尤其针对汽车销售停滞不前的状态，要加快中汽配项目建设进度，建立若干个产业基金服务企业；抓好脱贫攻坚工作，做好贫困户就业产业工作，大力推进产业扶贫，确保2018年全部脱贫。

刘甲锋强调：全县各单位要把做好信访维稳工作作为一项重大政治任务，从讲政治的高度深刻领会会议精神，强化工作措施，健全信访工作制度，着力解决一批历史遗留问题，切实维护人民群众合法权益，为党的十九大顺利召开营造安定和谐的社会环境。

刘甲锋指出：推进河长制是国家重视生态建设的一项重要内容，是自治区第十二次党代会生态立区战略，更是贺兰实现转型升级、绿色发展的必然选择。首先要强化源头治理，落实河长责任，建立县、乡、村三级河长制，制订治理实施方案，部门联动；科学推进河道治理，加强宣传教育力度，努力建设良好水生态环境。

【十四届县委2017年第十六次常委会议】8月28日，县委书记、县长刘甲锋主持召开。县领导马金龙、白建斌、潘建国、刘勇、王涛、吴静、李炳杰、秦建忠、黄自爱、吴宁成、王鹏辉参加会议。县人大常委会主任俞学华、县政协副主席马文霞列席会议。会议传达石泰峰书记在贫困县委书记工作座谈会上的讲话精神，听取近期重大项目督查、项目谋划、招商引资情况和“放管服”改革情况的汇报，审议《贺兰县深入推进城市管理综合执法体制改革改进城市管理工作实施方案》《中共贺兰县委常委会工作原则》《关于深入贯彻落实中央八项规定精神进一步加强县委常委班子作风建设的意见》《贺兰县委政府领导首办负责制度》。

刘甲锋指出：精准扶贫是一项政治任务，各职能部门、相关乡镇要按照精准脱贫工作要求，扎实推进各项工作，锁定目标、扛起责任，确保与全国同步建成全面小康社会。要坚持问题导向，聚焦巡察工作发现问题，逐项制订整改方案，压茬推进问题整改，着力解决群众反映强烈的突出问题，提高扶贫开发工作质量。要集中项目攻坚，对照任务清单，分解指导督办，整合各类资源，切实发挥项目经济效益和社会效益。要严格资金管理，完善项目资金拨付管理制度，加强财政资金绩效管理，缩短扶贫资金拨付时限，防止资金沉淀和挤占挪用，防止资金闲置浪费。要加强干部管理，严守政治纪律和政策红线，加强问责监督力度，确保干部干成事、不出事。

刘甲锋指出：项目是县域经济发展的“牛鼻子”。要抓实产业项目谋划。重点围绕自治区十二次党代会提出的“三大战略”“五个扎实推进”，谋划一批产业项目、基础设施项目、环境保护项目、社会民生项目，不断提高项目谋划质量，优化项目投资结构，厚植发展优势。要紧盯签约项目落地。切实发挥三个工业园区平台作用，加大与江苏友诚、亚邦集团、汉能控股、中商国能等签约项目对接力度，力促项目早日落地投产达效，不断完善产业链条，推进产业集群发展。要从严加强督查考核。要建立督查、曝光、问责、考核“四位一体”推进机制，形成督查闭环，放大督查效益。要突出督查重点，围绕11个项目进度缓慢、36个未开工项目、9个项目未入库，倒排工期、制定清单，跟进督查、推进落实。

【十四届县委2017年第十九次常委会议】9月29日，县委书记、县长刘甲锋主持召开。县人大常委主任俞学华，县政协主席恩建国，县委副书记马金龙、县领导白建斌、潘建国、刘勇、王涛、吴静、秦建忠、王鹏辉等出席会议。

会议审议《中共贺兰县委员会十四届第二次会议工作报告（审议稿）》《中共贺兰县委员会关于推进全面从严治党的意见（审议稿）》。会议要求，由县委办负责，按照建成较高水平全面小康社会的总体要求，吸收各位常委、各单位、各部门的意见，进一步修改完善《中共贺兰县委员会十四届第二次会议工作报告（审议稿）》《中共贺兰县委员会关于推进全面从严治党的意见（审议稿）》。

会议审议《贺兰县科协深化改革实施方案的请示》，会议原则同意《贺兰县科协深化改革实施方案的请示》。

会议审议县委巡察组关于扶贫领域专项巡察情况的汇报。会议要求，对扶贫领域中的专项巡察发现的违纪违法问题，要严肃查处，绝不姑息。

会议审议《德胜工业园区管委会关于变更中洲投资发展（宁夏）有限公司股东的请示》，会议原则同意《德胜工业园区管委会关于变更中洲投资发展（宁夏）有限公司股东的请示》，予以执行。

【十四届县委2017年第二十次常委会议】10月17日，县委书记、县长刘甲锋主持召开。县人大常委主任俞学华，县政协主席恩建国，县委副书记马金龙，县领导潘建国、刘勇、王涛、吴静、李炳杰、秦建忠、王鹏辉等出席会议。

会议传达习近平总书记“7·26”重要讲话精神，学习《实践论》《矛盾论》等经典著作；传达学习《关于五年来中央政治局贯彻执行中央八项规定并以此带动全党加强作风建设情况的报告》；传达自治区第十二届人大代表选举和第十一届政协委员协商提名工作座谈会精神，安排部署人大代表选举和政协委员协商提名工作；审议贺兰县干部考核办法及激励干部干事创业实施办法等事项。

刘甲锋指出：五年来，以习近平同志为核心的党中央以强烈的历史担当和顽强的意志品质，党风政风和社会风气发生了全面深刻、影响深远、鼓舞人心的变化。中央八项规定，试出了人心向背，厚植了党的执政根基，我们全县党组织和党员干部要切实把思想和行动统一到以习近平为核心的党中央的决策部署上来，继续坚定不移贯彻中央八项规定精神，执行自治区、银川市党委作风建设的各项规章制度进一步巩固深化作风建设的成果作风建设常态化。

刘甲锋强调：要坚持领导带头落实主体责任，各级领导干部要向党中央看齐，带头坚持落实中央八项规定精神，大力弘扬党的优良传统和作风，形成一级带着一级干，一级做给一级看的良好作风。各级党组织要自觉担负起主体责任，落实中央八项规定精神，明确责任清单，层层传导压力，要强化四个意识，紧盯党中央八项规定的新形式新动向，紧盯各种变异的四风问题。刘甲锋要求：要强化制度执行，对重点领域、重点行业细化完善规章制度，逐步形成立体式全方位的体系，势必增强党员干部对制度的敬畏感，切实维护制度的权威性。同时，要加大问责制度保持高压态势。纪检部门要加大监督确保责任落实到实处，要进一步健全监督体系，要坚持把纪律和规矩挺在前面，保持监督执纪力度不减、节奏不变，发现问题一查到底 严惩不贷。

【十四届县委2017年第二十一次常委会议】11月1日，县委书记、县长刘甲锋主持召开。会议重点传达自治区第十二届二次全体会议精神，研究贯彻落实意见。县人大常委会主任俞学华，县委副书记马金龙，县领导刘勇、王涛、吴静、秦建忠、许伟良、王鹏辉等参加会议。

会议传达自治区第十二届二次全体会议精神，研究贯彻落实意见；研究学习宣传党的十九大精神工作实施方案；审议并原则通过了《共青团贺兰县委改革方案的请示》《总工会改革实施方案的请示》《关于进一步加强和改进离退休干部工作的实施意见》等事宜。

会议指出，自治区第十二届二次全体会议重要议程就是安排部署《中共宁夏回族自治区委员会关于学习宣传贯彻党的十九大精神的意见》。我们必须按照自治区关于学习宣传贯彻党的十九大精神的意见，把学习和贯彻党的十九大精神当做当前和今后一个时期的首要任务和工作主体，全县各级党组织要原原本本的学、不折不扣的学，重在贯彻落实上。刘甲锋说，要以学习党的十九大精神打赢县十四届第二次全体会议确定的“四大战役”。在产业兴县战役上，推进经济转型发展上取得重大突破。各县领导要落实县领导包企业制度，把政策给企业带下去，把企业问题带上来，帮助企业发展壮大。在生态靓县战役上，在加大生态环境治理上取得重大突破。要加强环境综合治理。大力实施“蓝天”工程，全面拆除20蒸吨以下燃煤锅炉，大力实施“绿水”工程，提标改造污水处理厂，落实河长制，按照“一河（湖）一策”要求，开展“百里清水河道”行动，推进四二干沟、银新干沟、三二支沟人工湿地建设，全面消除建成区黑臭水体。在惠民富县战役上，紧盯脱贫攻坚、居民增收这两项硬指标，开展精准扶贫、精准脱贫，帮助农村居民从一产中解放出来，向二产三产延伸，城市居民通过培训有稳定的合法的职业收入。在法治安县战役上，扎实推进法治贺兰建设。加快政府政务服务网上在线运行，大力推行“最多跑一次”“不见面、马上办”等审批事项模式，各领域办事公开制度，坚持以公开为常态、不公开为例外原则，严厉打击传销、非法集资、电信诈骗、禁毒扫黄等违法犯罪，提升突发公共事件的预警和处置能力，不断增强群众安全感。同时，要扎实推进全面从严治党，对标新的八项规定，执行八项规定。

【十四届县委2017年第二十二次常委会议】11月8日，县委书记、县长刘甲锋主持召开。县人大常委会主任俞学华，县委副书记马金龙，县领导白建斌、王涛、吴静、秦建忠、黄自爱、吴宁成等参加会议。

刘甲锋传达学习自治区脱贫富民战略推进会议精神。刘甲锋指出：脱贫富民战略是以人民为中心发展思想的具体体现，脱贫只是第一步目标，富民才是更高要求，要集中发力实施这一战略，增强人民群众的获得感和幸福感。贺兰县脱贫要突出精，从产业、教育、卫生、培训政策等方面帮助建档立卡户早日脱贫致富，同时要紧盯城乡居民实现到2020年实现比2010年收入翻番的目标，实现在脱贫富民战略中不落一人、不落一户。在全区内率先建成较高水平的小康社会。

会议审议并原则通过《中共贺兰县委员会关于学习宣传贯彻党的十九大精神的意见（审议稿）》。刘甲锋指出，十九大精神要真学、真做、真用，十九大报告原原本本地学、逐字逐句地读、反反复复地读，全面掌握精髓，同时要把十九大精神应用实践。

会议听取关于中央环保部反馈问题整改和城乡环境综合整治情况的汇报。刘甲锋指出：党的十九大再一次吹响加快生态文明体制改革、建设美丽中国的号角，昭示以习近平同志为核心的党中央加强生态文明建设的意志和决心。贺兰县近几年在环境保护、城乡环境综合整治中投入不断加大、措施不断完善，已取得阶段性成果，全县各分管领导、部门必须落实中央环保第八督查组整改事宜、落实河长制、落实城乡环境整治。打赢一场漂漂亮亮的生态靓县战役。

会议还研究了其他事宜。

【十四届县委2017年第二十四次常委会议】11月18日，县委书记刘甲锋主持召开。县委副书记、县长候选人赵波，县委副书记马金龙，县领导白建斌、刘勇、王涛、吴静、李炳杰、秦建忠、黄自爱、吴宁成等参加会议，县人大常委会主任俞学华、县政协主席恩建国等列席会议。

会议传达自治区生态立区战略推进会议精神；传达推进国家监察体制改革试点工作动员部署电视电话会议精神；听取十四届县委第二次全委会确定“四大战役”推进落实情况；安排部署“百日项目谋划”行动；审议并原则通过《贺兰县党和国家机关工作人员损害营商环境责任追究办法（试行）》。

刘甲锋指出：环保问题既是民生要求又是政治要求，必须提高政治站位，严肃对待。要紧盯中央环保督察反馈问题的整改落实，加紧制定贺兰县关于生态治理的实施意见及应对冬季极端天气防治的预案措施。对于当下突出的秸秆焚烧、水源地污染、各园区排放物不达标、20蒸吨以下煤锅炉拆除不到位等问题，各部门、园区、乡镇必须夯实责任，落实好自治区生态立区战略要求，打好天蓝地绿水清的靓丽贺兰保卫战。

刘甲锋强调：要进一步完善相关政策，为各项工作落实创造条件，全力打好四大战役。对于产业兴县战役，加快培育支柱产业，支持企业创新发展，围绕园区平台建设全产业链，要执行最严格的环保、土地、税收政策，要加快推进德胜工业园区“退二进三”；对于法治安县战役，要以平安贺兰建设为抓手，切实提升网格化管理水平，完善矛盾化解长效机制，创造和谐稳定的社会局面，使群众幸福度、满意度不断提升；对于富民强县战役，要围绕脱贫和增收来开展，针对贫困户、城乡居民实施不同政策，围绕“双创”出台具体办法，鼓励企业引进人才，营造良好的创新创业氛围，让更多的人富起来，促进社会公平。

刘甲锋要求：要迅速掀起招商引资热潮，抓紧制订百日招商具体方案，围绕自治区第十二次党代会“三大战略”“五个扎实推进”安排部署、银川市“绿色、高端、和谐、宜居”的城市发展理念和实现“两个率先”目标，积极补短板强弱项，同时利用年末岁初有利时机，争取中央、区市项目资金。

会议还研究了其他事项。

【十四届县委2017年第二十五次常委会议】12月5日，县委书记刘甲锋主持召开。县人大常委会主任俞学华、县政协主席恩建国列席会议，县领导马金龙、刘勇、王涛、吴静、秦建忠、许伟良、吴宁成、王鹏辉等参加会议。

会议传达学习姜志刚到贺兰县调研座谈讲话精神；听取关于领导包案化解信访突出问题工作情况汇报；听取关于做好迎接国务院和自治区脱贫攻坚督查工作情况的汇报；审议并原则通过了县政府党组提请的《关于推进脱贫富民战略的实施方案（审议稿）》

刘甲锋说：大家要跳出贺兰看贺兰，要按照银川市北大门的定位，加快园区整合力度，推动德胜工业园区“退二进三”，要围绕食品加工，现代服务，商贸物流等第三产业做大产业链条；生态纺织园要围绕如意补全产业链；银川生物科技园要大力实施腾笼换鸟，把高污染、高耗能企业逐步退出园区。乡村振兴要按照“产业兴旺、生态宜居、乡风文明、治理有效、生活富裕”的总要求，结合贺兰实际，抓紧制订乡村振兴战略贺兰行动计划。要优化农业功能布局，重点发展特色优势产业，组织实施特色产业增效、农业园区提升、龙头企业升级、不断推进农业产业转型升级，推动农村一二三产业深度融合。同时加大城乡环境整治力度，使大家望得见贺兰山、看得见黄河水、记得住塞上江南。

刘甲锋指出，贺兰县各部门主要领导包案，带头化解“骨头案”“钉子案”，带头推动解决信访突出问题工作是值得肯定和坚持的，下一步，要明确责任，摸清底数，查清事实，说清道理，重点做好群体性上访事件防范工作，按照法律法规、依照党和国家的政策，坚持实事求是的原则，及时、妥善处理群众反映的问题。为迎接自治区两会营造良好、和谐、稳定的社会环境。

刘甲锋强调，这次迎接国务院和自治区脱贫攻坚督查巡查工作即是挑战也是契机，全县各级领导、各乡镇、各部门要再次深入联系乡镇，采取实地查看、入户走访、对照问题、查缺补漏等方式，加快推进国务院督查巡查重点内容的落实。对脱贫攻坚中出现的不作为、慢作为行为，包括玩忽职守、弄虚作假、欺上瞒下、推诿扯皮等等，要严肃追究相关责任人责任。

会议还研究了其他事宜。

【十四届县委2017年第二十六次常委会议】12月13日，县委书记刘甲锋主持召开。县委副书记、县长候选人赵波，县委副书记马金龙，县领导白建斌、刘勇、王涛、吴静、李炳杰、秦建忠、黄自爱、许伟良、王鹏辉等参加会议，县人大常委会主任俞学华、县政协主席恩建国等列席会议。

会议传达学习习近平总书记关于进一步纠正“四风”问题加强作风建设重要批示精神，研究贯彻落实意见。

会议审议县人大党组提请的《贺兰县第十八届人民代表大会第二次会议工作报告（审议稿）》，会议原则同意《贺兰县第十八届人民代表大会第二次会议工作报告（审议稿）》。

会议审议县政府党组提请的《政府工作报告（审议稿）》，会议原则同意《政府工作报告（审议稿）》。

会议审议县政协党组提请的《政协贺兰县第十届委员会第二次会议工作报告（审议稿）》，会议原则同意《政协贺兰县第十届委员会第二次会议工作报告（审议稿）》。

会议审议县法院党组提请的《贺兰县人民法院工作报告（审议稿）》，会议原则同意《贺兰县人民法院工作报告（审议稿）》。

会议审议县检察院党组提请的《贺兰县人民检察院工作报告（审议稿）》，会议原则同意《贺兰县人民检察院工作报告（审议稿）》。

会议审议县政府党组提请的《贺兰县2017年国民经济和社会发展执行情况与2018年国民经济和社会发展计划的报告（草案）》《贺兰县2018年国民经济和社会发展主要指标任务分解》，会议原则同意《贺兰县2017年国民经济和社会发展执行情况与2018年国民经济和社会发展计划的报告（草案）》《贺兰县2018年国民经济和社会发展主要指标任务分解》。

会议审议县政府党组提请的《贺兰县2017年财政预算执行情况及2018年财政预算安排情况（草案）》，会议原则同意贺兰县2017年财政预算执行情况及2018年财政预算安排情况（草案）》。

会议还研究了其他事项。

【十四届县委2017年第二十七次常委会议】 12月29日，县委书记刘甲锋主持召开。并指出在当前要学习中央经济工作会议精神、自治区党委十二届三次全会等会议精神，按照一张蓝图绘到底的整体部署，严格对标国家，自治区，银川市各项会议要求，提高政治站位、加强党性思维，做好迎接国检、项目谋划、环境整治、民生保障等各项工作，县人大常委会主任俞学华、县长赵波参加会议。

会上传达学习中央经济工作会议精神，自治区党委十二届三次全会，自治区经济工作会议精神和市委十四届五次全会精神并研究贯彻意见。传达学习习近平总书记在中央政治局常委会议审议《关于地方政府隐形债务专题调研情况的汇报》时的重要讲话精神。审议并原则通过《关于推进生态靓县战役的实施意见》。刘甲锋强调，要学习中央、自治区关于经济工作会议精神，自觉用习近平新时代中国特色社会主义思想指导贺兰县经济发展，由高速度转变到高质量发展，坚持稳中求进的原则，在深化改革、环保等方面加速进展。

刘甲锋指出，“三大攻坚战”之首就是防范化解金融风险，要贯彻落实中央、自治区、银川市精神要求，坚持稳中求进工作总基调，认识做好地方隐性债务控制和化解工作的极端重要性，要摸清债务底数，做到底数清、情况明、症结准、全覆盖、不遗漏。

刘甲锋要求，坚持环保先行，要落实习近平总书记“绿水青山就是金山银山”的重要指示，打好污染防治攻坚战，要严格标准、强化措施、持之以恒地抓下去，解决好长期遗留问题，迎接好国检工作。扎扎实实开展扶贫工作，力戒形式主义，扶贫要一户一策、一人一策，对贫困户要精准识别，贫困户推出精准度要高。要把迎国检工作作为当前一项中心工作来抓，决不能抱有侥幸心理。要加强问题整改，补齐短板，牢牢守住底线。要严守纪律，不弄虚作假，确保交出满意的答卷。

纪委、监委工作

【概况】 2017年，全县纪委监察工作加大监督执纪问责力度，开展作风建设，推进“两个责任”的落实，党风廉政建设和反腐败工作的取得阶段性成果。共受理信访举报122件，核实问题线索137件，立案97件，给予党政纪处分82人。

【落实主体责任】 建立县领导分片包抓党风廉政建设工作机制，分层逐级签订廉政责任书448份，下发《党风廉政建设任务分工函告书》47份、《党风廉政建设任务分工报告书》10份。起草《贺兰县关于改革创新容错纠错机制实施细则（试行）》《贺兰县“三重”工作“三位一体”监督问责办法》，2017年，根据“三位一体”问责办法对京藏高速贺兰段习岗镇境内征地拆迁工作推进不力的3名科级干部问责。建立从严治党“三个清单”，共制订责任清单55份，问题清单和问责清单52份，制定工作措施和要求2264条，查找问题278个、落实整改措施348条，全部公示公开。

【廉政绩效考核】将党风廉政建设纳入月度考核指标，实施月督查、月考核、月排名、月通报和半年、年终检查通报制度。对半年党风廉政建设工作进行检查，通报存在问题的35个单位，下发《落实党风廉政建设和反腐败主要任务建议书》47份。

【强化监督促责任落实】开展基层党委书记向县纪委全会述廉述责工作，7名党政一把手现场接受县纪委委员评议质询，对存在的问题限期整改。召开全县纪检监察工作推进会，6个乡镇纪委书记和部门纪检专职副书记就主责主业开展情况进行述职，纪委书记和分管常委面对面点评。组织开展"百企千人评部门""政风行风评干部"活动。对《电视问政》曝光的10个典型问题，全程跟踪督办。对银川市"电视问政"曝光的5个单位7个问题进行督办整改并问责。对全县"三重一大"工作实施联合督查，对工作作风疲沓、履职不力的102名干部职工、11个单位进行问责，对30名部门和乡镇主要领导开展问题约谈。

【廉政宣传教育】构筑"教育在前、规范在前、告诫在前、惩戒在后"防线。开通贺兰县纪检监察网站及"清风贺兰"微信公众号，坚持每周五和节假日向全县干部发布廉政短信。实行任前谈话、岗前培训，对新任职科级干部集中进行廉政谈话，对年轻后备干部、新换届村班子成员进行一周的素质提升封闭式培训。开展现身说法、以案释纪，组织全县党员干部观看《县区书记忏悔录》警示教育片，组织全县经济部门中层以上干部和村"两委"班子主要负责人500人次到宁夏廉政教育基地和石嘴山监狱接受廉政教育，组织村"两委"主要负责人旁听沙渠村赵万银等人涉嫌犯罪一案的庭审。在全县各级组织和广大党员中以多种形式开展《准则》《条例》的学习教育活动。

【扶贫领域定点巡察】抽调人员组成制度小组和财务小组，进驻县扶贫办和移民集中的洪广镇进行扶贫领域专项巡察，发现5类37个方面94个问题，移交各相关单位信访件22件，移交县纪委问题线索10件。建立巡察整改挂牌销号机制，对巡察整改问题统一建立台账，实行挂牌销号，限期整改。

【反腐败工作】在拓宽案源上下功夫，精准发力；在深究细查上下功夫，扩大战果；在严查快处上下功夫，强力震慑。共受理信访举报122件，初核问题线索137件，立案97件，给予党政纪处分82人。初核数、立案数、党政纪处分人数分别同比增长108.62%、160.61%、128.13%。

【协查联办】加大反腐败案件查处协调机制，加强审计、法院、检察院及相关职能部门协查联办、线索移送。前10个月，共接收相关部门移送线索21件，了结2件，立案26件，给予党政纪处分16人。

【"微腐败"惩治】把整治和查处老百姓身边的"微腐败"作为重中之重，追求查一案带一串。前10个月，共初核"三不"案件线索73件，立案57件，结案44件，给予党政纪处分44人。

【对违反中共八项规定问责】开展元旦、春节、五一、端午等节日节点的明察暗访和监督检查力度，形成节前提醒、节中检查、节后报告的机制。前10个月共查处违反八项规定问题6件，给予党政纪处理12人，问责18人，并对习岗街道办事处绿化所22人、市场监督管理局2人、金山自保局3人违规借公务出差名义变相旅游案件在全县以及区市主流媒体进行通报。开展中央八项规定精神"回头看"专项巡察，涉及38个单位，发现公务接待未履行审批手续、专项资金使用不规范等六大共性问题53个个性问题，下发巡察整改通知书27份，移送问题线索2件。开展公款购买消费高档白酒自查和专项督查。配合市委巡察组的八项规定专项巡察，对反馈的4个共性问题1093个个性问题组织整改。

【干部作风整治】聚焦全县干部队伍中存在的"三怕""三缺""三弱"等突出问题，将"三个专题教育"、查摆问题、销号整改、专项检查等行动环节以点连线压茬推进，将专题知识测试、法规政策口袋书入兜随行、违纪违规典型案例“三查”剖析研讨等活动贯穿其中，形成单位和一把手自查清单105份，梳理问题398个，下发问题通报5期。

【八项规定落实】 以问题梳理、销号整改、制定制度为主要内容，对八项规定执行情况再清理、再校验。共形成自查报告72份，梳理问题25个，制定整改措施77条，修订制度61项。围绕“回头看”开展一次专项巡察。

【涉农扶贫腐败专项整治】 通过定期督查、每月例会、现场质询、问题线索严查细究等方式，开展涉农扶贫领域腐败问题专项整治。召开涉农扶贫领域专项整治成员单位联席会议5次，梳理涉农扶贫问题线索43件，核结11件，立案31件，给予党政纪处分25人。

【涉农扶贫资金问题“回头看”】 发现滞留延压、挤占挪用项目资金、配套资金不到位、工程项目未竣工决算等7类132个问题，完成整改99个，涉及金额23285.96万元。开展涉农资金使用管理“再核查”，共核查出4个部门和1个乡镇的涉农资金问题13个，并全部完成整改。

【村级会计服务委托代理制度】 建立村级财务会计服务委托代理制度，通过政府采购，委托代理公司在10个村开展试点工作。2017年，有8个村完成财务移交手续。移交村按正常报账程序，每月10日由会计委托代理公司驻村进行票据审核，建立事前审核、事中监督、事后审计的财务管理模式。

【网络化村务公开】 制订《贺兰县村（居）务公开考核工作方案》，明确“村自查、乡镇检查、县抽查”制度。全县63个行政村共上传公示涉及财务、三资、救助、低保、慰问、高龄、残疾、特困供养、土地流转、项目工程、孤儿养育等21类500余条信息。开展经常性检查和“回头看”再督查，促进各单位对村务公开工作的重视程度，使群众打开电视就能看党务、查村务、审财务。

【村级审计全覆盖】 委托第三方审计机构对村级“三资”管理情况进行审计。完成21个村的审计工作。开展农村财务制度等各项规章制度落实情况的大检查。全县各村均建立村级“三资”管理网络平台，对农村集体固定资产、资源统一录入数据库，并进行网上记账管理。对审计中发现问题的13个村的67个问题整改落实情况进行清查，督促整改落实。整改落实问题26个。

【城乡低保核查】 实行低保经办人员近亲属申领低保备案制度，开展低保入户调查，取消不符合申领条件的城市低保380人、农村低保226人，涉及年低保资金240.24万元。

【建立基层纪检组织双重考核机制】 制定《贺兰县基层纪检组织业务考核办法》，就乡镇纪委和派驻机构强化监督问责、严肃纪律审查等7个方面的内容进行量化考核，将纪检监察系统干部考核从全县科级干部考核中剥离出来。2017年，5个乡镇纪委共初核问题线索42件，立案19件，党政纪处分17人。9个派驻纪检组共初核问题线索16件，立案3件，党政纪处分2人。

组织工作

【概况】 2017年，县委组织工作以推进“两学一做”学习教育常态化制度化为起点，贯彻落实县委组织工作和干部工作的政策，向县委提出干部及领导班子建设、调整、配备意见、建议。协调、规划和指导全县各级党组织建设、党员教育管理和发展工作。制定落实干部教育规划，负责全县知识分子工作的宏观指导、组织协调、督促检查工作。

【突出责任落实】 全县各级领导班子和领导干部坚持“一岗双责”，将“两学一做”学习教育的主体责任细化实化具体化，纳入各级党组织书记述职评议重要内容，按照“年初谋划科学定责、季度报告监督尽责、半年研判对标晒责、年度述职评议问责”，形成“两学一做”责任落实的压力传导机制。县委中心理论组定期集中开展专题学习研讨，坚持县委常委“逢会必学”“轮流发言”的学习方形式。28位县处级党员领导干部每人负责指导联系1个基层党支部，下基层讲党课60余次，召开县处级党员领导干部专题学习研讨会4次，县处级党员领导干部撰写交流发言材料112篇。

【党员教育】 对工作和居住相对固定的党员，开通以集中培训、以会代训、定期轮训；对流动党员、离退休党员等党员群体，开展上门送学、跟踪督学、党员自学；对机关事业单位党员，开通“三进”活动为载体的下基层、解民忧的教育；对“两新”组织党员，把学习的课堂搬进厂房、车间，开设车间课堂。各级党组织共开展集中学习4200余次，学习研讨1040场次，发放学习书籍10000余册，党组织书记讲党课500余次，利用贺兰微党建、贺兰党建网等媒体累计推送学习信息500余篇。党组织执行组织生活制度，创新特色实践活动，全县各级党组织开展主题党日活动1500余次。在全体党员中开展“戴党徽、树形象、亮身份”活动，10000余名党员在日常工作中佩戴党徽。

【农村党员活动】 千余名农村党员佩戴党徽亮明身份，百余人作出公开承诺，签订履职承诺目标责任书93份，围绕“担当实干讲奉献”召开组织生活会，参与发言656人，民主评议党员4649人，联系农户1919户。

【机关、街道、社区党员活动】 开展“全民健身日”运动会、“我是党员讲党课”微党课大赛、“不忘初心、牢记使命”主题演讲等系列活动，70余家机关事业单位、500余名干部职工参与。在社区推进“一去两化三满意”专项行动、文艺演出等活动20余场，志愿服务40余次，参与人数300余人。

【行业特色党员活动】 在教育系统开展“双示范”评选活动，评选优秀党建示范点2个，优秀共产党员示范岗5个，引导党员在改进工作作风、提升教学水平中发挥模范作用。在卫生系统开展“三亮三比三创”评选活动，评选表彰先进工作者66名、优秀护士24名、模范乡村医生10名、120急救站先锋岗1个、群众满意度窗口1个。在窗口服务行业开展履责好又快、服务“清”加“亲”活动，评选优质服务单位1个、优质服务标兵1名、党员示范岗3名，开展服务群众满意度调查活动，群众满意度达到98%。

【树立鲜明用人导向】 坚持“以发展论英雄，以实绩定进退”的用人导向，突出“五个看重”和“两个倾斜”，选准用顺干部，选优配强班子。全年提拔科级干部68人次，平调交流44人，降职2人，免职38人。执行《推进领导干部能上能下实施细则（试行）》《贺兰县领导干部“慢作为”末位淘汰管理办法（试行）》，对37名干部予以下调。按照程序做好公务员录用、任职定级、登记等工作。2017年，共办理公务员录用4人，任职定级和登记16人，为试用期满新录用的硕士研究生申请一次性非领导职数4个。

【干部激励机制建设】 落实自治区《关于激励干部想干事能干事干成事的若干意见》，出台《激励干部担当作为提升干事创业精气神实施办法（试行）》，从思想、政治、荣誉、待遇等方面提出28条关怀激励举措，营造干事创业的浓厚氛围，形成建设贺兰的强大合力。制定《改革创新容错纠错机制的实施细则（试行）》，列出容错免责清单。

【干部培训】 举办科级干部、新提拔领导干部、新任村干部能力素质提升班和学习党的十九大精神、自治区第十二次党代会精神培训班7期，举办大数据及公文写作类讲座30余次，培训人员2000余人次。完成兰光村和欣荣村两个教育实践锻炼基地基础设施建设。承办锻炼任务4批次。选派8名干部到发达省区进行蹲点招商，分期分批选派13名新提任干部到信访局挂职，选派优秀年轻干部到浙江挂职锻炼。

【干部监督管理】指导30名处级干部、207名科级干部填报领导干部个人有关事项报告。执行干部选拔任用动议预审、考察预告、任职谈话、全程记实、一报告两评议等制度。开展干部关爱谈心谈话活动，2017年，与23名县处级干部进行年度谈话，与128名职务变动科级干部进行谈话，与27名离岗退休干部进行谈话，与19名干部进行重点谈话。出台《贺兰县退出现职干部管理暂行办法（试行）》，开展领导干部提醒教育、诫勉谈话和函询，对20名重点部门主要领导进行任中和离任审计。印发《进一步规范国家工作人员因公（私）出国（境）审批工作的通知》《进一步规范干部因公外出审批报备及请销假事项的通知》，开展领导干部出国（境）管理和干部人事档案专项审核。执行职数管理和干部选拔任用预审制度，将监督关口前移落到实处。

【抓党建促脱贫】坚持以服务型党组织建设引领基层党建工作，结合各级党政领导班子成员直接联系贫困村、贫困户制度，抓党建促脱贫与下基层活动，选派34名县级领导干部、71个单位、564名一般干部职工开展结对帮扶，投入各类帮扶资金1000余万元，惠及3000余人。

【党组织评星定级管理】对工作改进成效明显的党组织推荐晋级，集中整顿“零”星级、“一星”级党组织。提升基层服务型党组织建设水平，培育创建三星级党组织71个、四星级党组织22个。推行党员和党组织“双向联络日”制度，利用手机短信、微信、QQ群等平台，督促各基层党支部和党小组每月固定党员日联络所辖党员，每名党员每月向所在党小组和党支部联络报到。

【城市基层党建】组织全县机关、企事业单位与社区共驻共建，形成街道“大工委”、社区“联合党委”、网格化党支部三级组织网络体系，把机关工委、公安局、民政局、财政局等15个相关职能部门负责人推荐为街道“大工委”兼职委员，把社区民警党员、物业公司负责人、辖区学校党组织书记、党员推荐为社区“联合党委”兼职委员，强化街道统揽、统筹、负责作用和机关单位参与、共建、协调作用。结合每月党建工作重点任务和重大节庆日，联系共驻共建单位、在职党员、志愿者共同开展活动，到社区报到党员达到2600多人，组织开展集体活动350余次，服务群众3700多人。

【非公企业和社会组织党建】制定非公企业和社会组织党组织规范化建设“清单管理”考核评价标准，整顿转化31个“零”星级后进党组织，调整理顺41个基层党组织隶属关系。建立帮扶指导制度，选派52名机关干部到94家企业、10家社会组织担任党建工作指导员，安排62个机关单位结对帮扶302家企业。实施“非公企业和社会组织党建工作规范化建设提升年”活动，开展党组织组建“百日攻坚”、党组织作用发挥“红色引擎”、党建工作“强基固本”、基本队伍建设“素质提升”四大专项行动。编印《贺兰县非公经济组织和社会组织党建工作手册》，规范非公企业和社会组织党组织“三会一课”、民主生活会、民主评议党员等党内组织生活基本制度。非公企业和社会组织党组织创建自治区级“双强六好”党组织3个、县级“双强六好”11个。

【农村基层党组织建设】对全县64个村级组织活动场所，结合区市要求，立足实际，有针对性地制订新建、扩建、修缮、一般性整治四个标准改造计划，新建村级组织活动场所共17个，扩建村级组织活动场所达到500平方米以上的村共13个，修缮村级活动场所共有37个。制定《贺兰县村干部末位淘汰管理办法》，加大对不胜任现职党组织书记的调整力度，实行“末位淘汰”的激励和约束机制。把村干部报酬与基层党组织星级动态评定相挂钩，根据“基础补贴+星级补贴+职务补贴”核定标准，追加补贴资金110多万元，实现村干部补贴高于全市平均补贴水平。立足奶牛养殖、木耳生产加工等优势产业，推动形成“一镇一品、一村一业”扶贫产业格局，以“支部+协会+农户”模式引领产业助推贫困群众增收模式，全县组建贫困村产业链功能型党小组4个。

【村级党员干部培养】选派8名乡镇领导干部兼任村党支部书记，14名机关干部担任后进村党组织第一书记和驻村工作队员。建立221人的村级后备干部人才库和687人的致富带头人信息库。2016年换届后，村干部中的60%为致富带头人。加强第一书记和驻村工作队员教育管理，根据考核结果，计划调整1人，召回1人。对新任村书记、主任开展半军事化、封闭式管理的能力素质提升专题培训，对全县村级后备干部开展能力素质提升培训班等主体班次3期；表彰10名“最美村官”，选树村干部先进典型。

【党员教育管理监督】发展党员全程实行“四推一选一公开”制度，根据2016年申请人、入党积极分子队伍的文化程度、性别比例和行业分布，举办全县2017年入党积极分子培训班。2017年，全县共发展党员221人。实行党员教育“积分制”管理，制定党员教育积分设置标准和考核办法，建立党员“积分制”档案。加强党员教育信息化建设，在广电集团电视端开辟党员教育专栏，组织党员利用网站、微信、QQ群、手机客户端等各类媒体开展党员教育培训。

【党组织和党员基本信息采集】对全县496个党组织、11825名党员信息进行逐级校对、复核，填写党组织和所在单位基本情况采集表496份、党员基本信息采集表11825人，全县各级党组织、党员信息实现100%入库。

【党员关怀】开展春节慰问老党员和生活困难党员工作。走访慰问542名生活困难党员，232名离任村书记、村主任，2名建国前老党员，发放慰问金39.25万元，发放党内关爱资金9人次1.43万元。

【人才体制机制保障】2017年，人才工作领导小组召开2次专题会议研究人才工作。印发《2017年度人才工作要点和人才工作考核指标》，将人才工作纳入县委绩效考核体系。投入人才专项经费332万元，通过引进高层次人才项目、外国专家项目、院士工作站、科技人才孵化器等方式，争取自治区、银川市人才专项资金504万元。

【创新人才政策体系】制定《贺兰县高层次人才标准及申报认定办法》《贺兰县支持引进高层次人才补助奖励细则》，拟定《贺兰县党政领导联系服务高层次人才实施意见》《贺兰县支持高层次人才创新创业实施办法》《贺兰县“雏鹰计划”暨引进大学生创新创业实施办法》。

【招才引智活动】对接联系30余名海外专家，邀请美国、日本、英国、新加坡等多个发达国家的14名生物医药、智能制造、现代农业、金融等领域高精尖人才到贺兰县开展考察指导合作，签订合作协议10项。邀请中国海洋大学、暨南大学3位专家，到贺兰县开展考察、指导、项目合作等，签署合作协议2项。借助“洛克大赛”活动，组织选调生及大学生村官组团参加实践组比赛，6个项目获奖，赢得奖励资金12万元，对接创新项目6个，签约项目2个。开展“百名硕士博士贺兰行”活动，邀请中科院成都生物研究所王玉建博士、四川大学唐英凯教授等100余名高层次人才做专题讲座及人才培训，建立王玉建博士工作站，邀请清华大学等名校学子78人到贺兰县开展实习实践、支教活动。全年共引进急需紧缺人才453人、高层次人才185名。

【优秀人才培养】2017年，培养列入自治区“塞上英才”“青年拔尖人才”“西部访问学者”“基层之光”人才培养工程等6人。评选享受贺兰县“政府特殊津贴人员”、贺兰县“突出贡献人才”11人。补助奖励全县290名获得高层次专业技术职称及高技能人才33.6万元。培养、培训新型农业主体带头人、农村实用人才1055人次，党政、专业技术人才3500人次，企业经营管理人才1064人次，技能人才3750人次。新增国家星创天地等载体3个、自治区科技型中小企业13个、银川市创新创业孵化基地1个，获得发明专利授权23项，实用新型专利100余项。引进培育高分子新材料、枸杞饮料加工、医疗检测、藜麦食品研发、玉米制种技术创新团队10个，评选科技创新团队和高科技创新项目14个。制定《贺兰县党政领导联系服务高层次人才实施意见》。提高优秀人才慰问标准，春节期间走访慰问15名优秀人才，发放慰问金3万元。装修人才公寓20套，为6名急需紧缺的专业技术、经营管理人才解决子女入学和人才公寓入住问题。

【能力建设】 每周例会开展干部逐个汇报周工作总结计划，每周四学习会轮流推荐读一本书并畅谈感悟，提升部门人员的学习能力；组织开展集中讨论，培养部门干部多角度思考，全方位分析问题的能力。修订完善《信息工作考核管理办法》，部门干部做到每周撰写一篇信息，每年撰写2篇调研报告。2017年，共撰写信息文章355篇，被国家、区、市各类刊物采用70篇。

【服务型部门建设】 以“访民情、听民意、想措施、定办法”为主要内容，开展部门干部下基层，共下到农村、社区、企业40次，解决问题20件。开展精准扶贫工作，每月定期进村入户开展帮扶工作。

宣传工作

【概况】 2017年，县委宣传思想文化工作开展实施思想理论武装、主流舆论引导、精神文明建设、文化惠民、网络空间清朗等“十大工程”，为全县打造沿黄生态经济带明星县，提供思想保障、舆论支持、精神动力和文化条件。

【县级媒体融合发展】 县广播电视台获得“2017年全国十佳县级电视台”。县电视台在全区县级台中率先实践媒体融合发展，形成电视、广播、“两微一端”、户外为一体的融合传播格局。县电视台推进传媒产业多元发展，企业化精细管理，修改绩效考核方案，构建全产业覆盖平台，尝试仝广电业务拓展。县电视台微信公众号平台粉丝突破7万人。

【道德模范选树】 贺兰县2人获得第五届自治区道德模范和第三届“宁夏好人”荣誉称号，常信乡四十里店村获得第二届“美丽乡村文明创建工程示范村”。

【新闻宣传】 中央电视台新闻频道新闻直播间“改革在哪里在田间地头”，报道宁夏和贺兰县稻渔空间休闲观光旅游景区建设。时长8分钟，对贺兰立体综合养殖、粮食仓储加工、生态休闲观光为一体的新型农业，一、二、三产融合发展开展宣传报道。人民网“喜迎十九大 触摸获得感”大型融媒体系列报道“土地转起来 企业引进来 农户富起来——宁夏四十里店村的致富窍门”，以图片、文字和视频的形式，对四十里店村农民增收、农业发展大篇幅宣传报道。《人民日报》刊发文章《蔬菜走出去 荷包鼓起来》，对全县蔬菜产业优化种植结构、品种结构和产销模式宣传报道。多家媒体予以转载。

【农村电影放映服务】 全年开展公益电影下乡206场、乡村巡演92场。自治区新闻出版广电局在贺兰县召开农村电影现场观摩会，对贺兰流动放映改变过去“观众随着电影走”为“电影跟着观众走”的文化服务形式，向全区推广。

【党抓意识形态工作】 坚持党对意识形态工作的领导，落实意识形态工作责任制，并纳入年度宣传思想文化工作绩效考核内容之一。制定《党委意识形态工作责任制实施细则》《关于进一步加强党委意识形态工作的通知》等工作机制。建立党委书记意识形态工作责任制述职制度。完善党委统一领导、党政齐抓共管、宣传部门组织协调、有关部门分工负责的工作格局。与21个党工委一把手签订《党委、党组意识形态责任书》，全年共召开意识形态工作会议3次，观看专题片2次，开展专项督查3次。

【创新学习形式】 制定《关于进一步改进党委（党组）中心组学习的安排意见》《贺兰县委理论中心组（扩大）学习党的十九大精神专题理论学习研讨方案》。为县委中心组成员订阅各类书籍500余册，完成自治区银川市党报党刊征订任务5000余份。县委中心组集中学习18次，各党工委中心组集中学习280余次。开展学习宣传党的十九大精神和自治区党代会精神等学习讨论活动5次，县处级干部撰写理论文章32篇，区、市党报党刊刊登3篇。开展十九大精神“十进百团千场”宣讲、“五个一百”系列评选活动，30名县处级领导撰写十九大精神心得体会，全县各单位撰写理论文章、心得体会、网上留言等800篇。

【理论宣讲】 形成以领导干部、宣讲团、基层党组织、草根能人、党代表、媒体舆论等“七大主体”的宣讲大格局，共宣讲120余场次。举办“振奋精神 实干兴宁”基层理论微宣讲大赛100余场次。为四套班子领导印发 “党的十九大精神宣讲提纲”，制定关于开展学习宣传贯彻党的十九大精神主题宣讲活动的通知》，成立由79人组成的宣讲团。全县开展十九大精神宣讲近200场次，受众2万余人次，其中：县处级领导宣讲35场次，县级宣讲团（各部门党政负责人、基层宣讲骨干）开展宣讲124场。开展“十进百团千场”宣讲启动仪式，各机关、乡镇（场）、街道、农村、社区、企业、校园、军营宣讲74场次。全年开展各类宣讲300余场，受众24000人次。

【主题宣传】 2017年重点对党的十九大精神、自治区第十二次党代会、作风建设、重大项目等工作进行多角度全方位宣传报道，《贺兰新闻》《监督与落实》全年播发稿件3500余条。开辟《作风建设永远在路上》《平安贺兰 我们在行动》《推进项目建设 扩大有效投资》等专题版块，共播出相关内容60条。开设重点项目建设展示台、曝光台、监督台，对推进县委重点工作、重大事项、重要决策部署落实起到作用，共曝光问题16个，监督项目13个，展示项目14个。在《监督与落实》栏目中，播出民生节目160期，播发新闻稿件1000余条。《美丽乡村看贺兰 水满田畴赛江南》稿件被人民网、新华网、中国经济网等新闻网站首页刊发。开辟学习宣传贯彻党的十九大精神——《公仆走进直播间》访谈专栏录制，全县65个部门一把手走进直播间进行访谈，就落实主体责任，与主持人面对面进行交流。

【组织宣传活动】 协调中央驻宁及区、市新闻媒体对全县重大项目开工、签约、春耕备耕、文化活动等工作进行宣传。组织各大媒体对全县第一批、第二批重点项目集中开工仪式，进行大规模宣传报道。《银川市首届春季农业嘉年华暨贺兰县稻渔空间首届农耕文化插秧节》等7个系列活动被多家主流媒体重点报道。全国网络媒体宁夏行百余名记者对贺兰县重点项目进行采访，并成功协办总结表彰会。

【媒体报道】 全县在平面纸质区、市媒体共刊发稿件853篇。其中：《宁夏日报》头版刊登20篇、其他版面170篇，《银川日报》头版刊登42篇，《银川日报》《银川晚报》其他版面刊登327篇，其他报刊刊登新闻356篇。宁夏电视台新闻联播播出32条，银川电视台新闻联播播出85条。引进《鲁豫有约》《观点致胜》《记者再报告》《有话直说》等包装栏目各播出360余档，协办栏目《天气预报》播出360余期。贺兰县广播电视台微信公众号发稿2300余条。对外宣传省级媒体采用80余条，市级媒体采用150余条，其他媒体采用1000余条。制作《记者眼中的贺兰》《电视问政》等宣传片50部。

【公益广告宣传】 2017年，共打造富兴街核心价值观主题一条街、欣兰主题广场、兰山主题公园、城镇街头主题微景观、乡村农耕文化微景观、移风易俗纪念馆、乡风文明一条巷30个，各乡镇场绘制“百村千户万米文化墙”近1万米，在县城主要道路安装“中国梦”路灯1000组。

新建宣传橱窗300个，展板500个。投放县电视台《贺兰新闻》《零距离》、“文明贺兰微信群”等栏目和平台，播放以社会主义核心价值观为主要内容的宣传报道100余期，播放公益广告45条近万余次。

【文明创建】 开展文明村镇、文明单位、文明家庭、文明校园创建。开展22个市级以上文明村镇、单位阶段复检和再申报工作。2017年，常信乡四十里店村成功创建自治区美丽乡村工程示范村，洪广镇金沙村、金贵镇银河村创建全国文明村。全县创建县级以上文明村镇48个，占全县70%。

【道德模范培选】 开展“最美人物”“最美家庭”“好媳妇、好女婿、好婆婆”“身边好人”“文明家庭”“星级文明户”等道德模范推荐评选活动。2017年，贺兰涌现各级道德模范400余人，建立“最美家庭”光荣榜70个，评选表彰移风易俗示范村10个、示范户200个，“善行义举”四德榜全覆盖，建成县级以上文明单位、文明村镇，道德讲堂109个。

【文明贺兰人创建】 开展文明交通“六进”宣教活动计186场次。开展“文明餐桌”行动，推行餐饮服务食品安全监督量化分级管理，实施“明厨亮灶”工程、文明餐桌示范创建活动、食品安全操作规范和文明餐桌、诚信经营规范服务培训，对全县1179家餐饮服务单位进行量化分级评定，评出餐饮食品安全示范单位30家，餐饮服务“明厨亮灶”示范单位50家，发放宣传单、倡议书3000份，文明餐桌提示牌300个。开展“做文明有礼贺兰人”“诚信红黑名单”“不文明行为随手拍”“文明旅游”“礼让斑马线”“青春引领绿色出行”等文明规范教育实践活动20场次。

【移风易俗】 召开“推进移风易俗，树立乡风文明”启动会，推进移风易俗“十个一”建设，建好一套村规民约、一个红白理事会、一个文化广场、一批文体活动、一条文化长廊、一批好家规家训、一批移风易俗示范村、一张道德红黄榜、一个道德讲堂、一支志愿服务队。举办“移风易俗地方小戏大赛”，召开全县移风易俗现场推进会，表彰示范村10个、示范户200个，打造移风易俗乡愁记忆馆2个，全县村红白理事会全覆盖。开展“传家风、倡清廉、颂文明”主题家风文化作品征集评选活动，评选出优秀作品20件、好家规好家训108条，展出“好家风家规家训”20余次1000余幅。评选表彰评“廉洁齐家”文明家庭77户。

【志愿服务活动】 开展“便民利民”“保护环境”“慰问帮扶”等志愿服务活动达600余次。全县各机关单位周末卫生大规劝活动形成长效机制。注册志愿者团体187个、志愿者1.6万名，形成一支素质较高、组织有序的网络文明传播志愿者队伍。评选表彰十佳优秀志愿服务团队、优秀志愿服务个人、优秀志愿服务百名标兵共210个。

【文明节庆活动】 举办端午节、清明节、中秋节等“我们的节日”主题活动20余项。举行万人升国旗仪式，齐唱《歌唱祖国》，向祖国献礼。弘扬中华传统文化，举行万人“戏曲广播操”、广场舞大赛活动、“迎中秋、庆国庆、喜迎十九大”主题系列活动30余次。

【未成年人教育】 开展“我的中国梦”“做一个有道德的人”等系列主题活动，开展“向国旗敬礼签名寄语”“清明祭英烈”“经典诵读书香校园”“传承经典 戏曲进校园”等主题实践系列活动30余次。加大4所“乡村学校少年宫”建设力度，抓乡村少年宫活动开展。开展校园周边环境整治专项督查10次。

【群众文化活动】 举办“第八届农民文艺汇演暨民间文艺社团展演暨贺兰县第二届社火大赛”、贺兰县首届乡村读书节暨“墨香贺兰 大地书法”群众书法比赛等十余项文体活动，开展“四送六进”活动181场次、“喜迎十九大 共筑中国梦”“民族团结月”精品节目巡演活动106场次。全年共开办培训课程24期，下基层文化辅导培训20天，举办民族舞、广场舞、水兵舞、小戏小品等培训班15期，培训人数1.5万余。

【基层文化设施建设】 实施文化馆、图书馆总分馆制建设项目。建设居安社区、天鹅湖社区、如意湖社区、欣荣村4个分馆。投资25万元全面完成平台试点建设。开展公共数字文化服务推广试点5个，采购安装公共数字文化一体机5台。举办全区农村电影现场观摩会，全年开展公益电影下乡206场、乡村巡演92场。

【文化遗产申报、保护】 成功申报自治区级项目皮影、花儿、王氏泥塑，王德贤、王永红两位代表性传承人。申报成功市级项目18项、市级代表性传承人5位。公布县级项目29项、县级代表性传承人16位。对非物质文化传承点进行挂牌，在金鑫村、如意湖中学、奥特莱斯、欣荣村、兰光村等设立传承点。与中国建筑西北设计研究院有限公司签订汉墓群保护规划项目。开展第三次全国可移动文物普查工作，共普查可移动文物117件套。

【智慧城市网络建设】 完成乡村宽带、平安贺兰、平安校园、智慧社区建设，共建设1026个点位，其中：室内安装782个、室外实际安装244个，主要覆盖县城主要街道、公交站台、公共广场、公园、商业街、行政办公区域等公共场所，全县居民在“智慧城市”网络覆盖范围内，均可无障碍、无密码直接享受“智慧城市WIFI”服务。

【旅游基础设施建设】 重点实施贺兰东西旅游景观廊道工程、五大旅游景区工程、乡村旅游提升工程、十大重点支撑项目工程、六大品牌文化节庆工程，推动全域旅游发展。在全县景区景点建成旅游停车场7处、旅游厕所37座、观景台4处。共建设稻田景观区、观光长廊、有机瓜菜采摘园、特色产品展示厅等10个功能区。打造贺兰山岩画、插旗口、鹿盘寺等10条精品旅游线路。全年接待游客人数355万人次，实现旅游收入7.05亿元。

【网络舆情队伍建设】 建立由65个单位工作人员组成的舆情网评工作微信群，密切监控全县网络舆情，定期在群内有针对性地开展网络宣传、网络舆情引导，取得较好效果。确定新闻发言人50名，网络评论员110名，有22个单位在市网络科重点报备，对全县重点工作的新做法、新成效发布贴文、图片。

【新媒体平台作用发挥】 全县53个单位开通微信公众号，运用新媒体发布单位相关业务信息、便民信息等。组织干部职工关注“银川发布”“今日头条”“贺兰发布”等新媒体平台，协助县内10个重点部门微信公众平台入驻“今日头条”及“政务一点号”。以“网络文化活动”为契机，开展网络诚信日、网络安全周系列宣传活动，发放宣传材料1500份，制作新媒体宣传链接400余条。利用新媒体优势，贺兰县广播电视台微信公众号推出《砥砺奋进的五年》《秋收的影子》《喜迎十九大》《改革进行时》等主题新闻系列报道。改版贺兰广播电视台微信公众号，推出“喜迎十九大”专栏报道，以工业、农业、民生、电商、教育等为主题，《图说贺兰》《贺兰这五年》全面报道贺兰发展取得的辉煌成就。其中：8篇稿件得到全县群众共同的关注，阅读量过万，留言百余条。

【舆情监测】 制定《贺兰县政务微博管理暂行办法》。2017年，贺兰微博共受理诉求件964条，其中：住建、城管等单位问题占投诉总数的80%，办结率100%。通过“舆情信息监测系统”以及各大网站、微博、微信公众平台等网民比较关注、反映问题较多的新媒体平台，掌握全县的舆情动态和社会反应。对全县62个单位进行互联网新媒体备案登记。对县内30家企业进行网站备案，对不符合备案条件的企业退回，并提出整改意见，重新上交材料备案。加强网络安全监管，开展网上风险隐患专项排查整治，利用网络大数据发现案件线索，推送刑警大队，配侦案件达113起，抓获50余人。

【文化市场净化】与全县60多家网吧签订《网吧规范经营承诺书》《安全生产责任书》。共检查网吧120家，责令整改40家。对各类经营场所进行检查，查处无证无照经营歌厅71家，超范围经营场所52家，收缴各类盗版音像制品400余张，非法书刊200余册。开展重大节日前文化市场安全生产检查6次，排除各类消防安全隐患23处。

统战工作

【概况】2017年，全县统战工作围绕县委、政府的总体部署，落实县委关于发挥无党派代表人士参政议政和民主监督作用工作，开展政治协商的组织联系工作。协商全县贯彻民族和宗教工作的重大方针、政策。开展少数民族干部、宗教界人士的培养和举荐工作；开展新时期民族宗教工作。开展以祖国统一为重点的海外统战工作；承担各政治团体、人民团体的来访工作。完成全年各项任务。

【思想政治基础建设】落实“三带头”“四纳入”要求，制订全年统一战线教育培训计划，协调县委组织部、县委宣传部、县党校把民族宗教理论政策纳入全年教育培训内容，开展统一战线成员思想政治教育，把统战成员的智慧和力量凝聚到县委一系列决策部署上来。2017年，开展各类报告会、研讨班、专题辅导等学习培训9场次，组织42名宗教教职人员在社会主义科学院接受宗教政策理论培训，开展民族宗教“三支队伍”建设。

【多党合作事业发展】印发《关于进一步加强政党协商的实施意见》。加强政府有关部门与各民主党派、工商联对口联系工作的指导，建立县委、政府领导干部与各民主党派、非公经济人士和宗教界人士联系交友制度，为各民主党派、工商联开展工作提供平台和便利。2017年，协调组织不同形式的协商会、情况通报会、座谈会、交流会、征求意见会8场次。围绕全县经济发展和社会进步事业等重大问题进行视察和调研，安排视察调研5次，提出书面意见建议和提案7件。

【脱贫攻坚】帮扶洪广镇金鑫村，动员各民主党派、非公经济人士充分利用自身在就业、产业、教育、文化方面现有资源，整合县农发、水务等项目单位力量，因地制宜实施帮扶措施。2017年，在非公企业中帮助安置群众就业32人，培训农民工120余人，无偿实施盐碱地农艺改良措施34.17公顷，在金鑫村金山小学开展帮教活动2次。捐赠篮球、足球等价值近4000元的体育器材，开展法律法规宣传、免费义诊活动3次，受益群众1200余人次。支持各民主党派围绕贫困人口精准识别、扶贫资金项目管理使用等工作开展脱贫攻坚民主监督。

【促进非公经济发展】建立各基层商会联系制度，完善基层组织制度，规范商会的管理制度，搭建非公企业服务平台。邀请县委、政府领导、非公企业人士及银行领导下到企业调研，召开政银企座谈会，就企业发展中存在的困难、问题进行交流，寻找三方合作的最佳结合点，帮助企业解决发展难题。开展非公有制经济人士理想信念教育实践活动，鼓励和引导非公经济人士主动参与，在“百企帮百村”“精准扶贫”、光彩事业等活动中更好的服务社会、奉献社会。

【加强组织领导】建立民族、宗教工作联席会议，将民族团结进步创建工作与党建、思想政治教育、平安建设、产业发展、为民服务等方面结合，做到机构、人员、经费三落实，形成党政主导、部门协同、社会参与、群众共创的工作格局。

【民族团结宣传教育】开展党的民族理论、民族政策和民族法律法规以及民族基本知识的宣传教育，强化各族干部群众“三个离不开”“五个认同”“五个意识”的思想认识，筑牢中华民族共同体意识。

【制度建设】出台《贺兰县民

族团结进步创建工作“十三五”规划》《贺兰县民族团结进步创建工作考核办法和创建标准、量化指标》等规范性文件。

【民族团结进步示范县创建】建设民族团结进步创建示范点和服务平台，发挥典型示范引领作用，形成以点带面、全面创建的工作局面，增强民族团结进步创建聚合力。2017年，组织现场督导9次、示范点互观互学活动2次，建设突出的民族团结进步创建示范点26个，表彰县级民族团结进步创建模范单位14个、模范个人23个，新创建民族团结进步示范单位市级10个、自治区级5个。

【民族团结月活动】利用贺兰微党建、在全县副科级以上领导干部、伊协、道协等微信群、微信公众号、微博等新媒体开展民族团结宣传教育，组织欢度古尔邦节座谈会、民族团结月启动仪式、民族团结主题宣传日、万人升国旗及万人广场舞、民族团结知识讲座、少数民族困难家庭走访慰问等系列活动，搭建各民族相互学习、相互交流、共展才艺的平台，促进民族群众交往、交流、交融。

【“和谐寺观教堂”创建】开展宗教团体自身建设，引导宗教团体在议事决策、办事程序、人才培养等方面加强民主管理和自律机制建设，推进社会主义核心价值观，国旗、报刊、文化书屋进宗教场所，支持宗教人士对教义教规作出符合时代进步的阐释，引导宗教活动与社会主义社会价值观相适应。

【宗教活动场所安全整治】对全县158座宗教活动场所进行安全隐患排查整治，经常性开展消防安全知识培训和应急演练，加强宗教教职人员和寺（庙）管会主任的消防安全、安全生产意识，确保宗教场所安全。

【少数民族发展项目争取】开展2017年少数民族发展项目的筛选、申报以及民贸民品定点企业的贴息资金扶持工作，加大对资金使用落实情况的跟踪检查、审计，使资金使用规范化。2017年，向自治区、市民委申报少数民族发展资金项目8个、特色村寨项目2个，争取少数民族发展资金和民族团结进步创建资金224万元，实施道路硬化、旧棚改造等基础设施项目5个，建设民族团结进步创建示范点26个，南梁台子铁东村被国家民委命名为中国少数民族特色村寨。

政法工作

【概况】2017年，全县政法工作围绕县委、政府改革和发展的中心工作，对2017年全县政法工作和社会治安综合治理工作做出部署，并督促贯彻落实。组织、协调、指导维护社会稳定工作，督促县公检法部门落实。支持、监督政法各部门依法行使职权，组织查处地方和部门保护主义及非法干涉、干预和影响政法干警依法执行公务的事件；督促、协调政法各部门密切配合查处大案要案，研究、协调有争议的重大、疑难案件；指导全县政法部门信访工作。为全县的社会经济发展提供和谐稳定的社会环境。

【防控风险】开展敏感节点和重大活动期间的安保维稳工作。把维护社会大局稳定作为政法综治工作的主线，落实责任。在元旦、春节、全国“两会”、自治区第十二次党代会、十九大等重大节会期间、贺兰山自然保护区拆迁整治等专项行动中，每次都召开专题会议研究部署安保维稳工作，对排查出来的重要信息，逐项制订安保维稳工作方案，强化乡镇、部门维稳责任，落实工作措施，保证全县社会大局稳定。

【国家安全建设】围绕保障国家安全这一主题，建立完备的组织领导体系，严密的情报信息沟通体系，保证国家安全。在如意湖中学建立“贺兰县国家安全宣传教育阵地”，对重点人员特别是因工作关系掌握国家安全信息的人员进行国家安全知识培训教育；针对各种涉及国家安全和社会政治稳定各种现实和潜在的威胁源、风险点，收集信息，对于发现的情报信息上报，并协调相关部门进行迅速调查、处置，县域内实现国家安全。

【群体性事件应急预案制定】有效防范敌对势力组织煽动的非法聚集活动，坚持开展对法轮功、全能神、门徒会等邪教组织的防范和打击。与公安局、宗教局等相关部门进行工作业务衔接，组织各乡镇（场）、街道办、园区开展反邪教宣传工作。

【规范涉法涉诉信访】坚持解决问题与依法规范涉法涉诉信访秩序相结合，引导群众以理性合法的方式逐级表达诉求。按照中央、自治区《关于依法处理涉法涉诉信访问题的意见》要求，依法实行诉访分离，推进涉法涉诉信访问题在法治范围内解决。做好依法导入法律程序工作，尊重政法机关依法作出的法律结论，对依法终结的涉法涉诉信访问题，牵头做好终结移交的协调工作。

【平安建设责任落实】在年初、年中召开的两次平安贺兰建设推进大会上，通过签订平安建设目标责任书和开展平安建设百日攻坚专项行动，督查全县上下以硬的措施完成硬的指标，完成年末摘掉管控帽子，贺兰县进入2017年度平安县的行列。

【严打整治】政法机关本着“露头就打、打早打小、除恶务尽”的原则，从人民群众最关心、反映最强烈的社会治安突出问题入手，着力打击暴力犯罪、涉众型经济犯罪、涉毒犯罪、“两抢一盗”等多发性侵财犯罪。保持对各类刑事犯罪的高压态势。县综治办每月都组织公安、市场监管、住建、城管、街道办、习岗镇等单位开展常态化打击传销专项行动，维护市场经济秩序。组织召开全县治安专项整治工作会议，对专项整治工作进行安排，明确整治重点。

【防控体系建设】实施“雪亮工程”，对县城区街巷、广场等主要部位加强视频监控，实现县城区、乡镇街面、主要路段等重点部位视频监控全覆盖。通过政府购买服务，年内建设完成治安监控1366路，实现全覆盖、零盲区。加强防控队伍建设，将32人的综治巡防力量与公安交警、巡警力量进行整合，成立贺兰县综治巡防大队，将县城、德胜工业园区划分为4个巡逻区域，承担巡区内的警情处置、交通秩序的维护和巡防管控工作，特别是加强背街小巷和夜间犯罪高峰期的巡防力度，确保城区街道24小时见警察、见警车、见警灯，增强群众安全感。组织开展“军警民”大巡防工作，将民兵、红袖章志愿者、中心户长、网格员等整合成立乡镇治安联防队，发挥人防力量，提高巡防密度，强化社会面管控。加强单位、小区内部防范。

【矛盾纠纷排查化解】落实《矛盾纠纷排查化解办法》，成立历史遗留问题化解领导小组，开展“信访积案百日清零”专项行动，健全县、镇、村矛盾纠纷化解网络体系，联合民政、国土、住建、妇联、工会、信访等社会力量，形成工作合力，有效防范和化解涉及多个部门的社会性、突发性、群体性矛盾纠纷，初步建立起交通事故、劳动争议、医疗纠纷等行业性专业性调解组织，定期开展矛盾纠纷排查化解，确保把各类问题解决在基层、解决在单位内部、解决在萌芽状态。全县共排查各类矛盾纠纷3371件，调解成功率98%。

【综治阵地建设】按照“有机构、有人员、有阵地、有制度、有活动、有网络、有成效”的“七有”标准，统一乡镇（街道）综治维稳中心和社区（村）综治维稳工作站建设标准，协调办公场地，购置会议桌椅，健全机制，安装视联设备，强化工作职能，推动治理力量下沉，实现基层社会治安综合治理网络全覆盖，建成乡镇、街道办综治中心6个，借助电子政务外网VPDN的安装，实现村级以上单位综治信息系统全覆盖。

【平安建设宣传】散发平安建设宣传单15000余份，订制方便购物袋12000个、宣传围裙4000条、玻璃杯300个，建立橱窗专栏108处，刷写固定标语26条；利用微信公众号推送平安建设和法律知识宣传，每天1期；利用贺兰县电视台和移动短信平台向群众播放平安建设宣传标语及各种治安防范知识。

【基层平安创建】开展平安企业、平安交通、平安工地、平安校园、平安寄递物流等12个基层平安单位创建活动。开设农民工工资专户44个，办理农民工工资卡4762张，平安工地一卡通实名制推开。18家寄递物流企业安装寄递物流营运系统，寄递物流业监管得到加强。26个中小学开展“平安校园”建设，有效杜绝校园欺凌事件的发生。

【见义勇为表彰奖励】2017年，共表彰奖励见义勇为2人，发放见义勇为奖励基金1.5万元。利用广播、电视、报纸等新闻媒体，宣传抢险救灾、与犯罪分子做斗争的先进事迹。

【铁路运输安全建设】组织召开全县铁路护路联防工作会议，对2017年全县铁路护路联防工作进行安排部署。全县各单位共发放爱路护路宣传册18000余册，创建平安火车站1个，开展爱路护路讲座及文艺演出3场次。

【明察暗访“常态化”】开展明察暗访活动2次，定期不定期对全县政法机关基层所、庭、站、队的在岗情况和执法情况进行检查，促进政法干警的工作作风转变和工作效能的提升。

【领导干部、内部人员过问案件登记】实行一案一登记、一月一汇总一上报的制度。对领导干部和司法内部人员过问案件的具体情况进行登记，并分别报政法委和纪检委。让敢于干预司法活动、插手具体案件处理的组织、个人有所忌惮。

【“两学一做”学习教育】按照县委“两学一做”学习教育总体安排，制订学习教育实施方案，组织召开学习教育动员大会，每名党员制订个人学习教育计划。将“两学一做”与干警专业技能学习、法律知识学习结合起来，开展“弘扬法制精神，坚守党的信仰、坚定理想信念、坚持根本宗旨”和“合格共产党员的标准”专题讨论。

【精准扶贫工作】帮扶洪广镇欣荣村15户村民，制订帮扶计划，在生活上关心、照顾、帮助他们，在生活物资和生产上资助。

【依法治县】发挥依法治县领导小组的牵头组织协调作用，加强与各专项组的沟通与协调指导，对依法治市领导小组年中检查时梳理出来的16个问题，逐条剖析问题根源，明确整改措施。

政策研究

【概况】2017年，全县政策研究工作重点开展农业、农村改革政策调研，围绕全县中心工作和社会关注热点，开展专题调研，为深化改革形成多项调研报告并取得阶段性成果。向县委、政府准确反映本县农村经济和社会发展过程中的突出问题，并及时研究对策措施；总结推广执行农村经济政策、发展农村经济的典型经验，指导全县的农村经济工作。

【农村政策研究】总结2016年农业农村工作的成效经验，协调开展现代农业发展和农村小康社会建设综合考评。2017年，贺兰县获得2016年自治区农业现代化建设先进集体、农村小康建设先进集体一等奖、银川市农民增收先进县市组一等奖。起草《关于深入推进农业供给侧结构性改革 加快培育农业农村发展新动能的实施意见》，组织召开全县2017年农村工作会议，对全县农业农村工作作出安排部署。开展涉农资金使用管理突出问题专项整治，开展专项督查和抽查，审计发现132个问题，整改落实98个。

【农业政策下基层】组织开展“送政策下基层活动”，编印“三农”政策口袋书，大力宣传中央1号文件等中央和区、市、县涉农政策。村级政策法律超市市县全覆盖。

【农村成功经验总结】调研总结贺兰县农业农村工作的经验和亮点，对四十里店“稻渔空间”三产融合、兰星村支部+合作社+基地+农户发展模式、通义村认领农业等创新亮点工作进行总结提炼，通过区、市信息渠道进行宣传推广和交流。

【土地经营权资本化改革】牵

头开展农村承包土地经营权抵押贷款国家试点，在全区率先推出农村承包土地经营权抵押贷款贴息和农村流转土地经营权抵押贷款，引导农民和其他经营主体盘活农村资产资源，解决贷款难、贷款贵问题。2017年，办理农村承包土地经营权抵押贷款823笔，贷款金额5320.57万元，累计抵押贷款1081笔，贷款金额6889.47万元。

【深化改革工作】 起草2017年深化改革领导小组重点改革任务分工方案，确定重点改革任务49项。组织召开深化改革工作推进会，对全年的改革进行安排部署。开展督查落实，对林场改革、供销社综合改革、农牧局牵头实施的5项农业农村改革、行政许可权相对集中改革试点等8项重点改革任务进行专项督查，对14个部门牵头实施的23项改革任务推进落实情况进行实地督查，印发督查通报5期。

【改革经验总结和信息交流】 2017年，编辑报送贺兰改革动态信息75期，自治区改革动态信息采用2篇，银川市改革办转发6篇。李鸿儒副市长在贺兰县完成全区首例水资源使用权流转交易的改革动态信息上批示要求："总结经验，在全市范围推广。"完成"改革进行时"专题电视访谈栏目4期。

【政策研究】 2017年，编印报送政研参考信息178期，编印《政研参考上半年第一辑》。在全区创建首个政策研究微信平台《贺兰微政研》，推送政策解读、热点关注、改革动态、调研文章等参考信息，累计推送55期，发布《将改革进行到底》系列专题纪录片等各类信息106条。关注受众包括县四套班子领导、各部门、各乡镇领导干部达到350多人。编辑《贺兰调研》7期。起草《贺兰县融入银川都市圈建设工作方案》等政策性文件。围绕热点、难点和重点工作开展调查研究，撰写《浙江省特色小镇建设对贺兰县的经验与启示》《贺兰县村级为民服务与发展专项资金使用管理调查》等调研文章6篇。

机构编制

【概况】 2017年，全县机构编制工作以深化改革为主线，重点领域改革有序推进，机构编制管理和自身建设不断加强。依法对全县事业单位进行登记管理，推动建立事业单位法人治理结构。建立健全机构编制信息化管理体系；指导全县机构编制系统信息化建设，完成全年目标任务。

【机构编制】 2017年，机构编制坚持编制总量控制，机构数量实现只减不增。撤销县科学技术局，在县经济发展和改革局增挂科学技术局牌子，在县政务服务中心基础上组建县行政审批服务局；将县城市管理监察大队更名为贺兰县城市管理综合执法局，为县人民政府直属事业单位，承担城市管理及行政执法职能；在原县劳动保障监察大队的基础上，组建县劳动保障监察执法局，为县人力资源和社会保障局所属执法机构；单独设置贺兰县机关事务管理中心，承担公务用车、公务接待、办公用房管理等工作；撤销贺兰县会计核算中心，单独设置贺兰县国库支付中心，承担国库支付和会计集中核算职能；将金贵镇司法所、习岗镇司法所、常信乡司法所、立岗镇司法所、洪广镇司法所、南梁台子司法所、城关司法所7所基层司法所机构规格升格为副科级部门，增加7名副科级领导职数；为德胜工业园区管委会、县发改局、老干部局分别增加1名副科级领导职数；为县非公有制经济组织和社会组织工委核增1名书记职数。

【行政许可改革】 2017年，开展争取贺兰县列为全区相对集中行政许可权改革试点县工作，推进"审管分离"。在政务服务中心基础上组建行政审批服务局，将14个县直行政管理部门依法履行的102项行政许可权划转至行政审批局，实行"一枚印章管审批"；按照"编随事走、人随编走"的原则，采取择优选取的方式调整到行政审批服务局，提高行政审批效率。

【综合执法改革试点】 2017年，贺兰县城市管理监察大队更名为贺兰县城市管理综合执法局，为县人民政府直属事业单位，承担城市管理及行政执法职能。

研究制订《贺兰县深入推进城市管理综合执法体制改革改进城市管理工作实施方案》，梳理住建、水务、公安等6个部门306项行政执法事项划转至城市综合管理执法局，解决多头执法、重复执法和基层执法力量薄弱等问题。

【行政职能事业单位改革】2017年，对全县承担行政职能事业单位的职能职责进行调查摸底和梳理，研究制订《贺兰县承担行政职能事业单位改革试点方案》，共3个事业单位纳入改革试点范围，其中：2个单位并入主管部门，1个单位行政职能划归主管部门，保留事业单位。

【涉企规程试点改革】2017年，按照自治区审改办《关于印发建立涉企行政职权工作规程试点工作指导意见的通知》部署，对涉企审批流程进行梳理和优化，编制涉企行政许可事项标准化建设服务指南和职权事项工作规程，压缩办理时限、减少申请材料、精简审批环节，清理行政许可事项的前置要件材料、中介服务事项、收费项目、法律法规依据等基础信息，分项编制办事指南、制定受理审查标准和办理审查标准。

【行业体制改革】2017年，按照政事分开、社企分开的改革方向，配合相关部门做好纪委、司法、环保、卫生、供销社、国有林场、“五险合一”经办服务等行业体制改革涉及的机构编制调整工作，完成盐业体制改革职责调整工作。

【权力清单动态管理】2017年，将县政府及各部门所有权力事项在自治区权力清单公示平台上公示。共取消、调整新增行政权力87项，其中：取消公章刻制审批等行政职权15项，调整27项。依据《中华人民共和国网络安全法》《地图管理条例》《宁夏回族自治区养老服务促进条例》等法律法规，新增行政权力45项，依据《中华人民共和国旅游法》，修订调整实施依据十一大项。调整后，贺兰县政府部门行政职权保留事项由原来的2960项调整为2991项。

【事业单位登记管理】2017年，县编办完成56个机关单位和45个法人事业单位换发统一社会信用代码证。实现网上登记从申请到发证的“一条龙”服务，开展事业单位登记年检工作，对事业单位法人拟公示的内容进行审核把关。受理新设立独立法人事业单位业务9次，变更机构名称业务12次，变更事业单位法定代表人业务17次，注销业务4次，换发事业单位法人证书34张；统一社会信用代码变更负责人业务19次，变更地址业务1次。

【机构编制规范化管理】2017年，县编办实行编制实名制管理按季度结合绩效考核审核工作，根据人员编制变动情况进行审核登记，修改台账，将台账信息更新到网上实名制系统。加强机构编制动态管理，执行《关于建立机构编制动态管理机制进一步加强机构编制管理工作的意见》，对现有编制资源实行“总量控制、动态管理”的管理办法，按照审批权限、审批程序和规定的限额审批机构编制，为县委政府主要领导决策提供真实、准确的一手资料。

【机构编制监督检查】开展机构编制管理问题整改工作，组织印发《贺兰县编办关于加强机构编制问题整改推进审批联动的通知》，会同有关部门定期开展监督巡查，对巡查出来的问题，各单位限期整改，做到一事一账，全程留痕、动态更新，定期对账，压实责任、传导压力，确保各项问题整改到位。

【自身建设】履行“一岗双责”，坚持“两手抓、两手硬”，业务工作与自身建设相融合、相互促进。开展“两学一做”学习教育，组织开展2场集中讨论会。开展支部书记讲党课活动1次，组织党内法规知识测试1次，抄写学习笔记人均2万余字，对办内管理制度重新修订3项，新制定1项，废止1项；单位自查各类问题6条，领导干部个人自查各类问题22条。

党校工作

【概况】2017年，实施县委、政府党政干部培训教育规划，开展县直副科级以上干部和各乡镇副科级以下干部、村委干部的培训、轮训和县直各单位的公务员培训。开展全县理论干部和党员外干部的培训、轮训。对贺兰经济建设和社会发展重大现实问题及发展战略问题开展理论研究，为党委、政府决策服务，为两个文明建设服务。

【十九大精神教育培训】制订学习十九大精神主体培训计划，分期开展科级干部学习贯彻十九大精神培训班。组织教员下基层开展理论辅导，为各单位各部门组织的十九大精神培训提供智库服务。

【科级干部、公务员网络在线培训】2017年，依托宁夏干部教育培训网络学院网络学习平台开展科级干部和公务员网络在线培训工作，全县467名科级干部和338名普通公务员参加网络培训。网络在线培训以党章党规，习总书记系列重要讲话，党的十八届三中、四中、五中、六中全会精神为主题，知识量丰富，理论性强，基本满足党员干部个性化学习需求。

【新任村干部能力培训】举办为期七天的村“两委”干部集中封闭式培训，内容涉及党章党规、习总书记系列重要讲话、党的理论和农村发展的各个方面，采用理论讲解、实地观摩、案例解读、影片教育、交流讨论等多种形式，使培训工作取得成效。

【新提拔干部能力培训】年初，举办全县新提拔领导干部综合能力提升培训班。培训班为期三天，内容包括十八届六中全会精神、全国“两会”精神、党性教育、依法行政、廉洁从政、岗位素质等，采取讲座、情景模拟、警示教育、现场观摩多种方式，开展新任领导干部的政治素养培训工作。

【公务员培训】5月，举办2期科级以下公务员素质能力提升培训班。培训联系贺兰县实际，将理论教育、依法行政、安全生产、信访维稳、“一带一路”战略与宁夏发展机遇等内容纳入培训课程。开展禁毒知识和保密知识影像宣传教育。

【入党积极分子培训班】建党节前夕，举办全县入党积极分子和理论骨干培训班，开展党章、党规学习，习总书记系列重要讲话学习，开展党性教育和理论辅导。

【理论下企业、社区】结合全县开展的“两学一做”及学习教育常态化制度化建设，组织教员下基层开展理论辅导。2017年，党校教员到企业、农村、社区讲党课和开展专题讲座60多场次，培训党员6000多人次。

【年轻干部素质提升培训】为促使优秀年轻干部成长成才，建设适应县域经济发展需求的高素质干部队伍，党校在宁夏军区教导大队举办全县年轻干部“加强党性修养提升能力素质”培训班，共培训年轻干部60人。

【电大学历教育】2017年，贺兰电大共招收本专科学员270多名，开展新生入学教育，规范学习行为，提高学历教育教学质量。

【督学督查】重点、系统地学习党章党规、学习习近平总书记系列重要讲话和来宁视察时的讲话精神。党员干部结合工作实际，明确学习目的任务，制订学习预案和计划。校党支部指派专人负责对党员干部当月学习情况和任务完成情况进行检查督导，确保学习取得实效。

老干部工作

【概况】2017年，全县老干部工作以走访老干部、探望老干部为重心。做实老干部待遇落实、老干部生活困难解决两件事，适时根据党中央，区、市、县的重大活动，组织老干部及时学习。

【老干部活动】举办7次小型趣味运动会和一次大型运动比赛。1月和9月组织离退休干部、离退休干部党支部书记、关工委骨干成员、延安精神研究会部分会员等观摩全县重点项目建设。在县文化广场举办2场文艺演出。开展“畅谈十八大、展望十九大、建言十九大”征文活动。举办“庆十一”“迎十九大”书法绘画作品展示及评选活动。组织离休干部和离退休干部党支部书记集中收看中国共产党十九大开幕盛况，专题学习县委十四届二次全委会精神。

【机构建设】 2017年，老干部局长开始兼任党工委书记，增配1名专职副书记。开展“五好”离退休干部党支部创建工作。指导各离退休干部党支部按照“五好”离退休干部党支部要求和2017年全县离退休干部党建考核细则进一步完善《组织生活会制度》《政治学习制度》《三会一课制度》等，并对全县离退休干部党建工作进行检查。

【政治建设】坚持每月10日组织全体离退休老干部政治学习。组织传达学习党的十八届六中、七中全会精神，自治区十二次党代会精神，习近平总书记、石泰峰书记等中央、区、市、县领导讲话原文，全国“两会”工作报告及区、市、县全委会议精神，并展开讨论。对因病不能参加集中学习的离休老干部，局里坚持派人将学习材料送到老干部家中和他们一块学习，扩大学习普及面。为保证学有资料，老干部局为离休干部部订阅《中国火炬》《老同志之友》《党建研究》《人民日报》《宁夏日报》《银川晚报》《中国纪检监察报》《银川日报》等报纸杂志。多次到县新华书店为离休干部、退休处级干部和离退休干部党支部书记购买《全面从严治党面对面》《全面小康热点面对面》《知之深爱之切》《习近平总书记系列重要讲话读本》等重要书籍。为离退休干部党支部书记编制《两学一做》学习材料800份。

【思想建设】 2017年，走访老干部70多人、相互谈心40多人。全年召开离退休干部党员专题学习会讨论会4次，传达学习全国、全区“双先”表彰会议精神。专题召开贺兰县离退休干部党员“两学一做”学习教育推进会，传达学习自治区宗教工作会议精神。邀请自治区党校副校长和县党校教员分别为离退休干部作国际国内形势专题报告会1场、学习贯彻自治区十二次党代会专题报告会2次。举办离退休干部党支部书记培训班1期。

【经费保障】 保证党工委每名离退休干部100元工作经费、党支部5000元工作经费、党支部成员每月50～260元补贴。实现党费比例返还、困难帮扶经费、老年大学和活动中心25万元财政经费支持。

【关工委工作】聘请2名退休教师在全县25所中小学开展“学党史国史”专题讲座25场次，听报告师生达28224人；在新民、丁义、王田、新平等村社举办青年农民实用技术培训班7期，培训青年农民400多人；对洪广镇欣荣小学17名困难学生和居住在全县其他乡镇的8名孤儿进行走访慰问，为他们每人送去200元慰问金。完成4所“零犯罪学校”创建材料上报工作和优秀辅导员推荐工作。开展党史国史征文活动，征集139篇作品，并组织评奖。

【老年大学活动】 召开2016年度工作成果展示会，8个教学班353名学员的学业成果参加展示，并表彰43名优秀学员；举办安全防火教育和健康知识讲座2期，260多名学员聆听讲座。

【延安精神研究】 2017年，召开延安精神理论研讨会3次。编发《传承与希望》专刊2期。组织老年大学学员、延安会部分成员和关工委骨干50余人赴灵武老干部局、关工委和银川老年大学参观学习。

【走访慰问】2017年春节前夕，县四套班子领导带队，对全县离休干部、退休处级干部和老干部遗属走访慰问，送去慰问金13.3万元。及时把县委、政府对老干部的关心送进病房、送到家中。2017年，到医院慰问探望离退休老干部达35人次。

【办实事难事】 主动与医保中心联系，将结余门诊费及时返还给老干部本人。2017年，有2名离休干部因病去世，局领导到家中看望遗属协助家属处理有关事宜。结合“两学一做”局全体干部职工主动到老干部家中看望老干部、帮助老干部打扫卫生，为140多户老干部遗属解决困难。

【**扶贫帮困**】2017年春节、七一前夕组织机关人员分组到社区，所包村社，离休干部、退休处级干部及离休干部遗属家中走访慰问，累计走访慰问160人次，送去现金、米、面、油等价值22万元。

【**干部队伍建设**】结合老干部党工委和机关党支部实际，制定《老干部局2017年基层组织建设安排》《2017年老干部局领导班子和干部队伍建设计划》，制订离退休干部“两学一做”教育常态化制度化工作方案。按照要求及时组织召开党员大会和支部会议，建立和完善党员理论学习的长效机制，由分管领导按时检查考评，开展民主评议党员和党员公开承诺活动。

【**包村帮扶**】组织干部职工开展“三进”活动6次，帮助村、社区制定发展规划，签订“城乡、社区结对共建”协议书。开展精准扶贫工作，建立脱贫工作台账，提出扶贫措施。

史志工作

【**概况**】2017年，县史志办围绕县委十四届二次和三次全会确定的打造沿黄生态经济带明星县、建成较高水平全面小康社会目标，开展贺兰县党史、地方志资料征集、研究、管理工作。指导、检查部门史志资料征集、编修工作。开展贺兰史志研究，组织编写出版《贺兰年鉴2016》，启动《贺兰年鉴2017》编撰工作。向自治区史志办、银川市史志办有关部门提供本县地方志资料。开展地方史志的宣传工作。发挥“存史、资政、育人”作用，完成全年目标任务。

【**学习党的十九大精神**】将党的十九大精神的学习和宣传作为一项重要的政治任务，制订学习宣传十九大精神工作方案，做到学习宣传工作有计划、有安排、有落实。传达学习《石泰峰同志在全区领导干部大会上的讲话》《姜志刚同志在全市领导干部大会上的讲话》《刘甲锋同志在全县领导干部大会上的讲话》精神，组织干部学原文、谈体会。购买十九大报告单行本和新修改的党章、十九大报告辅导读本和十九大报告学习辅导百问、习近平谈治国理政（第二卷）等学习书籍，每周组织一次集中学习，组织干部职工学原著、读原文、悟原理，做到学深悟透。

【**十九大精神研究**】研究阐释十九大精神实质，撰写党的十九大理论文章向区、市媒体投稿，理论文章《中国特色社会主义进入新时代的科学依据》被《银川日报》登载。组织参加自治区党史研究室组织的学习宣传党的十九大精神理论研讨会征文活动，吴学良撰写的理论文章《深入理解十八大以来党和国家事业发生的历史性变革》被评为全区党史系统学习宣传党的十九大精神理论研讨会征文二等奖并在会上作交流发言。到金贵镇红星村和习岗街道办事处光明社区宣讲党的十九大精神，及时准确地把党的十九大精神传递到党员和群众中。

【**学习宣传自治区第十二次党代会精神**】组织集中学习和个人自学，学习自治区第十二次党代会文件，原原本本地学习石泰峰书记在大会上所作的报告和在闭幕式上的讲话。召开专题学习和讨论会，传达学习了党代会精神，组织干部职工进行讨论。到农村、社区开展宣讲

【**“三个意见”学习**】4月17日，中共中央办公厅印发《关于加强地方党史工作的意见》。9月30日，自治区党委办公厅印发《关于加强党史工作的实施意见》。5月9日，自治区党委党史研究室印发《自治区党委党史研究室关于学习贯彻〈关于加强地方党史工作的意见〉的通知》。史志办组织干部职工逐条学习，领会《意见》精神，就贯彻《意见》开展讨论。以两个《意见》为指导，谋划今后的党史工作。

【**党史编写研究工作**】实施《中国共产党贺兰县组织史（1986—2014）》编纂工作。结合《中国共

产党贺兰县组织史（1986—2014）》，与《贺兰年鉴2017》编纂工作做好党史资料的征集工作。

【《贺兰年鉴2016》出版发行】《贺兰年鉴2016》全面系统记述2015年贺兰县行政区域内政治、经济、文化、社会等方面发展成果的资料性文献。2016年4月由县委办印发资料征集通知，正式启动编纂工作。2016年9月底完成初稿，安排专人进行编辑加工，进一步修改完善，2016年12月底形成第二稿，并将第二稿样书分别送呈县委组织部、县委统战部（宗教局）、县委保密办、县武装部等相关单位征求意见。根据征求到的意见，进一步补充完善，2017年1月中旬形成第三稿。第三稿完成后，又对全书进行系统修改和统一合成，形成送审稿。2017年4月送审稿送交宁夏人民出版社编校，2017年7月正式出版发行。

【《贺兰年鉴2017》编纂工作】举办《贺兰年鉴2017》编纂业务暨供稿人员培训班，对各单位为《贺兰年鉴》供稿的信息员进行培训。印发《贺兰年鉴2017》资料征集通知。制定《贺兰年鉴2017》篇目和框架，明确各单位文字资料和图片资料征集范围和征集要求，安排专人负责资料征集工作。严把质量关，按照《贺兰年鉴2017》篇目和框架做好编辑工作。完成《贺兰年鉴2017》初稿编纂工作。

【部门志和行业志的编纂指导】指导县统计局制定《贺兰县统计志》篇目和结构，指导完成《贺兰县统计志》初稿，对《贺兰县统计志》初稿提出修改意见，督促进一步修改完善。

【地方志法规宣传】参加“5·18”地方志宣传日活动暨《宁夏通志》发行启动仪式。在贺兰县城主要路段悬挂地方志宣传横幅3幅，印发《地方志法规规划宣传手册》600本，宣传地方志法规规划和地方志工作的重要性。

【区、市年鉴贺兰部分编撰】编辑完成《银川年鉴2017》贺兰部分，编辑完成《宁夏年鉴2017》贺兰部分。向自治区地方志办公室报送工作信息，被《宁夏史志》杂志采用2篇，被“方志宁夏”微信公众号采用3篇。向县委、政府报送地方志工作信息，被采用1篇。

【业务培训学习】3人参加银川市地方志办公室举办的业务培训班，2人参加自治区地方志办公室举办的业务培训班，1人参加在延安举办的全国地方志新任负责人培训班，1人参加在四川绵阳举办的年鉴研讨会。

【地情资料交流】2017年通过购买和交换等方式，收集各种志书、年鉴和地情书籍等200多本。向水务局提供县情资料2份，向洪广镇和宁夏强大公司提供有关洪广营的文献资料5份，向政府主要领导和投资商提供县志3套，向习岗街道办事处光明社区赠送《贺兰史话》5本。

【“三进”活动】2017年，协助德胜村顺利完成村委会换届选举工作。七一活动期间，到金贵镇红星村为党员讲党课，慰问困难党员13人，发放慰问金2600元。到金贵镇红星村宣讲党的十九大精神1次。春节前慰问光明社区贫困户3户，发放慰问金900元，给光明社区捐赠《贺兰史话》5本,到光明社区宣讲党的十九大精神1次。

【精准扶贫工作】慰问建档立卡贫困户11户，发放慰问金4900多元，捐赠衣服50多件，为冬季取暖有困难的2户贫困户拉运取暖用煤2.4吨。

【党风廉政建设】开展“作风建设深化年”活动、八项规定精神“回头看”“守纪律、敢担当、有作为”干部作风专项整治等工作。组织干部职工学习十八届六中全会精神和十九大精神，学习党章党规。给干部职工订阅《中国纪检监察》《中国纪检检察报》等报纸杂志，购买《中国家规》《中华传统八德诠解丛书》《从严治党面对面》等书籍。制定党风廉政建设责任清单、问题清单和问责清单，对市纪委和县纪委督查发现的问题进行整改。

贺兰县人民代表大会常务委员会

Helanxian Renmin Daibiao Dahui Changwu Weiyuanhui

综　述

【概况】 2017年，县人大常委会全面贯彻落实党的十八大和习近平总书记系列重要讲话精神，以党的十九大精神为指引，围绕中心，服务大局，依法履职，召开常委会8次、主任会议11次，听取和审议“一府两院”工作报告19项，开展执法检查4次，作出决议、决定24项，为推进全县经济社会发展和民主法治建设作出积极贡献。

【依法履行监督职责】 围绕县委重大决策部署和人民群众关切的热点难点问题，调研、视察、执法检查、听取审议工作报告，加强和改进监督工作，为加快推进全县政治、经济、文化、社会和生态文明建设，发挥职能作用。

【经济运行监督】 听取审议国民经济和社会发展计划执行情况报告，确保经济社会发展规划和计划全面实施。重视预决算审查监督，听取2016年年度财政决算和2017年预算执行情况报告，审批本级财政决算和预算调整方案，加强全口径预决算监督。听取审议审计工作报告，督促政府拓宽审计范围，提升审计质量，确保审计意见的整改落实。重视产业转型升级，听取审议全县实体经济、电商产业发展情况报告，对全县欠缴税费清理工作推进情况进行调研，推动全县经济实现高质量、高效率、可持续发展。听取审议全域旅游发展情况的工作报告，提出要大胆探索“旅游+”体育、文化、健康、农业的新业态创新发展之路等建议意见。县人民政府积极落实审议意见，编制出台《贺兰县全域旅游发展总体规划》。政府整合旅游资源，加大产业融合力度，完善基础设施建设，全域旅游蓬勃发展，乡村旅游方兴未艾。重视推进城乡发展一体化建设，听取审议全县特色小镇建设情况的报告，督促县人民政府及相关部门坚持因地制宜、科学规划、协调推进，项目带动，补齐短板，多措并举，高标准、高质量推动特色小镇建设。

【以监督促民生改善】 常委会围绕“上学难、就医难、养老难”等问题，对贺兰县实施名师名校工程、推进教育均衡发展工作；慈善事业发展，基层公共卫生服务设施和分级诊疗服务；完善老年服务设施建设推进养老服务等工作开展视察，听取审议专项工作报告。对县城学校“大班额”、教育资源不均衡等问题，督促政府合理布局，整合优化城乡教育资源，将农村23所学校合并为10所，新建、续建、扩建学校10所，为解决县城“大班额”问题迈出关键性步伐。督查政府加大投入，实施高中免费教育、为农村小学提供免费校车接送和营养午餐供给等多项教育惠民政策；优化结构，成立教育集团、名师工作室等多项措施，办人民满意的教育。听取审议全县社会治安防控工作报告，要求县人民政府提高认识、强化责任、加大投入、整合资源，切实提高治安防控工作水平能力，保障群众安居乐业。积极回应人民群众对良好生态环境的热切期待。听取审议全县环境保护工作报告，督促政府及有关部门、企业牢牢守住生态红线，坚持生态优先，绿色发展，大力实施“蓝天”“绿水”“净土”工程，加强生态修复和污染治理。

【**法治政府建设**】对全县环境保护法、慈善法的贯彻执行情况进行执法检查，督促政府强化法治意识，促进依法行政，保障宪法和法律法规在贺兰县正确有效实施。听取审议县人民法院司法公开情况、县人民检察院刑事诉讼法律监督工作情况的报告，督促司法机关以公开促公正，以公正立公信，努力让群众在每一个司法案件中都能感受到公平正义。听取审议全县“七五”普法工作开展情况的报告，要求深入学习宣传习近平总书记关于全面依法治国的重要论述，促进全社会尊法学法守法用法。落实来信来访接待、登记、转办和督办等制度。共受理群众来信来访36件次，接待群众120余人次，及时转交“一府两院”及有关部门办理，维护群众合法权益。

【**依法决定重大事项**】常委会坚持把握政治方向，在服务大局中积极行动，及时将县委的主张通过法定程序转化成全县人民的共同意志和自觉行动。适时作出批准2016年财政决算、2017年使用地方政府新增债券资金计划项目、2016年及2017年政府债务限额等决议、决定24件，促进政府依法理财，合理安排收支，提高财政资金使用效益。

【**人事任免**】常委会坚持党管干部和人大依法任命相结合的原则，落实县委人事安排意见，充分发扬民主，严把任前考试关、投票表决关、任职承诺关、任后监督关，举行任命干部向宪法宣誓仪式。2017年，依法任免国家机关工作人员72人次。

【**代表培训**】常委会把提高代表履职能力作为一项重要工作来部署和实施，及时组织新一届人大代表参加区、市、县各类培训班3次，以会代培2场次，专题辅导1场次，外出考察学习2次，全力提升代表履职能力和水平。坚持定期向代表赠阅区、市人大刊物及人大常委会会情通报，及时更新贺兰人大网站内容，拓宽代表知情知政渠道。建立代表履职评议制度，全面开展代表向选区选民述职活动，共有169名代表到选区开展述职活动，接受选民对代表履职情况的满意度测评。进一步完善代表履职档案，加强代表管理，激发代表活力。

【**丰富代表活动**】2017年，共邀请代表65人列席常委会议，参加调研、视察、执法检查86人次，为代表掌握全县经济、社会、民生事业发展建设情况和积极履职做好服务。以“五有四好四上墙”标准，进一步完善全县5个乡镇代表工作室，70个村、社区代表小组。同时将全县524名区、市、县、乡四级人大代表按选区混合编成70个代表小组，分别联系辖区63个基层组织，确定代表小组活动日，开展代表小组活动，发挥代表依法履职、凝心聚力，带动示范作用。探索代表工作与脱贫攻坚、特色小镇等工作融合推进的办法，通过“听、带、查”，带回群众建议意见126件，均得到答复或解决。

【**建议办理督查**】坚持把办理代表议案建议作为支持代表依法履职、充分发挥代表作用的关键环节。听取审议政府对代表议案建议办理情况的报告，建立和落实议案与重点建议督办制度，多次组织代表深入到承办部门，对反映比较突出的问题通过会议集中督办，对代表高度关注的问题组织视察检查，对重点难点问题跟踪督办，推动议案建议办理工作落实。县十八届人大一次会议6件议案全部办结，7件意见建议办理6件，1件进行办理。

【**乡镇人大职能指导**】常委会多次深入各乡镇，检查指导各乡镇人大开展工作，突出问题导向，提出整改措施。各乡镇进一步规范人代会、主席团会议、代表小组会召开时间、内容、程序等会议制度；健全闭会期间视察调研、执法检查、人事选举等工作机制和制度；规范自身建设、完善档案资料。各乡镇人大工作步入规范化轨道。

【**人大机关政治理论学习**】学习贯彻落实党的十八大和习近平

总书记系列讲话精神、学习领会十九大报告，坚持中心组学习制度，组织各类专题学习。积极参加区市县党委和人大组织的各类培训班、研讨会19人次，对机关及各委室主任实行全员培训，先后组织赴浙江大学、青岛人大等地参加履职能力提升专题培训2期12人次。

【人大机关作风建设】 组织开展“两学一做”学习教育，突出活动主题，要求机关党员干部把严的标准、实的作风落实到各项工作中。转变调研方式，将视察、检查与调研、督查有机结合起来，紧盯人大常委会审议意见的整改落实，召开常委会专门听取县人民政府对代表审议意见落实整改情况的汇报，跟踪问效，一抓到底。以“三进”、精准扶贫、领导干部进百企解难题稳增长帮扶工作等为突破口，深入基层开展调研，做到问计于民、问需于民、问效于民。

【人大机关制度建设】 制定并通过贺兰县人大常委会议事规则、代表履职评议办法、常委会组成人员守则、听取和审议“一府两院”工作报告及满意度评价办法等五项制度，促进人大代表履职水平及监督工作效能有提升。

重要会议

【贺兰县第十八届人民代表大会第二次会议】 12月19日召开，刘甲锋、俞学华、赵波、恩建国、马金龙、刘勇、吴静、任学军、盛国为、朱敏、王勇出席就座。出席开幕式的还有白建斌、潘建国、王涛、李炳杰、秦建忠、黄自爱等。银川市人大常委会副主任王勇受邀参会。俞学华主持会议。

会上，贺兰县人民政府代县长赵波向大会作政府工作报告。报告分为2017年工作回顾和2018年主要工作两部分。

2017年，是党的十九大、自治区十二次党代会胜利召开之年，是本届政府履新之年。2017年，面对国内经济下行压力持续加大的形势，在区市党委、政府和县委的坚强领导下，在县人大、政协的监督支持下，全县上下以习近平新时代中国特色社会主义思想为引领，深入学习宣传贯彻党的十九大和自治区十二次党代会精神，迎难而上，开拓进取，统筹推讲稳增长、促改革、调结构、惠民生、防风险各项工作，全县经济社会发展呈现稳中向实、稳中向好的势头。全年实现地区生产总值127.71亿元，同比增长6%；规上工业增加值同比增长10%；完成全社会固定资产投资210亿元，同比增长1%；完成地方财政公共预算收入11亿元，同口径下降19.7%；实现社会消费品零售总额145亿元，同比增长9%；城乡居民人均可支配收入分别达到28718元、13665元，同比增长8.5%、8.8%。

现代农业迈上新台阶。产业体系稳步提升，生产体系日益完善，经营体系逐渐壮大。全年实现农业总产值35.03亿元，同比增长5.2%。

工业转型聚合新动能。政策支持保障有力，企业效益稳步提升，发展基础更加坚实，科技创新驱动力增强。全年实现规上工业总产值190亿元，同比增长7%。

服务业呈现新亮点。传统服务业改造升级步伐加快；“四新经济”加速兴起；传统产业和“四新”经济齐发力，生产性服务业和生活性服务业同发展。

改革创新激发新活力。行政审批制度改革持续深化，农业农村改革力度加大，城市综合执法体制改革顺利推进。

美丽贺兰展现新面貌。深入实施“蓝天碧水·绿色城乡”专项行动。突出问题整改有效，河长制全面推进，城乡环境明显改善。

民生福祉实现新提升。将70%以上的财力用于改善民生。脱贫攻坚扎实推进，完成“十三五”移民搬迁任务269户1229人，全县精准扶贫低保兜底231户1128人。实现“扶贫保”全覆盖。建档立卡户250户1259人稳定脱贫，人均收入超过3800元。城乡教育均衡发展。投入近4亿元新建5所学校,有效缓解超大班额问题。医疗卫生保障有力。投入6700万元，实施14个医疗卫生项目，完成中医院主体工程，实现乡镇卫生院中医馆全覆盖。文化体育蓬勃发展。社会保障全面覆盖。转移农村劳动力3.2万人，新增城镇就业6123人。平安贺兰扎实推进。成功创建自治区食品安全先进县。

自身建设得到新加强。行政决策科学民主；依法行政不断强化；阳光政务持续推进；作风建设着力加强，常态化开展“电视问政”。

2018年主要工作以习近平新时代中国特色社会主义思想为指导，贯彻落实党的十九大精神，按照“五位一体”总体布局和“四个全面”战略布局要求，牢牢把握自治区“两个示范区”“两个先行区”、沿黄生态经济带建设和打造“绿色、高端、和谐、宜居”新银川等战略机遇，紧紧围绕银川市“两个率先”目标任务，全面落实县委十四届二次、三次全体会议精神，以深化供给侧结构性改革为主线，振奋精神、笃定实干，全力打好产业兴县、生态靓县、富民强县、法治安县四大战役，为早日建成经济繁荣、环境优美、人民富裕、社会和谐、风清气正的沿黄生态经济带明星县，实现较高水平全面小康社会而努力奋斗。

聚力实施十大行动：重大项目引领行动、工业提质增效行动、乡村振兴行动、服务业升级行动、创新驱动行动、脱贫富民行动、民生福祉增进行动、生态环境治理行动、平安贺兰创建行动、政府效能提升行动。

经济社会主要预期目标是：地区生产总值增长8.5%左右；固定资产投资增长10%左右；地方公共财政预算收入增长6%左右；规上工业增加值增长12%左右；社会消费品零售总额增长9%左右；城乡居民人均可支配收入分别增长8.5%、9%左右。全面完成区、市下达的环境保护、安全生产、万元GDP能耗等各项目标任务。

21日，贺兰县十八届人民代表大会第二次会议举行第三次全体大会。大会表决通过了总监票人、监票人名单；宣布贺兰县人民政府县长、贺兰县第十八届人民代表大会常务委员会委员正式候选人名单，并以无记名投票方式选举。

随后，贺兰县十八届人民代表大会第二次会议主席团第七次会议召开。县领导刘甲锋、俞学华、赵波、恩建国等出席会议。会议听取总监票人关于计票情况的汇报，并向大会宣布选举结果。赵波同志当选为贺兰县人民政府县长。

大会表决通过《贺兰县人民政府工作报告的决议》；通过了关于贺兰县2017年国民经济和社会发展计划执行情况与2018年计划报告的决议；通过关于贺兰县2017年财政预算执行情况和2018年财政预算报告的决议；通过关于贺兰县人大常委会工作报告的决议；通过关于贺兰县人民法院工作报告的决议；通过关于贺兰县人民检察院工作报告的决议。

会上，议案审查委员会主任委员盛国为作关于议案的审查报告。会议表决通过了关于县十八届人大二次会议议案的决定。

常委会会议

【县第十八届人大常委会第二次会议】 2月28日召开。县人大常委会主任俞学华主持会议。副主任任学军、盛国为、朱敏、王勇及委员28人出席会议。

副县长马刚、县人民法院副院长纪银凤、县人民政府有关部门负责人、县人大各委室负责人列席了会议。

县人大代表陈锋、马少军、保学东应邀列席会议。

会议听取和审议县公安局政委陈清作的关于社会治安防控工作情况的报告，县政研室主任马建宁作的关于特色小镇建设推进情况的报告，县环境保护局局长宋健作的关于环境保护法贯彻执行情况的报告，县文化旅游广电局局长郭利平作的关于全域旅游工作情况的报告。

会议还审议通过县人大常委会主任会议、县人民政府、县人民法院分别提请的人事辞职、任免议案。

【县第十八届人大常委会第三次会议】 4月21日召开。县人大常委会主任俞学华主持会议。副主任任学军、盛国为、朱敏、王勇及委员共29人出席会议。

县委常委、县人民政府常务副县长李炳杰，县人民法院院长李彤伟，县人民检察院检察长张学信，县人民政府有关部门负责人，县人大各委室负责人列席会议。

县人大代表梅振龙、孙锦萍、徐璞应邀列席会议。

会议表决通过《贺兰县人大常委会议事规则》《贺兰县人大常委会组成人员守则》《贺兰县人大常委会听取和审议“一府两院”工作报告及满意度评价办法》《贺兰县人大常委会关于列席常委会会议的规定》《贺兰县人大常委会关于代表履职评价办法》五项规章制度。

会议听取和审议县教育体育局局长王剑平作的关于全县推进教育均衡发展和名师名校工程建设情况的报告，县发展和改革局局长杨慧作的关于全县实体经济发展情况的报告。

会议还审议通过县人民政府提请的人事任免议案。

【县第十八届人大常委会第四次会议】 6月30日召开。县人大常委会主任俞学华主持会议。副主任任学军、盛国为、朱敏、王勇及委员27人出席会议。

县委常委、副县长李炳杰，县人民法院院长李彤伟，县人民检察院检察长张学信，县人民政府有关部门负责人，县人大各委室负责人列席会议。县人大代表王学林、赵随侠、张立、尹志新、马瑞宁应邀列席会议。会议听取和审议县供销社主任、网络经济发展局副局长李武雄作的关于电商产业发展情况的报告，县民政局局长王秀花作的关于完善养老服务设施建设推进养老服务工作情况的报告，县人民检察院检察长张学信作的关于刑事审判法律监督工作情况的报告。会议还审议通过县人民法院提请的人事任职议案。

【县第十八届人大常委会第五次会议】 8月28日召开。县人大常委会主任俞学华主持会议。副主任任学军、盛国为、朱敏、王勇及委员28人出席了会议。

县委常委、副县长王鹏辉，县人民检察院检察长张学信，县人民法院副院长毋建宁，县人民政府有关部门负责人，县人大各委室负责人，洪广镇人大主席团主席列席了会议。

会议听取和审议县经济发展和改革局局长杨慧作的关于2017年上半年国民经济和社会发展计划执行情况的报告，县财政局局长刘国荣作的关于2016年度县本级财政决算（草案）和2017年上半年财政预算执行情况的报告，县审计局局长王岩弘作的关于2016年度县本级财政预算执行及其他财政收支审计工作情况的报告，县民政局局长王秀花做的关于慈善法贯彻执行及慈善事业发展情况的报告。

会议审议通过关于批准贺兰县2016年财政决算的决议（草案）。会议还审议通过县人民检察院提请的人事免职议案。

【县第十八届人大常委会第六次会议】 10月31日召开。县人大常委会主任俞学华主持会议。副主任盛国为、朱敏、王勇及委员26人出席会议。

副县长叶正忠，县人民检察院检察长张学信，县人民法院副院长纪银凤，县委、县人民政府有关部门负责人，县人大各委室、各乡镇负责人列席会议。

县人大代表王亚莉、闫东升、陈玉军、杨秀琴、王伟军应邀列席了会议。会议听取和审议县政府办主任韩廷锋作的关于落实人大常委会视察相关工作审议意见情况的报告，县卫生局局长王生平作的关于基层公共卫生服务设施建设和推动分级诊疗服务工作情况的报告，县人民法院副院长纪银凤作的关于司法公开工作情况的报告。

会议审议通过县人大常委会关于县第十八届人大常委会代表资格审查委员会组成人员的决定（草案）。会议审议通过县人民政府、县人民法院、县人民检察院分别提请的人事任免议案。

【县第十八届人大常委会第七次会议】 11月22日召开。县人大常委会主任俞学华主持会议。副主任任学军、盛国为、朱敏、王勇及委员31人出席会议。

县委常委、组织部部长吴静，县委常委、副县长王鹏辉，县人大各委室工作人员列席会议。会议听取和审议县人民政府提请的关于审议2017年使用地方政府新增债券资金计划项目的议案；关于审议贺兰县2016年政府债务限额的议案，关于审议贺兰县2017年政府债务限额的议案；表决通过了县人大常委会作出的关于批准2017年使用地方政府新增债券资金计划项目的决议（草案），关于批准贺兰县2016年政府债务限额的决议（草案），关于批准贺兰县2017年政府债务限额的决议（草案）。

会议补选赵波同志为银川市第十五届人民代表大会代表。会议审议通过县人大常委会主任会议提请的关于接受刘甲锋同志辞职请求的议案，关于赵波同志任职的议案，关于任命赵波同志为县人民政府代理县长的议案；表决通过县人大常委会关于同意接受刘甲锋同志辞职请求的决定（草案）和关于赵波同志为县人民政府代理县长的决定（草案）。

根据全国人民代表大会常务委员会《关于实行宪法宣誓制度的决定》《宁夏回族自治区宪法宣誓办法》的规定，举行了宪法宣誓仪式。县人大常委会主任俞学华主持宣誓仪式，被任命的政府副县长、代理县长赵波同志作为宣誓人面向国徽庄严宣誓。

【县第十八届人大常委会第八次会议】 12月12日召开。县人大常委会主任俞学华主持会议。副主任任学军、盛国为、朱敏及委员30人出席会议。

县委常委、副县长李炳杰，县委组织部副部长丁秀娟，县人民法院副院长纪银凤，县人民检察院副检察长李彩霞，县人民政府有关部门负责人，县人大各委室负责人列席了会议。

会议听取和审议县司法局副局长哈莉作的关于“七五”普法工作情况的报告，县委常委、县人民政府副县长李炳杰作的关于县十八届人大一次会议代表提出的意见建议落实情况的报告。

会议审议县人大常委会工作报告（征求意见稿）、县十八届人大二次会议日程、有关名单、决定、选举办法（草案）等文件材料；表决通过了县人大常委会关于召开贺兰县第十八届人民代表大会第二次会议的决定（草案），县十八届人大常委会代表资格审查委员会关于县十八届人大一次会议以来代表变动及补选代表资格审查情况的报告（草案），以及县十八届人大二次会议列席人员名单（草案）。

会议听取和审议县人民政府提请的关于审议2017年置换债券资金使用计划的议案和关于审议贺兰县2017年财政预算调整方案的议案，表决通过县人大常委会作出的关于批准2017年置换债券资金使用计划的决议（草案）和关于批准贺兰县2017年财政预算调整方案的决议（草案）。

会议补选李永宁同志为银川市第十五届人民代表大会代表。

会议审议通过县人大常委会主任会议提请的关于接受时新花、周坤同志辞职请求的议案；表决通过县人大常委会关于同意接受时新花、周坤同志辞职请求的决定（草案）。

根据全国人民代表大会常务委员会《关于实行宪法宣誓制度的决定》《宁夏回族自治区宪法宣誓办法》的规定，举行了宪法宣誓仪式。县人大常委会主任俞学华主持宣誓仪式，被任命的李宗怀、闻国焘、时新花、周坤、岳建平5名同志作为宣誓人面向国徽庄严宣誓。

【县第十八届人大常委会第九次会议】 12月21日召开。县人大常委会主任俞学华主持会议。副主任任学军、盛国为、朱敏、王勇及委员32人出席会议。

县委常委、副县长李炳杰，县人民法院院长李彤伟，县人民检察院检察长张学信，县人大各委室负责人列席会议。会议审议通过县人民政府、县监察委员会、县人民法院分别提请的人事任免议案。

根据全国人民代表大会常务委员会《关于实行宪法宣誓制度的决定》《宁夏回族自治区宪法宣誓办法》的规定，举行宪法宣誓仪式。县人大常委会主任俞学华主持宣誓仪式，县监察委员会主任刘勇为领誓人，被任命的曹凯、方华伟、吕爱玲、李妍、李世赟、郭少华6名同志作为宣誓人面向国徽庄严宣誓。

视察调研

【视察全县社会治安防控体建设情况】 1月10日，县人大常委会组织常委会组成人员和部分县人大代表视察全县社会治安防控体建设情况。县领导白建斌、陈娜及相关部门负责人一同视察。视察组实地查看贺兰县城关派出所、太阳城社区警务工作站、安鑫花园治安警务室、五小车辆管理所、公安局指挥中心。察看社会治安防控体系建设和运行情况，防控体系基础设施建设、经费保障、构建以信息化、网格化、社会化为支撑的社会治安防控体系建设。

视察组听取公安局负责人对全县社会治安防控体系建设情况的汇报。

代表们一致认为：近年来，县人民政府在平安贺兰建设，保障社会安全及稳定上做卓有成效的工作，成效人民满意。

代表们向县人民政府同时建议：全面加强机制保障。建立健全信息化管理体制，推进信息化建设，加大基础信息的采集、录入力度，确保各类社会信息资源高度共享，在打击、防范、管理、服务等警务活动中发挥信息化的核心保障作用。

要充分整合社会资源，狠抓人防队伍建设，全力织密街面、社区、单位防控这张“地网”，最大限度的挤压违法犯罪空间。

要调动居委会、村委会、治保会等基层组织，科学调配小区物业保安队员、治安志愿者等治安资源，广泛动员群众开展巡逻、邻里守望看楼护院等防范措施。

要通过采取横幅、散发宣传资料和微信平台发布提示信息等方式，向群众宣传防抢、防骗常识，提醒居民做好防范意识，预防案件的发生。对电信、网络诈骗、非法集资犯罪，应采取多种措施，全方位地开展防范宣传工作，有针对性地引导人民群众采取安全防范措施，提高自身防范意识。

要加大科技投入力度，发挥科技在治安防作用。治安监控建设要从县城向农村延伸，对主要路口、重要路段、清真寺、居民小区、公共场所和单位增加“天网”的覆盖范围。

【视察全县环境保护法贯彻执行情况】 2月14日，县人大常委会主任俞学华带领常委会组成人员及部分人大代表视察全县环境保护法贯彻执行情况。副县长马刚及相关部门负责人参加视察。在宁夏北方乳业欣荣奶牛养殖场、宁夏泰益欣污水处理厂、暖泉污水处理厂、宁夏希望田野生物科技公司，实地查看并详细询问了养殖场粪污处理、污水处理提标改造及企业废气异味处理等情况。 视察组听取政府副县长马刚关于全县环境保护法贯彻执行情况的汇报。

视察组认为：县政府抓环境保护法普法宣传、污染整治、生态文明建设，全县环保工作上了台阶。 视察组要求政府及相关部门要加大环境保护法的宣传力度，提高群众对环境保护法的知晓率和参与率，增强全民环保意识。要执行环境影响评价制度，严把入口关和竣工验收关，严禁不符合规定未经环保验收的项目投入生产。

要加大对企业排污信息公开的监管力度，督促排污单位如实向社会公开其主要污染物的名称、排放方式、排放浓度和总量、排放情况以及防治污染设施的建设和运行情况，主动接受社会监督。

要加强环保队伍建设，采取多种形式，加强对环保执法人员的政治理论和业务知识，提高环保执法人员业务技能和处置突发事件的能力，切实履行好环境监管职责。要加大环保经费投入力度，把环保经费纳入财政预算，为治理污染提供强有力的物质保障。

【视察全县全域旅游工作】 2月22日，县人大常委会主任俞学华带领常委会组成人员及部分人大代表视察全县全域旅游工作。副县长陈娜及相关部门负责人参加视察。

视察组来到习岗镇新平园区、立岗镇通义村、马莲湖休闲农庄、四十里店广银米业基地、宁夏园艺产业园，查看现代农业休闲观光采摘园、休闲养老观光垂钓、农家乐及特色产业融合发展示范村等旅游项目发展情况。政府副县长陈娜汇报全县全域旅游工作。

视察组认为：县政府及相关部门重视全域旅游工作，加大旅游资源挖掘保护开发．加大休闲旅游农业项目建设，全县旅游业实现观光型向深度体验型转变，旅游产业有大的发展。

视察组同时要求：要坚持规划引领。结合贺兰实际，立足生态优势，高起点、高标准编制好贺兰县全域旅游发展总体规划，一张蓝图绘到底。

要挖掘西夏文化、黄河文化、回族文化、贺兰山文化等特色文化资源优势，通过引经据典、搜集民间传说，对各景点、景观、景物开展文化包装，提升旅游文化底蕴和旅游文化品位。

要加大宣传，强化旅游产品营销。通过投放品牌公益广告、举办旅游推介会、策划文化旅游活动等方式，提升贺兰旅游的美誉度和知名度。要丰富旅游体验项目、完善旅游配套服务、提升旅游服务水平，提升景区品位，全力创建全域旅游示范区。要加快旅游项目建设，发展全域旅游要与招商引资、特色小镇、美丽乡村、特色产业旅游项目的建设，利用乡村旅游资源，打造一批特色鲜明的旅游小镇和高品质的乡村旅游点。

【视察全县实体经发展情况】 4月19日，县人大常委会主任俞学华带领常委会组成人员及部分人大代表视察全县实体经济发展情况。常务副县长李炳杰及相关部门负责人一同视察。

视察组来到宁夏福之源生物油脂有限公司、宁夏裕凌丰食品有限公司、宁夏远高新能源装备制造有限公司、宁夏华泰家具制造有限公司、宁夏厚生记食品有限公司，调查全县实体经济主导产业发展情况及运行中存在困难。

视察组听取发改局负责人关于全县实体经济主导产业发展情况的汇报。

视察组认为：全县实体经济主导产业不断取得新突破。全县一季度实体经济运行开局良好，全县生产总值、规上工业增加值同比都有所增长。

视察组建议县政府：要贯彻落实好贺兰县《关于进一步降低企业成本减轻企业负担的若干意见》《支持实体经济加快发展的政策意见》等文件精神，为企业发展提供支撑后劲，提振企业发展信心。

要强化服务意识。以“作风建设深化年”为契机，牢固树立人人都是“店小二”的服务意识，优化投资环境，营造爱商亲商的氛围。各部门要充分发挥协调、服务职能，为企业发展和项目建设提供全方位、链条式的服务。

要强化要素保障。坚持问题导向，找准制约和影响实体经济发展的瓶颈，紧盯企业发展中存在的土地制约、融资困难、人才紧缺、环保等问题，采取“一事一议”“一企一策”等方法，破解资源要素制约，帮助企业做大做强。

要加大招商引资力度，引进一批支撑带动力强、科技含量高的好项目、大项目，引导、支持企业实施技术改造、产业升级、结构调整。

【视察全县教育均衡发展和名校名师工程建设情况】 4月18日，县人大常委会组织常委会组成人员和部分人大代表视察全县推进教育均衡发展与名校名师工程建设工作。副县长陈娜及相关部门负责人一同视察。

视察组来到金色未来幼儿园、如意湖中学、贺兰一小、金贵镇银光小学，实地察看、查阅资料，调查全县学前教育及民办教育、中学教育资源配置、名校名师工程建设及农村集中办学、学校营养餐配送、校车运行等情况。

视察组听取副县长陈娜关于全县教育均衡发展及名校名师工程建设情况的汇报。

视察组认为：全县坚持优先发展教育战略不动摇，切实加大教育投入，不断改善办学条件，大力实施名校名师工程，推动讲教育均衡发展，逐步缩小城乡教育差距，教育质量持续提升，成功创建自治区教育强县及自治区教育信息化建设达标县、全国义务教育发展基本均衡县，逐步实现了教育资源的均衡发展。

视察组同时建议：要加快教育建设项目步伐，确保贺兰一小、二小，太阳城小学扩建工程，银川21小学分校、德胜实验小学新建工程尽快完工，投入使用。加大第三幼儿园新建项目的建设力度，确保按期完工。

要优化结构，在打造名校名师工程上探求新突破。要进一步加大宣传力度，强化激励措施，积极营造氛围，深挖教师潜力，强化师资队伍建设，充分发挥名校名师的引领和辐射带动作用，造就一支师德高尚、专业化教师队伍。

要通过全面推进教育信息化

建设，实现信息技术与教育管理、课堂教学的深度融合；教师要定期轮岗交流、促进优质教育资源共享。要重视学前教育。减少行政审批手续，支持创办民办幼儿园。同时加强对民办幼儿园的监督，规范管理，消除安全隐患，确保民办幼儿园健康、稳步发展。

【视察县检察院刑事审判法律监督工作】 5月18日，县人大常委会主任俞学华带领常委会组成人员及部分人大代表视察县人民检察院刑事审判法律监督工作。副县长牛东学及相关部门负责人参加视察。

视察组实地查看贺兰县预防职务犯罪警示教育基地，听取县检察院关于刑事审判监督工作情况的汇报。

视察组认为：县人民检察院准确把握刑事审判法律监督检察工作的职能定位、工作重心和发展方向，不断创新工作思路，探索监督途径，提升监督能力，依法履行宪法和法律赋予的法律监督职责。

视察组就加强刑事审判法律监督工作提出建议：

要加大宣传力度。采取以案释法等多种形式，加强刑事审判监督工作宣传力度，提高社会对刑事审判监督职能的知晓度，增强人民群众参与刑事审判监督工作的积极性。重视群众的举报、申诉和控告，提高发掘案件线索的能力，畅通线索来源，为刑事审判监督工作营造良好氛围。

要突出监督重点。围绕人民群众反映强烈的征地拆迁、小城镇建设中的突出问题，加强对司法活动重点环节和岗位的监督。

要加强同法院、公安局等部门的联系沟通，落实部门联席会议、信息共享等制度，形成既相互支持配合，又相互监督制约、共同提高的工作机制。

要强化保障措施。政府要加大人、财、物的支持力度，为检察机关履行法律监督职责提供有力保障。

要发挥预防职务犯罪警示教育基地的作用。分期分批组织全县各级领导干部参观警示教育基地，防微杜渐，远离犯罪。

【视察全县电商产业发展情况】 5月26日，县人大常委会组织常委会组成人员及部分人大代表视察全县电商产业发展情况。副县长陈娜和相关部门负责人参加视察。视察组来到互联网医院、银川电商物流园、宁浙电商创业园、中阿跨境电商产业园调查电商产业展情况。

视察组认为：政府高度重视电商产业发展，坚持规划引领，打造宁浙电商创业园、银川电商物流园、 中阿跨境电商产业园“三大园区”，全县电商产业加速发展。

视察组建议：要强化政策、服务支撑，贯彻落实各级扶持电子商务产业发展的政策措施，加大电商平台建设力度，加快全县信息化网络设施建设，为全县电子商务产业发展营造良好环境。

要借力电子商务，积极发展农产品深加工，促进旅游资源“上线”营销，引导和扶持传统产业向互联网思维转变和提升，推动全县产业转型升级。

要抓好重点领域电子商务建设，加快推进电子商务进社区、进农村。培植一批本地农村电商企业，形成可推广的经验，解决农民家门口买难卖难问题。

要按照“扶大、扶强”的原则，培育一批竞争力强、带动面广的电商龙头企业，加快传统产业跟上电商应用步伐，鼓励扶持传统企业走电子商务发展新路子。

要加大电商人才培育力度。出台相关优惠政策，鼓励优秀大学毕业生和高级人才参与到贺兰县电子商务建设中。

【视察全县养老服务设施建设及养老产业工作】 6月19日，县人大常委会组织常委会组成人员及部分人大代表视察全县养老服务设施建设及养老产业工作。副县长陈娜及相关部门负责人参加视察。视察组来到贺兰县第二敬老院、德胜日间照料中心、金贵镇银河村中心敬老院，查看全县公建、民营养老机构运营情况，社区、农村养老服备机构运行情况，养老机构规范化管理情况。

视察组认为：政府重视社会养老服务社会体系建设，在经费投入、人员配置、设施建设、政策落实等方面全力保障。全县建成养老机构5所，其中：公办3所，设置床位550张；民办2所，设置床位213张；农村幸福院33个，老饭桌16个。基本满足群众养老需求。视察组同时建议：政府要强化规划引领，完善养老服务业发展总体规划，使全县养老服务机构的数量、布局和层次更加合理、可持续发展。

要把国家针对养老服务的法律法规宣传到位，营造浓厚的敬老爱老养老氛围，要宣传贺兰县养老服务设施建设及养老产业开展情况，使各项养老政策家喻户晓。要加大财政扶持力度，要加大对农村养老服务机构的扶持，提高养老服务人员职业道德和专业技能水平。要规范对养老服务设施的运营管理，强化对社会养老机构的监管。要坚持问题导向，建立多层次养老服务体系，更好地满足群众多层次、多样化的养老服务需求。吸引社会资本进入养老服务市场，打造开放、公平的养老服务市场。

【视察2016年度县本级财政预算执行及财政收支审计工作】 7月28日，县人大常委会主任俞学华带领常委会组成人员和部分人大代表视察。常务副县长李炳杰及相关部门负责人参加视察。县审计局负责人汇报2016年度县本级财政预算执行和其他财政收支情况的审计工作。视察组对2016年度县本级财政预算执行及其他财政收支审计工作给予肯定。认为全县审计工作依法履行审计监督职责，在维护财经秩序、规范行政行为、提高财政资金使用效益、促进经济发展、帮助领导决策，为全县经济保驾护航等方面发挥职能作用。视察组同时建议：要进一步转变观念，加大审计监督力度，使审计工作与政府总体经济工作持续跟进，确保在审计中提示风险隐患、促进责任落实、查出违规违纪。要拓宽审计范围，突出审计重点。切实加强对预算执行、政府投资项目、国有资产、公共资金、领导干部经济责任的审计监督，尤其要聚焦扶贫等涉农民生领域资金的审计。要规范审计工作流程，把好审计质量关，依法履行审计监督职能，促进审计质量整体提升。要建立长效机制，加大整改落实力度，政府及相关部门采取有效措施，确保整改到位。审计部门要加大对整改落实情况的跟踪监督。坚决防止屡审屡犯。

【视察2016年度县本级财政决算和2017年上半年财政预算执行情况】 7月21日，县人大常委会主任俞学华带领常委会组成人员和部分人大代表视察。政府常务副县长李炳杰及相关部门负责人参加视察。视察组听取县财政局负责人关于2016年度财政决算和2017年上半年财政预算执行情况的工作汇报。视察组对全县2016年度财政决算和2017年上半年财政预算执行工作给予肯定。视察组建议：要加大对实体经济的扶持力度，要在保运转的基础上，以财政资金投入为导向，支持重大项目建设和重点产业发展，研究解决影响实体经济发展的问题，营造良好的发展环境，加快推进项目建设和促进产业转型升级。政府要出台相关政策，采取有力措施，激发部门争取项目资金的积极性，鼓励引领支持部门积极争取资金。财税相关部门要加强协作，打好争取财政政策和资金扶持“组合拳”。要做好开源节流工作。进一步优化财政支出结构，提高资金的使用效益。加强资金监督管理，依法规范财政预算、决算，确保财政资金运行安全规范。加强对国有资产的监管，切实解决账外资产、账实不符等问题，防止国有资产流失。要按照《预算法》规定，及早科学细致编制2018年度部门预算。加强对全县财政运行情况的分析，及时调整财政预算方案，保障财政工作运行更加高效。要加强财会队伍建设，严肃财经纪律。加大对财务人员的培训力度，增强会计人员依法理财能力，提高财务管理水平，管好用好各类资产资金。

【视察全县2017年上半年国民经济和社会发展计划执行情况】 8月8日，县人大常委会主任俞学华带领常委会组成人员及部分人大代表视察2017年上半年国民经济和社会发展计划执行情况。副县长牛东学，相关部门负责人，各乡（镇）长参加视察活动。

视察组来到银川麦清香食品有限公司年产3000吨中西式糕点、2000吨清真肉禽精加工项目，县人民医院错层式立体停车楼项目，新建德胜第二小学项目，宁夏昊晶新材料项目建设工地。

视察组听取县发改局负责人全县2017年上半年国民经济和社会发展计划执行情况的汇报。视察组认为，2017年上半年，政府不断加快经济结构转型发展，项目建设加快推进，现代农业稳步发展，新兴服务产业向好，社会事业全面进步，城乡建设协调发展，改革活力逐步释放，全县经济社会呈现稳中有进的发展态势。视察组建议政府：要提振信心，分析工作中存在的问题及薄弱环节，补齐短板，凝心聚力，攻坚克难，确保全年目标任务完成。要进一步优化农业产业结构，培育农业发展新动能；加快工业转型发展，实现工业经济提质增效；大力推进文化旅游业发展，培育壮大第三产业，推进旅游与文化、体育、农业、工业等深度融合。要集中全力抓好项目建设和招商引资工作，在推进项目建设速度和园区项目投产达效上下功夫。政府及相关部门要加强放管服力度，优化企业发展环境；加大支持和推动力度，落实各项优惠政策；要全力做好企业、项目服务工作，用好用活产业扶持资金，促进经济又好又快发展。

【视察全县慈善法贯彻执行及慈善事业发展情况】 8月18日，县人大常委会主任俞学华带领常委会组成人员及分人大代表视察全县慈善法贯彻执行及慈善事业发展情况。副县长陈娜及相关部门负责人参加视察。视察组来到县中医院、逸晟轩牛肉面馆、宁夏凯晨电器集团有限公司、县慈善总会等涉及的慈善企业、组织。

慈善总会自2015年12月成立以来，共计募集社会捐款2764596.60元，接受各类物资捐赠价值1177097元，向重病患者、突遇事故灾难家庭和各类困难群众等救助资金597871.24元，病残人、特困户、老年人等群体救助物资价值11134501元。视察组对全县慈善事业发展取得的成绩给予肯定。视察组建议：要加大对慈善法的宣传力度，提高群众知晓率和参与率。要组织开展9月5日“慈善日”活动。要拓宽慈善资金捐赠渠道和方法。进一步创新资金募集机制，多形式地筹集资金，壮大慈善资金总量。要强化资金公开透明。健全完善各项规章制度，形成科学化、制度化、规范化的慈善管理运行机制。要建立一支热心慈善、乐于奉献、值得信赖的慈善工作队伍。

【督查乡镇“双联”及议案、建议办理工作】 9月7日，县人大常委会主任俞学华，任学军、盛国为、朱敏、王勇等人大常委会组成人员督导检查各乡镇“双联”及议案、建议办理工作。督导组来到金贵镇、立岗镇、常信乡、习岗镇，查看各乡镇代表议案、意见建议办理情况、“双联”工作及基层“代表室”创建情况。督导组对各乡镇人大工作给予肯定。俞学华指出：换届选举以来，各乡镇人大工作在乡党委的领导支持下，进一步健全机制，完善制度，积极搭建人大代表密切联系群众，了解社情民意，为群众排忧解难的平台，充分发挥代表作用。要坚持党的领导，争取党委对人大工作的支持。处理好监督与支持的关系。要完善代表联系群众制度，完善代表小组活动形式，加强代表活动阵地建设。

要重视代表议案、意见建议办理。全力以赴把人代会确定的议案、意见建议办好，做到代表建议件件有回声，事事有回应。对于基层出现的各种矛盾和问题，代表要主动参与，发挥作用，变堵为疏，变被动为主动，变上访为下访，疏通群众利益诉求表达渠道，理顺群众情绪，化解矛盾纠纷，维护基层社会稳定。

【视察县法院司法公开工作】 9月22日，县人大常委会组织常委会组成人员及部分代表视察县法院司法公开工作。副县长牛东学及相关负责人一同视察。

视察组来到德胜法庭、暖泉法庭听汇报，查看资料，了解法院司法公开工作。县法院院长李彤伟汇报法院司法公开工作。

视察组认为：县法院推进审判流程公开、庭审过程公开，裁判文书公开和执行信息公开四大平台建设，提高审判、执行工作的透明度，司法公开度不断增强，群众满意度大幅提升。

视察组认为：县法院还存在个别法官对司法公开工作重视程

度不高，司法公开工作的广度、深度和实效性不够；信息化建设存在薄弱环节，信息公开不够及时，互联网技术运用有待进一步提高等主要问题。

视察组建议：要充分认识司法公开的重义，通过开展“法院开放日”活动，畅通审判执行信息公开渠道，通过采取裁判文书公开，审判、执行过程公开等举措，不断提高审判、执行信息透明度，充分保障当事人和人民群众的知情权、参与权和监督权，切实提升司法公信力。

【视察全县基层公共卫生服务设施建设和推动分级诊疗服务工作】 10月19日，县人大常委会主任俞学华组织常委会组成人员及部分县人大代表近50余人对全县基层公共卫生服务设施建设和推动分级诊疗服务工作进行了视察。副县长陈娜及相关部门负责人一同视察。

视察组来到县妇幼保健院、利民和光明社区卫生服务站、立岗中心卫生院等。听汇报，看资料，看医疗资源配置。

副县长陈娜汇报全县基层公共卫生服务设施建设和推动分级诊疗服务工作。

视察组认为：全县基层公共卫生服务设施建设和推动分级诊疗服务工作卓有成效。社区卫生服务站建设呈现良好态势。全县每所卫生服务站，全部达到区、市规定标准。全县3个中心卫生院、4个普通卫生院，有2所国家级群众满意的乡镇卫生院，有4所自治区级群众满意的乡镇卫生院，卫生院建筑规模及设备、人员配备全部达到区、市标准。村卫生室建设实现全覆盖。全县63所村卫生室，有自治区级群众满意村卫生室7所。县级公共卫生机构职能齐全。县疾控中心、卫生监督所建设标准及服务能力均达到国家及自治区建设标准。

视察组对 “基层首诊、双向转诊、急慢分治、上下联动”的模式，开展分级诊疗工作；对建立以宁夏医科大学总医院为一级远程会诊中心，县第一人民医院为二级远程会诊站点，县域六家乡镇卫生院为三级远程会诊基层站点的会诊平台的全县分级诊疗服务工作也给予肯定。

视察组建议：要在大健康产业上思考在全县医疗卫生事业进行全面布局和科学谋划。

政府要加大财政投入，对主任医师、 副主任医师给予应有的待遇，加大现有医护人员培训，采取引进来、走出去互补长短。

加强偏远乡村医疗服务建设，解决群众看病远和看病难，重视乡村医疗垃圾处理，提升基层服务水平。

对县级公立医院综合改革配套政策，强化工作组织机构，完善各项改革政策，为全县公立医院改革工作提供政策保障。

贺兰县人民政府

Helanxian Renmin Zhengfu

综 述

【概况】 2017年，全县以习近平新时代中国特色社会主义思想为引领，深入学习宣传贯彻党的十九大和自治区十二次党代会精神，迎难而上，开拓进取，统筹推进稳增长、促改革、调结构、惠民生、防风险各项工作，全县经济社会发展呈现稳中向实、稳中向好的势头。全年实现地区生产总值127.71亿元，同比增长8%；规上工业增加值同比增长10%；完成全社会固定资产投资210亿元，同比增长1%；完成地方财政公共预算收入11亿元，同口径下降19.7%；实现社会消费品零售总额145亿元，同比增长9%；城乡居民人均可支配收入分别达到28718元、13665元，同比增长8.5%、8.8%。

【农业经济】 全县农业发展以供给侧结构性改革为主线，以农民增收、农业增效、农村全面小康推进为核心，开展贺兰现代农业三大体系建设。获得全国农业现代化先进集体、国家现代农业产业园的称号。2017年实现农业总产值35.4亿元，同比增长8.5%。

【农业产业体系建设】 以优质高效为主题，发展有机水稻1005公顷，稻渔立体种养268公顷。创新蔬菜产销“安品模式”，依托“黄河绿康”区域品牌优势种植瓜菜20100公顷。以绿色生态为主题，建设渔业设施温棚13万平方米，工厂化车间8000平方米，低碳高效循环池17口。奶牛存栏4.3万头。荣获全国畜牧业绿色发展示范县。稻渔空间田园综合体、通威渔光一体化产业园成为全区一二三产业融合发展的样板。

【农业生产体系完善】 提升农机化装备水平，加强农机农艺融合，发展互联网+农业、物联网+农业等多种模式。在广银米业等11个基地推广应用“互联网+”，全县124家农资经营主体实现在线监管。全产业建立农产品质量安全追溯体系，实现全过程可视监控。被评为全国农业农村信息化整体推进型示范基地。

【现代农业经营体系建设】 培育规范家庭农场、合作组织、产业联合体、产业联盟、技术联盟等新型经营主体，构建现代农业社会化服务体系，试点推广病虫害统防统治、动物疫病防治等5项政府购买农业公益性服务。

【工业转型发展】 2017年，实现规上工业总产值190亿元，同比增长7%。政策引导支持工业发展，出台《贺兰县加快工业转型升级促进实体经济壮大发展实施意见》等4个工业发展扶持意见，落实“非公经济三十条”政策，兑现企业转型升级、科技进步等专项奖励资金1866万元。扎实开展“进百企、解难题、稳增长”活动，保姆式服务企业加快发展。

【企业效益稳步提升】 规上工业企业利润总额同比增长9.4%，企业负债总额同比下降

8%。远高杭萧绿色建筑、泰益欣生物制药等15个亿元以上重大项目快速推进。13家服装加工企业进驻宁夏服装中小企业孵化园。百瑞源等7家企业入围自治区大中型企业行列。双玉防水等6家企业入围全区中小企业50强。

【工业基础发展】全年实施招商引资项目197个，到位资金144亿元，同比增长8%。成功举办“中国企业家财富论坛·魅力贺兰行”活动。创新委托招商、以商招商模式，福建恒丰、云威电动车等一批项目签约落地。

【科技支持创新发展】宁夏如意科技时尚产业有限公司被评为自治区级工程技术中心，智能染色工厂项目被确立为国家智能制造重点项目和绿色制造系统集成项目，获国家专项资金9000万元。科创中心被科技部认定为“星创天地”。

【服务业改造升级】汽车销售模式顺应时代变化，线上销售达40%以上。中汽世邦汽车配件集散交易中心一期建成招商，二期工程顺利推进。银川电商物流园快递物流业务占全区六成以上，日均处理快递20万单。电商交易额突破22亿元。出台“金融十八条”利企政策，引进银行、保险、担保机构13家。设立贷款担保、产业发展、中小企业转贷等基金8.3亿元。各金融机构为72家企业贷款12.5亿元，缓解企业融资难题。编制《贺兰县全域旅游总体规划》，构筑“1214”全域旅游空间格局，桃林又一村荣获“全国休闲渔业示范基地”称号，中国枸杞馆入列全国工业旅游名录。全年接待游客272万人次，实现旅游收入5.6亿元。建成宁夏健康谷，金域检测中心等8家企业入驻。宁夏互联网医院投入运营，与8家医院开通线上挂号诊疗服务。

【行政审批制度改革】在全区率先成立县级行政审批服务局，102项行政审批及98项公共服务事项集中办理，实现“推开一扇门，办成一揽子事”。推进“互联网+政务服务”，审批环节、办结时限压缩65%，投资项目在线审批量居全区第一。推行模拟审批、并联审批和容缺审批，建立代办服务、上门服务、预约服务、延时服务等一系列制度，全力打造优质营商环境。

【农村土地经营权改革】全面开展农村土地流转经营权确权颁证工作，累计完成确权27537公顷。深化农村“两权”抵押贷款试点改革，有效缓解农业生产融资难题。启动农业水价综合改革，实施水资源使用权流转交易。

【城市综合执法体制改革】组建城市管理综合执法局，整合6部门306项行政执法权，解决城市管理力量分散、多头执法等突出问题，提升城市管理精细化水平。供销社综合改革、国有林场改革、交巡警合一警务机制改革等改革事项稳步推进。

【工业环境突出问题整改】拆除20蒸吨以下燃煤锅炉117台。整治大地丰之源等5家药企异味污染。中央环保督察组反馈问题年内全部整改销号。

【河长制实施推进】落实县、乡村三级河长，加快银新干沟、四二干沟水质提升综合治理，实施暖泉污水处理厂提标改造工程，德胜工业园区同城化污水管网工程建成并投入使用。严厉打击盗采砂石违法行为，贺兰山东麓环境综合整治取得阶段性成效。

【城乡环境改善】植树造林526.62公顷，栽植各类树木230万株，绿化县城12处闲置空地。拆除违章建筑2200处，整治农村庄点33个。实施欣兰广场、如意湖改造提升工程，建成5个小微公园，完成10个老旧小区改造任务。投资近10亿元建设城乡公路41.7千米。推行环卫保洁市场化运作模式，城乡卫生保洁质量显著提升。银河村、金沙村被评为第五届全国文明村镇，四十里店村被评为第二届自治区美丽乡村文明创建工程示范村，金贵小城镇建设列入自治区美丽小城镇项目。

【脱贫攻坚推进】创新技能培训，6300人次实现就业。设立扶贫基金，建成扶贫产业园，鼓励农户土地入股，1266户移民变股民，带动户均增收1.5万元。完成“十三五”移民搬迁任务269户1229人。全县精准扶贫低保兜底231户1128人。实现“扶贫保”全覆盖。建档立卡户250户1259人稳定脱贫，人均收入超过3800元。

【城乡教育发展】 投入近4亿元新建5所学校,有效缓解超大班额问题。实施农村集中办学，农村学生“吃、行、学”实现全免费，全面推行高中免费教育。惠及学生近万名。集团化办学延长优质教育链。高考二本上线率达40.1%，实现九连增。

【医疗卫生发展】 投入6700万元，实施14个医疗卫生项目，完成中医院主体工程，实现乡镇卫生院中医馆全覆盖。引进3家民营医院及17名中高级医疗人才，35名医师下沉轮转，47个家庭医生团队签约服务7.5万人。看病难、看病贵问题得到有效缓解。

【文化体育发展】 培育文化名人10人，打造文艺精品10件，奖励文艺作品89件。“花儿”等3个项目成功申报为自治区级非物质文化遗产。《快乐少年》等两件作品在国家平台展演。完成公共数字文化服务平台试点及文化馆、图书馆总分馆建设，图书馆成功通过国家一级馆验收。建成8个体育活动场所。成功举办3场全国性体育赛事。群众文化体育需求得到不断满足。

【民生保障覆盖】 建成第二敬老院、老年活动中心和9个日间照料中心，养老基础设施进一步完善。城乡居民低保每月分别提标130元、60元，高龄津贴每月提标130元，基础养老金达到每人每月220元，居全区较高水平。发放各类救助金8592万元，惠及2.3万人。拨付被征地农民养老保险1.2亿元。实现全国异地就医联网结算，城乡居民住院医保报销比例达75%以上。转移农村劳动力3.2万人，新增城镇就业6123人。入选全国新型城镇化支持农民工返乡创业试点地区。

【平安贺兰建设】 全面实施“雪亮工程”，608处1366路治安监控织密天眼网络。189件历史遗留问题、信访突出问题得到有效化解，全年信访总量同比下降33.8%。安全生产四项指标“三降一升”，没有发生重特大安全事故。全面推行“明厨亮灶”，加大食品抽检力度，健全质量追溯体系，食品安全水平显著提升，成功创建自治区食品安全先进县。

【行政决策科学民主化建设】 落实重大问题集体决策、专家咨询、社会公示和听证制度，主动接受人大法律监督和工作监督，自觉接受政协民主监督，办理答复区、市、县人大议案建议19件、政协提案46件。推行法律顾问及公职律师公司律师制度，促进政府决策民主化、科学化、法制化。

【法制政府建设】 “七五”普法扎实推进，法治宣传教育成效明显，干部群众法治意识不断增强。深入推进“双随机、一公开”监管模式。全面加强规范性文件备案审查工作，确保出台的各类规范性文件合法合规。扎实开展行政执法案卷评审和执法监督活动，进一步规范执法行为。

【阳光政务推进】 优化升级政府网站，创刊发行政府公报，构建多渠道政务公开格局，13个重点领域“五公开”初见成效。全国基层政务公开标准化、规范化试点工作有序推进。

【政府作风建设】 开展“守纪律敢担当有作为”“立说立行马上办”等12个专项整治行动，狠抓干部作风，提升机关效能。常态化开展“电视问政”“微博问政”，在贺兰公共频道开辟《督查与落实》专栏，设立监督台、曝光台、展示台，曝光反面典型19起。落实领导干部任期审计制度，对20个单位进行年度例行审计。加大监察工作力度，立案查处各类违纪案件108件，给予党政纪处分108人，同比分别增长184.2%、170%。

政府常务会议

【县第十八届政府第四次常务会议】 1月4号，县长刘甲锋主持召开。县领导李炳杰、李云、王勇、牛东学、叶正忠、陈娜、邓一凌、马建民参加会议。

会议听取审议《贺兰县今冬春送温暖活动实施方案》《贺兰县住建局2017—2018年实施项目PPP模式建设方案》；研究实施普通高中免费教育，增加高中教育经费投入事宜以及购买社会服务，招聘司法警察事宜等议题。

会议通过《贺兰县今冬春送温暖活动实施方案》，刘甲锋要求，各部门要做好春节慰问工作，慰问对象要公平透明，要把温暖送到真正需要慰问的家庭中。会议原则通过《贺兰县住建局 2017— 2018年实施项目PPP模式建设方案》

刘甲锋指出，贺兰县教育事业的发展是一项民生大事，各部门做好全县高中生的信息登记情况，全面细致掌握建档立卡贫困学生信息，做好2017年高中生学费全免，建档立卡贫困生学费及住宿费全免工作。

【县第十八届政府第五次常务会议】 1月23日，县长刘甲锋主持召开。县委常委、常务副县长李炳杰，县委常委、副县长吴宁成，副县长马刚、牛东学、叶正忠参加会议，县人大常委会副主任王勇、县政协副主席马建民列席会议。

会议审议通过《2017年一季度12项经济指标分解方案》及《2017年一季度比项目、比招商引资、比开工竞赛的“三比”竞赛方案》，会议要求，2017年度，各牵头领导及责任领导要盯紧第一批16个重大项目和一季度计划开工的90个项目规定和手续办理情况，确保每个项目办理都按时间节点推进资源要素，切实提高要素资源、效能和效率，推动项目按时落地开工。

会议还对研究农村学校集中办学的相关事宜做了审议，刘甲锋强调：要合理优化教室配置；科学搭配城乡教师比例，合理搭配饮食结构，让孩子能够在健康的环境中成长。

【县第十八届政府第七次常务会议】 3月5日，县长刘甲锋主持召开。县领导李炳杰、吴宁成、王鹏辉、王勇、马刚、牛东学、邓一凌、马建民等参加会议。

会议研究2016年度农业农村工作先进集体先进个人表彰事宜，审议《深入农业农村供给型结构性改革 加快培育农业农村发展新动能的实施意见》，审议《贺兰县农村承包土地经营权抵押贷款财政贴息管理办法（试行）》《贺兰县全域旅游发展规划（2017—2020年》的规划实施方案。

会议原则通过《深入农业农村供给型结构性改革 加快培育农业农村发展新动能的实施意见》，原则通过《贺兰县农村承包土地经营权抵押贷款财政贴息管理办法（试行）》，原则通过《贺兰县全域旅游发展规划（2017—2020年》。刘甲锋指出，贺兰县集聚一批有特色、有潜力的旅游项目，近3年已累计引进项目15个，完成投资10亿元。下一步，贺兰县还将依托天源达金山生态园、鸣湖生态园、鹿盘寺等自然资源和基础设施，推广登山运动、自行车骑行等生态户外运动，打响贺兰县的健身运动旅游品牌。同时贺兰县将多途径打造金山西瓜、金山羊肉等特色品牌旅游文化节的建设。会议还审议其他议题。

【县第十八届政府第九次常务会议】 4月17日，县长刘甲锋主持召开。县领导李炳杰、黄自爱、许伟良、王鹏辉、马刚、牛东学等参加会议。

会议听取迎接国务院安委会安全生产第八巡视组巡查有关情况的汇报、环境综合整治及中央环保复查反馈问题整改情况的汇报。会议认为，全县环境整治不全面，一些重点区域，卫生死角环境污染仍然严重。其中，银新干沟黑臭水、习岗镇红旗养殖场地下水水质、德胜园区废品收购站噪音、扬尘、拜寺口双塔养鸡场及农家乐垃圾治理等仍未整治。

围绕县安全生产监督管理委员会办公室下发的8个方面40项内容整改，安全生产还存在问题；发改局资料不规范，不全面；交通局、运管所安全治理方案没有体现行业特点、源头治理弱化，安全准入方面的针对性措施不强。各单位在两节、两会、五一等重大活动专项整治没有按照文件完成台账工作等问题。

会议还听取一季度各项指标完成情况的汇报；研究表彰奖励全县2016年度安全生产工作先进集体和先进个人事宜；审议并原则同意《关于开展蹲点招商、委托招商、以商招商、精准招商工作实施方案》《贺兰县化解房地产库存的若干意见》。

刘甲锋要求，迎接国务院安委会安全生产第八巡视组，各单位各部门要及时查漏补缺，全力以赴做好安全生产巡查工作，对台账不清、情况不明的，要立即补充完善，尤其要对重点行业、重点区域要做到心中有数，确保全县安全生产形势稳定。要加大银新干沟的治理，要求相关责任部门召开现场会并立即拿出治理方案，尤其是对扬尘、小锅炉、渣土等存在的环境问题要尽快整改，要建立回头看小组，紧盯没整改的单位，责任到人，限期整改。

【县第十八届政府第十次常务会议】 4月28日，县长刘甲锋主持召开。县委常委、常务副县长李炳杰，县委常委、副县长王鹏辉，副县长马刚、牛东学、叶正忠、陈娜参加会议，县人大常委会副主任任学军、政协副主席钱瑞列席会议。

会议研究讨论支付宁夏太平洋生物制药有限公司搬迁资金事宜，污水处理厂资产处置事宜，重大资金拨付、支付事宜，棚户区改造项目祥和家苑安置购房款拨付事宜，贺兰县公安消防大队记功事宜，闲置校舍处置事宜，规范贺兰县各中小学、幼儿园命名事宜，增加统筹城乡居民基础养老金待遇事宜，贺兰县文化广场修建智能收费停车场，以及审议贺兰县快速通道以北新建公园方案等事宜。

刘甲锋强调：各单位要切实把握财政收支平衡，有效推动经济发展。财税部门要管好政府的“钱袋子”，科学把握财税工作规律，当好参谋助手；各部门要进一步强化大局意识，大力支持财税工作，支持财税改革。

【县第十八届政府第十一次常务会议】 5月20日，县长刘甲锋主持召开。县委常委、常务副县长李炳杰，县委常委、副县长吴宁成、王鹏辉，副县长马刚、牛东学、叶正忠、陈娜出席会议。县人大常委会副主任朱敏、县政协副主席钱瑞列席会议。

会议传达学习银川市环境综合整治督查问责办法等文件。刘甲锋指出：监察局要按照银川市环境综合整治督查问责办法执行。城市管理工作，公安、城管要开展整个县城综合整治工作，宣传部门、电视台要开展《爱我家园》有奖举报等专题活动，对车窗抛物，乱停乱放，乱丢垃圾等不文明行为进行处罚、曝光，对报告、检举不文明行为的个人予以奖励。

会议审议《贺兰县拟取消调整新增行政职权事项》《关于深化行政审批制度改革加强事中事后监管实施方案》。刘甲锋指出：取消、增加行政职权事项要按照权利清单、责任清单予以公布，该取消的事项要按照国务院有关要求坚决取消。

会议还审议《贺兰县全民科学素质行动计划纲要实施方案（2016–2020年）》《贺兰县第二敬老院公建民营方案》等议题并研究讨论《贺兰县推广运用政府和社会资本合作（PPP）模式实施方案》，并原则同意这些方案，报请县委研究决定。

【县第十八届政府第十二次常务会议】 6月3日，县长刘甲锋主持召开。县委常委、常务副县长李炳杰，县委常委、副县长许伟良、吴宁成、王鹏辉，县领导盛国为、马刚、牛东学、叶正忠、陈娜等参加会议。

会议审议《贺兰县依托现代农业产业园建设现代化生态灌区投建管服一体化项目工作方案》。会议提出，贺兰县是农业大县，水资源浪费和化肥农药不合理施用，造成水资源对生态环境的污染。水生态系统是生态系统的核心，建设现代化生态灌区，实现投资建设、管理服务一体化项目势在必行。

会议指出，要进一步深化对可持续发展问题的认识，结合实际，与时俱进，把建设现代化生态灌区作为水生态文明建设的重要内容，明确目标，落实责任，制订计划，完善措施，确保各项工作有计划有步骤地组织开展。会议还研究其他事项。

【县第十八届政府第十三次常务会议】6月14日，县长刘甲锋主持召开。县领导吴宁成、牛东学、叶正忠、陈娜出席会议。县人大常委会副主任任学军，县政协副主席钱瑞列席会议。

会议首先审议《贺兰县村干部补贴“四位一体”保障和激励管理办法》。会议指出，县委组织部制定的《贺兰县村干部补贴“四位一体”保障和激励管理办法（试行）》是按照按劳分配的原则，进一步加强村级组织建设，充分调动村干部工作积极性，建立健全全县村干部基本补贴、意外保险、生活保障、离任补偿激励保障机制，有增强村级组织在基层的号召力和战斗力作用。

会议还研究全县农村基层党组织“三大三强”行动，部署贺兰县首届“最美村官”评选表彰大会事宜。会议指出，“最美村官”评选要严格标准，坚持宁缺毋滥的原则，真正选出能带领群众致富，切实为群众办事的村干部作为奖励对象。评选出的“最美村官”要充分展示优秀农村干部为民、务实、清廉的良好形象，通过树典型、讲奉献、比贡献、营造服务发展、服务群众、服务社会的良好氛围。

【县第十八届政府第十四次常务会议】7月11日，县长刘甲锋主持召开。县委常委、金贵镇党委书记黄自爱，副县长许伟良、吴宁成、王鹏辉等参加会议。

会上相关负责任人关于对接中商国能集团及近期招商引资工作汇报，扶贫开发工作成效考核反馈问题整改落实及2017年扶贫开发工作开展情况汇报。审议《贺兰县空间规划改革工作实施方案》《贺兰县2016年以来闲置校舍处置方案》事宜。刘甲锋指出：各单位要进一步加大招商引资工作力度，真抓实干，抓好责任落实，创新招商引资方式，有针对性地走出去“敲门”招商，主动对接优秀的企业。要围绕全县经济转型升级的需求，精准对接重点地区、重点产业、重点企业，明确责任主体，加大考核力度，通过实施精准招商，实现招商选资，提升招商质量和实效。

刘甲锋要求：县招商引资工作领导小组各责任单位要切实把思想和行动统一到县委、县政府的部署要求上来，强化工作责任和部门协调合作，搞好各招商工作组和各职能部门之间的衔接，做到招商引资全县“一盘棋”。

【县第十八届政府第十七次常务会议】9月15日，县委书记、县长刘甲锋主持召开。县委常委、常务副县长李炳杰，县委常委、副县长吴宁成、王鹏辉，副县长马刚、牛东学、叶正忠、陈娜出席会议。县人大常委会副主任任学军、县政协副主席马文霞列席会议。会议听取1—8月全县清理拖欠农民工工资情况汇报；研究讨论提高贺兰县城乡低保标准方案，贺兰县招标管理职能转化报告，习岗镇街道办事处更名事宜。

2017年，县各相关单位通过日常巡查、专项检查等方式，加强劳动保障监察力度，集中整治拖欠农民工工资问题。1—8月，县劳动保障监察大队共受理投诉案件111件，涉及993人，涉及金额981.358万元。

刘甲锋指出：农民工工资必须保障到位，落实到位，要让农民工分文不少的拿到劳动所得。劳动监察大队要加大监察力度，对无故拖欠或克扣工资的，有能力支付劳动者报酬或通过逃匿等方法逃避支付劳动者报酬的恶性欠薪涉嫌犯罪行为，要移交公安机关处理。职能部门要按照“早发现、早介入、早处置”的工作方法，综合分析，重点摸排，妥善解决，将群体欠薪隐患掌控在萌芽状态。同时，要严厉打击恶意讨薪事件，对已经产生欠薪的要从项目用地规划、立项审批、工程招投标、施工许可、建设资金筹集使用、工程款拨付等方面进行深入核查，层层理清责任，对相关责任单位和责任人进行追责问责，对责任企业公开曝光，并纳入诚信“黑名单”。

在听取关于提高贺兰县城乡低保标准的报告后，刘甲锋强调：全县要不遗余力把事关困难群众衣食冷暖、社会和谐稳定和公平正义的好事做实做细。同时，要对低保户进行精准识别、动态管理，要利用信息资源共享，对低保户名下各项收入，财产进行摸排。各社区、村镇要每年按照低保户认定条件对低保户进行核查，对不符合条件的及时退出，杜绝骗保等现象的发生。对其他符合条件的贫困人口及时纳入低保范围，做到应保尽保。

自2017年7月1日起，对全县城市低保标准由每月每人440元提高到每月每人570元；农村低保由每年每人3150元提高到每年每人3800元。按照市级配套20%，县级配套80%的要求，每年增加低保配套资金700余万元。

【县第十八届政府第十八次常务会议】10月10日，县委书记、县长刘甲锋主持召开。县委常委、常务副县长李炳杰，县委常委、副县长吴宁成、王鹏辉，副县长马刚、牛东学、叶正忠出席会议。

会议听取贺兰县政务公开情况汇报；审议《贺兰县实施创新驱动发展战略三年行动计划（2018—2020年）》（讨论稿）、《贺兰县工业转型升级再振兴实施意见》《贺兰县“六纵四横”水系格局建设实施方案》；研究讨论贺兰县推进“城市双修”工作实施方案及2017年秋季造林等事宜。

对贺兰县政务公开工作，刘甲锋指出：要将政务公开常态化、制度化、多元化。要进一步完善“五公开”管理体制，全面提升基层政务公开和政府服务标准化规范化水平；要积极创新探索互联网、手机终端等网上公开渠道，以政务公开助力深化改革，简政放权，服务民生；要深化网上政务公开的内涵和外延，以便民利民为出发点，让百姓易看到，好参与。各部门要扎实推进贺兰县政务公开规范化、标准化试点工作，为全区乃至全国政务公开试点工作探索经验。

对《贺兰县实施创新驱动发展战略三年行动计划（2018—2020）》（讨论稿），刘甲锋强调：要强化企业科技创新主体地位，政府财政要在企业创新中发挥引导作用帮助企业技术改革创新、柔性引进人才、培育本土人才，要大力培育，引进，扶持科技型企业，实施企业成长计划。制订企业科技创新三年行动计划。通过创新做优主导产业，做强企业主体。实施工业振兴计划。着力打造百亿产业千亿园区。打造沿黄生态经济带明星县，建成较高水平全面小康社会。

【县第十八届政府第十九次常务会议】10月28日，县委书记、县长刘甲锋主持召开，县委常委、常务副县长李炳杰，县委常委、副县长许伟良，县委常委、副县长王鹏辉，县领导王勇、马刚、牛东学、陈娜、马建民参加会议。

会议研究兑现2016年非公经济三十条奖励扶持政策事宜，审议并原则通过《贺兰县高污染燃料禁燃区划定工作方案》，研究解决各学校安保问题等事宜。

对贺兰县高污染燃料禁燃区划定工作方案，刘甲锋指出，各相关部门要清醒认识到环保工作的严峻性和艰巨性，要量化考核指标，全力打赢打胜蓝天保卫战。要按禁燃区工作方案规定，细化工作方案，加强部门联动，压实主体责任，加大问责督办力度，确保各项指标完成好。

对解决各学校安保问题，刘甲锋要求，各部门要提高防范意识，加强校园安全管理，做到安保人员到位、措施到位、责任到位，公安部门要与学校加强联动，积极动员社会力量，确保校园和谐稳定及学生人身安全。要在学生上、下学时段，加强学校周边和学生上、下学途中主要路段的巡逻，随时应对突发事件，确保学生的人身安全。

【县第十八届政府第二十次常务会议】11月25日，代县长赵波主持召开。县领导李炳杰、吴宁成、王鹏辉等参加会议。

会议听取全县安全生产情况汇报，岁末年初安全生产工作的安排部署。赵波指出，安全生产关乎千家万户，要坚持问题导向，对安全问题高度重视，做到管行业必须管安全、管生产必须管安全，加强对重点领域、重点区域、重点部位排查力度。切实抓好各领域各环节，做好年末岁尾安全生产工作。

会议审议《健康贺兰建设实施方案（2017—2020年）征求意见稿》，原则通过实施方案并报县委研究。赵波要求，相关部门要积极筹措资金、紧抓落实，稳步推进该项工作。

会议审议《关于推进脱贫富

民战略实施方案》，原则通过实施方案并报县委研究。赵波强调，脱贫富民战略是十九大报告中决胜全面建成小康社会的要求，同时也是自治区党代会确立的三大战略之一，相关部门要提高政治站位，多措并举，在保障必要投入的同时，加强造血能力，推进产业扶贫。

会议还审议并原则通过《关于推进安全生产领域改革发展的实施意见》《关于推行法律顾问制度和公职律师公司律师制度实施办法》等议题及相关事宜。

【县第十八届政府第二十一次常务会议】 12月10日，代县长赵波主持召开。县领导李炳杰、许伟良、吴宁成、王鹏辉等参加会议。

会议听取审议《政府工作报告（审议稿）》《贺兰县2018年为民办十件实事》。

赵波指出：《政府工作报告》是对全县人民的庄严承诺，要坚持实事求是，做到言出必行。对于大家提出的意见和建议，县政府将梳理，充分吸纳，在报告和工作中加以完善。同时，对于民生问题，要克服一切困难，集中精力财力，从服务群众、便捷群众的角度出发，切实解决老百姓亟须解决的问题，真正做到雪中送炭。

会议听取《贺兰县2017年财政预算执行情况及2018年预算安排情况（草案）》。赵波强调，全县相关部门要加大协调力度，重点保基本保运转。要继续统一思想，加大谋发展力度，谋划项目、服务项目，全力保障好项目建设。要发挥好财政资金的撬动作用，向上争取资金和政策支持，提升招商引资的针对性和实效性，减轻本级财政支出压力，科学预算，及早破解项目规划、用地、资金等难题，为经济社会发展积蓄强大后劲。

【县第十八届政府第二十二次常务会议】 12月29日，县长赵波主持召开。会上传达自治区十二届三次、银川市十四届五次全会精神、2017年自治区安委会第五次全体（扩大）电视电话会议精神等相关会议精神，审议并原则通过《贺兰县生态靓县战役三年行动计划》《贺兰县加快推进新型城镇化工作实施方案（2017—2020年）》《贺兰县2018年文化体育旅游嘉年华系列活动方案》。会议研究并原则通过兑现2016年度非公经济三十条奖励扶持政策、研究关于引入第三方机构合作办学提高高中办学质量事宜。

会议要求，要深入学习贯彻落实自治区十二届三次、银川市十四届五次全会精神，尤其是自治区党委书记、人大常委会主任石泰峰，自治区主席咸辉，自治区党委副书记、银川市委书记姜志刚重要讲话精神，特别是对经济工作要求。

会议指出，要保证“两节”期间群众供应需求，加大困难群众慰问力度，对于民生保障要量力而行、尽力而为使困难群众过一个和和美美的节日，各相关单位要加大农民工工资化解力度，让大家分文不少地拿到合法收入工资，开开心心地过节，同时，要夯实安全生产责任，积极做好应对突发事件的预案准备，为百姓营造和谐稳定的社会秩序。

专题会议

【协调解决校车运营有关事宜的专题会议】 1月6日，副县长陈娜召集县编办、监察局、教育局、国土局、财政局、交通局、审计局、市场监管局、交警大队、运管所、习岗镇、一中、回中、四中、如意湖中学、三中、一小等部门、单位负责人，专题研究解决校车运营等有关事宜。县委常委、统战部部长秦建忠应邀参加会议。

会议决定：交通局牵头，公路段、教育局配合，实地查勘，选择最佳线路，妥善解决限宽路墩、限高涵洞的问题，为校车和消防车通行做好长远谋划。教育局负责，通过公开招标的方式，选取资质齐全、管理规范、运行高效的校车服务企业。负责核实各校学生人数、校车数量，并做好合理搭配，足额配备司机。交警大队负责，做好校车安全规范管理，对校车开展经常性的违法检查活动，对校车司机聘用资格予以审核，开展经常性的培训工作，确保校车运行安全，并规划一处校车停放点，方便统一管理。财政局负责，做好校车运营及学生午餐补助经费的预算指标调剂工作。同时，负责核拨铁西小学东侧铁路涵洞冬季除冰工作人员工资5万元。

会议研究决定：县第三小学设置为完全小学。由教育局负责，待2017年秋季开学时对县第一小学现有招生片区进行重新划分，分解为县第三小学和县第一小学两个招生片区，届时各片区内1～6年级学生均到相应学校入学。教师由县第一小学现有教师进行合理调配。

会议研究学校餐厅及超市运营管理事宜，全县共有中学餐厅5个，在校学生人14240人，教师950人，就餐人数约6400人。决定公开招标具有丰富管理经验的公司对学校餐厅进行运营管理。

会议决定：教育局负责做好学校餐厅及超市运营管理公司的招标工作及中标企业的监管工作。要本着公平合理、公开透明、物美价廉的原则与中标企业签订合同。确定中标企业后，尽快督促中标企业入驻学校餐厅，确保2017年春季开学学生的用餐有保障。要做好应急预案，保证各学校开学后按时供餐。

会议研究德胜第二小学项目建设用地征地拆迁补偿有关事宜。

【加快推进宁夏互联网医院运营事宜专题会议】 1月11日，县长刘甲锋召集相关人员召开。

2016年12月，贺兰县与浙江微医集团合作，建设宁夏首家互联网医院，旨在通过借助微医集团的移动互联网医疗健康服务平台，借鉴乌镇互联网医院的成功模式，为宁夏乃至西北老百姓，提供可信赖的预约挂号、在线问诊等便捷的互联网医疗服务。将在贺兰山路以北、虹桥路西侧，通过公开招标的方式，选取营业房，作为宁夏互联网医院运营办公场所。

会议决定：副县长陈娜牵头，由供销社与中标企业签订前两年（2017年4月1日至2019年3月31日）租赁协议，据实明确租金及支付方式，租金由政府承担。同时，负责协调微医集团与中标企业签订租赁协议，租金、租赁期限及运营费用由双方企业进行协商确定。中标企业负责水、电、暖、地面、隔断、顶部等基础装修，费用由中标企业承担，于4月25日之前完成并交付微医集团。微医集团负责按照互联网医院装修标准，完善综合布线等其他精细装修工程，确保做好开业运营前的准备工作。

【县招商引资工作领导小组专题会议】 1月8日，县委常委、副县长许伟良召集县招商引资工作领导小组成员单位负责人，就引进宁夏昊晶新材料产业园项目建设事宜进行专题研究。县委副书记何建勃，县委常委、常务副县长李炳杰，县人大常委会副主任任学军，县政协副主席马建民参加会议。

会议听取宁夏生态纺织产业示范园区管委会关于引进宁夏昊晶新材料产业园项目的汇报。宁夏昊晶新材料产业园项目是由黄山东晶光电科技有限公司和福建汇晶光电科技有限公司两家企业投资建设，项目选址在宁夏生态纺织产业园内，如意大道东侧、江南路西侧、通山路以南围合区域范围内，规划总建设用地40.2公顷，总投资30亿元，亩均投资强度500万元，计划分三期建设，2017年一期项目计划总投资8亿元，建设2万平方米厂房，装配290台160公斤级的蓝宝石长晶生产线。

会议认为：蓝宝石在军工、航天、光学、生物、半导体以及高速信息处理、电子光学装置微型化、智能化方面具有广泛用途，市场前景十分广阔，且无污染，符合宁夏生态纺织产业示范园的项目引进条件，引进该项目为园区的核心产业项目，对推动园区经济发展具有重要意义。会议原则同意引进该项目，签订正式合同，启动规划建设。

会议决定：按照会议意见对宁夏昊晶新材料产业园项目投资合同进行修改后，正式签订合同。从1月9日开始，由县国土局负责实地测量土地，做好土地报批及招拍挂有关工作。企业一周内拿出可研报告，争取尽快办理立项手续。市场监督管理局负责三日内协助企业办结登记注册手续。供电局负责做好园区50000千伏双回路电路配套工作，配套电力与项目规划建设同步进行，保证项目建设用电。金贵镇负责做好项目选址范围内地上附着物的清理工作，确保无障碍施工。发改局负责将该项目列入自治区经信委、发改委的重点扶持项目，给予产业扶持和国家专项基金支持。成立项目建设指挥部，何建勃副书记为总指挥，梅振龙同志为副总指挥，各有关部门为成员，密切配合，齐心协力，共同推进项目建设。

【县公安消防大队特勤站训练馆工程验收专题会议】 1月19日，副县长牛东学召集县住建局、发改局、财政局、审计局负责人，就贺兰县公安消防大队特勤站、训练馆及室外配套工程验收问题进行专题研究。

会议决定：由县住建局牵头，组织发改局、财政局、审计局、消防大队及各参建单位对该工程进行竣工验收，验收合格后移交县公安消防大队使用。由住建局负责，督促施工单位做好水、暖、电等配套设施完善工作，确保县公安消防大队尽快入驻。由审计局负责，对该工程进行结算审计。

【共享花园沿艾依河段建设生态公园专题会议】 3月9日，副县长牛东学组织召开。县水务局、住建局、街道办等部门负责人参加。为提升艾依河德胜商住区段绿化美化水平，宁夏运盛公司计划自筹资金建设共享花园沿艾依河段生态公园，建成后无偿交给政府。

会议决定：由街道办负责，帮助企业尽快完善前期手续。由发改局负责，尽快做好该项目立项工作。由住建局负责，尽快将该项目规划上报市规划局审批，同时加大沟通协调力度，确保3月底前该项目通过审批。由宁夏运盛公司负责，尽快实施土地平整、换填、苗木采购等前期工作。由水务局负责，积极协调艾依河管理处，确保该项目全面开工建设。

【推进阿根廷安格斯肉牛良种繁育项目建设专题会议】 3月10日，县长刘甲锋主持召开。自治区农牧厅、阿根廷英肃德集团、北京科佳矿业管理投资公司，签署《中国（宁夏）—阿根廷安格斯肉牛引进及生产基地建设战略合作协议》，并在贺兰县注册成立科佳生物科技（宁夏）有限公司。筹备建立良种繁育中心、养殖示范牧场等项目。繁育中心项目选址位于洪广镇、宁夏现代农业有限公司洪广沙地西侧苗圃，占地面积约35.51公顷，该宗地由宁夏农业投资集团下属宁夏现代农业有限公司使用。

经多方协商达成如下意见：宁夏农业投资集团与科佳生物科技（宁夏）有限公司达成合作意向，签订合作协议，在贺兰县注册成立新公司，共同建立阿根廷安格斯肉牛良种繁育研发中心，4月2日举行开工奠基仪式。叶正忠同志牵头，县国土局负责，与宁夏农业投资集团、科佳生物科技（宁夏）有限公司签订《土地租赁协议》，并负责筹备项目开工奠基仪式。同时，将该项目作为农业重点项目上报区、市政府，加大与区、市业务部门的沟通对接，积极争取项目扶持。国土局负责，按照《关于进一步加强和规范设施农业用地管理的通知》（宁国土资发〔2017〕79号）中关于："规模化养牛、养羊的附属设施用地规模比例控制在10%以内，但最多不超过1.005公顷"的规定，对项目配套附属设施用地按照建设用地进行招拍挂。

会议要求：各单位要结合工作实际，确定专人，协助企业做好选址、立项、规划、环评、安评、施工许可等前期工作，特别要做好通水通电等"三通一平"基础配套，确保项目于4月2日顺利开工。

【农村地区环卫保洁有关事宜专题会议】 4月20日，副县长马刚召集相关人员召开。

会议决定：各乡镇（场）、昌邑市康洁环卫工程有限公司、财政局签订环卫保洁资产移交三方协议，各乡镇（场）原有环卫资产，包括车辆、固定资产、公厕、垃圾中转站等全部移交昌邑市康洁环卫工程有限公司；各乡镇（场）原有环卫工人由昌邑市康洁环卫工程有限公司优先予以接收。县财政局负责，做好各乡镇（场）与昌邑市康洁环卫工程有限公司环卫保洁资产的登记移交工作。县城管大队负责，制定农村地区环卫保洁管理办法，加强对环卫保洁的日常考核工作。

各乡镇（场）负责，做好农村地区环卫保洁的日常监管工作。

会议要求：各乡镇（场）要指定1名分管领导，加强与昌邑市康洁环卫工程有限公司的对接协调，切实履行监管责任和主体责任，共同做好农村地区环卫保洁工作。各相关单位确保于5月1日前完成环卫保洁移交工作。

【接收南梁农场“十二五”易地扶贫搬迁移民和“十二五”县级验收工作专题会议】 4月10日，副县长叶正忠主持召开。会议决定：成立接收南梁农场“十二五”易地扶贫搬迁移民安置工作领导小组，具体负责协调接收相关工作。

会议要求：各部门要全面做好工作落实，确保在6月底前完成前期基础设施准备工作。扶贫办：结合区、市要求，落实各类移民惠农政策、制订接收安置方案，审查建设方案。与农垦集团对接、核实搬迁对象，对迁出地移民进行身份认定和搬迁安置任务的核定。6月30日前完成对接工作。发改局：与自治区发改委、区扶贫办对接，重新下发批复；负责项目立项，对涉及移民工作项目，要在最有效时间内下发项目批复，同时做好争取国家专项资金，监督、检查项目实施工作。财政局：负责接收南梁农场安置区剩余项目批复资金、接收资产移交及项目资金的拨付工作，同时做好下一步产业实施过程中的项目资金保障工作。组织部：负责做好移民基层组织建设；基层建设资金落实到位，抓好党组织协调等工作。水务局：负责安置区的人畜饮水、水利工程项目的规划、建设及资金争取。接收南梁农场制订的方案，对方案进行论证，如果不符合贺兰县实际，及时组织相关人员进行设计，要将“十一五”和“十二五”452户移民全部纳入人畜饮水工程，确保6月20日前人蓄饮水工程全部完成；高效节水项目因产业还没定，等产业定了后及时组织实施。国土局：及时与自治区国土厅对接，及时办理好划拨手续及图斑划拨工作。负责接收移民土地手续办理，分配移民的土地面积核实、划拨调整等。农牧局：做好产业扶贫谋划工作，全面谋划养殖业和种植枸杞产业，确保2018年移民全部脱贫；将“十一五”和“十二五”452户移民通盘考虑纳入太阳能热水器安装项目；全面完成光伏照明路灯安装工作。交通局：负责安置区接收后的道路建设工作。对设计图纸进行移交，若符合要求尽快实施，若不符合要求，则重新进行设计，尽快启动道路建设工作。卫生局：负责接收工作中的卫生防疫、计划生育及村级卫生室的建设。村级卫生室的建设要尽快选址拿出建设方案，按照标准化建设实施。审计局：负责移民项目资金的审计工作，提前介入资金监管，提高资金使用效率。做好资金的使用监管工作。民政局：争取区市社区建设专项资金，做好社区建设工作。负责与组织部共同做好安置村（组）基层组织工作，同时推进移民村的更名工作。同时，做好各种专项救助和帮扶工作。教育局：负责幼儿园、中小学规划布局工作，报政府研究确定后，组织实施。负责按时接收移民安置区教育设施配置及子女入学教育工作。林业局：负责安置区居民点绿化及环村防护林建设。与南梁农场、扶贫办对接，在规划庄点建设和道路建设中预先留足绿化用地。供销社：负责安置区农村日用品超市和生资超市建设。南梁台子管委会：负责南梁农场移民安置区接收后的社会管理、公共服务和农业生产工作。防止违章乱建，做好规划的把关、组织实施工作。与农垦集团对接，将资产和供电项目全部移交过来。做好全程跟踪服务工作。公安局：负责移民户籍审查审核，6月底前完成搬迁移民户籍审核，并做好户籍核转工作，确保搬迁对象符合自治区移民户籍政策。各单位按照职责在4月15日前将实施方案报送政府办，实施方案主要包括具体责任人、完成时限、完成时间节点，工程竣工时间、投入使用时间等。会议听取县移民办“十二五”县级验收资料情况的汇报。

会议要求：各单位要高度重视，对建设项目资料进行完善，同时各单位要综合协调，共同完成贺兰县“十二五”移民工作。欣荣村一期520套生态移民安置房和金贵镇江南中心村450套劳务移民安置房：由住建局在4月20日前按照资料清单将资料补充齐全。洪广镇372套劳务移民安置房：纪委对建设过程中存在的问题进行调查、住建局组织验收同时进行，审计局再进行审计。安置区绿化工作：林业局负责组织实施的项目，补齐相关材料。农村能源太阳能、太阳灶项目和设施农业温棚项目：农牧局负责提供依据及相关材料。欣荣村、广荣村农村日用品超市和农资超市项目：该项目属于个人建设，由供销社出具情况说明。欣荣村小学和幼儿园项目：由教育局负责按清单补齐资料等。

【不动产登记档案移交工作专题会议】 9月5日，副县长牛东学召集县财政局、国土局、城建局、政务服务中心负责人就不动产档案移交工作进行专题研究。会议认为，不动产实行统一登记后，全县房产档案仅完成电子档案的移交工作，纸质档案尚未移交，给不动产登记管理工作带来诸多不便。

会议决定：县国土局负责，尽快完成相关设备的安装，确保档案室于2017年10月底前投入使用，并制订纸质档案移交工作方案。县住建局负责，尽快对不动产纸质档案进行移交，对不动产档案管理人员进行划转，确保2017年12月底前完成档案移交和人员划转工作。政务服务中心负责，安排合适的档案室办公用房。

【河长制联席专题会议】 9月9日召开，县委书记、县长、贺兰县总河长刘甲锋出席会议并做讲话，县人大常委会主任俞学华、县政协主席恩建国、县委副书记马金龙等参加会议。

会议审议并通过《关于建立贺兰县全面推行河长制办公室的请示》《贺兰县全面推行河长制会议制度》《贺兰县全面推行河长制工作督导检查制度》《贺兰县全面推行河长制信息报送公开制度》《贺兰县推行河长制工作办法》。

刘甲锋指出：全面推行河长制是生态文明建设的重要内容，是落实生态立区战略的关键举措，要落实县乡、村、社四级河长责任，按照“一河一策、一湖一策”要求，制订具体治理工作方案，建立职责明确、协调顺畅、运转高效的管理机制，保护好贺兰县的绿水青山。

刘甲锋要求：要完善治理方案，进一步摸清每条河流、沟道、湖泊污染源、断面水质等基础数据，“一河一策、一湖一策”制订治理方案，建立问题、目标、措施、责任、负面清单，制定河段任务分解表和实施计划安排表明确治理时间节点，确保全面完成河长制工作各项目标任务。要联防联动联治，明确农牧、水务、环保、林业、国土等部门管理、整治、保护职责，健全监测监督体系，争取项目资金，加大违法行为执法力度，严厉打击各类环境违法犯罪行为，形成环境保护工作合力。要加大宣传力度，充分利用电视、网站等媒介，积极发动基层组织和群众工作积极性，扩大河湖治理成效。要加强督查考核，制订督查、曝光、问责“三位一体”制度，落实县、乡、村、社四级河长制，采取定期、不定期督查方式，加大不作为、慢作为、乱作为、不担当干部问责力度，营造良好干事创业氛围。

【城乡居民人身保险工作专题会议】 9月7日，副县长陈娜召集县财政局、民政局、卫计局、各乡镇（场）、街道办及中国人寿贺兰支公司负责人，就做好2018年度城乡居民有关事宜进行专题研究。

会议认为：开展老年人意外伤害保险工作，是积极应对人口老龄化、构建多层次、多元化老年人社会保障体系的重要途径，也是拓宽养老保障渠道、减轻政府和个人负担、提高老年人生活质量和幸福指数的一项惠民工程。全县2.5万名老人办理了意外伤害保险，占全县老年人总数的32%。为进一步加大工作力度，提高“夕阳保”办理率。会议决定：民政局牵头，中国人寿贺兰支公司负责组织实施，各乡镇（场）、街道办配合，为60周岁以上男性、55周岁以上女性办理“夕阳保”。民政局负责，为全县五保、低保、重点优抚对象中的老年人和享受高龄津贴的老年人统一投保，由县财政统一出资承保。由各乡镇（场）、街道办配合中国人寿贺兰支公司为辖区内符合条件老年人统一投保（除五保、低保、重点优抚对象中的老年人和享受高龄津贴老年人），以3:3:3模式收缴保费，即县财政为每人补助30元，村镇两级财政为每人补助30元，投保个人出资30元。

【做好一号通平台市民诉求件办理工作专题会议】 11月6日，县委常委、副县长王鹏辉主持召开。

会议指出“12345一号通”智慧城市管理指挥平台，集中受理全市市民诉求，按照属地管理原则派单办理、回复反馈。按照集中受理、分类交办、限时回复、统一回访的工作流程，对银川市下派贺兰县市民诉求进行受理办复，运行较平稳。受住建等部门超期办件、诉求工单回复不及时等情况影响，贺兰县市民诉求件办结率严重下滑，在银川市考核排名倒数，被银川市通报批评。

会议要求：各部门、各单位要本着积极、负责的态度解决老百姓的诉求，尤其是一些长期、久拖不结的诉求件，确保群众诉求件妥善解决。严禁使用正在协调、正在办理等措辞敷衍塞责，拖延不办。住建局、城管局、供水公司负责，梳理职责范围内的诉求工单，明确职能分工，创新工作方法，加大督办力度，尽快化解积压的市民诉求，杜绝同一问题反复被投诉的现象发生。明确专人负责，完善办理流程。电子政务中心“12345一号通”平台工作人员要熟知各部门、各单位的业务职能，加强与各部门、各单位的联系沟通、协调配合。对于涉及多个部门的诉求件，由电子政务中心牵头协调，确定诉求件主办单位、协办单位，建立协调联络机制，定期督办。各部门、各单位要固定专人负责本单位“12345一号通”平台，及时受理市民诉求工单，第一时间处理，按照接收、分派、督办、回复、回访等流程规范化处理。对属于本单位职能部门的立即转办、督办、回复，对在短期内无法办结的诉求件，要明确告知诉求人无法办结的原因、能办结的时间。不属于本单位职能部门的，要及时联系电子政务中心退单，坚决杜绝不接单、不办理，延误市民诉求件的办结。电子政务中心负责，协调县委督考办，将“12345”平台诉求件办理数量及办结率纳入全县绩效考核范围，科学合理设置效能考核赋分标准，对办结量大的单位适当给予加分，针对久拖不结的诉求件进行定期督办。电视台负责，电子政务中心配合，将市民反映的热点、难点问题纳入电视问政栏目进行曝光督办。同时针对诉求件办结较好的情况或比较集中的问题以专题栏目集中给群众进行反馈或解答。

政府办公室

【办文办会】 完成公文的审核起草、分发传阅和立卷归档工作。全年起草完成贺政党组发30次、贺政发文件177份、贺政办发211份、贺政函276份、政办通报35期、常务会议纪要18次、专题会议纪要154次、通知122期，没有发生文件办理失误的情况。上报政务信息829期、调研报告18篇，被区、市采用信息341篇，办理各级各部门来文3000余份。高质量起草政府工作报告、政府主要领导讲话以及重点工作汇报材料50余份。做好重点工作、大型活动和招商引资等协调服务工作。高标准做好政府全体（扩大）会议、经济形势分析会、重点项目对接会等会议的准备和组织协调工作。共承担国家、区、市党委、政府领导及外省、外县领导来贺检查、考核验收和观摩等活动60余次，受到各级领导的好评。

【政府信息公开】 推进全国基层政务公开试点工作，制订下发《贺兰县政务公开标准化规范化试点工作实施方案》《贺兰县关于全面推进政务公开若干重点工作实施方案的通知》《贺兰县2017年政务公开工作要点》等文件。推进试点领域政务公开事项清单和标准目录建设。针对13个试点领域，分别梳理出公开事项84个，初步完成试点领域政务公开事项清单，上报待审核。围绕征地补偿、保障性住房、环境保护等，按照“五公开”流程，对政务公开事项清单逐一梳理并细化。完成农业支持保护补贴、退耕还林补贴、水库移民补贴、成品油价格改革财政补贴、农机具购置补贴5项涉农补贴公开内容标准模板以及财政预决算2项公开内容标准模板，为试点领域公开内容模板化工作先行先试。升级政务公开专栏。在政府网站开通政务公开专题网页，专栏反映全县各部门工作开展情况。对标先进，对政务公开专栏做优化升级，共设置公开栏目110个，覆盖绝大多数公开领域。按照“五公开”原则加强对13个试点领域公开，新版政府网站朝着重点突出、全领域覆盖的方向发展。

【创办《贺兰县人民政府公报》】 刊载本县行政规范性文件、政府大事记、人事任免、全县经济运行数据等，首刊发行350份。

【政府信息查阅点建设】 完成图书馆和政务服务中心的县级政府信息公开查阅点挂牌和内部装修布置，建立政府信息查阅点工作制度，每周将主动公开的县政府文件纸质版送达供群众查阅。在覆盖乡镇、村部、街道社区、公交车站台、政务服务中心和县城重点区域范围内安装的具有触摸查询功能的78套城乡电子阅报屏开辟政务公开专栏。在广电网络有线电视开辟政务公开专栏，设置3大分类27个公开领域栏目，首次公开发布信息200余条。

【督查落实】 共组织协调各相关部门多次对重点开工项目、棚户区改造、京藏高速改扩建、城乡环境综合整治、违法用地整改情况等重点工作进行实地督查、暗访，印发工作通报35期。承办区、市领导批示件143件，转办县政府主要领导批示件80余件，均转交政府部门办理，并督促、跟踪办理进展情况，上报办理结果，办结率100%。将政府工作报告办理责任分解到部门，每季度通报政府常务会、专题会议落实情况，并跟踪督办。

【议案、提案和建议办理】 2017年，发挥牵头组织协调作用，把“两会”议案、提案和建议及为民办十件实事，通过勤会商、常联系、多协调，部门协作配合，保证办理工作完成，取得实效。2017年，县人大代表6件议案全部办结，7件建议办结6件，1件办理；承办县政协转送委员提案23件，其中：重点提案5件，一般提案16件，意见建议2件。提案办结20件，办结率95.2%。10件为民办实事全部办结。

【应急预案体系建设】 指导责任单位开展预案修订工作，完成修订专项应急预案18件，部门应急预案8件，在县安监部门备案的企业预案107个，环保局备案的企业预案12个。2017年共投入应急工作相关经费397万元，有效保证应急工作的开展。加强预警预测和隐患排查工作。按季度下发突发事件预测预警分析报告，为领导决策提供有效依据。按照《2017年度全县安全生产十大专项整治行动方案》要求，履行职责，重点关注苗头性、倾向性事件，组织开展各领域专项整治，排查化解各类隐患和不稳定因素，有效维护全县社会稳定。开展应急演练和宣传培训。全年开展培训130场次，应急演练200余场，发放应急宣传材料23万余份。执行24小时领导带班和应急值守制度。2017年，应急办共编发应急信息266期，未发生迟报、瞒报等情况。12345市民服务热线累计受理投诉9373件，办结回复9309件，办复率96%以上。

【信访工作】 年初与各信访联席会议成员单位签订《2017年信访维稳工作目标管理责任书》。开展县级领导定期公开接访制度，县级领导接访120人次，县直部门领导接访351人次，共接待来访群众378批5118人次，协调解决一大批关系群众切身利益的问题。2017年，全县信访突出问题共214件，化解189件，信访总量同比下降14.45%，区、市下达贺兰县的信访工作约束性指标均在控制范围内，主要信访数据全部实现下降。

【外事侨务工作】 实现侨情信息动态管理。向银川市外事侨务部门争取15000元资金，对全县贫困华人华侨眷属和归侨及其眷属进行慰问。对接北京侨联33名华侨和侨眷企业家对贺兰县现代农业进行考察。完成马来西亚外宾观摩考察团接待任务。成功帮助一名身患尿毒症、冠心病等重症的蒙古国华人化解

2.8万元涉外债务，促使其回国接受治疗。实施1个侨眷创业项目，争取资金1万余元。征集县四套班子领导和重点单位意见，科学制订2018年出访计划。严格领导干部因公出国管理工作，加强对出访团组结构合理性和任务实效性的审查，对合规出访团组，予以支持，协助办理各项手续。共受理自组团因公出国2次。

【政府法制监督】 制定《贺兰县法治政府建设2017年工作要点》，对法治政府工作作出安排部署。开展法治政府示范创建工作，确定14个单位为示范创建单位。建立权责清单动态调整机制。2017年，结合新颁布的法律法规及行政审批改革工作，对权责清单进行动态调整，取消调整新增行政职权87项，调整后，政府部门行政职权保留事项调整为2991项，责任事项对应调整为21945项。

【规范性文件管理】 2017年，对全县2001年以来，以县人民政府及县政府办公室名义制发的111件规范性文件进行清理，修改11件、废止16件、宣布失效6件、继续有效的规范性文件78件。

【政府法律顾问制度和公职律师推进】 2017年，除县政府聘请法律顾问外，全县5个乡镇16个部门均聘请法律顾问。坚持重大决策合法性审查制度。政府法制办、法律顾问列席政府常务会议，对重大决策事项进行法律把关。2017年，法制办及政府法律顾问共审查政府常务会议、县长办公会议研究议题138件，起草、修改合同等112件，信访接待答复39件。

【执法流程及案卷评查】 2017年，通过随机抽查方式，对26家重点执法部门112本行政处罚及行政许可案卷进行评查，通过告知函的形式向各部门反馈案卷评查情况。

【行政应诉】 督促相关单位履行人民法院生效判决。2017年，政府应诉案件经审理，驳回7起、原告主动撤诉10起、发回重审2起、判决政府承担连带责任2起。发挥行政复议职能，共受理行政复议案件11起，维持1起、终止8起、驳回1起、撤销原具体行政行为1起。

【机关事务管理】 组建贺兰县综合执法执勤用车保障平台，将42辆公车纳入平台统一管理。招聘驾驶经验丰富、技能过硬的司机到平台工作，按照贺兰县综合执法执勤用车保障管理办法做好日常车辆的调度、年审、日常维护保养等工作，保障用车单位的公务出行。2017年11月，建立贺兰县职工餐厅，解决县城内机关单位干部职工就餐问题。

【党组织建设】 结合党支部人员调动的实际情况，党组织的隶属关系调整以后，办理组织关系转接手续，规范党员管理，更新党员信息，发展预备党员1名。开展党组织和党员信息采集工作，完成39名党员的信息采集工作。完成党费收缴和党内统计工作。

【包村帮扶】 走访慰问金鑫村、团结社区共20名困难老党员，共送去慰问金6000元。开展精准扶贫工作。每月对欣荣村14户建档立卡贫困户进行入户，掌握贫困户的基本情况，做好建档立卡、日常动态管理及定期回访工作，传达精准扶贫相关政策规定，根据实际情况提供帮扶。春节前夕，为10户贫困户送去价值3000元的米面油慰问品，缓解过节开销压力。9月份，协调慈善总会为14户贫困户送去冬衣。组织办公室全体干部职工捐款，为建档立卡贫困户送去价值4400元的米、面、油及其他生活用品。

政府法制建设

【概况】 2017年，全县法制建设工作在推进依法行政上协助县政府领导开展行政管理涉法工作，为县政府领导依法行政和科学民主决策提供法制服务；对乡、镇、街道、政府各部门依法行政工作开展指导。按照县政府部署，检查法律、法规、规章的执行情况；代表县政府监督各乡、镇、街道和县政府各部门正确实施法律、法规，撤销或纠正其违法和不当的决定、命令。承办县政府管辖的行政复议、行政赔偿案件；受县长委托参与行政诉讼活动。为全县经济社会发展提供有力的法治保障。

【领导体制建立】 成立以县委书记任组长的贺兰县依法治县领导小组，承担法治政府建设各项工作。制定下发《贺兰县法治政府建设2017年工作要点》《贺兰县法治政府示范创建方案》，确定县公安局、市场监管局等13个部门、1个乡镇为示范创建单位。县政府法制办配备5名工作人员，其中：主任1名，工作人员4名，均为法律专业毕业。将法治政府建设工作分解到依法治县、决策落实、平安建设、依法行政等目标管理考核中，各项考核占到各部门全年目标管理责任书总分值的15%。2017年，安排政府法制办法制建设工作经费60万元。

【行政审批制度改革】 正式组建行政审批服务局，将全县14个职能部门的102项行政许可事项划转至行政审批服务局集中行使。率先实现“五证合一”“一照一码”商事登记制度改革基础，将社会保险登记证、统计登记证、食品经营许可证等10种行政许可和登记备案事项纳入“多证合一”登记新模式，实现立等取证、即办即走，证件编号适用统一社会信用代码。

【规范行政审批中介服务】 制订下发《贺兰县深化“红顶中介”专项整治实施方案》，对发改局等37家单位进行专项整治。贺兰县没有“红顶中介”。对全县各类劳务信息中介组织以及劳务派遣公司进行全面检查，按照经营范围进行划行归类，建立中介组织登记台账，实行分类监管。

【权责清单动态调整】 政府部门保留行政职权事项共计2960项，共编制梳理各类责任事项21844项。2017年，对权责清单进行动态调整，共取消调整新增行政权力87项，其中：取消行政职权15项、调整27项、新增45项。调整后，县政府部门行政职权保留事项由原来的2960项调整为2991项，其中：行政许可127项，行政处罚2304项，行政强制140项，行政征收20项，行政给付34项，行政检查106项，行政确认34项，行政奖励43项，行政裁决8项，其他类别175项。责任事项对应调整为21945项。

【规范行政事业性收费】 制定《贺兰县政府购买服务指导目录》，主要包括5类18款，共计56项具体事项，涵盖公共服务、社会管理服务等五大方面。开展行政事业性收费清理工作。共保留行政事业性收费项目20个，涉及单位11家，收费项目较2015年减少了18项，基金收费项目6个。

【转变政府投资管理职能】 梳理拟采用PPP项目12个，总投资42.6亿元。制定“6+X”部门会商制度，解决项目推进中存在的突出问题，促进项目早开工、早建设、早投产。共召开“6+X”部门会商会议7次，研究解决27个项目建设单位中存在的拆迁协作、土地调规、规划审批等38个突出问题。

【环境保护执法】 拆除20蒸吨以下燃煤锅炉117台，整治5家药企异味。中央第八环保督察组反馈问题年内全部整改销号。贺兰山自然保护区专项整治任务全部完成。全面推进河长制，落实县、乡、村三级河长。严厉打击贺兰山盗采砂石违法行为，贺兰山东麓环境综合整治取得阶段性成效。绿化美化城乡环境，完成植树造林7860亩，栽植各类树木230万株，绿化县城12处闲置空地。

【决策规范化建设】 重大措施、决策，财政预算、重大资金安排，价格机制改革等纳入重大行政决策范围。邀请专家咨询、论证、评估，为科学决策智力保障。全县党政机关普遍设立法律顾问、公职律师、国有企业推进法律顾问、公司律师制度。县政府聘请法律顾问，全县5个乡镇16个部门均聘请了法律顾问。实行听证制度。对供暖收费、自来水定价、重大行政执法等涉及行政相对人切身利益的决策事项，邀请行业专家、律师、公众代表等进行听证。2017年，共专题研究各类重大事项144件。

全部召开座谈会、听证会，广泛征集群众意见。2017年，法制办及政府法律顾问共审查政府常务会议、县长办公会议研究议题138件，起草、修改合同等112件，信访接待答复39件。

【综合执法改革】 将贺兰县城市管理监察大队更名为贺兰县城市管理综合执法局，承担城市管理及行政执法职能。研究制订《贺兰县深入推进城市管理综合执法体制改革改进城市管理工作实施方案》，将住建、水务、公安等6个部门306项行政执法事项划转至城市综合管理执法局。

【行政执法公示公开】 编制《贺兰县法治政府工作手册》，督促执法人员学习掌握。下发《贺兰县规范行政处罚自由裁量权工作方案》。规范执法流程及案卷归档标准。全年对26家重点执法部门112本行政处罚及行政许可案卷进行了评查。重点对各执法部门执法全过程记录、行政应诉、执法信息化运用等方面开展专项检查，对工作停滞不前的单位，下发整改意见书。

【社会信用体系建设】 制定《2017年推进贺兰县社会信用体系建设工作要点》，完善“双公示”工作体系。向国家及自治区信用平台报送信用信息4460条，其中行政许可3604条，行政处罚856条。制定《贺兰县社会法人守信激励和失信惩戒实施办法》，对失信企业加强监督检查，在行政审批中予以限制。开展企业信用信息公示，通过宁夏红盾信息网的企业信用公示系统，将失信企业纳入“异常名录”。2017年，累计列入企业经营异常名录信息1715条，移出224条，对272家经营异常户吊销工商营业执照。

【行政处罚立、查、审分离改革】 在县公安局、市场监管局等重点执法部门实行行政处罚立、查、审相对分离。坚持“合理分权、权责相应，相互制约”的原则，将行政处罚过程中的立案、调查取证和对证据资料的审核认定相对分离，分别由不同的机构或人员完成。

【强化依法监督】 强化权力机关监督，县人大听取和审议“一府两院”工作报告19项，接受《环境保护法》《慈善法》等法律贯彻执行情况执法检查4次。收到县人大议案6件，办结6件，建议7件，办结6件，1件进行办理。2017年配合县政协就美丽乡村建设情况、养老服务、县城规划管理情况等方面调研5次，视察2次，收到政协提案21件（重点提案5件，一般提案16件），意见建议2件。办结政协提案18件，正在办理3件。

【规范行政应诉】 制定《关于深入推进行政执法与刑事司法衔接工作的实施意见》《关于加强行政执法与刑事司法衔接工作绩效考核的通知》等。2017年，全县21家行政执法单位均已接通“宁夏党政网综合管理平台”，累计录入2000元以上行政处罚案件834件，监督立案8件，判决生效4件，有罪判决率达50%。

【社会监督】 高效办理12345市民服务热线诉求，下发12345专线快报，按月通报办理情况，对群众反映的问题，做到领导批示、专人跟踪、部门落实。2017年，共受理民生事件8610件，其中，已办结8322件，288件正在办理中。共受理信访举报122件（重复49件），初核问题线索137件，立案97件，给予党政纪处分82人。

【矛盾纠纷排查】 2017年，人民调解网络排查三级纠纷426件，全部调处成功，二级纠纷2件，全部调处成功；一级纠纷3件，已全部通过法律援助解决。开展矛盾纠纷大排查87次，调解各类矛盾纠纷520余件，兑现调解资金1200万元，预防“民转刑”18件，预防群体性上访3起700余人。县人民调解中心自2017年投入使用，共受理矛盾纠纷284起，成功调处278起，成功率达97.89%。

【行政复议实施】 设立行政复议委员会，将县公安局、市场监管局作为试点单位，实行行政复议案件集中受理、审查、决定，统一送达，切实畅通行政复议渠道，提高复议案件办理质量。2017年，共受理行政复议案件11起，维持1起、终止8起、驳回1起、撤销原具体行政行为1起。

【信访维稳】县委、政府分管领导定期主持召开信访联席会议，通报信访工作情况，研究解决信访问题，安排部署领导干部接访、信访积案化解、矛盾纠纷排查化解等工作。各单位配备信访专干，形成专人受理。组织信访专干32人参加区、市信访信息系统应用及信访规范化建设培训。2017年，全县共召开信访听证会8次；共接待、办理群众来信、来访、网上投诉546件898人次，同比件次和人次分别下降21.89%和74.12%，信访事项及时受理率100%，按期答复率100%。

【政府人员学法活动】2017年，利用政府常务会学法4次，重点学习《安全生产法》《环保法》等法律法规。由县人大法工委对领导干部进行任职前、任职期内法律知识测试，县组织部把推进依法行政、建设法治政府作为领导干部任职考核、职务晋升的依据之一。2017年，县人大法工委对全县30余名领导干部进行任前法律知识测试。邀请复旦大学刘士国教授为全县300余名领导干部讲解新出台的民法总则。为全县1900余名干部配备法律读本及学法笔记本。利用国家工作人员无纸化学法用法考试平台，组织全县2976名干部参加了《禁毒法》考试，参考率为全市第一。举办领导干部依法行政培训班，通过以案释法的形式深入讲解贺兰县依法行政工作存在的主要问题及具体解决思路，涉及住建、国土、林业等多部门多领域，通过“点名道姓”的讲解方式，真正使培训触动领导干部的神经。利用“12·4”宪法日，组织领导干部宪法宣誓活动。

【阳光政务推进】成立贺兰县政务公开工作领导小组，政府办公室加挂政务公开管理办公室牌子，安排3名专职工作人员开展工作，承担政务公开指导、监督、管理等日常工作。49个政务公开责任单位分别成立政务公开领导小组，明确一名分管领导和一名专职工作人员开展政务公开日常工作。对政府门户网站进行针对性的改版，特别加强政务公开专栏建设，增加政府信息公开指南等11个政务公开共性栏目，以及权力责任清单、财政资金、环境保护、保障性住房等28个政府信息公开专题目录。不断优化调整政府网站信息公开栏目，在原有28个重点领域公开目录的基础上，新增公共资源交易、审计公告、PPP综合信息3个专项领域的信息公开目录，扩大信息公开广度和深度。

政府信息公开

【概况】2017年，全县政务公开工作以建设法治政府、创新政府、廉洁政府和服务型政府为目标，有序推进全国基层政务公开标准化规范化试点，落实决策、执行、管理、服务、结果“五公开”，不断提升公开的质量和实效。

【信息公开制度建设】调整县政务公开工作领导小组，在政府第十八次常务会议上，听取全县政务公开工作情况汇报，对是国家级基层试点工作作出重要安排部署。制发《贺兰县全面推进政务公开若干重点工作实施方案》《贺兰县2017年政务公开工作要点》《贺兰县2017年度政务公开绩效考核细则的通知》《贺兰县政务公开标准化规范化试点工作实施方案》，有效推进政务公开工作。

【信息公开机构建设】县人民政府办公室加挂政务公开办公室牌子，设立专门办公场2017年政府信息公开工作年度报告所，明确4名专职工作人员，承担政务公开指导、监督、管理等日常工作。全县共确定50家政务公开工作单位，其中乡镇（场）8家，政府部门和直属机构42家，各责任部门也明确分管领导，配齐专兼职工作人员。

【决策公开实施】作出重大决策前，组织相关部门召开专题会议进行讨论研究，充分听取意见建议。2017年，专题研究各类重大事项144件，涉及公共利益和群众切身利益的决策事项，召开座谈会、听证会，通过网上征求意见等形式听取群众意见，拓宽群众参政议政渠道，保障群众合法权益。将教育、医疗、住房保障、低保等重要民生事项，以及社会治理、招商引资、环境整治、城市建设管理等重大决策事项列入政府信息公开目录。

【信息公开培训考核】 将政务公开工作纳入全县绩效考核体系，将政务公开分值占比由原来的1.5%提高到4%。开展日常督查和业务指导，分期按季度发布《全县政务公开及政府网站信息保障工作的督查通报》，督促落实不力的单位予以整改落实。召开全县政务公开试点启动大会暨政务公开专题培训班，邀请自治区、银川市领导和专家授课。围绕政府网站维护、标准目录和事项清单梳理等工作，以讨论会、联席会、座谈会等形式，组织责任单位开展4次集中培训，从信息公开内容到网页维护，从公文公开属性标识到公开事项目录梳理等进行系统性的学习，接受培训人员616人次。

【政府门户网站建设】 加强政务公开专栏建设，增加国务院文件以及自治区、银川市信息转载栏目，设置包括政府工作报告、公开指南、年度工作报告、主动公开目录等11个政务公开共性栏目，以及权力责任清单、财政资金、环境保护、保障性住房等28个政府信息公开专题目录。在原有重点领域公开目录的基础上，新增公共资源交易、审计公告、PPP综合信息3个专项领域的信息公开目录。新版政府网站调整优化政府网站信息公开栏目，加强对13个重点领域的公开，突出“五公开”原则。

【信息查阅点和新媒体建设】 建设完成档案馆、图书馆和政务服务中心3个县级政府信息公开查阅点，建立政府信息查阅点工作制度，定期存放政府信息供群众随时查阅。在覆盖乡镇（场）、行政村、街道社区以及公交站台、市民大厅等区域安装具有触摸查询功能的电子阅报屏开辟贺兰政务公开专栏，开通106套。通过广电网络有线电视平台，设置三大类27小类公开栏目，发布政府信息600余条，政务公开触角延伸至居民家中。申请开通“贺兰县人民政府发布”微信公众号，设置政府文件、政府常务会议、重点领域信息公开等栏目。

【创办政府公报】 首刊发行《贺兰县人民政府公报》，刊载贺兰县行政规范性文件、人民政府和政府办公室文件，选登人大常委会公告，政府人事任免、政府大事记等需要公开的政府信息。公报由贺兰县人民政府办公室主管、主办、编辑、出版，是面向全县各机关事业单位、人民团体、政府直属机构、重要工矿商贸企业公开发行的政府出版刊物。采用季刊，计划全年发行4期，2017年贺兰县“两会”期间向人大代表、政协委员及出席会议的企业家代表赠阅700余份。

【政策解读工作】 以政府或政府办公室名义印发的政策性文件，牵头起草部门上报文稿时经本部门主要负责人审定的解读方案和解读材料作为附件报送，上报材料不齐全的，政府办公室按规定予以退文。以部门名义印发的政策性文件，报批时将解读方案、解读材料报部门负责人审签。文件公布前，做好政策吹风解读和期引导；相关解读材料与文件同步在政府网站公布。

【推动政策改革落实】 县主要领导分别在6月29日和11月2日接受银川日报专访，以《创新引领实现贺兰县全要素发展》《笃定实干新时代要有新作为》为标题全方位解读全贯彻落实十九大精神情况和未来五年的发展战略。创建首个政策研究微信平台《贺兰微政研》，推送政策解读、热点关注、改革动态、调研文章等参考信息，累计推送55期。在贺兰县电视台开辟制作改革督查专栏《改革进行时》系列专题纪录片，栏目针对重点领域和关键环节改革的措施、目标、承诺等进行专题报道，以群众的视角，采取体验式的拍摄方式，通过改革前后的对比体现改革的成效。

【网络舆情管理】 印发《关于加强全县网络舆情管理工作的通知》《关于进一步规范全县互联

网信息发布管理的通知》等文件，落实网络媒体审批登记备案制度、互联网信息安全责任制，建立完善网络舆情预警处置制度、网上评论工作制度和《贺兰县突发事件媒体应对应急预案》，形成全县协作联动、应对的快速处置机制。

【常态监督工作】2017年，银川市下派贺兰县诉求件共9393件，办复9329件，办复率99.5%，主要反映的问题包括：小区物业、房屋质量、环境、噪声、噪音和油烟污染、公共设施维护及征地拆迁等与市民生活息息相关的民生问题，办理过程中绝大部分的市民诉求得以解决。2017年，按照区、市文件要求，开通人民网地方领导留言板账号，及时对网民留言进行答复，全年未发生网络舆情问题。

【电视互动栏目创办】在电视台开设政民互动栏目，将县委、人民政府的重大决策、城市建设、社区治理等通过广播电视、网络及时向社会公开，全年播放《贺兰新闻》413期，录制《电视问政》11期、《公仆走进直播间》25期，通过电视台微信公众号发布信息近3000条。在政府网站首页设置县长邮箱、“12345一号通”等。

【重大项目建设信息公开】制订《贺兰县强谋划抓推进增投资工作实施方案》《贺兰县提效能求突破决战一百天实施方案》。2017年，住建局初审项目121项，360余个方案，召开建设工程规划方案专家评审会11次，召开规划委员会11次，出具建设用地规划设计条件269项，工程定位放线、验线68项，规划竣工验收审查68项，查处32项违章违规建设行为，下达行政处罚决定书26份、拆除通知书6项。

【经济运行信息公开】每月编发全县主要经济指标完成情况，加强数据的横向纵向对比，撰写全县经济运行情况分析。捕捉经济运行中的热点、焦点问题，撰写有关全县战略性新兴产业发展、工业可持续发展、投资形势、整体经济发展趋势等方面的统计专报及调研课题，全年通过政府网站发布统计调研分析信息112篇。开展预算执行情况分析，每月编印“贺兰县财政收支月报”，定期向县委、人大、政府和自治区厅局报告，自觉接受人大常委会监督，接受审计部门对预算执行和决算的审计监督。

【公共资源配置信息公开】抓好征地拆迁、土地使用权出让、产权交易、保障性住房分配、政府采购等方面的信息公开。国有土地使用权出让领域。2017年，贺兰县供应土地110宗，面积452.183公顷。其中报交易中心挂牌成交73宗，划拨方式供地37宗。公开征地信息49条，各类执法监察信息28条。所有出让、划拨、变更土地用途的公告在政府网站、国土资源局网站公开发布，也可在土地市场动态监管系统进行查询。住房保障领域。全面实施公共租赁住房全过程“阳光”操作，对新申请的252名保障户进行审核、公示，对符合保障条件的3批165户实物配租于和平社区和正基一号小区，取消保障资格51户。按照《贺兰县行政事业单位职工住房货币化分配方案实施细则》要求，第十批领取住房补贴的83名退休干部职工公示，发放住房补贴资金126.8万元。政府采购领域。改进政府采购机制，启用政府采购公共服务平台，提高政府集中采购限额，与银川市采购工作接轨。同时，切实推进政府购买服务工作，在多个领域试行社会化服务工作，探索政府购买服务新形式。工程建设项目招投标领域。印发《贺兰县政府投资项目建设工程标后管理暂行办法》，对发生中标无效、挂靠、转包、违法分包等情形，加大处罚力度。共完成公开招标项目97项，中标金额8.1亿元。国有产权交易领域。公开全县闲置的46所合并撤销村级小学校产、校舍及校田情况，发布部分经营性资产租赁广告，公开经营性资产收益，强化国有资产管理。

【权责清单动态信息公开】政府部门保留行政职权事项共计2960项，共编制梳理各类责任事项21844项。2017年，结合新颁布的法律法规及行政审批改革工作，对权责清单进行动态调整，共取消调整新增行政权力87项，其中，取消行政职权15项、调整27项、新增45项。调整后，贺兰县政府部门行政职权保留事项由原来的2960项调整为2991项（行政许可127项，行政处罚2304项，行政强制140项，行政征收20项，行政给付34项，行政检查106项，行政确认34项，行政奖励43项，行政裁决8项，其他类别175项），责任事项对应调整为21945项。通过政府网站全部对外公开发布。

【文件规范性制度建设】 制定《贺兰县人民政府规范性文件合法性审查制度》《贺兰县人民政府规范性文件备案和备案审查制度》《贺兰县行政规范性文件制订管理办法》等各项制度，按照自治区和银川市关于规范性文件清理工作的要求，对照"放管服"改革工作和生态文明建设要求，对贺兰县2001年以来，以贺兰县人民政府及政府办公室名义制发的111件规范性文件进行全面清理，修改11件、废止16件，其中：1件涉及以审计结果作为政府投资建设项目竣工结算为依据的规定、宣布失效6件、继续有效的规范性文件78件，通过政府门户网站对外公布，接受群众监督。

【政务服务全程公开】 对承接的所有审批事项逐项梳理论证，简化优化政务服务流程，提高办事效率。探索实行"十证合一"，实现立等取证、即办即走，有效激发社会投资创业活力。在银川市率先推出"双向快递"服务，实现申报材料和审批结果通过快递服务直接送达。设立乡村服务网络，在各乡镇（场）建成标准化民生服务中心，在64个行政村建设民生代办点，将27项民生事项纳入代办服务范围，实现县乡村三级联网服务。依托宁夏政务服务网，探索网上受理审批业务，对所管辖的行政许可、行政确认、行政给付、行政征收、其他类和公共服务类6类政务服务事项进行全面梳理，将每项事项的基本信息、设定依据、申请材料、特殊环节、年审年检、办理流程等87项要素全部在网上进行公示。完成涉及财政局、国土资源局等33家部门897项政务服务事项录入工作，62%的政务服务事项可采取网上办理、无偿代办、快递送达的方式，实现不见面办理。

【财政资金信息公开】 按照建立公共财政体制要求，加强预算编制透明度，切实推进财政预决算公开，推进全县所有预算单位开展预决算及"三公"经费公开工作。2017年财政预算执行情况及2018年财政预算安排情况在政府网站和政务公开栏公开。配合自治区财政厅对2016年决算公开公示情况进行检查，做好整改工作。全面推行国库集中支付电子化管理改革、收支经济科目分类改革及预算编制改革工作，确保财政支出更加安全快捷，预算编制更加规范和公开透明。改进政府采购机制，启用政府采购公共服务平台，提高政府集中采购限额，与银川市采购工作接轨。同时，切实推进政府购买服务工作，在多个领域试行社会化服务工作，探索政府购买服务新形式。推进会计集中核算向国库集中支付转轨改革工作，落实人员、账户及财政管理等各项改革措施，努力解决部门会计主体责任不清、财务管理职能弱化等问题。坚持从紧从严管理，进一步落实"八项规定"要求，修订完善《贺兰县行政事业单位差旅费管理办法》《贺兰县公务接待管理办法》等相关制度。顺利实施公务用车制度改革，拍卖公务用车139辆，拍卖价款330万元全部上缴国库。通过政府网站公开财政预决算及三公经费信息232条，涉农资金信息29条，专项经费信息90条。

【企业信用信息公示】 按照《企业信息公示管理条例》规定，开展企业及个体户信息公示工作。通过宁夏红盾信息网的企业信用公示系统模块，将辖区内各类市场经营主体信息进行公示。2017年应参加年报企业5232户，累计年报4734户，累计年报率为90.6%；应参加年报个体工商户10650户，累计年报10492户，累计年报率为98.5%。

【市场监测信息发布】 全县纳

入商务部市场监测统计系统的样本企业共计 50 家 68 个门店，通过生活必需品监测系统、商贸流通监测系统、市场资料监测系统以周报、月报、旬报、季报、年报形式掌握企业不同阶段的销售数据，加强市场综合分析和预测工作，对本地月、季、半年和年度市场运行的总体情况进行综合分析，作出科学判断和预测，为上级部门指导市场提供依据。开展元旦、春节等重大节日市场供应及生活必需品、新农村商网、贺兰商务预报、重点流通企业监测等系统网站的信息发布、市场运行分析、市场测预警工作。

【脱贫扶贫公开】在政府网站、各乡镇场公开栏公开县、乡镇年度脱贫计划、扶贫项目、资金安排及落实情况等信息，坚持扶贫资金项目公告公示制，不断扩大公告公示和范围。制作贺兰县连心联系卡，公开各部门负责人及工作人员联系方式，及时提供政策咨询、事务办理、意见收集等方面的服务。

【社会救助信息公开】落实《自治区人民政府关于进一步加强和改进最低生活保障工作的实施意见文件，每月中旬对低保救助、高龄津贴、医疗救助、临时救助等发放人员名单及金额通过政府网站进行公示，全年发布社会救助类信息 83 条。

【教育领域信息公开】教育部门通过政府网站和贺兰教育网对教师资格认定、教师招聘、招生考试、片区管理、教育督导等信息主动公开，对承担的市、县议案及“为民办实事”中涉及学校扩容提质、学生救助、就近入学、教育重点工程建设等情况进行公示；对规范性文件和教育政策类信息全文公开。2017 年，共公开发布各类教育信息 600 余条。

【医疗卫生领域信息公开】发布《贺兰县开展“因病致贫因病返贫”农村人口精准医疗扶贫实施方案》，分别在疾控和监督网络上公开饮用水源监测、供水单位饮用水监督信息，对公开竞聘第一人民医院和常信乡卫生院院长进行公示公告。公开各级医疗卫生机构资质、诊疗管理制度、服务项目、诊疗流程、收费依据和标准、医疗报销规定和程序、便民措施、医疗投诉方式等公共卫生类信息 43 条。

【食品药品安全监管信息公开】将全县行政处罚一般程序案件通过宁夏红盾信息网和宁夏食品药监局门户网站向社会公示接受监督，2017 年，共办结 62 起，全部公示录入行政执法与刑事司法信息共享网络平台。建立全县食品安全网格化监管公开机制，将食品经营主体细化成 18 个责任区，形成全面覆盖、职责明确、分片包干、责任到人的食品安全监管网络。在全县各大中型超市，所有保健品、药品经营场所张贴食品药品投诉举报标识牌，方便消费者投诉举报和监督。通过政府网站、电视台公布食品药品安全监管动态、监督抽检结果、质量警示等，累计发布公开信息 152 条。完成“双随机一公开”信息 7 条。全年共受理各类申诉举报 359 件，及时回应公众关注消费热点，为消费者挽回经济损失 150.14 万元。

【社会保险信息公开】通过自治区社保局门户网站、政府网站、公示栏等方式对 2017 年度社会保险经办工作要点、“五险合一”经办流程、社会保险季度运行分析、2017 年度社会保险缴费基数和福利待遇计发标准、养老保险待遇领取资格认证公告、12333 掌上 APP、各项业务经办流程等 119 条信息进行公开。按照自治区社保局要求，对年度社保经办机构信息、社会保险整体开展情况、各类社会保险参保征缴信息、各类基金运行情况、社会保障卡发放情况和医疗定点机构、定点零售药店情况进行披露。

【环境保护信息公开】重点加大环境执法、空气质量、建设项目环境影响评价等关注度高的信息公开力度。利用“贺兰环保”政务微博回应群众投诉反馈情况。2017 年，共主动公开环保工作动态信息 118 条，空气质量信息 34 条，行政处罚、限期整改等执法信息 20 条，排污费核定公告 3 条，环境影响评价及竣工验收公示公告等相关信息

230余条，重点污染企业监测报告70条，排污许可证发放信息6条，环境整治情况20条。将污染减排、污染防治、打击违排污，推进重点工作实施。

【金融风险防控信息公开】9月份，建立全县经济金融形势月度分析联席会制度，及时了解经济金融政策、准确把握经济金融运行态势，有针对性地做好信贷支持工作，促进贺兰县经济社会快速发展。开展小额贷款公司“现金贷”问题和涉嫌非法集资风险专项排查整治，清理整顿大宗商品类、文化艺术类交易场所，利用广播电视、网络媒体、手机短信等方式发布涉嫌非法集资广告资讯，多方位、多角度的宣传非法集资的特点和形式，扩大受众人群，维护县域金融稳定。

【安全生产信息公开】制定《贺兰县安全生产举报奖励办法》，对群众举报查实的隐患和安全生产违法行为给予奖励，推进安全生产违法行为信息公开。畅通12350举报投诉电话，接受社会群众监督，提高安全监管监察行政执法工作透明度，贺兰县电视台对全县安全生产会议、安全生产法律法规、安全生产工作动态向公众发布。安全生产月期间，邀请贺兰电视台对全县安全生产月活动开展情况进行专题报道，通过政府网站公开安全生产类信息52条。

【政府信息主动公开】2017年，全县各级行政机关主动公开政府信息13547条，其中，通过政府网站公开5931条，政府公报公开46条，政务微博公开1426条，微信公众号公开1206条，其他方式公开4938条。回应公众关注热点或重大舆情796条，参加新闻发布会2次、电视台在线访谈28次，发布政策解读稿件68篇，微博微信回应事件702次，其他方式回应事件1235次。

【政府信息依申请公开】2017年，全县各级行政机关受理政府信息公开申请16件，其中，当面申请1件，传真申请4件，网络申请10件，信函申请1件。收到的依申请公开件全部办结。全县各行政机关向公民、法人和其他组织提供政府信息，全部实行免费。因信息公开申请行政复议及提起行政诉讼情况。2017年，全县各行政机关受理有关政府信息公开方面的行政复议案件0件，行政诉讼案件1件。未发生公民、法人和其他组织认为行政机关不依法履行信息公开而提起举报。

【人大代表建议办理结果公开】县十八届人大一次会议代表议案6件全部办理完毕，意见建议7件，6件议案；办结6件，1件进行办理。贺兰县政协转送委员提案23件，其中，重点提案5件，一般提案16件，意见建议2件。提案办结20件，办结率95.2%。重点提案2件意见建议全部办结。10件为民办实事全部办结。办理情况、办理结果通过政府办公楼外公示栏、政府网站转载政府办公室文件的方式向社会公开公示。

信访工作

【概况】2017年，全县信访共接待、办理群众来信、来访、网上投诉512件864人次，同比件次和人次分别下降23.24%和73.35%。来访总量下降。全县共接待来访148批500人次，同比批次下降68.17%，人次下降83.55%，群众采取走访方式反映诉求的比例不断减少，信访结构优化。网上信访上升。依托区、市、县三级信访部门网上投诉受理平台，接收办理群众网上投诉事项360件，占信访总量的70.31%，同比上升1061.29%。信访事项办理受理率100%，按期答复率99.51%，信访部门群众满意率92.32%。全县共发生重点地区涉访2批3人次。对信访工作责任落实不力的22名党政领导干部问责。

【落实信访工作责任制】落实“属地管理、分级负责”和“一岗双责”信访工作责任制，签订《2017年信访维稳工作目标管理责任书》，将信访工作纳入各单位月度、季度和年度绩效考核，加大越级集体访和到自治区、进京非访、网上信访、“三率”的考核权重，完善量化约束性指标控制工作，监督和强化信访工作责任制落实,强化平时考核、综合考评、指标控制监督通报工作，着力压实信访事项主体责任和化解责任。

【**领导接访信访**】 每个工作日安排1名党、政县级领导和1名县直部门领导在县信访局接待室接待来访群众，并设置AB岗，确保每天有县级领导到信访接待场所接访。实行信访情况日通报，对突发性、群体性信访事件，发函交办相关责任单位办理。县级领导接访107人次，县直部门领导接访331人次，接待来访群众335批4535人次。各乡镇（场）党政一把手搬迁至一楼，接待来访群众，确保将问题化解在基层。坚持每月召开一次信访联席会议，针对突出性问题召开专题会议研究。对全县信访情况实行月通报、季通报，每月开展督查督办工作,推进突出信访问题化解进度。

【**矛盾纠纷排查化解**】 对元旦、春节期间全县信访维稳工作进行安排部署，开展突出信访矛盾纠纷排查化解工作。由县劳动保障监察大队牵头，对全县建筑领域农民工工资支付工作进行地毯式排查，对存在欠薪隐患的建筑企业，责令限期支付。在县劳动保障监察大队进行合署办公，集中处理欠薪案件。各乡镇（场）、各单位对本辖区、本单位可能存在引发群体性事件、越级区、市上访和重大活动会议期间进京上访的重大信访隐患问题进行排查梳理上报，实行领导包案，落实责任制，每周上报最新办理进展情况，把影响稳定的问题解决在基层。对重点稳控人员实行“六包一”责任制，加大管控力度，落实“人盯人”的稳控措施，做到24小时不失控。

【**突出问题化解**】 2017年，全县开展“平安贺兰”建设、“作风建设深化年”和“人民满意信访”主题活动，开展信访突出问题百日清零集中整治，以化解重点信访问题为突破口，以县级领导包案化解为抓手，着力推动突出信访问题、历史遗留问题和信访积案化解工作取得实效。成立贺兰县历史遗留问题化解工作领导小组，牵头组织各部门对全县工程建设、土地征收、房屋拆迁、中心村建设、小城镇改造、房产证办理、土地流转、企业改制、农民工工资清欠、养老保险和非法集资等方面突出信访问题进行排查梳理和调研，重点梳理排查近年来发生的规模性集体上访、到区、市上访、进京上访以及长期缠访闹访、非正常上访等方面问题。对排查梳理重点信访案件和自治区、银川市交办的影响社会稳定突出问题，实行县级领导包案，牵头制订化解方案，组织实施开展走访化解，不销号、不脱钩、不撒手。对县级领导包案化解信访突出问题工作实行周通报制，每半月听取一次各县领导包案下访化解信访突出问题工作情况汇报。一品中堂、宝庆花园、乌托邦小镇等延期交房问题，永泰花园、塞上阳光水岸、泰和地中海等不动产登记办理问题，立岗镇山河路拆迁安置，兰光中心村、金贵小城镇建设遗留问题，习岗镇新平园区、洪广镇金山村插旗口土地确权，江南中心村、中汽配、海亮国际等拖欠农民工工资等一批重点信访问题得到化解。

【**信访问题基层化解**】 梳理发生的进京、越级自治区、银川市上访事项，实行“六包一”责任制，明确责任领导、经办人员。对于国家、自治区、银川市转送的越级上访对象，包案领导每月约谈一次，听取信访人的诉求，掌握信访人动态。排查可能发生进京上访和越级自治区、银川市上访隐患，甄别诉求类型，按照“六包一”责任制要求，落实领导包案，制订切实有效的化解方案，依法就地化解。

【**重点人员稳控**】 对排查出的重点人员，按照自治区重点人员，一名县级领导，一名乡镇街道领导，一名乡镇街道干部，一名公安干警，一名综治专干，一名村、社区干部稳控工作机制要求，逐人落实“六包一”稳控责任人。对有进京上访苗头的重点人员，要提前排摸，逐人谈话、实行“人盯人”逐人稳定，每天早、晚“两见面”，做到24小时不失控，确保不发生进京两访事件。

【**县级领导下访回访**】 与重点

人员亲自见面，听取重点人员的申诉，对重点人员反映的问题进行全面调查核实，搞清反映的所有问题及事实、原处理意见的法律政策依据，信访人坚持的理由、思想状况和生活状况，形成文字材料，分析症结，查找原因，提出具体处理意见。通过下访回访，做好重点人员思想教育工作，掌握重点人员动向，发现进京上访苗头，要处置处理。

【网上信访督办】 在通过系统转送、交办网上信访事项的，通过电话通知有关责任部门受理、办理,每天登录系统，随时刷新状态，即时电话指导责任部门出具《受理告知书》、做好满意度评价工作,对即将到期信访事项实行“一日两催办”看死盯牢，既催办下级信访部门，也催办责任单位的责任人，杜绝超期受理办理评价情况。每月对全县网上信访情况进行通报。对提升“三率”工作没有明显成效、网上办理存在错误导致全县网上信访受理办理评价工作滞后的给予点名通报批评，对网上信访工作办理过程中存在普遍性的问题，给予指导，加强责任单位网上信访工作的效率，实现以考核压实责任、倒逼工作的效果。

档案工作

【概况】 2017年，全县档案工作对全县范围内所属各机关、团体、企业、事业单位的档案工作进行监督、检查和指导。对所属各机关、团体、企业、事业单位和其他组织文件材料的收集、整理和归档等工作进行指导、咨询服务。依法接收、征集应当进馆的档案、资料。开展对馆藏档案进行规范化整理、科学化管理和安全保管。向各部门、社会各方面提供利用档案，开发馆藏档案信息资源。组织实施全县档案信息化建设、档案数字化工作。

【档案服务】 落实上班期间等候接待、现场登记受理和节假日预约查档工作机制，做好来访查档接待服务。免费为查档群众提供所需的档案复印证明件，为群众办理廉租房、不动产登记、退休及医保社保手续、房屋过户、供水供热系统改造等方面提供有效证明，实现零上访的信访接待处理服务目标。

【帮扶脱贫】 成立精准扶贫和定点帮扶工作领导小组，指定专人分工负责两个点的日常联系工作。2017年，与欣荣村和广荣村13户帮扶户签订结对帮扶协议书26份，建立家庭经济收支台账13本，上门开展宣政策、拉家长、送服务、联就业、制规划等活动10次。来到立岗村开展定点帮扶活动10次，政策宣讲2场次，参与环境卫生整治10次，对村上的贫困户和老党员进行走访慰问，送去慰问金8000元；并为13户帮扶户每户送去价值达600元的单位自筹、干部职工捐款购买的生活用品及自捐的衣服、书包等孩子学习用具；为1户意向性联系就业岗位，为1户两个儿子解决学驾照的费用2000元。

【法制宣传】 调整充实档案局依法行政工作领导小组和“七五”普法工作领导小组组成人员，制定《档案局2017年依法行政工作要点》《档案局“七五”普法实施方案》《档案局2017年档案法制宣传教育安排意见》，编印以《档案法》《宁夏档案条例》《保密法》等为主要内容的档案法制宣传手册和以国家档案局8号令、9号令、10号令为主要内容的宣传资料，上门赠送、上街发放、设点领取，与工作人员签订保密承诺书、向来访人员发放保密宣传资料、在机关内部开展保密知识测试。

【群众档案查阅服务】 为来访接待和查档免费提供档案复印证明件等服务。全年共接待来访查档群众516人次，免费提供证明材料450余份，电话回访满意率为100%。

【档案接收】 年内对新接收进馆的文书档案条目和全文录入数字化率达到100%指标完成情况，加快各机关单位文书档案归档整理工作。对41个单位的文书档案进行指导整理，共整理文书档案 1262卷13208件；接收进馆永久和30年档案722卷7326件，并全部进行条目录入和全文数字化扫描。

【档案数字化处理】年内对接收进馆的文书、民生等档案全文数字化扫描，对历年进馆的文书档案进行全文数字化扫描处理，对县委办、政府办等近10个单位历年进馆文书档案近10000件进行全文数字化扫描。

【基层档案整理指导】对全县各单位档案管理开展集中执法检查至少一次以上指标落实情况，对审计局、司法局、供销社等24家单位档案管理工作进行督查，并对督查情况在全县范围内进行通报。指导3家企业完成档案评估验收工作指标落实情况：对泰益欣生物制药、银川长湖实业有限公司等3家企业进行实地指导和业务培训，指导3家企业完成档案评估验收工作

【移民档案征集】移民档案的征集工作主要集中在政策性移民集中的京星农牧场和生态移民集中的洪广镇欣荣村和广荣村进行，采取自愿捐献登记发证、代替保管取用自由、代管有偿征集结合三种方式对散在于民间、反映移民工作的文献资料档案、图片资料档案、实物资料档案进行征集进馆保存。

【资金争取】年内争取的档案馆建设资金和国民档案编研资金558万元全部到位。招商引资1000万元完成情况：达成投资协议，于10月底落实到位。

【历史档案图书编撰】按照区、市档案局2017年档案编研工作的要求和县档案局工作安排，聘请相关人员撰写《珍藏在历史档案中的知青岁月》一书并出版发行。

政务服务

【概况】2017年，县行政审批服务工作执行“委托代办制”“一审一核制”“联席会议制”“限时办结制”“首问责任制”，确保政务中心“一部式”审批、“一条龙”服务。开展进驻单位政务服务工作指导、检查、监督。承担来访者、办事者的导向、受理、投诉、释疑等接待工作，跟踪服务，督办落实。组织相关部门做好打照制证、规划报建、测量等现场踏勘工作。

【组建审批局】完成县行政审批服务局的机构组建、职能调整、编制划转、人员调配等工作。新成立的审批局承接14个部门的102项行政审批事项、18个部门的98项公共服务事项。各窗口累积受理审批服务事项101.2万件，与2016年同期相比上升25%，办结率99%，群众满意率99.8%。

【优化审批流程】出台《贺兰县减审批提效能优服务实施意见》。结合全县权力清单、责任清单，取消、调整和新增职权事项87项，所有事项办理时限减幅达68%；提交申请材料由原来所需的768份减少到384份，减幅达50%；办事环节由过去的712个减少到369个，减幅达48%。

【政务服务标准化建设】编制出台102项审批事项的办理规程，涵盖事项名称、法律依据、申报材料、办理流程、办理时限、收费标准等20项要素，做到“同一事项、同一标准、同一编码”。并通过政府门户网站、网上办事大厅、实体大厅电子屏、办事指南手册等向社会公布，减少审批人员自由裁量权，使各项审批权限有章可循、按规操作、“阳光”运行，为办事主体提供“无差别服务”，实现“谁来办理都一样、找谁审批都一样”。

【项目投资服务】围绕全县加快投资项目建设这一重点任务，主动靠前服务。建立开辟绿色通道、帮助代办手续、上门踏勘审批、下班延时服务、节假日预约服务等一系列制度，企业投资项目全流程审批控制在90天内完成。2017年，为杭萧钢构、泰益欣制药、厚生记食品、太阳城中学等60多个重点项目高效办理审批手续，促进项目的开工建设和投产达效。在发挥“6+X”部门会商平台作用的同时，组织召开25次审批协调会，研究解决项目审批中的困难问题。

【深化商事制度改革】实施实行“证照分离”和“多证合一”制度改革，采取“一表申请、一

窗受理、并联审批、信息共享”的登记审批模式，将社会保险登记证、统计登记证、食品经营许可证等10种行政许可和登记备案事项纳入“多证合一”登记新模式，实现立等取证、即办即走，证件编号适用统一社会信用代码。开发电子许可证照系统，2017年，新登记企业1393家、个体工商户2978个，分别比2016年同期增长32.29%、25.23%。

【互联网＋政务服务】 主动顺应大数据、互联网、信息化发展趋势，依托自治区“政务云”系统，实施网上受理审批业务，整合现有网络资源，协同电信、移动公司构建以县行政审批局为主体，向11个社区、63个行政村延伸的纵向网络服务平台。实现与各职能部门审批数据信息共享交换，完成自治区行政审批系统与贺兰政务服务网的网站链接，建成全县一体化的网上政务服务平台。实现102项中的62项审批事项和入驻大厅的所有服务事项可网上受理。组织人员设计并开通政务微博、微信客户端和二维码，通过新媒体及时发布政策规定、公告办事指南、在线解疑答惑、受理投诉举报。

【审管衔接】 对工程规划施工许可、食品生产加工、销售、民办教育机构、城市户外广告设置等审批事项，采取先现场踏勘，再联合评审，后审批、发证，避免盲目审批。对一些政策性、专业性较强的事项在审批前主动与相关业务主管部门沟通对接、咨询行业政策规定，或邀请部门联合踏勘，累计开展现场踏勘1100余场次。

【及时推送审批结果】 所有审批结果及申请资料、审批过程等信息均在3个工作日内通过业务专网、电子邮箱或纸质函件形式推送相关业务部门，对在现场踏勘中发现的项目未批先建等一些违规行为，第一时间书面函告住建部门，实现审批与监管无缝衔接。

【事中事后监管】 制订《关于深化行政审批制度改革加强事中事后监管实施方案》，明确各部门监管事项清单和职责，细化检查比例、频次、方式。做到监管全面覆盖，又杜绝任性滥权、检查过多、执法扰民。成立专项检查小组，开展对违规收费行为的查处力度和不作为、乱作为问责，清理全县行政事业性收费项目和调整收费标准38项。

【乡村政务服务平台建设】 四镇一乡两场建成标准化的民生服务中心，将与群众生产、生活联系密切的27项民生事项纳入乡镇代办服务范围。实现办理事项数量、名称、要件、流程、时限“五统一”。投入50万元资金为基层民生服务中心配备电脑、打印机、复印机、高拍仪等信息化设备，实现县、乡、村三级政务服务网络平台全面覆盖。依托宁夏行政审批与公共服务系统，推进公共服务事项下放。开展“县证乡制”工作，将老年优待证下放到各乡镇、各社区办理。将部分社会保险业务下放到各乡镇、各社区便民服务中心统一申报和受理。实现群众“足不出村、就近办理”。

【推行证照快递服务】 加快推进“不见面、马上办”审批服务模式的基础上，推出“双向快递”服务，群众可将申请材料快递至政务大厅，大厅在完成审批手续后，再将审批结果和证照文书快递给群众，真正做到“不见面”。同时按照“功能便民、操作简单、随到随办”原则，在县城南北设立两个24小时自助服务区，引进9个部门18台自助办事终端机，实现增值税专用发票和普通发票领取和认证、公安交通违章罚款缴纳、身份证补办申领、出入境签注预约、医保、社保、公积金查询及业务办理、水电气及手机费缴纳等自助办理。

【窗口建设】 启用应急窗口、设置预审窗口、调配增加人手，组织群众分批办理、错峰办理，避免出现长时间等候现象。升级叫号系统、自助查询机、办事指南触摸屏等设施，设立医务室、治安室、休闲茶座、电子阅报屏、自助取款机、自助售货机等，进一步完善咨询台、引导台、填单台服务功能，对老弱病残孕等特殊人群提供全程引导帮办服务，对军人实施优先办理。

中国人民政治协商会议贺兰县委员会

Zhongguo Renmin Zhengzhi Xieshang Huiyi Helanxian Weiyuanhui

综　述

【概况】 2017年，县政协常委会组织政协委员和社会各界学习宣传党的十九大精神、自治区第十二次党代会精神、银川市第十四次党代会精神，围绕县委十四届二次、三次全会确定的打造沿黄生态经济带明星县、建成较高水平全面小康社会目标，坚持团结和民主两大主题，履行政治协商、民主监督、参政议政职能，突出政协特色优势，发挥委员主体作用，凝聚人心、汇聚力量、推动发展、促进和谐，为全县经济社会发展开展工作，实现政协十届委员会工作良好开局。

【政治协商】 常委会把服务发展作为履职的第一要务，通过全委会、常委会、主席会等方式，紧扣县委、政府中心工作协商议政。全年召开全委会议1次、常委会议4次、主席会议10次。

【围绕重点项目参政】 落实常委会专题协商、主席会重点协商、政协领导参与“三重”工作全面协商的机制，重点围绕全县产业转型发展、现代农业、“四新经济”、生态环境治理、民生领域等重点项目建设情况进行视察调研，开展重点协商、建言献策，推动项目加快建设。

【大事要事对口协商】 发挥专委会协商议事的作用，建立政协专委会与党政部门之间的会议联系、工作联系及文件、信函、电话联系等制度，确立8个政府部门与3个政协专委会的对口协商关系，通报情况、沟通信息、参与会议、交换意见。开展专题座谈协商，解决提案办理、环境综合整治和精准扶贫精准脱贫等问题的调研协商。

【民生提案办理】 县政协十届一次会议，提交涉及县现代农业、城市建设、生态文明等方面的提案共立案23件，其中：重点提案5件，一般提案16件，意见建议2件。常委会采取领导包案、现场点评、多方对接、面商办理等方式，一件提案一个责任部门、一个问题一个落实措施，做好提案办理工作。提案办结20件，办结率95.2%，意见建议2件，办结2件。民主测评结果，提案人对提案办复结果和1件未办提案情况说明均表示满意。

【提案落实跟踪视察】 把视察调研贯穿提案建议办理工作全过程。在参与中支持、在支持中服务、在服务中监督。围绕县委、政府“三重”工作安排，组织委员对重点产业项目进展情况、特色小镇建设、生态环境保护等工作开展专题视察5次。关注民生，围绕农村土地流转、优化学校布局解决大班额和大健康产业发展等问题开展视察4次，提出意见建议。

【社会评议引导】 开展政协委员基层联系群众活动，建立委员联系点8个，解决群众子女入学、困难救助及生产生活等问题。为移民建档立卡户安装有线电视和宽带。邀请部分群众参与问卷调查、座谈，旁听政协常委会、民主评议大会。推荐委员担任相关部门的特邀监督员、人民监督员、行风监督员、人民陪审员和民情信息员等特约“五员”，履行民主监督职能。

【课题调研】 组织委员对县全域旅游发展、公立医院改革、现代农业发展、禁毒工作等课题进行专题调研，形成关于县全域旅游工作情况、县级公立医院综合改革进展情况、县发展现代农业和农业强县工作情况等5篇调研报告，提出37条意见建议。参加银川市考察团赴毗邻地区考察学习，撰写关于赴毗邻地区考察学习全域旅游工作、周边地区特色农业发展情况等专题调研报告。

【社情民忧收集】 通过调研视察、走访座谈、发放征集表等形式，征集事关全县经济社会发展、事关群众民生等方面的问题信息65条，整理报县委、政府及有关部门关注解决。建立主席约谈委员制度，开展约谈4次，调动委员履职的主动性。

【经济工作参谋】 组织政协领导走访包抓企业、协调解决影响项目进展和企业发展的问题，宣传自治区工业振兴10条、银川市促工业发展19条和县壮大实体经济17条惠企政策，帮助企业用好用足各项政策。现场协商推进全县旧城改造、新建续建项目建设、德胜园区“退二进三”、河长制等工作。县委、政府有决策、有部署，政协就有声音、有行动。

【多党合作平台建设】 加强与各民主党派和无党派人士的联系，主动结对子、交朋友，沟通情况、征求意见，帮助解决有关问题，为各民主党派和无党派人士开展协商议政和民主监督活动创造条件、搭建平台，做到目标上同心同向、行动上同心同行。

【汇聚社会财智】 加强不同民族、宗教、阶层、团体人士的联系，维护和谐稳定的良好局面。引导各民主党派开展公益慈善活动，共捐款75500元；走访慰问宗教人士，捐赠23000元；以界别活动为载体，查看委员履职，帮助委员排忧解难；邀请离退休老干部观摩县域经济发展和参加重阳节座谈会；邀请各民主党派、工商联、人民团体和无党派人士参加调研视察14次。

【联谊交流】 开展区、市政协办公厅及兄弟县市政协的沟通联系，参加自治区基层政协主席联席会议和提案工作会等。邀请外县区政协带领企业家来贺兰考察，接待区内外政协考察团29批170人次。发挥政协委员凝聚各方的优势，组织企业家委员开展招商引资活动，推介服务、宣传贺兰。以“文化政协、书香政协”为载体，举办政协委员书画摄影作品展，丰富政协委员的生活。

【班子建设】 修订《常委会工作规则》《党组工作规则》等八项制度。坚持民主集中制原则，树立一盘棋思想，创新工作理念，完善工作思路，找准政协工作与党政工作的结合点，与民生工作的切入点，在共识中求团结，在信任中求融洽。政协党组把学习宣传党的十九大精神作为头等大事抓紧抓实，增强履职责任，提高履职能力，提升履职实效。

【委员队伍建设】 召开委员学习大会3次，组织学习党的十九大精神、全国及区、市“两会”精神和区、市、县党政主要领导讲话精神等。举办新任委员培训班，邀请自治区政协专家主讲授课，提高委员的履职能力。通过调研、视察、会议等途径，为委员知情参政提供服务。通过订阅报刊、发放资料、专题学习等形式，增强委员参政议政能力。落实《政协委员管理办法》等规章制度，建立委员履职档案。

【政协机关建设】 推进政协机关建设，在政协机关建设书香文化长廊。完善政协机关目标任务、责任落实、监督考核“三个体系”。围绕创建学习型、创新型、服务型政协机关，推进“两学一做”学习教育工作。规范党组议事规则，规范“三会一课”制度。执行中央八项规定，从严教育干部、从严要求干部、从严管理干部。参与捐资助学、扶贫济困等社会公益活动，落实帮扶资金6.5万元。组织全体委员收听报告、专题辅导学、座谈研讨学，学习党的十九大报告。

重要会议

【政协贺兰县第十届委员会第二次会议】 12月18—20日召开。大会应到委员159人，实到委员147人。大会执行主席恩建国、马文霞、马建民、钱瑞、傅龙、张晓飞、徐建忠、李玉军、吴勇锋、邓晓明、杨少亭、马秀娟。出席大会的有：银川市政协副主席缑转会，县委书记刘甲锋，县领导俞学华、赵波、恩建国、马金龙、白建斌、潘建国、刘勇、王涛、吴静、李炳杰、马文霞、马建民、钱瑞。

会上，贺兰县委书记刘甲锋做重要讲话。刘甲锋指出，2018年是学习贯彻党的十九大精神开局之年，是决胜全面小康社会攻坚之年。做好全年工作，需要全县上下一心、振奋精神、合力共为。县政协和政协委员要继续保持和发扬优良传统，以习近平新时代中国特色社会主义思想为引领，聚焦县委中心工作，紧扣团结和民主两大主题，在政协协商、民主监督、参政议政过程中，展现新作为、实现新突破、取得新进步、作出新贡献。要定位新时代，在推进赶超发展上创造新业绩；要关注新需求，在增进民生福祉上展现新作为；要把握新机遇，在发展协商民主上实现新突破。

县政协党组书记、主席恩建国代表中国人民政治协商会议贺兰县第十届委员会常务委员会向大会作工作报告。

报告还就2018年工作任务作了安排部署。2018年政协常委会工作的总体要求是：高举中国特色社会主义伟大旗帜，深入学习贯彻党的十九大精神和习近平新时代中国特色社会主义思想，贯彻落实习近平总书记系列重要讲话精神和治国理政新理念新思想新战略，深入贯彻落实创新驱动、脱贫富民、生态立区战略，大力践行绿色、高端、和谐、宜居城市发展理念，按照县委十四届二次、三次全会打好产业兴县、生态靓县、富民强县、法治安县四大战役工作部署，牢牢把握团结和民主两大主题，不忘初心、牢记使命，履行政治协商、民主监督、参政议政职能，凝心聚力，建言献策，不断开创贺兰县政协工作新局面，为打造沿黄生态经济带明星县，建成较高水平全面小康社会作出新的贡献。

会上，县委常委、常务副县长李炳杰通报政协贺兰县十届一次会议委员提案办理情况。2017年，县政府承办县政协转送委员提案23件，其中：重点提案5件，一般提案16件，意见建议2件。提案已办结20件，办结率95.2%。其中，重点提案全部办结，一般提案中关于修建原种场西路至贺兰县政务中心连接路的提案因实施其他项目的需要，为避免资金浪费，部分工程暂停施工，2018年5月1日前建成投入使用。2件意见建议全部办结。

会议通过《政协贺兰县第十届委员会第二次会议选举办法（草案）》，经过大会无记名投票等额选举，傅龙当选为政协贺兰县第十届委员会秘书长。

会议审议政协贺兰县第十届委员会第二次会议关于提案审查情况的报告；审议通过政协贺兰县十届二次会议各项决议。县政协主席恩建国致闭幕词。

常委会会议

【第十届委员会第一次常委会议】 3月2日召开。会议对2017年县领导联系重点项目进行督查并专题议政，与会委员对县领导联系的16个重点项目逐一进行实地查看，听取情况介绍和项目推进情况汇报。督查总体结果是，除中汽西北（银川）汽车配件集散交易中心一期A2项目、电商创业园扩容、宁夏远高杭萧绿色建筑产业化有限公司绿色住宅构建3个项目推进较好外，其他项目推进缓慢，主要问题有：昊晶新材料产业园项目、鲁商工业园项目选址地质严重液化，土地仍未落实。同济东方医院医养产业项目、香港力生幸福城城市旅游综合体项目、多维药业中药智能化技术改造项目由于规划用地处于规划红线内，致使项目可用面积缩小，项目土地尚未落实。中汽配至奥特莱斯商业走廊连通工程土地需进行分部审批，手续办理进度缓慢。北京中地乳业乳制品加工项目由于企业规划设计编制较缓慢，无法如期开工建设。宁夏健康谷支撑项目不多，进展不明。医药产业园项目、金维制药维生素原料药建设项目土地报批手续缓慢。宁夏服装中小企业园招商进展不大。委员们建议，各项目单位和责任领导要切实加大项目谋划、落实和推进力度，加强沟通协调，破解项目难题，加快项目手续办理，积极主动招商。会议协商通过《政协贺兰县委员会2017年主要工作及活动安排》会议原则同意《政协贺兰县委员会2017年主要工作及活动安排》，根据会议意见进一步修改完善后，报请县委批转实施。

县政协主席恩建国，副主席马文霞、马建民、钱瑞及政协常委参加会议。副县长马刚及相关部门负责人应邀参加会议

重要活动

【全县禁毒工作情况视察】 2月23日，县政协副主席马文霞、钱瑞带领部分政协委员，采取实地察看、召开座谈会听取工作汇报等形式对全县禁毒工作开展情况开展专题视察。

视察组认为：全县在册吸毒人员915人，其中：强制隔离戒毒在所72人、社区戒毒101人、社区康复179人、看守所羁押51人、服刑12人、死亡23人、戒断三年未复吸224人、社会面吸毒史人员250人、药物维持治疗22人。吸毒人员管控率为63.5%，社区戒毒执行率为98%，社区康复执行率为100%。全县禁毒工作任务仍很艰巨。

视察组认为：政府重视禁毒工作，制订《贺兰县禁毒工作实施方案》《贺兰县禁毒工作领导责任追究办法》，为全县禁毒工作实体化运行提供保证。县财政年拨付禁毒经费200万元，保障全县社区戒毒康复工作的有序开展。

视察组认为：县公安局毒品打击“常态化”，开展吸毒人员“大收戒”和禁毒“百城会战”等专项行动，保持打击毒品违法犯罪的高压态势。开展重点场所整治行动。组织开展辖区娱乐场所业主及从业人员禁毒知识培训，签订《禁毒管理责任书》，发放禁毒宣传标语，实现娱乐场所禁毒宣传全覆盖。组织开展物流寄递业禁毒业务培训，落实实名登记制度，加强易制毒化学品、精神麻醉药品检查管理。对全县66家城区医院、药品经营批发公司、药店等进行专项检查，企业入网管理率达100%。全县禁毒工作成效明显。

视察组认为存在的问题：禁毒宣传教育工作存在盲区。乡镇、村社，特别是吸毒人员超过百人、重点挂牌整治的金贵镇、常信乡的村级禁毒宣传教育力度还需进一步加强。戒毒康复人员就业安置率较低。全县现有社区康复人员179人、3年戒断未复吸人员224人。除康复人员个人自主就业外，仅有习岗街道办绿化所“阳光工程”就业安置基地集中安置21人就业，社区康复人员就业安置率相对较低。

委员们建议：加大宣传教育力度，广泛开展禁毒宣传教育进机关、进学校、进社区、进乡村、进企业等活动，以群众喜闻乐见的形式，宣传禁毒政策法规、毒品危害、禁毒知识等。

大力收戒管控吸毒人员，加大排查发现力度，力争做到早发现、早处理，发现一个、戒断一个。要全面开展社区戒毒康复工作。依托乡镇、社区戒毒康复工作站，逐一建立吸毒人员工作档案。要进一步推进涉毒、吸毒人员社会化管控体系建设。

加强禁毒专业队伍建设，适度增加警力和技术装备，要充分调动刑侦、治安、巡警、特警等部门和派出所警力的积极性，多警种联动，形成对涉毒违法犯罪的打击合力。

【调研农业重点项目推进工作】 4月28日，县政协主席恩建国带队，副主席马文霞、马建民、钱瑞参加，组织部分科技界、农业界政协委员调研全县农业重点项目推进及农业强县工作情况，实地查看全县在发展现代农业和农业强县方面的发展情况，听取县农牧部门的汇报。

总体情况调查：一季度完成农业生产总值6.52亿元，同比增长5.1%，农业增加值2.14亿元，同比增长4.6%，农民人均可支配收入4178元，同比增长7.9%。重点实施奶牛大县种养

结合建设项目、安格斯万头肉牛良种繁育中心建设项目、一二三产业融合示范区建设项目、渔业设施温棚及工厂化车间建设项目、耕地盐碱地改良技术示范推广项目、高端优质供港供外蔬菜生产销售等农业重点项目23个，计划投资8.24亿元；续建项目1个，计划投资0.5亿元；储备项目11个，计划总投资10.08亿元。已开工项目9个，总投资3.26亿元，新开工项目完成投资1.1亿元；招商引资到位资金0.5亿元。

优势特色产业提质增效明显，有机、精品、高端瓜菜种植面积20100公顷。全县供外蔬菜基地面积累计达1809公顷。大宗淡水鱼高产高效低碳循环健康水产养殖总面积保持在7035公顷。

农业经营体系日趋完善，全县农产品加工企业累计达到81家，加工产值47.29亿元，营业收入43.55亿元，农业产业化龙头企业达到53家。新增农民专业合作社10家，累计达到165家，会员总数16262户，农民入社率达到43.11%，辐射带动农户达到48%。新培育发展家庭农场24个，累计达到77个。

农村改革创新不断深化，完成土地入股试点234.5公顷，涉及农户1165户，实现分红280万元。开展农村承包土地经营权抵押贷款试点工作，发放贷款427笔，贷款金额2562.8万元。全县土地流转面积累计达19088.3公顷，经营规模化率达到50.3%。

委员们建议：着力打造优化现代农业产业体系，做优粮食产业，做大蔬菜产业，做强适水产业，做精草畜产业。

加强科技创新推广，注重名牌培育，提高市场竞争力，发展订单农业，拓宽销售渠道，全面推进农业标准化生产。全面提升耕地综合产能。加快推进农村改革创新，做强农产品加工业，抓好农村土地“三权分置”。加快农产品质量追溯体系建设，确保农产品质量安全，抓好产地环境治理，抓项目建设，增强农业发展后劲，紧盯招商项目落实。推进“农业+互联网”，提升农业现代化水平，树立“人才资源是第一资源”的理念，全力实施“人才强县”战略。

【全域旅游工作情况调研】7月19日，县政协组织委员对全县全域旅游发展情况进行调研，县政协主席恩建国、副主席马文霞、钱瑞参加调研，副县长陈娜及相关部门负责人一同调研。

调研组实地查看贺兰山1958创意休闲产业园、党项梨花寨影视基地、广银米业稻渔空间生态休闲观光园、宁夏西昱普罗旺斯薰衣草庄园和桃林又一村生态休闲区。县文广局负责人通报全县全域旅游发展情况，多位委员就旅游宣传、景点建设规划编制，设立发展基金等方面提出意见建议。

全县旅游业基本情况调查：全县共有旅行社9家，导游44人，星级酒店3家（其中4星级饭店2家，三星级酒店1家）；A级景区6家（其中4A级景区1家，3A级景区4家,2A级景区1家），新增3家增长50%；星级农家乐28家，旅游从业人数6000余人。近年累计引进文化旅游项目16个，完成投资16亿元。2017年上半年，全县接待游客152万人次，实现旅游收入6.6亿元。

调研组认为：政府高度重视全域旅游工作，成立由县长任组长、四套班子分管领导任副组长的全域旅游领导小组。聘请权威专家学者，组建县文化旅游产业专家顾问团，编制出台《贺兰县全域旅游发展总体规划》。实现旅游与文化的融合，在奥特莱斯建设非遗产品销售基地；将公共文化与景点景区开发相结合，在百瑞源旅游商品销售中心建成了中国枸杞博物馆；在贺兰山·1958景区，建成了西北首座于庆成美术馆、磷矿博物馆、党项梨花影视基地。开发建设了四十里店产业发展融合示范村，成功举办首届稻渔空间农业嘉年华系列活动；依托沿山竹柳苗圃园，开发了“竹海氧吧”景点。

全域旅游建设打造四十里店特色产业示范村。开发总面积241.2公顷的稻渔空间主体公园；稻田景观区、观光长廊、有机瓜菜采摘园、特色产品展示厅等10个功能区（点）建设及设施配套已全部建成。1—6月，文广局固定资产投资任务3亿元，已完成1.75亿元，完成任务

58.3%。招商引资任务5亿元，已完成2.6亿元，完成任务52%。争取资金任务2500万元，已完成争资金2000万元，完成任务80%。年初谋划项目8个已全部开工。全县旅游产业发展取得阶段性成果。

委员们建议：加大力度做好旅游宣传，在重点路段关键部位树立大型广告牌位，制作贺兰县自然风光、历史风云和独特民情风俗等节庆活动为核心内容的电视宣传片。

培育龙头旅游景点，重点做好园艺产业园的提.档升级，集中抓好投资过亿元的贺兰山·1958创意文化旅游，贺兰山·1958二期汽车自驾营地建设及汽车、摩托车赛车道的建设，银泰山庄3A景区的申报等。

挖掘旅游资源，增强旅游后劲，修建洪广古城文化博览园，再现“铁打的洪广营”历史盛况。依托洪广营欢乐谷，开发建设沙漠运动拓展游乐区、芦苇湿地生态游览区、大漠绿洲风情度假区。以宏佛塔为核心，整合周边农业、乡村资源，将农耕文化、民俗文化有效融合。

【赴周边地区考察学习特色农业发展情况】 6月12—16日，县政协主席恩建国参与银川市政协特色农业工作考察学习，赴甘肃天水，陕西宝鸡、杨凌考察各地发展特色农业的好做法、好经验。

考察地特色农业发展的启示：科学规划引领现代农业发展。宝鸡、天水、杨凌在发展特色农业方面都注重规划的引领作用。杨凌2015年制定《现代农业示范区产业布局规划》，将园区规划为万亩标准化蔬菜生产示范基地、万亩标准化经济林果生产示范基地、万亩精品苗木繁育基地、千亩名优花卉生产示范基地、万吨食用菌生产示范基地等8个板块。宝鸡市制定了“十二五”“十三五”现代农业发展规划，明确了现代农业发展的目标、产业布局、重点任务和重大工程。天水市出台《关中–天水经济区发展规划》，围绕特色主导产业建设“一区两园三基地”，并一以贯之抓好规划落实。

特色产业推进农业提质增效。宝鸡、天水、杨凌均立足实际，充分发挥本地的气候、地理和传统优势，大力发展特色产业提升农业的素质、效益和竞争力。如宝鸡的葡萄、樱桃、冷凉蔬菜、猕猴桃；天水的苹果、花椒、辣椒、马铃薯；杨凌的花卉、苗木、食用菌及科技创新培训等特色产业，均形成了一定的品牌优势，实现了优质优价和高产高效。

建设示范园区带动产业转型升级。天水市建设秦安蜜桃产业示范区、清水现代农业示范区、麦积区花牛苹果示范园、武山蔬菜科技示范园、甘谷现代农业示范园和天水国家农业科技园等。宝鸡建设了陈仓区设施农业示范园、凤翔神龙现代农业园区、岐山苹果现代农业园等30多个国家级、省级、市级现代农业园区。杨凌农业高新技术产业示范区是全国三大农业示范区之一，设施完善，功能齐全，较好地支撑了科研教育、技术推广和产业发展。

培育龙头企业加快三产融合发展。宝鸡、天水、杨凌，以市场为导向，全产业链谋划，加快一产“接二连三”，拓展延伸产业链条。宝鸡市2017年安排资金2000万元实施秦宝牧业一二三产业融合试点项目，以秦宝肉牛产业链为依托，通过牛肉深加工、高档牛肉销售等二三产业增加产品附加值，解决肉牛养殖大户、专业合作社、家庭农场的资金、技术、市场和风险问题，带动产业增效、农民增收。杨凌农业高新技术产业示范区把一二三产业融合发展作为加快农业升级的突破口，打造农产品“电商圈”、培育现代农业庄园集群。

对全县现代农业发展建议：多措并举，促进特色产业提质增效，精准施策，从农业供给端发力，大力提升优质粮、草畜、蔬菜、水产“一优三特”产业效益。打造优质粮品牌，加大传统种植业结构调整力度，扩大有机水稻种植规模，大力推广广银米业、生瑞米业规模化、品牌化、产加销一体化种植模式和生态立体种养技术，提高粮食产业效益。做强草畜产业，加强与周边区域合作，加大良种繁育、基础母畜扩群增量，新建、改扩建标准化规模养殖场，扩大粮改饲试点，进一步优化粮经饲结构。强化招商引资、技术创新和品牌打造，大力发展生鲜牛奶加工，切实提高奶产业效益。做优蔬菜产业，以创建国家现代农业产业园为契机，优化瓜菜产业布局和产品结构，提高设施园艺装备水平，加强冷链物流体系建设，细化产业分工，促进蔬菜产业优化升级。提高适水产业水平，大力调整适水产业结构，重点发展和推广南美白对虾、生态水循环养殖、高效设施养殖等高效品种和先进技术。

以建设现代农业产业园、科技园、创业园为重点，引领优势特色产业园区化、集群化发展，引导农业产业化企业向园区集中。强化现代农业产业园建设。鼓励由农产品加工、销售龙头企业带动，建立“基地+加工+销售”为一体的现代化农业产业园区，通过生产、加工、流通全产业链发展，推进一二三产融合。强化现代化农业科技园建设。加大新品种、新技术、新生产模式的引进，推广普及智能温室综合技术集成应用、生物秸秆反应堆、生物发酵床、无规定疫病净化、低碳高效循环水养殖等先进实用技术，切实提升园区规模效益。在园区驻点实施科技攻关项目，大力开展技术示范和田间培训，切实提升全县农业科技水平。深化土地制度改革。稳定农村土地承包关系并保持长久不变，落实集体所有权，稳定农户承包权，放活土地经营权，完善“三权”分置办法。鼓励农户通过互换承包地、联耕联种等多种方式流转土地经营权，发展现代经营。深化农村产权制度改革。加快推进农村“三变”改革，有序推进农村集体资产股份权能改革试点，保障农民对集体资产股份占有、收益、有偿退出及抵押、担保、继承权，健全非经营性资产集体统一运行管护机制，增加农民财产性收入。创新农业金融服务。探索将新型农业经营主体纳入银行业金融机构客户信用评定范围，对符合条件、信用等级较高的新型农业经营主体进行综合授信。整合部分支农资金以农业发展基金、贷款担保基金等形式注入基金公司、担保公司、农业投资公司等金融中介服务机构，撬动其他资本支持农业经营。全力推进农村产权流转交易和抵押贷款试点。开发适应新型农业经营主体需求的多档次、高保障保险产品，探索开展产值保险、目标价格保险等试点。

创新模式，推动一二三产融合发展。根据各乡镇（场）区位交通、自然生态、民俗文化等条件及市场容量等因素，探索具有浓郁地域特色的休闲农业类型和发展模式。以创建全国休闲农业与乡村旅游示范县为契机，加大宣传力度，大力推进品牌带动战略，鼓励四十里店“稻渔空间”、金贵精品现代农业示范园等休闲农业经营主体完善服务项目，促进农业产业化龙头企业与休闲农业经营主体联合协作、功能互补。切实加大休闲农业生产基地、道路、通讯、饮水安全、环境污染治理、公共安全、农耕文化等基础性公共设施的建设力度，夯实休闲农业发展的基础条件。

【农村土地流转情况视察】 8月2日，县政协组织部分委员对全县农村土地流转工作开展情况进行视察。

全县农村土地流转工作的基本情况调查：截至7月，全县土地流转面积累计19222.3公顷，流转率达50.3%，参与流转的农户数累计2.49万户，占承包农户数的63.8%。从流转的用途看，主要用于发展种植业，以优质粮、蔬菜瓜果、牧草和苗木等为主。成为贺兰县农业产业化经营的主力军，流转6.7公顷以上规模经营面积达14038.4公顷，占流转总面积73.3%。全县土地流转合同签订期限大部分是5～10年，一般不超过二轮土地承包合同到期的2027年。

对土地流转工作存在着模糊认识，给后续的工作埋下隐患。土地流入主体资格审查不严、经营能力评审不到位，在引入个别流转土地企业或大户时，未能对其资金实力、经营能力，以及使用土地所承载项目的可行性进行研究、论证和审核。企业亏损、老板跑路，留下一堆债务，造成难以解决的信访问题，影响农民增收、农业增效和农村经济社会持续、健康发展。土地流转价格偏高，全县土地流转价格在每年每亩300～850元，这一水平已与南方等发达地区接近。土地流转程序不规范。中地牧场有限公司在洪广镇洪西、高荣、金沙3个村流转土地301.69公顷，因村委会与中地公司签订的流转合同就流转费涨幅的约定低于农户与村委会签订流转合同的相应规定，造成企业实际拨付的流转费低于应支付农户的流转费，每年缺口13.06万元。

流转后的问题：对流入主体的经营行为缺乏有效监管。由于没有明确落实监管责任，对经营者的行为和企业的运营情况不能有效监督。往往是在经营难以为继、已经造成了损失，引起农民群众强烈不满。政策落实不到位。相关补贴不能及时到位，给个别自身经营不善的企业或个人造成赖账的口实。

委员们建议：通过法律手段，解决僵尸企业欠费问题。对经营不善亏损、倒闭的企业，依法中止其流转合同，尽快设法恢复原状，进行土地二次流转或由原承包农户复耕。

落实扶持政策，帮助企业度过难关。各级政府要克服资金困难，履行承诺，尽快兑现补助经费，帮助暂时经营困难但仍有发展前途的企业或大户渡过难关。规范农村土地流转工作程序，加强土地流转后续服务工作，探索土地流转、规模经营的新方法、新途径。

【县级公立医院综合改革调研】 8月25日，由政协领导牵头，邀请政府分管领导，组织部分政协委员进行调研。

县级公立医院概况和改革进展情况调查：全县共有3家县级公立医院。县第一人民医院于2016年4月开业运营，实行自治区三级甲等医院技术合作模式，核定编制280人，设置床位380张；县中医医院于2016年4月收回租赁经营权，回归公益性，采取法人治理结构模式，核定编制82人，设置床位200张；县人民医院2004年至今进行租赁经营改革。

县级公立医院改革进展情况：成立和调整公立医院综合改革领导小组，新增残联为医改领导小组成员单位，形成县长亲自抓、负总责，分管领导具体抓，相关部门分头落实的工作格局。实施《贺兰县县级公立医院改革实施方案》《贺兰县县级公立医院财政投入补偿（暂行）办法》《贺兰县医疗卫生服务体系规划（2016—2020年）》。

全面取消药品加成，县级公立医院取消药品加成政策性亏损部分继续由县财政、调整医疗服务价格、医院加强成本核算共同进行补偿。上半年三家县级医院药品销售2630.57万元，政策性亏损394.6万元，补偿181.5万元，占政策性亏损46.3%，政府按20%进行补偿，应补偿78.92万元，兑现第一季度补助39.2万元。

实施薪酬制度改革，对县中医院院长2016—2017年任职年度进行考核，考核分数91.1分，为优秀等次，按照《贺兰县县级公立医院院长年薪制实施方案》《贺兰县中医医院院长绩效考核方案》，兑现中医医院院长2016—2017年度年薪27.5万元。控制医疗费用，1—6月，县第一人民医院门诊人次64746人，门诊人均费用142.02元，较自治区二级综合医院平均水平低41.6元；住院人次3949人，人均费用4044.57元，较自治区二级综合医院平均水平低1098.89元。县中医医院门诊人次17251人，门诊人均费用94.26元，较自治区二级中医院平均水平低47.16元；住院人次1349人，人均费用3421.87元，较自治区二级中医院平均水平低907.67元。全县药占比39.5%，百元耗材25.7元，县域内就诊率87.13%，医疗服务费用较2016年同期上升两个百分点。实现“一站式”即时结算，1—5月，职工、居民门诊的政策范围内实际报销比分别为38%和66%，职工、居民住院的政策范围内实际报销比分别为76%和74%，高于三甲医院水平。家庭医生签约服务，7月底，全县已组建家医团队43个，签约12698人。

存在的问题与不足：高素质、高水平、专业化医护人才匮乏，需进一步加大招聘和培养力度，2016年，县每千常住人口执业医师数为1.33、注册护士数为1.08，远低于自治区2.37和2.42的平均水平。公立医院医疗设备配置、公共交通等相关配套设施需尽快解决。

委员们建议：加大技术人才引进培育力度，面向全国选调招录卫生技术人员。建议每年全系统内部派送5%～10%的专业技术人员到上级医院进行中长期学习，时长6～12个月，并保障经费安排。加强医联体合作力度，提升本县医疗水平。通过加强各医疗机构与区内外高级专家及高水平医院在互联网医院平台上远程会诊、分级诊疗、专业培训来提升本县医疗技术水平。加强财政的支持力度，每年预算安排一定数量的医疗人才培训经费以奖代补促进人才队伍的提升。

解决县公立医院相关仪器设备购置问题，同时加强人员的培训，开展二级医院应开展的适用技术。建议安排专项资金为第一人民医院急救中心增加购置两辆救护车，以解决急救中心救护车不够用和更新问题。

【全县养老服务业发展情况视察】 9月15日，县政协组织部分委员,听取主管部门工作通报，召开座谈会，听取各方面意见和建议，视察组到县部分养老机构进行实地察看，调查全县养老服务业发展情况和存在的问题。

全县老年人口的基本情况及养老服务业发展的现状调查：2016年末全县拥有60岁以上人口3.5万人，占全县总人口的14.2%，65岁以上老人占7%。失能半失能老人4347人；农村五保对象308人，其中：集中供养219人、分散供养89人；城镇孤寡老人1600余人；优抚对象526人。按照世界老龄化社会的认定标准，贺兰县已于2016年进入老龄化社会。全县共有养老机构5所，其中公办3所，设置床位550张；民办2所，设置床位213张；日间照料中心9个，农村幸福院33个，老饭桌16个。2017年，将建成居家养老服务站7个，计划建设9个日间照料中心，总投资达3955万元。在建设农村养老服务方面，充分利用闲置校舍、村集体房屋和土地等闲置资产和中央彩票公益金等新建、扩建了金贵镇银河村等33个功能相对齐全的农村幸福院。共投资388万元，在16个村建成了农村老年饭桌，部分已运营。引进豪森地产、富龙地产公司建立了两家医养结合中心，分别设置床位400张。

推进社会保障，按时足额发放高龄津贴和供养金等。2016年为城乡80岁以上高龄对象1719人发放高龄津贴1013.6万元，为75～79岁高龄老人计1160人发放高龄补贴396万元。为全县“五保”供养对象308人，发放五保供养金485.7万元，为核定60～79岁低保对象计3054人，共发放低保金549.1万元。医疗救助60岁以上老年病人489人次，发放医疗救助金244万元。为全县2.5万余老人办理意外伤害保险，占全县老年人总数的36%，县财政累计投入180万元。

全县养老服务业发展存在的主要问题：需要科学编制贺兰县养老服务业发展规划。将养老服务业纳入国民经济和社会发展规划，在公益用地和建设用地中优先安排养老服务设施的建设用地，所有养老服务实施建设都要减免各种配套费。享受税收减免等扶持和优惠政策。社区居家养老服务体系尚不健全。全县90%以上的老年人选择居家养老，居家养老是养老服务工作的重点。全县基本上没有形成专业化、社会化的居家养老服务体系。政府的主导作用不明显、社区医疗服务不能满足需求。老年人活动场所数量和覆盖率总体较低，且农村和城镇地区差别明显，农村大部分地方老年人处于无组织活动，无活动场地的状况。

养老服务队伍建设滞后，不少养老机构存在管理不规范、服务不专业。对开展养老服务业工作的意见建议：加快发展养老服务业是新时期各级党委政府采取的应对人口老龄化、满足老年人多样化多层次养老服务需求、填补服务业发展“短板”、拉动消费、扩大就业等一举多得之策。大力推进社区居家养老服务工作，每年给予社区必要的运行经费保障，引导和鼓励社会中介组织、家政服务业等社会力量参与社区居家养老服务，将社区居家服务人员纳入政府的公益性岗位开发、安排人员就业。在社区建立全科医生制度，方便老年人就医。制定补助政策、加强资产管理确保农村老饭桌正常运行。

【全县特色小镇建设情况视察】 9月20日，由县政协主席恩建国带队，组织部分政协委员进行专题视察。县委常委、副县长王鹏辉及相关部门主要负责人一同视察。

视察组到金贵集镇、立岗镇生瑞米业基地、常信乡稻渔空间、洪广镇陈家沟实地查看，听取情况介绍并召开座谈会。

特色小镇建设总体情况调查：习岗电商小镇建设，按照“互联网+”思路，全面推进电子商务发展提速、比重提高、水平提升，把电商小镇建设同基层党建、为民服务、产业融合、项目建设相结合，引导沿街商铺和各类企业发展线上线下经营和交易，打造电商示范一条街，建成农产品销售线下枢纽。全农蔬菜不但通过互联网和微信平台向银川市餐饮企业和机关学校食堂配送还通过中阿贸易通道空运到迪拜。召开第一届电商年货节，展销商品千余种，销售额近100万元。

金贵商贸小镇建设，依托小城镇建设商贸服务中心区，发展美食、休闲、物流和商贸服务业，聚人气、凝商气，实现一二三产业的有机融合发展，推进商贸特色小镇建设带动居民创业。概算投资3亿元的商贸综合体项目正在加快推进。全镇已开工“贺兰乡村生态旅游体验区重点项目”“贺兰振鑫珍稀食用菌种植项目”“贺兰县绿航农业种植示范园项目”“贺兰县金贵镇红星村现代化蔬菜生产示范园区项目”“贺兰县中健供外蔬菜冷链物流配送中心建设项目”“贺兰县继达蔬菜种苗繁育基地建设项目”。

立岗米粮小镇建设，将农业产业、科技展示、休闲旅游有机结合，依托335公顷有机水稻生产基地，一产推进稻渔共生综合种养项目，引进鱼、泥鳅、河蟹等名特优水产品，建设粮食银行和烘干、冷藏等设施，形成生产、加工、销售及品牌培育一条龙发展，拓展产业链，提高附加值，促进农业大镇向农业强镇转变。结合人居环境改善项目，建设通义村生态旅游度假村、通义村养老休闲旅游、永兴村向日葵休闲观光、兰星村十里长街生态旅游特色村寨建设、生瑞米业优质稻米全产业链等项目。

常信渔米小镇建设，通过环沟养鱼、稻田养鸭、泥鳅、小龙虾，构建稻渔共生互促系统，实现了从单一种植和水产养殖到种养结合、种养互促互补的突破。利用广银米业等5家水稻加工企业，实施休闲观光农业，促进农业与旅游、教育、文化等产业深度融合。

洪广旅游小镇建设，以“创建宁夏全域旅游示范区及旅游目的地发展战略”为背景，打造贺兰山生态休闲文化旅游活力小镇，初步形成。1—8月有《莫语者》《火王》等8部电视剧在洪广取景，举办2017宁夏贺兰山文化旅游季暨贺兰洪广“金山西瓜”文化旅游节系列活动，支持1958文化创意休闲产业园举办鲤鱼旗节、百变轮胎艺术节等活动，金沙村诚实庄园于9月28日举办乡村美食文化节。

南梁台子肉牛小镇建设，形成以振林、瑞丰、元丰、金牧奶牛养殖场为龙头，庭院养殖为主体的牛羊养殖发展格局，建成了1个集中肉牛养殖园区、1个饲草配送中心和1套养殖资金风险担保融资体系，促进移民群众增收。

特色小镇建设存在的问题：规划指导性不强。各乡镇对特色小镇的文化内涵、产业定位、建设路径研究不够，建设规划普遍存在与产业发展定位衔接不紧密、项目载体不明确、产业特色不鲜明，生产、生活、生态融合不深等不足，且大多为种养殖项目，与国家倡导的绿色、高端、新兴产业有差距，习岗镇、洪广镇发展定位自治区规划为科技教育小镇、特色制造小镇，与定位不符。产业特色不突出，缺乏在业内特别是全区、全国有影响力、有竞争力的特色“品牌”和支柱产业，蔬菜、粮食和鱼类主打品种不多，品牌不靓。缺乏系统性保障，特色小镇未建立有效的约束和激励机制，制约特色小镇建设和发展资金“瓶颈”未能彻底打破，筹集资金困难。特色小镇建设必须符合社会经济、区域、人的和谐发展，要避免千篇一律。

特色小镇建设工作建议：坚持规划先行，多规合一，要统筹考虑人口分布、产业布局、国土空间利用、生态环境保护以及公共服务配套，推动产业、文化、旅游和社区等功能性要素的融合，促进产业链、创新链、人才链协调配套有机衔接；在空间布局上，要围绕结构调整、产业升级与新型城镇化建设有机结合。要围绕小镇具体发展路径，在小镇特色、配套设施、文化挖掘方面下功夫。要正确理解把握特色小镇内涵，立足区域特点，彰显地方特色，不断融入文化内涵。小镇要立足本土、挖掘历史、找准特色和优势，只有做好产业、讲好故事、做好宣传，特色小镇才能得以支撑，才更具活力和生命力。政府要做好引导和支持，发挥财政资金“四两拨千斤”的优势，吸引社会资本参与。

【县城学校布局解决大班额问题视察】 9月28日，县政协组织视察，副县长陈娜及相关部门负责人参加视察。实地察看了贺兰一中、贺兰回中、贺兰四中、贺兰回小及拟选址学校建设用地情况，听取县教育局关于调整学校布局，解决大班额问题的汇报。召开座谈会，听取社会各界和政协委员的意见建议。

全县中小学布局调查：全县2017年有中小学26所，在校生34032人，专任教师1653人。小学、初中适龄儿童入学率分别达到100%、99.43%，高考二本上线率达到40.1%。创建全国义务教育发展基本均衡县，自治区教育强县、自治区教育信息化建设达标县、全区创新素养教育试点县。县城小学大班额情况，9月，县城有6所小学，按每班45人计算，尚缺3422个学位、76个教学班，根据近三年县城学生数据分析，每年县城小学生数以9%增长，预计2020年县城小学将缺6000个学位、133个教学班。县城初中大班额情况，县城有初中三所，按照每班50人标准，缺1330个学位，27个教学班。根据近三年县城学生数据分析，每年中学生数以9%增长，到2020年县城初中生数将达到10500人，尚缺3550个学位、71个教学班。县城高中大班额情况，全县有普通高中1所、完全中学1所，按每班50人计算，县城高中缺518个学位。5～6年后,高中学生数将达到5400人，尚缺29个教学班，1540个学位。

存在的问题：大班额问题直接影响着贺兰县的教育质量。国家、自治区于2018年及以后的几年内对中、小学定期检查验收，而且大班额问题是国家验收中“一票否决”的条件，为顺利通过国家验收，必须尽快解决中、小学大班额问题。

学校布局调整解决大班额问题的建议：制定县城中小学建设规划，新建中小学、增加班级是解决中小学大班额问题的根本办法。根据县城人口的增长，逐年建设36班小学3所、24班小学1所，并增设小学2所。县城初中布局规划。考虑到县城发展需求及贺兰一中办学的需求，需建设中学3所。普通高中布局规划，迁建高中1所。实施教师的招聘工作，解决中小学教师不足的问题。

人民武装

Renmin Wuzhuang

【概况】 2017年，县人民武装工作开展全县民兵和预备役的组织建设、军事训练和政治教育，提高全县民兵、预备役人员的军、政素质。组织民兵配合公安等部门维护社会治安，保持社会稳定；完成2017年贺兰县兵役登记、征兵工作。开展对民兵干部的培训、考核、任免、教育和使用工作。协助开展退出现役军人的接收安置、军地两用人才开发使用和拥军优属工作，完成全年目标任务。

【主题思想教育】组织全体干部职工和专武干部收看《辉煌中国》《不忘初心，继续前进》《大国外交》《将改革进行到底》等专题纪录片；开展“五年来身边的变化”群众性讨论活动，引导全体人员对十八大以来我国取得的重大成就，全面认识、准确定位，坚定向以习近平同志为核心的党中央看齐。

【十九大精神学习贯彻】 10月17日，在观看大会直播后迅速制订《十九大精神先期学习计划》。11月9日，根据军区、警备区有关要求，制订《人武部党委中心组带机关专题学习党的十九大精神实施方案》，采取中心组、党小组、专武干部例会等形式，原原本本学习十九大报告精神。部长、政委分别对十九大报告中重要思想、重大观点进行5次宣讲；组织撰写心得体会，每人2篇以上，进行了大会交流。展评学习笔记2次；利用党日活动时间，持续开展了“十九大大家谈”群众性活动。组织十九大精神宣传进寺院活动，为共建通昌清真南寺、南梁台子清真南寺信教群众赠送了十九大报告单行本，解读了相关政策，解答了相关问题；搜集整理习主席有关讲话内容和中央媒体系列评论报道，编印下发了《学习贯彻党的十九大精神资料汇编》上下册和《中央军委国防动员部传达贯彻党的十九大精神大会材料汇编》，为每名党员第一时间购买下发十九大报告单行本和新修订《党章》，组织理论测试周考核3次；组织了全体党员在党旗前重温了入党誓词，佩戴党徽；围绕十九大内容对营区和共建清真寺宣传灯箱进行更新，制作十九大精神宣传展板。

【军人职业尊崇落实】 按照习主席“形成军民融合深度发展格局”和“让军人成为全社会尊崇的职业”的指示要求，针对现役军人买房购车压力大、子女入学入托难等实际困难，人武部联合民政局，在国家和市两级出台优惠政策的基础上，研究制订落实《关于驻宁夏回族自治区军人享受优惠政策的实施办法》方案，从购房、购车面向在宁夏生活、工作或有意到宁夏定居的现役军人、退役军人、离（退）休军人、军烈属提供优惠折扣。对现役军人、退役军人、离（退）休军人、军烈属二次就业、自主创业、子女入园入学等方面给予制度上的安排。县上多次专题召开军民融合协作单位座谈会，协调县域多家相关单位共同讨论研究具体实施办法，注重建立需求牵引，资源共享的军地深度融合机制。

【改革强军】 精心筹划年度工作任务。3月21日，在警备区党委扩大会后，及时召开了部党委（扩大）会，组织全体干部职工、专武干部传达学习了军区和警备区党委（扩大）会议精神，分析2016年部队建设形势，部署2017年工作任务，研究贯彻落实措施，形成“着眼稳心凝神抓教育、聚焦备战打赢抓训练、紧盯战位职责抓建设、坚持正风肃纪抓作风、围绕军民融合抓深化、守住安全底线抓管理”的总体思路，对2017年国防动员和武装工作进行安排部署。

【民兵教育落实】 制订下发2017年民兵政治教育计划，利用整组时机，以“带头履行国防义务，做政治建军改革强军依法治军的模范”为主题，进行年度民兵整组季课教育，引导广大民兵立足岗位实践，做“听党指挥，举旗筑魂”的基石、“爱军习武，精武强能”的标兵、“政策富民，实干创业”的模范、“服从命令，勇挑重担”的表率。

【民兵队伍建设】 抓干部骨干队伍培训。制订部年度民兵整组计划，结合全县村“两委”换届，民兵干部骨干调整较大，人武部联合县委组织部，2月21—28日，依托宁夏军区教导大队，组织对全县自然村的村书记、主任和民兵干部骨干、武装部长进行为期1周的封闭式培训。

【民兵遂行任务能力建设】 1月17—26日，组织民兵应急分队参加贺兰县社会治安大巡防行动，配合辖区公安部门，集中时间，统一行动，采取武装巡逻、场所检查等方式，消除辖区内潜在安全隐患，确保“两会”、春节期间辖区社会政治稳定和治安大局持续平稳。6月4—11日、7月7—16日组织县应急救援分队基干民兵，进行两期的封闭式训练，提升民兵应急分队遂行任务的能力。9月14—17日参加银川市维稳专项演练。检验民兵维稳分队遂行任务能力。11月14—23日利用10天时间，在军区综合训练队对民兵应急连进行全科目集中封闭训练。

【民兵整组工作】 制订全县民兵整组工作方案，召开2017年民兵整组业务培训会，明确任务分配，提出具体要求，强化编组人员能力素质。优化结构布局，实施分类建设，创新编组思路，改进编组方法，把思想素质好、业务精、技能强复退军人和经过军事训练的民兵骨干调配到民兵干部岗位上。3月31日，组织召开全县基干民兵整组点验大会，宣读民兵干部任职命令，为新入队基干民兵颁发民兵证书并组织民兵宣誓。

【国防动员基础建设】 按照自治区和银川市国动委要求，完善规范国防动员机构设置，结合国动委效能考核检查，完善县国动委各专业办公室软硬件资料，对县域各项潜力数据开展统计。完成2016年底立项投资建设民兵训练基地。

【兵役登记与征兵】 利用广播、电视、报刊、微信等传媒手段，结合标语、板报、宣传车等传统方式，宣传《国防法》《兵役法》《征兵工作条例》和兵役登记及征兵工作的政策法规，开展国防教育，激发广大适龄青年依法进行兵役登记，依法服兵役的自觉性。2017年，全县兵役登记人数、登记率、应征报名人数、上站体检人数、合格人数、政治考核合格人数都符合既定目标。为增强应征双合格人员对部队的适应能力，人武部利用8月30日—9月3日5天时间，开展区分队列训练、体能训练、国防知识学习、作风纪律养成四个方面，提高了兵员质量。

【廉洁征兵】 先后制作廉洁征兵卡片，发放到每个工作人员手中；签订廉洁征兵承诺书，邀请廉洁征兵群众监督员；制定应征青年献身国防志愿卡，组织填写廉洁征兵意见卡，开展“用情、用理、用法，讲清廉洁征兵硬道理”为主题活动，邀请县检察院张检察长对官兵开展预防职务犯罪警示教育，参观县警示教育中心。

【双拥共建】 抓好慰问工作。1月18—22日、7月25—28日，协调县民政局，走访慰问县36名老干部、军属，送去慰问品、慰问金。

【脱贫攻坚】 结对帮扶欣荣村6户贫困户，走访调研，建立扶贫台账，摸清掌握底数，优化扶贫方案，协调县委、政府投入资金项目，在造血式扶贫上下功夫。端午节前对贫困户进行走访慰问，为欣荣村、京星农场料户贫困户送去米、面、油等慰问品。

【军民融合】 5月25日，专题召开军民融合协作单位座谈会，协调县域多家相关单位共同讨论研究具体实施办法。7月，协调政府在德胜、生态纺织和生物科技3个园区，创建军民融合协作区。制定部队与政府、企业与政府的协议书。全县有多家企业、单位加入融合发展协作单位。

群众与社会团体

Qunzhong Yu Shehui Tuanti

贺兰县总工会

【概况】 2017年，全县工会工作开展参与涉及职工切身利益贺兰县有关政策的制定。对侵犯职工合法权益的重大事件进行调查并提出处理。组织和指导全县基层工会履行维护职能，开展工会工作。指导基层工会组织职工开展以职工代表大会为基本制度的民主管理、民主决策、民主监督工作。指导和帮助企业建立平等协商、集体合同制度以及工资协商工作。完成全县工会经费的收缴、管理、审查工作。

【基层组织】 推进工会组建和发展会员工作。开展“职工之家”示范点建设，为其配备15万元活动器材、图书等。2017年，规模以上企业工会组建率达100%，实现工会组织在机关事业单位的全覆盖。2017年，新组建工会组织45家，发展会员15348人，录入工会工作服务平台会员46254人，分别完成市总工会下达任务的107.14%和165.2%。年末，全县有工会组织452家。2017年，全县累计97家企事业单位获得全国、区、市、县“模范职工之家”。

【劳动竞赛组织】 围绕贺兰县汽车销售、清真食品、化工、教育、卫生等重点产业行业，开展劳动竞赛活动，参赛单位达407家，职工参与面达90%以上。组织餐饮行业参加银川市总工会首届“金勺子”厨艺大赛，获得凉菜二等奖、热菜三等奖。开展“安康杯”安全生产企业班组长竞赛活动。表彰奖励2016年度全县“五小”创新成果。贺兰县六项“五小”成果获银川市十佳“五小”成果奖。2017年，全县有68名职工分别获得全国、区、市劳动模范、“五一劳动奖章”和银川市“凤城工匠”称号。

【工资协商与维权】 在全县开展“六大行业”“七个区域”集体协商。建立集体协商指导员队伍，促进集体协商工作。贺兰县餐饮行业集体协商代表在全市集体协商指导员技能大赛中获得二等奖。全县签订集体合同301份，签订工资集体专项合同298份，签订率分别为98%和97%。通过建设“工会法治一条街”、开展“农民工普法助维权”活动等强化法治维权宣传。成功举办“中国梦·劳动美”全县职工法律知识竞赛活动，各机关、企事业单位30支代表队参加比赛。组织2支代表队参加市总工会法律知识竞赛，获得二等奖和优秀组织奖。推行“16331”工作模式，共接待信访职工群众630人次，受理各类职工权益纠纷243件，为职工群众避免、挽回1683万元。

【企业民主管理】 建立工会与政府联席会议制度、劳动关系三方协调制度，召开县政府与工会第十次联席会议，解决县级编外财政供养人员工会经费收缴等有关工会工作和职工权益的问题。全县307家非公企业中，有95%以上的企业经形成以职代会为基本形式的民主参与、监督和管理的职工民主管理体系。全县292家企业参与创建活动，创建率达95％；全县有12家企业分别被命名为区、市级劳动关系和谐企业。

【**帮扶救助**】2017年，全县共录入困难职工276户，录入率达到100%。开展“春送岗位、夏送清凉、金秋助学、冬送温暖”等帮扶救助活动。共筹集资金50余万元，春节、五一等重大节日期间，共走访慰问困难职工700余户。累计参保企业336家，参保人数19336人次，缴纳互助金96.68万元。推动“工字号”创业带动就业工程，开展电工、电焊工等技能培训工4期，共计培训216人次，获证率达到90%以上。共筹措8万元为全县重点项目工程一线农民工免费放映电影、文艺汇演、发放慰问物资、举办培训班、健康体检等。

【**工会文体活动**】举办“欢乐贺兰行 咱们工人有力量”文化下基层、庆五一“中国梦·劳动美”职工文艺汇演活动。对全县评选出的15名“最美劳动者”进行表彰奖励。

【**职工书屋**】联合县图书馆开展“职工书屋”资源共享，服务职工活动。在全县规模以上骨干企业、社区、乡镇建设职工书屋65家，有32家企事业单位分别获得区、市级“职工书屋”示范点。

【**自身建设**】推动“两学一做”教育常态化、制度化。建立健全领导干部联系职工群众工作制度、议事规则、内部规章制度等。开展“三进”活动和精准扶贫工作。建立工会干部结对服务企业职工制度，每名干部服务3家企业，每月走访企业2次，保持工会组织与职工群众联系。

【**工会改革**】经过调查研究、听取意见、确立县工会26项改革。完成内设机构改革，将原有的9个部室整合缩减为6个部室，保留经济技术部、劳动保护部、组织部，设立权益保障部、综合办公室、宣教网络工作部；保留银川德胜园区、银川生物科技园、习岗街道工会联合会3个直属基层工会；设立贺兰农林水财工会委员会。通过选聘和竞聘上岗的方式，将工作成绩突出、符合条件的社会化工会工作者聘任为基层工会主席、副主席。落实基层工会经费收取后分成比例不低于60%原则，坚持人、财、物向基层工会倾斜。

共青团贺兰县委员会

【**概况**】2017年，全县团的工作以推进共青团改革为主要任务，制定团县委全年工作任务并予落实。有针对性地加强全县青年思想政治工作；完善和拓展共青团的社会功能，加强青年工作体系建设。开展“实用技术培训”“脱贫致富小开发”等活动。组织全县各级团组织开展学雷锋、树新风活动，青年志愿者服务活动，总结青年中涌现的先进典型，大力宣传和表彰。开展希望工程工作。

【**节日主题活动**】在五四、六一、七一、十一等重要节日，举办“高举团旗跟党走·立足岗位献青春”“喜迎十九大·红领巾心向党”“学习十九大·争做优秀团干部”等主题活动380余场次。

【**树立先进典型**】开展系列表彰活动，五四期间，举行纪念五四运动98周年表彰大会，表彰10名“青年五四奖章”获得者、8名优秀团干部、25名优秀团员、5个“五四红旗团支部”、3个“五四红旗团委”。乡镇中学团委对本单位团的工作突出的先进集体或个人进行表彰，全县各小学少先队组织开展各具特色的主题表彰活动。

【**扶贫攻坚**】调查摸底，建立帮扶台账，指定专人负责贫困户家庭情况动态管理工作。定期入户，宣讲政府扶贫政策，推荐就业岗位、技能培训，实现思想能力“脱贫”。精准施策，联系有能力、懂管理、有技术的企业，探索入股托管帮扶机制。通过“青春护苗”“希望工程”等项目解决建档立卡户子女上学难问题。

【**服务社会活动**】为“全民健身挑战日”活动组织百名青年志愿者，提供咨询指引、维持现场秩序。组织30余名青年志愿者在银川市第一届农业嘉年华暨宁夏稻渔空间第一届农耕文化节中为游客提供指引、咨询和后勤保障等服务。组织培训6名志愿者在2017·中国企业家魅力贺兰行活动中担任解说员。

【志愿服务】 完善志愿者注册管理运行机制，依托网络数据库实现志愿者、服务对象、活动项目对接。2017年，累计注册志愿者14795名，志愿服务队190支，志愿活动300起，累计服务3870人次，累计服务时长11309个小时。

【关爱弱势群体】 组织开展约你一起学雷锋爱心公益活动，组织欣荣小学40名贫困家庭孩子参观宁夏博物馆和科技馆。学雷锋月活动期间，全县各级团组织为孤寡老人服务、帮助贫困青少年等弱势群体志愿服务活动50余场次。联合县志愿者协会开展“送温暖、送关爱”慰问活动，为全县25个贫困残疾户送去慰问品。联合如意湖社区、贺兰县六小举办“手牵手，迎端午，包粽子，送温情”活动，为环卫、公交等一线工人送去粽子。

【青年文明号建设】 开展青年文明号、青年安全生产示范岗等工作，其中：兴邦速运有限公司等3家单位获得银川市“青年文明号”称号。联合县安监局申报市级“青年安全生产示范岗”5家。县非公企业团组织开展技术技能大比拼等活动17场次，联合县委组织部等单位举办第二届“贺兰杯”青年创业创新大赛，评选出一批青年创业典型和优秀创业创新项目。

【青少年帮扶】 建立特需青少年帮扶制度。按照“2+1”模式开展结对帮扶活动，开展思想引导、就业指导、困难救助等帮扶活动30余次。

【希望工程】 2017年，争取“青春护苗”专项资金5万元，开展青少年教育培训。争取“神华爱心书屋”项目，为11所基础设施相对较差的学校捐赠图书793件48577册，总价值125万余元；联系百瑞源等爱心企业，走进移民村，为100余名贫困青少年捐赠新棉衣和学习用品。

【团组织建设】 召开共青团贺兰县第十八届委员会第六次全体（扩大）会议，制定《贺兰县乡镇（街道）团建工作考核办法》《2017年贺兰县共青团工作要点》。乡镇、街道团建经费采取“以奖代补”方式，对工作突出的团组织多奖多补。按照“青年在哪里，团组织就建在哪里”的要求，在跨境电商园、顺丰快递、志愿者协会等新兴领域分别成立团委、支部。各乡镇、街道由同级党、工委下文，按照要求配齐配强团的组织班子。

【“青春护苗”帮扶工程】 团干部定期入户走访，实现对贫困青少年群体的动态管理，完成录入贫困青少年431名，向团市委争取2017年“青春护苗”专项资金5万元。开展“青春护苗”助力脱贫攻坚，100名困难青少年慰问活动。为欣荣村100余名困难青少年送去新棉衣、糖果书包、学习用品等新年礼物。组织开展“约你一起学雷锋——与爱同行”城市融入活动。

【圆梦行动】 团县委联合县委组织部、县教育体育局、县工商联下发2017年“希望工程 圆梦行动”方案，成立以党员干部捐助为主的“公仆”助学金、教育系统捐助为主的“园丁”助学金。2017年，共资助学生280余人，自筹资金13.6万余元，对建档立卡户二本以上大学新生的资助实现全覆盖。

【青年创业扶持】 联合县委组织部、网络经济局、就业局、妇联等单位，面向县内外举办第二届“贺兰杯”青年创业创新大赛。推动农村青年电商帮扶，在跨境电商园成立青年创业基地，在电商物流园创客空间、村淘中心成立青年创业基地，为创业青年进入电商行业提供服务。

【招才引智】 开展大学生志愿服务西部计划项目，组织46名大学生西部计划志愿者在贺兰县从事支农、支教、支医、扶贫工作。对接四所高校支教团来贺兰支教，参与贺兰教育公益事业活动。邀请清华大学本科、硕士生

8名来贺兰县实习，参与贺兰的经济社会各项事业建设。

【学校团的工作】 支持5所小学组建标准化鼓号队。举办少先队活动课说课大赛、少先队“雏鹰争章”设计大赛，推动少先队活动课进课表、“雏鹰争章”评价机制进校园。

【新媒体助力团的工作】 开展“风车节·走进共青团”“青年节·我和团徽合个影”新团媒推介活动，以“扫码”抽奖，“微信集赞”等方式，集中宣传推介贺兰团的工作，“青春贺兰”微信成为全区最有影响力的团办微信之一。开展“青年之声”“三进”活动，邀请112名专家入驻“青年之声”平台，回答青年问题14439条，点赞量超过5万次，“青年之声”工作考核排名全区县级前列。

贺兰县妇女联合会

【概况】 2017年，全县妇女工作围绕县委、政府的中心工作，组织全县妇女群众投入到全县经济社会发展当中。关注涉及妇女切身利益的热点、难点问题，提出解决处理的建议；坚持为妇女儿童服务、为基层服务；加强与社会各界的联系，协调、推动社会各界为妇女儿童办好事、办实事。在妇女生产小额担保贷款、和谐家庭建设、困难妇女儿童帮扶等方面开展工作。完成全年目标任务。

【妇女创业脱贫】 针对移民村妇女缺乏劳动技能的情况，协调整合扶贫部门培训资源，实施“巾帼巧手扶贫行动”。开展手工技能订单式培训，让贫困妇女群众掌握一技之长，增收致富。2017年，累计举办各类培训班5期。

【巾帼扶贫车间】 2017年，争取银川市妇联及县扶贫办支持，在广荣村创建“巾帼扶贫车间”，通过引进香包、挂件制作的订单式培训，使该村留守妇女掌握一技之长，制作香包、挂件，增加收入。

【妇女创业支持】 推进农村妇女小额担保贷款工作。2017年，共发放农村妇女创业小额担保贴息贷款693笔5091万元，农村妇女创业小额担保贷款突破5亿元，位居全区前列。为农村妇女创业争取自治区贴息资金430万元。

【家风民风建设活动】 2017年，贺兰县受全国妇联表彰的“最美家庭”3户，受区、市妇联表彰的“最美家庭”86户，各乡镇（场）、街道推荐县级“最美家庭”47户。推进家庭教育五年规划，在母亲节和“5·15国际家庭日”期间开展系列纪念活动。联合县委宣传部、图书馆，5月14日母亲节在润园广场举办“感恩母爱·书香传情”全民阅读朗诵会，弘扬母爱伟大的精神。

【清廉家风建设】 开展家庭好家风好家训挖掘、农村“移风易俗树文明家风”三项宣传教育活动，让良好家风走进千家万户。开展“传家风、倡清廉、颂文明”主题家风文化作品征集评选活动，共征集作品380余件，评选出优秀作品20件。推进廉政文化建设向家庭延伸。联合县卫生局、县计划生育协会在5月30日端午节开展“悠悠端午风·浓浓亲子情”幸福家庭、最美家庭才艺展等活动。

【关爱妇女儿童行动】 争取自治区妇联“护航春蕾”助学金15.9万元，并自筹1.9万元，对全县178名在读高中贫困女生和当年考入二本以上院校的25名贫困单亲子女给予资助。争取区、市各类资金130万元，实施农村妇女“两癌”救助、“正心基金·爱心妈妈”资助、“春蕾计划”项目、恒大集团资助女高中生等公益项目。为130名农村贫困母亲发放“两癌”救助资金130万元；为10名贫困单亲妈妈每人发放资助金2000元；争取恒大集团慈善救助资金36万元，连续3年资助贺兰一中100名贫困高中女生；在春节和“三八”妇女节、母亲节前，争取区、市妇联支持，为93名贫困单亲母亲送去每人1000元慰问金；联合民政局、残联、团委为全县城乡贫困单亲母亲、退职贫困妇女主任、孤儿等送去2万元慰问金和慰问品。

【巾帼维权行动】2017年，组织开展反家暴法及妇女权益保障法的宣传活动，联合县检察院在农村初、高中学校创新开展“护航春蕾·与法同行”法制讲座活动2场，2000余名女生参加，通过以案说法，提高女生的法律意识和自我保护意识。开展妇联系统信访维权干部队伍建设，支持妇联维权干部参加银川市婚姻家庭咨询师培训班。2017年，有6名干部取得资格证书。

【基层妇女组织建设】2017年，全县村级妇联组织换届，社区、村妇代会全部改扩建为妇联后，全县乡镇（场）街道妇联组织共配备兼职副主席28名、执委158名。乡镇、街道妇联突出建设区域化妇联组织，打破条块管理方式，实现区域化管理模式，把辖区内机关事业单位、经济组织、社会组织中优秀妇女吸纳到妇联组织中，提升服务功能。

【巾帼好网民活动】“巾帼贺兰”微信公众号关注范围覆盖县乡村三级妇联干部群众近600余人，每天定期发布党委、政府的重大决策、工作动态、妇女儿童关注的热点难点问题及女性健康方面的知识等，形成妇联微信群。

贺兰县残疾人联合会

【概况】2017年，县残疾人工作以团结、教育残疾人发扬乐观进取精神，自尊、自信、自强、自立。开展残疾人康复、教育、劳动就业社会服务和残疾预防工作，创造良好的环境和条件，扶助残疾人平等参与社会生活。根据劳动市场的需求和残疾人的特点开展职业教育，培养、培训工作。推进残疾人小康进程，实施残疾人扶贫攻坚，残疾人精准扶贫、法制维权等工作完成目标任务

【残疾人工作机制建设】召开县残联第六届主席团第三次会议和政府残工委工作会议，选举新任理事长和副理事长，调整政府残工委成员。按照各成员单位职能划分职责，制定年度工作目标任务。残工委定期召开会议研究解决残疾人工作问题，指导全县残疾人工作，检查落实残疾人优惠政策的执行情况，为保障残疾人合法权益提供政策和组织保障。

【基层康复服务】利用社会资源，开展残疾人社区康复服务，指导各类残疾人康复训练230人次；邀请自治区残联康复中心康复研究和临床治疗专家，开展康复培训2期60人次。

【助听器、助视器捐赠验配】筹资5.6万元，自购助听器等辅助器材250个，为100名听力残疾人免费发放助听器。银川市残联为贺兰县验配助视器74人。

【专项康复培训】开展假肢、股骨头置换筛查、儿童康复转介、盲人定向行走培训工作。为9位截肢、儿麻等贫困残疾人免费安装假肢和矫形器。推荐12名残疾儿童到区、市残联康复中心进行康复训练；盲人定向行走培训工作1期培训50人。

【精神残疾人防治康复】实施贫困精神残疾人医疗救治救助工程。与贺兰县第一人民医院签订协议书，为贫困精神残疾人免费服药受惠260人，每人每年享受900元的服药补助，计23.4万元。与宁夏宁安医院签订协议书，为12名贫困精神残疾人每人每年救助1500元住院费，共计1.8万元，医院对住院精神残疾人的住院费用进行核实，在医保报销、民政救助后，剩余费用大于1500元精神残疾人予以报销。对特别困难的86名残疾人给予300～500元不等的临时救助，投入资金3.4万元。

【精准康复行动】制订《贺兰县残疾人精准康复服务行动实施方案》，成立全县残疾人精准康复服务行动领导小组，开展技术培训，宣传工作，督导项目的组织和实施，完成精准康复管理服务系统录入3291人，录入率52.65%。

【残疾预防宣传教育】开展以“推进残疾预防，建设健康中国”为主题的全国第一个“残疾预防日”活动。组织干部职工现场宣传《残疾预防和残疾人康复条例》《残疾预防手册》。

【残疾人脱贫攻坚】 落实自治区、银川市人民政府《关于加快推进残疾人小康进程的实施意见》，制订全县残疾人教育就业、培训计划。资助大中专残疾学生4人，学前阶段8人，共计2万元。举办残疾人职业技能班1期，培训57人次，实用技术培训班2期，培训110人。培育县级残疾人扶贫基地1个，托养服务机构4个。开展残疾人按比例就业，扶持残疾人个体创业、灵活就业、辅助性就业和就业援助工作。争取政府公益性岗位拿出一定比例安排残疾人就业，新增就业123人，按比例就业46人，集中就业59人，辅助性就业7人。发放残疾人创业补贴4人，每人3200元。完成就业人员实名制登记管理工作，录入率100%。

【残疾人兜底保障】 落实自治区残疾人“两项补贴”制度，顺利移交到民政局，全年共发放“两项补贴”698.8万元。落实残疾人低保补差提标10%的政策，将生活困难靠家庭供养且无法单独立户的成年无业重度残疾人，按照单人户纳入低保范围，实现应保尽保。各类重大节日慰问640余残疾人困难家庭，慰问金30万元。发放个体工商户和盲人按摩人员养老保险补贴3人0.85万元。

【残疾人就业保障金征收】 将残保金年审调入政务大厅残联窗口， 2017年，残疾人就业保障金共征收160余万元。

【基层组织规范化建设】 落实《关于加强基层残疾人组织建设的意见》，推进残疾人基层组织规范化建设。各乡镇、街道残联组织健全，配备残疾人专职委员9人，对合同到期的专职委员予以续聘。村残协联络员63人。基层残联各项制度健全，工作纳入乡镇党委、政府目标考核。对残疾人专职委员及残联工作人员进行业务培训5场次，对村级联络员进行培训2场124人次。完成专职委员、各专门协会主席、副主席网络培训工作。

【上访残疾人矛盾化解】 全年接待残疾人来信来访16件，办理率100%。残疾人法律救助工作站为残疾人提供有效的法律援助服务，残疾人法律维权更加方便快捷。

【残疾人文化体育活动】 县体育运动中心场馆免费向残疾人开放、训练残疾人运动员参加残疾人各类比赛，举办冬季残疾人趣味运动会；开展“残疾人文化周”“残疾人健身周”等活动，社区残疾人参与率在20%以上；残疾人宣传月期间，各乡镇（场）、街道办残联分别组织举办残疾人趣味运动会及文艺演出。

贺兰县科学技术协会

【概况】 2017年，全县科学技术协作履行为科技工作者服务、为创新驱动发展服务、为提高全民科学素质服务、为党和政府科学决策服务的职责。开展学术交流，促进学科发展，提高学术水平。普及科学技术知识；传播科学思想和科学方法；开展青少年及社会其他成员的科学技术教育活动；开展科学论证、科技咨询服务。加强农村专业技术协会发挥在农村产业结构调整和社会化服务体系中的作用。助力精准扶贫等方面也作出贡献。

【获得荣誉】 2月，县科协被银川市科协和银川市教育局评为银川市第十四届青少年科技创新大赛暨机器人竞赛优秀组织单位；11月，被自治区科协和自治区科技厅评为第二届全国企业创新方法大赛宁夏分赛暨宁夏首届创新方法大赛优秀组织单位；荣获银川市科协2017年绩效考评第一名、自治科协2017年绩效评价优秀等次；12月被银川市科协评为先进单位；2017年科普日活动受中科协表彰。

【科普工作开展】 组织参加科技活动周、全国科普日等各类科普活动及行业纪念日活动，宣传普及科学知识。发放科普宣传资料、书籍累计近5万份，参与活动的科技工作者、科普志愿者累计达500余人次；开展科普进乡村、进校园、进社区、进企业、进机关、进军营、进清真寺的科普活动，组织“科普大篷车”赶集活动29场、“科普大篷车”进校园7场，农村实用技术培训

17场，社区科普知识讲座22场；企业专业技术人员讲座20期。利用科技资源，多形式开展校园课内外科技活动，组织贺兰县青少年参加区、市、县各类大型科技竞赛共5场次，参加人数150余人，共127件参赛作品获奖。2017年，全县科普活动覆盖面达90%以上。

【科普阵地建设】 实施“科普惠农兴村计划”，建立由科技骨干、农村专业技术人员和热衷于科普事业人士组成的科普宣传员队伍，在册科普宣传员362人，指导协助组建农村专业技术协会（联合会）8个，培育创建市级农村科普示范基地5个、科普示范社区3个、科普带头人3个、科普教育基地1个。建设科普长廊8个，在全县80%的行政村和15个农技协、农村示范基地建立科普宣传栏，全县农村科普图书室建设和科普宣传员配备达到100%。争取自治区科协科技信息企业推广应用服务子站建设项目，争取资金15万元，发展应用企业120家，免费为企业提供专利信息资源系统和技术专利文献数据库。

【科普信息化建设】 建立乡村e站、社区e站、学校e站与广电网络公司合作，将“科普中国”接入有线电视的“民生服务”模块；与贺兰县电视台合作定期播出科普中国v视快递；利用手机短信向广大贺兰干部、职工每周发送科普信息，推荐关注“贺兰县科协”微信公众号。实现科普信息的定时推送，畅通服务公众科普的“最后一千米”。2017年推广建设科普中国乡村e站30个、社区e站8个、校园e站16个。

【科协组织改革】 贺兰科协于4月形成改革方案，报县委常委会议审议，9月29日，第十四届县委第十九次常委会审议原则同意方案执行。3月16日，召开第六届五次全委会议，会议通过选举，增补年学文为县科协兼职副主席，桂华为县科协常委、挂职副主席，马晓成、郑利民、徐国福、韩勇为县科协常委、兼职副主席。

【科协基层组织建设】 扩大科协组织和工作的覆盖面，10月，县科协组织召开乡镇、街道科协工作会议，安排部署推进乡镇、街道、行政村、社区科协组织建设、加强农村专业技术协会规范化建设、推动农技协转型升级工作，探索建立农技协联合会。2017年，全县7个乡镇（场）62个行政村、1个街道办和11个所辖社区都建立科协组织，新成立农技协联合会4个。

【助力创新驱动发展】 成功申报自治区人才项目“银川现代渔业院士专家工作站”，开展渔业重大核心技术研发攻关，加速科技成果转化。配合区科协开展“福建院士专家宁夏行”活动，邀请吉林农业大学菌类作物在读博士、教授级高级工程师、硕士生导师曾辉与县欣荣和食用菌有限公司签订意向性合作协议。在企业建立科协组织并探索开展科普工作、成立宁夏厚生记食品有限公司科协。

【探索协会发展新模式】 县科协与教育局、青少年校外活动中心、宁夏灵甲智能科技有限公司多方合作，开展青少年科普教育、科技活动。在青少年校外活动中心开设贺兰县青少年科普教育基地，免费向全县中小学生开放。

【精准扶贫】 开展“科技助力精准扶贫工程”，以县科协为主导，邀请市县专家，组织专家团队，分5组14批次，为全县各乡村开展技术服务，重点服务产业基础好、规模大、示范带动强的农村科普基地和农技协组织；组织指导欣荣村成立四家农技协，以种兔养殖、肉鸽养殖、蔬菜及食用菌种植等产业链，带动贫困户脱贫。

【扶贫资金争取】 争取市科协的支持，市科协出资60万元为欣荣村欣荣和食用菌专业技术协会购买高温灭菌炉两台，协助做大做强食用菌产业，支持村民脱贫。

贺兰县文学艺术界联合会

【概况】 2017年，县文学艺术界联合会团结全县文艺工作者，围绕中心，服务大局，开展主题文艺活动，扶持重点文艺创作，推进文艺为全县各项社会事业繁荣服务。

【送欢乐下基层】 元旦、春节期间，组织文艺家下到全县社区、乡镇、企业，开展21场文艺演出及“迎春纳福”慰问活动。

【县文联作协组织会员采风】 2月27日，县文联作家协会组织老中青骨干会员及各协会负责人近30人到青铜峡黄河楼、永宁文化园、西夏王陵等地采风。

【举办2017年摄影培训班】 3月28日，县文联摄影家协会在县图书馆举办摄影培训班，邀请区市县摄影名家为贺兰县摄影爱好者授课。

【书画义卖】 4月15日，由贺兰县文联、贺兰慈善总会主办，宁夏大玩家艺术品交流公司承办“春满贺兰 善行天下”大型慈善书画作品义卖活动。特邀全国知名书画作品200幅，贺兰县书画院、书协、美协骨干会员60幅作品参入。

【小品、小戏培训班】 4月24日，县文联戏剧家协会举办的2017年小品小戏培训班开课。培训为期5天，戏协骨干会员、民间文艺爱好者20余人参加。培训班邀请银川市艺术研究室主任李国强、银川市戏曲家协会理事、中国戏剧家协会会员岳双七为贺兰县民间艺术爱好者授课。

【非物质文化遗产进校园】 5月21日，在全国第二十七个助残日来临之际，贺兰民间艺术家协会主席王永红带着她的乐陶泥人走进宁夏特殊教育学校，开展非物质文化遗产进校园展活动。

【县文联进军营】 7月31日，县文联开展进军营慰问活动，分别到武警银川市支队、德胜消防中队、雷达部队等开展送演出、送文化、送温暖的“三送”活动。

【举办稻渔空间系列活动】 8月5日，在常信乡稻渔空间隆重举行县文联摄影家协会创作基地挂牌，通过合作共建，为艺术家深入生活、扎根人民、展示创作成果、开展培训交流提供平台。

【书协、美协赴外学习】 9月13日，县文联组织协会骨干会员赴内蒙古乌海市中国当代艺术馆观摩学习。

【稻渔空间丰收节活动】 9月29日，在常信乡四十里店村宁夏稻渔空间承办银川市秋季农业嘉年华暨宁夏稻渔空间丰收节主题活动，文艺演出，举办蟹王争霸赛、打稻谷、稻田钓蟹捉蟹、割稻趣味活动。

【“贺兰风采”书法美术摄影展】 11月16—20日，由县委宣传部、县文联承办的“学习宣传贯彻十九大 弘扬宁夏精神 展现贺兰风采”全区书法美术摄影展在宁夏文化馆开展。共收到书画作品600余幅，最终入选144幅。11月28日，县文联在兰山公园举办庆十九大书法美术摄影展。

【献爱心 送温暖】 12月25日，县文联组织全体帮扶干部来到欣荣、广荣村开展宣传十九大“献爱心 送温暖”走访帮扶活动。文联组织摄影家协会专业摄影家走村入户，免费为村民拍摄全家福，并现场冲洗装框送给农户。为欣荣、广荣村村部赠送摄影作品。为3户特困户送去电视机。

民主党派和工商联

Minzhu Dangpai He Gongshanglian

民革贺兰县支部

【概况】2017年，民革贺兰支部团结带领全体民革党员，围绕中共贺兰县委、政府的工作中心，加强自身建设，按照中国特色社会主义参政党要求积极履行参政议政职能，为促进贺兰县经济社会平稳较快发展作出贡献。

【党员例会活动】修订民革贺兰支部学习考勤、党费收缴等工作制度，坚持民主集中制，广泛听取意见，集体研究支部事务。坚持每月十六日党员例会制度，通过通读原文、座谈讨论、交流学习体会等多种形式，深入学习习近平总书记系列重要讲话精神，学习中共十九大和县委十四届二次全会精神，开展“不忘合作初心，继续携手前进”主题教育活动、《统战工作条例》等相关知识学习等，做到学习有计划、有内容、有笔记。

【政治理论学习】选派党员近90人次参与民革区、市委会及统战部门举办的培训班、讲座和报告会，促使党员了解统一战线和多党合作的光辉历史和优良传统，提高政策理论水平和参政议政能力。为27名党员订阅《团结报》，年度撰写2篇以上参政议政材料的党员由市委会统一订阅。

【参加民革区委、市委活动】组织支部党员参加民革宁夏区委会组织的“不忘合作初心，继续携手前进——纪念民革成立70周年”知识竞赛活动，由支部党员宋彦娟、王兰、韩雪组成的团队获得第三名。组织支部党员参加民革银川市委会举办的纪念民革成立70周年知识竞赛、演讲比赛等，参加“法治宁夏”同心大讲堂活动，支部党员王睿获演讲比赛第二名。

【参政议政】2017年，民革党员撰写参政议政材料32篇，参与党员23人，内容涵盖企业诚信体系建设、养老保险制度改革、供港蔬菜基地建设发展、道路交通设施建设维护、汽车修理清洗行业规范等多个方面，其中：涉及自治区、银川市参政议政材料17篇。

【组织建设】2017年，民革贺兰支部新增入党积极分子5人。民革贺兰支部有党员39人，退休老党员10人，中青年党员30人，占总人数的75%。其中女性20人，男性20人，各占总人数的50%，行业分布主要集中在政府部门、律师事务所、私营企业、医院、个体等。支部主委钱瑞为贺兰县政协副主席，并兼职为银川市第十三届政协委员、贺兰县第十届政协委员，贺兰县经济发展和改革局副局长哈霜莹为银川市第十五届人代会人大代表，尹湘、李广成、保剑君、杨彩娥、苏洁分别兼职为贺兰县第十届政协委员。

【主题教育实践活动】2017年，支部组织开展“不忘合作初心，继续携手前进”主题教育活动，开展春节慰问老党员活动，开展“绿色环保从我做起”主题登山活动。形式丰富的活动，将主题教育贯穿于党实践活动的全过程，使活动成为党员自觉参与、自我教育、自我管理的过程。

【精准扶贫】 引导党员开展精准扶贫工作。4月28日由民革银川市委会联合明日之星教育基金会开展精准扶贫捐赠仪式，向贺兰县32所中小学捐赠了总价值40万元的助学物资。金鑫村是贺兰县委统战部、民革贺兰支部联合对口帮扶村，前期对十五社、十六社东边的低洼盐碱地区域无偿发放500多公斤盐碱调理剂，对510亩土地实施了盐碱地农艺改良措施，5月4日通过实地查看，500多亩水稻均已出苗，较往年整齐、苗全,农民反映效果好。6月13日，民革贺兰支部配合民革银川市委会，针对金鑫村金山小学开展了帮扶活动，邀请民革党员、宁夏音乐家协会会员孙旭为五年级的学生讲授一堂名为《种太阳》的音乐课；邀请贺兰县回民小学的王彩虹老师给六年级的孩子们讲授一堂英语课，民革市委会组织优秀教师为金鑫村金山小学部分师生开展优质课示范教学，捐赠一批体育器材。

【法律服务进社区活动】 9月8日民革银川市委会和民革贺兰支部在如意湖社区联合开展“法律服务进社区”普法宣传活动，在社区形成良好的社会法治氛围“法律服务进社区”活动参与的社区居民超过150人次。

农工党贺兰县支部

【概况】 2017年，农工党贺兰县支部结合党员自身工作特点，围绕县域经济发展，解放思想、勤奋工作、履行参政党职能，在各自工作岗位和职责范围内为构建和谐贺兰作贡献。

【组织学习】 学习领会十九大报告精神以及习近平总书记系列重要讲话精神，履行参政党职能，加强自身建设。鼓励党员参加农工党银川市委会、县委统战部和县政协组织的学习活动。利用每季度一次的民主生活会组织学习农工党发展历史，党的章程以及组织发展原则等内容。为党员订购中国农工民主党《党员读物》以及《前进论坛》等刊物。

【参政议政】 农工党贺兰县支委会围绕全县工作中心，开展调查研究。参加县政协组织的关于贺兰县医疗卫生体制改革的调研、贺兰县重点工作完成情况的调研、贺兰县卫生和计划生育工作情况调研。为谏言献策提供充分的依据，完成《在贺兰县经济建设中发挥民主党派的作用》《新时期民主党派代表人士队伍建设的几个问题及建议》两篇调研报告。

【谏言献策】 支委会中的人大代表及政协委员共撰写《关于进一步完善社区卫生服务的几点建议的提案》《关于加紧实施新建中医医院建设项目的提案》《关于加快实施新建中医院设备购置的提案》《关于进一步规范整治太阳城早市的提案》《关于增加途经贺兰县第一人民医院公交线路的提案》5篇。

【社会服务开展】 2017年，在洪广镇卫生院、洪广镇金鑫村等地进行了4次免费义诊体检活动，受益群众近700人次。农工党贺兰县支部与洪广镇金鑫村对接，出台《农工党贺兰支部关于实施“健康扶贫”工作方案》，以金鑫村困难群众的健康保障为出发点开展帮扶工作，帮助金鑫村卫生室提升服务能力、减免住院费用等方式相结合开展具体工作。

【组织建设】 2017年，农工党贺兰县支部发展党员1名、入党积极分子2名。新入党的同志均接受市委会举办的新党员培训，参加自治区社会主义学院的理论培训班。支部现有党员18名，平均年龄40岁，其中：高级职称7名，中级职称11名。在单位担任主任以上职务的12名，市县人大代表、政协委员4名。

民进贺兰县支部

【概况】 2017年，民进贺兰支部以学习贯彻党的十八届三中全会、四中全会精神为主线，履行工作职责，强化统战工作沟通、协调、引导服务能力，严格遵守国家的各项法律法规，坚定理想信念，为加快贺兰县社会经济发展积极进言献策。

【自身学习】 学习市委统战部、市委民进会组织的培训、贺兰县两会精神以及政协、县委领导的重要讲话；在职会员每人写一篇学习心得，并抄写1500字的学习笔记。参加市县统战部举办的培训学习班，增强会员的政治素质和理论修养。同时，支部组织学习《中国民主促进会章程》《中共中央关于进一步加强中国共产党领导的多党合作和政治协商制度建设的意见》。

【参政议政】 支部会员在做好本职工作的同时，调查研究，参政议政，建言献策，会员中2名当选为人大代表，4名当选为政协委员。谢什昕的《关于改造升级县城早市经营场所的提案》、何丽娟的《关于县城公交车辆较少，学生上放学高峰期乘车难的提案》、张晓燕的《关于打通贺兰县创业路与立通路最后一公里的提案》被县政协列为一般提案。会员参加人大、政协、统战部、工商联组织的各类视察调研活动，提出合理化的建议和意见。

【扶贫助困】 春节前夕，组织班子成员看望70岁以上老会员，慰问生病的谢文庆老师，金生泰、孔淑梅、高文华等8位退休老会员，送去了米、面、油和组织的关心。支部主任马新颖、副主任朱雁看望慰问了独居的退休老会员欧阳增。

【与其他民主党派的交流】 支部主动加强与其他民主党派的交流联系，互相学习，互相促进，互相交流。与民盟贺兰总支部联合举行迎五一趣味体育运动会。

【会员发展】 2017年，按照组织发展有关规定，吸收1名优秀人才加入到民进组织。

贺兰县工商业联合会

【概况】 2017年，县工商联围绕全县建设沿黄生态经济带明星县，建成较高水平全面小康社会的目标，加强和改进非公有制经济人士思想政治工作。引导会员学习贯彻党和国家的方针政策，爱国、敬业、诚信、守法。引导会员积极承担社会责任，加强企业文化建设。商会工作实现目标任务。

【理想信念教育】 组织全体执委全文学习党的十九大报告精神和习近平总书记在十九大报告中关于促进非公经济发展的重要论述，向非公经济人士传达中央、区、市、县领导讲话精神，组织非公经济人士学习贯彻自治区第十二次党代会、县委十四届二次、三次会议精神，教育引导非公经济人士坚定理想信念、增强发展信心。

【报刊订阅】《宁夏日报》《银川晚报》《新消息报》《中国工商时报》等党报党刊提前完成新一年的征订任务，比2016年报纸订阅数量翻一番，确保人手一份。

【信息上报】 2017年，县工商联上报信息48篇，其中：被微贺兰采用7篇，《宁夏商会》采用25篇，银川市工商联网站刊登15篇。

【企业家培训】 组织企业家参加区市工商联组织的“知名企业家大讲堂”“推进民营企业对接资本市场”和“振兴西部产业之路”等专题知识培训班。

【基层商会建设】 推进“四好”商协会建设，建立健全贺兰县工商联各基层商会联系制度。2017年，根据全县基层商会发展的实际情况，选取银川生物科技园商会为观摩点，组织全县各基层商会会长与工商联干部职工进行观摩学习。

【组织建设】 通过调研、走访企业，对不同领域的优秀非公经济人士，及时将他们培养选拔到工商联领导班子中来。经县委批准，县工商联重新配备5名党组成员。定期召开主席会议和执委会议。

【会员发展】 在会员发展中既注重提高行业龙头企业及各级人大代表、政协委员所在企业的入会比例，也注重中小微企业中会员的发展。及时增补有影响力、热爱工商联工作的非公有制经济代表人士入会，完善制度并做好执委的参政议政、民主监督作用。工商联始终充满生机活力。县工商联共有会员878名。

【商会建设】 贺兰县工商联所属街道、园区基层商会6家。全面开展“四好”商会建设，出台具体实施方案。在创建过程中，按照“四个好”的标准指导各商会注重实效，突出商会特色开展工作。利用信息平台宣传非公有制经济发展的方针政策，宣传企业荣誉，树立企业形象、企业发展好的做法等信息累计200余条。不定期召开银企座谈会，增进银企感情交流，为会员企业贷款融资带来便利。

【精准扶贫】 全体干部职工下到农户家中，查看帮扶户新一年的家庭收入、子女教育、产业发展等方面的具体情况，做好台账的填报工作，配合迎接“国检”“区检”脱贫攻坚工作。县工商联为洪广镇欣荣5个定点帮扶户共购买小鸡90只、饲料450斤，将小鸡配送到5户贫困户家中，邀请专业养鸡人员为农户传授养鸡知识。10月中旬，县工商联又对欣荣村、广荣村困难群众进行走访慰问，为困难群众送去防寒棉服、小食品等价值近两万余元实物；为残疾帮扶户送去轮椅一辆。

【百企帮百村】组织动员各会员企业参与“百企帮百村”活动，宁夏双玉防水防腐有限公司、银川马伟餐饮经营管理有限公司、贺兰县光杰果蔬专业合作社等企业采取就业扶贫的方式帮助洪广镇金鑫村困难群众脱贫。县光杰果蔬合作社种植基地帮助5个帮扶户8人实现就业。

【招商引资】 参加江苏企业家座谈会。发放招商宣传材料170余份，并与部分企业进行洽谈沟通，对贺兰县的产业发展现状、产业规划布局以及“1+3”产业项目进行详细的交流沟通。对2016年洽谈的部分企业进行回访。分别回访江苏科派、旷达集团股份有限公司，并与河北、浙江等地企业联系，增加企业在贺兰县投资信心。开展项目的谋划和签约工作。共谋划项目3个，其中：落地签约项目2个，储备项目1个，招商引资到位资金2.02亿元，完成年度计划的100%。

【“三进”活动】 春节前夕，县工商联携会员企业及党员干部职工积极开展“送温暖 献爱心”活动，到天鹅湖社区、友爱社区、立岗镇兰光村为困难群众送去慰问品，累计发放米、面2000斤，发放胡麻油500斤。八一前夕，组织干部职工对军民共建单位县雷达站官兵进行慰问，并送去慰问金1000元。十月中旬，与县慈善总会及部分非公经济人士联系，捐资助困，为立岗镇银星村五社大学生盛岩卷捐送5万元。县工商联利用每月的“三进”活动时间，走访企业16次，梳理出企业存在的问题并及时向分管领导和相关部门进行汇报。

法治建设

Fazhi Jianshe

社会治安综合治理

【概况】2017年，全县社会治安综合治理工作以维护全县社会稳定任务为目标，层层落实社会治安综合治理责任制。2017年，贺兰县平安建设工作获2017年度全区社会治安综合治理平安县称号，实现“管控摘帽”的目标。

【平安建设工作责任落实】制订贺兰县2017年平安建设工作方案，制定考核办法，县综治办每半月督查一次、每月通报一次。召开平安贺兰建设推进大会，在县、乡、村三级层层签订平安建设工作责任书。成立历史遗留问题化解领导小组，领导包案、挂牌督办，层层落实责任。

【全国“两会”期间维稳】制订《关于做好2017年全国“两会”期间信访维稳工作的实施方案》，成立贺兰县“两会”期间信访维稳工作领导小组，指挥调度全县信访维稳接访劝返等工作。2月27—28日，县综治办联合县公安局、信访局、安监局，对各乡镇（场）、街道、部分县直部门落实平安建设工作推进会情况。全国“两会”召开期间，全县信访总量为29批39人次，其中：网上投诉24件，个人访5批15人次，集体访1批11人次。未发生非访事件。

【十九大期间维稳】9月20日，召开十九大安保维稳工作动员会。县委常委、政法委书记、公安局局长白建斌，县人大常委会副主任朱敏等四套班子分管领导，全县综治成员单位、各乡镇（场）、街道、园区负责人60余人参加会议。十九大召开期间，全县社会稳定。

【基层平安创建】制订《关于深入开展基层平安创建活动的实施方案》，开展12个基层平安单位创建活动，2017年，7个乡镇（场）均达到平安乡镇（场）命名标准。开设农民工工资专户65个，共办理农民工工资卡5474张，平安工地一卡通实名制推开。18家寄递物流企业安装寄递物流营运监管系统，寄递物流业实现全监管。26个中小学开展“平安校园”建设，没有校园欺凌事件的发生。县检察院历时150余日夜，辗转2万余千米、将贪污公款240万元、在逃16年之久、公安部B级逃犯李冰、高万成抓获归案。

【综治中心建设】整合乡镇、街道综治信访维稳工作资源为抓手，按照“有机构、有人员、有阵地、有制度、有活动、有成效、有网络”的“七有”标准，统一乡镇、街道综治中心和社区、村综治工作站建设。2017年。建成乡镇、街道办综治中心6个，配备电视显示屏、电脑、会议桌椅，制作各项规章制度上墙，硬件设施基本配齐，基层社会治理“一张网”初具雏形。全县乡镇（场）、街道电子政务外网VPDN的安装工作全部建成，村级及以上矛盾纠纷排查化解信息系统全部投入使用。

【筑实雪亮工程】实施“雪亮

工程”工程，把信息化建设作为提升社会治安立体化防控能力和社会治理现代化水平的重要手段。政府采取租赁方式，以5年为限，每年交付定额租金，分3期在全县建成标准统一、运行规范的县、乡、村联网的综治“雪亮工程”，基本实现公共安全视频监控“全域覆盖、全网共享、全时可用、全程可控”。8月，完成县、乡镇两级综治中心和宁夏社会治安综合治理信息平台村级以上单位全覆盖的目标任务。

【政法综治宣传】 4月15日开展第27个“政法综治宣传月”宣传活动。全县各单位共发放宣传资料8000余份，宣传手册1000余册，宣传围裙、手提袋、毛巾、便携式台灯5000余份；悬挂横幅42条，接受群众咨询1000余人次。2017年，县委政法委设立各类广告牌共计7280平方米，发送宣传短信3万余条，电视台累计播放宣传片15余次、滚动字幕3万余条。3次利用政法委短信平台发送4万多条短信提醒，通过贺兰政法综治公众号推送4篇公众安全感测评文章，制作安全感测评教程小视频。

【打击传销】 制订全县打击传销专项整治行动工作方案，县委政法委牵头，共开展12次集中打击传销专项行动。将社会管控、案件查处、净化网络相结合，集中整治传销人员聚集情况严重区域，集中打击社会危害较大的团伙，教育劝返受蒙蔽参与传销人员，建立健全防控传销工作长效机制，防止传销活动滋生蔓延。

【严重精神障碍患者管理】 县综治办、公安局、民政局、卫计局、财政局、残联联合下发《贺兰县落实严重精神障碍患者监护责任及补贴管理暂行办法》，对在一个看护管理年度内未发生肇事肇祸行为的危险性评估三级以上的严重精神障碍患者予以1800元的补贴。对精神卫生综合管理试点成员单位工作开展情况进行督导检查，形成督查通报下发至各相关单位。

【见义勇为倡导】 建立见义勇为工作领导小组，形成“党委政府统一领导、综治部门具体负责、相关部门协作配合、社会各界大力支持”的工作格局。开展见义勇为先进事迹的信息收集，利用政法综治宣传月、集市宣传等有利时机，大力宣传见义勇为良好道德风尚。2017年，对勇救溺水者的付前国同志奖励1万元，对实施见义勇为的雷登祥同志奖励5000元。

【铁路护路联防】 每月定期召开铁路护路工作会议，开展涉路矛盾纠纷排查化解，对所属铁路沿线事故多发区和重点部位进行重点监控、重点防守。组织对铁路沿线林带内的乱堆、乱放杂物等铁路沿线环境进行清理绿化，消除铁路沿线周边的安全隐患。2017年，为3名铁路沿线危险性评估3级以上居家的严重精神障碍患者兑现每年1800元救治救助服务，共计5400元。将热爱护路工作、责任心强、在铁路边居住并能掌握铁路周边情况的8名村民确定为承包人，由涉路乡镇（场）与其签订责任书，明确承包人员职责任务。

【铁路护路联防宣传】 利用4月份综治宣传月、6月爱路护路宣传月、安全生产月等契机，与铁路公安、辖区乡镇（场）、公安派出所等部门组织联合宣讲组，赴铁路沿线各学校进行宣传教育。发自媒体消息7条，发放“爱路护路宣传册”5000余册，张贴标语150余条，挂横幅14条，组织观看宣传片7场次。制作印有爱路护路安全内容、群众喜闻乐见、贴近群众生活的玻璃杯4000个、手提袋8000个、毛巾4000个。制作宣传展板灯箱3块、动漫宣传标语15条，在日常电脑教课中融入爱路护路宣传内容。全县连续多年实现铁路交通事故零发生。2017年，被命名全区铁路护路联防工作平安铁路示范县。

公　安

【概况】 2017年，全县公安工作以党的十九大和中阿博览会安保维稳工作为主线，强化各项维稳措施，推进平安贺兰建设，保障全县社会平稳，经济建设发展，人民群众实现安居乐业。2017年，县公安局被自治区公安厅表彰2次，被银川市委、政府表彰1次，被银川市公安局及其他部门表彰3次，被贺兰县委、政府及其他部门表彰4次，3名民警荣立个人三等功，142名民警及辅警受到县局及上级部门表彰。

【侦查破案】2017年，全县共接处各类警情36395起，立各类刑事案件1240起，同比下降12.37%，破获603起，破案率为48.63%。八类主要案件立20起，破19起，破案率95%。成功破获贺兰县“7·07”“10·23”杀人案，实现命案破案率100%。打掉以马某某为首的5人恶势力团伙；破获“9·29”特大抢劫案；严打侵财犯罪，成功侦破区厅挂牌督办的系列盗窃竹胶板案件。

【打击盗抢骗犯罪】2017年，破获盗抢骗案件374起，抓获盗抢骗嫌疑人125名，起诉53人；“公安部电信诈骗案件侦办平台”录入率达到100%，共立电信网络诈骗案件208起，同比下降18.8%；协查外省市网络贩枪案件共33案71人，破获1起侵犯公民个人信息罪案和1起非法侵入计算机信息案，抓获犯罪嫌疑人3名。

【毒品犯罪打击】2017年，全县吸毒人员管控率为65.3%，社区戒毒执行率为99%，社区康复执行率为100%。共破获毒品刑事案件9起，其中：目标案件1起，抓获犯罪嫌疑人13人，缴获毒品613.94克；查获吸毒人员143人，强制隔离戒毒70人。全区禁毒示范县创建工作和青少年毒品预防教育6·27工程稳步推进。

【严打涉众型案件】组织开展12次打击传销集中行动，破获涉嫌组织领导传销案件13起，刑拘13人，捣毁传销窝点160个，查获涉嫌传销人员846人，行政处罚149人。破获侵犯知识产权案件4起，收缴假币61905元。

【警务机制改革】成立贺兰县公安局交巡警大队，根据实际情况将县城、德胜工业园区划分三个巡逻区域，履行城区交通管理、巡逻处警、应急处突和服务群众四大勤务职能。共盘查人员1350人次，化解矛盾纠纷1000余起，巡逻中抓获现行违法犯罪人员67人，破获现行盗窃案件6起；查处各类交通违法行为16500起，救助群众132人次，处置各类警情3200余起。县城和德胜辖区交通秩序和街面治安秩序明显好转。

【社区警务机制改革】将全县划分为20个警务区，建立社区警务室8个，建立社区警务和“一村一警”工作机制，推广侯金知“互联网+社区警务”工作法。

【智慧防控建设】由第三方投资建设、政府购买服务、公安机关管理使用的方式建设完成“天网工程”1366路治安监控，基本实现县城及德胜园区全覆盖、零盲区。

【治安防控大清查】组织开展10次治安清查集中统一行动，清查行业场所336家，核查各类人员信息1780余条，盘查过往车辆2580余辆，查处赌博案件1起、吸食毒品案件1起，发现并整改治安隐患103处，有效震慑违法犯罪。

【危爆物品寄递隐患管理】对全县19家危爆品使用企业、42家寄递物流业经营场所和26家加油站逐一进行安全检查，督促落实责任制和防范措施。

【消防安全监管】开展高层建筑消防安全整治“摩天行动”，加强“三合一”“多合一”场所及群租房火灾隐患整治，共检查单位2681家，督促整改火灾隐患3534处，行政处罚147起，责令“三停”51家。2017年，全县消防形势平稳，未发生重特大火灾事故。

【交通安全整治】投资建设完成电子警察和改造电子警察、路口信号灯、限时通行卡口、护栏设施等，建立乡镇交通管理服务站5个、劝导站3个。开展酒驾、农用车、货车、摩托车等交通专项整治450次，查处各类交通违法行为14.5万起。治理交通隐患点31处，办理老旧车、黄标车报废手续931辆。全县道路交通畅通有序，四项指标“三降一平”。

【实施执法全过程记录】为民警、辅警全部配备执法记录仪，执法记录仪使用上传、接报警反馈率达到100%，询问视频上传率达到98%以上。加强执法办案全程管控和监督管理，安排专人对全局接处警、受立案工作实行24小时不间断巡查管控。对巡查中发现的问题，每周2期案管通报。

【执法监督】2017年考评行政案件1833案,刑事案件1216案，纠正执法办案不规范、案件超期未办结等突出问题，开展积案清理、涉案财物专项清理整治工作，全局执法质量考核取得全区第三名的成绩。

【执法公开】依托贺兰县政府门户网站和网上公安局平台，制订下发《贺兰县公安局执法公开实施方案》，在县局门户网站上发布信息346条，发微博1020条，微信公众号90条信息。

【警务实战训练】组织民警参加区厅、市局及县局举办的各类培训班112次，参训人员达877余人次，县局民警在参加“训练日”实战基本功比武中取得全市第一名。

【从优待警】落实民警、辅警体检、生日祝福、生病看望、培训慰问、公休假等从优待警举措。

【公安工作宣传】发布新闻宣传稿件279篇，其中：报纸新闻稿件101篇，电视新闻178篇，在贺兰县公安局的微博和微信“平安贺兰”发布消息356条。

检　察

【概况】2017年，县人民检察院认履行宪法法律赋予的职责，依法开展对贪污贿赂犯罪、国家机关工作人员渎职犯罪案件侦查；依法办理审查批准逮捕、决定逮捕案件，实施立案侦查监督、侦查活动监督。依法办理审查起诉、提起公诉、抗诉案件。对人民法院刑事审判活动实行监督工作。受理公民的报案、举报、控告和刑事申诉。开展涉及生态环境保护的检察工作。开展县检察机关队伍建设和思想政治工作，对检察人员进行教育培训。完成各项工作。

【打击严重刑事犯罪】对严重影响人民群众生命财产安全的抢劫、故意伤害等暴力犯罪案件和非法吸收公众存款、诈骗等多发性侵财犯罪案件，适时介入、引导侦查，依法快捕快诉。其中：批准逮捕两件善心汇案件，提起公诉闫某、杨某非法吸收公众存款案件等涉及人员多、区域广、社会影响大的案件。所办理的案件无违反法定程序、无错捕漏捕、无错诉漏诉，实现办案数量、质量、效率、效果、安全相统一。

【轻微刑事案件快速办理】对于建议适用简易程序审理的轻微刑事案件集中起诉、集中开庭，提高效率，平均办案时间9天。

【社会矛盾化解】依法对社会危害性不大、双方达成谅解的轻微刑事案件落实从宽处理政策。深化不捕、不诉案件说理制度，消除当事人的疑虑，化解社会矛盾，没有因办案引发涉检访。所有实名控告、申诉、举报全部录入系统并及时办理、答复，切实将矛盾化解在基层。

【未成年人保护】开展法治进校园活动，成立“贺兰县检察院法治宣讲团”，针对近年来校园欺凌、交通事故、溺水、拐骗等严重威胁在校学生人身安全的情形，采用法治讲座、情景模拟、案例分析等方式对贺兰县28所中小学开展法治宣讲活动34场次，发放《青少年自护手册》《青少年法律基础知识必备》2万余册。

【查处职务犯罪】依靠群众办案的工作方针，深挖涉及侵害民生民利、群众反映强烈的案件。同时针对国家机关工作人员在工作中严重不负责任、怠于履行职责的不作为和目无法纪、滥用职权的乱作为，致使公共财产、国家和人民利益遭受重大损失的行为进行查处。落实查办案件与追逃追赃并举的工作部署。6月份，成功将潜逃16年之久的公安部B级逃犯、贪污案犯罪嫌疑人高万成、李冰抓捕归案并挽回全部损失，成为追逃、追赃并举最成功的全区第一案，受到自治区检察院，银川市检察院，贺兰县委、政府三级表彰。

【职务犯罪预防】 按照区、市检察院安排部署，开展涉农、扶贫领域职务犯罪预防专项工作，开展预防调查7次，形成调查报告5篇，完成案例分析7份，发出检察建议3份。在全区检察机关开展集中整治和预防扶贫领域职务犯罪专项工作十件精品和十件优秀案件评选中，贺兰县检察院上报的两个案件均获评“精品案件”。开展“预防职务犯罪邮路”活动。印制《预防邮路宣传手册》10000册，在全县范围内开展定点投递工作。

【职务犯罪警示教育基地建设】 建成贺兰县预防职务犯罪警示教育基地，形成“参观警示教育基地+预防讲座+赠阅预防职务犯罪读本”的教育模式。开展预防职务犯罪讲座、参观预防职务犯罪警示教育基地、预防宣传等73场次，受讲人数达8500余人，向各乡镇干部和村三委班子成员赠送廉政读本《反腐倡廉警示录》1000余本，发放预防职务犯罪宣传彩页等材料5000余份；主动邀请人大、政协及相关部门的负责人参加职务犯罪庭审2次；开展行贿档案查询1081次。

【刑事立案和刑事侦查监督】 对公安机关应当立案而不立案的，监督立案15件16人；对公安机关不应当立案而立案的，监督撤案15件15人；纠正漏捕10人，纠正漏诉23人；向公安机关发出纠正违法通知书13份，公安机关采纳监督意见。

【刑事审判监督】 派员出庭支持公诉并提出量刑建议279件，采纳率92%；列席县人民法院审委会12次，发表不同意见5件次，将对个案处理的分歧，解决在正式判决之前，维护司法公正和权威。重视对审判活动违反法定程序、裁判不公的监督，共提出抗诉4件7人，银川市中级人民法院全部改判，改判率100%。

【民事行政检察】 共受理民事案件127件，同比上升200%。审结126件，其中：提出检察建议113件，收到回复96件，采纳86件；提出支持起诉14件，帮助14名农民工讨回劳务费53491元。开展对“非公企业债务纠纷、拖欠职工工资等案件审判和执行环节”的专项检察督查活动，抽查法院卷宗210册，提出检察建议22件，全部采纳。开展审判违法行为专项检察督查活动，调阅贺兰法院2016年审判电子卷宗400册，发现问题卷宗60册，提出检察建议25件，采纳16件；开展行政执法专项检查活动，共立案47件，结案47件，结案率达100%。

【虚假诉讼专项监督】 共发现虚假诉讼线索5件，依法向县法院提出再审检察建议5件。

【监督专项检察督查】 共调阅法院执行卷宗1000册，立案21件，其中：收到法院回复8件，均被采纳，13件进行办理中。

【公益诉讼】 立案1件并发诉前检察建议1份。该案是全区首起经检察监督的环境污染公益诉讼案件。3月1日，在全区民行会议上，贺兰县检察院作为6个先进院之一进行书面经验交流。

【推进“两法”衔接工作】 制订《贺兰县人民检察院行政执法和刑事司法衔接机制工作方案》，上报依法治县领导小组，将该工作纳入全县绩效考核。向行政执法机关发出《建议移送涉嫌犯罪函》13份，监督立案8件。工作经验在7月4日银川市“两法衔接”工作推进会上做交流。将“两法衔接”工作与文化育检工作有效结合，以“两法衔接”平台监督办理的案件为素材拍摄的微电影《拯救》在睛彩宁夏频道播出，在中央政法委组织的第二届平安中国微电影评选中获评优秀微电影，同时荣获第三届亚洲青年微电影展最佳中国微电影提名奖，获评贺兰县首届文艺精品。同时通过银川市检察院给“两代表、一委员”赠送《拯救》光盘1000余张，提升“两法衔接”平台社会影响力。

【推行检察官员额制】9月，组织开展第二批入额工作，全院入额人员17名；建立各类检察人员职务序列，完成“员额检察官、检察辅助人员、司法行政人员”分类管理；编制、财务实行省级统管到位；制定检察官权力清单。围绕司法责任制要求，突出检察官司法办案的主体地位；建立个人司法档案，完善司法责任认定体系，将谁办案谁负责的改革要求落到实处。

【健全制度约束】制定并执行《错案责任追究制度》《办案纪律作风监督卡制度》《干警严重违纪追究领导责任制度》《赃款赃物管理制度》等制度，把办案工作置于纪检监察部门、发案单位和当事人的监督之下。健全干警八小时以外行为监督管理制度和党风廉政建设责任制度，建立干警执法档案，与干警家属签订家庭助廉承诺书。

【接受监督】主动接受人大及其常委会的工作监督、政协的民主监督。及时主动向县委、人大及其常委会报告工作，配合人大常委会对刑事审判法律监督工作的专项视察。自觉接受社会监督。以案件信息公开系统为主平台，开展案件信息公开工作。共发布程序性案件信息514条，重要案件信息51条，公开终结性法律文书211份，重要案件信息互联网点击量1672次。坚持人民监督员制度，将本院办理的职务犯罪案件中拟作撤案、不起诉处理的案件，全部提交人民监督员监督。

【领导班子建设】切实发挥党组班子的领导核心作用，通过专题学习、专题党课、专题研讨、专题民主生活会等方式，不断提高班子政治理论素养。坚持民主集中制原则，注重强化班子成员团结共事的意识，坚持重大事项、重要工作部署班子集体讨论决策。不断提高领导班子组织领导、统筹协调、把握大局能力和解决突出问题能力，确保县委和上级检察机关的重大决策部署正确执行。

【队伍专业化建设】坚持开展“三基提升”工程，实施“1264”培养模式，通过实施主辅岗机制、岗位练兵、技能竞赛、邀请专家授课、观摩学习，鼓励、支持干警参加司法考试、在职脱产读硕士学位等方式，提高干警的办案能力和综合素养。在读和获取硕士学位人数7人，占在岗干警的13%；鼓励干警积极参加司法考试，通过司法考试，取得执法资格人员达42人，占在岗干警的81%。2017年有680余人次参加区、市检察院和市、县两级党校组织的各种培训，队伍的整体素能得以提高。

【文化育检建设】突出检察文化的引领示范作用，2017年再一次获评区级文明单位和全区检察文化建设示范院称号。开展“规范司法行为、提升司法公信”主题文化建设活动。在窗口建设中，将窗口服务与检察文化同部署同建设，用文化建设熏陶出的高素养做好窗口服务。在廉政文化建设中，打造全区一流的预防职务犯罪警示教育基地，丰富检察文化建设的内容。在检察内网建成数字图书馆，干警可在线阅读政治、法律、文学、历史等各类图书一万册。

审　判

【概况】2017年，贺兰法院全年受理各类案件11235件，比2016年同期多收2620件，上升30.41%，结案10108件，同比多结2706件，上升36.56%，结案率89.97%，同比上升4.05个百分点。县法院结案率、实际执行率、结案均衡度、一审服判息诉率4项重要指标位列全市法院第一，法定审限内结案率、延长审限未结比2项重要指标位列全市法院第二。

【提升审判质效】研究制订《关于开展“转变工作作风、规范执法言行、提升审判质效”专项活动的实施方案》及《第三方评议工作方案》，邀请“两代表一委员”、律师代表和群众代表通过明察暗访、召开座谈会等5种方式，对转变作风专项活动成效进行评议打分，整治态度粗暴、庭审不规范、政事务管理不严不细等问题。

【落实司法责任制】 落实审判主体责任，执行《关于裁判文书签发权限的暂行规定（试行）》《审判委员会议事规则（试行）》《审判质效分析会议制度》《专业法官会议制度》，落实办案主体责任，加强监督管理，实现案件质效稳中有升的工作目标。强化审判权力监督，做好案件评查和责任倒查工作，落实经济处罚制度，倒逼法官、司法辅助人员增强责任意识，提高案件质量。2017年，共评查案件7255件，评查合格率为100%。

【人员分类管理】 以公正高效审判为目标，以审判执行工作实际为出发点，统筹调整，优化搭配，完成24个审判团队组建工作。落实院长、庭长办案制。制定《法院工作人员分类管理办法》，以制度明晰权责、规范管理，推进法院队伍正规化、专业化、职业化建设。

【民事案件繁简分流改革】 制定《民事案件繁简分流实施办法（试行）》，按照4:6的比例进行民商事案件繁简分流，合理调配和高效运用审判资源，使当事人以最小的诉讼成本获得司法救济，并最大程度地缓解案多人少矛盾。2017年，在民商事案件同比上升31.82%的情况下，结案率94.85%，同比上升5.05个百分点，一审服判息诉率77.90%，同比上升0.04%，发改率1.23%，同比下降0.27%。平均结案天数缩短3.1天。

【基本解决执行难】 落实最高人民法院关于“用两到三年时间基本解决执行难”的要求，举全院之力向执行难宣战，2017年，全院共受理执行案件3692件，执结2956件，在人员不变，受案数同比上升27.44%的情况下，执结率上升1.92个百分点，实际执行率65.53%，同比上升8.68个百分点，终本率22.83%。9月，最高人民法院执行局局长孟祥一行督查贺兰法院执行工作，肯定贺兰法院创新执行举措、强化执行联动机制。

【精准扶贫】 定点帮扶确定的15户贫困村民，法院领导进行逐户走访和调研，详细记录贫困家庭成员构成、受教育情况、家庭财产、致贫原因和现实需求等内容，建立联系帮扶和精准扶贫工作台账，开展“一对一”帮扶工作，确保每户都由一名庭室负责人每月定期听取群众意见，查看被帮扶对象的实际困难，“一户一策”地制定好帮扶规划，为贫困户理清发展思路，做到对接、内容、目标、措施四个准确，实现帮扶有记载，效果有体现。

【悬赏执行公告破解执行难题】 率先在新闻媒体发布全区首份悬赏执行公告，旨在更大的范围内震慑拒不履行人民法院生效法律文书的被执行人，集结全社会的力量共同破解执行难题。2017年，共发布悬赏执行公告30人次，其中：有15名被执行人的身份信息、照片被张贴在生活小区、广场等地，悬赏执行公告发布后被执行人迫于压力主动到法院履行法律义务。

【借力新媒体直播执行过程】 在全区法院系统首次借力新媒体，对执行攻坚行动进行全程网络直播，近2万名网友见证和监督法院执行工作，实现对失信被执行人起到震慑作用和对群众进行直观普法教育。

【巧用网格管理平台破解执行难】 借用现代化信息技术手段，以“政法云”信息综合管理平台为支撑，与社区网格员联手，运用网络信息技术手段时速迅达、覆盖面广、信息完整准确等优势，最大程度避免因当事人提供虚假或错误的住址、联系方式、联系电话等诉讼信息导致执行、送达困难，耗费有限的司法资源，对于弥补传统手段相对迟缓、费时费力的不足，起到事半功倍的功效。

司法行政

【概况】 2017年，全县司法工作全面执行国家司法行政工作的法律法规，参与县域规章的制订，参与社会治安综合治理工作。指导监督全县律师工作，维护法律服务市场秩序。管理全县公证机构，指导、监督公证业务活动。指导、管理全县法律援助、基层人民调解和基层法律服务社区矫正日常工作；指导、协调县有关部门、乡镇政府、街道办对刑满释放人员的安置帮教工作。

【信息化建设】 重点开展“三网三中心”项目，依托“智慧贺兰”和“政法云”建设司法行政业务内网、矛盾纠纷调解信息网、公共法律服务网，配套建设人民调解中心、法律服务中心、社区矫正监管指挥中心平台，实现各项司法业务工作的网络全覆盖。2017年，贺兰县“三网三中心”实体及网络平台均建成投入使用。

【宁夏律师港项目建设】 在天鹅湖小镇建设宁夏律师港，引进京川、宁人等知名律师事务所，打造面向全区的法律产业服务链。建立集律师事务所、会计师事务所、审计事务所、司法鉴定所为一体的法律服务集群。2017年，宁夏律师港入驻9家律师事务所，进驻律师280名。

【调解组织建设】 规划建设贺兰县人民调解中心，建立教育、国土等11部门行业调委会，指导市场监管局、农牧局、安监局、财政局等8个部门建立调委会和专门调解室。贺兰县人民调解中心自4月底运行，共受理矛盾纠纷284起，调处284起，调处成功278起，调处成功率达97.89%。兑现调解资金1775,5275元。

【个人调解室建设】 调委会结合调解经验和自身特色，打造特色个人调解室。2017年，建成老何说和室”“老任调解室”“老王调解室”“老麻调解室”老马调解室”和“老段调解室”6个个人调解室，调解室共化解矛盾纠纷236件，化解重特大矛盾纠纷14件。

【律师服务基层群众】 结合贺兰县每月19日农村民主议政日、20日社区议政日活动，每个律所包3～4个行政村，开展律师进农村、进社区法律服务活动，累计开展律师咨询31场次，受众人数达1372人，解答法律咨询115人次，发放法律援助相关资料1580份。

【社区矫正及安置帮教】 实施县局监管，实现教育、档案分离，配备专人管理，提升监管的实效。在贺兰县武警中队建立社区矫正训练基地，由武警进行训练，提升社区服刑人员的身份意识。2017年，加大社区服刑人员的警告力度，给予警告36人次，同比增长120%，收监两人。2017年，社区新接收服刑人员138人，解除矫正162人，完成社会审前调查评估152份，在册社区服刑人员223人，其中：缓刑221人，暂予监外执行2人。全县在册刑满释放人员592人，其中：监所释放389人，社区矫正期满解矫203人，安置帮教工作共接收180人，其中：监所释放102人，社区矫正期满解矫78人。

【法律援助】 在法律援助中心建立群众书写区、网络查询区、休息区、饮水区、触摸屏、无障碍通道、急救药箱等便民设施，为群众提供优质的服务环境。坚持律师坐班考勤制度，坚决杜绝不符合规定的律师参与法律援助。2017年，法律援助中心共为1650人提供免费法律咨询，为8名残疾人、21名老年人、54名妇女、20名未成年人、403名农民工提供无偿法律援助服务，并为1名辖区驻军部队军人军属提供法律维权服务。受理1265人的法律援助申请，共办理各类法律援助案件476件，现结案303件，为群众避免或挽回经济损失1014.2万元。

【司法公证服务】 在政务大厅开设4个办事窗口，配备骨干力量坐班，服务群众。公证窗口共办理各类公证2058件，其中：经济合同公证107件，民事权利义务公证1951件，接待群众公证咨询近200人次。

【人民调解服务】 在农村、社区、机关建立调委会，实现村、社区、机关三级调解组织网络全覆盖。规范专业行业调委会组织，建立贺兰县人民调解中心，配精配强调解员，促其发挥作用。2017年，11个专业行业调委会、122个基层调委会、864个调解小组，开展矛盾纠纷大排查77次，调解各类矛盾纠纷520余件，兑现调解资金1200万元，预防“民转刑”18件，劝导化解群体性上访3起700余人。

【律师服务进农村进社区】 7月19日，全县11家律师所的64名资深律师到64个行政村、8个社区开展法律咨询活动，8名律师被群众受聘。

【社区服刑感恩教育】 开展5·15感恩日活动，组织8名社区矫正人员讲感受、讲体会，以感悟教育社区服刑人员。对10名表现突出的社区服刑人员进行表彰奖励。

【社区服刑人员交通法规培训】 邀请交通警察大队为85名有驾驶证、会开车的重点社区服刑人员开展交通法规专题培训班。

【主题宣传活动】 结合新颁布的法律法规，开展《宪法》《民法》《国家安全法》等主题宣传活动。结合“3·15”、环境保护日、安全生产月等节点，开展“打击非法集资”“建设平安贺兰”、民法宣传月等宣传活动。2017年，共开展各类普法讲座70余场、集市宣传84次，发放宣传资料10万余份、宣传品5万余份，解答法律咨询5221人次。

【推动互联网+普法】 利用“贺兰司法”微信公众号和“法治贺兰”今日头条两大平台，发布司法活动信息、解读典型案例、推送法律知识。常信司法所开通“常信司法”微信公众号。在县电视台开通“七五”普法在行动专栏，播放全县各类普法活动。2017年，共发送普法微信162条，制作普法节目10期。

消　防

【概况】 2017年，消防工作突出消防安全环境建设、抓火灾隐患排除为重点，实现部队管理和社会面火灾形势、部队正规化建设和消防监督执法服务双稳定。

【县城公共消防设施建设】 县城消防站改造工程方案通过审议，暖泉工业园区消防站初步方案形成，贺兰消防中队建设项目立项、概算、招投标工作完成，解决县城内消防站空白的局面。2017年，县住建局两次联合水务、路政、乡镇、管委会等部门开展市政消火栓普查工作，新增市政消火栓118个，市政消火栓建有率和完好率分别达到100%、97%。

【部队基础设施建设】 2017年，投入35.85万元改善大中队基础设施建设，协调相关部门对大中队水、电、气进行下调，降低收费标准，节约9.06万元。为中队改造厨房、浴室、电子阅览室。

【灭火执勤战备】 落实执勤备战制度，在执勤备战方面抓人员在位率和参训率，保持人员在位率在90%以上。全年共接处警426起，出动车辆1180辆，出动警力8135人，抢救被困人员46人，疏散被困人员84人，抢救财产365万元。开展重点单位熟悉演练187次，夜间演练20次，与社会单位联勤联训演练110余次，修订各类灭火应急救援预案40份。开展辖区的高层建筑、易燃易爆场所、人员密集场所实战拉动演练。成功处置“3·04”鑫雅老年公寓火灾事故、“3·13”四十里店25吨液氯槽罐车侧翻事故救援、“3·29”金贵镇祥峰地垫厂液化气罐爆炸火灾事故、“5·05”金山村白洋墩养殖小区火灾事故等灭火救援任务。

【火灾隐患排查全覆盖】 2017年，集中开展医疗、教育、社会福利机构、彩钢板建筑、足疗、洗浴、汗蒸等人员密集场所专项检查以及易燃易爆、高层建筑专项治理工作，共检查单位2594家次，督促整改火灾隐患3397处，临时查封30家、暂停52家、拘留11人、罚款79.62万元，开展集中夜查12次。开展高层建筑专项治理工作，确定命名10名消防安全经理人、280名楼长，开展面对面培训

2次，建立高层公共建筑、高层住宅小区微型消防站28个。行业部门召开系统内单位负责人约谈会5次；开展六部门联合检查6次，共排查高层建筑317栋，督促整改火灾隐患299处。

【基层消防组织能力建设】 定期对公安派出所、乡镇街道网格员开展监督指导，8次对派出所民警进行消防监督业务及实操培训，12次对基层网格员开展集中培训和现场指导。联合全县1个乡镇街道、6个派出所、13个社区、6个大网格、71个中网格，780个网格员等群防群治力量对沿街九小场所、居民小区物业、农村村寨等场所和不放心区域开展消防检查，公安派出所共检查单位3386家，督促整改火灾隐患528处，行政处罚335起，罚款2.3万元，警告251人。

【消防宣传教育】 开展公益性培训34期，应急疏散逃生演练40余次，培训人数达8万余人。对中、小学校开展消防进军营军训，培训学生8000余名；开展消防宣传教育示范社区创建活动。评选出1个“消防宣传教育示范社区”，新增10名社区消防宣传大使、5名优秀社区消防宣传大使。开展“3·15”宣传日活动和“11·9”宣传月活动。辖区所有中小学校落实消防教育课程，建成消防科普教育基地1座，微信关注数达6898人，新增消防志愿者20人。

【队伍建设】 2017年，大队集中开展“维护核心、听从指挥”主题教育活动，推进“两学一做”学习教育活动。为官兵及文员配发主题教育“口袋书”。与全体干部签订《党风廉政建设责任书》和《廉洁自律承诺书》，围绕“人、车、酒”环节和重大任务等特殊节点，开展“安全大检查”、“条令条例学习月”、纪律作风整训活动。

经济事务管理

Jingji Shiwu Guanli

经济发展和改革

【概况】 2017年，全县经济发展和改革工作围绕县委、政府提出的总体思路，以开展“重大项目推进年”活动为契机，组织实施全县国民经济和社会发展战略、年度计划。受县人民政府委托向县人大作全县国民经济和社会发展计划工作报告。开展全县经济运行与调节工作。为调节全县国民经济日常运行，解决经济运行中的重大问题，发挥“参谋部”“项目部”作用。

【项目计划落实】 制订《贺兰县“强谋划抓推进增投资”工作实施方案》，缓解有效投资不足、增速下滑等问题；制订《贺兰县“提效能求突破 决战一百天”实施方案》，补齐发展短板，推进项目建设。通过“6+X”部门协商，梳理、化解项目建设难题。完成固定资产投资157.09亿元，完成年初县人代会确定的248亿元目标任务的63%，完成市政府下达考核任务228亿元的69%；全县累计开复工项目292个，年度投资189.66亿元，开工率为96%。

【加大项目审批力度】 制订《贺兰县减审批优服务工作实施方案》，将办理时限工作日改为自然日，法定时限压缩50%。实现项目线上审批，压减审批事项和环节。共审批政府投资项目177个，总投资14.8亿元；社会投资备案项目555个，总投资922.05亿元。

【项目争取】 围绕国家及自治区产业政策及投资导向，主动对全县申报项目进行调查摸底。共申报中央预算内投资项目20个，争取到位项目资金1.5亿元。

【政策体系完善】 印发《贺兰县关于支持实体经济加快发展的政策意见》；汇编印发贺兰县“实体经济17条”政策奖项申报指南及区、市有关政策解读资料；建立“贺兰县企业之家”QQ群、微信群以及微信公众号，通过多种途径实时发布传播各类政策文件信息。

【企业帮扶】 制订《贺兰县精准施策解难题“百日冲刺”保增长工作方案》，围绕存量释放和增量培育，精准施策解难题；起草并实施《贺兰县“进百企解难题保增长”工作实施方案》，县级领导结对下到规模以上企业，帮助解决实际问题，对企业反馈的125个问题，整理分类并由县委办督促各部门分工解决。完成工业项目申报55个，争取各级工业奖励扶持专项资金7985.6万元。兑现落实2015年度“非公经济30条”奖励扶持资金1871万元。如意科技25万锭多组份如意纺数字化智能纺纱工厂智能制造项目，获得工信部智能制造专项资金2700万元，到位1350万元。

【工业节能降耗】 制定《贺兰县2017年节能监察工作要点》。按季度分解目标任务，明确责任分工，部门配合协调推进全县节能监察工作。开展重点用能单位单位产品能耗限额对标、重点能源单位能源管理岗位备案工作，逐步规范企业能源管理体系，加强节能审查事中事后的监管。推动绿色企业管理模式。如意科技上榜2017年第一批绿色工厂示范名单。建立全县节能技改项目库，6月份公布的全区首批重点节能技术推广目录中，共11项节能技术贺兰就占有3项，全年全县单位GDP能耗同比下降4.2%。

【**服务业发展扶持**】下发《贺兰县关于促进服务业发展的实施意见》《贺兰县关于促进服务业发展的扶持意见》等政策性文件，出台实施《贺兰县服务业发展绩效考评办法》，加大考评推动力度，促进服务业发展上档次、上水平。编制《2017年服务业扶持政策宣传手册》。抓服务业项目投资，引导2家企业申报2017年自治区服务业发展引导资金850万元。2017年，贺兰县服务业发展稳中有增，全县完成服务业增加值47亿元，同比增长10%；全社会消费品零售总额达到148亿元，同比增长11%，服务业对全县GDP的贡献率约为32%，比2016年提高1.5个百分点。

【**市场公平环境建设**】制定《关于进一步加强建设工程投标保证金管理的通知》《关于对拖欠农民工工资企业禁止在贺兰参加招投标的通知》《贺兰县建设工程招投标管理中心招标代理机构考核办法》《贺兰县工程建设招标评标评委考核办法》等相关办法和制度，规范招标工作程序。加大串标、陪标投标工作检查与工程项目检查，开展招标代理机构信誉评价工作，加强招标代理机构对借资投标、违规挂靠等不良行为的查处力度，净化招投标市场环境。对发生中标无效、挂靠、转包、违法分包等情形，加大处罚力度。共完成公开招标项目97项，中标金额8.1亿元。

【**价格收费专项检查**】组织开展农资价格、全县平价商店和零售等行业价格行为、商品房销售明码标价、旅游收费、商业银行收费、全县教育收费及全县电力、涉企收费等专项检查8余次，责令退还用户多收价款72147元，没收4930元，罚款26720元。12358全国价格举报平台、12345银川智慧市长热线、微博平台共受理价格举报81件，办结81件，办结率100%。加强民生领域价格监管，营造良好的节日消费环境。

【**抓诚信建设**】推进“双公示”工作，向国家及自治区信用平台推送信息，共公示信用信息4460条。其中：行政许可3604条，行政处罚856条，依托新版政府门户网站，实现“双公示”信息三级联通。落实失信联合惩戒制度，对失信企业联合惩戒。

【**引导企业申报科技项目**】累计申报区、市科技计划项目67项。其中：申报区科技后补助项目25项，科技金融专项项目13项、科技特派员专项10项，人才项目3项，市科技项目13项，其他3项。累计争取资金1478万元。全县研究与开发经费支出占GDP比重达1.06，科技后补助资金303.1万元全部配套到位，达到自治区考核标准。

【**组织企业申报专利**】全县企业2017年专利申请量220件。其中：发明专利51件，实用新型专利115件，外观专利15件。

【**科技成果引进**】引进中科光电植物补光灯技术，引进湖北隆湖小龙虾养殖技术在文军稻蟹养殖专业合作社实施稻田小龙虾试验示范养殖项目，在海永生态渔业公司实施泥鳅繁育及高效养殖试验示范，繁育成功；引进辽宁渔业研究所淡水鱼名特优高产高效养殖技术示范；与奥甘尼克生物科技有限公司合作引进藜麦，以双马科技有限公司为首成立藜麦产业联盟进行试验示范。

【**干部理论学习**】党委组理论中心学习9次，其中：扩大学习3次。干部轮流专题主讲集中学习23次，“两学一做”专题4期，“道德讲堂”3期。全局撰写经济信息23篇、工作动态142篇、各类调研报告21篇。

【**组织建设**】开展基层党组织

建设“三步走”工作。对4个供销社基层社党支部、17个非公企业党支部进行撤并重组，新成立局机关和供销社机关离退休干部党支部2个，并选优配强支部班子。开展创先争优活动，抓好关键少数，对3个先进基层党组织、5名优秀党务工作者、20名优秀共产党员予以表彰奖励。

【**作风建设**】层层签订《党风廉政建设目标责任书》，落实责任制，明确目标和重点，形成齐抓共管的良好局面。设立“党员先锋岗”，树立发改干部良好形象。发挥党员主体作用，开展“立说立行、马上就办”“守纪律、敢担当、有作为”“四亮四评”等专项活动。

价格管理

【**概况**】2017年，全县价格工作围绕县委、政府中心工作，管理行政事业性收费和经营服务性收费。管理行政性事业性收费项目收费标准，发放收费许可证，进行年度审验制止乱收费，减轻企业、农民和群众负担。依法开展价格监督检查，处理价格违法行为。开展价格监测、成本调查和成本监审。开展市场价格监测、价格形势分析、价格趋势预警预报工作，对重要商品和服务价格变动进行动态监控。及时分析市场动态及应采取的对策，提供政府决策参考。开展涉案物品价格鉴证、贷款抵押物品、拍卖物品的价格评估工作。

【**物价管理**】对海亮社区销售的商品房和苏荷阳光小区销售的商品房进行成本核算，为调控商品房价格提供坚实依据。对自来水和天然气安装工程费用进行调查，形成调研报告，为上级部门决策提供基础信息。

【**价格行政执法**】对农资价格、商品房明码标价、旅游收费，商业银行收费、教育收费、电力收费、涉企收费等行业开展检查。责令退还用户多收价款72147元，没收4930元，罚款26720元，上缴国库。

【**规范涉企收费**】规范收费行为，减轻企业负担，依据自治区财政厅、物价局相关文件精神，取消10个、免征7个、暂停5个项目收费，收费转区级单位监管1个、转经营性的3个，保留收费项目20个。

【**价格举报查处**】“12358”价格投诉举报信息系统是物价部门为民服务的窗口，也是联系群众的桥梁。“12358”价格举报电话保持畅通，2017年，受理群众投诉、举报咨询116件，其中：投诉、举报91件，咨询25件；办结116件，办结率100%，全部给群众以满意的答复。

【**民生领域价格监管**】春节、国庆期间，对全县市场销售的清真牛羊肉和鲜猪肉实行临时价格干预措施。在新百联、双宝、永泰商场3家平价商店实行定点限价限量销售和“先控后补”的临时价格干预措施，定点销售的清真牛肉和鲜猪肉在低于市场价格5%的基础上再降价4元/公斤。

【**价格认证**】按照《宁夏回族自治区涉案物品价格鉴证操作规程》开展价格鉴证工作。共接受涉案物品价格鉴证45件次，及时为公、检、法、司等部门提供准确合法的依据。

【**农业蔬菜价格保险**】协调平安保险、太平洋保险、人寿财产保险公司，为县主要的蔬菜实施价格政策性保险，实施蔬菜品种有西红柿、黄瓜、茄子、甘蓝等，共计904.5公顷，协助理赔菜农保价损失393400元。

【**监测预警和应急管理**】对苗头性倾向性涨价行为加强监测预警。制订《贺兰县生活必需品市场异常波动应急预案》，防止价格大幅波动，加强对粮、油、蔬菜、肉、蛋、禽等40个重要商品价格实施重点定时监测，增加采价监测频次，实行日采价、旬报价，随时掌握市场商品价格变动趋势，及时通知平价商店进行调价，打击借节日之机串通涨价、哄抬价格、捏造散布涨价信息、以次充好、变相涨价等价格违法行为。2017年12月，提前10天向县委、政府预警当月天然气缺气断档的价格上涨情况。

市场监督管理

【概况】 2017年，全县市场监督管理工作围绕县委、政府的工作开展全县市场监督管理工作。开展对生产加工、流通及消费环节的食品安全监督管理工作，开展市场交易和网络商品交易及有关服务行为的监管工作，牵头查处违法直销和传销案件。依法管理市场计量行为和组织计量仲裁检定。开展产品、商品质量安全监督和认证认可工作；依法监督管理特种设备注册登记，监督工作；开展药品、医疗器械、化妆品领域行政监督和技术监督。完成行业行政管理职能工作。

【推进个体户转型升级】 落实县委、政府提出的个体户转型升级为企业和培育发展小微企业的工作要求，采取多项措施，推动工作发展。完成个转企65户，培育小微企业150户。

【品牌培育】 全力推进全县企业品牌建设。全县共有注册商标450件，其中：宁夏著名商标52件，全国驰名商标7件，在全区均名列前茅。2016—2017年度，共有14家企业的18个产品获得宁夏名牌产品称号，获得宁夏名牌产品的企业数量和产品数量在全区名列第一。

【消费维权】 完善“12315”消费者申诉举报四级网站建设，共设立“12315”消费维权服务站91个，发展维权监督员和志愿者92人，实现大型商场、超市、市场、企业、景区全覆盖。通过电话、微博、“12345”政务平台等多渠道受理群众投诉、咨询，及时回应公众关注的食品、药品、消费纠纷等方面的问题。2017年，共受理各类申诉举报共673件，为消费者挽回经济损失145.64万元。

【年报公示】 通过各类监管会议宣传企业年报6批次，参加人员1600余人次。各基层监管所通过日常检查通知年报主体1.4万余户次，通过各类微信平台发布年报须知（信息）涉及年报主体1400余户，电话通知8000余次，接听电话咨询指导1400余次，完成年报率91%。

【双随机一公开落实】 围绕“两库一公开”建立配套制度和措施，通过事中事后监管和惩戒机制的落实，规范市场主体的经营行为。完成3个年度10批次1082户个体户、448家企业的即时信息公示抽查、年报公示信息抽查和出资定向抽查，同时将抽查结果信息进行公示。累计列入企业经营异常名录信息2281条，移出266条，清理“僵尸”企业417户。

【食品安全先进县创建】 建立政府负总责、县食品安全工作委员会协调、部门监管、社会参与的食品安全工作机制，完善县、乡镇、村、社区一级抓一级、层层抓落实的三级责任体系。在全县范围内开展食品安全“七个示范”创建活动，创建示范乡镇2个、示范街1条、食品生产加工小作坊示范店10家、食品生产示范企业20家、流通环节食品安全示范店30家、餐饮食品安全示范单位30家、餐饮服务“明厨亮灶”示范单位50家。

【食品安全防线建设】 在全县127家食品生产企业开展风险等级评定。其中：低风险等级生产企业21家，较低风险等级32家，中等风险29家，高风险18家。按照风险等级开展重点监督检查和跟踪检查，严把食品安全生产关。在餐饮服务单位推进“明厨亮灶”工作，通过召开现场观摩会、学习交流等活动，抓重点、树样板，充分发挥典型示范作用，引导餐饮服务单位改变传统餐饮加工方式，全面规范厨师及相关从业人员食品加工操作行为。全县完成餐饮服务单位“明厨亮灶”改造1085家，其中：大型餐饮61家、中型613家、小型363家、学校食堂48家，完成率为92%。在食品流通经营户推行索证索票制度，全县食品批发经营户索证索票、进销台账建立率达到100%，食品零售经营户“三合一”台账建立率达到96%，食品经营户日常监督检查覆盖率达到95%以上。

【食品安全风险监测】投入经费30余万元在5个基层所建立食品快检室，配备食品快检设备5套，指导新贸市场、物美大卖场、新百联、双宝菜篮子4家企业建立食品快检室。落实食用农产品、肉制品、乳制品、饮料抽检，按进度完成采样和检验工作。2017年，共完成食品快检244批次，合格率达99.15%。

【食品安全网络建设】在全县食品生产经营户中实行网格化执法监管和食品安全责任人公示制度。以县局、5个基层所为执法监管主体，明确监管层级和监管责任，将全县3656家食品经营主体纳入监管网络。在监管执法中，以集贸市场、农村庙会、农村中小食品生产企业和小作坊、食杂店为重点，查处无证照经营、假冒伪劣等违法行为；加强学校周边食品安全监管，对全县学校、托幼机构、小饭桌及周边200米范围内的340家食品店逐一排查，对存在问题的21家经营单位进行限期改正，查获“三无”食品和过期变质“五毛钱”食品60公斤。实施假冒伪劣调味品、散装白酒、网络订餐、婴幼儿配方奶粉、食盐质量等专项执法检查行动。2017年，共立案查处食品违法案件35件，罚没款36.4万元。

【药品安全监管】对全县311家药品及医疗器械经营企业的日常监督检查覆盖面均达到100%。2017年，共查办药品医疗器械违法经营案件6起，罚没款6.02万元，移送司法机关1起，案值6万元。抽验药品62批次、医疗器械14批次，对经检验不合格的6批次中药饮片经营户进行调查处理。开展执业药师虚挂兼职、“两小一室”药品安全、药品类易制毒化学品专项检查等工作，查扣问题药品7批次，并进案查处。

【违法违章经营行为查处】以无照经营、假冒伪劣商品、虚假广告、商标侵权、不正当竞争行为、传销活动等为查处重点，加大行政执法力度。共查办各类违法违章案件151起，收缴罚没款90.94万元。

【特种设备安全监察】对燃气行业、车用气瓶安装改造行业、自动扶梯、电梯使用单位、涉氨企业、危险化学品生产企业及充装单位等特种设备安全加强日常监管，开展隐患排查，确保设备安全运行。处理电梯投诉7起，开展现场安全监督检查217次，检查使用单位217家，下达《特种设备安全监察指令书》28份，复查整改26家单位。

【产品质量监督】开展冬季煤质管控专项行动，共检查用煤供暖企业5家、煤炭经营户37家，抽检煤炭5个批次，移送使用不合格燃煤案件3起，取缔无照经营3户，下发责令整改通知书7份。开展春季农资产品质量专项监督抽查工作。共检查肥料生产企业5家、农资经营户23家，抽检肥料10个批次、农膜2个批次，被抽检农资产品全部合格。开展产品质量监督抽查，共抽查生产、销售、服务企业（单位）84家，抽检产品183个批次，其中：12家经营性服务单位的30批次纤维制品不合格，均进行立案调查处理。

【打击传销】与公安、城管、社区等单位协调配合，开展打击传销专项整治行动，组织召开两次打击传销工作会议，集中打击传销专项行动4次，共入户清查5000户次，取缔传销活动窝点94个，教育遣散传销人员557人次，查处传销案件84起，罚没款13.4万元，传销活动得到遏制。

【获奖情况】实现创建自治区食品安全先进县，获得全区工商系统企业年报公示工作先进集体、银川市民族团结进步示范先进单位等荣誉称号，创建自治区文明单位顺利通过考核验收。

审计工作

【概况】2017年，完成政府下达审计项目计划24个，完成现场审计项目24个，审计查处违规资金1906.37万元，其他违规问题27个，提出审计建议22条。

【预算执行审计】围绕关系国计民生的重点资金开展审计；加

强财政资金审计监督，严肃查处重大违法违规和重大损失浪费财政资金的问题。完成县本级2016年预算执行和其他财政财务收支审计项目，并延伸审计县民政局、农发办、地税局等有关单位。查处违规资金126.8万元，非金额计量问题7个。针对审计查出的虚增财政收入、存量资金管理不规范、预算收入未缴入国库等11个问题下达审计决定督促被审计单位整改。按照“资金流向哪里，审计就跟进到哪里”的要求，开展财政资金审计工作，实事求是地披露和反映问题，提出具有针对性和可操作性的意见。推进反腐倡廉建设。

【干部离任审计】 加大离任领导干部经济责任审计。年初政府下达经济责任审计计划10个，完成县农牧局、文联、国资公司等8个领导干部经济责任现场审计。针对发现的问题，督促被审单位进行整改。开展村级负责人经济责任审计。对全县5个乡镇、29个村级负责人开展任期经济责任审计。加大部门联动工作，审计项目计划征求五部门经济责任联系会议成员单位的意见，对全年经济责任项目进行研判、确认，在审计过程中，通报审计进展情况。

【政府投资项目审计】 2017年，接收建设单位送审控制价项目89项，总送审金额为91477.95万元，总审定金额为81770.55万元，平均审减率为10.61%，节约政府投资资金9707.40万元。通过对招标控制价的审核，发现部分项目招标文件编制深度不够，工程量清单漏项、清单项的特征及内容描述不完整，设计图纸深度不足、标注不完善，综合单价组价不完整，总价汇总不完全等问题，改正工程类别错误、工程量计算错误、计价定额套用错误等人为因素造成的虚列预算的行为发生。

【政府投资项目结算审核】 2月15日起，政府投资项目结算审核工作由县财政局移交审计局。审核过程中发现部分项目存在结算送审不及时、送审资料不完整、资料不真实、高估冒算工程量等问题，针对问题提出相应的建议，控制项目造价，为政府投资节约大量资金。2017年，共出具结算审核报告249个，总送审金额为62816.27万元，总审定金额为51983.86万元，平均审减率为17.24%。节约政府资金10832.41万元。

【涉农扶贫审计】 2017年，各审计项目实施中把查处涉农扶贫领域的腐败问题线索作为一项重要工作来抓，加大对涉农扶贫资金的监督力度，融入涉农扶贫资金相关审计内容，扩大审计深度和广度，并从完善涉农扶贫项目资金监管机制，推动扶贫开发工作等方面提出意见建议，督促各相关部门建立健全完善涉农惠农项目和资金监管机制。共查处涉农扶贫领域腐败问题线索341.14万元，将审计发现的违法违规行为移送县纪委。

【大数据助推科学审计】 对县本级预算执行审计过程中，开始使用计算机数据对比审计方法。重点对人员信息复杂、数据量大的低保资金审计事项进行计算机数据对比，将全县房产、车辆、股权、死亡人员信息与低保资金发放人员信息核对，运用计算机数据库的功能，对采集的电子数据进行核对分析，发现不符合低保待遇的10户低保户违规骗取12万元低保资金的行为。县民政局取消违规享受低保待遇的10户低保资格，并追回发放的低保资金6万元。

统计工作

【概况】 2017年，核算全县国内生产总值，监管各乡镇、街道办国民经济核算工作，完成全县投入产出调查工作任务。组织实施三次产业、城乡居民收入和社会发展等统计调查，收集、汇总、整理和提供有关调查的统计数据。开展全县国民经济、科技进步和社会发展等情况进行统计分析、统计预测和统计监督，为县委、县政府及相关部门制订计划、宏观管理提供定量定性的决策依据和统计服务。

【统计和调查】 准确完成统计月度、季度报表工作。完成月度劳动力、工业成本费用、企业创新调查、文化产业调查工作。启动全县2017年1‰人口变动抽样调查。完成2016年妇儿“两纲”监测工作。

【**统计宣传**】2017年，全县举行20余次统计业务知识培训，培训人次近3000人。全年组织局干部参加区、市统计局，县组织部等部门举办的各类培训近百次。开展统计宣传，利用各种法定宣传日、统计门户网站、微信朋友圈等时间节点和宣传载体，开展统计法及其相关处分规定、统计工作、统计知识、农业普查等知识宣传，规范各企事业单位、部门统计行为。

【**完成全县第三次全国农业普查**】选配117个普查指导员和312个普查员，对全县79个普查区和388个普查小区开展农业普查工作。经过3个月的入户调查、两个月的数据审核汇总上报、3个月的信息反馈纠错，完成全县第三次全国农业普查工作。

【**统计信息咨询监督**】强化经济运行调研、监测。不定期组织局专业人员及相关单位统计人员分行业对全县经济运行情况开展调研，查看企业发展计划、经济增长点、面临的实际困难及主要应对措施，掌握企业最真实的发展信息。实地查看全县重大项目进展情况，掌握最新项目信息。发布统计数据、跟踪分析经济运行情况。每月在数据反馈第一时间，向县四套班子领导及相关部门负责人编发全县主要经济指标完成情况，编印月度卡片简析经济运行情况，每月撰写全县经济运行情况分析，使四套班子领导及相关部门掌握全县经济运行态势。开展数据的横纵向对比，将全县各项经济指标分行业内部结构进行分析，与川区六县、全区、全市水平进行对比分析，与历年数据进行对比分析。

【**热点问题研究**】捕捉经济运行中的热点、焦点问题进行分析研究，撰写全县战略性新兴产业发展、工业可持续发展、投资形势、整体经济发展趋势等方面的统计专报及调研课题。2017年，共撰写统计信息、动态223篇，统计调查分析报告37篇，统计专报7篇。统计为县委、政府决策提供翔实、细致的资料依据。

【**统计信息开发应用**】2017年，发布《2016年统计公报》，组织编辑《2016年贺兰统计年鉴》，按月制作印发全县月度经济运行情况卡片，分季度编印全县《经济要情手册》。首次组织编印全县《2015—2016年月度统计数据手册》。

【**“小升规”统计**】梳理全县企业上规模情况，对数据进行分类汇总，筛选出一批具有发展潜力的“四下”企业，作为重点培育“小升规”企业对象。对园区“小升规”企业入库工作人员开展业务培训指导，实时监测关注各企业发展新动态，掌握新情况。2017年，开展宣传全县“小升规”奖励政策，全县“小升规”入库共30家，其中：投资项目入库20家，工业2家，批发零售业1家，房地产2家，建筑业5家。

国土资源管理

【**概况**】2017年，全县国土资源管理工作落实最严格的耕地保护制度；实施全县土地开发、整理、复垦工作，开展土地供需调控和总量平衡管理；组织实施农用地转用和土地征收工作；组织报请各级政府审批的各类用地的审核、报批工作；开展管理和监督城乡建设用地供应、政府土地储备、土地开发利用工作；监督管理农村集体建设用地使用权流转；组织实施矿山地质环境保护与治理工作；完成全县国土资源系统非税收入征管工作。

【**违法违规用地整治**】2017年，自治区下达全县违法用地图斑206个，涉及土地面积53.1公顷，违法比例高达13.7%。联合县城管、环保、公安等部门，拆除违法占地图斑82个，立案查处非法用地41宗，将全县违法比例降至3.58%，违法用地处置率排名位列全区22个县区前列。为提高供地率和土地利用效率，对2009年以来所有批、供用地坐标进行全面梳理，逐块排查分析，累计消化批而未供土地110.21公顷。在全县范围内对闲置低效用地开展排查，共清理出闲置土地24宗，面积118.9公顷，全部处置到位。

【土地供应争取】2017年，全县供应土地121宗，面积361.13公顷，同比增加64.35%，报交易中心挂牌89宗，面积290.56公顷，成交66宗，成交面积165.7公顷，同比增加4.7%，成交金额78210万元，同比增长90.3%。全年应收入土地出让金10.08亿元，实际收入土地出让金8.47亿元，比2016年同期增加4亿元。2017年，全县土地储备中心共收储土地19宗，面积47.15公顷。

【批而未供土地清理】2017年，对2009年以来所有批、供用地坐标进行全面梳理，按区域分别列出清单，逐块排查分析，绘制批而未供影像图，提交县土地领导小组会议督促处置。累计消化批而未供土地110.215公顷，其中：挂牌出让批而未供土地35宗，面积94.537公顷；划拨供应批而未供土地10宗，面积15.67公顷。

【闲置土地处置】2017年，全县共有闲置土地12宗，面积44.19公顷。根据《闲置土地处置办法》，向8家企业下达闲置土地听证告知书，进入处置程序；4家企业由于政府规划调整造成闲置，与企业签订延期开、竣工协议。完成4宗地绿化工作，绿化面积24.44公顷。

【不动产统一登记】共颁发不动产权证书11567本、不动产权证明11853本，办理调档查询业务27408件，开具住房证明6897件，接待来电来访6200余件。县不动产登记中心，将原有的窗口由12个增加至17个，将一般不动产登记办理时限由15个工作日变为12工作日、抵押权登记办理时限由10个工作日变为7个工作日、国有建设用地使用权首次登记办理时限由30个工作日变为20工作日。

【农村宅基地管理】完成全县5个乡镇，58个行政村的宅基地权属调查工作，并通过区级验收。对全县农村房屋测量成果数据与宅基地确权成果数据进行套合，起草《贺兰县农房农地数据整合建库方案》，12月在广荣村、欣荣村开展农村“两证合一”的确权发证工作，年底完成全部工作量的20%。

【落实土地资源保护责任】将耕地保护、节约集约用地列入全县绩效考核约束性指标。2017年，共签订县对乡责任书9份、乡对村责任书58份。建立“土地管理联席会议”制度，每月11号定为全县土地管理联席会议日，建立部门配合、上下联动的国土资源监督管理体系。

【完成永久基本农田划定】2016年，自治区下达贺兰县基本农田保护面积33989.1公顷，全县实际落实基本农田保护面积34022.6公顷，落实基本农田责任保护片块832个；填写村对户永久基本农田保护责任卡26536本；在公路沿线和城镇、村庄周边显著位置设立新的永久基本农田保护牌44个，新设立界桩300个；编制县、乡、镇、场、村级永久基本农田表册62册；编制完成乡级、县级、城镇周边永久基本农田保护图85份，通过自治区国土资源厅验收。

【设施农用地监管】开展对设施农业项目备案审核，把控项目用地权属以及占用地类情况，共审批设施农用地24宗，用地面积372.52公顷。

【国土整治项目推进】共计实施4个土地整治项目，面积1943公顷，建成高标准基本农田1608公顷，完成固定资产投资1300万元；组织实施耕地占补平衡项目2个，增加耕地占补平衡指标134公顷。谋划2018年土地整理项目，通过前期与区、市对口部门对接，争取2018年土地整理项目3个，总投资4100余万元。

【土地违法比例下降】立案查处违法用地41宗，土地面积10.02公顷，均结案，收缴罚款239.09万元，没收违法建筑物面积4.1万平方米，拆除违法建筑物面积3.3万平方米，提请检察机关处理人6人次；非立案处理图斑83个，监测面积16.25公顷。违法占用耕地面积占新增建设占用耕地总面积的比例为3.58%。

【打击非法盗采】 联合公安、路政等部门人员每天24小时轮流对金山宰牛沟矿区进行巡查，对宰牛沟路口、沙坑路口和矿区部分通道采取混凝土灌注桩封堵，加装限高杆、摄像头等方式，打击偷采盗采违法行为。查处非法盗采矿产资源案件10宗，结案7宗，收缴罚没款28.84万元，并将涉嫌犯罪的1宗盗采案件移交公安机关立案查处，追究刑事责任。

【非煤矿山安全生产】 开展全县非煤矿山安全生产管理工作，定期对原砂石采矿企业剩余厂房设备和黏土砖厂开展安全生产检查，2017年，未发生任何安全生产事故。

安全生产监督管理

【概况】 2017年，全县共发生生产安全事故9起，死亡4人，受伤7人，直接经济损失40.215万元，事故起数、死亡人数、直接经济损失同比分别下降10%、33.3 %、1.2%，受伤人数同比上升16.7%，四项指标呈“三降一升”趋势。约束性考核指标亿元GDP生产安全事故死亡率为0.0323，在自治区下达的考核指标0.113之内。

【安全生产】 组织开展安全生产事故“回头看”，对2016年2起事故进行评估，完成2017年3起事故调查处理工作。开展加强烟花爆竹监管，做好孔明灯禁止制售燃放安全监管工作，查获孔明灯200多个。落实安全生产与职业卫生一体化监管，加强复产复工企业安全监管，组织开展工贸行业有限空间作业条件整治，完成147家企业执法检查工作。

【职业病危害治理】 开展职业病危害专项治理工作，对全县62家企业开展职业病危害执法检查，对10家企业申报作业场所危害因素备案。开展企业风险防控和隐患排查治理信息系统建设工作，上线143家企业，上报清单951条，排查风险点6159个，检查357793次，查处隐患4523处，整改4522处，整改率99.9%。

【危险化学品治理】 对全县10家危化企业重大危险源进行专项检查，整治隐患30条。加强全县危险化学品经营企业安全监管，监督指导企业完成重点监管危险化工工艺企业安全设施技术抽检和危化企业重大危险源技术抽检48条隐患问题整改。制定《关于进一步加强危化企业安全监管工作的指导意见（试行）》，召开危化企业安全生产工作会议，强化危化品各环节精准闭环管控。

【安委办工作履职】 实施全县安全生产工作要点，落实安全生产工作会议、电视电话会议和安委会会议精神。制定《贺兰县安全生产行政责任规定》，对成员单位进行月度和年度目标考核。表彰奖励安全生产先进集体15家、先进个人30人。制定实施《中共贺兰县委 贺兰县人民政府关于推进安全生产领域改革发展的实施意见》，完成重点工作任务分工。开展道路交通、建筑施工、高空坠落等十大重点领域专项整治行动，检查各类生产经营单位和场所2014家，查治隐患2435条，罚款30.3万元，临时查封14家，三停39家，行政拘留5人，责令停产10家。组织开展安全生产大检查，检查各类生产经营单位2385家，排查整改隐患问题2648个。

【安全生产宣传培训】 组织开展“八进”“安全生产月”“安全生产法”宣传周活动。举办企业安全管理人员能力提升培训和万名从业人员安全教育培训，培训安全管理人员300人，培训从业人员3500人，完成网上在线教育3045人。

【廉政建设】 制定《安监局2017年党风廉政建设和反腐败工作要点》，落实领导干部“一岗双责”，层层签订《党风廉政责任书》。落实《贺兰县安监局廉政谈话制度》，执行五不直接分管、一把手末位表态、“三重一大”集体决策等制度。

【精准扶贫】 制订安监局脱贫

攻坚工作方案，完善帮扶责任人信息登记表，开展入户调查，帮助制订脱贫计划，拓宽就业渠道。协调移民村、扶贫办、农牧局和贺兰县景华肉鸽专业养殖合作社，每年为每户贫困户增加850元股本增收。重大节日期间给帮扶户送去大米、香油等生活品。

社会经济调查

【概况】 2017年，县社会经济调查工作围绕县委、政府中心工作，开展全县农业和农村综合统计调查；组织指导城乡居民住户收支抽样调查记账，开展农产品、生产资料和社会零售商品价格调查，编制价格变动指数；对非农产业经营活动单进行登记和抽样调查，完成全年工作任务。

【“两学一做”教育】 制订《贺兰县调查队“两学一做”教育常态化学习方案》。以习总书记系列重要讲话，十八届三中、四中、五中、六中全会精神和中央及区、市、县领导同志在有关活动上的重要讲话等为主要内容，采取集中学习、上党课、自学等多种方式，开展学习活动。开展集中学习20余次，上专题党课3次，组织培训研讨3次，每个党员撰写学习体会文章和专题研讨材料3篇。开展“党员主题活动日”系列活动。安排“党员主题活动日”，与包联社区花园社区党支部、包联村民乐村共同开展系列党员主题活动。

【常规调查】 完成2016年年报后续工作。对粮食播种面积产量、城乡住户、固定资产投资、畜禽监测、移民监测、农民工监测等调查数据开展分析、评估，确定2016年主要调查数据。完成县政府委托的2017年度乡镇农民收入调查，为县政府考核乡镇（场）工作提供数据依据。完成2017年前三季度各专业季度报表和农作物面积遥感测量调查工作，开展数据质量的评估。

【源头数据质量保障】 围绕干部包点责任制的落实，督促各专业工作人员和包点责任人按时到点入户。坚持独立调查、独立上报的原则，不断完善数据质量监控和评估体系，不断提高统计调查工作的社会声誉和公信力。按时保量完成2017年样本轮换工作。按照国家局及上级业务处室样本轮换工作安排，完成了2017年贺兰县1400余户的调查样本摸底工作，及140户的样本开户及培训工作。确定了2018年新抽选样本调查户。

【信息服务】 围绕地方政府的工作核心，提供统计服务。共撰写各类调查信息、分析、动态共计296篇。被地方领导批示13篇。

【组织和制度建设】 队党支部完善“三会一课”，组织生活会、民主生活会、民主评议党员、党员干部廉洁自律、缴纳党费等制度，做到对党员的教育、管理和服务的有机结合，使党内生活制度化、规范化；在重大事项决策时坚持民主集中制原则，经集体讨论研究决定。做好党员组织关系接转和党费收缴工作。

社会事务管理

Shehui Shiwu Guanli

人力资源管理

【概况】2017年，县人力资源社会保障工作负责实施全县公务员职位考核、奖惩、职务升降、培训、交流、辞职、辞退、退休等综合管理工作。开展人事争议仲裁工作，执行劳动争议法规，受理劳动争议案件；归口管理全县专业技术人员的职称工作。组织落实机关、事业单位工作人员工资、福利政策；管理全县机关、企事业单位及城镇居民等各类社会群体社会保险工作。落实转业军官安置政策，负责全县转业军官就业安置、待遇落实工作。综合管理国家公务员、事业单位工作人员的培训和企事业单位专业技术人员继续教育工作。实施人力资源和社会保障各项统计报表的收集上报工作。完成全年目标任务。

【全民创业】培养小老板307人，完成任务350人的88%；培育小企业191家，完成目标任务200家的96%；创造新岗位1771个，完成目标任务1900个的93%；创业带动就业人数2595人，完成年任务3000人的87%；大学生引领计划52人，完成年任务40人的130%；生态移民创业30人，完成目标任务25人的120%；举办创业培训5期145人，完成目标任务145人的100%。网络培训2期，共60人，完成目标任务100%。

【城镇新增就业】全县实现城镇新增就业6123人，完成区下达全年目标任务5300人的116%，完成县全年目标任务6000人的102%；城镇就业困难人员实现就业440人，完成区下达全年目标任务440人的100%，完成县全年目标任务440人的100%；城镇登记失业2242人，城镇失业率控制在4.0%以内。

【劳动力培训】城乡劳动力就业技能培训41期2050人，完成银川市下达全年培训任务1300人的158%，完成县下达全年培训目标任务2000人的103%。

【农村劳动力转移】农村富余劳动力转移就业32418人，完成区下达全年目标任务20000人的162%，实现劳务收入3亿元，完成区全年目标任务1.95亿元的154%；完成县全年目标任务30000人的108%，完成县全年目标任务收入3亿元的100%。“一卡通”实名制管理率达到100%。

【失业保险征缴】全县参保人数27313人，完成自治区下达全年目标任务25819人的106%，覆盖率达94%,失业保险费征缴546万元，完成自治区下达全年目标任务627万的87%。

【公益岗位设置】全县共安置在岗公益性岗位449人。发放“4050”灵活就业人员社保补贴746人185万元，解决“4050”大龄就业困难人员的后顾之忧，维护社会稳定。

【机关事业单位养老保险改革】做好机关事业单位养老保险基金征缴、待遇发放、职业年金经办管理工作。全县参保单位104个，参保人员6296人，入库参保率为100%。为2489名离退休人员发放养老金8893万元，发放率达到100%。征缴养老保险4272万元，征缴职业年金629万元。

【养老保险待遇支付】为11973名企业离退休人员发放养老金19820万元，为18356名城乡居民养老保险领取待遇人员发放养老金3864万元，养老保险待遇领取资格认率达到90%以上，养老金支付率及社会化发放率均达到100%。

【人才队伍建设】评选优秀外国专家项目5个，奖励资金21万元；支持企业吸纳高学历、高层次人才60名，奖励资金17万元；补助高职称、高技能人才36名，奖励资金5.21万元。评选“享受贺兰县政府特殊津贴人员”及“贺兰县突出贡献人才”11名，奖励资金7万元。争取各类人才项目资金。争取自治区鼓励企业吸纳高层次人才补助177余万元，争取自治区院士工作站及专家服务基地支持经费18万元，争取特聘专家资金9万元。推荐申报自治区专家服务基地6个、自治区特聘专家3名、“享受自治区政府特殊津贴人员”6名、“自治区青年拔尖人才”5名、“六盘山友谊奖”2名、“自治区技术能手”5名。下发《关于申报2017年引进培育高层次人才补助的通知》，收集、审核申报资料。开展人才招聘活动。联合就业局召开2017春季大型人才招聘会，组织90余家企业、培训学校和劳务中介机构，推出纺织操作、机械加工、行政管理、物业服务、汽车销售等6924个岗位，约有3000人次进场咨询求职，达成初步意向800余人。配合开展引才活动。对接宁夏籍外国专家，配合招才局开展宁夏籍外国专家宁夏行活动，带领专家考察，洽谈项目落地。并对各单位申报自检进行收集、审核。

【公务员管理】完成公务员职务与职级并行工作。2017年，办理符合职级晋升条件职级待遇晋升13人，其中：科员晋升副科级8人，副科级晋升止科级1人，正科级晋升副处级4人。完成全县12个岗位的14名公务员及参照管理人员招录工作。开展2017年度公务员网络培训学习，举办全县科级以下公务员素质能力提升培训班，共292人参加培训。对全县2家事业单位的申请参公情况进行申报。完成公车改革司勤人员分流安置及车补核发工作。

【事业单位人事改革】完成2016年105个机关事业单位，科级以下人员3327人考核工作；完成机关事业单位工勤技能人员岗位晋级工作，全县共审核申报高级工5人、技师5人；完成全县专业技术人员职称申报工作，共审核推荐中高级职称149人，初级职称73人；完成教育系列初级、中级、高级职称审核工作，事业单位管理岗位非领导职责职员等级晋升工作。完成2017年事业单位公开招聘、36名公车平台司机招聘录用、共165名“三支一扶”和高校毕业生分配上岗工作。

【工资政策执行】完成全县符合正常晋级的3134人工资的增资核定及批复工作，月增资共计244688元；完成全县职务、职称、岗位调整等正常变动人员工资共1764人，月增资共492547元；审核组织部下文的15名科级干部的退休工资；审核审批92名科级以下工作人员的退休工资；完成50名死亡人员的丧葬费、抚恤金和遗属生活费的审核批复工作。

【劳动监察】2017年，处理拖欠职工、农民工工资案件120起，涉及1022人次1004.8万元。其中：涉及建筑领域投诉案件61起，涉及916人次903.65万元，投诉案件全部处理完毕。在县农民工工资清欠治理工作小组全程监督下，2017年，共发放42个项目工程8284万元工资。2017年，全县共有37家建施工项目，其中：新建项目27家，续建项目10家。政府类投资项目11家，社会类投资项目26家。涉及农民工4130人，签订劳动合同3750人，签订率91%；共收缴项目保证金3449多万元，收缴率100%；农民工实名制管理率95%；工资银行支付率达93%；37家施工总承包企业全部实行农民工工资与工程款分账管理制度，占总项目的100%；25%工程进度款拨付率100%。

【劳动用工专项检查】 2017年，共检查用工企业231家，涉及人数12334人，其中：签订劳动合同11439人，养老、失业保险参保8534人，医疗、生育保险参保7651人，工伤保险参保10648人。对银川德胜工业园区、银川生物科技园、宁夏纺织示范园从事建筑、纺织、化工、冶金、冶炼等涉及有毒、有害及露天、高温作业等岗位的用工企业开展专项检查，对高温期间职工劳动保护及遵守劳动保障法律法规情况开展专项活动。共检查用工企业36家，涉及人数2353人。接受检查的36家用工企业均将高温津贴发放到工人手中。

【争议仲裁工伤认定】2017年，县劳动人事争议调解仲裁院共接待申诉案件288件，其中：非立案调解144件，立案125件，不予受理19件。立案案件中，结案117件，其中：裁决43件，调解56件，撤回仲裁申请18件；追回追缴劳动权益经济标的476.27万元。

【精准扶贫】 利用节假日、扶贫日召开政策宣讲会，组织企业开展招聘活动。举办首届企业助贫就业直通车专场招聘会，11家企业在移民村现场招聘，就地面试，集体入企业参观，提供就业岗位4000个，现场移民达成就业意向846人。开展订单定岗培训，共113名贫困户参加培训。

就业创业

【概况】 2017年，将就业扶贫放在重要位置，实施精准就业援助，实现全民创业有新成人，城镇就业有增长，职业技能培训有创新，完成全年目标任务。

【全民创业】 全年357人实现自主创业，完成全年目标任务350人的102%；新增个人创业小企业210个，完成全年目标任务200人的105%；创造新岗位2180个，完成全年目标任务1900人的115%；创业带动就业人数3056人，完成全年任务3000人的102%；大学生引领计划52人,完成全年任务40人的130%；生态移民创业30人，完成全年目标任务25人的120%。创业培训5期，145人，完成目标任务145人的100%；网络创业培训2期，培训人数60人，完成目标任务60人的100%。

【城镇就业增长】 全年实现城镇新增就业6123人，完成区下达全年目标任务5300人的116%，城镇就业困难人员实现就业440人，完成区下达全年目标任务440人的100%；城镇登记失业2242人，城镇登记失业率继续保持在4.0%以内，就业形势稳定向好。

【农村劳动力转移就业】 全年农村富余劳动力转移就业32418人，完成区下达全年目标任务20000人的162%，实现劳务收入3亿元，完成区全年目标任务1.95亿元的154%。“一卡通”实名制管理率达到100%。农民工劳务收入持续增加。

【重点群体就业政策宣传】 全年举办各类招聘会12场，提供就业岗位近1万个，提供政策咨询4000余人次。为宁夏如意时尚产业公司、鲁商产业园、琰钰服装纺织公司等重点企业招聘职工人数1200人，解决部分年龄偏大、就业技能单一的失地农民、生态移民、戒毒康复人员及“两刑”释放和社区矫正对象就业难的问题。

【“阳光工程”就业基地建设】 安置24名戒毒康复人员从事绿化工作；推荐4名戒毒康复人员在宁夏如意时尚产业公司工作。联合县司法局在城关司法所举办2期就业创业政策和创业意识培训，培训人员145人。

【4050人员就业】 核发746名“4050”灵活就业人员社保补贴185万元；核拨小微企业年度高校毕业生社会保险补贴30.1万元；办理就业失业登记证2100本；全年累计消除零就业

家庭就业37户83人，实现动态为零的工作目标。

【发放失业金】2017年，为3900名失业人员发放失业金368万元；为失业人员缴纳医疗保险130万元；发放农民合同工一次性生活补贴58万元，农民工医疗补助29万元；联合人社局、财政局、发改局审核认定稳岗补贴企业21家，支付补贴资金16.61万元。

【人才档案管理】2017年，共接收管理原国有改制企业下岗职工档案1041份，私营企业职工档案3826份，退役士兵档案318份，大中专毕业生托管档案2063份，未办理托管的邮寄大学生档案1819份。2017年，县籍高校毕业生实名登记472人，就业441人，就业率达到96%。

【职业技能培训】实施远程监管培训系统，确保参学率。全年城乡劳动力就业技能培训29期1450人，完成银川市下达全年培训任务1300人的112%。其中：订单培训25期1250人，就业率达到90%以上。

【建档立卡户就业】全县共有建档立卡贫困户1202户5716人，劳动力2609人，实名制认定数据准确率达到98%，转移就业1518人，完成市下达目标任务1510人的100%。宁夏如意、中银绒业、贺兰中地生态牧业有限公司等7家获国家、区级就业扶贫基地称号，吸纳移民就业近600人。举办移民培训班4期，培训移民200人。

【小额担保贷款催收】县小额担保贷款中心与3家金融机构合作，共注入担保基金2450万元。2014年以来，企业累计逾期担保贷款20笔2572.2万元，其中：银行划扣担保基金10笔1044.6万元，银行未划扣担保基金10笔1655万元，7家企业由银行启动诉讼程序，2家企业准备启动诉讼程序；发生个人逾期贷款3笔28万元。通过法律诉讼，收回1家担保企业2套住宅抵押贷款并移交财政局拍卖；法院查封1家企业土地进入评估拍卖，划扣1家担保企业资金14.5万元。经小贷中心催收回逾期贷款4笔78万元，其中：企业逾期贷款1笔50万元，个人逾期贷款3笔28万元。

社会保险

【概况】2017年，全县社会保险工作推进扩面征收，全面转化参保登记，创新经办模式，优化服务质量，推进各项社保政策的落实，完成各项工作。

【参保扩面】全县参加城镇企业职工基本养老保险43026人，其中：参保职工31206人，完成目标任务的100.5%；机关事业单位养老保险6296人，完成目标任务的101%；城镇职工医疗保险参保26538人，完成全年目标任务的113%；失业保险参保27312人，完成全年目标任务的106%；工伤保险参保21240人，完成全年目标任务的133%，其中："同舟计划"在建项目4家，新建项目53家建筑工地全部参加工伤保险，参保率100%；生育保险参保19796人，完成全年目标任务的116%。城乡居民养老保险参保73143人，完成目标任务的98.8%，城乡居民医疗保险参保175500人，完成全年目标任务的102%。

【基金征缴】2017年，征缴城镇职工基本养老保险基金28726万元，征缴机关事业单位养老保险基金6190万元，征缴失业保险费627万元。

【异地就医结算】2017年，与全国31个省区市的327个统筹地区、1870家跨省就医定点医疗机构实现全国联网，通过国家跨省结算平台，与海南、北京、陕西等11省份实现跨省异地就医直接结算。全县外异地备案66人，跨省就医直接结算10人次，总金额为182894.31元，统筹基金支付119679.01元。

【社保诊疗"一卡通"推行】2017年1月1日起，城镇参保职工持社会保障卡在全区所有定点零售药店购药直接刷卡结算，实现异地无障碍刷卡购药。

【医保支付制度改革】开展按病种分值结算等医保费用支付方

式改革。强化医保基金收支预算，促进医院因病施治、合理检查、合理用药，有效控制不合理医疗费用的增长；将职工医保高血压、糖尿病、冠心病门诊大病下放到社区卫生服务机构；将中医诊疗项目纳入门诊统筹报销范围。根据《银川市医疗保险按病种分值结算定点医疗机构住院费用管理办法的通知》《关于调整医疗保险住院部分病种分值的有关问题的通知》，对腮腺恶性肿瘤等61个病种的分值进行调整；统一各级医院骨折手术的病种分值，对骨折的病种需手术治疗的，其病种分值按银川市医疗保险病种分值表中手术标准分值进行计分。推动分级诊疗。根据医疗机构级别不同，政策设定等级系数和病种的分值就不同，对该下沉医疗机构就诊的疾病病种分值设定在低级别的医疗机构区间内，促使医院主动分级诊疗，提高统筹基金有效使用率。推动转诊转院制度。实行门诊分级转诊，门诊转诊证明全部在医保信息系统开具，同步实现联网即时结算。

【推行“先住院后付费”】 按照《贺兰县推行“先住院、后付费”诊疗服务模式实施方案》在县、乡（村）8家定点医疗机构实行总额预付制。根据医疗机构服务人数、年就诊人次数、次均费用等因素与县内协议医疗机构签订总额控制指标书，实行总量控制，既扼制医疗保险费用过快增长，又确保参保患者真正受益。

【养老金待遇调整】 对参加区企业职工基本养老保险且2016年12月31日前退休领取养老金待遇的10463名企业退休、退职人员、国有企业退休教师调整基本养老金，2017年1—7月增调养老金约150万元，人均增调143.32元。根据自治区文件，对全县城乡居民养老保险基础养老金进行调整，每人每月增加5元，调整后县城乡居民基础养老金达到每人每月195元。按照银川市要求，全市所有符合城乡居民基本养老保险待遇领取条件的参保人员，每人每月增加基础养老金25元，增加后每人每月220元。

【社会保险费率调整】 按照银川市有关调整生育保险基金费率的要求，对全县59家行政、事业单位和县域内服务行业及企业费率进行调整，由原来的0.4%调整到1%。

【“五险合一”经办体制改革】 制订《贺兰县社会保险经办机构整合实施方案》，将贺兰县社会保险事业管理局、贺兰县医疗保险事务管理中心合并，新组建贺兰县社会保险事业管理局，为贺兰县人力资源和社会保障局所属全额拨款事业单位，规格为副科级，设13个岗位，核定编制34名。

【社会保障卡应用】 通过多种渠道向广大参保群众宣传社保卡具备的门诊看病、买药、住院结算等医保功能，个人参保信息查询功能，待遇领取、社保缴费、金融支付等金融功能。全县首次制作社会保障约195000张，发放到参保人员手中约193000张，发放率98.9%，其中：新制卡3552张，医保功能激活率达100%，参保人员持卡就医率达到100%。全县城乡居民养老金待遇领取人数1.9万余人，99.9%使用社保卡领取养老金。企业退休人员约90%使用社会保障卡领取养老金，机关事业单位退休人员通过社保卡发放养老金人数达到98%。

【被征地农民养老保险】 2017年，县财政拨付被征地农民养老保险资金1.2亿元，历年累计拨付资金1.91亿元。全县应参加被征地农民养老保险人数为18369人，完成参保资格审核17005人，占总人数的92.6%，参保缴费3015人，领取养老金待遇人数2951人。

【医疗工伤生育保险办理】 2017年，门诊统筹城镇职工就医17999人次，支付基金57.22万元，城乡居民就医165888人次，支付基金322.86万元；门诊大病城镇职工就医9299人次，支付基金180.974万元，城乡居民就医17955人次，支付基金241.97万元；住院城镇职工就医2088人次，支付基金617.17万元。城镇职工个人账户支付3803.66万元；工伤保险待遇享受339人次，支付基金费用351.8万元；

生育保险待遇享受686人，支付生育保险基金656.7万元；在册离休干部、伤残军人共25人享受待遇支付29.8万元；健康体检人数2269人，支付金额226900元。

【社保稽核年检】 会同县劳动监察大队、地税局等部门开展3个月的社会保险联合执法检查和社会保险费清欠征收专项行动，书面稽核参保单位620家，实地稽核130家，实地稽核人数8055人。清理养老保险历年欠费1510万元，清理失业保险欠费93万元。

【定点医疗机构稽查】 开展网络监控系统阅读和问题筛选，阅读疑似违规信息20000余条，并立案核查267件，确认违规135件，违规信息审核率100%，纳入流程信息调查率达100%。对医保服务医师诊疗行为进行诚信评分，2017年对15名违规医师进行医师诚信扣分，给予违规行为者劝诫。开展县内医疗机构实地核查和监管，稽核全县定点医药机构135家174次，处罚15家，追回违规支出基金14280.12元。

【社保政策宣传】 撰写宣传工作信息58期。印制社保政策宣传单3万份，缴费宣传公告5000份，社会保障卡综合应用宣传折页5000份，掌上12333、手机APP宣传单10000份，工伤保险“同舟计划”宣传折页5000份、医疗保险待遇支付标准宣传单2000份，并制作宣传围裙5000个发放到企业、社区、两定机构城乡居民手中。

【项目资金争取】 与宁夏北方明珠房地产开发有限公司对接，落实到位资金1000万，完成招商引资目标任务。争取国家、自治区资金支持，2017年，计划向上争取补助资金3300万元，争取到位四笔资金，共计2629.3192万元，完成目标任务的87.6%。2017年，城乡居民基本养老保险中央财政一般性转移支付资金1595万元，自治区补助资金1017万元，2016年村干部养老保险自治区财政补助资金16.48万元，国有企业职教幼教退休教师待遇补助专项资金8392元。

【扶贫帮困】 为居安社区基础建设设施筹资2000元，春节期间，为帮扶村、社区困难党员、建卡立档贫困户筹集62500元，慰问25户精准扶贫贫困户。为帮扶村开展壮大村集体经济活动帮助制定发展规划，调整产业结构。

民政工作

【概况】 2017年，全县民政工作开展全县城乡居民最低生活保障、医疗救助、五保供养、孤儿救助、临时救助工作。组织、开展全县社会慈善、社会捐赠等扶助活动。在全县开展优抚安置工作，落实兑现各类优抚对象优待、抚恤补助标准、医疗救助和国家机关工作人员伤亡抚恤标准。负责退伍义务兵、转业士官、移交地方安置的军队离退休干部和军队无军籍退休退职职工的接收安置工作。监督指导全县开展村务公开，推进基层民主政治建设。开展全县社会福利机构的核准，老年人、孤儿、五保户等特殊困难群体权益保障工作。完成目标任务。

【分类施保创新】 针对全县低保水平不合理的问题，在全县实施分类施保，根据低保家庭和对象的困难程度和自救能力，合理确定重点保障对象、基本保障对象、一般保障对象三大类别。按照各乡镇低保核查情况进行分类施保，确定农村低保一类493人、二类2042人、三类4213人。城市低保一类376人、二类888人、三类1680人，并分类施保。

【慈善工作创新】 成立慈善总会，出台《贺兰县慈善总会章程》《贺兰县慈善总会财务管理制度》，规范慈善工作。向城乡居民散发宣传彩页4000余份、宣传环保袋3000余个，设置200块慈善宣传牌。动员社会各界力量，拓宽慈善募捐渠道，全年，募捐慈善资金300多万元、物资100多万元，使慈善救助得到保障。

【实施阳光村务】 将全县63个村的村务通过宁夏广电融合媒体云平台贺兰分台阳光政务栏公

开，内容涉及财务、三资、救助、低保、慰问、高龄、残疾、特困供养、土地流转、项目工程、孤儿养育等21类信息，确保群众全程知情权。做法被自治区纪委、市纪委推广。

【项目建设】 2017年，完成固定资产投资任务4亿元；2017年谋划项目4个；招商引资完成1.4亿元，占总任务的140%。

【低保动态管理】 联合相关单位组成督察组，对全县各乡镇低保核查工作再督察。按规定开展低保经办人员近亲属申请低保备案制度，备案64人。完成低保申请人家庭经济状况核查工作，对申请人银行、工商、住房、社保、车辆等相关信息核查。2017年，新增城乡低保对象582户689人，取消1306户1664人，提标146户208人，降标383户469人，节约低保资金57.4万元。

【社会救助】 实施临时救助工作，全县临时救助3150人，支出金额540万元。医疗救助全县救助2090人，支出医疗救助资金1025万元；为89名分散供养农村五保人员、43名城市三无人员、10名孤儿每月发放833元生活供养金，共计发放149.4万元；为189名集中供养五保对象每人发放1250元供养金，共计发放293.3万元。按照孤儿养育津贴政策救助标准，为104名事实无人抚养的孤儿每月发放500元孤儿养育津贴，共计发放62.4万元。为全县享受城乡低保的6909户9087人发放5155.8万元；享受城乡高龄津贴的1589户1614人发放1026.3万元；为城乡75～79岁无固定收入的1098位高龄老人发放高龄津贴340.6万元。

【精准扶贫和社会救助】 对符合条件的建档立卡户，按照规定程序，全部纳入到低保兜底。22户困难群众，发放救助帮扶金66600元，通过临时救助帮扶，确保低保兜底的作用。对两户无种养能力户安排按程序纳入低保，对3户特殊情况家庭安排临时生活困难救济，每户3000元。全县共有279户305人贫困户纳入低保兜底救助。

【养老服务】 争取中央预算内及中央彩票公益金4377.8万元，建设第二敬老院、老年活动中心、9个日间照料中心项目、1个农村互助养老院、33个幸福院、16个老饭桌。为方便老年人就近、就便办理宁夏老年人优待证。将县政务大厅民政窗口办理工作下放至全县四镇一乡及街道窗口办理。为全县老年人统一更换卡片式老年人优待证。

【和谐社区建设】 制订《贺兰县2017年社区与基层政权建设工作方案》，推进和谐社区星级评定考评工作。2017年，马家寨社区被银川市评为“五星级社区”，黎明、团结、太阳城社区被评为全国防灾减灾示范社区。争取区、市社区建设资金130万元，解决如意湖、花园社区阵地建设的问题。争取社区工作经费130万元，为全县社区添置办公设备。两次对全县63个行政村村务公开、村民代表会议制度、村监会等工作进行不低于30%比例抽查，对发现的问题督促整改。

【完成地名普查】 承担自治区地名普查试点任务，按照国家、区、市、县地名普查会议精神，因地制宜推进，完成国家、区、市督导检查。

【惠民殡葬服务】 完成2017年清明祭祀服务工作和文明倡导工作，3月18日至4月6日，历经20天，共接待扫墓群众16余万人次、车辆36604辆，其间均无突发事件。落实殡葬救助政策。累计为193名高龄老人实行殡葬救助，发放救助金23万元。完成城市公益性兰山陵园续建扩建工作、贺兰县金山陵园改扩建项目。

【双拥共建】 春节、八一期间对1204位优抚对象进行走访慰问，共发放慰问品、慰问金合计60.2万元；五四青年节期间组织30余名团员到贺兰县雷达站开展军民联谊活动，增进军民融合。为147名重点优抚对象发放抚恤金129.9万元，为53名伤残军人发放抚恤金89.9万元；为52名重点优抚对象和伤残军人发放医疗救助金12.04万元；为356名60岁以上农村籍退役士兵发放生活补助51.8万元；为126名退役军人发放临时生活救助金30.85万元。开展涉军维稳工作，共受理现役、退役军人以及军人家属涉军咨询及信访问题73件。

【退伍士兵安置】 完成98名退役士兵的接收报到工作，对第一批符合条件的83名退役士兵发放一次性经济补助332万元；为3名转业士官安置工作，解决5名退役士兵工资福利性待遇问题；组织32名退役士兵参加自治区退役士兵专场招聘会；对参加驾驶培训的65名退役士兵，给予每人2500元的培训补助。组织353名优抚对象健康体检，组织8名重点优抚对象参加自治区民政厅组织的健康疗养。

【婚姻登记管理】 全年共计依法办理各类登记4420件。其中：结婚登记2100对、离婚登记900对。补办结婚证1400对、补办离婚证20对，登记合格率100%。完成社会组织和民办非企业管理工作，组织社会组织开展履行社会责任评价评估年检工作，在全县社会组织中开展“红顶中介”专项整治、开展防范和处置非法集资排查整治、推进贺兰县行业协会、商会与行政机关脱钩工作，完成脱钩工作。

农业开发

【概况】 2017年，农业开发工作按照县委提出“打造沿黄生态经济带明星县，建成较高水平全面小康社会”的奋斗目标，以增加农民收入为核心，以发展现代农业为着力点，全面完成各项目标任务。

【项目争取】 全年共争取项目14个，争取资金1.7亿元，招商引资5000万元，完成固定投资22955万元。其中：洪广镇生态移民安置区设施农业项目，投资1250万元；贺兰县晶诚水产养殖有限公司优质水产良种苗种繁育基地项目，投资563万元；宁夏天缘种业有限公司蔬菜种苗中心扩建项目，投资840万元；宁夏生瑞米业有限公司先进村300栋移动温棚改扩建项目，投资1300万元；宁夏天荣现代农业科技有限公司1980平方米南美对虾养殖棚新建项目，投资800万元；银川科海生物技术有限公司1000平方米数字化低碳高效循环流水养殖项目，投资866万元；宁夏山逗子杂粮绿色食品科技有限公司年加工500吨脱水蔬菜包装生产线项目，投资1800万元；宁夏广银米业有限公司农业综合开发高标准农田建设项目，投资3976万元；贺兰县力农羊业有限公司商品肉羊养殖基地建设项目，投资4635万元；立岗镇通义村569.5公顷高标准农田建设项目，投资1204万元；金山园林景观公司高标准农田建设项目，投资549万元；贺兰县“十三五”金贵镇劳务移民扶贫产业园发展项目，投资712万元；洪广镇广荣村扶贫产业项目，投资3500万元。

【土地治理项目实施】 土地治理项目实施5个，完成投资6933万元。分别是：完成金贵镇银河村沙湖滩515.9公顷高标准农田建设项目，投资资金1260万元；完成常信乡四十里店村395.3公顷高标准农田建设模式创新试点项目，投资资金3760万元；完成金山人家果蔬合作社67公顷高标准农田建设项目，投资资金160万元；立岗镇通义村569.5公顷高标准农田建设项目，投资1204万元；金山园林景观公司206.5公顷高标准农田建设项目，投资549万元；

【产业化经营项目实施】 产业化经营项目9个，完成财政资金497万元。其中：贷款贴息项目4个，贴息总额140万元，分别是：贺兰县335公顷稻田生态种养殖扩建项目贴息额34万元，贷款总额为1300万元；贺兰县17.42公顷集约化蔬菜育苗中心扩建项目贴息额22万元，贷款总额760万元；贺兰县0.6万吨螺丝菜加工扩建项目贴息额49万元，贷款总额3400万元。产业化财政补助项目5个，完成财政资金357万元，分别是：贺兰县1100平方米对虾养殖车间新建项目总投资172万元，完成财政资金82万元；贺兰县2000平方米工厂化养殖池新建项目总投资182万元，完成财政资金82万元；贺兰县年加工500吨脱水蔬菜包装生产线新建项目总投资133万元，完成财政资金63万元；贺兰县40栋拱棚种植新建项目总投资142万元，完成财政资金67万元；贺兰县400平方米蔬菜冷藏保鲜库新建项目总投资133万元，完成财政资金63万元。

【部门项目实施】 部门项目2个，完成财政资金1000万元。分别是：贺兰县2017年稻渔共生项目总投资845万元，争取财政资金300万元；贺兰县2017年土地托管项目总投资1400万元，争取财政资金700万元。

【2016年变更项目实施】 完成2016年变更项目2个，争取财政资金420万元。分别是：贺兰县兆丰生态渔业项目总投资300万元，争取财政资金140万元；自治区农发办和农牧厅部门项目2015年变更贺兰县水产良种繁育基地建设项目总投资563万元，争取财政资金280万元。

【工程管理】 实行领导包片负责制。从开工到竣工结算一抓到底，抓管理、协调、进度和质量，实行监理公司及村民监督小组共同抓工程质量的形式，实行包片责任制，级级有责任，层层有压力，有力地推动项目的顺利实施。严把工程材料关。所有建筑材料，必须经监理验收合格后方可进入施工现场，对不符合标准的材料一律不允许进入工地，从源头上保证工程质量。

【项目规划】 每一个项目都提前和镇村沟通，做到规划合理，并且每个项目在施工中都邀请镇村干部和群众作为质量监督员，确保工程质量。

【遗留问题解决】 协调区县相关部门解决农发2011—2015年历史遗留问题，9月份顺利通过自治区农发办验收，得到自治区农发办的肯定。

精准扶贫

【概况】 全县现有建档立卡贫困户1202户5716人。脱贫440户2152人，未脱贫762户3564人。2017年确定280户1361人进行脱贫，超额完成9%，剩余2203人的脱贫任务在2018年全部完成。根据入户核对收支情况，脱贫的建档立卡户人均年收入超过3800元，同比增加15%。

【产业脱贫】 按照"一村一品、一户一业"的规划，培育优势特色产业。在欣荣村维修移动拱棚532栋，新建118栋大型拱棚，57栋养殖暖棚、8栋智能化阴阳温室，改良67公顷盐碱地。实行"公司（合作社）+基地+农户"的现代经营模式，将产业项目与建档立卡贫困户联系起来，发展设施瓜菜、食用菌、肉羊、肉鸽、肉兔等主导产业。

【招商引资扶贫】 引进宁夏田园怡景生物农业科技有限公司在广荣村建设扶贫产业园，采用产业基金的方式运作，和政府共同成立基金运营公司，基金规模为10亿元，首期到位3亿元。构建"公司+园区+贫困户"产业扶贫平台，采取"六联动（政府+企业+合作社+基地+市场+农户）、五保障（政策、技术、服务、资金、效益）"的运营机制。对广荣村159.63公顷土地进行农业产业投资建设，主要建设食用菊和食用玫瑰花种植、加工，设施农业，水产养殖，农业示范推广，观光旅游为一体的项目，将所有移民土地入股，通过"资源变股权、资金变股金、农民变股东"的三变模式，广荣村1266户移民户产业实现全覆盖，让农民"带资入股、享受固定分红"，每年每人享受500元（比流转土地费增加213元）固定分红。带动劳动力1000余人，年增收15000元以上。

【实施光伏扶贫项目】 移民以屋顶租赁模式参与建设光伏扶贫项目建设，每年获得300元屋面租金，移民可从银行申请部分贴息贷款，将电站产权按照建设成本从垫资公司回购，户均年增收3000元以上。

【劳务输出】 提高劳务输出组

织化程度，在欣荣村成立劳动力转移协会，培养7位劳务经纪人。依托县域内单个工业园区、“五小”行业及其他县区就业平台进行劳务输出。在如意集团建设扶贫就业车间，人均月工资1800～3500元，就业110人，鼓励县域内企业定向招聘培训，凡是解决一个就业岗位满三月以上的补助1300元培训经费；鼓励移民发展二、三产业，对发展商贸流通服务业的建档立卡贫困户给予一定的资金扶持；与10余家专业合作社签订劳务协议，每家吸纳就业人数不少于50人，月工资性收入不低于2400元。务工就业2000余人。

【农村电商扶持】 欣荣村、广荣村实施光纤全覆盖工程，建成农村电商服务平台，电商运行良好，完成线上线下销售5万元。

【金融惠农】 启动金融扶贫工作机制，投入500万元作为扶贫担保基金，50万元贴息资金，30万元风险补偿金。扎实开展金融扶贫小额信贷，贫困户评级授信达到100%。向建档立卡贫困户提供10万元以下免担保、免抵押、基准利率贴息的扶贫小额贷款，切实解决贫困户贷款难问题，向179户发放扶贫小额贷款372万，主要用于发展肉羊、肉鸽、长毛兔等特色养殖及黑木耳、香菇等特色种植。为防止因病或意外伤害事故造成返贫，为4752名建档立卡贫困户购买“扶贫保”，支付保费25.15万元。

【农村互助社建设】 提高互助社入社农户数量，扩大互助社资金规模，将互助资金的贷款额度由每户1万元提高到1.5万～2万元，全县4个互助社资金总规模达到690万元。

【贫困学生资助】 2017年开始，全县幼儿园在园建档立卡经济困难适龄儿童免除保教费并补助伙食费；对建档立卡贫困户中高中就读的，免除学费、课本费和住宿费。其中：贴息助学贷款成功为1157人发放725万元；大学生燕宝资助资金为330人发放132万元；发放幼儿补助资金40.1万元，共有1433农村幼儿享受补助政策；普通高中发放补助资金187万元，941人享受补助政策。

【实施雨露计划】 实施动员社会力量参与，通过资助、引导农村贫困家庭劳动力接受职业教育和各类技能培训、培养贫困村产业发展带头人，扶持和帮助贫困人口增加就业发展机会和提高劳动收入的雨露计划。2017年，贫困学生申报82人，通过审核65人，发放补助资金97500元。

【职业培训】 2017年，在如意集团、中银绒业、厚生记食品公司、焱钰服装公司、兄弟化工、泰益兴生物科技公司等10家企业进行培训，完成订单培训及就业200人，驾驶员培训560人，雨露计划申报82人，剪纸培训100人。

【“双到”项目实施】 在洪广镇欣荣村实施“双到”资金项目，采取“农户+合作社”的模式，农户用4000元“双到”项目资金入股合作社发展种养殖产业，通过托管的形式获得稳定收益。有187户与6家合作社签订入股托管协议进行菌菇、肉兔、肉鸽托管种养殖，农户年均分红1000元左右。

【文化助推脱贫】 培育和践行社会主义核心价值观，引导移民更新观念，转变生产生活方式，激发和鼓励移民自力更生、勤劳致富，移风易俗，弘扬中华传统文化，防止群众因娶媳妇、赌博等情况再次致贫。完善洪广镇文化站和欣荣村、广荣村综合文化服务中心设施设备，实现贫困村综合文化服务中心全覆盖。开展“欢乐宁夏”群众文艺汇演、“清凉宁夏”广场展演、“春雨工程”文化志愿者行等品牌群众文化活动，送戏下乡演出，丰富移民群众的精神文化生活。

【督察脱贫攻坚反馈问题整改】 7月国务院及自治区脱贫攻坚督察组反馈问题整改任务清单涉及贺兰县有7项问题，整改落实5项，进行整改落实的2项。

移　民

【移民安置】 在立岗镇4个行

政村及所辖组，通过补偿转让农村闲置的宅基地新建住房用于安置插花移民。共建设住房66套4485平方米，完成泾源县生态插花移民299人66户的搬迁任务。在金贵镇馨怡家园回购商品住房，搬迁安置有就业意愿、创业技能、商贸经营能力的劳务移民。共计回购住房203套14744平方米，完成海原县劳务移民930人203户的搬迁任务。

【移民产业发展】 插花移民每户建设1栋40平方米养殖圈棚、分配一头基础母牛，人均分配0.067公顷水浇地，分配的土地根据当地优势特色产业扶持发展瓜菜、有机水稻等特色种植业。引进深圳成武金石农业开发有限公司在立岗镇兰光村建设有机蔬菜基地，用于移民发展设施瓜菜产业，计划投资1200万元，完成招投标工作，正在组织实施。在金贵镇银光村规划建设27.135公顷移民扶贫产业园，一期203栋温棚开工建设，10月底完工。二期年底前完成规划及招投标，2018年5月底前完工并投入使用。园区建成后，主要用于劳务移民产业发展和务工就业，增收脱贫。利用金贵镇小城镇建设开发的商品营业房，对具有一定创业技能、商贸经营能力的移民租用营业房进行商贸经营活动的，给予部分租房补助。

【南梁农场移民】 按照自治区政府《关于印发农垦系统生态移民安置区移交地方管理实施方案的通知》中的就近属地接收管理要求，将农垦集团南梁农场“十二五”易地扶贫搬迁移民整体移交到南梁台子农牧场管理委员会进行属地管理。接收安置海原县340户1473人，土地138.02公顷，其中：耕地1680112.56公顷，建设用地25.46公顷。10月16日，完成第一批300户1290人的搬迁安置工作，剩余40户183人督促农垦集团南梁农场协调海原县尽快提供搬迁人员名册。

民族宗教

【概况】 全县民族宗教事务工作围绕县委、政府的中心工作，凝心聚力，开拓创新，为“五个贺兰”建设服务。2017年，县行政审批局、县市场监管局、利民社区、一幼等10个单位被评为银川市2017年民族团结进步创建活动示范单位。

【民族团结进步工作】 启动民族团结进步示范县创建工作，深入开展民族团结宣传教育“八进”活动，培育打造26个亮点突出的民族团结进步创建示范点，逐步建立完善20个少数民族服务中心、35个少数民族联系点。组织现场督导9次、示范点互观互学活动2次，通过紧抓各项措施，26个示范点代表性强且各有特色。

【“和谐寺观”教堂建设】 结合“军寺共建”活动，深化“和谐寺观教堂”创建活动，组织“卧尔兹”演讲暨《古兰经》诵读比赛，引导宗教与社会主义社会相适应，促进民族团结。

【“民族团结月”活动】 围绕喜迎党的十九大，努力实现“民族团结一家亲，同心共筑中国梦”的活动主题，开展内容丰富、形式多样的第19个“民族团结月”活动。利用贺兰微党建、全县副科级以上领导干部、伊协、道协等微信群、微信公众号、微博等新媒体加大宣传教育力度，开展机关“民族团结”主题党日、乡镇党的民族理论政策进村入户、行政村“民族团结一家亲”电影放映周、社区群众性文体活动、中小学生“民族团结”征文等活动，进一步深化民族团结教育“八进”活动。组织2017年欢度古尔邦节座谈会、第19个民族团结月启动仪式暨民族团结主题宣传日、万人升国旗及万人广场舞等活动；各社区结合实际，开展了民族团结知识讲座、文艺汇演、爱心理发、志愿服务、义诊、模范穆斯林家庭评选、少数民族困难家庭走访慰问等活动，深化“五个认同”意识。

【宗教领域“三支队伍”建设】 以学习贯彻落实习近平总书记关于民族宗教工作系列重要讲话、全国、全区宗教工作会议精神为主线，制订全年统一战线教育培训计划，宣传贯彻新修订《宗教事务条例》。协调组织部、宣传部、党校把全区宗教工作会议精神纳入全年教育培训内容，组织县委中心组理论专题学习报告会，全年召开县级宗教、统战各类工作会议9场次。

【教职人员管理】 建立主要教职人员档案，乡镇（场）、街道负责考核上报，对符合发放生活补贴的宗教教职人员进行审核确定，及时发放补贴。2017年按照每人400元/月标准，共计为94名宗教主要教职人员发放补贴资金40.6万元。

【治理民族宗教领域突出问题】 落实县、乡、村、社区宗教工作三级网络和乡村、社区两级宗教工作责任制。对宗教领域出现的热点难点问题，提前主动介入，依法妥善处理。依法选举南梁台子海南清真寺寺管会班子成员。

【“四进”宗教活动场所】 在县8家清真寺设立图书室，配备农业科技、计生、法律等方面的图书2000册，统一为10个大型宗教场所征订《宁夏日报》《银川日报》等报刊，协调文联为宗教场所赠送书籍杂志，联合部队在通昌南寺等宗教活动场所开展升国旗仪式，推进社会主义核心价值观、国旗、报刊、文化书屋进宗教场所。

工业和园区建设

Gongye He Yuanqu Jianshe

综 述

【概况】2017年，全县119家规模以上工业企业实现营业收入143.1亿元，同比增长1.2%。其中主营业务收入134.9亿元，同比增长1.9%。主营业务收入利润率为3.63%，比上年同期提高0.23个百分点。每百元主营业务收入中的成本为85.58元，同比下降0.47元。规模以上工业企业资产总计237.1亿元，同比增长3.6%；负债合计144.5亿元，同比增长5.8%，资产负债率达到60.9%，比上年同期增长1.2个百分点。

【全社会用电量】2017年，全社会用电量12.44亿千瓦时，同比增长9.7%。第一产业用电量0.95亿千瓦时，同比增长15.0%。第二产业用电量8.67亿千瓦时，同比增长7.6%。其中：工业用电量8.39亿千瓦时，同比增长7.8%，占全社会用电量的67.4%。第三产业用电量1.59亿千瓦时，同比增长17.7%。城乡居民生活用电量1.23亿千瓦时，同比增长10.8%。轻工业用电量为6.11亿千瓦时，同比增长15.7%，占全社会用电量的49.1%，拉动全社会用电量增长7.3个百分点；重工业用电量为2.28亿千瓦时，同比下降8.9%，占全社会用电量的18.3%，拉动全社会用电量下降2.0个百分点。制造业用电量为7.95亿千瓦时，同比增长7.4%，占全社会用电量的63.9%，拉动全社会用电量增长4.8个百分点。

【单位能耗水平下降】2017年，全县119家规模以上工业企业，能源消费量52.0万吨标准煤，同比下降2.1%。原煤消费量60.19万吨，同比增长1.7%。

【银川生物科技园能耗逐步上升】全县规上工业能耗主要集中在银川生物科技园，2017年园区内32家规上工业企业能源消费量达33.03万吨标准煤，同比下降8.2%，能耗上升的主要原因是随着恒康制药投产达效，泰益欣泰乐菌素生产规模扩大，两家能源消费总量为20.05万吨标准煤，同比增长3.0%，拉动园区能耗增长0.4个百分点。

【德胜工业园区能耗降幅平稳】德胜园区"退二进三"转型速度加快，部分闲置厂房、僵尸企业、污染企业被合理规划，天然气管道架设范围进一步扩大，能源消费总量明显下降。2017年，园区内80家规上工业企业能源消费合计8.84万吨标准煤，同比下降3.5%。

【生态纺织园能耗增速过快】随着如意科技6个车间的全面投产，设备运行效率有所提升，单位产品能耗水平不断降低，能耗总量和增速高于同期，2017年规上工业企业能源消费量7.88万吨标准煤，同比增长25.2%，园区以外规上工业企业能源消费合计2.29万吨标准煤，同比增长32.3%。

银川德胜工业园区

【概况】2017年，银川德胜工

业区规模以上工业企业完成工业总产值86.4亿元；工业增加值完成25.6亿元；限额以上商贸企业完成销售额96.9亿元，同比增长4%；完成固定资产投资41.98亿元；税收完成12.05亿元，同比增长38%。

【园区企业规模】 2017年，园区工商注册企业541家，其中：工业企业314家，商贸企业227家，集聚丹麦嘉仕伯啤酒集团、美国辛普劳、台湾旺旺集团、神华宁煤集团、大北农集团、中诚国际（奥特莱斯）集团、杭萧钢构等一批实力雄厚的国际、国内知名企业，规模以上工业企业80家，建成汽车4S店107家，培育厚生记、百瑞源等62个国家、自治区级的著名品牌和驰名商标，中国驰名商标7件，拥有国家高新技术企业6家、自治区企业技术中心6家、自治区工程实验室1个，培育股上市5家企业、个转企14家，培育小升规9家，培育规改股8家，培育“三名”企业16家，拥有自治区“专精特新”中小企业43家、示范企业23家、科技型中小企业26家。形成农副产品加工、机械电气制造、家具制造及装饰材料、商贸流通四大主导产业。

【招商引资】 2017年，接待来访客商30家，签订进区合同13家，其中上亿元项目6个，实际到位资金12亿元；入库项目37个，完成投资33.5亿元。2017年，实施重点建设项目15个，其中新建项目10个，总投资64.45亿元。转型升级技改扩建项目3个，基础设施建设项目2个；远高杭萧、艾尼科技、华泰家具、麦尔乐食品等7个项目投产；中汽配、厚生记食品、华源耀康、天心医药等5个项目加紧建设。

【汽车产业】 经过十多年的发展，园区汽车销售服务业经历从无到有、逐步壮大的发展历程。4S店由2003年的3家增加到107家，拥有奔驰、宝马、保时捷、路虎、奥迪等国内外知名汽车品牌53个。主要分布在园区109国道、虹桥路两侧及正源北街国际汽车城，形成南拥品牌轿车4S店、二手车交易、银川车管所德胜分所等服务体系；北托轻卡、重卡、工程机械、中汽配等集整车销售、试驾体验、娱乐赛车、零部件配送等于一体的销售服务后市场的产业新模式。德胜园区汽车销售占宁夏整体乘用车80%的市场份额，成为园区的支柱产业之一，是宁夏乃至西北地区重要的汽车销售基地。

【电子商务】 依托园区企业丰富特色资源优势，推动发展电商产业，打造银川电商创业园（奥莱园）、银川电商物流园、银川跨境电商产业园，通过政府引导，企业运作，建成仓储中心3万平方米，引进京东、苏宁、申通、顺丰、韵达等快递物流企业入驻并投入运营，全区60%快递货物由此分拣、包装进出；引进淘宝特色中国贺兰馆、京东商城贺兰馆等电商平台，引进义乌购、尚五金、东作云等O2O电商平台，培育百瑞源、厚生记、红玛瑙等一大批本地电商企业。84家从事电商销售业务的工业、商贸企业累计实现销售额14.63亿元。其中，44家工业企业实现电商销售额2.28亿元，40家商贸企业实现电商销售额12.34亿元。双十一期间，电商销售额突破5500万元大关，同比增长18.51%。其中，宁浙电商创业园、银川电商物流园、中阿跨境电商产业园销售额3758.4万元，进出物流园快递日单量突破80万单，为平时5倍之多，园区电商集聚集约发展效应凸显。百瑞源线上线下累计成交额突破1600万，刷新枸杞行业历史记录。

【企业培育扶持】 培育股上市5家企业，个转企14家，培育小升规9家，培育规改股8家，培育“三名”企业16家，拥有自治区“专精特新”中小企业43家、示范企业23家、科技型中小企业26家。科技创新能力不断增强，积极推进科研转发、人才培养、技术咨询等院企合作模式，宁夏大学、西安电子科技大学等多家高等院校与金河乳业、天佳仪表、艾尼科技、凯晨电器等园区企业进行对接合作；共引进高层次人才18名、科技创新团队12支，实施产业人才创新项目23项。

【金融支撑】做好金融协调工作，向金融机构推介项目，帮助企业解决资金难问题，联系协调市担保中心、工商银行、宁夏银行、建设银行、回商银行、交通银行、石嘴山银行、小额担保中心等金融机构为企业解决贷款融资需求，共为72家企业协调贷款12.53亿元。积极帮助园区企业争取各类扶持资金。2017年，争取项目扶持资金6865.2万元，同比增长63.6%。其中：指导胜威电气、山逗子杂粮等35家企业申报银川市工业扶持政策、自治区新型工业化专项资金、自治区中小企业及非公经济发展专项资金、自治区少数民族发展专项资金、技术研发中心、国家级高新技术企业等项目资金5865.2万元，争取工业园区低成本化改造项目扶持资金1000万元。

宁夏生态纺织产业示范园区

【概况】2017年，园区累计实现工业总产值16亿元，同比增长35.82%；完成固定资产投资8.8亿元，同比下降70.5%；招商引资实际到位资金21.56亿元，同比增长5.7%。

【新开工项目】昊晶新材料产业园项目厂房土建工程完工，一号、二号厂房设备进场，按照工艺需求，进行设备安装、内部水循环等技术处理。华能光伏发电项目并网发电，运行正常，每天发电量7万～8万千瓦时，全年累计完成发电1100万千瓦时。宁夏服装中小企业孵化园注册企业16家，其中：服装加工企业13家，超市1家，餐饮1家，建筑材料公司1家。其中琰钰、金胜康、麦蒙、德仪万方、玺玉龙、姐弟设备安装完成，并投入生产。其余5家进行购设备及招工。宁夏鲁商产业园双创示范基地项目完成规划设计。

【复工项目】研发中心交付使用，展馆进行内部装修；8条道路工程项目除关明路外的7条道路基本完成。如意集团1亿米织布项目设备已订购。园区污水处理厂、消防队、自来水厂等配套工程运行正常。

【招商引资】采取以商招商、蹲点招商、委托招商等形式，全力开展“走出去、引进来”活动，与区内外企业进行交流，通过介绍园区、项目对接、政策咨询、座谈交流等方式，推介园区，为招商引资工作取得成果打基础。赴浙江、江苏、山东、厦门、河北、云南、重庆、福建等地对接考察企业20余次。邀请浙江省工业园区协会、西部控股集团、江苏友诚数控科技有限公司、汉能控股集团、中商国能集团有限公司、中节能建筑节能有限公司、杭州市金融投资集团有限公司、达利丝绸（浙江）有限公司、桂香煜形象设计有限公司、毛精纺协会、东华大学等10余家企业及院校到园区参观考察。围绕纺织新城、特色小镇建设项目，与西部控股、中能建江苏公司等企业进行对接，就生活配套区医院、学校及康养项目建设达成投资合作意向；园区与东华大学、宁夏如意科技时尚产业有限公司三方签订合作协议，决定成立宁夏纺织研究院，为入园企业提供技术和人才支持；围绕重点发展新能源、装备制造产业项目，与宁夏云威新能源汽车有限公司签订正式合同；依托宁夏及周边丰富的煤炭、石油资源，与福建南安恒丰纸业和北京量子金舟无纺技术有限公司签订打造宁夏国际卫生材料高科技园无纺布生产项目的协议。

【投资环境建设】实行“一对一”全程跟踪服务。坚持全程陪同、全程代办的“保姆式”服务模式，协助企业报批项目资料，所有建设项目达到“零违纪”，保证项目顺利实施。依法签订施工合同，实行工程款专用账户管理，全面实行农民工工资支付“一卡通”，有效保障工程款和农民工工资支付。建立安全生产管理预警机制，做好园区安全生产和消防安全监管工作，及时排查园区安全隐患和重大安全危险源，督促企业整改消除安全隐患，全年无安全生产事故发生。

【项目资金争取】协助企业开展科技创新、人才引进、成果转化等工作，规范整合资金使用，精准扶持，“一业一策”。全年累计争取资金5430万元。其中：如意现代纺织产业棉纺化纤技能人才引进培养项目20万元，作出突出贡献补助、带资金引进科研启动资金配套90万元，细纱机智能挡车技术的研究与应用60万元，工业企业融资租赁项目补贴300万元，25万锭高档多组份纱线项目——如意坊数字化智能绿色工厂1350万；2017年建设的疏港路、吉祥北路、河西路、河东路、吉祥西路、吉祥北路延伸段、吉祥南路延伸段、观明路8条道路3610万元。

银川生物科技园

【概况】 2017年，银川生物科技园以项目建设、招商引资、优化服务、腾笼换鸟为重点工作，完成园区经济增长、环境整治、闲置土地清理等各方面的目标任务。

【园区经济】 2017年，园区完成工业总产值53亿元，同比增长11.2%，完成年度目标任务的88%。完成工业增加值11.6亿元，同比增长10%。完成年度目标任务的89%。完成固定投资39.6亿元，同比增长91.3%，完成年度目标的99%。完成招商引资到位资金27.5亿元，同比增长33.8%，完成年度目标任务110%。完成税收总额1亿元，同比增长26%，完成年度目标任务100%。

【重点项目推进】 2017年，共谋划实施建设项目48个，概算总投资86亿元，计划投资40亿元。其中：新建项目15个，2017年计划投资25亿元；技改项目33个，2017年计划投资15亿元。在建项目7个：泰益欣公司盐酸克林霉素项目、泰乐菌素项目、替米考星项目、厂区道路建设等项目建设进展顺利；德圣亚公司年产2万吨羟丙基甲基纤维素项目3栋厂房主体完工，辅助设施完成70%；希望田野办公楼、宿舍项目主体完工；多力新材料公司年产6万吨涂料项目厂房建设完成，办公楼进行修行；银泰电动车组装项目1#、2#厂房完工，3#、4#厂房进行主体建设；恒康制药办公楼装修，二甲双胍车间建设工程进行设备安装；蓝星污水处理厂提标改造项目进行设备安装。竣工项目1个：庆丰丰达硫酸羟氯喹侧链、硫酸羟氯喹、丙二酸酯衍生物项目完工，调试了设备。投产项目：百泓化工粗合成车间技改项目、共享生物糠醛生产废水处理及异味治理设施改造等40个项目投入生产。

【招商引资】 在河北、北京、浙江、四川、重庆等地区实施重点招商，其中：河北胜芳联合化工有限公司计划投资8亿元，在西北地区建设多元醇项目，企业投资暖泉工业区的意向很强。河北京九公司投资2.6亿元，建设年产8000吨环保型外墙专用岩棉保温材料生产，公司确定到暖泉工业区通过“腾笼换鸟”方式进行选址。四川博腾公司计划投资4.2亿元，建设兽药原料药生产项目，企业安排投资部在园区考察完毕。成立暖泉工业区“商会”。运用商会企业家的人脉资源，招商引进金泉制药、德圣亚纤维素等重大产业项目落地，引进金悦生物玉米深加工、宏程新材料玻镁岩棉板等4个“腾笼换鸟”项目。通过中企财富论坛贺兰行，引进江苏亚邦集团拟在暖泉工业区建立“化工产业园”项目。将项目拟选地块提供给企业，企业作了初步规划和编制项目可研性报告。

【科技型企业培育】 从新材料、装备制造、生物医药、精细化工四大主导产业入手，确定泰益欣、恒康、庆丰丰达、卡瑞尔、希望田野、保利等企业作为2017年重点培育的科技型企业，鼓励企业根据自身产业发展需要和人才需求，开展产、学、研对接。培育双玉、光华等5家区级技术中心企业，推动技术创新，促进科技交流。

【优秀人才引进】 2017年，园区企业大量吸纳、聘请高层管理人才以及专业技术人才。双玉防水、共享生物、百泓新材料等8家公司聘请20位高层次管理人员。希望田野、盛达等5家企业聘请10位专业技术人员，其中：1人享受国务院特殊津贴。引进宁夏籍海外人才来园区创业，有2家企业有初步合作意愿。

【技改扩建实现闲置土地利用】百泓公司通过技改完成后续处理车间扩建工程；光华活性炭有限公司通过技改完成3#、4#、5#库房成品库、砼路面、上下水扩建工程。

【腾笼换鸟盘活闲置用地】宁夏德圣亚科技有限公司年产2万吨羟丙基甲基纤维素项目、银川华美伟业玻璃棉有限公司年产3万吨玻璃棉及其制品项目实施腾笼换鸟，其中：德圣亚公司盘活土地6.164公顷，建设完成70%，于12月份试生产。华美伟业公司盘活土地8.576公顷，进行土地招拍挂。

【明晰闲置和低效用地企业】年末，摸排园区有闲置用地企业21家，其中：银靓化工、金之行等8家企业愿意出租或出售进行腾笼换鸟；众英、联森等3家企业计划嫁接新项目，冀宁化工等10家企业因资金短缺或等待环保验收等原因，逐步恢复生产。

【环保督察问题整改】对磷肥、蓝星等企业按照环保督察组反馈的问题逐一整改落实，关停贺兰山化肥、鑫盛岩棉2家企业，实施蓝星水务提标改造工程，泰益欣等9家企业完成整改工作，中央环境保护督察组对园区反馈问题的整改工作完成。

【企业环境形象提升】对广源街沿街企业围墙统一设计，企业自行组织施工。兄弟彩兴、天雄活性炭、森淼建材等3家企业完成企业文化墙的施工工程。督办企业内部整改脏乱差现象61处，拆除违章建筑3处。对接县林业部门，统一为企业调拨苗木，补栽苗木3万余株，绿化面积1万多平方米。投入20余万元基础设施建设资金，对园区所有沿街路灯进行统一维修。

【污染偷排巡查】安排专人对园区所有生产企业24小时昼夜巡查，杜绝企业利用夜间及节假日偷排情况发生，确保园区空气24小时达标。

【安全生产】将安全生产工作各项任务、职责和事故控制指标分解细化到各企业，与投产及在建企业签订目标责任书。坚持企业每天一巡查，管委会一周一巡查、一月一督查通报制度。2017年，管委会累计巡查68次，召开工作例会8次。2017年，园区没有发生重大安全事故和突发重大环保事件。

【扶贫攻坚】园区管委会包扶贺兰县洪广镇欣荣村10户贫困户，园区领导与贫困户制订帮扶计划帮助脱贫，运用园区企业资源优势，园区企业用工优先考虑贫困户家中的闲置劳动力，解决就业难题，增加家庭收入。

【园区编制总体规划】园区的发展规划工作自2017年3月开始，4月26日通过公开招标方式，确定华汇工程设计集团股份有限公司承担园区总体规划编制工作。园区总体规划经两次专家评审提出修改意见，待审定稿。

供 电

【概况】2017年，贺兰供电工作安全生产局面稳定，贺兰县供电公司被国家电网公司授予“文明单位”称号，荣获国网宁夏电力有限公司企业文化示范点、示范文化长廊称号，公司党支部也被银川公司授予电网先锋党支部和先进基层党支部荣誉称号。

【企业经营】2017年，完成售电量10.83亿千瓦时，售电平均单价530.89元/千千瓦时，售电收入5.75亿元。新增接电容量11.79万千伏安，同比上升16.84%。综合线损率4.94%。综合电压合格率达到99.987%，城网、农网供电可靠率分别达到99.9452%，99. 8692%。

【安全生产】安全生产稳中向好。至2017年底，贺兰电网实现长周期安全运行6587天，未发生人身及设备安全事件。落实上级安监部门要求，开展“三到位一提升”安全管理活动。实施安全生产反违章专项行动，累计稽查现场218处，查处违章36处，有效提升各类现场风险管控水平。圆满完成党的十九大、中阿论坛、贺兰山岩画艺术节等重大活动保电任务。

【配网建设】 按计划完成2017年下达的8个批次，共计24项配农网改造项目，投资金额共计3260.07万元。完成10千伏城配网线路自动化全覆盖工程，安装配电自动化终端109台，确保现城网25条10千伏线路全部调管，解决历史遗留的盲调问题。按计划完成农网“两年攻坚战”及“机井通”工程，并通过银川公司验收。通过改造线路和调整运行方式的手段，解决3条重载线路。开展状态检修及隐患排查治理工作，发现重大缺陷5处，消除缺陷11729项。全年辖区l0kV配网线路共发生故障跳闸53次，同比降低15.8%。加快带电作业技术推广，全年共开展一、二类带电作业89次。同期线损率由年初的8%提升至86%。

【营销基础建设】 与政府相关部门沟通，逐户走访风险用户，加大预缴电费催收频次和力度，完成当年电费回收结零任务。开展线损治理，多措降损，指标明显提升，综合线损率4.94%，较同期下降1.09个百分点。加大反窃电及违约用电的查处力度，追补电量112.29万千瓦时，不收电费62.79万元。开展营配贯通数据核查工作，完成专变用户1889户、574个台区、39623家用户的数据治理核对工作，实现高低压营配贯通数据一致率100%。承担宁夏公司下达“多表合一”采集建设任务，超额完成8418户“多表合一”建设工作。

【服务改进】 加快业扩流转速度，缩短流程时限，减少用户往返，高压业扩报装时限在国网最新的考核时限基础上再缩短三分之一。全年新增用户4692户，容量11.79万千伏安。积极利用“互联网+营销服务”，推广微信交费、电E宝等信息化缴费渠道，累计开通远程购电1.86万户。开展片区服务和“网格化”管理服务，组织各类宣传、走访活动。开展农电管理组织星级供电所评定复验工作，习岗、立岗供电所通过“四星级”验收，暖泉、常信、洪广、金贵洪电所获评“三星级”供电所。开展“全能型”乡镇供电所建设，加快营配业务末端融合，优化整合内外勤班，建立网格化供电服务模式，综合服务能力得到进一步提升。落实属地化护线工作，巡视线路85条409.35千米，线路跳闸率显著下降。加大农电队伍建设力度，完成5期抄核收及配电线路高级工技能鉴定工作。

农林经济

Nonglin Jingji

综　述

【概况】2017年，全县农村工作加大农业供给侧结构性改革力度，着力补齐农业发展短板，农业生产实现稳中向好。全年完成农林牧渔业总产值35.4亿元，同比增长5.2%，较2016年同期回落0.9个百分点，实现农林牧渔业增加值18.16亿元，同比增长4.5%，较上年同期回落1个百分点，其中：一产增加值17.49亿元，同比增长4.4%。

农林产业增加值呈现“三升一平一降”的特点，农业所占比重为74.0%，比2016年下降1.1个百分点；林业、牧业、渔业所占比重分别为0.4%、12.3%、9.6%，分别比2016年提高0.1、0.3和0.7个百分点，农林牧渔服务业所占比重为3.7%，与2016年持平。2017年，全县巩固提升有机水稻种植规模，推广示范稻鱼、稻蟹、稻虾、稻鳅、稻鸭等立体高效种养模式，建成稻渔综合种养示范基地268公顷。全县完成粮食播种面积27068公顷，与2016年基本持平，其中：小麦7035公顷万，同比增长3.4%，水稻13065公顷，同比下降3.0%，玉米6767公顷，同比增长4.3%。全县粮食除小麦受干旱天气影响减产外，其他粮食作物单产较2016年均有不同程度的提高。全年粮食产量21.2万吨，较2016年同期增长3.8%：其中小麦产量为3.9万吨，较2016年同期增长1.3%；水稻产量为11.2万吨，较2016年同期增长0.6%；玉米产量为6.1万吨，较2016年同期增长12.3%。

蔬菜产业按照以需供求的发展思路，提升蔬菜标准化生产、专业化分级、品牌化销售水平，走特色化、差异化、品牌化发展路线，优化蔬菜种植结构、品种结构、产销模式。建设“五优”蔬菜基地8个共268公顷，新建供港蔬菜基地201公顷，累计达到2010公顷。全县蔬菜种植面积达到17554公顷，同比增长2.3%，全年蔬菜产量83.3万吨，同比增长3.8%。其中设施蔬菜4154公顷，同比下降4.9%，设施蔬菜产量20.1万吨，同比增长1.9%。

林业重点对农田林网、通道绿化、庄点绿化等进行改造，造林面积301.5公顷，植树株220万株（穴）补植完成造林127.3公顷。2017年共完成新造林484.26公顷，完成补植补造165.289公顷。

2017年，奶牛存栏45985头，同比增长9.5%，全年牛奶产量17.5万吨，同比增长15.5%。肉牛产业有所回落，全年肉牛存栏11875头，同比下降12.5%，出栏22563头，同比下降4.8%，牛肉产量3532吨，同比下降2.9%。受猪肉价格低迷影响，生猪产业发展放缓，年末生猪存栏19985头，同比增长7.0%，生猪出栏24706头，与2016年基本持平，猪肉产量1936吨，同比增长0.6%。2017年，全县羊存栏110546头，同比增长0.4%，出栏97722头，同比下降0.3%，羊肉产量1717吨，同比下降0.1%。

在全区率先试点南美白对虾两茬养殖技术，年产优质商品虾

600吨，产值4000万元，实现效益翻番。

农业与农村

【**概况**】2017年，实现农业总产值35.4亿元，农业增加值18.16亿元，同比增长8.5%、5.3%；农民人均可支配收入13665元，同比增长8.8%。实现创建国家现代农业产业园，完成南美白对虾养殖、政府购买社会化服务、稻渔空间等创新性工作12项，举办全国淡水鱼养殖现场观摩会、全国绿色高产高效创建推进落实现场会、全区夏播工作现场会等国家、自治区级现场会9场次，荣获畜牧业绿色发展示范县、2017年度全国农业农村信息化示范基地，2016年度农村全面小康建设先进集体等奖励10项。

【**产业增效**】全县完成粮食播种面积29949公顷，建成稻渔综合种养示范基地268公顷。与广州安品农业公司签订订单402公顷，实现以销定产。70%以上蔬菜在香港、迪拜、广州、上海、深圳等地畅销。新建设施温棚265.655公顷、永久性蔬菜基地811.102公顷、"五优"蔬菜基地268公顷、供港蔬菜基地201公顷，全县瓜菜种植面积达到21440公顷。建成标准化养殖示范场1个、低碳高效循环水养殖池塘17口、渔业设施温棚16万平方米。全县水产养殖总面积7035公顷。

【**项目争取**】招商引进九三零生态农牧有限公司产业融合、广州绿田园农业科技有限公司供外蔬菜基地等9个项目落户贺兰，到位资金5.6亿元，完成率112%；实施稻渔综合种养、粮食银行等固定资产投资项目19个，入库固定资产投资9亿元，完成率112.5%；争取项目资金2.31亿元，完成率135.88%。

【**新型经营主体培育**】新培育市级以上龙头企业5家，累计达到54家；合作社50家，累计达到170家；家庭农场9个，累计达到89个。

【**"互联网+农业"**】按照"六有"标准在保南、银河、新平等10个村建成村级益农信息社，配备电脑、打印机、坐席电话、视频设备等硬件设施和1名信息员，签订《贺兰县农业综合信息服务中心村级信息员服务协议》，制定《贺兰县"12316"农业热线服务中心值班制度》《农村信息员绩效考评实施办法》等制度。建设天缘、广银、蓝湾等互联网+现代农业示范基地11个，实现产前、产中、产后信息进行动态采集和生产全过程可视监控。

【**改革创新**】依托粮食、蔬菜、水产、农机等产业联合体，开展股份合作、种植、养殖、加工、产品销售等综合服务，形成利益共享、风险共担的现代农业经营服务组织，逐步化解农民在产前、产中、产后风险的现代农业社会化服务体系。创新农业风险防范机制。淡水鱼政策性保险参保场点达23个，参保面积115.642公顷。制订奶价保险方案并签订保险合同。创新土地入股方式。将农业收益纳入分红范畴，按照农民土地入股股份比例进行分红，使农民享受"三次分红"。金鑫村、五星村、金贵村等6个村实行土地入股，入股面积204.886公顷。

【**国家现代农业产业园建设**】优化动力结构、产业结构、要素结构，实现农业产业全链条集群化、规模化、品牌化发展，把贺兰县国家现代农业产业园打造成为现代农业核心示范区、一二三产融合发展区、贴农惠农先行区、创业创新先导区、生态循环农业试验区。通过县区申请，自治区答辩选拔，农业部现场核查、现场答辩评审等环节，农业部批准贺兰县创建国家现代农业产业园，1亿元创建资金拨付县财政。

【**政府购买服务**】2017年，全县共开展动物疫病防控机制、植物保护机制、农业综合信息服务体系、农村产权流转和村级财务会计委托代理服务等政府购买公益性服务。完成4314.8公顷水稻稻瘟病和670公顷的玉米黏虫病统防统治；共免疫各类畜禽190.33万头。金贵、银河、五星等10个村分别与银川市天际恒财务咨询有限公司开展会计委托代理服务工作

【农村改革】推进农村集体经济组织资产股份权能改革。在习岗、银河、永兴、四十里店、金鑫5个村开展农村集体资产股权改革试点工作。制订《农村集体资产股份权能改革试点工作实施方案》《贺兰县农村集体经济组织成员资格界定的指导意见》，推进农村土地承包经营权流转确权登记颁证。完成贺兰县五星村家庭农场、广银米业、生瑞米业等10家农业经营主体农村土地承包经营权流转确权登记颁证，涉及面积670公顷。推进农村土地承包经营权确权颁证。完成全县7个乡镇（场）58个行政村623个村民小组39520户30087.891公顷土地确权登记颁证工作，完成确权面积27329.702公顷，涉及农户35531户，颁发农村土地承包经营权证书35168本，颁证率95%。推进“四荒地”使用权确权登记颁证。制订《关于开展农村“四荒地”承包经营权确权登记颁证工作实施方案》。

畜牧业

【概况】2017年，全县畜牧业发展由产量高速增长的成长期步入平稳发展的成熟期。标准化、专业化、规模化、绿色发展水平逐步提升。全县牛存栏57820头，生猪饲养量76585头，羊饲养量242386只，肉、蛋、奶产量分别达到10969吨、7178吨、209195吨。多年生牧草种植面积达到2814公顷。全年完成畜牧业产值10.63亿元。

【物联网技术助推畜牧业发展】建立贺兰中地和汇丰源牧业奶牛物联网示范基地2个，安装牧场管理软件，并配套建设精准化饲喂、自动发情检测与疾病自动诊断等系统，有效提高牧场信息化管理水平。同时在合欣、鑫金元等10家规模奶牛场推广应用智能化信息管理系统、实时发情监测系统和电子项圈、DHI测定、TMR精准投料等物联网技术与设备，建立奶牛饲养、发情、疾病等全程监测与反馈机制，实现奶牛场日常生产全方位实时监控与智能化控制。

【牧草基地建设】推进优质牧草种植，保证贺兰县饲草料生产能力与草畜产业发展相平衡。2017年，全县优质高产苜蓿种植面积达到2814公顷，冬牧70黑麦草415.4公顷、青贮玉米5293公顷。全县优质半干苜蓿青贮制作量达到4.72万吨，玉米青贮制作量31.5万吨。

【节约增效技术推广】推广应用节本增效技术，建立县级节本增效示范点17个、市级节本增效示范点2个、区级节本增效示范点3个。按照技术人员包点的原则，在示范场积极开展对标管理，主推高效繁育、精准饲喂、精细化管理等20余项综合配套技术，实现节本增效工作“五有一明显”，引领带动全县草畜产业科技水平、经济效益和市场竞争力稳定提升。

【生鲜牛奶目标价格保险】2016年开始，贺兰县开展全区首家试点生鲜牛奶价格保险，累计投保奶牛4062头，累计投保生鲜牛奶2.72万吨，兑付2016年奶价保险赔付资金375万元。通过实施生鲜牛奶价格保险试点工作，有效化解金融风险对养殖业的冲击，保障养殖效益，生鲜牛奶价格保险成为全县奶产业发展的重要保障措施。

【粮改饲试点项目推行】争取国家粮改饲项目资金1200万元，连续4年累计争取项目资金4300万元，主要用于补助草食家畜养殖场全株玉米等优质饲草青贮收贮环节。项目实施加快种植业结构调整，促进粮经饲三元种植结构协调发展，推动畜牧业提质增效。

【畜禽粪污资源化利用】推进畜牧业绿色发展，争取“奶牛养殖大县种养结合整县推进试点项目”和“畜禽粪污资源化利用项目”，项目资金4300万元，主要对畜禽粪污资源化利用设施设备及相关配套设施进行改造提升，全面推进种养结合，促进奶产业、有机农产品、牧草等相关产业健康发展，走环境友好型发展道路。通过项目实施，全县规模奶牛场粪污处理设施配套率达到90%以上，粪污处理利用率达到86%。

【科技创新】邀请中国农业科学院北京畜牧兽医研究所与贺兰县具有龙头带动作用的中地牧场和汇丰源牧业签订奶牛提质增效协同创新合作协议，搭建科技服务平台，示范应用奶牛养殖综合技术集成，带动奶牛生产提质增效。与北京畜牧兽医研究所的院县合作方式由最初的技术交流逐步向加强项目合作、共建创新平台转变，合作领域覆盖奶牛的精准饲喂、高效繁育、良种繁育等多个方面。

【畜牧业绿色发展示范县建设】2017年，贺兰县成功创建为全国第一批55个畜牧业绿色发展示范县之一。整县推进奶牛养殖废弃物无害化处理和资源化利用，促进畜牧业生产和生态环境保护协调发展。

水产业

【概况】全县水产养殖总面积7036.005公顷，其中：精养面积5608.235公顷，粗养面积627.522公顷，水系面积800.248公顷。水产品总产量4.57万吨，同比增长10.4%，其中鱼类产量4.19万吨，虾产量377吨，河蟹产量69.7吨。适水产业总产值5.1亿元，同比增长13.3%，其中鱼类产值3.81亿元，虾产值3770万元，河蟹产值487.9万元，生态渔业产值830.4万元，休闲观光渔业产值918.8万元，锦鲤产值200万元，其他名优品种产值6646.6万元。

【工厂化车间养殖】建成渔业工厂化车间8000平方米、设施温棚13万平方米，其中蓝湾基地虾苗淡化培育车间2500平方米、南美白对虾养殖设施温棚13万平方米，设施温棚养殖商品虾一年产两茬，平均规格12公分左右，亩均产量800斤，亩均产值3.2万元；池塘亩均产量300斤，亩均产值1.2万元。兆丰基地建设“宁夏黄河渔文化博览园”5500平方米，内设养殖池、净化池、化验室、会议室、展示厅、田间学校等。2017年，蓝湾基地和晶诚基地共淡化培育虾苗4700万尾，虾苗淡化成活率在75%～90%，比未经淡化处理的虾苗成活率高30%～50%。晶诚基地池塘商品虾养殖规格达12公分，亩均产量达到300斤。

【稻渔立体生态种养】实施稻渔立体生态种养面积652.044公顷，主要由贺兰县丰谷稻业产销专业合作社、贺兰县黄河香农作物产销专业合作社、银川科海生物技术有限公司等12家企业组织实施。稻渔种养各品种的起捕、育肥和上市销售工作完成。其中：稻田养成蟹亩新增效益400元左右，稻田养鲫鱼亩新增效益500元左右，稻田养泥鳅亩新增效益1500元左右，有机水稻平均亩产400公斤，亩经济效益可达4000元。

【水产健康养殖示范场】创建农业部水产健康养殖示范场5个。新建低碳高效循环水养殖池塘17口，单口池塘产量达到2.5万公斤，单口池塘纯利润2.5万元以上。

【苗种外调自繁】外调和自繁苗种6.31亿尾，其中：外调水花2.39亿尾、乌仔2.09亿尾，自繁乌仔1.83亿尾。对全县15家水产苗种生产场点进行普查登记，填写普查登记表15份，办理水产苗种生产许可证1本。对饲料、苗种、渔药及添加剂等渔业养殖生产投入品进行监督检查78场次，填写监督检查登记表65份。完成本年度水产品质量安全监督抽检样品69个，其中：配合国家农产品质量安全抽样12个，配合银川市农产品质量安全抽样22个，单独完成自治区下达的产地水产品质量安全例行抽样35个，自治区抽检的产地水产品样品抽检合格率100%。进行水产品流通环节质量安全监督检查2次，发放违禁药物清单等资料100余份。

【渔业产业联合会建设】推进渔业产业联合会建设工作。联合会自主和合作研发仓储式智能投饵机、低碳高效智能集中投饲系统和生态循环渔业养殖系统，都投入应用；免疫注射一龄草鱼“四联”疫苗100万尾，院士工作站由自治区科协批准成立建设；从东北调运松浦镜鲤鱼苗50万尾，由联合会养殖管理；组织举办培训班6期、交流座谈会4期。

【设施渔业发展】在蓝湾、兆丰基地开展设施温棚和工厂化车间养殖，试验示范面积设施温棚13万平方米、工厂化车间8000平方米。园区从福建、江苏、东北等地引进专家服务团和技术工人进行虾苗淡化、养殖等方面的技术服务，开展技术养殖对比试验，通过产量分析，选出效益高的养殖模式作为2018年的主推技术。

【渔业物联网技术应用示范】全面推广现代渔业数字化与物联网技术集成与示范技术。2017年，在全县开展水产养殖物联网技术应用推广示范，建设示范点4个。

【淡水鱼政策性保险试点承保】开展淡水鱼政策性保险承保，扩大渔业保险覆盖面，安排2名工作人员配合保险公司对2017年计划参加淡水鱼养殖保险的场点进行全面摸底调查，提高农户参保积极性。缴费分摊比例财政承担80%，农户自缴20%。淡水鱼政策性保险参保场点23个，参保面积113.431公顷。保费总额92.5万元，其中：农户自缴18.5万元，政府补贴74万元。

【水产品质量安全全程监管】制定贺兰县2017年水产品质量安全工作安排意见、贺兰县水产品质量安全管理制度。完成10个水产品质量安全追溯体系建设捕捞点监控设备安装。对饲料、苗种、渔药、添加剂等渔业投入品进行监督检查，查处违禁药物和添加剂，全县4个水产养殖病害预测预报点的鱼病测报工作。

【休渔期监管】向沿河各乡镇、场印发《关于加强2017年黄河贺兰段休渔期管理工作的通知》，组织渔政执法人员下到沿河各村社、河边捕捞点及集贸市场等人员密集的地方，张贴、发放《宁夏回族自治区人民政府关于对黄河宁夏段实行休渔的通告》《中华人民共和国渔业法》《宁夏回族自治区实施〈渔业法〉办法》等小册子。重点对在黄河沿岸进行垂钓的人员及路边出售商品鱼的商贩进行有关休渔及非法捕捞等法律法规的宣传。对酷渔滥捕行为起到震慑作用。

【非养殖水域的查处】渔政执法人员采取定期和随时出击的办法，重点对红旗沟、第三排水沟、三丁湖环湖沟及农田排水沟等非养殖水域开展渔业执法检查，对采取电、炸、毒和密眼网捕鱼的流动人员进行严厉查处和打击，没收非法捕鱼工具。整治清理河内违规停靠船只1艘，现场销毁禁用渔具3条，查处垂钓人员6人。

农业机械化

【概况】2017年，全县拥有各类农业机械总动力达到374872千瓦，各类农业动力机械25579台，其中大、中、小型拖拉机累计达到15638台，2017年新增拖拉机上牌165台；各类联合收割机达1105台，2017年，新增联合收割机上牌42台、耕整机41台，水稻插秧机254台、排灌动力机械1246台、机动喷雾（粉）机137台、收获后处理机械137台、农产品加工机械2476台，畜牧养殖机械1276台、渔业机械3029台、农田基本建设机械240台。其他配套农机具达到54011台。农机化作业服务组织45家，其中农机专业合作社36家，农机作业服务公司9家。农机维修网点达45个，乡村农机从业人员28722人。

【粮食耕种收机械化】2017年，全县三大粮食耕种收机械化作业水平提升，三大粮食作物耕种收综合机械化水平达到95.3%，耕整地机械化作业水平达到100%，播栽机械化作业水平达到96.4%，收获机械化作业水平达到88%。秸秆综合利用率达到90%以上，高效植保机械化能力和机械化烘干能力提升速度较快。综合机械化水平较上年的95.1%上升0.2个百分点。

【农机化示范园区建设】区、县建农机化示范园6个，其中：农机农艺融合水稻生产全程机械化示范园区1个，水产养殖全程机械化示范园区1个，设施农业机械化示范园区1个，农业部2017年农业技术试验示范与服务支持项目示范园区2个，农机化新技术推广示范园区项目1个。

【农机专业服务组织扶持和培育情况】对43家农机服务专业合作组织进行培训。对7家农机作业公司进行“评星定级”，评出二星级农机作业公司4家、三星级农机作业公司3家。

【农机免费管理】落实2017年农机免费管理及年度检审验工作具体指标，分解下达农业机械免费挂牌入户、培训、考试农机驾驶员任务，抽调4名工作人员组成免费管理工作实施小组，从4月18日开始以村为单位，逐村为农民现场办理农业机械免费挂牌入户、免费培训考证、免费年度检审验工作。截至年末，农机站累计完成上牌15638台，2017年上牌207台，上牌率达90%；累计完成培训农机驾驶员11012人，2017年培训考证176人，持证率达到95%；计划完成年检拖拉机、联合收割机8000台，实际完成7820台，年检率达到97.8%。2017年，县农机免费管理配套资金30万元。

【农业机械化示范县建设】全县2016年主要农作物水稻、玉米、小麦的全程耕种收综合机械化率分别达到100%、85.6%、100%，三大作物耕种收综合机械化率达到95.1%。三大作物高效植保机械化能力分别达到61.8%、82.8%、130%，与规定指标大于60%对比，均达标；三大作物烘干机械化能力分别为43.2%、52.2%、50.1%，与规定指标大于40%对比，均达标；三大作物秸秆处理机械化水平为89.9%，与规定指标大于80对比达标。全县大中型拖拉机占比也在持续增加。12月26日，贺兰县获批全国主要农作物生产全程机械化示范县。

【全国农机手大赛】2017年设立场地、租赁拖拉机，对贺兰县农机手进行技术指导培训。组织农机手参加宁夏第二届农机手大赛选拔赛，选拔出7名农机手参加在北京举行的第四届中国农机手全国大赛，贺兰县农机站荣获“宁夏地区选拔赛优秀组织奖”。11月2日在“五征杯”第四届中国农机手全国大赛总决赛中，贺兰县农机手马海超荣获男子组亚军，2名农机手进入前30强，4名进入前100强。

【全国农机合作示范社创建】县丰瑞农机专业合作社，业务范围涉及农业机械作业社会化服务、农业机械新技术引进推广。合作社占地面积10900多平方米，积极利用农机购置补贴政策，购置各类先进配套农机具54台（套），2017年经营收入达到1450万元，符合国家农机合作示范社创建条件。12月5日，贺兰县丰瑞农机专业合作社成功创建全国农机合作示范社。

【农机购置补贴】2017年，全县农业机械购置补贴资金1031.438万元。落实购机户219户，落实农户和合作组织预购各类农业机械358台（件）。重点突出向优势特色产品产区、主要作物关键薄弱环节、农业服务组织倾斜。紧紧围绕小麦、水稻、玉米主要粮食作物和设施农业、畜牧业、渔业等产业发展，加大先进适用机械的推广力度，提高农机化发展的质量和水平。

【农机深松深翻项目工作】在2017年，农机深松、深翻、秸秆培肥改良项目实施过程中，6家作业公司及合作社中标投入120马力以上拖拉机103台，结合贺兰县秋季“三项”农田建设任务，计划完成深松、深翻、秸秆培肥改良作业任务28140公顷，总计补助资金16658363.2元。

【农机报废更新试点工作】2017年，争取到全区农机报废更新补贴项目试点，坚持“政策导向、农民自愿、国家扶持、方便高效、促进更新”的原则，加快农业机械报废更新和升级换代，引导节能环保、先进适用、安全可靠农业机械的推广应用，从中央财政农机购置补贴资金中安排部分资金，开展农机报废更新补贴工作，对农民自愿报废淘汰老旧农机且购买新农机的给予农机报废更新补贴。

【高效植保机械引进】采用先进、高效的植保机械参与园区建设：2017年，县园区建设使用高效无人植保机和自走式喷药机共计16台，在园区高效植保能力达到100%。

【西红柿分级机引进】光杰果蔬专业合作社引进一台价值64万的西红柿分级机，该机主要包括提升机、分级机、配套设施、保护装置四部分，根据西红柿的重量进行分级，最多分选等级达到12级，分选重量范围在9～1999克；采用电脑控制，分选等级可以调节，节省时间、劳动力、成本等，且分选精度高、速度快。

【农机装备与农艺融合】引进和研发适合不同地区、不同产品、不同环节的农业机械，重点用于水稻种植、小麦种植、粮食机械化烘干、机械化耕整地，引进用于水稻旱直精量穴播机8台、育插秧种植机械8台，自主研发的水稻穴播机、小麦匀播机为种粮大户分别示范种植335公顷、670公顷，从根本上改善贺兰县水稻种植的生产条件，为种植合作组织、种植农户规模扩大，农产品品质提升，形成专业化、商品化生产提供可能。2017年依托自治区项目新建社会化粮食烘干中心2个。2017年，贺兰县共建成粮食烘干点9个，其中：享受项目扶持的粮食烘干中心共4个，烘干能力200T/D；以合作组织为依托建设的社会化服务烘干塔5个，其中：烘干能力为200T/D的1个、烘干能力为150T/D的1个、烘干能力为100T/D的2个、烘干能力40T/D的1个；降温除湿设备34台。

【农机推广】2017年，举办农机化实用技术培训班3期，培训农民300人，其中：农机驾驶操作人员240人，上报农机化信息21篇。全年举办农机驾驶操作人员培训班5期，培训合格农机驾驶操作人员176人，组织开展安全生产月宣传活动，发放各类农机安全宣传材料9650份。

农业技术推广

【概况】2017年，农技推广工作以农技供给侧结构性改革为主线，围绕优质粮食、特色瓜菜产业做大做强，实施农技推广重点项目，开展农业技术综合服务，种植大户服务，推动全县种植业由传统农业向现代农业、节水型农业转变，由数量型向质量效益型转变。

【粮食种植调整】2017年，贺兰县抓住自治区产业结构调整政策有利契机，稳定小麦。春小麦播种面积净增1474公顷。压减玉米。受国家玉米价格调控影响，玉米播种面积减少938公顷。优化水稻。基本稳定水稻插秧面积不变，提高水稻精量穴播和幼苗旱长型轻型栽培面积，减少水稻播后上水栽培面积。

【实施瓜菜效益倍增计划】2017年，全县瓜菜种植总面积20100公顷，全年蔬菜总产量108万吨，总产值5.6亿元。全县新建设施农业总面积265.655公顷，新建永久性蔬菜生产基地建设项目9个，总面积811.102公顷；创建“五优”蔬菜基地8个，总面积268公顷。巩固现有1809公顷供外、供港蔬菜基地，新增201公顷，累计总面积达到2010公顷以上。2017年采取“走出去、请进来”方式，与重庆、上海、广东等地开展瓜菜产销对接，落实订单蔬菜生产基地402公顷。筛选6家种植基地与广州安品公司建立新型产销共同体经营模式基地189.61公顷；订单生产基地212.39公顷，产品全部销往重庆双福、上海江桥及深圳海吉星市场。

【小麦耕播一体化示范】小麦耕播一体化技术实现“旋耕、播肥、播种、镇压”一次作业，节省用工、提高工作效率。2017年，继续在立岗镇兰星、先进村，金贵镇关渠、雄英村示范种植134公顷，扩大面积同时，进一步挖掘种植潜力。

【引进水稻催芽育秧新技术】2017年，全县累计完成标准化育秧大棚111栋。新建永兴村“互联网+”智能育苗温室1248平方米，完成催芽育秧9800盘，大田示范20.1公顷；在提升水稻工厂化育秧水平同时，为全县水稻大田机插秧栽培水平提升开辟新的途径。

【水稻钵育摆栽技术推广】2017年，重点在常信乡四十里店、丁北村，立岗镇先进、兰光、永兴村，金贵镇通昌村共计示范水稻钵育摆栽134公顷。重点在常信乡四十里店、丁北村，立岗镇先进、兰光、永兴、通伏村，金贵镇关渠、通昌村共计示范示范推广精量穴播1340公顷。

【玉米滴灌水肥一体化技术】2017年，建立洪广镇金山村玉米滴灌水肥一体化种植示范335公顷，在实现贺兰县沿山地区玉米栽培节水灌溉、水肥一体化同时，为最终实现该地区玉米创高产和节本增效目标找到新的发展模式和实现途径。

【保护性耕作制度改革试点】联合宁夏科丰种业继续与宁夏农科院联合引进农作物免耕栽培技术，在立岗镇通义村开展水稻免耕示范40.2公顷，探索保护性耕作制度改革试点。

【农作物侧条施肥、控施肥技术】在常信乡四十里店村、丁北村，立岗镇先进村、兰光村，金贵镇关渠、通昌村等实施粮食侧条施肥、控施肥技术示范67公顷。

【“两熟制”模式示范】稳步推进冬牧70黑麦草复种技术。2017年，继续实施粮食作物前茬绿肥栽培技术示范，努力提高土壤有机质水平。2017年，共完成冬牧70种植任务1206公顷。在立岗镇兰星村现代农业示范区推广冬、春麦后复种秋菜“一年双收”的种植模式面积1005公顷；在立岗镇清水村、金贵镇关渠村推广小麦兼作玉米高产高效栽培示范13.4公顷。

【瓜菜集约化育苗】以创建自治区及蔬菜品牌示范县项目实施为契机，推动育苗行业由粗放、无序向标准统一。全县有各类瓜菜集约化育苗企业22家，年累计育苗量为1.5亿株。

【实施稻麦绿色高产高效整建制创建项目】申报实施水稻绿色高产高效创建示范县项目，落实并完成水稻高产创建670公顷示范片14个，示范总面积12462公顷。9月，全国绿色高产创建工作推进会在银川市召开，贺兰县承担示范区经验交流和成果展示工作。

【实施水稻绿色增产攻关项目】落实四十里店村水稻绿色增产攻关模式示范基地1个，面积40.2公顷，其中：完成优质高产水稻新品种品比筛选1个，稻前茬种植冬牧70绿肥13.4公顷，控释肥示范13.4公顷，增施生物有机肥40.2公顷，盐碱地改良13.4公顷。

【实施67000公顷盐碱地改良项目】实施盐碱地改良12060公顷。完成秸秆粉碎与灭茬2432.1公顷，机深翻2318.2公顷，机深松804公顷。完成8040公顷的秸秆灭茬与粉碎、机械深翻和4020公顷的机械深松农业机械招标工作；完成3216公顷的商品有机肥招标采购；完成134公顷土壤调理剂示范；完成磷石膏施用288.1公顷；完成以渔治碱308.2公顷，超额完成134公顷的计划任务；在4个盐碱地集中分布乡镇分别完成33.5公顷的综合示范区1个，示范面积134公顷；春秋两季完成盐渍化水盐动态调查172个，化验项目2400余项；在4个盐碱地农艺改良综合示范区完成盐碱地农艺改良田间试验10个。

【申报农业产业化项目】2017年，组织相关部门申报农业产业化项目6个，主要包括冬牧70示范推广、蔬菜生产设施建设、永久性蔬菜生产基地建设、秸秆生物反应堆等技术推广、精准水肥一体化技术推广、农业社会化综合服务站建设和购买社会化服务等项目。项目按照时限要求实施完成并验收。

【植物检疫及测报】遵守行政许可制度，规范植物检疫工作，签发产地调运检疫证368份，实施调运检疫1950万公斤，其中：粮食作物种子1150万公斤，经济作物产品800万公斤。利用“宁夏农作物病虫害信息系统”开展粮食、蔬菜病虫害信息采集与报送；准确预测农作物重大病虫害发生趋势，完成粮食、蔬菜信息报送105期，制作植保专题片4期。实施农作物病虫害专业化统防统治及绿色防控14271公顷。

【农产品质量安全体系建设】2017年，开展农产品质量安全追溯体系建设。对全县重点蔬菜园区上市产品进行农药残留检测，合格率达到96%以上。对10个乡镇农残速测点业务指导。完成农产品质量定性、定量检测样本共计7250个。完成乡镇农残速测5500个，定量183个，样品合格率99%以上。开展完成蔬菜飞行监督抽查工作。完成区级蔬菜农残例行专项监督抽查4次，飞行抽检3次，抽检均合格。

【开展种植业技术指导】制作电视专题片、乡镇举办培训班和现场指导的方式指导全县小麦适期播种。同时配合农业执法、工商等部门开展联合农资打假执法5场次。开展水稻工厂化大棚育秧、有机稻转换基地、冬麦园区建设技术服务。做好全县各有机稻园区建设任务和全程科技承包服务。制定印发二代日光温室、移动棚搭建技术标准，开展银川市永久蔬菜基地选址和面积统计工作；协调乡镇、大户落实银川市永久性蔬菜基地。

【科技培训】累计举办技术培训班98场次，培训农民4300人；组织召开灌区磷石膏撒施，全区新型材料日光温室经验交流、小麦机械匀示范及春播、宁夏化肥农药使用量零增长技术进万家宣传、引黄灌区夏播生产暨龙头企业带动产业融合发展现场会，全国绿色高产高效工作推进会、贺兰县水稻大棚育秧、小麦“一喷三防”现场会等7场次，印发技术资料9500余份。

【项目资金争取】2017年，开展项目资金申报和争取工作。到位资金771万元，其中：粮食优新技术50万元，蔬菜新品种新技术示范35万元，农作物病虫害23万元，银北盐碱地农艺改良566万元，蔬菜秸秆生物反应堆75万元，小麦病虫害统防统治22万元。

林　业

【概况】2017年，全县林业工作组织开展全县植树造林、国土绿化和封山育林工作，以争取国家、自治区、市林业项目资金为重点，开展项目对接，项目的规划、项目储备、项目落地工作。从高效造林、城乡园林一体化建设、农田林网建设、林木资源管理等方面，推动全县林业发展。

【平原绿网工程建设】重点开展农田林网、通道绿化、庄点绿化等造林绿化工程，结合秋季农田建设大力营造大网格宽林带的农田防护林建设，结合新农村建设加大美丽乡村建设的绿化投入，开展环庄林带和庄点内部的绿化美化工作，结合县内新修主干道路，加大高速公路、国道、滨河大道、正源北街等县内重点道路两侧绿化工作。规划造林面积301.5公顷，植树220万株，补植造林127.3公顷。2017年，完成新造林484.2559公顷，完成补植补造165.28公顷，总投资8962万元。重点实施石中高速、110国道、109国道、丰庆路、正源北街延伸段、滨河大道等重点道路的绿化改造提升工程。

【休闲公园绿化建设】2017年秋季，投资近3800万元完成建设县城东的生态公园一期。投资1200万元对5个小微公园实施建设、绿化提升工程。

【贺兰山东麓生态建设】实施以110省道、振兴路、陈家沟油路等为主的贺兰山东麓绿色生态屏障工程建设，2017年完成贺兰山东麓绿色生态防护林46.9公顷，植树10万株穴，为酿酒葡萄等经济林建设提供生态保障。

【经果林产业基地建设】完成贺兰山东麓酿酒葡萄种植104.185公顷，栽植枸杞、红枣等经济林132.28公顷，发展沿山以葡萄试验区为主的防风林带建设46.9公顷。

【县城绿化】春秋两季，开展对县城裸露土地进行绿化，重点对二月龙庭、观澜国际等十六个开发小区、县城学校、医院裸露空地、小微公园的绿化美化工程。对德胜工业园区、银川市生物科技园园区行道树、宽幅林

带、企业厂区进行新植和补植造林，完成树木栽植36万株，绿化面积154.77公顷

【社会义务植树】 建设生态纺织园区绿化义务植树基地，2017年，全县出动干部职工共计1780人，完成义务植树54.94公顷。

【森林资源管护】 全年共出动警力100余次、车辆50余次，接处警25起，开展封山禁牧专项整治行动，打击放牧、偷牧等违法行为。执行限额采伐管理，全年受理林木采伐申请22件，采伐树木3000余株、采伐蓄积量1981.2立方米，其中：限额采伐138.5立方米。

【森林防火】 开展“森林防火宣传周”“森林防火宣传月活动”，利用各类宣传节点在乡镇、防火重点区域开展森林防火宣传，共发放防火书籍1000余册，涉林法律法规宣传读本300多本，宣传彩页3000余份，宣传挂历600余份，各类宣传毛巾、扇子、围裙500余件，张贴防火戒严令100余张。实行节假日休息期间无空隙值班制度，定期组织开展防火巡查巡视和检查。

【林业有害生物防治】 完成杨树打孔注药1.05万株、沟眶象树干绑捕虫网4万株、根灌药综合防治100.5公顷、臭椿打孔注药7万株、食叶类虫害防治1139公顷、鼠害防治770.5公顷，设置招鹰架42个，苹果蠹蛾监测防控415.4公顷。开展贺兰山东麓防护林重点工程苗木检疫及种苗产地检疫1608公顷。

【贺兰山自然保护区环境整治】 对贺兰山国家级自然保护区百寺山庄、宋占宁土地、贺兰山1958创意产业休闲区、鹿盘寺、鹿盘寺公路、拜寺口部队营房和插旗口村落7个影响周边环境的问题牵头进行彻底整改，完成各项整治工作，通过中央环保督察组验收。

金山自然保护区

【概况】 2017年，金山自然保护区以加强国有林地及森林资源管理为核心，加快推进国有林场改革，以引进生态林业技术和林木新品种的试验、示范、推广为依托，适度经营生态，完成目标任务。

【造林绿化】 完成春季植树造林20.1公顷。从3月初开始，安排专人制订造林规划设计方案，对防护林带缺行、断株进行补植，对达到更新树龄的枯死树木及病虫害死亡的树木重新规划种植，以树冠大、耐旱、易存活的新疆杨、刺槐为主，配备樟子松等常青树，以补充冬季缺绿现象。2017年，新植新疆杨2218株、刺槐2435株、樟子松2313株；补植樟子松1974株。造林中严把苗木关、栽植关、灌水关、幼树抚育关，树木成活率达90%。

【中幼林抚育】 完成中幼林134公顷。重点对110国道及林场路两侧公益林带进行定株修枝、除草割灌、林地清理。对公益林带进行防虫、防灾、修剪、除草、浇水等管护工作。

【基础设施】 实施支毛渠砌护工程，在林场南五渠砌护毛渠7000米，砌护安装毛口140座，生产作业过路涵管20座等配套设施；实施滴灌用水项目，向县农发、水利等部门争取实施滴灌项目，使草原站、创业园、南三至南五渠64.32公顷公益林实现灌水全覆盖。实施2017年财政“一事一议”项目，完成林区水泥路铺设面8600平方米，共计长2052米。

【国有林场改革】 推进金山林场改革工作。明晰林场职责属性，林场人事管理顺畅、林场经营管理目标明确、林场基础设施改造逐步推进。实施国有林场改革补助资金项目，共计争取资金86万元。

【森林防火】 2017年，辖区刷写各类标语50余条，悬挂宣传横幅30余条，制作警示标牌50块、彩旗120面；组织干部职工及护林员参加消防安全培训班5期，举行消防演练1次。新购消防摩托车1辆、防火器材3套，对旧防火器材进行检查维修。干部职工实行24小时轮流值班制度，护林人员加强对辖区居民住宅区及林带进行巡逻，在

林区集中连片的林带内设置宽8米以上防火隔离带，新修消防通道，并对隔离带外围林间灌木、杂草、枯叶等林下可燃物进行清理。

水　务

【**概况**】 2017年，县水利工作承担全县水资源统一管理；全县水利行政执法和水政监察管理工作。全县生产、生活用水量分配、监督工作；在全县范围开展水域的水量、水质监测工作；管理全县范围内的河道、沟渠等水域及其黄河堤防、桥、涵、闸、站、坝等水工程的维修和养护，水利设施的综合治理和开发。重点实施2017年度高效节水灌溉工程，完成2016年立岗镇农村饮水安全巩固提升工程，银北地区百万亩盐碱地改良，2016年全县支沟治理工程等项目

【**盐碱地改良治理**】 完成2016年盐碱地改良治理项目，工程总投资1642.53万元，对寨子沟、红星交界沟、四一分沟、四十里店交界沟、四十里店中沟等9条沟道清淤治理28.9千米，干砌石固坡砌护15.6千米，配套建筑物130座。开工建设2017年盐碱地治理项目贺兰县支沟治理工程。工程总投资521.18万元，对前进沟、拉沙沟、丁北中沟及环湖沟进行清淤治理14.14千米，砌护6.85千米；配套建筑物78座。

【**高效节水灌溉工程**】 2017年，自治区下达高效节水建设任务837.5公顷，工程总投资1785万元。

【**农村饮水工程**】 完成洪广镇、常信乡农村饮水安全巩固提升工程。工程总投资304.61万元，新打机井3眼，新建100立方米蓄水池1座，新建加压泵房1座，新建井房4座，铺设管道24.26千米。投资446.39万元，实施2016年立岗镇农村饮水安全巩固提升工程。新建水源井1眼，新建阀井22座，联户水表井125座，入户工程1011户。

【**防汛工程**】 启动沙井子沟上段治理工程：工程投资3745万元，疏挖扩整宰牛沟南侧沟道2千米，对宰牛沟、李家大沟、苏峪口沟、红柳沟4条山洪沟道砌护9.14千米，新建过水路面1座，防汛物资仓库1座。2017年，工程完成招投标并签订合同。

【**农田基本建设**】 全县2017年农田水利设施配套改造工程。投资450万元，土地平整162.609千米；治理斗渠3.598千米，农渠21.205千米；支沟2.38千米，斗沟0.606千米，新开农沟11.401千米；配套建筑物2277座；新建生产路8.464千米，新修田间路22.802千米，种植树木3989株。全县秋冬农田水利基本建设共规划建设重点片区13个，建设面积8341.5公顷；共实施高标准农田建设3618公顷，改造中低产田4723.5公顷；建设畦田3182.5公顷；改善灌溉面积12060公顷，新增节水灌溉面积2311.5公顷；治理盐碱地面积2345公顷。清淤支斗农沟1962条757千米，清淤支斗农渠2046条708千米，整修农路1927条727千米，砌护渠道385条144千米，新增防渗渠道190条62千米，配套各类建筑物6247座。

【**渠道砌护**】 完成京藏高速改线贺兰县境内道路水利设施恢复工程。投资503万元，恢复斗、农渠66条15.44千米，配套建筑物186座；恢复斗、农沟24条8.03千米，配套建筑物64座；恢复道路47条8.59千米。完成2016年度大中型水库移民后期扶持结余资金项目。投资200万元，砌护支渠2条4.56千米，砌护农渠5.2千米，配套渠系建筑物428座；铺设人饮管道6.4千米，联户水表井10座，工程全部完工。

【**灌溉管理**】 调整分配各渠道计划引水量，编制《贺兰县2017年抗旱应急预案》，加强全县范围内突发性干旱灾害的预防和应急处置。成立抗旱保灌工作小组，下到干渠、乡村、协会，收集水情，督促进度，保证农作物适时灌溉，均衡受益，确保灌溉秩序稳定。

【**水资源节约和保护**】 全县共建成65个节水公共机构、2个节水型企业、2个节水型学校、

2个节水型社区。2017年，自治区分配贺兰县水量指标为3.82亿立方米，滨河新区调剂500万方，保证黄河水总量不超过3.77亿立方米。

【水资源费征收】 对取水户建立账册，全部安装计量水表，按季度抄表、收费、结算，确保水资源费按时足额到账。水资源费征收达到340万元。

【行政执法】 联合银川市水务局水政监察支队，查封正源街黎明村水源地内非法打井2眼，处理四二干沟水事纠纷2起，封堵银新干沟排污口5处，查处贺兰县水系7处，进一步落实水资源管理制度。

【环境综合整治】 制订《水务局环境综合整治实施方案》，明确整治内容、责任人和完成时限，开展沟渠垃圾清理工作。对银新干沟12.7千米进行全段清淤，对第二排水沟11千米进行清淤，对四二干沟20千米和第四排水沟19千米的沿线垃圾进行清理，整治沟道脏、乱、差现象。

【推广高效节水】 实施贺兰县《贺兰县高效节水先建后补管理办法》。2017年，完成2016年高效节水先建后补项目的验收工作，对各乡镇高效节水先建后补面积856.863公顷兑现补助。

【河长制方案编制】 摸清家底，全面推进河长制。全县列入县级河长制管理范围的主要有河湖、沟道、水系及水源地。有河流1条、干沟5条、干支沟4条、支沟4条、山洪沟道11条、湖泊湿地9处、水系工程3条、水源地10处。2017年，编制《贺兰县全面推进河长制工作方案》，明确河长名单，经县人民政府常务会审议通过。

【小型水利工程管理体制改革】 制订《小型水利工程管理体制改革实施方案》，组织到永宁县和全区试点平罗县进行学习，在各乡镇（场）举办小型水利工程管理体制改革业务指导培训班，并及时开展小型水利工程摸底调查和经费测算。完成包括太子渠和京星干渠在内的180条支渠的所有权证和使用权证的颁发工作。

【水权交易流转】 年初，将自治区分配贺兰县的水权、核定最大引用水量细分到每一条支渠、协会。灌溉高峰，灌域有2家养殖企业用水得不到保障。经协商，由太子渠管理所一次性向养殖企业流转农业灌溉水量80万立方米，流转交易水价为0.17元/立方米。交易水费为13.6万元。其中：支付干渠水费3.6万元，支付南渠农民用水协会管理维护费2.3万元，结转资金7.7万元。

【“两学一做”学习教育】 制订《贺兰县水务局党支部“两学一做”学习教育常态化制度化实施方案》，成立水务局“两学一做”领导小组，每周坚持开展1次中层领导干部学习、1次干部职工集中学习，制作宣传展板2块，利用电子屏播放宣传标语13条，更换办公楼内宣传画15块。开展党支部书记讲党课2次，党员干部撰写心得体会40份，人均撰写读书笔记8000字。

【扶贫帮困】 筹资金8000元，慰问利民社区、金贵镇银河村贫困居民40户，每月进农村、进社区、进企业，帮助群众解决生产生活中的困难。为在职及离退休干部110余人开展健康体检，筹资金3000元，慰问住院干部、职工、生育职工。对洪广镇欣荣村18户贫困帮扶对象，采取领导负责、站所包干的方式，为扶贫户送去米、面等生活必需品。

【安全生产】 开展安全生产日常工作，签订目标责任书，层层落实责任制。县水务局与银川市水务局、县政府、各站所、施工单位分别签订安全生产责任书。落实安全生产“一岗双责”。开展各类安全生产大检查3次，发现安全隐患1处，整改完成1处，全县无水利安全事故发生。

城乡建设与环境保护

Chengxiang Jianshe Yu Huanjing Baohu

住房与城乡建设

【概况】 2017年，对全县建设工程的监理、招投标、工程质量、施工安全和工程竣工验收监督管理；开展全县大型项目、重点工程的施工许可、招投标、质量监督、安全监管和竣工验收工作。以城乡规划修编为重点，调整房地产开发市场思路，落实保障性安置房建设，完成全年任务。

【城乡规划】 完成《贺兰县德胜局部片区“退二进三”规划》《贺兰县旧城改造（八片区）规划》等编制工作。完成《如意湖景观亮化设计》概念性方案、《贺兰县特色街区景观设计》等规划设计。对贺兰县建成区及德胜片区开展地下管线普查，建立地下管线信息管理平台，实施动态监管。完成金贵镇、洪广镇总体规划修编，立岗镇总规划进行修编。金贵镇保南村、立岗镇先进村等4个村庄被列入自治区和银川市美丽乡村项目计划。

【房地产开发】 鼓励农民进城购房、企业职工购房，制定180元/平方米惠民补助政策。解决宝庆国际花园等9个烂尾项目及逾期交房项目问题。东方威尼斯、乌托邦小镇、紫金水岸、月湖名邸西D区等项目陆续开工建设。开展2017年房地产行业信用等级评定及履行社会责任评价工作，6家投资过亿的房产企业评星定级，7家不参与评定的房产企业降级。

【保障性住房建设】 棚户区改造祥和家苑安置房项目竣工，建设安置房2940套，共26.2万平方米。回购中城国际商品房374套作为习岗镇拆迁安置房，交付安置216套。推进棚户区改造，共涉及6个小区405套，签订拆迁补偿协议281户，发放补偿款5597.5万元。实施公共租赁住房全过程阳光操作，对新申请的252名保障户进行审核、公示，对符合保障条件的165户，配租于和平社区和正基一号小区。按照《贺兰县行政事业单位职工住房货币化分配方案实施细则》，给83名退休干部发放住房补贴126.8万元。

【基础设施建设】 完成县城同城化污水管网、文苑路南延伸段及西延伸段道路、给排水工程；完成欣兰广场改造、德源街道路改造；完成自行车慢行交通系统、银川二十一小贺兰分校西侧道路等项目的建设。

【建筑市场环境规范】 开展全县建设领域突出问题整治，召开全县建管工作会议、对建设领域突出问题专项整治推进会。2017年，开展建筑施工安全质量标准化现场观摩会等6次。创建县级安全质量标准化工地10个、区级安全质量标准化工地8个。实施农民工工资“一卡通”实名制管理，设立工资专户项目39个，为3852名农民工办理工资发放银行卡，共发放工资13762.12万元。

【物业、燃气管理】 投资3754万元对东华小区、朝阳花园小区等10个老旧小区63栋楼230000平方米进行整治，受益群众2604户。成立物业行业协会，组织48家物业公司144人参加首届物业知识竞赛。举办第三届出彩物业人文艺演出，开展贺兰县十佳物业人、十佳物业公司的评选活动。

【党风廉政建设】 开展“两学一做”学习教育。2017年，上交县纪委的立案案件1件，立案4人，行政问责1人次，站（所）长约谈10人次。

城市管理

【概况】 2017年，城市管理综合执法工作以实现城市环境靓丽重点，以提高城市净化、绿化、亮化水平为目标，促进贺兰县环境改善为任务。2017年，县城市管理综合执法局被银川市委、政府授予全市深化全国文明城市建设工作先进单位。

【环卫保洁市场化】 2017年，宁夏二泉科技有限公司、昌邑市康洁环卫工程有限公司两家中标，分别承担县城、乡镇（场）10亿平方米的卫生清理保洁工作。

【卫生死角整治】 对如意湖后湖烂尾楼附近、观澜国际空地、金河路祥和家苑门的白色垃圾、砖头石块等进行清理，共清理7800吨，清理面积达9000余平方米。拆除观澜国际、欣兰广场、泰和地中海围挡9000余平方米，拆除汇源北街违章工棚80余间计1920平方米。清理“三乱”2200余处，清洗垃圾箱580多个；清洗公益性广告栏56个；清洗公交站牌45块。

【流动摊点管理】 重点管理店外经营和流动摊点，校园周边、菜市场周边及辖区内主要道路，制止流动摊贩乱设乱摆现象。全年，共清理占道经营4500余次，规范店外经营1600余次，取缔暂扣流动摊贩物品1400多件，暂扣垃圾桶88个、非法收集餐厨垃圾车7辆。清理条幅300余条，清理破损广告牌147块，清理过时对联2397副、灯笼372个、条幅49幅、门窗帖字80家。设置临时西瓜销售摊点44个、炸串串临时摊点83处。

【中、高考期间噪音治理】 中考、高考期间开展阶段性重点整治，共劝停23支晨练队、广场舞队，清理停顿80多家夜市烧烤摊点，暂扣无证食品2箱。

【渣土撒漏整治】 查处辖区内高帮车144多辆，卸除高帮288块。对渣土车辆撒落、超载、飞扬等行为加大执法力度，扣运渣车辆行驶证60个、驾驶证26个，清理煤场4个，告知其办理运输证，并签订保证书10份。对6个没有完全做到降尘的企业下达限期整改通知书，累计下达限期整改通知书52份。规范渣土砂石准运证件。共办理运输证321个，渣土、商砼企业准运证件704个，商砼车、渣土车联审9家。

【市政管理】 在汛期前及时对县城排水设施及泵站进行全面检查、维修和清淤。全年，共更换排水设施85套，疏通排污管道22千米，维修污水井55座。

【县城亮化】 更换维修电缆2976米，调整路灯开关时间13次；完成汇源街路灯亮化工程，共安装路灯33杆。开展市政设施巡查，完成破损道路、人行道维修工作。完成县城及德胜工业园区路面修补工作，修补面积约9000平方米；对民族街、桃林北街、富兴北街破损人行道进行维修改造，改造面积约5800平方米。

【公园湖泊管理】 全年开展为期45天共4次的补水工作，集中清捞淤泥5次，清捞杂物3车。安装如意湖前湖金鱼池安全护栏8处300余米，维修更换如意湖高桥汉白玉栏杆2处。在如意湖后湖东路设置限宽档杆2处。劝导如意湖前台翻越栏杆等不文明行为1060人次，清理前台流动商贩228人次。开展兰山公园专项整治。从9月1日兰山公园移交城管局管理，安排专业人员开展公园的公共设施、湖面水域管理、卫生保洁、园林绿化养护等工作。共疏通清理绿化渠900余米，维修路灯46处，修剪景观树木1.3万余平方米，清理干草落叶、生活垃圾20余车。

【市容专项整治】对城及城乡结合部煤场、废品收购站重点进行整治。对县城区内的煤场、废品收购站全部进行清理整治，对不符合规定的，按照相关法律法规予以取缔。共清理煤700余吨、砂子1000余立方米、水泥400吨；清理垃圾约40车500吨，废品、铁、纸约700吨。

【人行道停车整治】优化现有停车资源，解决居民停车难的问题，发放《关于禁止在公共通道私自设置停车地锁的通知》50余份，对违章设置的车位锁全部清理，共清理各种停车锁30个。

【楼顶广告拆除】对县城范围内建筑物楼顶设置的户外广告、大字进行清理拆除。下发《关于限期拆除楼顶广告、大字的通告》150余份，共拆除各类户外广告960余字，约7900平方米。

【废品收购站整治】对不具备营业执照或非法经营的废品收购站，进行取缔；对具有营业执照但经营场所属违章搭建的废品收购站，责令其改变经营场所。对"门前三包"不落实，随意堆放物品，卫生脏、乱、差有碍市容的废品收购站，下发《限期清理通知书》，责令其立即整改。

【露天烧烤整治】整治夜市烧烤油烟污染，规定烧烤商户的时间和经营位置，保证夜市经营不扰民。开展整治店外烧烤行动5次，出动执法队员200余人次，整治店外烧烤31家。

【乱停乱放整治】对县城内的占道亭，乱摆乱放、损坏的共享单车，停放在非机动车道或侵占公共绿地的大型车辆进行整治。下发整治占用公共绿地的大型车辆通知200余份。

【环卫工人节庆祝】10月26日，召开环卫工人表彰大会，大会对6个先进班组、26个先进个人给予表彰。

【安全生产】在元旦、春节、五一、十一等节假日前对辖区6所中转站、各中队车辆进行安全隐患排查，累计开展安全生产排查8次，排除安全隐患40余起。

【依法行政】加强城管队员出勤、执法、工作情况的督查，撰写《督查通报》28期、《卫生督查通报》6期。全年完成执法案卷52宗。

【来信来访接待】处理群众网络举报、投诉反映问题。共接听群众电话投诉415起。及时回复中央环保组督查问题4起，处理信访局交办函7件，回复微博投诉40起，处理办结政民互动平台投诉4起。

房地产开发

【概况】2017年，建筑工程完成投资34.35亿元，同比增长40.3%；安装工程完成投资7.51亿元，同比下降18.5%；设备工器具购置和其他完成投资4.39亿元，同比增长18.6%。住宅完成投资28.35亿元，同比增长1.6%；办公楼完成投资1.52亿元，同比下降53.4%；商业营业用房完成投资10.22亿元，同比增长147.8%；其他完成投资6.16亿元，同比增长187.5%。

【商品房待售面积】2017年，全县商品房待售面积达117.81万平方米，同比下降7.7%。其中：住宅待售面积为69.8万平方米,同比下降22.6%；办公楼待售面积14.8万平方米，同比增长544%；商业营业用房待售面积为23.24万平方米，同比增长24.3%；其他待售面积10万平方米，同比下39.5%。

【房屋施工面积】2017年，全县房地产开发企业房屋施工面积为570.59万平方米，同比下降2.9%，其中：住宅施工面积406.05万平方米，同比下降6.2%；办公楼施工面积38.85万平方米，同比下降10.6%；商业营业用房施工面积78.15万平方米，同比增长13.1%；其他施工面积47.53万平方米，同比增长12.3%。

【房屋竣工面积】2017年，全县房地产开发企业房屋竣工面积为126.25万平方米，同比增长44.1%。其中：住宅竣工面积76.76万平方米，同比下降0.9%；

办公楼竣工面积12.6万平方米；商业营业用房竣工面积26.1万平方米，同比增长432.1%；其他竣工面积为10.78万平方米，同比增长104.1%。

【房地产投资增长】2017年，全县房地产开发投资完成46.25亿元，同比增长23.6%，增速同比增长25.1个百分点。从房地产开发投资用途来看，全县住宅投资完成28.35亿元，同比增长1.6%；办公楼完成投资1.52亿元,同比下降53.4%；商业营业用房完成投资10.22亿元，同比增长147.8%；其他完成投资6.16亿元，同比增长187.5%。

【商品房住宅销售支撑市场】2017年，全县商品房销售面积93.75万平方米，商品房销售额为46.37亿元，分别同比增长5.8%、36.5%。住宅类销售支撑作用明显，住宅销售面积为79.84万平方米，同比增长20%，占全部商品房销售的85.2%，住宅销售额为36.9亿元；办公楼销售面积4.32万平方米，销售额为3.36亿元；商业营业用房销售面积为2.9万平方米，销售额为5.45亿元；其他销售面积为2.63万平方米，销售额为0.66亿元。2017年，购房者更青睐于140平方米以上住宅，90平方米及以下户型销售面积同比下降39.7%，144平方米以上户型销售面积同比增长122.5%。

【大户型住宅增长】2017年，90平方米及以下住宅投资5.57亿元，同比下降35.1%；90～144平方米住宅投资16.1亿元，同比增长2.9%，占住宅投资的56.8%；144平方米以上住宅投资6.67亿元，同比增长82.4%，占住宅投资的比重由2016年的13.1%提高到23.5%。

住房公积金管理

【概况】2017年，贺兰县住房公积金总体运行情况平顺，主要指标稳中有进、稳中向好。归集额、缴存单位、缴存人数、个贷发放额各项业务指标均上涨明显，风险控制良好。

【住房公积金缴存】2017年，新增开户单位31家，新增缴存人数1626人，共缴存住房公积金1.1亿元，比上年同期增加2334.07万元，同比增长25.5%。累年累计归集住房公积金6.45亿元。住房公积金缴存余额2.84亿元。

【住房公积金提取】2017年，共办理提取业务5263笔，提取住房公积金7092.73万元，同比分别增长17.2%和16.2%。历年累计提取住房公积金3.95亿元。主要因素:一是“中心”进一步拓宽了职工提取住房公积金的渠道，提取人数较上年有所增加；二是2017年贺兰县房地产市场发展稳中有升，职工购房意愿强烈，住房消费类提取占当年提取总量的85%。

【住房公积金贷款】2017年，共发放住房公积金个人贷款368笔，发放金额1.2亿元，同比增长18.3%和26%。历年累计发放个人贷款4035笔，发放金额7.27亿元，住房公积金个贷余额为3.12亿元。个贷率提高到110%。增长原因主要是申请办理异地贷款人数较2016年增加了15.9%，促使住房成交量增高，公积金贷款需求量加大。

【公积金贷款风险】2017年，住房公积金个贷逾期率为0，个贷风险控制良好。

【公积金增值收益】2017年，实现增值收益615.96万元，其中：业务收入104.76万元，业务支出431.66万元，较2016年502.18万元增长了22.7%。

【公积金归集扩面】加大对公积金缴交工作的审核、把关，及时核定了住房公积金缴存基数，对住房公积金月缴存额高于3798元的2家单位进行了整改。

【催缴催收】对一些未实行全员建制的单位和欠缴单位，督促其全员建制、补缴。同时积极联系承办银行、缴存单位，消除挂账资金；并对欠缴一年以上公积金的几家单位进行电话、上门催缴，促进归集额增长。

【公积金贷款】执行贷款五级审批制度，从严把关，加强贷款楼盘审查，严防空贷、套贷情况发生，全力提升廉政风险防控意识。落实贷前核实、贷中审查、贷后监督等工作，防范风险发生。与银行工作人员做到及时沟通、信息共享。对逾期1期的，采取电话告知、短信催收；对逾期2期以上的，在电话、短信催收无果的情况下，联系本人单位配合和上门进行催收。公积金个人贷款风险控制良好，资金运行安全。

【风险防控】 围绕公积金归集、提取、贷款三个主要环节，认真开展廉政风险防控排查工作，及时整理装订2017年归集、贷款、提取档案并及时入库；针对欠缴、断交、汇缴不及时的单位，采取专人电话催缴，随时掌握挂账资金情况，确保汇缴资金及时入账。

【业务培训】 9月13日，组织召开全县缴存单位协管员业务培训及表彰会议，并对住房公积金归集、贷款、网厅等业务知识和操作流程进行了培训，培训效果明显。

【深化服务】 根据中心授权30万以下的贷款做到当天受理、当天审批，审批效率和发放质量进一步提高。开展上门服务、预约服务。主动到企业和售房部为职工讲解公积金政策，充分发挥住房公积金的保障作用。落实首问负责制和限时办结制。对前来办事群众一次性讲明业务受理条件，杜绝因告知不清导致群众往返跑路情况发生。

【党的建设】 推进“守纪律讲规矩”“两学一做”学习教育常态化制度化，全面落实三会一课制度。深化实施“堡垒工程”，不断推进“五个好”规范化党支部建设。关爱辖区老党员。七一对如意湖社区两名老党员进行了慰问，送去了米、面、油。2017年，一名预备党员预备期已满，支部按照党员的发展程序做好相应上报工作。

环境保护

【概况】 2017年，完成全县环境保护统一监督管理，分解和下达主要污染物总量控制目标及环境保护重点任务。在执行排污许可、环境影响评价、污染物总量控制、污染减排实行目标管理责任制，加强环境保护。依法查处各类环境违法行为。制定突发环境事件应急预案并组织实施。开展企业环境信用评价、环境污染责任保险、生态环境损害鉴定等工作。开展农村环境连片整治，负责农作物秸秆禁烧的现场执法。全面落实中央环保督察组反馈整改要求，完成全年目标任务。

【城乡环境综合整治】 按照《贺兰县城乡环境综合整治实施方案》要求，推进全县环境整治工作，推动“洁净贺兰”向“美丽贺兰”建设。2017年，栽植各类树木30万株；完成立岗镇幸福村二号沟、西大沟，洪广镇欣荣沟，常信乡桂文、桂南分界沟，习岗镇沙湖沟，金贵镇四清沟等沿线32.3千米沟道两侧生物护坡治理工程；清理乱搭乱建1532余处、乱堆乱放1.13万处、乱涂乱画1.6万处；拆除违章建筑物719处；清理各类煤场53处、堆场163处；拆除燃煤锅炉93台；整治庄点33个。对督查中发现的问题拉条挂账，逐个销号，建立台账179条，整改166条。

【中央环保督办件办理】 接到中央第八环境保护督察组转办单41件，按照督办单办理要求，通过政务公开栏、政府门户网站、电视台公布，接受群众监督。41个督办件中，已经销号39件，未销号2件，其中：涉及银新干沟1件，蓝星水务1件。7月10日县城污水和德胜园区生活及工业废水全部进入联合水务进行处理，每天进水4.5万吨，达标排放，执行一级A排放标准。蓝星水务提标改造工程开工建设，年底完工并达到一级A排放标准。

【建设项目环境管理】 严把建设项目环评审门槛。办理建设项目环境影响评价127件，其中：审批建设项目51件，登记备案104件。办理建设项目环境保护竣工验收20件。在建设项目环评审批验收数据管理系统登记审批项目基本信息。做到项目事前、事中、事后信息公示，公示环评、验收受理、审批信息

250余条。健立环评文件审批工作联系单，对于重大建设项目环评审批，提前介入，告知环保政策和有关要求，避免决策失误。

【项目资金争取】完成项目资金14136万元，超出全年任务数4600万元的207%。招商引资完成6100万元，超出全年任务5000万元的22%。固定资产投资超额完成全年任务。

【推进水污染防治】争取中央水污染专项资金11107万元，用于三二支沟、四二干沟、银新干沟、第二排水沟以及第三、第五排水沟的综合治理。银新干沟水质提升工程子项二——宁夏生态纺织产业示范园区污水厂尾水人工湿地工程完成主路基层回填土，1#、2#、3#、4#潜流湿地集水渠、配水渠土方回填、垫层砼浇筑、1#潜流湿地、4#潜流湿地墙体砼浇筑，东边主游路钢筋砼排水管埋设，进行其余集水渠、配水渠底板、渠壁钢筋绑扎、1#、2#、3#、4#地块土方回填、隔墙基层开挖垫层砼浇筑及提升泵房降水工作。11月基础设施及配套设施全部完工。子项一——银川第一污水处理厂尾水处理工程移交由银川市水务局实施。四二干沟水质提升工程项目进行底部基层回填和道路建设。银川市生物科技园区污水处理厂提标改造项目开工建设。第二排水沟入黄口人工湿地、贺兰暖泉污水处理厂尾水人工湿地工程项目移交贺兰县水务局实施，进行了设计招标。

【饮用水源地监管】对金贵水源地、南梁水源地企业、小作坊进行监督检查，并下限期整改通知书，且向县人民政府做书面汇报，督促金贵镇人民政府推进水源地上所有企业关闭、搬迁工作。开展乡镇及以下饮用水水源环境状况调查工作。对金贵镇、立岗镇、洪广镇、常信乡农村饮水安全工程和贺兰县北庙生态移民饮水工程，重点查清所调查饮用水水源地基础环境状况、污染源排放状况和水质状况。对全县重点排水沟沿线进行撒网式摸排，并将摸排结果告知相关部门，2017年取缔直接入河流、湖泊、排水沟的废水直排口。

【大气污染防治】开展20吨以下燃煤锅炉拆除工作。任务清单内23台锅炉全部拆除，拆除任务清单外20蒸吨以下锅炉70台，共拆除93台。督促企业加快燃煤锅炉脱硫脱硝除尘改造。永泰热力、百新热力、天马热力等13家企业安装烟气在线监测设备。兄弟彩兴、博翔热力等4家企业完成在线监测设备的安装并通过验收，其余9家企业完成设备采购。

【异味企业专项检查】督促泰益欣生物科技有限公司完成发酵异味回收管道建设，对产生异味的污水处理站的调节池、污泥池进行加盖封顶。兄弟彩兴化工有限公司氮气置换氨改造完成并投入运行。百泓新材料科技有限公司异味气体水喷淋设施投入运行。污水处理站异味收集焚烧工程开始建设。

【煤炭销售污染预防】建立煤炭销售源头预防、运输过程监管、储存阶段检查、末端监管执法等全流程监管机制，加强各环节管控。督促15家有照经营户增加防尘设施，整治沿山14家散乱污小煤场，禁止使用高硫、高灰煤炭。对县城周边渣堆、煤场予以取缔，对城乡结合部的15家散乱污企业实行停电、停产、取缔。有14家企业完成封闭煤库建设。2017年，环境空气质量优良天数200天，达标率74.9%，同比增加一天。6项监测指标同比“三降三升”。二氧化硫、二氧化氮、臭氧8小时同比分别下降23.8%、8.3%、1.3%，可吸入颗粒物、细颗粒物、一氧化碳同比分别上升12.1%、5.0%、11.1%。

【农村环境整治】组织银川市环保局及相关专家对全县农村环境整治、金山村汇丰源牧业、宁夏银川市忠良农业开发有限公司畜禽养殖污染防治项目进行验收，并通过验收。督促农村环境整治项目施工单位进行决算，对固定资产进行划拨，开展农村环境整治项目的运行管理。

【土壤污染调查】开展农用地土壤污染状况详查点位核实工作。确定土壤污染重点行业企业

48家、对土壤环境影响突出的工业园区2个、土壤污染问题突出区域3块；划定详查单元22个，核实农用地详查点228个。其中：表层土壤采样点位228个，农产品协同调查点位57个；表层土壤密码平行样采集点位6个，深层土壤密码平行样采集点位0个，农产品密码平行样采集点位1个；土壤重金属可提取态测试点位100个，土壤多环芳烃测试点位14个；重点污染源影响区采样点位204个。

【废水废气监测】 一季度对银新干沟、四二干沟、三二支沟、第二排水沟地表水监测，实际监测17家企业废水、14家企业废气，地表水监测7个点。二季度对26家企业废水、24家企业废气进行监测，对银新干沟、四二干沟、三二支沟、第二排水沟地表水监测，并对3家农村污水处理设施进行监测。配合银川市环境监测中心站完成一季度及二季度农村大气监测。三季度对27家企业废水、26家企业废气进行监测，对银新干沟、四二干沟、三二支沟、第二排水沟、艾伊河地表水监测，并对3家农村污水处理设施进行监测。

【环境执法监督】 加大环境保护监管。监察企业310家，对惠民科技有限公司等20家企业进行立案处罚，罚款总额为1006641.3元；对共享生物科技有限公司等50家公司下达限期整改通知。

【环境信访投诉件办理】 共受理信访878件，其中：群众“12369”电话投诉289件，区市转办23件，微信微博74件，“12345”一号通平台480件，网上信访转办3件，市民互动平台9件，办结率95%，回复率95%，满意率98%。对反复投诉，多次整改效果不佳的餐饮娱乐业商户，不予换发排污许可证。

【排污费征收】 落实《排污费征收使用管理条例》，抓好排污申报登记与核定工作，2017年共收缴排污费7839422元。

【夜间、节假日巡查】 联合公安、国土、水务、交通等部门开展贺兰山自然保护区执法活动，严查严处破坏自然保护区盗采砂石的违法行为，盗采活动得到遏制。

【危险废物管控】 严把产生危险废物项目审批关，建立“一企一档”，规范全县危险废物识别标志。完成79家企业危险废物申报备案、63家4S店的调查登记、83批次危险废物转移报批，完成29家医院、卫生院、诊所医疗废物申报，并协调与德坤环保公司签订处置协议。

【环境突发事件应急演练】 制订《贺兰县环境保护局2017年环境应急管理工作计划》，对辖区内12家涉危险化学品和重点监管企业下达《关于开展2017年度突发环境事件应急演练的通知》，11月开展应急演练。有8家重点企业上报应急演练计划，有6家重点企业按计划开展应急演练。

【环境保护法宣传】 以“6・5”世界环境日、下基层等活动为契机，开展环保宣传进企业、进机关、进社区、进农村、进学校、进县城“六进”活动。宣传活动共设置展板20余个，发放环保挂图300余份、环保知识手册500余册、生态文明宣传“四进”系列微读本400余本、环保扑克牌300余个、环保围裙及购物袋500余个。

交通 通信 邮政

Jiaotong Tongxin Youzheng

交　通

【概况】 2017年，全县交通运输工作组织开展重点交通工程建设。履行全县道路旅客运输、货物运输、汽车维修市场、运输服务、汽车综合性能检测、汽车驾驶学校和驾驶员培训的行业管理职能。组织交通基础设施建设资金的筹集、使用和管理。督促指导公路客货运输生产安全和民间渡口的安全管理；规划指导民间渡口的设施建设。完成交通战备各项任务。开展“四好农村路”示范县创建工作；公路一体化运营的改革，推动全县城乡交通一体化进程。

【道路交通重点工程建设】 2017年，坚持项目引领，大力实施交通重点项目及民生工程建设，全年累计完成交通固定资产投资10.58亿元。为缓解贺兰县与银川市之间交通运输压力，拓展城市框架，实现与京藏高速东出口连接，实施建成贺兰县至贺兰山路连接线工程。加强建制村畅通工程建设，完成9条26.5千米农村公路建设。修建贺兰县创业路至贺立公路连接线工程。完成5件人大议案、政协提案涉路农村公路建设。协助自治区交通运输厅实施京藏高速（贺兰段）改线项目征地拆迁及建设工作。完成征地拆迁面积170.72公顷，完成项目投资6.7亿元。推进贺兰和平安置区301首末站建设。实施181千米农村公路生命防护工程及危桥改造工程。2017年向上级交通部门争取建设到位资金1.83亿元。

【公路管护和执法管控】 2017年，开展路政巡查，加大“打非治违”力度。开展治理大货车超限超载专项行动，开展路域环境整治。制订《贺兰县路域环境综合整治实施方案》，针对公路违法搭建、违法堆放、占道经营、涉路施工等行为进行重点整治，营造“畅、安、舒、美”的行车条件和运营环境。

【农村公路养护】 养护小修保养工程实行定额承包模式，将全县农村公路划分为4个片区，面向社会公开招标，通过竞标确定承包人，公路站层层压实责任，实现县乡两级农村公路管养机构、县乡村道经常性养护和养护示范乡镇全覆盖。

【大场站建设】 推进运输基础设施建设，建成4个乡镇农村客运站、67个村级招呼站。加强客运班线调度。形成以道路客运班线为主、城乡客运为补充的道路运输经营格局，全县拥有营运客车157辆，其中：中巴车60辆，旅游车97辆。有班线客运企业2家，经营县内客运班线17条，农村公交10辆，全县行政村通车率达100%。

【安全管控】 抓好源头管治。加强危货运输企业的监督管理和车辆的动态管理，制定GPS系统管理规定及客运驾驶员登记备案等规范性文件，防止由于把关不严造成的交通事故。

【配套基础设施建设】 为301、311、313加密新型公交车，缓解群众出行拥堵问题。全县共有301等11条公交线路，公交车辆176辆，日发758班次，平均每天运送乘客84038人次。

【安全隐患排查整治】 加快生命防护工程建设进度；加强施工现场安全检查。共实施农村公路安保工程80千米。加强隐患路段治理，实施农村公路生命防护工程，对涉及农村公路隐患路段16条181.329千米设置公路标志标线，安装防撞护栏、警示柱等，工程概算总投资1267.07万元。对超限、超载治理路政治超站坚决杜绝车货总重49吨车辆上路；分别在陈华公路、山河大道四十里店路口、立丁公路水泥路口、沿黄公路设置龙门架。

运输管理

【概况】 2017年，全县拥有营运汽车6345辆（载货汽车6152辆，营运客车193辆）。其中：中巴车66辆，旅游车97辆，农村公交车10辆，租赁小客车20辆。有班线客运公司2家，经营县内客运班线14条；有省际旅游运输公司1家；客运租赁公司1家。有机动车维修企业189家、危险品运输企业8家、驾驶员培训学校6家。

【道路运输安全演练】 2017年，举办4次大型安全活动：5月17日，成功举办贺兰县首届道路运输行业安全知识竞赛，共有9家企业参赛、近300人现场观看竞赛。6月16日，分设6个小组，分别进入农村、清真寺、运输企业、学校、社区等场所，开展拒乘黑车、日常安全常识等内容的安全知识“八进”宣传活动。活动当天，悬挂横幅3条，展出宣传展板2块，现场接受群众咨询40余人次，6个宣传小组共向群众发放安全宣传资料1000余份，围裙、手提袋、扇子等安全宣传用品3000余份。8月21日，组织“两客一危”负责人和安全员进行安全生产知识和管理能力培训考试。

【道路运输反恐演练】 6月21日，联合县公安局在欣兰广场举办贺兰县道路运输行业2017年反恐处突暨应急救援演练现场会，由公安、运管、消防、卫生等多部门协同配合，模拟“公交车遭暴恐分子劫持反恐处突应急处置”和“危货车泄漏失火事故应急处置”两个场景，将反恐突发事件处置纳入应急演练内容。

【打击非法营运】 与宁东运管局、石嘴山运管局、公安交警、城管等部门开展联合稽查，配合银川运管局在南门汽车站和北门汽车站驻站联合稽查70天，协助银川局查处非法营运车辆34辆。2017年，共查扣非法营运黑车508辆次，处理487辆。

【道路运输志愿服务】 2017年，开展多项志愿服务活动。4月27日，联合团县委走进洪广镇欣荣村开展“送法律下乡”志愿服务活动，向群众发放道路运输行业安全生产、防灾减灾宣传材料，解答群众关于道路运输行业法律法规、行政审批等问题。6月1日，启动2017年“爱心送考”活动，组建爱心送考车队2支，参加爱心送考车辆149辆，共计接送学生881人次。9月22日，组织职工参加友爱社区卫生清扫志愿服务活动。11月2日，走进贺兰敬老院开展“爱老敬老 情满重阳”慰问志愿服务活动。

【道路运输安全责任落实】 督导企业签订安全生产责任书和安全管理承诺书。落实安全生产“一岗双责”制度，明确企业各岗位安全管理职责。车管所所长与分管副所长、分管副所长与各股室负责人、企业负责人层层鉴订安全管理责任书。

【安全教育培训】 督促企业每月开展一次从业人员安全教育培训，组织运输企业及客运从业人员等召开季度安全例会、安全教育警示会、安全生产培训会等专项会议23次。

【日常监督检查】 分设3个安全检查小组，对客运、维修、驾培、货运企业开展安全检查。2017年督查行业企业430次，出动执法人员1290人次，排查出一般安全隐患28起，整改合格28起。

【安全执法】 2017年，对企业存在的重大隐患给予行政处罚10起，其中：对客运企业处罚2起，货物运输企业2起，驾驶员培训学校6起，促进运输企业主动落实安全生产主体责任。

【客运驾驶员健康体检】协调贺兰县人民医院，免费为辖区3家客运企业一线315名驾驶员进行职业健康体检，对不适合从事旅客运输的职业疾病进行筛查，发现健康损害和职业禁忌症，保障乘客乘车安全。

【客运管理】春运、清明、五一、十一等节假日共输送旅客21.66万人次。加强旅游客车安全管理，春运期间向四川省道路运输管理局发送协查函2次，督导宁骏旅游公司安全隐患整改，就安全隐患问题约谈企业负责人2次，对宁骏公司违法参加异地春运的宁A76213人为屏蔽动态监控的2起案件违规行为实施行政处罚，将宁A76213列为重点监控对象，动态监控每天必查。

【货运管理】对普货运输企业资质开展核查,对不达标的普货企业进行公示注销。按时召开行业例会，组织源头治超企业、商砼站参加治超治撒工作会议2次，组织辖区货运企业召开安全生产例会3次。完成辖区6家危货企业和3家规模以上普货企业质量信誉考核，全县8家运输企业质量信誉考核全部达到AA级以上标准。2017年，累计开展货运超限超载检查17次，出动执法人员60余人次、执法车辆10辆次。

【机动车维修行业管理】2017年，共许可三类维修企业5家、二类维修企业3家。组织开展“汽车维修质量服务月”和“3·15爱车义诊”活动。活动期间，共有11家企业为社会广大汽车用户提供180辆次免费诊断服务。开展三类机动车维修专项整治活动。对吉顺恒通物流园的三类机动车维修企业进行摸查走访，要求无证的企业按要求办理证件，督促证件过期的企业更换证件。对吉顺恒通物流公司负责人进行约谈，要求物流园加强内部业户的安全管理工作，配备必要的消防器材。配合相关部门开展货车非法改装整治，检查企业100余家，发放宣传资料300余份，查处改变车辆外廓尺寸1起。

【运输管理宣传】编发贺兰运政快报76期信息143篇，被中国道路运输网、宁夏运管信息、宁夏法制报、宁夏交通音乐台等新闻媒体采用120余篇。

【行政执法规范】2017年，公示行政许可319件，行政处罚案件591件。因执法文书制作规范，被自治区交通厅推荐参加交通运输部行政执法评议考核和交通运输部行政执法评议考核优秀单位的评选。

【窗口服务】2017年，政务大厅共办理辖区内普通货物运输车辆审验2640辆次，普通货物运输行政许可292项，新增车辆452辆次，车辆异动776辆次，办理补换证705辆次，累计进行驾驶员诚信考核3088人次。对3年未审验车辆在贺兰电视台发布注销公告，共注销3年未审验车辆2015辆，注销空户且道路运输经营许可证超期未换证的企业57家。7月，配合做好全区运政业务系统升级试点工作，做好人员培训，保证工作进行。7月24日，发放贺兰县首张IC卡道路运输证，完成运政业务系统升级。

【获得荣誉】2017年，被自治区运管局授予2016年度全区道路运输安全监管先进单位，被银川市运管局授予2016年度银川市道路运输管理先进集体，被自治区团委授予全区五四红旗团支部，被银川市运管局授予首届汉字输入技能竞赛团体第一名。

道路管理

【概况】2017年，全县省道平均优良路率达到83.32%；农村公路县道平均优良路率达到81.46%，乡道平均优良路率达到74.45%，村道平均优良路率达到57.96%；专用公路滨河大道优良路率达到100%。

【公路养护】2017年，实施养护工程13项，投入资金152.2万元。全年共计处治农村公路路面病害8321.29平方米，其中：春季路面病害处治6592.2平方米，秋季路面病害处治1729.09平方米，投入资金87.2万元。全年维修维护危旧桥涵8座，投入资金42.6万元。对39座中桥以上桥梁设置桥梁限载标志78套、养护信息牌72块，投入资金5.1万元。对滨河大道、金河路、山河路、丰庆路、金京路等30千米农村公路实施补充轮廓标327根、示警桩363根、交通标志57块，实施标志换膜3块，清理损坏限宽柱5组，投入资金3.2万元。

【公路环境整治】2017年，累计创建文明示范路145.1千米，其中：省道23.1千米，县道13.6千米，乡道93.9千米，村道14.5千米。

【安全生产】围绕节假日开展安全生产大检查工作，全年组织安全生产大检查4次，开展安全生产培训6场次，整治安全隐患6处，上报安全生产工作小结和工作信息10篇，下发安全生产整改通知书2次。全年无重大安全生产事故发生。

【路政管理】开展专项宣传活动26次，出动宣传车212余车次，发放宣传资料6560余份，张贴、悬挂宣传标语142幅；审批路政许可8件，收取公路许可占利用费583470元；路政案件查处率100%，结案率达到100%。治超检测站共检测车辆18116辆，劝返车辆2955辆，查处撒漏车辆4100辆，收取污染公路赔偿费1464120元；查处超限超载运输车辆34辆，现场转载31辆1423吨、卸载3辆13吨，处罚非法改装车辆90辆，收缴马槽90副。在山河大道109国道路口设置龙门架一处，在沿黄、立新、立丁、通山、新暖等公路新设维修限宽墩5处，在民乐东路维修限宽墩1处，在丁北村四社和常桂公路各设置简易限高龙门架1处。

中国电信

【概况】2017年，中国电信贺兰分公司累计收入完成8998万元，完成年度预算的100%，移动业务收入完成4661万元，固网业务收入完成4324万元。

【党的建设】以“两学一做”常态化教育活动为主线，以提高基层支部的领导力、执行力、凝聚力、战斗力为抓手，加强学习型服务型和创新型党组织建设。分公司成立6个党员突击队，充分发挥各支部的战斗堡垒和党员先锋模范带头作用，带领全体党员和员工撸起袖子加油干，为完成2017年各项生产、经营任务打下坚实的基础。

【移动业务】销售全面转向不限量，促4G规模发展。在保持单产品发展势头基础上，做好专业团队政策体系的培训。落实好59元大流量、99元不限量加装副卡套餐的发展。

【宽带电视业务】通过全量客户视图信息的采集工作、智能组网、与物业代表的密切联系做好渗透式营销的规范落地。在制定一户一案的格式、快速菜单式营销手册的下发、异网采集格式的下发等方面开展规范。通过将129元档融合用户向不限量迁转实现宽带用户的保存提质。在城市区域坚决做好149元不限量和109元大流量套餐的发展，在农村区域做好99元大流量套餐的发展。

【新兴业务】打造互联网金融泛渠道标杆店宝庆支局桃林花园店、富兴城市支局，以结对子方式让商户与划小店面达成互为渠道、互相宣传的共识，带动公司大网业务发展。完成签约合作商户60家。不断签订行业、民生服务等各领域商户。

【存量维系】通过平台集约化、策略精准化、存量经营多触点协同，以维带销，有效结合存量迁转不限量、存话费得优惠等维系活动，开展存量维系工作。通过维系、营业受理、装维、代理商门店等多触点协同开展存量运营，固网DPI、CRM弹屏、多媒体公众号、短信等多触点宣传，降低流失率。

【家庭市场营销】以不限量家庭套餐为主产品开展销售，开展融合副卡提升专项工作提高用户价值，提升用户黏性。对高价值融合老用户开展宽带大提速、机顶盒更换活动。对于竞争小区异网用户开展免费体验宽带活动，通过免费体验，撬动异网宽带用户。

【农村市场营销】以800M终端礼包、不限量家庭套餐、99元农村大融合、宽带包年750送ITV及宽带340包年为主分区营销，拓展农村电商，提升移动销量。

【商圈建设】通过商圈再造、专促进驻、房补等措施拓展13家新店面，门店效能提升20%。在全区首次将房屋补贴在佣金系统中推送，核心商圈店面的发展量由年初的60户增长为130户。

【安装维修服务】执行《关于优化装维外包人员薪酬办法的通知》《贺兰分公司装维服务考核管理办法的通知》，对装维人员实行星级评定和优胜劣汰考核机制，真正体现有奖有罚。2017年，县分公司已淘汰不合格装维人员6人。

【通信保障】2017年，在中阿国际博览会和十九大重要通信保障期间，分公司建立了以总经理为组长的保障团队，先后组织实施端局电源发电、高低压检测、传输设备故障、接入设备故障、光缆抢修实战等演练。顺利完成了障方案制订、光缆路由巡视、市政施工盯防、机房进要安全检查、网络信息安全、故障处理、信息反馈等方面的保障工作。

中国邮政

【概况】2017年，以抓储蓄余额为核心，开展重点营销活动。依托大数据开展客户开发，延续示范网点转型流程建设，拓展新客户以及提升客户资产的能力。总体客户规模、余额增长、期交保费、理财等方面取得新成绩。

【保险业务发展】坚持“转介营销+沙龙营销+配置营销”的营销模式，保险保费收入再上新台阶。累计完成期交保费3022万元，同比增长149%，连续多年在全区23个分县公司中年累计期交保费率先突破百万。

【手机银行业务发展】突出手机银行转账全免费优势，通过各网点LED显示屏、荧光板、电视、宣传海报、厅堂宣传彩页等方式进行手机银行优势宣传。开展“亿路有你”手机银行专项活动厅堂宣传、手机银行“扫码特惠购”活动，吸引客户咨询办理手机银行。开展网点所有人员手机银行业务培训，通过培训、晨夕会演练等方法组织开展网点手机银行话术培训、统一网点手机银行客户营销话术，规范开办、激活、使用流程，提高手机银行发展效率。

【网点外拓】组织各网点进社区、进村庄。分公司全年外拓次数超过400次，人次超700人次。组织外拓安排、元霄节主题营销活动，在网点大搞店庆及与社区开展理财知识进万家等主题丰富的营销活动，吸引商户、农户、职工福利资金回笼。抓住“三八”妇女节、五一劳动节、端午节、六一儿童等主题，开展营销宣传活动，网点新增客户上升明显。

【邮政小包业务】将市场部人员重点划归小包业务的管理与营销，做好小包协议性大客户的维系，确保小包业务保量增量。重点做好百瑞源、红玛瑙及塞上西域等中小企业的联系，实现全年小包协议客户收入翻番，做好县域范围内寄递散户的宣传及揽收工作，利用贺兰电商企业名录有针对性地开展一对一营销，营销员进行上门营销。开展贺兰范围内行政企事业单位退换货业务的宣传推广，专设3名专职营销员，对贺兰各行政企业摸排走访，签订小包退换货协议客户20户，产生小包业务量300件。

【集邮业务发展】通过开展集邮品品鉴会、节日邮品展销会邮品销售活动带动集邮业务发展，征订邮票金56套，实现收入7.73万元，销售生肖邮品实现收入25万。

【电商业务】开展“邮乐购”站点的建设，共建设邮乐购站点65处，实现贺兰村村通邮乐购站点，通过邮乐购站点的建设发展农村邮政代办业务。通过近三个月的运作，成功实现香瓜邮乐网网上订单195单。开展“粽情端午”的营销活动，实现分销收入6.1万。

【报刊征订业务】 重点开展报刊补续订业务，客户报刊流转额稳中有升。开展报刊专项营销活动，利用周六、周日组织投递部开展“七进”活动，重点做好商务期刊、校园期刊、党报党刊的征订工作。

【客户网点管理】 推进个人客户营销管理系统的应用，网点对储蓄客户加大管理维系手段，把客户管理工作具体化、精细化、长效化；网点每月对中高端客户和资产的变化作出分析，制定增加储户措施，每个网点选取一名骨干人员组成 客户管理专员团队，开展客户管理的督导工作。

【储汇稽查】 2017年，共组织检查班组、支局所90次。其中，检查档案管理11次，邮路22次，邮政、储汇资金147次，发现问题81处，填写报告书66份，发出整改通知单43份，整改率97%。开展商函专项检查、档案专项检查、银监局合规专项检查、代理速递邮件投递服务质量专项检查、案件风险专项排查、省际间投递服务质量专项检查、储汇资金专项检查、安全消防专项检查、民间借贷专项排查、报刊资金专项检查、人民币现金业务专项检查、银行服务收费相关自律制度执行情况专项检查、合规大行动专项检查；开展邮政金融内控自评价及金融网点安全评估活动。

财税 金融

Caishui Jinrong

财 政

【**概况**】2017年，全县财政工作根据全县经济发展计划，制定年度预算和编制年度决算，执行县人大批准的年度预算。管理全县各行政部门、政法部门、文化、教育、卫生、科学技术、广播电视等单位经费支出，监督指导行政、团体、企业事业单位严格执行财务制度。实现财政收支目标，保障社会民生，监管、规范各级财政运行。适时实施财政改革，促进全县经济社会平稳发展。

【**收入指标完成情况**】2017年，受国家实施营改增等减税降费政策及增值税划分比例调整等减收因素影响，全县公共财政预算收入完成110000万元，同口径降低19.7%。其中：国税完成27658万元，同口径增长33.52%。地税完成52671万元，同口径降低6.8%。财政完成29671万元，比2016年降低50.37%。2017年，政府性基金预算收入完成85443万元，比上年增长152.1%。

【**支出指标完成情况**】2017年，全县公共财政预算支出完成319000万元，比2016年下降1.1%。2017年基金预算支出完成88511万元，比2016年增长105.7%。

【**综合治税**】推进综合治税，落实涉税信息共享制度和代征代管奖励措施，动员涉税部门配合做好税收征收工作，增加零散税收。

【**税费清欠**】强化税费清欠工作，通过抵顶收回资产等方式，帮助企业解决缴纳欠税问题，弥补税收下降带来的缺口。

【**产业扶持奖励兑现**】兑现产业扶持奖励资金2.9亿元，并通过引进地方投融资服务企业，建立融资担保、风险补偿、财保贷、兴农贷等基金的形式，吸引社会资金，逐步形成以财政资金引导下的多元投入机制，为全县主导产业发展和扶贫攻坚提供保障。

【**"三争"责任落实**】全县争取到位上级专项资金30亿元，有效改善全县财力不足、投资困难的局面。用活用好自治区债券资金5.44亿元，重点解决全县重大项目建设资金缺口和后续项目融资等突出问题，保证经济社会平稳发展。

【**PPP模式推广**】推广应用PPP模式，引进专人团队对贺兰县确定的PPP示范项目进行包装、设计、论证、方案报批等工作。

【**内控机制建设**】全县所有一级预算单位全部建立内控机构和相关制度，财务管理内部控制管理有效增强。

【**政府采购信息公开**】完善预决算信息及政府采购信息公开制

度，公开率达100%，公开渠道及内容更加规范，公开的实效性稳步提升。

【八项规定落实】坚持从紧从严管理落实要求，修订完善《贺兰县行政事业单位差旅费管理办法》《贺兰县公务接待管理办法》等相关制度。

【政府性债务管理】加强政府性债务管理，化解政府存量债务5亿元，并根据中央和自治区要求，开展规范地方政府举债行为专项自查及整改工作，规范政府举债行为、防范和化解政府债务风险。

【购买社会中介服务】聘请会计中介机构，对棚户区专项贷款、小城镇、中心村建设资金等进行专项审计，对非税收入、存量资金及国有资产进行清理检查，发现和整改管理中存在的问题，健全财政管理机制。

【国库集中支付电子化管理】全面推行国库集中支付电子化管理改革、收支经济科目分类改革及预算编制改革工作，确保财政支出更加安全快捷，预算编制更加规范和公开透明。

【公务用车改革】顺利实施公务用车制度改革，完成收回公务用车的拍卖工作，拍卖公务用车139辆，成功过户121辆，拍卖价款330万元全部上缴国库。

【改进政府采购】改进政府采购机制，启用政府采购公共服务平台，提高县政府集中采购限额，与银川市采购工作接轨；同时，在多个领域试行社会化服务工作，探索政府购买服务新形式。

【财政改革】推进会计集中核算向国库集中支付转轨改革工作，落实人员、账户及财政管理等各项改革措施，解决部门会计主体责任不清、财务管理职能弱化等问题。

【“两学一做”学习教育】结合“两学一做”学习教育常态化制度化及“作风建设深化年”活动，围绕财政2017年承担的重点工作，分解任务、明确责任，党员干部带头抓落实、转作风，进一步树立党员干部良好形象。

【内部管理】以“五个不直接分管”制度为抓手，细化领导分工，修订完善干部考勤考核等制度规定，强化内部管理，促使党员干部职工在推进财政事业发展中发挥作用。

【精准扶贫】组织动员广大党员通过“一对一”“多对一”的形式，建档立卡，开展精准扶贫活动，帮助结对户确定脱贫项目，增强扶贫对象自身发展能力。

【财政项目实施落实】落实2017年一事一议财政奖补项目43个、中央产粮大县项目6个，涉及资金3700多万元，帮助解决农村基础设施薄弱的问题。

国家税务

【概况】2017年，承担贺兰县中央税、共享税及法律法规规定的基金的征收管理、税源管理、纳税评估、反避税和稽查工作。组织实施对纳税人进行分类管理和专业化服务，组织实施对大型企业的纳税服务和税源管理。编制、分配和下达县国税税收收入计划并组织实施；负责规划和组织国税系统税收管理信息化建设；承担国税金税工程的推广和应用工作。

【组织收入】共组织入库税收收入为139738.35万元，同比增长96.73%，增收68709.37万元，剔除车辆购置税入库的45259.61万元，实际入库税收94478.74万元，完成市局年初下达税收任务98600万元的95.82%。县级收入入库25404.3万元，同比增长12.58%，增收2837.89万元。其中：增值税税收入库72340.85万元，消费税税收入库4085.81万元，企业所得税税收入库16673.1万元，车辆购置税入库45259.61万元。

【增值税发票风险管理】利用各类系统，通过大数据开展风险管理。共完成风险应对任务345户，补缴增值税4528.13万元，补缴企业所得税3332.15万元，调减留抵831.96万元，加收滞纳金328.82万元。

【企业所得税管理】 组织安排2016年度企业所得税汇算清缴工作，设定“两个100%、一个零（即汇算清缴面100%、小微企业受惠面100%、申报差错率为零）”的汇缴工作目标，通过多种途径开展企业所得税风险应对及税收优惠后续管理工作。在企业所得税汇算清缴期间，根据企业申报情况、结合2016年同期数据进行案头审核。经核查，17户企业，调增应纳税所得额1662.92万元，补缴税款2177.66万元，加收滞纳金0.63万元。

【出口退税管理】 将企业信誉与纳税管理服务挂钩，实施差异化管理。共有46户出口企业，其中：7户外贸企业，39户生产企业。发生出口退（免）税申报的企业有12户，实际发生出口业务的6户，为出口企业办理免（抵）退税854.31万元。为辖区百瑞源枸杞股份有限公司，办理离境退税62.14万元，成为全区唯一一家办理该业务的企业。建立健全跨境交易信息共享机制，对112条外汇信息数据进行核实，2户企业需补缴税款，督促企业限期整改，并做好扣缴登记申报工作。开具4份服务贸易等项目对外支付税务备案表，发生代扣代缴业务15笔，共代扣代缴企业所得税229.86万元，代扣代缴增值税50.35万元。

【依法治税】 落实减免税2大类11项内容进行自查，查找2016年度是否存在类似问题，共查出3项问题，补缴企业所得税5万元。对代开发票、邮政代开、注销检查等3项业务开展专项检查，共查出11类14项问题。接收大督察数据1013条，核查1013条，有问题涉及税款的35条数据，补缴增值税14.8万元，罚款0元，滞纳金1.1万元；不涉及税款的210条问题数据整改208条，无法整改的2条。对办结的46户行政处罚案卷、5户稽查案卷以及156户行政许可案卷开展评查工作，对发现的4类代表性问题进行反馈，提出整改意见。审批进户执法手续30次70户。

【打击违法犯罪】 2017年稽查局共安排检查纳税人16户，其中：日常稽查3户，专案稽查13户，入库各类税款121.65万元。县级稽查局共接收中风险应对任务23户，完成应对22户，确认风险点21条，排除风险点1条，入库各类税款107.51万元。共收到一般纳税人注销检查转办单38户，完成注销检查32户。

【优化纳税服务】 梳理办理流程，实现六类35项业务免填单办理。规范首问责任制工作流程，并建立工作台账，共受理各类咨询371件，全部予以解答。实行国地税领导联合值班制，维持办税秩序、协调处理突发事件，共安排值班人员163人次，处置网络故障突发事件4次。共安装自助办税终端5台，受理3670余户纳税人自助领用发票，1730余户次纳税人通过自助机认证发票，县局一般纳税人网上申报率达到89.88%，小规模网上申报率达到83.42%。对8类重点户开展实名认证信息采集工作，共实名采集606户927人。

【纳税信用等级评定】 对辖区内1211户纳税人进行纳税信用登记评定，共评出A级纳税人75户，B级纳税人684户，C级纳税人349户，D级纳税人103户。按照统一格式对外公示A级纳税信用等级企业名单，并将A、B、C、D等级名单对内公示，保证各项纳税信用奖惩措施落实到位。

【征管改革】 推行纳税人分类分级管理，以风险管理为导线，转换稽查局和税务分局（所）工作职能，推动固定管户向分类分级管理转变，建立统一部署，专业分工的风险应对机制。6月30日前完成职能转变、管户调整、人员变动等工作，7月1日开展分类分级管理，做到职责清晰、分工明确、衔接顺畅。推行委托邮政部门代开发票及其代征税款和代发放发票工作，开通代征网点5个，代开发票6985份，开票金额44976万元，代征税款626万元。按时完成征管数据整改及单管户清理工作。建立金三系统运维机制，确定1名专职人员负责金税三期各业务系统运维工作，纠正不规范的操作行为，对537户纳税人信息进行修改。

【商事制度改革】推进“多证合一”登记制度改革，运用“一表申报、信息共享、证照联办”方式，为新办纳税人提供“套餐式”服务，一次性办结多个涉税事项。自10月1日起推行跨区域涉税事项报验管理工作，优化办理流程，为辖区120户次纳税人开具跨区域事项报验登记。推行实名办税工作，完成区局配置高拍仪的安装调试，10月20日起对新办纳税人按照规定采集相关信息。做好第一批清理纳税人向税务机关报送资料工作，下发取消的3类事项和1107项资料清单，按照取消资料清单后涉税事项办理要求办理业务。

【堵漏增收】全年共实施风险流程345户次，有问题345户次，风险命中率达到100%，共入库税款7823.00万元，加收滞纳金326.87万元，调减留抵743.88万元，弥补企业亏损29.83万元。加强欠税管理工作。坚持以欠抵退，共为52户次纳税人抵缴税款854.14万元，抵缴滞纳金29.17万元；对有缴税能力但资金回笼较慢的企业，督促其制订清欠计划，按计划开展清欠工作。2017年，共清理欠税334户次，清缴入库税款4654.97万元，加收滞纳金123.01万元。

【帮扶脱贫】班子成员4次前往帮扶点进村开展工作。调查20户结对贫困户基本情况，共同分析致贫原因、制定脱贫措施，签订帮扶协议，建立管理台账，投入资金2万余元用于扶贫工作。

地方税务

【概况】承担全县地方税、附加、规费的征收。根据县政府确定的财政预算收入计划指标，编报本单位税收、附加、规费收入年度计划并组织实施；组织实施对纳税人进行分类管理和专业化服务；组织实施纳税宣传、税收政策宣传。开展全县税收分析、纳税评估和税源管理工作。

【组织收入】2017年，组织各项收入150277万元，同比增长3.15%，增收4594万元。其中，组织税收收入73516万元，组织县级收入52550万元，同口径增长6.48%，增收3198万元，完成年度税收任务70900万元的103.68%，剔除营改增因素，同口径增长8.53%，增收5775万元，提前25天完成全年税收任务；组织社保费收入65564万元，同比增长45.62%，增收20542万元，完成任务目标的157.79%；组织其他收入11197万元，同比增长31.71%，增收2696万元。

【制订组织收入方案】针对县域经济发展趋势，制订下发《2017年组织收入工作实施方案》，以13项组织收入具体措施，将收入任务逐层分解，指导全年组织收入工作。每周召开一次领导班子会议，每两周召开一次科所长会，每月召开一次总结会。通过亮成绩、列举措、说问题，及时调整工作方向，层层传导压力，力促任务落实。全局通过抓欠税清理、抓税种管理、抓征管基础、抓综合治税、抓纳税服务为组织收入任务完成保驾护航。

【联合清欠】将欠税企业名单传递到综合治税领导小组成员单位，作为各单位对所管理企业行政审批、评先选优、金融服务、资格认定等决定的主要参考因素，督促欠税企业清理欠税。

【合作清欠】加强与国税局的合作，对拒不配合地税清理欠税的企业，提请国税部门停供或限供发票。加强与国土、住建部门的合作，共享信息，防止欠税企业通过合并、变更等途径转移资产，逃避清欠。

【依法清欠】清欠工作按照征管法及相关操作规定进行，做到欠税认定准确、程序合法、文书使用规范、滞纳金加收准确。高压清欠。积极取得法院、检察院和公安机关的支持和配合，依法联合打击各类危害经济税收秩序的涉税违法犯罪行为，利用公检法的权威性对欠税企业形成高压态势。将欠税企业在各类媒体进行曝光，拉入诚信系统黑名单形成社会舆论压力清欠。

【责任清欠】 制订清欠计划，根据欠税数额，将清欠责任落实到人。针对欠税数额巨大的，联合进行约谈欠税企业负责人落实清理。

【杜绝新欠】 对异常纳税户管理，对逾期申报、逾期入库等有欠税苗头的企业进行重点监控，对纳税人的生产经营及资金状况进行跟踪监控，督促纳税人按期缴纳税款。

【政府清欠】 配合县财政局做好政府购买资产，盘活欠税企业资金来开展清理欠税工作。待财政局评估、拍卖可售房源后，督导企业将处置资产资金用于欠税清理。累计清理欠税入库5324万元，其中清理陈欠入库3548万元，新欠入库1776万元。

【税源精细化管理】 加快汇缴进度、提高申报质量等多种措施，确保汇算面达到100%，缴企业所得税8385万元，较2016年增加1128万元，应补缴企业所得税1268万元，较2016年增加530万元。将年所得12万元以上纳税人自行申报列入年度征管工作重点，通过实施优质服务、注重宣传实效、加强第三方信息比和风险管理，个人所得税应纳税额3040.12万元，较2016年增加1750.45万元，同比增长135.73%；扣缴税额3038.89万元，较2016年增收1765.86万元，同比增长138.71%；工资薪金补缴税款1.23万元。继续优化契税和房屋租赁两个“先税后备案”的征管流程。契税入库13720万元。

【以地控税】 与国土部门合作，交换信息共享。建立地税、国土部门工作联席机制，第一时间掌握税源情况，减少土地使用税征收盲区。并与国土局、各管委会联合开展清查工作，针对30户“僵尸”企业、土地权利人为个人、跨区经营企业开展清查工作。

【车船税管理】 对汽车销售企业进驻保险业务进行摸底，在县政府的支持下，由县财政局牵头，德胜园区管委会、县人保财险公司、县平安保险公司协助开展车船税管理工作，对进驻4S店的非辖区的保险企业进行清理。车船税入库2759万元，同比增长39.41%，增收780万元。

【土地使用税税源管理】 定期从国土局获取全县土地出让及转让信息。取得出让、划拨土地信息1530条，分发各税源管理所核实后，发现疑点信息200余条，占比高达13.07%，通过疑点信息有效促进土地使用税的增长。入库土地使用税7247万元，同比增长18.18%，增收1115万元。

【数据信息服务税收】 社会综合治税工作的开展，打破过去职能部门间各自为政，沟通不畅，数据信息不共享的局面。从县市场监管局取得股权变更信息841条，分发各税源管理所开展股权变更涉税催报工作，有力促进印花税大幅增长。入库印花税1622万元，同比增长24.96%，增收324万元。

【落实税收优惠政策】 加大“六项减税政策”“大众创业、万众创新”等税收优惠政策宣传力度。加强政策执行情况分析和政策效应评估，查找贯彻执行政策的薄弱环节，保证各项税收政策落到实处，确保辖区内小微企业受惠面达到100%。2017年，企业所得税汇算清缴工作中，备案减免企业所得税138户，减免企业所得税1223万元；办理其他政策性减免税3918万元，核准类减免税392万元。其中：农林牧渔用地减免土地使用税1109.6万元，对2户供热企业备案减免房产税10.3万元、土地使用税27.6万元；对6户社会福利企业减免房产税7.7万元、土地使用税102.6万元；7户城市公交、农村客运减免车船税23.2万元；2户文化转制企业减免房产税1.7万元；棚户区改造减免土地使用税35.5万元。

【依法治税】 成立依法治税行政工作领导小组，通过开展形式多样的活动进行税收宣传和政策辅导，组织干部职工参观银川监狱，扎实开展法律“十进”活动、组织全员参与“法宣在线”考试、邀请专家讲授宪法、观看警示教育片等等活动。通过聘请法律顾问，对重大执法决定进行法治审核，对涉税舆论进行法律解读。

【“放管服”改革】 深化行政许可审批制度，加强放管结合和事中事后管理。加强国税代开发票及征收信息的比对工作。每个月分析整理比对数据，对疑似未缴纳地方税费的疑点信息进行核查，开展催报催缴工作。对数据信息556条，涉及纳税人556户次，补缴地方税费款合计36.47万元。

【国税、地税合作】 2017年，国税、地税联合召开四次税收工作会议，并就定期定额核定、采集企业财务报表、联合管理非正常户、国税代开发票地方税费追征、税收风险联合应对、单管户核实及调整、数据质量修改等合作工作进行协商，达成共识，签订合作协议。从贺兰县国税局取得管户信息16805条，定期定额核定信息8412条。

【环境保护税开征准备】 成立环境保护税开征准备工作领导小组，与环保局完成资料交接工作，完成税源摸底调查工作，做好2018年征收计划，开展形式多样的宣传培训，全力确保2018年环境保护税顺利开征。

【窗口服务建设】 联合办税服务厅采取的是“一人双机双系统”模式，共设置4类24个窗口，其中，12个综合业务窗口（全部为政府派驻）、2个税务登记窗口、3个行政审批事项受理窗口和7个契税窗口，涵盖国地税所有业务，提高办税效率。提倡网上办税、开通VIP绿色通道，扩大预约办税服务范围，开展延时服务、领导值班制度，解决纳税人“排队久、办税难”等痛点、堵点和难点问题。联合办税服务厅单笔业务办理时间平均减少3到5分钟，纳税人等候叫号时间平均减少10分钟。

【“便民办税春风行动”】 联合县国税局共同制订培训计划，共举办10期纳税人学堂，培训纳税人600余人。向广大纳税人征询纳税服务的满意度和改进意见，摸税情，听民声。

【精准扶贫】 成立贺兰县地税局精准扶贫工作领导小组，抽调2名干部专项对15户贫困户进行帮扶，在七一前夕对15户贫困户送去生活必需品，为贫困村党支部赠送办公家具等慰问品，组织机关党员干部15人到欣荣村开展精准扶贫和志愿服务等扶贫助困活动。

【行风评议】 制订2017年群众评议机关作风活动实施方案，从作风建设、勤政履职、政务公开、服务群众、反腐倡廉、干部评议等六大方面做好自评工作，自觉接受群众抽样评议。在县党代会培训现场宣传惠民税收优惠政策，发放税收宣传材料400余份；会同园区所协调园区管委会发放参与网上测评“公众号”温馨提示300余份；向“两代表一委员”发放贺兰县地税局行风征求意见函266份；组织各所开展“中小微企业群众评议机关”测评266户。

【绩效管理】 年初，确定绩效管理在银川地税“争前三”的目标。形成一把手负总责，班子成员分工负责，科所长具体实施，层层推进的管理体系。逢会都要通报绩效考核情况。营造“全局上下知绩效，全局上下谈绩效，全局上下想绩效”的良好氛围。及时组织进行绩效培训，对市局的绩效管理制度体系进行解读。

【获得荣誉】 2017年，连续5次通过全国文明单位复验，被自治区地税局评为先进集体，被命名为全区地税系统法治基地；绩效考核在银川市地税系统排名第二，局党总支被中共银川市地税局党组评为先进基层党组织；获得贺兰县人民政府嘉奖，夺得贺兰县群众评议机关作风活动服务行业类第一名。

工商银行贺兰支行

【概况】 2017年，工商银行贺兰支行实现拨备前利润3207万元，完成全年计划的88.10%，较同期增长441万元，增幅

15.94%；实现中间业务收入1363万元，完成全年计划的105.95%，较同期增长555万元，增幅68.69%；实现净利润277万元，完成全年计划的27.68%。

【两项存款增长】2017年，各项存款时点余额103686万元，较年初新增14149万元，其中：储蓄存款时点余额71273万元，较年初新增2967万元；公司存款时点余额16470万元，较年初新增9043万元；机构存款时点余额9283万元，较年初新增1567万元。各项存款日均余额93889万元，较年初新增15382万元，其中：储蓄存款日均余额67765万元，较年初减少768万元，公司存款日均余额12623万元，较年初新增4330万元，机构存款日均余额11943万元，较年初新增4227万元。

【信用卡及贵金属业务】信用卡全年新增发卡12322张，指标完成率410.7%，全区排名第2；信用卡客户新增3737户，指标完成率249.1%，排名第3；商户收单交易额89311.5万元，指标完成率198.5%，排名第1；信用卡专业实现中收488.7万元，指标完成率139.6%，排名第1；贵金属专业实现中间业务收入179.45万元，指标完成率358.91%，排名第一。

【不良资产处置】2017年，全行不良贷款5297万元，其中：法人不良贷款4971万元，涉及三户小企业，计提拨备2800余万元，严重蚕食支行经营效益。除上诉一户并转入执行外，一户企业受三角债及宏观经济影响，仅能依靠代加工收入按月支付利息及员工工资，另一户企业已停产多年，抵押资产变现难度较高。

【党建工作】对2016年民主生活会提出的问题逐一落实整改，先后组织全体党员开展“两学一做”学习活动，讲授党课活动，组织生活会开展批评与自我批评，开展“四风”整治和中央八项规定精神落实，组织青年员工开展“我在党旗下成长”演讲比赛，召集党员重温入党誓词。党的十九大以后，组织中心理论组及全体党员，传达学习贯彻十九大精神。

农业银行贺兰支行

【概况】2017年，农行贺兰支行围绕“稳发展、促转型、控风险、强基础”要求，不断夯实管理基础，着力提升经营品质，实现余额200411万元，较2016年末增加18659万元,完成计划115%，个人存款日均余额193898万元，年日均增量20644万元，完成计划153%，时点、日均增量均居全区第八，在农业银行银川地区7行中唯一增长且完成计划。各项存款、个人存款增量排名均居县域“四行一社”第一。

【资产结构优化】各项贷款余额158843万元，较2016年末下降25103万元。其中：法人贷款余额63606万元，较2016年末下降28310万元；个人贷款余额95241万元，较2016年末增加3208万元，个贷占比59.96%，较年初提升9.93个百分点。

【中间业务增加】实现中间业务收入3614万元，剔除委托资产处置收入，较同期增加652万元，计划完成率为112%，在全区排名第四，居县域经营行首位；资产管理业务收入1303万元，居全区第一位，占全区34%;信用卡业务收入812.3万元，居全区第六位、县域首位；信用卡专项分期交易额912万元，居全区第一位；互联网金融业务收入突破500万元大关，达到513万元，居全区第三位、县域首位。

【不良资产“双降”】不良贷款余额6912万元，比年初下降4338万元，不良贷款占比4.35%，较年初下降1.76个百分点，实现“双降”。

【拨备后利润】实现拨备前利润8213万元，完成计划89%；拨备后利润8185万元，完成计划101.93%

建设银行贺兰支行

【概况】2017年，建设银行贺兰支行一般性存款、对公存款、储蓄存款时点余额分别为：12.69亿元、8.50亿元、4.19亿元，较年初新增分别为：2.31亿元、1.05亿元、1.26亿元，完成分行全年计划任务的100.68%、95.52%、105.42%，新增额四行占位分别为第二、第一和第二。日均余额分别为：12.51亿元、3.71亿元、8.50亿元，较年初新增分别为0.43亿元、1.52亿元、1.08亿元，完成分行全年计划任务的48.04%、84.23%、120.41%。全年实现税前利润3546万元，计划完成率为119%。

【资产业务发展不均衡】2017年，各项贷款、公司类贷款、个人类贷款余额分别为12.03亿元、2.86亿元、9.17亿元，较年初新增分别为0.51亿元、-1.54亿元、2.05亿元，完成分行全年计划任务的40.33%、-153.97%、773.55%。个人类贷款余额居当地四行第二位，新增额居第1位，其中："快贷"全年新增0.53亿元，信用卡贷款新增0.99亿元，均超额完成全年计划任务。

【中间业务收入增长】全年实现中间业务收入1414万元，同比增幅24.94%，完成年初计划任务的102.17%，位居当地四行第2位，占比24.1%。

【储户基础工作】2017年，全行全量对公结算账户新增339户，增速及计划完成率均全行第一，其中：基本结算账户新增442户，非基本结算账户新增60户，账户点均新增全系统排名第一。全行个人全量客户数98940户，当年新增15216户。个人加权有效客户4941户，完成全年计划任务156%。

【资产质量管控】年末，不良贷款额1161万元，控制在年度计划的4983万元之内；不良率0.96%，完成年度计划；成功处置银川晶峰玻璃有限公司不良贷款5491万元，全年成功回收不良贷款处置额3850万元，超额完成计划任务。

【转型发展】制订《贺兰支行2017年旺季营销活动方案》，上下级、部门间强化联动营销，人人有任务，人人有指标。一季度末，一般性存款、对公存款、储蓄存款、个人贷款新增额分别完成"旺季营销"计划任务的541%、1135%、312%、257%，新增完成率均居全系统第一。在当地国有银行存款新增占位中取得全口径存款新增占位第二、个人存款新增占位第一的好成绩。同时贺兰支行被授予2017年宁夏区分行个人条线旺季营销活动先进集体奖、个人存款市场拓展突出贡献奖、客户拓展突出贡献奖和私人银行业务突出贡献奖。

【转型业务发展】2017年，全力推进全行转型业务发展落地。ETC业务发展迅速，全年累计签约2641户，网均签约1320.50户，计划完成率105.64%，系统内排名第2位。移动优先战略落实较好，全年手机银行活跃客户、短信银行客户、微信银行客户新增额均超额完成分行全年计划任务。信用卡业务稳健发展，全年信用卡发卡客户净增3849户，完成分行全年计划任务的192.50%，信用卡客户净增3103户，完成分行全年计划任务的206.9%，发卡客户净增完成率系统排名第6位。商户拓展业务成绩突出，扫码付新增83户，完成分行计划的51.88%，系统排名第八；裕农通、云平台业务均实现了零突破；POS商户新增252户，完成分行计划的126%；净增108户，完成分行计划的135%；收单交易额52518万元，完成分行计划的131.3%；消费交易额64993万元，完成分行计划的154.7%。代收代付业务稳步推进，年内成功与宁夏凯添天然气有限公司签订代收天然气费协议，实现了利用我行龙支付和新一代系统对该公司自助终端、APP及微信公众号进行自助缴费、账务核对和资金清算的一站式管理，为获得大批潜在个人客户资源开拓了有效渠道。农民工工资代发业务持续发力，在率先与当地住建局达成合作协议、2016年成功开立22个建设工地代发账户的基础上，2017年度新增建设工地代发账户12户，为近3000名农民工实现工资的统一代发。渠道建设取得实效，支行新增设的居安西路自助银行年内已完成装修布放。2017年共投放使用智慧柜员机12台，智慧柜员机台日均交易量68笔，迁移率93.25%，系统排名第三，柜面压力得到极大的缓解，柜面业务办理效率明显提升。

【内控管理】贺兰支行持续下大力气抓内控管理，全年共开展各类检查32次，其中，开展柜面及运营业务检查15次，安全运营检查10次，对公风险类检查4次，行务公章、保密和档案案件风险防控等专项检查3次，发现问题均已完全整改。在5月和10月分别开展了银行业“三违反”“三套利”“四不当”“市场乱象”系列专项检查和安全生产大检查工作，有效防控了各类风险案件的发生，为支行安全健康运营提供了强有力的保障。邀请行外专业人员授课和本行相关岗位人员自行讲解的方式举办了15期培训班，累计培训人数500余人次，计划完成率100%。

【作风建设】以党总支中心组学习、“三会一课”、党员活动日、党建微平台等为主要载体，使“两学一做”学习教育常态化制度化，努力提升党员政治理论水平。坚持以知促行，将认真贯彻落实十九大精神等重要精神作为全行学习教育的重要内容，强化了党员的政治意识和大局意识，党员的世界观、人生观和价值观不断得到改造，理想信念和党性觉悟进一步提高。

【组织建设】制定下发2017年党总支工作要点，调整总支委员党建联系点制度，从制度层面对领导人员下基层和帮促网点提出具体要求。落实从严治党要求，在支行原纪检监察员调离后，确定一名副行长兼任专职纪检监察员，保证监督执纪问责力度继续强化。按时召开全行纪检监察暨警示教育会，专题安排党风廉政和纪检监察工作。持续推进党务公开制度，建立公开目录，实现党建工作在阳光下运行。2017年，新发展1名预备党员，确定2名入党积极分子。

【企业文化】11月，支行被评为全区民族团结进步创建活动示范单位，成为全区首次入选的两家银行业经营性金融机构之一。开展员工家访活动，将家访谈心作为加强关爱员工的一项长效举措。举办了职工迎春趣味运动会、党支部羽毛球比赛、集体户外健步行和员工座谈会等活动，增强了员工间的交流；结合中华传统民族节日，开展包粽子、采摘瓜果等活动，激发员工凝聚力、向心力。开展“送温暖”活动，坚持对员工生日、婚假进行鲜花祝福，员工及家属生病、去世进行慰问，对离退休老干部和困难员工进行走访、慰问，员工的集体归属感得到了提升。

贺兰农村商业银行

【概况】2017年，各项存款40.42亿元，较年初增加6118万元，增幅1.56%。贷款投放稳步增长。各项贷款36.71亿元，较年初增加2.63亿元，增幅7.72%。其中：涉农贷款余额21.55亿元，小微客户贷款余额17.37亿元。经营效益稳中有增，主要监管指标持续达标。全行继续保持安全运营无事故。

【营销体系建设】以市场为导向，以客户关系管理系统为依托，细分客户。调整部分营销部门的职责，加强对营销工作的组织策划、市场分析、服务指导和考核监督，理顺了营销层级，突出了营销重点。同时，进一步优化完善激励机制，实施“拓户扩面”“进村入户”“扫街”等营销活动以及开展“赢在春天”“活力仲夏”等竞赛活动，深挖市场优质客户资源，带动了个人负债业务稳健发展。

【营销渠道建设】推行客户分层服务，提升网点吸储能力，延伸对财政、交通、社保、医疗等优质客户的服务，创新“理财+存款”等营销模式，提高客户综合收益，有效促进机构存款业务发展；加大对企业上下游客户营销及“二次营销”的力度，提高有贷户现金流归行率。

【信贷支农】围绕城乡两个市场，引导信贷资金重点投向“三农”、小微企业和个人客户，将做小做散的信贷结构落到实处。推进信贷结构调整。全面推动“全民创业”和“精准扶贫”。

巩固加强与妇联、劳动就业局、扶贫办等政府部门的合作，开展“阳光信贷”和“千村信贷”工程，开展金融扶贫工作。2017年，累计向建档立卡贫困户发放贷款近千万元。

【**网点综合建设**】形成“物理网点+电子银行+客户经理”三位一体的服务模式，构建起“产品、服务、渠道”三位一体的营销体系，形成了微信公众号、网上银行、电话银行、手机银行、自助银行“五位一体”的电子银行服务渠道体系。2017年，网点总数达到19家，“零费用”便民金融服务点达到66个，便捷高效的农村金融服务支付体系初步形成。

【**内控管理**】规范、完善，使业务管理体系和操作流程更加标准、规范。重新确定部门职责，制定岗位职责说明书，使内部机构更加健全，部门职责更加清晰。完善分级授权管理，使“三会一层”职责边界更加清晰，决策程序更加规范。落实重要岗位人员轮岗轮调制度、督办制度等，重大事项和重点工作，实行笼子管理，限期督办，不断提高工作效率。完善责任追究和问责机制，从顶层设计构筑风险“防火墙”，做实资产质量。

【**企业文化建设**】制定《贺兰农商行营业网点硬件及服务设施标准》，开展网点产能提升培训，全年对7家网点进行装修、改造、翻建，网点标准化改造率达到88%。开展黄河银行助学金“希望工程圆梦行动”，2017年，组织全行捐款25万元；向贺兰县慈善总会捐助爱心款项5万元，为留守儿童爱心捐赠3次。走访慰问退休老党员和包村困难党员38名。在人行永宁县支行2017年辖区银行业金融机构金融统计业务知识竞赛、贺兰县金融系统消费者权益保护现场知识竞赛、黄河银行系统“双提升”服务礼仪风采展示大赛中分别获得团体一等奖、二等奖和三等奖，参加黄河银行系统第二届职工运动会，并获得多项荣誉。

【**党的建设**】通过创新开展指尖课堂、微信课堂、支部课堂、内网课堂，组织党委中心组学习、落实书记带头讲党课，引导党员深刻领会十九大精神实质和深刻内涵。全年组织开展中心组学习12期、党建工作例会2次、“两学一做”专题讨论6次、十九大精神专题学习19次，开展“不忘初心，重走长征路”党员红色主题教育活动1次、班子成员讲党课15次、支部书记讲党课17次，示范带动党支部开展学习、讨论40余次。落实“一岗双责”制度，层层签订《党风廉政建设责任书》。

国有资产经营

【**概况**】2017年，县国资公司以提高国有资产经营质量为目标，以设施农业欠款清收为重点，以争取地方债券为载体。完成各项工作任务。

【**设施农业欠款清收**】建立定期联席会议制度，采取入户催要、法律诉讼、诉前调解、失信惩戒、执行和解推进清欠工作。第五批小户39户全清11户，死亡结案的2件，剩余28户法院执行中，收回欠款15.6万余元。还清欠款31户，通过法律程序完成诉讼、调解案件100户，占欠款人数的90%，完成执行结案的23件，累计收回欠款3113.41万元。

【**债务偿还**】偿还农业发展银行贺兰支行利息283.1万元，债券置换7个项目偿还本金7700万元。偿还国家开发银行宁夏分行利息76.75万元，债券置换6个项目偿还本金4615万元。

【**地方债券项目支付**】2017年争取地方债项目资金额度1亿元，用于宁夏生态纺织产业园区绿化、排污管网及江南路道路工程项目资金8000万元。为推进美丽乡村建设，实施“八大工程”，高标准建设20个美丽城镇和100个美丽村庄公共基础设施，为兰光中心村主体及外网配套设施建设项目资金2000万元。

商贸 流通

Shangmao Liutong

综 述

【概况】 2017年，全县实现社会消费品零售总额143.93亿元，同比增长8.2%，与2016年持平，低于全区平均增速1.3个百分点，总量占银川市零售总额的26.0%。城镇实现社会消费品零售总额137.29亿元，同比增长7.0%，占消费品零售总额的95.4%；乡村实现社会消费品零售总额6.64亿元，同比增长39.6%，占消费品零售总额的4.6%。批发业实现社会消费品零售总额12.29亿元，同比增长25.0%；零售业实现社会消费品零售总额124.61亿元，同比增长5.9%%；住宿业实现社会消费品零售总额0.43亿元，同比增长24.1%；餐饮业实现社会消费品零售总额6.60亿元，同比增长26.4%。个体经济、股份制经济、其他各种经济分别实现消费品零售额34.57亿元、17.53亿元、10.25亿元，同比分别增长38.9%、3.6%和17.4%；私营经济实现消费品零售额81.43亿元，同比下降1.1%；国有经济和集体经济占市场份额较少，分别实现消费品零售额230.7万元、1245.9万元。

【消费品市场规模扩大】 2017年，贺兰县社会消费品市场规模进一步扩大，累计实现社零总额143.93亿元，同比增长8.2%，总量居区、市第二，仅次于兴庆区，分别占区、市总量的15.5%、25.6%。从季度社零增速看，一季度实现社会消费品零售总额35.35亿元，同比增长9.0%；上半年实现社会消费品零售总额67.50亿元，同比增长9.2%；前三季度实现社会消费品零售总额103.30亿元，同比增长9.0%；全年实现社会消费品零售总额143.93亿元，同比增长8.2%。

【零售业处于主导地位】 2017年，全县批发、零售、住宿、餐饮四大行业分别累计实现零售额12.29亿元、124.61亿元、0.43亿元和6.60亿元，同比分别增长25.0%、5.9%、24.1%和26.4%。零售业占全县社会消费品零售总额的比重为86.6%，拉动零售总额增长5.3个百分点，贡献率达到64.1%，主导消费市场发展，成为支撑全县消费品市场发展的支柱。

【限下企业及个体户销售】 2017年，贺兰县限下企业及个体户实现社会消费品零售总额46.15亿元，同比增长39.6%，拉动零售总额增长9.8个百分点。限上企业实现社会消费品零售额97.78亿元，增速同比下降2.2%，限下持续保持较高增长态势，拉动全县社会消费品零售额增长。

【汽车类商品持续下降】 2017年，贺兰县汽车零售类限上企业55家，全年累计实现社会消费品零售总额89.38亿元，同比下降2.9%，下拉全县零售总额2.0个百分点；全年累计实现营业收入76.91亿元，同比下降6.3%；全年汽车成交量46065辆，同比下降7.3%。

【网络销售增长】电子商务迅猛发展，居民网上购物的平台和渠道日渐增多，实体零售业继续遭受冲击，增长趋缓，后劲不足。韵达、圆通、顺丰、中通、申通、唯品会、饿了么、美团等各种快递、外卖发展从无到有，网络购物及电子商务已经成为人们生活不可缺少的一部分。淘宝、微商等网购市场日渐成熟，对贺兰县传统市场的销售造成一定的影响。

招商引资

【概况】2017年，全县招商引资呈现签约落地建设项目梯次落地，实际到位资金持续跟进的局面，完成区、市下达的招商引资目标任务。

【到位资金完成情况】2017年，全县招商引资引进项目197个，其中：工业项目75个，农业项目47个，旅游、文化、医养现代服务业项目75个。协议总投资362.7亿元，实际到位资金144.5亿元，较2016年同比增长7%，完成本年度全县招商引资170亿元任务的85%，其中：新引进、新开工项目158个，协议总投资194.6亿元，实际到位资金92.8亿元，较2016年同比增长42.8%；续建项目39个，协议总投资168.1亿元，实际到位资金51.7亿元。上报银川市招商引资项目73个，其中：工业项目20个，农业项目24个，旅游、文化、医养现代服务业项目29个。概算总投资294.8亿元，实际到位资金95.84亿元，完成区、市下达目标任务83亿元的115.5%，同比增长18.6%。其中：新引进、新开工项目60个，概算总投资142.5亿元，实际到位资金63.43亿元，同比增长23.5%；续建项目13个，概算总投资152.3亿元，实际到位资金32.41亿元，同比增长10.2%。

【落实产业招商】围绕现代纺织、新型建材、食品加工、装备制造、新材料、新能源、休闲农业、文化旅游等主导产业招商，坚持重点区域和企业招商。有针对性地锁定重点招商区域：北京、上海、广东、浙江、江苏、山东、河北、福建。瞄准世界500强和国内500强企业，重点瞄准符合全县产业发展方向的行业20强及“国”字头企业以及上市公司、拟上市公司，开展项目对接工作，提高全县招商规模和水平。浙江杭萧钢构、安徽昊晶蓝宝石生产、江苏云威低速电动车、北京中节能集团热点联产等一批项目落户贺兰。

【全方位招商】落实精准招商工作。县委、县政府领导带队赴北京、上海、浙江、江苏、山东和广东等地对接项目43次，对接中企会、西部控股、中国商能集团、中国纺织科学院等企业及行业协会。2017年，在中阿博览会上签约项目4个，签约金额64亿元，其中：1.5万吨纤维素项目开工，75万吨玉米深加工项目、亚邦（贺兰）产业园建设等项目正推进落地工作。参加自治区、银川市组织的江苏、浙江招商推介会，福建厦门举办厦洽。通过对接洽谈，确定合同签约项目52个，协议签约总金额667.62亿元，实施开工建设的项目24个，实际到位资金22亿元，对接洽谈的企业78家。

【落实蹲点招商】从5月份开始，从全县新提拔干部和拟提拔的后备干部中选定8人，组成4个驻点招商小组，即北京河北组、上海浙江组，江苏山东组和广东福建组，做好京津冀、珠三角、长三角和沿渤海等地的招商引资工作。2017年，蹲点招商组共拜访商会协会80家以上，走访申龙客车、双山集团等企业超过150家以上，邀请青岛捷能集团、龙威新能源客车等客商考察超过20个批次以上，对接天津无线航空飞机组件生产等12个项目。

【委托招商】委托经国家和当地政府核准注册登记的行业协会、企业联合会、商会等中介组织机构，以及科研院所、企业孵化器、专业招商代理公司等代理招商。与中企会、宁夏齐鲁商会、宁夏青岛商会等商会达成协议，开展委托招商。

【以商招商】鼓励在工业园区和乡镇落地的企业挖掘资源，以商招商。委托中纺汇企（北京）

发展有限公司招商成效显著，与江苏友诚纺织机械有限公司、福建南安纸制品有限公司、中兴联合科技有限公司等签订投资协议。

供销合作

【概况】 2017年，开展县供销社综合改革工作。在全县供销社系统开展农村合作金融服务工作，为“三农”提供融资平台。在全县农村建设现代流通服务网络体系，培育农业生产资料、日用消费品、农副产品、再生资源回收利用、烟花爆竹五大经营服务网络。发展各类专业合作社、专业合作社联合社和消费合作社，推动合作经济向农业产业化经营全程和城乡社会化服务全方位拓展，发展农产品电子商务等现代流通业态。

【综合改革推进】 根据《贺兰县供销合作社综合改革实施方案》，按照“老人老办法、新人新办法”参照事业单位管理的要求办理事业登记证，核定工作岗位15个，经费列入县财政全额拨款预算。推进供销一体化发展，成立供销合作社电子商务有限公司和贺兰县商供资产管理有限公司。

【基层组织】 按照自治区供销合作社“两个体系”试点建设项目内容要求，选择自治区级龙头企业组织申报，经过审核，宁夏天缘种业有限公司实施的“2017年宁夏银川市贺兰县果蔬种苗工厂化繁育配送体系新建项目”被确定为自治区供销合作社2017年“两个体系”建设试点单位。7月31日，自治区供销合作社分别与贺兰县人民政府、贺兰县供销合作社签订合作协议，宁夏供销集团有限公司与宁夏天缘种业有限公司签订投资协议，宁夏供销集团有限公司以股权投资600万元，于8月14日资金到账，企业按照项目建设内容扎实推进。重建基层供销合作社。按照“开放办社”原则，建立以“公司+龙头企业+农民专业合作社+农户”为主体的新型基层供销合作社。与宁夏汇丰农资有限公司联合，重新建设习岗供销合作社，投入运营。

【农业社会化服务】 在8月初，用自走式全自动喷药机械3辆、无人植保飞机3架，共防治水稻稻瘟病8710公顷，防治玉米黏虫14740公顷，喷施各种农药18.25万瓶，价值197.8万元。为宁夏科丰种业有限公司申报土地托管项目，争取中央资金500万元、区级配套资金200万元。将海吉星现有空房无偿提供给专业合作社或农产品经纪人使用2～3年。

【供销e家运营平台建设】 在银川电商物流园投资100万元成立贺兰县供销社电子商务有限公司，并依托全国总社“供销e家”电商平台，投资510万元建成497平方米的“贺兰县供销e家电子商务运营中心”。银川市供销合作社将“银川市供销e家电子商务运营中心”设在贺兰县，实行“一市一县一个运营中心”运营模式，加强供销e家运营平台建设，与宁夏杞年生物科技有限公司签订运营合同，组建专业电商运营团队。加快乡镇村级电商服务网点建设，在全县对接由供销合作社领办的农民专业合作社和优势特色龙头企业，完成15个村级电商服务点建设并投入运营。上线农产品110余种，通过审核的有70个商品，成立贺兰县商供资产管理有限公司。

【合作组织建设】 由供销合作社领办在市场监督管理局注册的农民专业合作社87个，支持和鼓励农民专业合作社、农产品经纪人、蔬菜龙头企业在外省区大中城市农产品批发市场设立蔬菜外销窗口累计达到29个，6个农民专业合作社与新百、华联、物美等大型超市对接，签订常年供货合同。农民合作社、经纪人、龙头企业销售各类农产品达1.445亿元。及时贮存购进各类化肥，满足农民各季节用肥需求，完成农业生产资料销售26000吨，销售7160万元。引进广东全农农业科技投资有限公司，打通大宗农产品互换交易渠道。

【消费品零售】 全年争取市商务部门社消资金20万元，对上报及时、数据准确的企业进行奖励，完成全县社会消费品零售总额增速11%的目标任务。加快新型物流业发展。银川电商物流园累计完成投资3亿元，共建成快递仓储及电商展示展销区11万平方米，入驻顺丰、申通百世、韵达、德邦等快递企业8家，入驻阿里农村淘宝、京东商城、苏宁易购、供销e家、乐视、淘宁夏等电商企业30余家。搭建仓储、分拣、配送、销售于一体的现代物流供应链。

【市场监测】 全县纳入商务部市场监测统计系统的样本企业共计50家，其中：重点流通监测样本的42家企业，其中：汽车4S店34家，综合商场及超市10家，医药公司1家，餐饮住宿业1家，农贸市场1家，生产资料销售企业（石油）1家，农产品批发企业1家，食品加工企业1家。分别以周报、日报、旬报、季报、年报形式上报不同阶段的企业销售数据。

【标准化菜市场建设】 争取自治区商务厅标准化菜市场项目资金，在县城北区建成一座标准化菜市场，并投入运营。

【推进项目】 开展项目推介和对接服务工作，落实招商引资项目6个，项目概算投资3亿元，实际到位资金2.45亿元；争取项目资金1634万元。2017年，实施新开工项目8个，概算总投资2.34亿元，开工率为100%，实际完成投资1.6亿元。完成全年投资任务。

【安全生产工作】 落实安全生产“一岗双责”，一把手切实履行安全生产第一责任人的职责。签订安全生产目标责任书，开展全县商贸领域和加油站安全生产专项行动等活动。7—10月份开展全国安全大检查，接受国家及自治区安全生产督查3次。共检查商场超市60余家次、加油站110余家次，落实整改隐患75件次。被银川市政府评为安全生产先进单位。

【精神文明建设】 开展机关、商场、餐饮企业员工思想道德教育，在醒目处张贴公益广告，以提高公民思想道德水平。对本系统、村、社区、移民村31名困难职工群众按照300元标准慰问。制定《贺兰县供销社宣传文化思想工作要点》。

粮食流通

【概况】 2017年，县粮食流通管理工作负责审核、办理粮食收购许可证，对粮食经营者从事粮食收购、储存、运输活动和政策性用粮的购销活动进行监督检查。承担全县粮食行业统计和社会粮食流通统计工作，并对执行国家粮食流通统计制度的情况进行监督检查。监督实施储备粮管理的技术规范，监督检查储备粮的库存、质量和安全。执行全县粮食供应应急预案和粮食价格预警方案，建立县粮食供求和价格监测网络，掌握粮油市场动态，保证县粮食安全及社会稳定。完成目标任务。

【粮油储备】 配合县政府做好成品粮油储备规模测算、制订落实计划，提出实施意见并切实落到实处，根据《宁夏回族自治区地方储备粮管理条例》的相关要求，全县建立应急成品粮油储备690吨（大米360吨、面粉240吨、食用油90吨），能够满足全县常住人口10日正常供应量。

【应急保障】 制订贺兰县粮食应急保障预案，建立健全应急值守制度，按规定及时报送相关信息，没有发生迟报、漏报事件。坚持领导轮流24小时值班制度，做好日常值守应急和信息汇总工作，提高信息报告的效率和质量，执行重大事项报告制度和值班登记、交接班制度。

【应急成品粮油监督】 检查承储贺兰县应急成品粮油的企业各10次，共计20次。银川市军粮供应站和宁夏昊裕油脂有限公司承储的县应急成品粮（油）的数量真实、质量合格，仓储环境良好，管理规范到位。

【放心粮油店监督】 开展节日前“放心粮油店”与应急供应网点、粮油加工、收储企业监督检查共计10次，通过对原粮卫生、进货渠道、加工成品包装标识、经营环境、台账记录开展

"五看"监督检查活动。2017年，县市场货源充足、经营管理制度规范、设施设备齐全、经营商品质量基本符合放心粮油标准和要求。

【粮食收储加工】 通过将分散的种植户与粮食生产销售企业有机结合,形成经济利益共同体,组织涉粮收储、加工企业与粮食生产者及农民经纪人签订9.4万吨粮食订单，其中:签订玉米4.5万吨、水稻4.4万吨、小麦0.5万吨，覆盖县四镇一乡的17411家农户。通过粮食订单引导种植户以市场需求为导向，扩大优质粮食种植面积，提升优质粮保障能力。

【粮食收购许可证年审】 用一个月对辖区内取得粮食收购许可证的45家企业进行年检换证工作，采取台账查看和现场抽查相结合方式，完成换证37家，对8家收购条件发生变化，不符合收购资格条件以及没有记录台账，注销两年未进行年审的企业，对检查过程中发现个别企业台账记录不规范，粮食仓储设施设备不齐全的问题，督促企业整治，排查隐患。

【粮食收购企业监督】 通过向各粮食收购企业发放《粮库安全生产守则》，组织辖区内办理收购许可证的所有企业负责人签订《粮食企业收购信用承诺书》。公布收购网点信息，向种粮大户发放《新型农业经营主体粮食收购服务手册》，并按时向上级部门报送收购进度。各收购企业做到标准上墙、价格上榜、样品上台，并检查粮食收购企业是否存在"打白条""坑农"现象，对个别临时收购点没有价格公示等现象，现场提出整改。

【社会粮油供需平衡调查】 到农户、城镇居民户、粮食加工、购销企业采集数据，共计调查83家。到农户、城镇居民户、粮油加工、经营企业之中调查社会食用植物油供需情况采集数据，共计调查77家，并对采集的数据进行认真审核、汇总分析，撰写粮油供需平衡调查报告。

【农户存粮调查】 为掌握2017年乡村居民户存粮水平和结构，提高粮食供需形势研究判断能力，更好地服务粮食宏观调控决策，全县范围内组织开展乡村居民户存粮调查工作。

【粮食流通统计】 每月对县辖区内各类入统粮油企业的流通、加工数据进行汇总上报，整理粮食流通统计报表和资料，审核上报10期月报。

【粮油市场价格监测】 做好粮油价格监测分析工作。每周对消费市场粮油价格进行采集上报、分析汇总。并及时对县辖区内农户售粮情况进行跟踪调查，主要通过对辖区粮食收储企业收购量每周定期统计，从而及时上报全县农户售粮情况，掌握全县粮食收购进度。组织调查上报48期粮油动态价格，20期收购进度、粮油价格分析报告。

【粮食流通统计制度执行】 为规范粮食流通市场秩序，提高粮食统计数据质量，对辖区内入统企业的粮食流通统计制度执行情况进行专项监督检查，重点查看企业机构人员设立情况、统计台账、资料、报表等，发现存在档案资料不完整等问题，召集涉粮企业统计人员进行专项培训，明确统计资料记录、上报、审核、整理归档要求，克服企业统计人员更换频繁，数据资料保存不完整等问题。

【粮食安全生产】 组织部分粮油企业参加市粮食局2017年安全储粮安全生产培训班，保障安全生产。执行安全生产责任制，与涉粮企业签订《安全生产目标责任书》，层次落实，确保安全责任落到实处。开展粮油安全及消防安全宣传与监督检查工作。通过对粮油企业熏蒸及消防安全进行监督检查，保证粮油企业消防安全设备齐全，保障全县粮食系统安全生产、稳定发展。在中储粮银川直属库贺兰分库举行粮食安全及消防安全应急演练活动。

【库存检查】 主要对县5家粮食加工企业和2家收储企业及中央储备粮银川直库贺兰县分库、通义收储库粮食库存监督检查工作，对储粮库存数量、质量、安全和安全生产、管理制度进行检查，做到“谁储粮、谁负责”“谁坏粮、谁担责”，出事故要问责。检查中，各粮库在每个时段都有人值班，并承担仓库保管责任，出入库设有安全员，完成安全生产责任制度的落实。

【粮食产后服务中心建设】 按照自治区粮食局文件要求，根据全县粮食生产布局、流通布局、以方便农民为目标，申请定宁夏广银米业、贺兰县生瑞米业、宁夏明翔粮油有限公司为县粮食产后服务试点中心，争取在2018年建成代清理、代烘干、代储存、代加工、代销售为内容的产后服务中心试点，解决产后粮食晾晒问题，为农民排忧解难。

【实施“大农户”储粮仓建设】 制订《贺兰县2017年“大农户”科学储粮仓建设项目实施方案》，通过组织宣传，统计核定辖区内涉粮企业、家庭农场、种粮大户、农民合作社等新型农业经营主体资质条件，做好项目申报、认定工作。2017年，由贺兰县鑫胜稻麦产销专业合作社建成2个科学储粮仓。

教育 科技 体育

Jiaoyu Keji Tiyu

教 育

【概况】 2017年，开展教育督导、检查与评估。规划、指导教师和教育行政干部队伍的建设工作，管理教育内部人才市场，指导教育系统人事制度改革。指导全县各级各类学校思想政治，精神文明建设、德育、教育教学、美育工作等。规划、指导、推动教育系统的教育科研工作。2017年，全县教育改革动作大，高考升学率较近年最高，教育惠民力度投入历年最多，为群众减负达1372万元，师资队伍实现新优化，平安校园建设得到加强。

【校点布局调整】 经过前期的反复论证、走访调研、开会研讨等程序，将辖区23所农村学校调整为10所，在全区率先实施集中办学。

【人事制度改革】 开展中小学校长和学校中层领导选聘工作，按照竞争、择优、能上能下的原则，配齐各学校领导班子，优化中小学校长评价与管理机制，推进校长队伍年轻化，规范化建设。

【高考、中考上台阶】 学前三年毛入园率达115%，小学、初中适龄少年儿童巩固率分别达到111%、98%。高考二本上线率达到40.1%，实现九连增，创历年最好水平。中考成绩大幅攉高，600分以上达到408人，是历年高分最多的一年，比2016年多近百人，首次突破700分。

【教育惠民】 免除全县所有高中生学费288.36万元，投入131万元，增加高中生公用经费300元，惠及学生达4500人。投入30万元，免除所有建档立卡、农村低保、特困救助、残疾人家庭子女、残疾学生学费、课本费、住宿费。农村集中办学后，政府节省费用585.12万元，仅投入286万元，为6400余名农村学生免费提供营养午餐和2000余名学生免费开通平安交通专线，为群众减负1372万元。

【教育扶贫】 实施义务教育阶段寄宿生生活补助、学前幼儿资助和家庭经济困难学生救助等惠民政策。累计发放农村义务教育寄宿生生活补助费338万元；学前两年教育资助儿童1793人次，资助103万元，同比增长28.8%；普通高中家庭经济困难学生资助1902人次，资助230万元，同比增长23%；大学生生源地助学贷款1282人，发放助学金贷款815万元，同比增长12.4%；争取燕宝奖金192.8万元，资助大学生117人，同比增长20.5%。重视特殊教育，对32名重度残疾儿童和82名随班就读残疾学生开展关爱行动。县教育局连续三年被自治区教育厅评为全区生源地信用助学贷款工作先进集体。

【重点项目建设】 2017年，投入近4亿元，新建第三幼儿园、太阳城中学、德胜第二小学、银川北塔中学、银川市景博学校。建成可增加126个教学班，6300个学位。

【学前教育】构建政府主导、社会参与、公办民办并举的学前教育公共服务体系。将暖泉农场幼儿园、南梁台子幼儿园采取“政府投资建设、社会融资运营、保本微利运行、群众普惠受益”的“公建民办”办园模式。通过公开招投标程序，有2家企业投入运营。

【招才引智】招聘免费师范生17名，事业单位招聘教师30名。招聘特岗教师88名，优化教师年龄结构和学科结构。开展校长公开选聘、干部分层分岗培训，实施中小学校长公开选聘工作，选聘22名校长，平均年龄45岁。

【名校工程】加大与银川二中、苏州山塘小学、江苏南通市海安实验小学等名校的交流合作，努力建设一批社会声誉好、教学质量优、教师队伍强的贺兰名校。依托贺兰一中、贺兰四中、贺兰一小、贺兰六小、贺兰县幼儿园、贺兰县金色未来幼儿园6个全区创新素养教育试点学校，加大对青年教师的培养力度，开展创新素养教育大赛活动。

【名师工程】成立23个名师工作室，培养“凤城名师”“贺兰名师”“名校长”“名班主任”共26名，“三名”培养对象达123人。建立城市和农村学校、优质学校和薄弱学校干部、教师交流制度。校长、中层领导交流22人，交流比率20%；专任教师交流151人，交流比率10%，实现师资优势互补和资源共享。有5人获得国家级奖项，16人获得区级奖项。

【平安校园建设】开展7次联合整治行动，对学校食堂、周边环境、道路交通、消防安保等进行拉网式排查，专项治理校园及周边环境，共排查治理安全隐患100余处；3次对全县民办幼儿园进行检查，对15所民办幼儿园下发隐患整改通知书，对存在较大安全隐患的3所幼儿园进行关停，限期整改，对1所不符合条件的幼儿园依法取缔；投入410余万元为德胜实验小学和贺兰县奥徕小学安装监控设施，为部分学校改造校门口家长接送区场。

【闲置校产盘活】全县有46所学校校舍闲置。2017年，采取面向社会公开租赁的方式，吸引具有从事教育培训、民办教育、培训基地等意向的企业或个人，由教育局牵头，联合财政、审计、国土和融晟公司等部门组成联合考察组进行考察，发展前景良好的企业或个人进行投资经营闲置校舍。有4家具备教育资质企业，通过竞聘询价的方式承租四所闲置校舍。

科技创新

【概况】2017年，全县科技推广、创新工作以推进科教兴县战略实施，推动全县科技创新体系建设。制定多渠道增加科技投入的措施。推进全县高新技术产业化和中小企业技术创新工作，负责评选、申报高新技术企业及高新技术产品工作。归口管理全县软科学研究和科技成果、科技奖励、科技保密、科技市场、科技统计、科技信息工作；制定全县科学技术普及工作规划，协调全县科普工作；推进科技服务体系建设。2017年，获得自治区科普先进集体、自治区农业农村先进集体三等奖、银川市科技进步考核一等奖。

【项目征集】引导服务企业积极申报各级科技项目，争取科技立项，资金支持。累计申报自治区、银川市科技计划项目94项。其中：申报自治区科技后补助项目25项，自治区科技金融专项项目25项、自治区科技特派员专项10项，自治区人才项目3项，银川市科技项目25项，其他3项。累计争取资金1880万元。全县基础研究、应用研究、试验发展经费支出占GDP比重达1.06%，科技后补助资金303.1万元全部配套到位，达到自治区考核标准。

【科技政策落实】开展的“宁夏科技贷款”项目工作，三批推荐项目共13项，自治区科技厅审核通过9项，2项待审核，经过银行审核把关，全县5家企业领取风险补偿贷款，贷款额度1250万元。重点组织征集具有自主知识产权的科研项目、科技型企业，在金融机构申报科技金融专项资金。推荐项目13项，经科技厅审核，立项9项，下达扶持资金共108万元。

【专利申请】组织17家企业申报自治区专利申请、授权资助。其中：发明专利申请资助40项，授权专利申请资助38项。获取奖励资金达到34万元。全县企业2017年专利申请量246件，授权量81件。邀请专家进行科技项目培训，解读科技政策，共组织23家企业申领银川市科技创新券，累计申领额度达495万元。

【招商引资】按照县委、政府"重大项目推进年"安排部署，以科技创新中心为平台，加强与各高等院校、高科技型企业对接，将广州金域、浙江光宝智能、浙江舒宜康医疗器械、宁夏斯维尔特信息技术、宁夏康美瑞医疗器械、宁夏科创飞防等7家企业作为重点，推为科技建设项目，完成招商引资8650万元，占任务数的108%。科创中心招孵企业达到48家，带动就业323人。科创中心被认定为科技部"星创天地""自治区级科技孵化器""银川市创业孵化示范基地"。"食用菌精准扶贫项目"和"科技创新中心建设项目"共计完成固定资产投资1.52亿元，占任务数的100%。

【人才引进】推荐上报自治区高层次科技创新领军人才2名，推荐大北农申报自治区引进创新团队项目。按照县委1+3产业体系，以科技创新中心为载体，柔性引进中科院长春应化所李成宇博士来贺兰县进行全光谱LED植物生长灯的成果转化；柔性引进中科院成都生物研究所、中科院"西部之光"人才王玉建博士在生物纳米碳处理工业废水、废气中污染物及秸秆等方面为贺兰县企业提供技术支持；柔性引进广州金域医学检验中心遗传学专家赵强博士，来贺兰县进行遗传疾病诊断、基因诊断相关的专家会诊和技术指导。发挥特派员引领示范带动作用，应用物联网技术在瑞信农业、双马农业、天缘种业等公司实施温棚种植。

【企业科技创新】培育汤姆森电气、塞尚、大北农等企业为高新技术企业，组织易兴实业、云智物联、无限界等19家企业申报自治区科技型中小企业，现获批14家，全县科技型中小企业达到51家。培育13家县级科技创新团队，建设银川国家农业科技园区新平科创联盟。科海生物、欣荣和科技有限公司"星创天地"报备科技部。组织汤姆森、艾依斯、伊家仁食品公司申请自治区技术创新中心。推荐的宁夏如意科技时尚产业有限公司成功申请为自治区级工程技术中心，全县自治区工程技术中心累计达到9家。

【科技成果转化】带领相关企业到山东、湖北、河南等地考察学习引进先进的技术，分别与中科院长春应用化学研究院合作，引进中科光电植物补光灯技术在瑞信农业试验示范；引进湖北隆湖小龙虾养殖技术在文军稻蟹养殖专业合作社实施稻田小龙虾试验示范养殖项目，在海永生态渔业公司实施泥鳅繁育及高效养殖试验示范，现繁育成功；引进辽宁渔业研究所吴昊进行淡水鱼名特优高产高效养殖技术示范；与奥甘尼克生物科技有限公司合作引进藜麦，以双马科技有限公司为首成立藜麦产业联盟进行试验示范；引进浙江云和师傅协会、辽宁省果树研究所专家和西北农业大学李鸣雷教授与欣荣和食用菌合作，在洪广镇欣荣村实施食用菌精准扶贫项目，并通过财政科技项目扶持资金引领企业对新品种进行试验示范，为贺兰县农业供给侧改革助力。天缘种业、科海生物、欣荣和食用菌三家农业科技有限公司被科技部认定为"星创天地"单位。

气象服务

【概况】2017年，贺兰气象工作坚持服务引领开展气象综合防灾减灾工作。2017年，制作发布各类气象灾害预警信号90期、《气象信息专报》43期、《农用天气预报》44期，通过手机短信、显示屏、大喇叭、微博微信等发布各类信息30万余条。县政府领导在《气象信息专报》上批示11次。

【气象防灾减灾】2017年，组织召开全县气象服务暨灾害防御联席会议，与发改、国土、农牧、水务、林业等部门签订部门气象应急联动合作协议。与农牧、保险等建立联合灾情调查机制，做到灾后快速、准确理赔。县政府针对各类灾害性天气印发紧急通知5份；与水利、建设、国土等部门联合会商4次，联合灾情调查2次，联合开展地质灾害演练1次。

【人工影响天气】调整了人工影响天气领导小组贺兰县2017年人工影响天气计划；汛前与作业点所在乡镇常信乡签订《人工影响天气工作目标责任书》，完善贺兰县人工影响天气作业安全事故应急处理预案、作业流程等相关规章流程。每两月开展一次人工影响天气安全专项巡查。全年共计开展人工影响天气作业4次，发射火箭15枚，待命18次。

【气象助力精准脱贫】围绕优质粮食、设施农业、水产养殖、葡萄等产业，制订《贺兰县2017年特色农业农用天气预报业务服务方案》《贺兰县2017年气象助力脱贫计划》。组织全体党员干部和贫困户结对帮扶，每月及时入户了解贫困户生产生活情况。全年组织开展气象助力精准脱贫调研4次，走访慰问贫困户10次，与驻村第一书记座谈3次，落实扶贫资金1万元，解决贫困户就业1名，开展气象防灾减灾进贫困社区宣传2次，发放宣传材料900余份。为贫困户办实事、办好事，帮助贫困户脱贫致富的工作作风受到县委、县政府通报表扬。

【农业气象服务融入农业发展】与贺兰县常信乡广银稻渔产业联合体合作，召开专题会议研究服务方案，将气象预报预警与基地农业社会化试点建设结合起来，开展优质粮食、设施农业、水产养殖气象服务工作。全年下乡实地调查农情20余次，向自治区气象局农气中心提供小麦发育、水稻育秧、插播、生长状况等信息6次。完成酿酒葡萄、设施农业气象服务研究课题2项。

【气象法治建设】开展彩球监管执法6次，查处违法施放气球3家，防雷安全检查8次，检查企业32家。联合县安监、公安、市场检查、运政等部门开展重大危险源安全专项检查2次，检查企业6家。人工影响天气作业点安全巡查5次。

【从严治党】制订《2017年党风廉政建设工作方案》《贺兰县气象局党组领导班子成员落实党风廉政建设“两个责任”台账》。开展集中学习4次。开展党支部书记讲党课2次，开展道德讲堂3次。联合自治区交通厅、县民政局等7家金河社区共建单位，开展青年官兵五四青年联谊活动。

【气象宣传】利用“3·23”气象日、“5·12”防灾减灾日、6月安全生产宣传咨询月等节日开展防灾减灾知识进社区、进学校、进乡村宣传活动。采用展示展板、向市民发放传单、接受现场咨询、发送科普短信等形式，对气象法律法规、防雷减灾知识、探测环境保护、气象科技服务等内容进行了系统的宣传。共发放了报刊、宣传册等4500余份、科普信息5000余条。在中国气象CMA发稿1篇，中国气象报发稿1篇，内联网发简讯60余篇。接受县电视台采访11次，工作简讯入选宁夏气象网今日关注11条，入选宁夏气象工作信息5条。

体　育

【概况】2017年，全县体育工作以增强全县人民体质和提高健康水平为目标，以培养优秀体育后备人才为着眼点，推进群众体育、竞技体育发展，成为创建自治区级基本公共体育服务体系示范县。

【群众体育】成立体育总会和农民体育协会、老年人体育协会等15个单项体育协会。争取中央支持体育事业转移支付资金1294万元，其中：800万元建设体育中心县级全民健身中心，250万元建设如意湖体育公园，102万元建设星光公园3个多功能运动场，100万元建设体育中心拼装式游泳池，42万元建设金贵镇多功能运动场。全县

62个行政村全部实施农民健身工程，建设5个社区笼式多功能运动场，在体育中心院内增建健身驿站、塑胶健身场地等，城镇、社区健身场地实现全覆盖。

【体育健身比赛】 开展市民“三人制”篮球赛、全县草根足球联赛，每周产生周冠军，每月决出月冠军，年底总决赛产生年度总冠军，受到广大群众的热烈欢迎。按照“年初有安排、月月有活动，季季有比赛、节庆有亮点”的要求，开展全民健身活动。会同武术协会、社会体育指导员协会承办纪念毛泽东同志题词“发展体育运动，增强人民体质” 65周年健身节启动仪式，全国青少年毽球夏令营，全国太极拳邀请赛等大型赛事。开展全县体育大拜年职工趣味运动会、全县百乡千村农民体育活动月及总决赛，全县庆三八女干部职工运动会，全县中小学生田径运动会，全县残疾人运动会，2017年羽毛球联赛，2017年干部职工乒乓球联赛，全县离退休干部老年人运动会，全民健身挑战日健康宁夏动起来、全国青少年毽球夏令营、全县干部职工趣味运动会、全县职工游泳比赛，全县干部职工迷你马拉松比赛、全县自行车骑行比赛，宁夏第三届全民健身节“中旅杯”全国太极拳邀请赛，宁夏航空模型，车辆模型公开赛等18项赛事。直接参与活动人数达到8万人次。

【体育健身指导】 组织体育爱好者、体育活动骨干、基层干部、妇女干部、社团骨干、企业骨干进行社会体育指导员培训，全县共有三级以上社会体育指导员586人，经常服务的社会体育指导员人数达到注册指导员人数的60%以上。

【竞技体育】 贺兰是宁夏高水平体育后备人才基地，开展的青少年业余训练项目有田径、摔跤、举重、射击、足球、篮球、排球、乒乓球、跆拳道、羽毛球、武术等11个项目。2017年，贺兰县运动员在参加区市各项目比赛中共取得金牌37枚，银牌28枚，铜牌26枚，取得第四到六名41个，达国家一级运动员5人，二级运动员8人，破自治区记录2人。

【体育基础设施建设】 2017年，贺兰县体育中心加强体育设施建设，新增贺兰县沿唐徕渠自行车慢行系统、贺兰县工会社区多功能运动场、贺兰县洪广镇笼式多功能运动场、贺兰县如意湖体育公园等11处大型体育场地，面积59868平方米。县城形成十分钟健身圈。

【精准扶贫】 每月19、20日带领干部职工到常信乡旭光村进行联合办公，走访困难群众38户，春节前夕为困难家庭送去米、面、油等物品，全年为帮扶村提供帮扶资金2万元。开展精准扶贫工作，与洪广镇欣荣村13户困难群众和广荣村3户困难群众分别签订《精准扶贫结对帮扶协议书》，通过入户调查，填写贺兰县贫困户登记表后，制订详细的实施方案及帮扶措施，利用养殖、外出务工等形式帮助脱贫，全年共投入帮扶资金5000元，帮助8户群众实现脱贫，为欣荣小学争取到体育健身器材资金25000元，为欣荣村配置健身路径22件。

卫生与计划生育

Weisheng Yu Jihua Shengyu

医疗卫生

【概况】 2017年，全县卫生工作研究制定全县卫生事业发展规划及年度计划，组织实施及检查督促。统筹协调全县卫生资源配置。研究制定全县农村卫生、妇幼卫生工作规划和政策措施，指导初级卫生保健规划和母婴保健专项技术的实施。制定对人群健康危害严重疾病的防治规划；组织对重大疾病的综合防治。对全县公共卫生、劳动卫生、食品、药品、医用生物制品和生物材料、医用器械实施监督；对重大疾病及医疗质量等行为监测。开展精神卫生综合管理试点、公立医院去行政化改革，开展公开招聘乡镇卫生院院长重点工作，推动互联网+医疗产业、远程会诊、微医合作机制等工作的开展。

【精神卫生管理试点工作】 2017年，全县累计筛查疑似严重精神障碍患者1378例。全县有78名兼职人员从事严重精神障碍患者管理工作，建有县级精神卫生专科门诊1个，运行的精神卫生康复站1所，1所精神卫生康复站进行建设。成立全县试点工作领导小组、精神卫生综合管理小组、专家技术指导组，制定两项专门性文件，为精神卫生工作的推进提供政策保障；按照1:0.5比例配套资金，共拨付66.6万元用于全县精神卫生试点建设。人社、残联、民政与自治区民康医院、宁安医院签订合作协议；药品目录由原执行中转项目的17种扩大到22种，为符合治疗体征的精神疾病患者实施免费治疗。

【宣传培训】 举办精神卫生综合管理培训班，600名行政领导、成员单位工作人员、各级精防人员等接受培训。开展12场次近2000人次精神疾病患者及家属参加的精神障碍患者家属护理教育和救治救助政策宣传活动。全年县乡两级卫生、民政、公安、残联进行数据交换4次。

【公立医院去行政化改革】 县第一人民医院按照收入、成本、科室提取比例统筹计算绩效工资，实行两周一考评，月评月奖。落实院长年薪制，进行中医院院长2016—2017任职年度考核，考核分数为91.1分，并兑现年薪。

【招聘乡镇卫生院院长】 公开招聘常信卫生院院长，面向全县公开招聘具有业务素养和管理经验的人员，通过公示方案、报名、资格审核、面试、资格复审及民主测评等程序，从8名候选者中聘用一位院长。

【残疾人康复服务】 全县共在医疗机构建立7个残疾人康复站，配置中医专业、全科医生、健康教育等专业技术人员，投入针灸理疗仪、TDP神灯等价值15万元的中医理疗康复设备。为辖区残疾人建立健康档案免费体检、制订康复计划，定期随访管理、指导残疾人在康复站和家中开展运动功能、生活自理能力和社会适应能力等方面的康复训练，在康复站开展中医康复治疗。

【互联网+医疗产业建设】宁夏互联网医院3月12日开业。开通区、市、县7家医院线上预约挂号服务，患者通过微医APP、微医公众号或通过PC端登yinchuan.guahao.com实现线上预约挂号，平均日预约量50人次。在宁夏儿童医院、贺兰县第一人民医院建立先进的远程会诊室，实现对名医远程合作。在贺兰县第一人民医院呼吸内科、心内科购置两套远程心电遥测设备，总价值160余万元。

【远程会诊发展】建立以宁夏医科大学总医院为一级远程会诊中心，县第一人民医院为二级远程会诊站点，县域六家乡镇卫生院为三级远程会诊基层站点的会诊平台，2017年，完成各类远程会诊711例，自开通后累计1381例。县第一人民医院与银川市第一人民医院心电远程会诊中心对接，心电图室实时与市第一人民医院心电会诊中心进行心电数据的远程传输和诊断报告结果发送。县第一人民医院建立以EMR电子病历为核心、集合医疗服务为一体的信息化系统建设。

【群众满意的医疗卫生机构建设】巩固创建成功的4家乡镇卫生院和7所村卫生室成果。2017年，组织申报2家乡镇卫生院、12所村卫生室及如意湖社区卫生服务站共15家医疗机构创建自治区级群众满意的基层医疗卫生机构，通过自治区、银川市验收。

【重点项目建设】新建中医院2017年完成土建主体、外墙石材及装饰、消防箱安装、消防主管及支管安装等工程，以上工程进度完成总工程量约85%。新建利民、金河、花园3个社区卫生服务站。

人口与计划生育

【概况】统筹全县卫生和计划生育服务资源配置。组织实施促进全县出生人口性别平衡的政策措施，组织监测计划生育发展动态，推动计划生育、生殖健康促进计划，降低出生缺陷人口数量。组织建立计划生育利益导向、计划生育家庭扶助和促进计划生育家庭发展等机制。落实流动人口计划生育服务管理制度，推动建立流动人口卫生和计划生育信息共享和公共服务工作机制。开展卫生和计划生育宣传、健康教育、健康促进和信息化建设。

【人口状况】2017年贺兰县总人口（常住人口）260941人，比2016年增加4946人，其中：城镇人口145866人，比2016年增加10829人；乡村人口115075人，比2016年减少5883。城镇化率55.90%，同比提高3.15个百分点，比全区平均水平低2.08个百分点。人口出生率14.05‰，比2016年提高1.12个千分点；人口死亡率5.42‰，比2016年提高0.87个千分点；人口自然增长率8.63‰，比2016年提高0.25个千分点。

【计划生育服务管理】开设培训班一对一培训，抽调专业人员到各乡镇指导专干熟悉生育登记服务。系统PPT操作流程。做到出生人口监测与全员数据库结合、出生人口监测与统计报表结合、出生人口监测与信息应用资源结合。

【流动人口基本公共服务均等化】对全县24404名流动人口进行摸底调查，对抽取的900户2880名流动人口样本进行定位，完成全县18个样本点的360户调查对象的现场调查、录音和上传工作，做到调查问卷无一例不合格退回；四部门联合开展用工单位专项检查活动，共检查用工单位400个，共清查流动人口756名，已婚育龄妇女456人，发放宣传品2000份，免费发放药具650盒。

疾病预防控制

【概况】2017年，县疾病预防控制中心获得全区传染病网络直报数字证书全覆盖先进单位、宁夏免疫规划信息系统实施工作优秀单位、全区癫痫防治管理治疗和严重精神障碍管理治疗项目优秀单位、银川市疾控机构业务考核第一名、银川市卫生应急大赛中获团体三等奖和贺兰县志愿服务“十佳志愿服务团队”等称号。

【学习培训】按照《2017年疾控中心继续教育工作计划》，做好医学继续教育。专业技术人员参加国家、区、市专题培训56期165人次。举办《呼吸道传染病防控》《狂犬病防控》等专题培训12期，召开全县疾病预防控制工作研讨会1次；专业技术人员下基层指导196次；对基层业务人员培训16期900余人次，县、乡、村三级工作人员业务受训率达100%。组建队伍参加全市卫生应急大赛。

【健康教育宣传】 创建中心微信公众号，利用新媒体向社会、广大群众发送疾病预防、健康生活信息。与县电视台共办《卫生与健康》电视栏目,宣传健康理念、慢性病防治等知识。成功承办宁夏4·25预防接种日主会场宣传活动。

【政务公开】 成立政务公开领导小组，建立健全政务公开管理制度和服务规范，设立中心政府信息公开查阅点，制定各类统一表格及登记册，专人负责具体事务。完成中心政府信息公开目录、公开指南、实施方案、年度报告及建档工作。以政府公开客户端、中心微信公众号、政务微博、部门动态等形式，推行政务公开力度。

【传染病登记报告】 2017年，全县累计报告乙丙类传染病共19种1990例，报告发病率为821.61/10万，其中：报告乙类传染病13种1019例，报告发病率为420.71/10万；报告丙类传染病6种971例，报告发病率为400.90/10万。发病率居前五位的病种是手足口病、其他感染性腹泻、乙肝、梅毒、猩红热，报告发病率分别为231.62/10万、129.23/10万、116.84/10万、101.15/10万、85.05/10万。传染病报告率、报告准确率、报告卡填写完整率均达到98%以上，审核为100%。

【传染病监测】 强化学校、建筑工地、医疗机构等重点场所、环节专项督查，对不明原因肺炎、中东呼吸综合征、埃博拉出血热、人感染高致病禽流感、寨卡病毒病、麻疹、狂犬病、手足口病、流感等重点传染病开展监测。超额完成手足口病监测采样任务，共采集手足口病标本80份。组织完成90名赴沙特朝觐回国人员医学观察工作。

【公共卫生事件处置】 2017年，报告3起水痘暴发疫情并构成一般突发公共卫生事件。对学校、幼儿园及家庭发生的30起传染病聚集性疫情和1例炭疽病例进行调查处置，阻止疫情扩散蔓延，调查处置率100%。

【免疫规划】 实行定点预防接种，完成冷链运转24次，共接种一类疫苗8种79623剂次，接种率99.47%；加强免疫接种疫苗6种31574剂次，报告接种率99.35%。全县37所小学和70所托幼机构春季及秋季新生预防接种证查验工作，查验率100%，卡证符合率、补证率、补种率均达到98%以上。不定期开展流动儿童免疫规划专题调查，并将该工作纳入常态化预防接种管理。开展培训，为新增预防接种人员发放“预防接种上岗证”，确保预防接种及异常反应监测质量。2017年，上报疑似预防接种异常反应19例，AEFI48小时内报告率、调查率、个案调查表关键项目填写完整率及调查报告上传率均为100%。

【应急接种】 开展乙肝、麻疹、AFP、流脑、乙脑等病例的主动监测。2017年，无乙肝、AFP、流脑、乙脑报告，报告麻疹疑似病例3例，并采取以“环形”应急接种含麻疹成分疫苗为主的综合防控措施。为大型企业员工1080名，供港蔬菜基地外来务工人员1495名，大中专院校学生1873名，医务人员355名共4803人，免费接种含麻疹成分疫苗，有效地控制麻疹疫情。

【慢性病示范区创建】 全县医疗卫生机构35岁以上人群首诊测血压覆盖率100%，首诊测血压率达到97.15%。全县设立健康指标自助检测点35家，组建31个慢性病自我管理小组。2017年，建立居民健康档案155432份，建档覆盖率为61.35；65岁以上老年人健康管理率达到52.07%；高血压和Ⅱ型糖尿病管理率分别达到80.12%、80.80%，控制率分别达到72.33%、67.81%。

【心血管高危人群筛查】完成初筛对象调查6002人，初筛完成率100%；高危检出人数1673人，高危检出率27.8%；完成1504人的心电图、心脏超声、颈动脉超声检查；进行高危干预1504人，干预任务完成率100.27%；完成与国家心血管病中心生物样本交接5次，安全转运6002人份的血、尿样本，上交知情同意书6002份。

【死因监测及肿瘤登记】死亡病例报告数量和质量不断提高，死亡报告1380例，报告率569.76/10万。恶性肿瘤共报告659例。恶性肿瘤新发病例报告373例，报告发病率为161.2/10万；恶性肿瘤死亡病例报告255例，报告死亡率为110.2/10万。报告心脑血管疾病病例935例；涉及4个病种，以脑梗死为主。

【实施智能死因推断量表项目】依托国家重点研发项目“大气污染物对人群死亡急性效应的暴露—反应关系研究”课题，在全县范围内系统抽取400例的院外死亡个案，其中：12岁及以上成人调查373例，12岁以下儿童调查27例，采用智能死因推断量表进行死因推断复核，任务完成率100%，通过国家督导考核。

【精神障碍及癫痫病项目推动】2017年，筛查疑似严重精神障碍患者1480例，病人检出率达4.20‰；病人管理率和病情稳定率分别为94.16%、97.7%。邀请宁安医院专科大夫开展病人免费发药4轮次。开展严重精神障碍患者家属护理教育4期，覆盖2592人次。协助立岗精神卫生康复站开展8期康复训练。累计筛查癫痫患者405例，进行随访、管理221人；病情有效控制率达到80%以上。

【碘缺乏病监测】采集辖区内居民户食用盐300份，其中：合格碘盐242份，不合格碘盐26份，非碘盐32份；合格碘盐食用率为80.6%，碘盐合格率为89.26%。采集学生及孕妇尿样300份，学生甲状腺B超检查200人。全国饮用水碘含量调查采集水样66份。

【地方性饮水型砷中毒防控】完成洪广镇金沙村9社生活用水采样监测及病情调查工作，采集水样1份，水砷含量正常；病情调查15人，检出率20%；尿砷含量检测15份，几何均值为0.046mg/L。完成全县180名小学生和90名家庭主妇地方性砷中毒及碘缺乏病知识基线和评估问卷调查。

【土源性线虫病监测项目】检测粪样1003份，人群感染率为0.59%，均为蛔虫卵；土壤监测样品25份，未检出虫卵；完成问卷调查240份，防治知识知晓率为46%，防治行为形成率为78.85%，防治态度正确率为73.75%。

【包虫病防治项目】完成成人包虫病B超筛查5070人，患病率为0.039%；共采集血清850份进行包虫病抗体检测，包虫病感染率为0.94%。全县建档管理包虫病病例22例，病人全程治疗率达90%，服药病人全部进行副反应监测。申请包虫病外科手术救助病人6例。登记管理家犬数9607只，累计驱虫10轮次，驱虫治疗家犬数8905只，驱虫治疗率为92.67%，完成犬粪棘球绦虫抗体检测820份，阳性率为0.56%。

【国家级包虫病监测】完成国家级包虫病人群B超监测2028人，检查3例可疑病例，经复核检查后均排除。中间宿主调查1000只羊，未发现感染棘球蚴病变脏器。

【布鲁氏菌病防治】完成布病高危人群检测249人次，诊断新发布病患者8人，报告发病率为5.93/10万，低于2016年的报告发病率。

【生活饮用水监测】完成枯、丰水期安全饮水工程水质采样监测工作，农村饮水监测覆盖率以乡为单位达到100%。监测生活饮用水120份，水样总体合格率58.33%；检测项次数2300项次，项数合格率95.74%。

【学校卫生监测】督导学校20所，对学校卫生开展情况进行评估及工作指导。对4所中小学校教室卫生进行监测评价工作，评价合格学校2所。

【职业卫生及放射卫生】完成全县10家医疗机构22名放射诊疗人员个人剂量监测4次。组织完成全县30家医疗机构（包括口腔诊所）放射诊疗机构基本信息调查工作。

【机构消毒质量监测】全县21家医疗卫生单位及个体诊所的医疗消毒用品进行采样监测，采样69份，总合格率为88.41%。完成4家游泳场馆季度监测工作，监测水样45份。

【食源性疾病监测】2017年，报告食源性疾病病例236例，未构成突发公共卫生事件，进行数据审核及工作督导。完成食源性疾病暴发事件调查处置4起，调查率和处置率均为100%。

【病媒生物监测】全年病媒生物监测12次，开展病媒生物防治培训班1次，对病媒生物危害严重的地区，给予指导消杀，对监测结果分析并报告相关部门。

【结核病防治】2017年，定点医院结核病专科门诊接诊可疑患者612人，登记疑似患者357例，初诊拍片率100%，疑似患者查痰率99.15%；肺结核患者密切接触者检查率达到90%；发现各类活动性肺结核患者155例，均实行“三见面”落实化疗，涂阳患者化疗满二月末痰菌阴转率90%；新发结核病患者治愈率96.15%。非结防机构报告病例240例，主动到位率84.23%，追踪率和追踪到位率100%，总体转诊到位率97.04%。开展宁夏交通学校、宁夏青松技工学校、贺兰一中、贺兰回中2017年入学新生结核病筛查，筛查学生2970人，检查率97.35%，强阳性率2.86%，对85名强阳性感染学生进行X线胸片检查，拍片率100%；发现活动性肺结核2例，均进行痰涂片检查，启动休学程序并按国家政策给予免费抗结核治疗。中心制订强阳性学生的预防性治疗方案，38名强阳性感染学生接受预防性治疗，治疗率44.7%。

【艾滋病防控】2017年，新登记艾滋病感染者13例，首次随访率100%；完成HIV自愿咨询检测506人次，开展高危和重点人群干预、检测179人次。艾滋病感染者/病人随访管理及CD4检测率达到87.87%，抗病毒治疗78.78%。开展全区首例儿童艾滋病患者抗病毒治疗会诊工作，并落实治疗。开展外出农民工专题宣传活动，开展第三轮全国艾滋病综合防控示范区创建工作，召开2期示范区成员单位联席会议，对存在的问题提出整改方案。

【实验室质量控制】以计量认证提升卫生检验监测能力建设。完成检验检测仪器的维护、计量器具的周期性检定和实验室之间比对及能力验证。参加国家级盐碘2份、尿碘2份、水氟2份、水砷2份的能力验证盲样考核，参加自治区级水中总硬度样2份，梅毒样5份、艾滋病样3份的能力验证盲样考核。贺兰县第一人民医院通过自治区疾控中心艾滋病初筛实验室验收。

卫生监督

【概况】2017年，全县卫生监督工作履行卫生监督职责，开展公共场所卫生、生活饮用水卫生、学校卫生及消毒产品进行监督检查。对医疗卫生机构、采供血机构及其从业人员的执业活动进行监督检查，查处违法行为。开展对医疗卫生机构的放射诊疗、传染病防控、消毒隔离制度执行情况、医疗废弃物处置情况监督检查，查处违法行为。负责对乡镇卫生计生综合监督执法工作进行指导和督查。各类卫生监督覆盖率达到98%。完成全年目标任务。

【医疗机构监管】开展医疗机构日常监管，推行医疗机构量化分级管理和信息公示，信息公示率达到100%。维护全县医疗市场秩序，各医疗机构传染病管理、医疗废弃物处置工作全覆盖。对县级3家二级医疗机构、县城及周边的个体诊所开展个人执业资质、传染病管理、医疗废弃物处置等检查。对全县175家医疗机构、个体诊所实行不良执业积分管理，其中79家医疗机构因不良执业行为被积分，累计积分283分，涉及不良执业行为4类13种，监督覆盖率96%。

【疫苗接种监督】 对县疾控中心和各疫苗接种点开展为期一周的二类疫苗预防接种监督。重点对二类疫苗的采购途径、疫苗生产或批发企业的资质、每批次疫苗是否均索取检验合格证、进口疫苗是否索取药品通关单复印件及二类疫苗的购进、分发供应等登记记录 、接种点预防接种资质证书、从业人员预防接种上岗证、二类疫苗接种前是否签订知情同意书开展督查。

【打击非法行医】 2017年，对5起非法行医行为立案处罚，取缔口腔游医8起。对辖区内47家生活美容机构开展专项监督检查。

【公立中医医院综合监督】 组织对中医医院依法执业、传染病防控管理、医疗服务收费、医疗废物处置、放射卫生、计划生育技术服务、医疗服务信息公示、相关制度落实情况进行综合监督检查。对检查中发现的1名执业人员超执业范围从事医学影像诊断工作，1名执业人员不能出示医师资格证书、医师执业证书从事医学影像诊断工作的违法行为进行立案处罚。

【公共场所卫生监管】 春节期间，对全县范围内的11家大中型商场等公共聚集场所开展一次卫生安全专项监督检查。对辖区内7家公共场所集中空调使用单位进行专项监督检查，下达卫生监督意见书7份。对全县500余家公共场所室内环境卫生状况、卫生许可证、从业人员健康证持有情况等进行监督检查。全县公共场所量化分级管理率达到90%以上。

【生活饮用水监督】 对县城及农村集中式供水单位进行监督检查，主要从卫生许可证、人员健康证、卫生管理制度、水源地卫生管理及周边环境卫生等方面进行检查。开展县域内二次供水单位摸底调查和专项监督检查工作。

【学校卫生监管】 出动监督人员58人次对全县的79所学校、托幼机构开展春季学校传染病防治专项监督检查，监督覆盖率100%。

【职业卫生培训】 开展《职业病防治法》宣传周活动，共出动宣传车2台次、卫生监督员6人次，发放宣传材料1500余份、宣传品500余份，接受咨询200余人。

【打击无证行医】 规范卫生监督协管无证行医信息报送，建立无证行医黑名单制度。共查处无证行医案件8起，罚没款7000余元，没有发生按照《无证行医查处工作规范》的条件和要求进行移送的案件。开展卫生违法行为的查处，查处案件数量达到百余件，所有行政处罚案件均及时在国家卫生计生监督信息报告系统中进行报告，案件查处指数、数量、罚款金额位于全市、全区前列。对受理的行政许可和行政处罚案卷进行自查，合格率分别达到92%、97%以上，案卷质量进一步提高。

【完成国家“双随机”抽检工作】 抽检公共场所住宿场所6家、理发美容场所25家、洗浴场所3家、游艺场所1家、商场1家、游泳场所4家、学校4所。

【乡镇卫生监督协管指导】 开展乡镇卫生监督协管人员的培训和指导，共举办月度例会培训10次、集中培训2次，卫生监督协管员培训率达到100%。经卫生监督协管督导及绩效考核，各乡镇及社区卫生监督协管工作逐步规范，协管巡查覆盖率达到100%。

【许可审核】 对卫生许可申请严格审核，及时审验，对达到许可条件的及时办理许可证，共办理各类卫生许可证111件，复核43件。

【调查处理投诉举报】 2017年，妥善处置各类投诉举报事件10起，对3家违法情节严重、证据完整的单位立案并进行处罚。

文化旅游与广播影视

Wenhua lüyou Yu GuangboYingshi

文化事业

【概况】2017年，全县文化工作开展全县文化艺术事业，指导文化艺术的创作生产，扶植示范性、地方性、实验性文化艺术品种，归口管理全县的重大文化活动。指导图书文献资源的开发、建设和利用，组织推动图书馆现代化、网络化和标准化建设。管理辖区文化市场；办理文化市场经营许可证；负责文化市场的稽查工作，查处文化市场的违规经营活动；培育、规范全县文化市场的健康合理发展。文化惠民取得成效，文化“四送六进”活动得以落实，群众文化免费培训、各类文艺比赛、文化遗产保护完成预期目标，基层文化设施建设有新增加、建成公共数字文化服务平台。

【文化活动】举办第八届农民文艺汇演、民间文艺社团展演、贺兰县第二届社火大赛，举办贺兰县首届乡村读书节暨“墨香贺兰 大地书法”群众书法比赛，开展“粽叶飘香 情暖端午”包粽子比赛等十余项文体活动；开展送戏下乡演出181场次，观众人数12万余人；组织开展“湖城之夏广场文化季”，特色广场文艺演出，共演出60场次，观众人数2万余人；举办“推动移风易俗 树立乡风文明”小品小戏大赛展演活动20场次；组织开展“喜迎十九大 共筑中国梦”“民族团结月”精品节目巡演活动106场次。

【文化下基层】开展送培训、送文艺演出进校园、进军营、进景区、进农村、进工地、进社区的“四送六进”活动181场次。通过舞蹈、小品、坐唱等表演形式宣传党的群众路线教育活动及国家的方针和政策，使广大群众享受到更多的文化乐趣。

【群众文化培训】利用县文化馆、乡镇文化站等文化阵地免费举办各类文艺辅导培训班。全年共开办培训课程24期，下基层文化辅导培训20天，民族民间舞培训2期，广场舞培训2期，水兵舞培训1期，小戏小品培训1期，少儿架子鼓、古筝、书画培训9个班次，培训1.5万余人次。

【文化产品推陈出新】开展民俗文化活动及各级各类重大文艺赛事，组织文艺工作者开展文艺精品创作，推动文艺精品产生。2017年，创作小戏小品3个、舞蹈作品4个。

【比赛成绩】参加2017年迎新春第三届全区群众书法绘画摄影大赛获优秀组织奖；组织辅导参加银川市新春社火大赛，洪广镇欣荣村秧歌队获得“鼓王”称号，习岗镇新平村秧歌队获得三等奖。组织参加“美丽家乡 幸福生活”全区文化系统干部职工摄影艺术展，推送作品62幅，有10幅作品入展。

【非物质文化遗产保护】贺兰县共申报成功自治区级项目3项，分别为《皮影》《花儿》《王氏泥塑》。代表性传承人2位，分别为王德贤和王永红。申报成功的市级项目18项，市级代表性传承人5位。公布县级项目27项，县级代表性传承人16位。

【文物保护】2017年，与中国建筑西北设计研究院有限公司签订合同，规划编制完成汉墓群保护规划项目工作，完成第三次全国可移动文物普查工作。普查结果显示，全县共有可移动文物117件套。

【基层文化设施建设】2017年，率先在全区实施文化馆、图书馆总分馆制建设项目。欣荣村分馆、天鹅湖社区分馆建成并投入使用，居安社区、如意湖社区分馆正在建设。

【数字文化服务平台建设】争取公共数字文化服务推广补助经费25万元，在基层中心开展应用服务推广试点5个，采购安装公共数字文化一体机5台,全部投入使用，完成平台试点建设。

【文化市场管理】查处网吧违规接纳未成年人上网行为，同60多家网吧签订《网吧规范经营承诺书》《安全生产责任书》。把日常巡查和重点抽查的时间放到学生放学以及双休、节假日、寒暑假等重点时段和重要节假日上，适时开展突击检查，加大对群众举报多，问题突出的重点地区、重点地段的检查力度。共出动执法人员260余人次，检查网吧120余家次，分别对2家网吧违规接纳未成年人上网及不按规定登记上网人员信息进行关停及罚款处理，责令整改40余家。

【扫黄打非】查处传播淫秽、色情、暴力等各类视听产品。查出无证无照经营和超范围经营场所71家，发放停业整改通知书71份，收缴各类盗版音像制品400余张、非法书刊200余册，散发宣传资料5000余份，净化音像、出版物市场。

【文化市场安全生产】年初，同各文化市场经营单位法人代表签订《安全生产责任书》，举办人员聚集娱乐场所消防安全培训班4期，重大节日前文化市场安全生产检查6次，检查人员聚集娱乐场所110余家次，排除各类消防安全隐患23处，发放停业整改通知71份。

【正版软件使用】2017年，政府投入正版软件专项资金250万元，用于全县各单位软件正版化安装工作。10月，全县各单位基本完成正版操作系统和办公软件的安装工作。

【文化市场督查】联合公安、市场监管、消防等部门，开展对文化市场的联合执法检查，坚持集中整治与经常性管理，重点整治与一般监控巡查相结合的方法，对违法违规经营行为形成强大震慑力。针对文化市场无证无照，超范围经营，游商地摊经营盗版、淫秽光盘等行为，共开展3次联合执法行动，检查各类经营场所68家次，共查处无证无照经营歌厅71家，超范围经营场所52家，发放停业整改通知书71份。

广播电视

【概况】2017年，贺兰电视台围绕县委、政府中心工作，宣传县委、政府的重点工作、重大事项和重要决策部署，报道全县经济社会各领域的新发展和新成果。全年播发稿件4200余条，完成全年工作任务。

【贺兰新闻播发】全年播发新闻稿件3000余条，对全县作风大会、全县重大项目推进年、平安贺兰推进年、自治区第十二次党代会、县委十四届二次全体会议、十九大、县“两会”等开展宣传报道140余期。对各乡镇（场）及各部门作风建设宣传报道20余期；多频道播发《作风建设永远在路上》《平安贺兰我们在行动》《推进项目建设 扩大有效投资》等专题版块，共播出60余条。

【舆论监督】开设重点项目建设展示台、曝光台、监督台。报道中抓“正、反”典型，发挥舆论监督职能，推进县委重点工作、重大事项、重要决策部署落实。共曝光问题16个，监督项目13个，展示项目14个；并在贺兰广播电视台微信公众号推出，每期平均点击量逾

4000，留言百余条，引起相关部门重视，栏目曝光的16个问题中，7个得以解决；监督的13个项目中，有10个项目推进加快。时政新闻子栏目《监督与落实》，延伸监督与落实的深度和广度。开通新闻热线和新媒体后台征集微信通道，对群众热点关注的物业问题、停车问题、房屋质量问题、供暖问题等开展深度报道，全年播出民生节目150余期，播发新闻稿件1000余条，解决10余个热点关注问题。

【重要活动宣传】 开辟学习宣传贯彻党的十九大精神《公仆走进直播间》访谈专栏。完成全县60多个部门负责人的录制工作。在贺兰县第十八届人民代表大会第二次会议和政协贺兰县第十届委员会第二次会议中，创办《代表委员在行动》栏目，在《贺兰新闻》开设“我的建议”板块，跟踪报道两会实况。电视台创作的《美丽乡村看贺兰水满田畴赛江南》，报道全县重大项目推进、城乡环境综合整治等内容。稿件刊发于人民网、新华网、中国经济网等国家重点新闻网站首页，其他门户网站跟进转发，点击量超过4万次。

【节目引进】 引进包装栏目《鲁豫有约》《观点制胜》《记者再报告》《有话直说》等各播出350余档。电视频道通过加强精品自办节目质量和引进节目力度，收视率、影响力保持稳定；广播93.8通过引入湖南声音梦工厂年代音乐台FM96.6生产团队，节目收听率和听众忠实度逐年提升。

【对外宣传】 对外宣传在省级媒体发稿80余条，市级媒体采用150余条，其他媒体采用1000余条。

【社会活动】 承办广场舞、欢乐社区行、制作《七五普法在行动》《记者眼中的贺兰》《推进项目建设扩大有效投资》宣传片50部，制作公益广告68条。电视台策划，实施各类大型活动11个近50场次。2017年4月策划协办劳动节工会晚会。

【时政新闻报道】 电视台将《贺兰新闻》节目进行组合延伸，拓展《监督与落实》栏目，从深度广度上进行挖掘报道。设置《时政要闻》《监督与落实》《砥砺奋进的五年》《主题报道》《新闻资讯》《新闻随手拍》等子版块。依托《监督与落实》《改革进行时》和《电视问政》等专题节目和新闻板块，发挥新闻舆论监督能力，让项目责任人走进项目建设一线、工业园区和农村、社区，亲自谈项目规划、建设进程和建成后的实效，让老百姓更了解县委决策，理解政府工作。

【新媒体融合】 新媒体创办有贺兰广播电视台微信公众号、“今日宁夏”微信公众号、“贺兰发布”微信公众号、官方微博“贺兰微距”“魅力手机”APP客户端等。“贺兰广播电视台”微信公众号点击率等指标在宁夏“媒体排行榜”居前十。

【欢乐社区行】 县广播电视台承办，打造具有贺兰本土化、老百姓喜闻乐见的“欢乐社区行”下到全县社区、农村、医院、学校和企业，开展文艺活动6场次，以文艺演出、娱乐互动游戏、公益慰问等为内容，展示全县基层群众文化活动。

【公益广告展播】 围绕社会主义核心价值观、共筑“中国梦”、安全教育、助贫扶困、拒绝传销、拒绝毒品、生态文明、税收与公民等18个主题，共播出公益广告68条13000多次，累计时长达到1800分钟；其中，自制公益广告《诚信》《爱心送考》《拒绝酒驾·安全到家》《致敬城市中的黄玫瑰》等共8条，在电视台微信公众号发布公益广告8条，公益广告累计点击率达到25000多次。

【精准扶贫】 工作人员每月坚持入户，了解每户情况，帮助扶贫户早日脱贫。2017年，电视台共有扶贫户12户，帮助流转土地0.67公顷，托管牲畜10头，帮扶贷款2万余元，发送招工短信10余条，送药30盒，捐赠生活用品近万元。

【人才培养】电视台打开人才“进出口”，通过公开招聘、定向引进等方式，吸引一批专业技术人才。采用“送出去”、“请进来”和自学、互学的办法，开展职工培训。向中国传媒大学社会实践基地派出专业人员开展为期一个月的实践培训。

【安全播出】电视台执行各项安全播出规章制度，确保安全播出。全年实现安全播出无事故。

广电网络

【概况】2017年，全县在网数字电视用户44708户，其中：高清用户27242户，互动用户13943户，广电宽带用户12494户。

【制度制定】修订《贺兰分公司财务管理制度》《贺兰分公司印章管理制度》《贺兰分公司合同管理制度》《贺兰分公司安全播出和安全生产管理制度》等制度。实施网格化经营管理模式，制订《贺兰分公司网格化管理实施方案（试行）》。每月网格人员绩效奖金按照实施方案进行考核，完成的给予奖励，完不成的进行处罚。

【增值业务营销】联合TCL电器开展“以旧换新”惠民活动，成交总额达26万元。开展电话营销，推广公司六盘云·智慧家庭云平台互动宽带等新业务，提高用户在网率。

【项目建设】分公司“宽带乡村”项目建设增长，实现乡镇100%光缆覆盖，行政村82%光缆覆盖，完成5个乡镇机房PTN380V电力引接改造。2017年，完成全县“无线城市”项目1期工程，1088个无线WIFI点完工，覆盖县城所有社区、主街道公交车站、商业圈、公共广场、公园、行政办公区等。县城内所有高清互动用户都能收看到分平台内容，48个行政村部高清互动电视全部调试完毕，所有涉及的公开内容可实现。2017年，重点在城关、德胜辖区内重要路段、人员密集场所以及江南、兰光、欣荣和广荣四个中心村建设1028路治安监控视频，338路微卡口系统，1路制高点系统，共1366路监控节点，投入运行1022路监控节点。与县教育局签订《贺兰县“平安校园”视频监控项目技术服务实施协议》，项目采取“以租代建”政府购买公共服务的方式，按照县教育局的要求，2017年在全县校园建设2500路视频监控。

【光纤改造】全县覆盖用户总数8万户，光改用户73292户，光改进度92%。2018年，公司将推进FTTH光纤改造工程。

【安全播出】组织员工学习应急预案并进行演练。启动应急预案，各岗人员各司其职。执行《安全内保工作制度》，配置安全监控装置，进行24小时监控。对德胜机房进行整体扩容改造，消除安全隐患；对富兴街营业厅进行电路改造。

【智慧城市网络建设】完成乡村宽带、平安贺兰、平安校园、智慧社区网络建设，建设1026个点位，室内实际安装782个、带宽10M，室外实际安装244个，带宽50M，主要覆盖县城主要街道，公交站台，公共广场，公园，商业街，行政办公区域。全县居民可在“智慧城市”网络覆盖范围内，无障碍、无密码直接享受“智慧城市WIFI”服务。

旅游管理与服务

【概况】2017年，旅游管理与服务工作开展全县旅游资源的普查、规划，指导、协调旅游资源开发利用和保护工作；开展旅游目的地和旅游线路的规划、开发、建设工作；开展全县创建国家A级旅游景区、景点创建活动。组织全县旅游整体形象宣传和重要旅游促销活动；开展旅游重大节庆活动策划、宣传促销活动。开展旅游安全的综合协调和监督管理工作。全县旅游产业投入增加，政策扶持力度加强。旅游产业发展有特色。旅游基础设施有新投入，产业布局有新规划。

【旅游品牌建设】组织景区和农家乐开展各项活动，宁夏园艺产业园办的音乐啤酒嘉年华活动，奥特莱斯举办的文化美食嘉年华活动，广银米业举办的农业嘉年华活动和丰收节，光明渔村举办的垂钓赛，金沙农庄举办的乡村音乐节等活动，全年接待游客人数355万人次，实现旅游收入7.05亿元。

【旅游营销】 在本地主流媒体高密度播放贺兰旅游形象和广告，发放各类旅游宣传折页、旅游交通图。邀请国旅总社、杭州商大旅游规划设计院有限公司等旅游集团考察贺兰旅游，推动本地旅游市场开发和区域旅游线路联合。

【旅游基础设施建设】 依托马莲湖农庄、银泰酒庄、金龙湾生态农庄、蓝湾生态度假村等项目，实施农家乐提档改造工程，改造高标准养殖池塘及标准竞技垂钓池，发展名特优新产品，建设温室大棚及水上餐厅，打造农家乐沿线产业带，开发推广农家乐微信公众号。重点开展陈家沟、白羊墩农家乐门牌、门檐以及周边环境绿化工作。在全县景区点建成旅游停车场7处、旅游厕所37座，总投资1377万元。

【产业景点布局】 规划布局稻田景观区、观光长廊、有机瓜菜采摘园、特色产品展示厅等10个功能区（点）建设。建成稻田画景观13.4公顷、稻渔立体生态种养区123.95公顷、瓜果采摘园3.35公顷、烧烤营地6处，基础设施全部配套；将贺兰山岩画、园艺产业园、光明渔村、插旗口、鹿盘寺等景点打造成10条旅游线路。

【景点建设】 2017年，谋划旅游建设项目10个，争取资金2830万元。完成招商任务5.2亿元，超额2000万元。固定资产投资任务完成3亿元。加大资金争取及投入力度，多渠道开展融资，为项目发展提供资金保障。加大招商引资力度，加快项目推进力度，重点推进贺兰山·1958旅游开发项目，天源达金山生态园，月亮湾生态农业旅游观光园建设。

【旅游市场监管】 加大旅游市场监管力度，组织旅游从业人员参加市县举办的各类安全生产、消防演练培训班。抓好节日安全检查及日常安全生产管理，对景点、农家乐、星级饭店进行明察暗访，对不合格景点，责令限期整改。

图书馆

【概况】 2017年，县图书馆立足“服务第一，读者至上”提高公共数字文化服务水平，巩固公共文化服务体系示范县创建成果，发挥公共图书馆在构建现代公共文化服务体系中的重要作用等开展工作。

【资源建设】 2017年，图书馆纸本图书总藏量26万册，在编职工12人，下设10个服务窗口，每周开放54小时。在建标准化电子阅览室1个，有终端电脑60台，计算机培训教室一个，有终端电脑54台，120M光纤宽带接入。共享工程数字资源累计达到8TB，自购资源4TB，光盘资源存档1000多张。开通贺兰县图书馆移动阅读APP，微信公众号。

【读者服务工作】 采用超高频智能管理系统，建设24小时街区自助图书馆，实现图书24小时自助借还、免费上网、3D动漫体验、智能查询、共享资源展播、免费培训等功能。采用公开采购图书供应商新形式，新增图书8562种17124册；订阅期刊321种5262册，报纸51种，涵盖各领域书籍与科普读物。2017年，读者流量达到36.2万人次，月均3万人次；图书外借12.6万册次，办理有效借书证1632个，累计办理有效借书证9130个；电子阅览室全年上机达到29887人次。举办各类展览6期，参观人数达3000多人；“四送六进”配送流动图书10520多册、期刊3545、报纸11220份；与相关单位举办各类培训班25期，培训人数达到1200多人。举办中老年书法培训班、国画培训班，到馆活动人数累计达到3120人次。开通贺兰县图书馆移动阅读APP，微信公众号、订阅号大增。

【年内主要指标完成情况】 2017年，图书馆通过国家县级一级馆验收，人均占有藏书0.99册，是区市考核标准0.6册的1.65倍；平均每册藏书年流通率0.55次，达到区市考核标准；人均年增新书0.058册，是区市考核标准0.02册的2.9倍；人均到馆次数1.5次，是区市考核标准0.2次的7.5倍。2017年图书馆获得银川市委宣传部“书香银川、银川书香”全民阅读活动示范项目二等奖。

【图书“四送六进”】 开展“迎新春送春联送万福”活动。图书馆通过微信公众平台推出“迎春集赞送对联”活动。活动共推出5期，赠送春联52副。在“书香贺兰”订阅号开展春节习俗楹联展活动。开展公共数字文化进万家活动，市民通过手机观看各类电子图书及各类网络电视。活动期间送出春联580副、福字260幅，扫描二维码赠送奖品218份。图书馆还联合各乡镇、村、社区8个农家书屋。开展文化“惠农资源”下乡活动20次，为全县10个社区图书流动点配送期刊1540册、报纸9种11220份；为天鹅湖社区分馆配送图书1100册、期刊300册；欣荣村分馆配送图书4250册、期刊300册；居安社区分馆配送图书6300册、期刊400册；如意湖社区配送图书2000册、期刊500册；为县消防中队配送图书320册；向洪广镇欣荣小学赠送价值2000元的曹文轩儿童文学2套80册、少儿期刊100册。

【图书分馆建设】 2017年，在全区实施文化馆、图书馆总分馆制建设项目。项目重点建设单位为贺兰县图书馆（总馆），分馆为居安社区分馆、天鹅湖社区分馆、如意湖社区少儿分馆、欣荣村分馆，共计建设4个分馆。年内全部投入使用。

【开通县图书馆移动阅读平台】 县图书馆开通移动阅读APP，为数字图书馆及公共数字文化服务推广再添新亮点。

乡镇（场）与街道

Xiang Zhen Chang Yu Jiedao

习岗镇

【概况】习岗镇地处贺兰县城周围，距银川车程8千米处，109国道、银川北绕城高速穿越境内。全镇总面积48平方千米。全镇辖11个行政村91个村民小组。2017年，农民人均可支配收入14260元，增幅8.5%左右。

【现代农业】以供给侧结构性改革为主线，以农民增收、农业增效为核心，实现农业发展提质增效。项目建设落地见效，完成艺丰农场蔬菜科技示范园、宁夏青松乳业肉牛扶贫产业园、西昱普罗旺斯幸福家庭农场、西部苗木花卉物流园等项目建设，总投资2.88亿元。与宁夏大学农学院、辽宁果蔬研究所等建立产学研合作关系，培育龙头企业3家，合作社8个、家庭农场4个，引进各类实用技术人才7名，培养科技特派员、农技推广员35名。建立创新示范基地9个。引进新品种20个，推广新技术6项、新品种52个。

【村集体经济发展】组织实施五星村、新平村集体经济农业部试点项目，完成集体经济收入150余万元，其中：10万元以上2个，20万元以上2个，50万元以上1个。

【村镇建设】推进黎明、经济桥、新平等5个村棚改惠民工程，分配安置房2007套，改善村民居住条件。基本完成京藏高速改线、贺兰山路打通、哈纳斯天然气管道铺设、301公交站建设等项目。协调德胜第二小学、银川21小分校、贺兰县第二敬老院、德胜居家养老中心开工建设。实施红旗养殖园区人饮工程，完成118户养殖户自来水接入、65户自来水接口通入工作。实施为民服务与发展项目8个，投入资金180万元，解决1000余户村民饮水难、出行难问题。完成畦田建设335公顷，清淤支斗农沟、农渠182条66千米，砌护渠道7条3.5千米，整修生产路86条32千米，整修林带5条5.4千米，配套建筑物204座。

【环境整治】开展秸秆禁烧整治。建立县镇村三级秸秆等废弃物禁烧责任和网格包抓机制，专职巡防员及村社干部全天候在岗巡查。通过悬挂横幅、标语、设置警示牌等方式宣传法律法规，营造社会化治污的大格局。

【违建拆除、环境整治】协调国土、住建、公安等部门，累计拆除新平园区违章建筑1050户约38500平方米，清运渣土6.5万方，完成棚户区改造渣土清运总量的70%以上，清运农业垃圾、生活垃圾3000余方。集中清理污染环境的小作坊30家，清理废旧塑料加工厂9家，营造干净整洁的巷道环境。

【河长制推进】完成银新干沟、红旗沟等14千米除草整治和清淤工作，清理垃圾、建筑垃圾1700余方，拆除违建4处，实现河长制工作全覆盖。

【平安建设】围绕“三减”工作目标，治安大局平稳。镇村两级调委会成功调解矛盾纠纷69件，预防群体性事件4件

172人次，无因调解不及时发生民转刑或群体性事件。接待来访140余人，办理12345热线投诉152件，书面答复自治区信访平台投诉116件。组织各类企业、宗教活动场所、水域安全隐患检查14次，排查辖区企业及场所400余家，督促整改各类隐患37处。扎实开展社区矫正和社区服刑人员管控，累计接收社区矫正人员155人，累计解除114人，接受安置帮教人员93名。建立“三联三帮一关爱”社区戒毒工作模式，社区戒毒、社区康复执行率分别达100%。

【民生事业】 开展被征地农民养老保险办理工作，累计参保缴费10100人。完成医疗保险办理11820人，落实失地农民项目扶持资金900万元。落实“全面两孩”政策，组织适龄夫妇免费孕检。完成2017年全国流动人口动态监测工作。开展精神卫生管理试点工作。社会救助保障有力；为36名60岁以上老复退军人进行体检，办理优待金；办理残疾人生活补贴278人，残疾人护理补贴350人、大病救助72户；办理低保53户，保障人数53人。武装工作不断加强；完成空军工程抢险分队15天集训和防暴维稳集训演练工作；登记适龄青年兵役175名，达到任务数的103.5%；输送合格兵员16名、输送预备役2名，未发生一起退兵和廉洁征兵投诉事件。

【和谐民风建设】 营造以家风带民风、以民风促社风的浓厚氛围。制作核心价值观墙体喷绘百余幅，为“农家书屋”配备图书1800册，完成各村卫星数字农家书屋修缮工作，为文明村镇建设夯实物质基础。开展“兴家风、淳民风、正社风”专项整治，结合四德工程，引导群众转变观念，形成健康文明的生活方式。推进移风易俗，教育引导广大群众涵养孝悌和睦家风。开展“最美村官”“移风易俗示范户”评选活动，营造争先创优的良好氛围。开展送戏下乡等文化活动，丰富群众文化生活。

【效能建设】 开展“立说立行马上办”等专项整治活动，调查办理问题线索9件，给予党内警告9人次，调整职务1人次，不断提升机关效能。阳光政务富有成效。建立村务公开新平台，开辟电视、网络、手机等村务公开新途径，干部群众可随时通过“智慧乡镇”手机APP和电视查阅公开内容。依法行政不断强化。“七五”普法扎实推进，法治宣传教育成效明显，干部群众法治意识不断增强。

金贵镇

【概况】 金贵镇地处贺兰县东南部，东临黄河，南与银川市兴庆区掌政镇接壤，西与贺兰县习岗镇毗邻，北接贺兰县立岗镇。南北长17千米，东西宽16.5千米，镇域土地总面积127.4平方千米。全镇下辖12个行政村、158个社，2017年，全镇总人口为38579人，回族人口18705人，占总人口的48.4%。2017年农村人均可支配收入达13752.23元，增幅9.4%。

【农业改革】 推进农村土地经营权确权登记颁证，完成12个村土地确权颁证，发放土地确权证书8727本。开展农村土地经营权抵押贷款试点工作，土地流转面积达到2814公顷，新增以种植庭院蔬菜和家庭养殖为主的家庭农场5家，全镇累计12家。

【生态农业】 在关渠、通昌村分别建成67公顷以上水稻种植基地4个；在红星村引进金明、全能农业开发公司建立供外蔬菜基地，供外基地面积累计突破536公顷；分别在红星、雄英、金贵村引进宏吉精品马铃薯种植项目、振鑫珍稀食用菌种植项目，开工建设新起点设施农业装备示范项目。

【灌区建设】 争取生态灌区建设项目在红星村供外蔬菜基地实现农时灌溉实时控制。推进现代高效节水农业，完成节水灌溉134公顷。结合秋冬季农田水利建设整治干沟斗渠168千米，清理渠道垃圾108吨、渠内杂物320吨；在红星村完成高标准农田建设1005公顷；全年新植林带90.45公顷、补植林带11.926公顷；秸秆还田3350公顷，机深翻4355公顷，秋施肥3350公顷。

【项目建设】2017年，全镇共计实施项目22个，累计完成投资5.51亿元，同比增长144%。其中：政府投资类项目4个，完成投资2937万元；社会投资类项目18个，完成投资5.22亿元。对接完成招商引资项目15个，累计完成投资4.1亿元，同比增长118%。

【小城镇建设】制订金贵商贸小镇三年建设行动方案，争取项目资金近2000万元，对镇团结路、银星街路段进行统一的立面改造；修建便民休闲广场，实现胜利街、银星街向东延伸拓展，全部住宅小区通柏油路，建设道路总长度6.2千米。镇区范围内原有道路的绿化、亮化，改造提升污水处理和垃圾中转中心，城镇基础设施硬件环境有改善。

【重点项目建设】推进京藏高速改线征地拆迁工作，完成68.943公顷土地征收、129栋温棚和14户房屋拆迁工作，发放征地补偿款5361万元。完成潘昶村八、十社和关渠一、四、八、九、十一社的棚户区改造任务，签订拆迁协议351份，拆迁房屋232栋。完成江南新村房屋分配安置546套。

【美丽乡村建设】加大美丽小镇产业园区基础设施配套项目建设力度，投入504.65万元硬化道路3.8万平方米，安装路灯20盏；改造提升老旧街区、亮化集镇主干道路；投入200万元建设汉佐村社区服务阵地。保南村硬化路7500平方米，实施户改厕100户，建设主题村落20户，安装路灯62盏，铺设面包砖9080平方米，道牙2800平方米，树框80套，青年渠台帽砌护2.1千米。开展城乡环境综合整治活动，全年投入450万元，出动人力7000人次、动用机械1305台次，整治清理主干道路276千米，清理居民巷道“三乱”679处，清理乱涂乱画、广告439处，清理卫生死角等208处；粉刷彩绘墙面3200平方米。

【生态环境】集中开展“双违”整治、水源地整治、散乱污企业整治、秸秆禁烧等专项行动.完成河长制、蓝天工程、土地巡查、森林防火、农村交通等网格化管理体系建设。全年共拆除违章建筑41宗5.8万平方米，取缔非法经营小作坊26家，关停高耗能和污染企业8家。投入资金50万元，对银新干沟、二排等沟道进行清淤整治。

【民生事业】执行统筹城乡居民医疗保险和社会养老保险政策，参保率分别达到99%和96.2%，超额完成农村全家福保险参保缴费工作。

【社会保障事业】累计发放各类救助金17.57万元，惠及211户501人，开展大病救助132人次，殡葬补贴68人，发放残疾人津贴10.49万元，高龄津贴346.7万元，发放康复器具共计216件。完成被征地农民养老保险资格认定4085人。推动养老服务产业发展，银河、保南、通昌老饭桌保障有序、运行良好。

【妇女关怀】支持、关心妇女创业工作，发放妇女创业贷款1810万元。做好优生优育工作，累计完成孕前检查、“两项筛查”332人。发放计生优抚对象扶助金90万元。

【移民安置】完成203户960名劳务移民的搬迁安置工作，对全镇13户29人非贫困户实行一对一领导建档帮扶。投资3万元完成银光村扶贫产业园一期工程，启动二期劳务移民培训中心项目。完成劳务技能培训1600人次，成立2家劳动力输出协会，累计转移农村劳动力就业7100人次。

【文明建设】建设村级文化示范点3个，编排文艺、社火等节目下村表演60场次，放映农村数字电影135场。各村建立红白理事会，推动移风易俗，培育健康文明的生活方式。金贵镇评为县级民族团结模范集体，江南村评为市级民族团结示范村，评选市级“最美庭院”1家、“最美家庭”2家；银河村获得第五届全国文明村镇。

【政府自身建设】加强法治政府、廉洁政府和服务型政府建设，落实重大问题专家咨询制度，坚持重大事项科学决策、民主决策，主动接受人大主席团的监督，办理人大议案4件、意见建议19件。

【阳光政务】以村务公开栏为主，利用宁夏村务信息平台、微信群、QQ群和发送短信的形式公开公示，补齐村务公开的短板，打造“阳光政务”。

【综合治理】完成镇综治中心建设，巩固提升“平安乡镇”创建成果，开展“七五”普法宣传教育。共调处矛盾纠纷72起，受理回复信访件183件。共发生刑事案79起，治安案件197起；完成长河湾项目房屋分配安置33套，退还押金400万元，无一例越级信访事件发生。禁毒宣传覆盖率达到90%，吸毒人员戒断三年巩固率达到37.7%，戒毒康复执行率100%。落实安全生产责任制，2017年，无重特大安全生产事故发生。

【干部作风建设】开展作风建设深化年，守纪律、敢担当、有作为，学、查、改等专项整治行动，查处涉农扶贫领域问题线索12件，全部处理。发放各类督查通报53期，约谈13人，问责4人，给予党纪处分3人。

【“两学一做”学习教育】制订《金贵镇“两学一做”学习教育常态化制度化实施方案》，组织学习党章、准则、条例。组织镇村干部收看《镜鉴》《蝇贪之害》等廉政警示教育片。应用农村信息平台、微信、QQ等新媒体，建立金贵党建交流群、金贵“两学一做”微课堂，定期推送学习内容，创办《金贵镇组工通讯》，交流、总结、推广“两学一做”中的好经验、好做法。评选银河村支部书记马振锋、汉佐村“第一书记”董月为代表的模范人物。

立岗镇

【概况】立岗镇地处宁夏平原中部，距离自治区首府银川市23千米、贺兰县城13千米。境内东西宽11.92千米，南北长13.6千米，总面积162.12平方千米。下辖15个行政村177个村民小组。全镇有12842户32671人，其中：农业人口31303人，占总人口95.8%，回族人口14584人，占总人口44.6%。有耕地9380公顷。2017年农民人均可支配收入达到13225.48元，增幅8.7%。

【农业经济】以惠农渠为轴心，合理划定水稻、小麦、玉米粮食生产功能区和瓜菜种植区。全镇优质水稻种植面积达4020公顷、瓜菜种植面积达1708.5公顷、渔业养殖面积469公顷。引进三度农业盐碱地零化肥蚯蚓循环农业、科丰种业、成武金石等农业龙头企业，基本建成全镇绿色循环农业体系。在通义村建成集有机水稻认领、农业休闲旅游为一体的田园综合体示范基地。在兰星村、兰光村、清水村建成超千亩蔬菜园区4个，规模化、标准化蔬菜种植总面积突破670公顷。建成农村淘宝服务点4个，2017年全镇电商销售额达7200万元。

【项目建设】2017年，全镇招商引资到位资金3.3亿元，重点开工项目40个，完成固定资产投资5.7亿元。项目包括粮食蔬菜种植、畜牧养殖、渔业养殖、旅游观光设施、建筑工程等多个方面，占全年项目投资额度94%；政府投资项目7个，包含美丽乡村、一事一议、为民服务与发展、农田水利、基层便民服务中心、村集体经济股份改革试点建设、扶贫产业等方面，总投资5530万元。

【畜牧业生产】2017年，立岗镇奶牛存栏1050头；黄牛饲养量3316头，存栏1758头，出栏1558头；羊只饲养量29492只，存栏12843只，出栏16626只；生猪饲养量6144头，存栏3458头，出栏2608头；家禽饲养量40.3万只，存栏25.21万只，出栏14.6万只。奶牛新增350头，黄牛新增649头，生猪存栏新增2148头，羊只、家禽数量稳定。全镇生产青贮饲料1.66万吨，黄贮1000吨。畜牧业新技术的推广应用，助力全镇清真牛羊肉产业的发展。

【美丽乡村建设】依法取缔先进村九社、红旗沟桥等5处非法经营的露天煤场，捣毁非法生产珍珠岩、木炭加工厂各1处，清理小作坊5处，拆除违章建筑13处；投资145万元，动用机械6000台班，对辖区巷道、零散庄点、沟道渠道等地段进行集中治理。

【河长制推进】建立镇域范围内各级河湖、沟渠、水域台账，安排镇级河长8名、村级河长15名，河湖专职巡查员和保洁员17名，结合环境综合整治，清理渠道两侧垃圾860吨、渠内杂物400吨，清理护坡杂草80千米，疏通渠道120千米；狠抓秸秆禁烧工作，采取“网格化”管理模式，将镇区划分为15个大片区、59个小片区，由镇干部包村、村干部包社、社长包片，确保巡查无死角，秸秆禁烧全覆盖，全镇未发生大面积农田秸秆焚烧。

【精神文明建设】全镇15个村开展以各项惠民政策为主题的文艺汇演宣传活动，在立岗小学举办“点燃读书激情，共建书香校园”读书演讲比赛。组织农民文艺协会在先进、通义、银星等村为群众义务演出20余场次；开展母亲节和“5·15”国际家庭日系列纪念活动，组织“四强四做”演讲比赛、开展“同心共筑中国梦 不忘初心跟党走”文艺活动，并联系县妇幼保健院的医师们为121位妈妈们进行健康体检。推进移风易俗树新风活动。通义村被评为第十七批自治区文明村，通义村党支部获得贺兰县移风易俗“示范村”称号；全镇评选移风易俗“示范户”31户、移风易俗“勤廉齐家”文明家庭5个。

【就业创业】累计转移富余劳动力6466人，累计收入6875万元。返乡创业人员30人；办理灵活就业人员社保补贴19人；新培育小老板28户，创造新岗位90个，主要从事规模种植业、养殖业、建材制造、个体经营、农资经销及商贸流通服务业等带动就业120人，开展一期SYB创业培训班30人，撰写就业创业信息18篇；大学生创业引领3人；上报就业扶贫示范基地2家，走访返乡创业户10家；就业援助15人找到工作；摸底户籍人口总数31663人，有劳动力人数17930人，返乡劳动力130人，下半年打算外出打工人员1000人左右；到各村村部张贴招聘信息，大力宣传各个企业招聘人才的需求，以及周边种植大户的用人需求，做好衔接工作。

【民生事业】2017年，全镇共完成78户316人国家级贫困户建档立卡工作，为移民建设住房66栋，并配齐水、电、路、太阳能热水器、户户通等配套设施，引进深圳成武金石农业科技有限公司在兰光村建设扶贫产业园，不断增加移民收入；全镇累计发放各类保障金和临时救助金490万元，发放社会保障卡4726张，民生投入逐年增加；累计转移富余劳动力6420人，协调外出打工1000人，实现劳务收入6572万元；全镇医疗保险、养老保险参保率均突破98%。

【综治治理】开展平安建设、安全生产、精神卫生等工作，对镇农贸市场、学校、医院、清真寺等人员密集场所开展安全生产专项检查30余次，查处安全隐患6起，下达整改通知书11份，整改率达100%，确保全年无重大安全事故发生。整合镇派出所、综治办、信访办、司法所、人民法庭等综治力量，成立镇综治工作中心。推进信访维稳网格化管理，大力开展精神病患者排查工作，全镇共排查出精神病患者184例，为77名精神病患者办理残疾证。兰星村、先进村、永兴村获得银川市民族团结创建先进单位。

【基础设施建设】投入资金2450万元，对3618公顷农田进行高标准整治；成功申报并实施永华、清水、星光等14个为民服务和发展专项资金项目，争取项目资金达到350万元；在先进村投入资金300余万元，大力实施美丽乡村建设工程，对沿线老旧房屋、路面、渠道进行集中维修、改造，村居面貌焕然一新；新建清水、银星村级办公场所，对12个村级办公场所进行维修，实现村级场所“达标提效”；争取“一事一议”、产粮大县等项目资金1850万元，重点解决一批群众关心关注的热点难点问题；实施村集体经济实力倍增工程，成功申报兰星村壮大村集体经济项目，到位资金200万元；对全镇现代农业、休闲旅游、田园民宿等资源进行有效整合，成功举办宁夏航空模型公开赛、宁夏车辆模型公开赛暨首届贺兰航空体育航空科普节，初步形成一条农业休闲观光旅游精品路线。

【计划生育】 落实独生子女保健费，落实率100%。做好独生子女户、奖励扶助和“少生快富”户工作，宣传、摸底、审核、上报、公示及奖励金发放工作有序进行。综合实施“关爱女孩行动”，优先帮助独生子女户、双女户发展生产、享受计划生育服务机构和医疗卫生保健机构提供的医疗保健优先优惠服务。扩大计生优质服务网络覆盖面。建立健全镇、村两级协会组织16个，计生会员占全镇人数的18%。

【司法建设】 创建五星级司法所。镇司法所达到五星级标准。开展分级别定量评估。根据矫正对象犯罪类型、犯罪原因、矫正态度、现实表现、再犯罪风险等情况，实行“红色严管、黄色普管、绿色宽管”三级动态管理。人民调解与维稳工作。开展矛盾纠纷排查217次，调解各类矛盾纠纷179起。

【社区戒毒工作】 对涉毒人员家访摸底排查活动，立岗镇全镇共有在册吸毒人员99人，比起2016年同期的92人增加7%。其中：社区戒毒5人，社区康复20人，强制隔离戒毒5人，服刑3人，社会面有吸毒史29人，戒断三年未复吸34人，药物维持治疗2人，死亡1人。吸毒人员管控率54.7%；戒断三年管控率34.3%；吸毒人员核查见面率98%；强制隔离戒毒出所未满三年人员管控率100%。

【文化建设】 利用文化大院示范场所，农闲季节组织各村文艺爱好者开展广场舞培训班，送戏下乡演出。综合文化站、村级农家书屋和健身活动广场保证正常开放。组织农民文艺协会人员排练一台文艺节目。举办首届“乡村读书节”活动，联合广播电视台举办的“欢乐贺兰行”活动，全年完成30场演出活动

洪广镇

【概况】 全镇总面积为298.6平方千米，耕地面积5360余公顷。下辖9个行政村、1个社区，157个村民小组，人口3.02万人。2017年，全镇农民人均可支配收入12445.35元，全镇村集体收入总计达360.86万元。2017年完成招商引资3.63亿元，完成固定资产投资4.17亿元，争取区、市、县项目资金2686万元。

【基层组织建设】 在各支部中开展“主题党日环境整治”活动，全年共开展主题党日活动10次，参与近5000人次。争取县委组织部、妇联、移民办等相关部门项目资金50余万元，镇村自筹资金50余万元，对全镇10个支部阵地翻新与修缮。建成广荣村、洪广社区2个星级活动中心。

【草畜产业】 全镇奶牛养殖场累计达11家，存栏3.2万头。肉羊养殖企业3家，存栏3万只。建成335公顷以上优质饲草基地5个，累计种植面积达3015公顷。

【葡萄酒产业】 有天骏利思、高源、锦明国际等沿山酿酒葡萄基地9家，累计种植酿酒葡萄670公顷，全年产优质葡萄酒300吨。

【休闲观光产业】 全镇水产养殖面积938公顷，拥有西北五省最大的锦鲤养殖基地——北庙朝阳生态园锦鲤养殖基地，年繁育鱼苗量510万尾，可售观赏锦鲤4万尾。培育壮大新明渔业等科技渔业示范园区和休闲观光生态园，推广河豚、泥鳅、叉尾鮰等经济效益好的名特优新水产品。金山地区农家乐达22户，农民合作社24家，家庭农场9家。

【文化旅游产业发展】 举办2017年宁夏贺兰山文化旅游季暨贺兰·洪广金山西瓜文化旅游节，共吸引游客1万余人，销售西瓜超过20万公斤；依托党项梨花寨文化影视旅游景区，《火

王》《莫语者》等8部影视作品在洪广镇取景拍摄。

【美丽乡村建设】对全镇主干道路、沟渠沿线、林带、庄点巷道等开展综合整治，推进美丽洪广建设。依托白洋墩和草原站餐饮服务点，打造游客综合服务中心，投资500万元，完成旅游综合集散中心建设，投资4800万元，完成贺兰山竹海氧吧花卉种植项目，种植67公顷油菜花、6.7公顷鲁冰花、百米紫藤长廊、20.1公顷林下花卉。

【脱贫富民工作】建欣荣村、广荣村扶贫产业园。争取区级移民专项资金3000余万元，新建二代日光温棚57栋、智能阴阳温棚8栋、大中拱棚115栋，改造提升旧拱棚451栋，改良盐碱地67公顷，建成集食用菌种植、枸杞种植、设施蔬菜种植、肉兔肉鸽养殖、肉羊养殖、奶牛养殖等六大特色产业片区为一体的欣荣村扶贫产业园。引进宁夏田园怡景生物农业科技有限公司，建设广荣村扶贫产业园，以土地入股分红带动农民增收。开展手工艺技能培训，带动妇女及留守人员进行手工艺品制作。

【金融扶贫】发放5万元以下免担保、免抵押基准利率贴息扶贫小额贷款203户450万元，用于发展肉羊、肉鸽、肉兔等特色养殖及黑木耳、香菇等特色种植。发挥互助资金群众“身边的银行”的作用，发放互助资金贷款174万元，缓解移民群众发展生产资金短缺的问题。

【扶贫救助】落实最低生活保障、特困人员供养、临时生活救助、医疗救助扶持、残疾人补贴等政策扶持措施。城乡居民基本医疗保险、大病保险、扶贫保实现建档立卡户全覆盖。落实“双到”资金42万扶持建档立卡贫困户105户。实现食用菌、肉兔、肉鸽、长毛兔托管代养309户，每户年分红最高可达1135元。落实幼儿园补贴78人、高中补贴76人、燕宝基金43人、雨露计划67人。

【惠民政策落实】2017年，累计落实粮食直补、农资综合补贴、良种补贴等惠农资金687万元，发放临时救助、低保金、高龄津贴等资金1042万元，落实农村妇女小额贴息贷款831万元，惠及群众139户。

【计划生育】全年人口出生率为0.42%，符合政策生育率为100%。“二孩政策”实施。全镇流动人口生育秩序规范，计划生育信息化工作逐步提高。

【综合治理】建立各村综治维稳信息员队伍、反邪教信息员队伍及治保、调解、帮教等群防群治队伍。整合综治办、司法所、禁毒办、信访办、安监站等站所，建成集社会管理、信访维稳、平安建设等功能于一体的服务工作中心。采取管控方式，对辖区内155名肇事肇祸精神病患者申请集中托养。

常信乡

【概况】常信乡地处贺兰县城西北部，距离县城17千米。全乡总面积177.44平方千米，辖14个行政村167个村民小组。2017年，荣获自治区首批十大特色产业示范村、全国一村一品示范村镇、自治区巾帼建功先进集体、2014—2016年度全区计划生育五星级乡镇、第二届自治区美丽乡村文明创建工程示范村。

【“两学一做”学习教育】抓党委中心组学习，党员干部理论学习，村“三委”班子理论学习和党员教育培训，乡机关每周三次集中学习，乡党委理论中心组每月一次集中学习，每季度召开一次全体党员会议，每季度开展一次书记讲党课，每月至少组织一次支部集中学习。组织参加县乡培训6批次。

【农村基层党组织建设】2017年，完成新民村阵地建设，对张亮村党员活动室进行维修。实施“两个带头人”工程，制订两个带头人培训计划，建立村级农村实用人才信息台账，按照“三推一查，择优录取”的原则，推选村级后备干部47名，选树致富带头人50名；开展在职干部和后备干部参加市委党校组织的“农村两委提高班”学习，有

6人参加培训。

【乡村干部队伍建设】 2017年，14个行政村两委换届，年内转正党员24名，发展预备党员8名，培养入党积极分子15名，举办党员干部和入党积极分子培训班5期；完善机关干部职工“两管三评一推优”工作；完成全乡15个党支部1055名党员信息采集输入党建管理系统。

【惠民项目建设】 在14个行政村实施以改善群众生产生活为内容的为民服务与发展专项资金项目14个，资金达305万元。设施2017年为民服务与发展专项资金项目的审核、实施、验收工作，2018年为民服务与发展专项资金项目的申报工作。

【星级服务型党组织建设】 对照星级创建标准，突出服务发展、服务群众、服务党员三个重点。2017年，全乡创建三星级党组织3个，二星级党组织11个，开展2018年各村评星定级申报工作。加强软弱涣散党组织整顿转化工作，制订《常信乡软弱涣散党组织整顿转化工作方案》，帮助软弱涣散村制定村级产业发展规划，整顿转化工作群众满意率达98%以上。

【党风廉政建设】 对照“两个责任”清单，层层签订党风廉政建设责任书。重点加强农村集体“三资”管理，严格“三公”经费管理，强化审计监督。2017年，对5名乡干部和14名村干部及1名村级后备干部给予诫勉谈话的问责。

【重点项目推进】 2017年，共实施项目29个，包括生态虾养殖示范基地建设、四十里店村产业融合、贺兰县粮食银行建设等23个新建项目，概算总投资13.6亿元，所有项目全部落地实施。全年固定资产到位资金5亿元以上，超额完成县委、政府目标任务。共有宁夏赛江南都市创意农业体验园建设项目、宁夏生态虾养殖科普示范园区建设项目等16个项目完成投资入库工作。

【农业生产】 2017年，全乡露地瓜菜种植面积1996.6公顷，其中：供外蔬菜面积790.6公顷；建设生态精品优质稻种植基地2个，面积328.3公顷；水产养殖面积4148.64公顷，总产量262558吨。通过发展农业项目，推进一产向二产转变、二产向三产跨越，实现一二三产业融合发展。

【招商引资】 扩大特色产业规模，加快招商引资项目建设推进力度。2017年，共完成招商引资项目13个，其中：新建项目12个，巩固提升项目1个，累计到位资金4.12亿元，完成年初县上下达目标任务。

【双争工作】 2017年，申报第一批“一事一议”项目资金446万元；争取第二批“一事一议”项目资金547万元；争取2017年产粮大县项目资金619万元；争取张亮、四十里店壮大村集体经济专项资金400万元；争取四二干沟环境综合整治和污水处理项目资金1000万元；美丽乡村建设为桂南村、四十里店村争取资金各50万元共计100万元。全年争取项目资金4900万元。

【特色产业发展】 2017年，重点建设“稻渔空间”休闲旅游产业区。引进以广银米业、科海渔业为代表的5家龙头企业规划在四十里店村投资2000余万元，新建含智能化低碳高效养殖技术、生态农业观光园、有机养虾、乡村旅游及产业融合等7个方面建设项目。打造集“游客综合服务中心、稻田景观观光廊、鱼乐荷塘景观廊面积201公顷。

【环境综合整治】 对109国道、银汝公路、石中高速公路、正源北街、包兰线等主干道路两侧和167个庄点，11家煤场、光明预制板厂、丁义碳素厂开展重点综合整治。对四十里店村乡村旅游项目区、丁北村有机水稻、西芹基地、张亮村香瓜基地、团结苗木花卉中心、寇家湖渔光互补基地、蓝湾南美白对虾养殖基地和10个蔬菜基地进行整治。设施109国道、京藏高速、包兰铁路两侧及四十里店村绿化。

【生态环境改善】确定乡、村级河长，将河道治理与河长制项目建设相结合，设施四二干沟水质提升工程，完成征地37.52公顷。组织实施新民、新华、桂文、四十里店、张亮村2412公顷农田水利建设，加强灌排设施整治、中低产田改造。

【美丽乡村建设】争取实施四十里店特色产业示范村建设和桂文村美丽乡村建设，整合乡政府、农发办、水务局、住建局项目资金、共计投资2290余万元，围绕林、田、路、沟道实施环境综合整治。

【土地管理保护】上报项目建设用地17宗，切实保证开工项目的建设用地供给。做好全县重点工程项目征地拆迁工作，其中京藏新建工程征地工作和新增附线征地工作基本完成，扩建线征地工作正在进行中；国网铁塔迁建征地全面完成；四二干沟水质提升项目完成征地37.52公顷、宅基地3处、看护房3处，完成90%。土地管理严格审核把关，坚持土地日常动态巡察，发现违法土地建设，及时下发停工拆除通知书。完成2016年度卫片执法和土地变更调查违法违规图斑整治工作，分别有15宗和8宗违法违规用地图斑，共占土地6公顷。在拆除违法违规建筑工作中确保程序到位，符合法律法规，全部拆除到位并完成复垦。

【“平安常信”建设】建立畅通有序的信访秩序，加大矛盾问题排查调解力度，制定落实“七包一”责任制度，坚持领导带案下访。共接待群众来访76件人次，12345市长督办热线82人次，处理县信访局交办的信访件35件，处理区、市信访部门督办的信访件2件，信访总量同比下降15%。

【秋季农田水利基本建设】与各包村单位做好对接服务工作，开展“三进”活动，争取资金支持，切实为群众办实事、办好事。

南梁台子农牧场

【概况】2017年，南梁台子农牧场推动设施肉牛养殖小镇建设、枸杞种植专业村发展、民族团结示范乡镇建设，完成全年各项工作。

【肉牛小镇建设】成立南梁台子肉牛养殖产业联合体。依托铁东村肉牛养殖专业村建设，推广青贮玉米的种植，实施粮改饲项目，建立青贮玉米配送中心，降低肉牛养殖成本，增加农民收入。2017年，全场肉牛饲养16329头，肉牛存栏6848头，奶牛存栏879头。

【特色农产品种植】推动铁东村67永久性蔬菜基地建设，通过“龙头企业+村委会+基地+农户”的运行模式，示范、引导农户规模化种植西红柿、山药、螺丝菜、小米椒等，年销售1300万元，年带动本村农户增收300万元。

【梅花鹿养殖】建成占地面积60公顷梅花鹿养殖、收购基地。培育产、销一条龙的梅花鹿规模化养殖、销售模式。基地养殖雇用本地村民，增加农户劳务创收130万元。

【劳务经济】发挥周边园区劳动力带动作用，转变劳务输出方式，加大劳务培训。2017年，完成富余劳动力输转1700余人，实现劳务创收1070万元。

【招商引资】2017年，实现固定资产投资项目7个，总投资9657.5万元。招商引资项目3个，完成投资4150万元。7个固定资产投资项目及招商引资项目完工。

【环境设施建设】清理辖区内销售煤炭的经营场所，关停两家煤场。集中开展水源地整治，两家占用水源地的养殖场关停，对原场1100头肉牛销售处理，现剩余240余头。对包兰铁路两侧、常金路、通山路及18条庄点巷道垃圾进行清理，所涉及长度达48千米左右，人工清除杂草、石头、砂子、砖头1000多吨，700多处，参与清理人数达1600人次。利用机械90多台次，完成铁东三至七社、铁西村二至五社巷道整治工作。对艾依河两侧污染物、白色垃圾及企业排放物进行清理整治。争取县财政“一事一议”项目，在铁西村六社、八社、九社开展道路硬化，改善当地村容村貌。

【植树造林】 开展保证“十二五”生态移民安居乐业工程建设。开展春季植树造林重点工程，新植树木7.16公顷31594棵，补植树木7.69公顷3357棵。

【惠农政策落实】 完成粮食直补工作，对农户申报及核实的数据进行公示，全场1188.2公顷粮补资金合法合规的发放到农户手中。2017年，完成医疗保险缴费5950人，超额完成任务。

【贫困救助】 为全场68名残疾人办理护理补贴、为92人办理生活补贴及护理补贴；全年临时救助44户36000元。对遭受其他灾害的218户群众发放救灾资金249700元，对30名75岁以上高龄老人、2名五保户、12名孤儿进行登记并发放津贴。

【计划生育】 为辖区育龄妇女免费做B超、乳腺检查2500余人，为孕妇免费做优生优育监测36例；开展幸福家庭创建活动，累计创建幸福家庭1422户，创建率79%。完成全场人口信息全员录入工作，2017年，全场常住人口8469人，流动人口750人。

【宗教和顺】 坚持伊斯兰教界的“三定”学习制度和穆斯林重大节日慰问座谈机制，举办座谈会3场次，慰问2次。

【矛盾排查】 开展法制宣传17场次，解决群众纠纷95人次，发放法制教育材料2500余份；排查出各类矛盾纠纷42件，化解成功40件，口头调解35件，签订书面调解协议5件，调解率100%。对2件调解未成功纠纷，引导双方都走司法诉讼程序解决。

【社会综合治理】 对2个村、4所学校、6家企业、3家超市每月进行4次安全隐患排查。联合县交警大队、常信乡派出所召开加强和改进农村道路交通安全管理工作会。建立农村道路交通劝导站，配备4名交通安全劝导员。

【“两学一做”学习教育】 开展党委书记讲党课、党员干部交流学活动，定期组织党员观看专题教育片，运用正反两方面的事例筑牢党员干部的廉洁从政的思想道德根基。在各村党支部，开展“书记讲党课”活动，向农村党员讲解分析十九大报告的内容。开展十九大精神进清真寺活动。

京星农牧场

【概况】 2017年，县京星农牧场以生态绿色发展为理念，以农业供给侧改革为突破，以农民增收为目标，按照优质水稻一二三产业融合发展思路，探索农业农村发展新模式，完成经济社会发展任务。

【农业增值增效】 2017年，与宁夏农科院农作物研究所合作，采取“公司+科技+基地+农户”的模式建设优质水稻示范基地201公顷，以半托管的形式，公司统一管理、统一品种、农户分片承包，公司高于市场价0.2元每公斤回收产品，农户每0.67公顷增收100元。由京星水稻产销专业合作社与上海优圣生物科技有限公司及浙江义乌宁特商贸公司合作建设33.5公顷富硒水稻基地，由义乌商贸公司回收产品，每0.067公顷增收800元。利用滨河水系，建设黄河鱼种活水生态养殖场、野生鱼垂钓场13.4公顷，搭建特禽养殖场3.35公顷，发展特禽养殖。

【农田水利设施建设】 争取人大、政协议案，砌护渠道4.2千米，争取国土局高标准农田建设项目335公顷，维修砌护沟渠43千米。对南滩、北滩等3处泵站进行维修，对京星干渠加大治理力度，干渠用水协会完善中小型水利设施30多处，全年农田灌溉顺利。全面推行河长制工作。

【农村电商建设】 建设“阿里电商+生态农业”项目，投资1500万元，建设阿里农场一座，新增村淘服务点3个、在全市范围内布设农产品销售点500个。

【基础设施建设】争取一事一议项目96.45万元，建设晒场一座，在全场安装太阳能路灯104盏，争取能源项目为农户安装太阳能热水器48台。2017年，完成固定资产投资5400万元。

【环境综合整治】成立环境综合整治工作领导小组，采取场领导包片，干部包队，党员包户的措施，层层分配任务。结合本场实际，制订《京星农牧场环境综合整治实施方案》，完善卫生集中整治日和专人专车垃圾清运等场容场貌整治工作长效机制。

【民生工作】实施低保户、困难户、残疾人的生活保障工作，与贺兰县慈善总会对接慰问困难户、残疾人五户，送去慰问品及慰问金。协调县武装部慰问精准扶贫户五户。对全场残疾人基本信息及领取养老金的人员进行重新登记核实，完成工会会员信息采集任务，超额完成全家福小额保险及老年人意外伤害保险投保任务。开展走访留守老人、孤寡老人、高龄老人共43人，慰问困难党员10人。

【基层党组织建设】2017年，对场党总支下属的五个支部班子进行换届选举，一些年轻、思想活跃能带领群众致富的党员充实到支部班子内。发展预备党员3名，发展入党积极分子2名，各支部推选优秀共产党员8名。完成基层党组织及党员基本信息采集工作。

【“两学一做”学习教育】采取“线上+线下”学习、集体学习、个人学习等方式，组织学习党章党规、系列讲话。以“三会一课”“组织生活日”为重点，抓实学习内容，建立京星农牧场“党员e家”综合服务平台，弥补农村党员教育管理传统手段的不足。

【精神文明建设】以乡贤文化活动开展为载体，推动移风易俗工作。开展“承乡贤文化、育时代新闲”大型主题活动，评选乡贤10人。在各社开展“兴家风、淳民风、正社风”的宣传活动，制作京星农牧场乡风文明宣传长廊100米。成立红白理事会，制定京星农牧场场规民约，婚丧喜庆公约。评选“勤廉齐家”示范户和“十佳移风易俗示范户”

【“平安贺兰”建设】成立平安建设工作领导小组，与各生产队签订社会管理综合治理、安全生产、道路交通、食品安全、消防安全等目标管理责任书。3月份，组织开展“综治宣传月”活动，组织党员综治知识培训班2期；发放、张贴各类宣传材料300份，播放警示教育电教片2场次，受教育人数达200多人次。2017年，无群体上访事件发生，对两起个人访事件及时化解办结。全年无刑事和治安案件发生。

习岗街道办事处

【概况】习岗街道办事处以实现辖区平安稳定为重点工作，开展社区宜居环境建设、社区党建创新工作。社区民生保障工作，社区群众文化工作。2017年，完成全年目标任务。

【队伍建设】6月份对社区星级服务型党组织开展观摩考核，经过民主推荐、竞争上岗的方式，选拔任用6名社区工作者为社区主任，降职使用1名社区书记、1名社区主任。

【党员管理】建立党员外出登记制度，实行动态管理；对非直管党员实行属地管理，开展非直管党员排查，2017年，1619名党员纳入所辖社区党组织教育管理。为实现党群服务中心的标准建设，经过走访入户、民意调查，确定各社区为民服务发展项目，共投入165万元资金，建设社区健身室、修建文化长廊、广场，购置棋牌桌。

【廉政、效能建设】落实党风廉政建设责任制，履行主体职责，街道召开专题会议，对廉政建设工作进行研究、部署，街道班子成员与社区、党总（支）部、各部门签订2017年党风廉政建设责任书，落实“一岗双责”。

【政务公开】街道设立投诉箱，配备专人定期查看投诉及意见，通过公示栏向社会公开工作职能、审批服务事项等，涉及重大决策，重大事项安排和大额资金使用，统一经党工委集体讨论决定，召开党工委会议14次，讨论重大事项58个。

【落实惠民政策】 为群众提供便捷服务。办理公租房保障人员68户、城镇低保46户；发放临时救助229人，341800元，办理大病医疗救助手续11人，为60岁以上老年人办理意外伤害保险1231人；审核社保补贴644人；培育新增小老板540户。

【文化惠民服务】 推进文化强县建设，营造健康、和谐的文化氛围，组织开展万人广场舞大赛等文化活动135场。

【招商引资】 2017年，县委、政府下达街道办招商引资任务1500万元，实际资金到位1500万元，100%完成任务；固定资产投资任务5000万元，实际开工项目7个，总投资金额达5065万元，超额完成任务。

【司法调解】 成立“智慧调解服务中心”。调解员进门入户、对突发性、群体性重大疑难矛盾纠纷做到早调处。开展矛盾纠纷排查1000次，解决居民群众矛盾纠纷784起，调解成功率达到100%。

【治安防控网络建设】 实施街道、社区、居民区“三级”治安防控网络体系建设，开展打击传销、反邪教工作。联合有关部门对家庭困难、居住困难等涉毒人员开展帮扶工作。为21名在册吸毒人员安置就业，帮助100多名在册涉毒人员实现自主创业、自主就业，协调为39名经济困难人员办理入住廉租房，为16位低收入者实施最低生活保障。

【安全生产责任制落实】 开展大气污染防治暨环境综合整治，签订工作目标管理责任书，落实“党政同责，一岗双责、齐抓共管”，提升街道防控安全生产事故能力。排查燃煤锅炉、违章建筑、渣土裸露堆存、垃圾废弃物堆放焚烧等方面的问题887处，整改问题226处。

【社区服务升级】 用一个专属二维码将住户基础资料全部入“码”登记，实现分类精准服务。90个共建单位按月进社区。在职党员到社区报到2600余人次；通过居民文化活动中心、公益中心、教育中心开展活动，参加活动居民达8000余人次。建立“一小区一品牌”群众活动舞台。举办绘石文化节、传统运动会、邻里泼水节、环湖健步走等活动。

【三社联动】 以社区为服务平台、以社会组织为服务载体、以专业社会工作为服务手段的联动机制，把社会组织、社工联系起来。开设四点半、红领巾课堂400场，受益儿童4760人次；开设业余书画班96场，受益居民1360人次；开设手工制品、插花等培训班56场，义卖手工制品360余件。

【智慧社区建设】 争取宁夏广电传媒集团智慧社区项目资金180万元建设如意湖智慧社区，将家庭中的智慧家居系统、社区的物联系统和服务整合在一起，打造以无线“WIFI”覆盖、智能快递柜、健康小屋、便民配送等31个智慧元素，推进智慧社区建设服务水平。

【人文环境建设】 以“仁、义、礼、智、信”为主题，实现“一园一品”，按照盆景式绿化的要求，投资1456.46万元建设集运动、休闲、文化为一体的5处文化主题小微公园。

2017年度受县级以上单位表彰先进集体

奖　项	获奖单位	授奖单位	日期
国家卫生县城	贺兰县	国家爱国卫生运动委员会	2017 年 6 月
全国文明村镇	贺兰县金贵镇	中央精神文明建设指导委员会	2017 年 11 月
	贺兰县常信乡		
全国“五好”县级工商联	贺兰县工商联	中华全国工商联合会	2017 年 3 月
微电影作品《拯救》“优秀微电影”奖	贺兰县人民检察院	中央政法委	2017 年 9 月
粮食绿色高产高效示范县	贺兰县	农业部	2017 年 5 月
全国主食加工示范企业	银川麦清香食品有限公司	农业部	2017 年 11 月
2017 年度全国农业农村信息化示范基地	贺兰中地生态牧场有限公司	农业部	2017 年 11 月
入选信息进村入户工程“益农信息社百佳案例”	贺兰县新平村益农信息社	农业部	2017 年 11 月
2017 年全国农机合作社示范社	宁夏丰瑞农机作业服务专业合作社	农业部	2017 年 12 月
全国一村一品示范村镇	贺兰县常信乡	农业部	2017 年 8 月
全国畜牧业绿色发展示范县	贺兰县	农业部	2017 年 6 月
全国休闲渔业示范基地	贺兰县桃林又一村	农业部	2017 年 11 月
国家现代农业产业示范园	贺兰县	农业部	2017 年 9 月
2014—2016 年度全国农牧渔业丰收奖农业技术推广成果奖三等奖）（宁夏优质特色鱼类产业化关键技术集成与示范）	贺兰县畜牧水产技术推广服务中心	农业部	2017 年 12 月
2014—2016 年度全国农牧渔业丰收奖——农业技术推广成果奖三等奖（宁夏阳光沐浴工程系统设计与推广实施）	贺兰县农村能源环保工作站	农业部	2016 年 12 月

续表1

奖　项	获奖单位	授奖单位	日期
第二十届中国农产品加工业投资贸易洽谈会优质产品奖	宁夏昊裕油脂有限公司宁夏家家食用油有限公司	第二十届中国农产品加工业投资贸易洽谈会产品评定委员会	2017 年 9 月
2016 年度 10 吨牧场俱乐部西北第 3 名单产 10560 公斤	贺兰中地牧场	荷斯坦奶农俱乐部	2017 年 5 月
全国百佳国地税合作县级示范区	贺兰县	国家税务总局	2017 年
全国新型城镇化支持农民工返乡创业示范县	贺兰县	国家发改委	2016 年
第二批中国少数民族特色村寨	贺兰县南梁台子铁东村	国家民委	2017 年 3 月
中国国际农产品交易会参展农产品金奖	宁夏广银米业有限公司	第十五届中国国际农产品交易会组委会	2017 年 9 月
“麦清香”马铃薯大麻花荣获第十五届中国国际农产品交易会参展农产品金奖	银川麦清香食品有限公司		
“百瑞源”锁鲜枸杞荣获第十五届中国国际农产品交易会参展农产品金奖	百瑞源枸杞股份有限公司		
第十一届中国国际有机食品博览会金奖	宁夏广银米业有限公司	中国国际有机食品博览会委员会	2017 年 5 月
第十八届中国绿色食品博览会金奖	宁夏广银米业有限公司 宁夏昊裕油脂有限公司 宁夏家家食用油有限公司	第十八届中国绿色食品博览会委员会	2017 年 8 月
首届中国青贮饲料质量评鉴大赛青贮玉米组金奖	贺兰中地生态牧场有限公司	中国青贮饲料质量评鉴大赛组委会 中国农业科学院北京畜牧兽医研究所	2017 年 7 月
人民调解工作先进集体	贺兰县司法局	中华全国人民调解委员会	2017 年 11 月
国家地震安全示范社区	贺兰县太阳城社区	国家地震局	2017 年 8 月
中华人民共和国第十三届运动会 2013—2016 年度群众体育先进单位	贺兰县体育中心	国家体育总局	2017 年 8 月
全国农耕健身大赛团体总分（省市组）第三名	贺兰县体育中心	全国农耕健身大赛组织委员会	2017 年 10 月
全国农耕健身大赛鱼塘抓鱼省市组第一名			
全国农耕健身大赛车山抗旱省市组第四名			

续表2

奖　项	获奖单位	授奖单位	日期
全国农耕健身大赛五人龙舟省市组第三名	贺兰县体育中心	全国农耕健身大赛组织委员会	2017年10月
全国县级广播电视系统十佳广播电台	贺兰县广播电视台	中国广播电影电视社会组织联合会	2017年11月
《远行》公益广告类银奖	贺兰县广播电视台	中国广播电影电视社会组织联合会	2017年12月
《魅力之城　多彩贺兰》形象宣传片类铜奖	贺兰县广播电视台	中国广播电影电视社会组织联合会	2017年12月
全国就业扶贫基地	贺兰县如意集团	国家人力资源和社会保障部 国家扶贫办	2017年7月
“优魄杯”2017全国大众跆拳道系列赛体育道德风尚奖	贺兰县体育中心	中国跆拳道协会 宁夏体育局 宁夏跆拳道协会	2017年7月
全国青少年普法教育活动优秀组织奖	贺兰县县教育局	中共关爱下一代工作委员会 司法部　中央综治委	2017年8月
第五届“小荷风采”全国少儿舞蹈展“小荷之家”荣誉称号	贺兰县	中国文学艺术节联合会、中国舞蹈家协会	2017年7月
农村全面小康建设先进集体一等奖	贺兰县	自治区党委、人民政府	2017年1月
农业现代化建设先进集体	贺兰县	自治区党委、人民政府	2017年1月
2016年全区卫生计生工作综合目标管理三等奖	贺兰县	自治区人民政府	2017年1月
继续保留自治区文明单位	贺兰县人民检察院	自治区精神文明指导委员会	2017年4月
2014—2016周期计划生育五星级乡镇	贺兰县	自治区人民政府办公厅	2017年1月
全区安全生产工作先进单位	贺兰县	自治区安委会	2017年2月
第八批自治区农业产业化重点龙头企业	宁夏生瑞米业有限公司	自治区人民政府	2017年1月
第二届农机手大赛暨“五征杯”第四届中国农机手大赛宁夏地区选拔赛优秀组织奖	贺兰县农业机械安全监理站	自治区农牧厅农业机械化管理局	2017年9月
宁夏特色优质农产品称号	宁夏广银米业有限公司	自治区农产品品牌建设领导小组	2017年8月
全区排污工作先进单位	贺兰县环保局	自治区环境保护检查执法局	2017年11月
纪念“六五”环境日暨环境教育宣传月活动先进单位	贺兰县环保局	自治区环境宣传教育中心	2017年8月

续表3

奖　项	获奖单位	授奖单位	日期
全区政务信息上报工作先进单位	贺兰县环保局	自治区环境宣传教育中心	2017年11月
全区道路运输安全监管工作先进单位	贺兰县道路运输管理所	宁夏道路运输管理局	2017年2月
银川市道路运输管理工作先进单位	贺兰县道路运输管理所	宁夏道路运输管理局	2017年3月
全区五四红旗团支部	贺兰县道路运输管理所	共青团宁夏回族自治区委员会	2017年4月
自治区巾帼建功先进集体	贺兰县	自治区妇联	2017年4月
2016年全区财政支农政策培训先进集体	贺兰县	自治区财政厅	2017年3月
2016年度全区无进京非访先进单位	贺兰县	自治区信访工作联席会议	2017年2月
2016年度全区信访工作先进集体	贺兰县	自治区信访工作联席会议	2017年4月
2016年度重大安保任务集体嘉奖	贺兰县	自治区公安厅	2017年1月
全区优秀公安基层单位	贺兰县	自治区公安厅	2017年12月
全区公安机关圆满完成党的十九大暨中阿博览会安全保卫任务的嘉奖令	贺兰县	自治区公安厅	2017年11月
十九大安保维稳工作先进集体	贺兰县	自治区社会治安综合治理委员会	2017年1月
2016年度全区农田水利基本建设“黄河杯”竞赛一等奖	贺兰县农村能源环保工作站	区农田水利基本建设指挥部	2017年1月
全区优秀法院	贺兰县人民法院	自治区高级人民法院	2017年1月
2016年度全区招商引资工作一等奖	贺兰县	自治区人民政府	2017年1月
2016年度全区社会保险会计先进单位	贺兰县	自治区社保局	2017年2月
2016年度全区社会保险统计报表先进单位	贺兰县	自治区社保局	2017年2月
2016年度全区社会保险信息宣传工作先进单位	贺兰县	自治区社保局	2017年2月
2016年度全区社会保险经办工作先进单位	贺兰县	自治区社保局	2017年2月
2016年度全区妇联系统效能目标考核先进单位一等奖	贺兰县	自治区妇联	2017年1月
2016年度困难群众基本生活救助工作绩效考评优秀	贺兰县	自治区民政厅、财政厅	2017年10月
2017迎新春第三届全区群众书法绘画摄影大赛优秀组织奖	贺兰县	自治区文化厅	2017年1月

续表4

奖 项	获奖单位	授奖单位	日期
2017年“欢乐宁夏”全区群众文艺汇演节目获奖	贺兰县	自治区文化厅	2017年9月
全区承包地确权登记颁证先进集体	贺兰县农村合作经济经营管理站	自治区确权领导小组办公室	2017年8月
土地确权二等奖	贺兰县		
全区党的十九大安保维稳工作先进集体	贺兰县习岗街道办事处	自治区社会治安综合治理委员会	2017年12月
全区党的十九大安保维稳工作先进集体	贺兰县人武部		
宁夏名牌产品生产企业	百瑞源枸杞股份有限公司等14家企业	宁夏回族自治区质量和商标战略工作领导小组	2017年6月
全区企业年报公示工作先进单位	贺兰县市场监督管理局	宁夏工商行政管理局	201年11月
自治区食品安全先进县	贺兰县	宁夏食品安全委员会	2017年12月
全区国土资源执法监察先进集体	贺兰县国土资源局	自治区国土资源厅	2017年2月
2016年度全区统计系统效能目标管理综合考核二等奖	贺兰县统计局	自治区统计厅	2017年1月
2016年度全区铁路护路联防工作先进集体	贺兰县	自治区铁路护路联防工作小组	2017年3月
2012—2016年全区机关干部下基层活动先进单位	贺兰县	自治区党的建设领导小组	2017年3月
第二届全国企业创新方法大赛宁夏分赛暨宁夏首届企业创新方法大赛	贺兰县	自治区科协 自治区科技厅	2017年1月
环保信息上报先进单位	贺兰县环保局	自治区环保局宣教中心	2017年11月
检察文化建设示范院	贺兰县人民检察院	自治区人民检察院	2017年10月
银川市民事行政检察业务竞赛先进集体第三名	贺兰县人民检察院	银川市人民检察院	2017年12月
银川市2017年推进休闲农业发展农业嘉年华项目一等奖	宁夏广银米业有限公司 银川科海生物技术有限公司	银川市农牧局	2017年12月
2016年度招商引资优秀基层单位	贺兰县	银川市人民政府	2017年4月
2011—2015年度银川市实施妇女儿童发展规划先进集体	贺兰县	银川市人民政府	2017年9月

贺兰县第一批“享受政府特殊津贴人员”和“突出贡献人才”

一、享受贺兰县政府特殊津贴人员（3名）

张淑萍　贺兰县畜牧水产技术推广服务中心研究员

龚晓科　银川天佳能源科技股份有限公司高级工程师

谢冠华　贺兰县第一中学高级教师

二、贺兰县突出贡献人才（8名）

白淑萍　贺兰县农牧渔业局高级水产工程师

李盛容　宁夏天荣现代农业科技有限公司高级农艺师

孙锦萍　贺兰县幼儿园园长

张金宏　百瑞源枸杞股份有限公司副总经理

朱建华　宁夏凯晨电气集团有限公司总经理

赵建文　贺兰县广银米业有限公司总经理

黄永山　宁夏麦尔乐食品股份有限公司研发总监

蔡生福　贺兰县图书馆馆长

2017年度县委、政府命名“文明单位”“文明村”

一、“文明单位”

县经济发展和改革局

体育运动中心

工商业联合会

宁夏惠农渠管理处第三管理所

二、“文明村”

洪广镇洪西村

立岗镇通伏村

南梁台子农牧场铁西村

2017年度科级干部实绩考核优秀等次人员

（共85人）

优秀等次公务员（76人）

党群部门（17人）

保旭锋　吴晓风　杨学生　马立勇

张宏荣　曹　凯　方华伟　李世赟

徐　华　马永芬　高学东　金　旭

徐彦宁　张新林　张学军　池海霞

夏巧燕

乡镇（场）、街道（12人）

马立坤　胡克军　吕　宁　陈晓伟

叶　宏　马　萍　王彩宁　强玉梅

郑　莹　白文贤　蔡　霞　陈　锋

综合部门（22人）

王永刚　王剑平　张海军　刘国荣

谢庆福　孙富忠　丁书涛　王旭升

王岩弘　马　婧　陈伏贵　傅　龙

岳建平　安建保　刘　伟　韩建云

马燕飞　杨立平　马晓林　丁建梅

张海敏　孙　明

公检法司（21人）

陈　清　桂万录　宋永明　谢立志

李　才　王贺宁　郭建忠　吴　刚

马伏军　白　洁　吴　军　苏小桃

谢翌涛　朱戎战　马克忠　苏蓓蓓

齐美超　李义军　高秀荣　马小梅

丁海燕

挂职干部（4人）

程　晖　吴旭明　张　望　陈小松

优秀等次事业单位工作人员（9人）

付　振　李海明　王　虎　谢立军

徐国福　王　佳　郭　淳　黄学军

蔡生福

2017年度科级以下公务员实绩考核优秀等次人员

（共64人）

马　琛　梁春艳　王　红　桂　华
刘惠芳　金　波　张喻花　李　佳
陈　晓　范国芳　周　瑾　杨　莉
李金明　冯海永　明广先　强艳飞
雷　权　田彦宏　郭晓方　刘燕军
王文婷　李　瑞　贾晓乐　王　娣
姜安娜　张丽茹　刘彩虹　王　娟
王　鹏　沈海波　魏　芳　王慧琳
张丽雯　张晓燕　张　婕　马路遥
常　颖　朱雪艳　徐　瑞　叶长荣
唐　婧　岳洪利　赵　晶　田晓龙
刘君泽　胡彦明　杨雅君　张玲燕
王丽萍　罗高保　朱惠萍　朱晓娟
韩冬华　马少华　李永平　王海文
董　博　徐红莉　何　旭　赵保仓
张学龙　常利平　叶　娜　保　静

2015—2017年连续三年被确定为优秀等次记三等功公务员（参公）

（共16人）

保旭锋　张学军　王彩宁　陈　锋
桂万录　马永芬　谢立志　马燕飞
王　红　张玲燕　朱惠萍　朱晓娟
韩冬华　马少华　杨　莉　王　娣

2017年度电子商务发展先进集体

一、快递物流示范企业

宁夏苏宁物流
银川卓越申通快递有限公司
顺丰速运（宁夏）有限公司
银川金鹏中通快递服务有限公司
百世网络技术有限公司
宁夏宏源达速递有限公司（韵达）

二、跨境电商示范企业

宁夏瑞熙泽丰电子商务有限公司（缤购跨境）
义乌市和汐电子商务有限公司宁夏分公司
宁夏杰创电子商务有限公司
宁夏宇和进出口有限公司
宁夏信联达网络科技有限公司

三、农村电商示范企业

金贵镇通昌村村淘服务站
京星农牧场村淘服务站
桃林村村淘服务站
欣荣村村淘服务站
新民村村淘服务站
暖泉农场村淘服务站
习岗村村淘服务站
汉佐村村淘服务站

四、中小电商示范企业

宁夏厚生记食品有限公司
银川市宇通在线电子商务有限公司
宁夏银座电子商务有限公司
宁夏绿禾网电子商务有限公司
宁夏东作云红木商贸有限公司
银川永康尚五金发展有限公司
金华市伍柒玖网络科技有限公司贺兰分公司（淘宝特色中国贺兰馆）
宁夏高三二电子商务有限公司
宁夏启信电子商务有限公司
银川九客农产品有限公司
宁夏五联科贸有限公司（西域摩界）

五、电商宣传工作以奖代补单位

贺兰县城市管理监察大队
贺兰县习岗街道办事处
贺兰县习岗镇人民政府
贺兰县金贵镇人民政府
贺兰县立岗镇人民政府
贺兰县洪广镇人民政府
贺兰县常信乡人民政府

贺兰县南梁台子管理委员会
贺兰县京星农牧场

2017年度民族团结进步模范集体和模范个人

一、民族团结进步模范集体（8个）

县人武部
县市场监督管理局
金贵镇江南村
立岗镇永华村
习岗街道办事处利民社区
习岗街道办事处居安社区
县第二中学8．县幼儿园

二、民族团结进步模范个人（13人）

刘　伟　县市场监督管理局局长
冯　晗　县人武部副部长
达秀梅　县教育体育局副局长
秦文博　立岗镇人民政府副镇长
屠志刚　立岗镇党委副书记、永兴村党支部书记
吴士兵　南梁台子农牧场党委副书记、纪委书记
冯立坤　习岗街道办事处主任
赵佳乐　金贵镇派出所干警
章李娜　习岗街道办事处利民社区党总支书记
陈思习　习岗街道办事处如意湖社区党支部书记
陈建华　习岗街道办事处友爱社区党支部书记
赵　祥　银川东君乳业有限责任公司总经理
王学峰　城关清真寺阿訇

2017年度优秀校（园）长、优秀班主任、优秀教师、优秀教育工作者

一、优秀校（园）长（5名）

陆文逊　贺兰县第二中学校长
马秀娟　贺兰县回民小学校长
孙锦萍　贺兰县幼儿园教育集团总园长
王　琳　贺兰县金贵镇银光小学校长
徐建国　贺兰县洪广镇金山小学校长

二、优秀班主任（120名）

贺兰一中　张彦尊　黄丹凤　芦东梅
李晓丽　张　洁　白丽娟
程小娟　周　珍　马玉红
刘占东　胡家栋　谢冠华
姚鹏静　曹更兰　张瑞妍
贺兰回中　马立忠　赵新红　张春风
贺思霞　董丽娥　保丽媛
贺兰四中　李春红　葛晓祥　邓学梅
李艳粉　刘继斌　齐亚男
屈智强　张国芳　张海燕
朱　淼　赵利聪
贺兰二中　郝维骞　殷宝龙　张艳华
朱彦洁　曹学文　方　莉
马文强　赵　冰　连　渊
贺兰三中　马成香　付占英　张龙举
吴　琼　王桂萍　吴　森
贺兰一小　冯艳萍　李玉燕　保海燕
侯　宁　杨秀霞　慕明花
王洪娟　杨晓峰
贺兰二小　王　莉　韩唯丽　胡继玲
陈学琴　郭　静　保学琴
周生凤　张淑贤
贺兰三小　孙　玲　王丽红　王淑萍
张建荣
贺兰四小　姚美娟　朱　楠　张丹阳
潘　红
贺兰五小　张文娟　张雪琳
贺兰六小　黄文芳　吴玉娟　杜　萍
丁学兰　景　菊　马秀玲
贺兰回小　马　俊　殷秀琴　王丽娅
刘树林　郑　伟　胡玉芳
丁瑞华　刘　丽
贺兰县奥莱小学（银川二十一小教育集团）

吴　娟
德胜实验小学　郑　瑶
县幼儿园　王　丽　韩晓霞　马　红
王　莹　杨加宁　闫　雯
蔡如愿　马　婧
五星小学　李德芬
暖泉小学　郝　曦　赵　冲
潘昶小学　杨　丽
铁东小学　崔永贤　杨志婷
铁西小学　王玉波　樊如意　马　琴
银光小学　马兰霞　李玉娟　张艳霞
李淑玲　何继红
立岗小学　张淑琴
新渠小学　郝占虎
常信小学　欧惠珍
欣荣小学　盖小娟　熊　倩　李晓萍
兰光小学　杨金莲
民乐小学　白永春
金山小学　李亚雯

三、优秀教师（200名）

贺兰一中　王金萍　饶月久　张　瑞
高玉荣　王尚伟　李　玫
段冬梅　罗海军　马　凯
徐会英　曹吉森　海金涛
王　莉　薛　智　李林刚
陈佩芸　张　丽　马文兰
刘素芳　王立勇　龚春宁
薛秀玲　祁学梅　王广峰
马　丽　张　勃　李　丹
朱姗姗　顾进燕　吴永祥
王利华　化　婷　郑志刚
贺兰回中　陈　静　陈　丽　包红霞
王义春　杨晓艳　乔晓萍
孙梅彬　张玉红　顾彩霞
李惠娟　马英旭　韩存军
马东红　张爱芳
贺兰四中　丁　凯　杜　旭　胡美英
蒋正宇　李学萍　马桂林
唐臻荣　王　瑞　王少杰
张迎霞　陈树宁　吴学清
薛景宾　袁文生　张彩霞
贺兰二中　王新梅　刘慧芝　姚艳芳
孙富刚　高　婷　吴瀚然
王春红　保建新　陈　飞
贺兰三中　祁　娣　徐永奎　王　玲
李小娟　田丁丁　焦育桓
贺兰一小　张　蓉　范雪琴　杨桂莲
任淑红　余金莲　潘雪晴
安玉霞　祁建玲　陈　波
吴　萍　吕　燕　焦建民
张　姬　周桂岚
贺兰二小　李建勤　陈晓妮　仇淑芳
苏厚琴　郑桂萍　张文莉
张冰倩　张宇慧　李静波
杨　华　邢文慧
贺兰三小　吴金兰　李晓红　谢继瑛
朱丽芝　王　芳　蒋丽娟
贺兰四小　马　琴　司鑫洁　邓丽荣
解永欢　徐　虹
贺兰五小　姜红霞　徐　静　张国忠
韩春玲
贺兰六小　王学荣　胡占文　李玉娟
孙庆萍　张　琳　张静晶
贺兰回小　曹　佳　马海娣　黄玉玲
朱丽娟　贾　魏　李晓娇
杨海燕　欧　丽　孙莉勇
徐玉玲　崔永梅
贺兰县奥莱小学（银川二十一小教育集团）
周梦醒
德胜实验小学　李　娜
县幼儿园　海　燕　张惠萍　柏云仙
周　萍　杨婷婷　李　芳
万春辉　邢丽红　郭春霞
黄　燕　马建梅　乔会丽
五星小学　王建忠
暖泉小学　赵　青
潘昶小学　吴会萍　燕红军　杨　桢

铁东小学　汤海英　杨吻春　杨立锋
铁西小学　兰成虎　姜　华　王明明
银光小学　何　隽　闫学贵　马孝国
　　　　　保鹤玲　张克玲　陈万珍
　　　　　李建红　罗彦琴
立岗小学　马占林　王桂琴
新渠小学　岳文平　陈淑霞
常信小学　李　佳　闫继荣
欣荣小学　宋　慧　马秋瑞　张月霞
兰光小学　白学丽　曹先锋
民乐小学　李　莉　刘志荣
金山小学　马　爽
教育局　　张　芳　马学军　徐学文
贝思特幼儿园　　　海　燕
金豆豆典雅居幼儿园　程　娟
启明星第二幼儿园　徐春晖
美茵湖城幼儿园　　侯君凤
金色摇篮幼儿园　　杨　丽
锦龙之家幼儿园　　丁　洋
光明幼儿园　　　　郝彩萍
一品尚都中心幼儿园　禹彩霞
启智幼儿园　　　　陈永花
暖泉幼儿园　　　　何丽娟
启明星幼儿园　　　张　玉
华梦大风车幼儿园　张挺刚
智慧安鑫幼儿园　　盛巧玲
印象童年幼儿园　　王晓彤
天之骄子幼儿园　　马　芳
天骏幼儿园　　　　张东娜

四、优秀教育工作者（59名）

贺兰一中　张秀萍　岳淑萍　王建民
　　　　　姚　进　吴学芳　马启军
贺兰回中　张　明　柳春焘　马小剑
贺兰四中　邓学峰　唐　澜　李咏梅
　　　　　盛　伟　王占忠
贺兰二中　任　瑛　黄　智　刘　峰
　　　　　殷文林
贺兰三中　陆伏铭　杨春生　胡金红
　　　　　王　萍
贺兰一小　杨玉林　马进萍　袁　俊
　　　　　曹　明
贺兰二小　杨学娟　盛光前　石　莹
　　　　　孙吉成
贺兰三小　徐　璞
贺兰四小　辛金环　付丽娟
贺兰五小　汪进英
贺兰六小　孙丽香　王学忠
贺兰回小　王彩霞　郁晓丽
县幼儿园　宋　红　杨　莉　赵学峰
　　　　　邹　静
五星小学　包　虎
暖泉小学　达学文
潘昶小学　吴学海
铁东小学　吴学春
铁西小学　杨立军
银光小学　李晓东　方晓明
立岗小学　代兴玲
新渠小学　岳忠兴
常信小学　杨自荣
欣荣小学　樊立军
兰光小学　徐　学
民乐小学　张学永
教育体育局　蒋建国　胡学利　李冬梅
银川西夏德胜幼儿园　王　莹

2017年度移风易俗“示范村（居）”

习岗镇德胜村党支部
洪广镇广荣村党支部
洪广镇欣荣村党支部
立岗镇通义村党支部
金贵镇江南村党支部
常信乡王田村党支部
南梁台子铁东村党支部
京星农牧场党总支
习岗街道办光明社区党总支
习岗街道办居安社区党总支

2017年度移风易俗“示范户”

习岗镇党委（30个）

余　珍　和平八社
赵连顺　塞上名居
闫生国　和平五社
马忠和　塞上名居
刘元旗　居安苑西区
刘彦忠　清湖苑
曹金红　五星村六社
罗学明　塞上名居
陶　福　德胜花园
孙占忠　居安苑西区
杨　波　太阳城A区
王金凤　桃林花园
徐建利　和平家园
马兴忠　德胜花园
陈瑞明　经济桥新村
杨　孝　和平五社
马伏平　永胜花园A区
魏　林　和平社区
马保平　永胜花园
吴桂兰　美居华庭
任德科　经济桥新村
柳建云　新平五社
李建忠　新平三社
周进武　和平社区
曹桂琴　德胜村
桂丽萍　红旗村
程艳华　和平村
王惠芸　黎明村
许　艳　塞上名居
季月英　习岗村

立岗镇党委（31个）

杨翠玲　立岗镇清水村二社
殷永江　银星村五社
谢光明　通义村七社
赵　兵　永华村六社
张胜利　通义村四社
丁光明　兰星村二社
马翠萍　先进村
马学忠　兰星村九社
马　丽　兰星村
张利萍　通义村五社
李向丽　星光村
谢茂智　通义村六社
杨桂芳　先进村七社
谢文军　通义村七社
李国强　幸福村
杨万伏　永华村六社
吴学林　立岗镇兰光村
吴建国　兰光村七社
周玉花　民乐村十社
刘永国　立岗村
杨治平　民乐村十社
马小立　兰光村
杨惠玲　立岗村
王学义　银星村
马占军　金星村十社
吴均平　星光村
孙丽秀　金星村
陈国庆　银星村
杨爱玲　立岗村五社
邬惠敏　通伏村
叶建华　兰丰村一社

金贵镇党委（9个）

盛兴明　保南村五社
刘爱虎　金贵村六社
张学贵　金贵村七社
马学锋　保南村七社
康健林　保南村三社
王振荣　银河村五社
张学勤　金贵村三社
王玉海　银河村七社
张学伏　金贵村八社

洪广镇党委（6个）

徐晓玲　金沙村四社
房永奇　欣荣村
张　迁　金鑫村十四社
王学聪　洪西村
李生福　金鑫村十二社
孙义强　洪广村

常信乡党委（29个）

吴中和　丁义村十九社
马光霞　张亮村四社
黄宗贤　丁义村六社
杨　军　谭渠村三社
王生茂　丁义村十二社
孙万银　谭渠村五社
徐天明　团结村三社
王兴斌　四十里店村
杨廷礼　团结村六社
蒋占军　四十里店村
郑凤萍　桂文村三社
白兴文　四十里店村
薛　丽　新民村三社
阮生珍　王田村十社
史庆玲　新华村十五社
盖月梅　王田村九社
庄玉琴　于祥村十社
王　伟　桂南村七社
岳蓉萍　于祥村九社
赵　兵　桂南村五社
李农新　新华村八社
石光珍　丁北村六社
李春梅　五渠村一社
简玉梅　四十里店
黄瑞琴　五渠村一社
胡玉兰　旭光村九社
张文祥　张亮村八社
谭玉芳　桂文村八社
杜设平　桂南村五社

南梁台子党委（10个）

陈汉云　铁东村三队
吴占元　铁东村一队
母全林　铁东村六队
马虎林　铁东村三队
包玉明　铁西村三队
刘治国　铁西村九队
马学峰　铁西村六队
马万芳　铁西村四队
马凤霞　铁西村六队

京星农牧场党总支（10个）

杜吉广　京星农牧场三社
李亚杰　京星农牧场六社
刘大庆　京星农牧场一社
钱海军　京星农牧场三社
周慕平　京星农牧场一社
赵建东　京星农牧场二社
任德义　京星农牧场三社
张连生　京星农牧场五社
吴柏森　京星农牧场五社
陶志成　京星农牧场四社

习岗街道党工委（30个）

赵晓辉　兰亭居
王苏荣　安鑫花园
张　静　百荣苑
王　婷　月湖名邸
胡志金　御景世家
庞学燕　居安苑
罗光芒　育才家园
吕明岫　惠泽园
景树林　生资小区
李俊兰　名居华庭
胡　涛　一品尚都
田　鑫　太阳城
齐义安　天峻城市花园
闫进才　太阳城
马玉芹　森林海

李金良　太阳城
朱红茹　兰山园
张　帆　亲水嘉苑
蔡森娥　地中海
孙金瑞　团结小区
张　超　典雅居
刘海兰　亚龙湾
宫建忠　和平家苑
张安宁　兰山园
张秀芹　和平家苑
师海龙　工行家属楼
肖　丽　工行家属院
马艳娥　永泰南区
王应周　奥林匹克花园
石延民　友爱社区

2017 年度移风易俗 “勤廉齐家”文明家庭

公安局党委（8个）

董　博　公安局交警大队
勉伟东　公安局
田　林　公安局城关派出所
吴　军　公安局刑警大队
张学彦　公安局常信派出所
张志东　公安局德胜工业园区派出所
赵保仓　公安局金贵派出所
赵永利　公安局金贵派出所

习岗镇党委（4个）

季学宁　桃林村党支部书记
孙建保　经济桥村党支部书记
杨雅君　习岗镇人民政府干部
韩建林　习岗镇人民政府干部

洪广镇党委（7个）

蔡永平　金沙村
顾小琴　洪西村妇联主席
杨　芳　宁夏天雄碳材料有限公司化验室主任
张　军　宁夏精海生物技术有限公司生产部经理
汪志明　洪广村治保主任
任锦妮　洪广村
何　忠　欣荣村村委会副书记

立岗镇党委（5个）

李小琴　通义村
马瑞宁　通义村党支部书记
马忠保　永华村海超农业产销合作社
马秀琴　兰星村妇联主席
代新华　通义村妇联主席

金贵镇党委（6个）

马海萍　银光村党支部书记
马建军　通昌村一社
杨玲春　通昌村十社
金学山　联星村党支部副书记
马振锋　银河村党支部书记
吴术祥　联星村村委会副主任

常信乡党委（8个）

王　祥　团结村副主任
张红霞　新华村妇联主席
王海玲　丁义村妇联主席
鲁春燕　旭光村村监会主任
贾新林　四十里店村副村长
余炳祥　王田村村委会书记
吴占云　谭渠村村委会副主任
王学山　桂南村村监会主任

南梁台子农牧场党委（3个）

李国珍　铁西村支部副书记
马卫东　铁东村支部副书记
吴士兵　南梁台子农牧场党委副书记

京星农牧场党总支（3个）

许　晖　京星农牧场副场长
胡东芳　京星农牧场专干
冯建忠　京星农牧场报账员

习岗街道党工委（5个）

刘　斐　习岗街道办办公室主任
范椿林　居安社区党总支书记
宋艳茹　习岗街道办纪工委干事
殷海燕　习岗街道办干部
杨秀琴　团结社区书记

县直机关工委（21个）

刘怀斌　老干部局
孙林森　老干部局
龚　轩　安全生产监督管理局
马　丽　供销社
谢立军　节能监察中心
王海峰　市场监督管理局立岗监管所
崔万春　市场监督管理局
周建军　市场监督管理局
吴允锋　市场监督管理局
徐苏宁　第六小学教师
宋文华　第六小学教师
沈建宁　价格监督检查所
汪振山　第二小学教师
黄学萍　第二小学教师
韩唯丽　第二小学教师
方惠娟　回民小学教师
杨海燕　回民小学教师
杨菊红　回民小学教师
祁建玲　第一小学教师
张金丽　第一小学教师
海少军　如意湖中学教师

2017年度“十佳志愿服务团队”

公路管理段志愿服务队
交通局志愿服务队
安监局志愿服务队
政策研究室志愿服务队
医疗保险事务管理中心志愿服务队
农牧渔业局志愿服务队
统计局志愿服务队
团委志愿服务队
疾病预防控制中心志愿服务队
光明社区志愿服务队

2017年度“百名优秀志愿者”

申丽伟　张瑞芳　鲁忠萍　包丽蓉
蒋敏芳　景　喜　王　萍　张建萍
王晓兰　杨会萍　杨晓立　孙凤霞
王海荣　陈会茹　杜芙蓉　王西宁
王　彦　马金宁　姚建刚　顾　斐
贾国庆　李晨阳　杨　洁　王占福
张　洁　周永芝　马伟华　汪金娥
王海宁　韩　明　张智凯　潘红霞
刘慧芳　马生俊　葛玉宁　姬芙蓉
化桂贤　孙　涛　葛　翔　张洁琼
吴义荣　任　兵　柏　慧　黄爱琴
周新芳　李　梅　李建刚　何　勇
苏　红　马　媛　张学红　扈建玲
郑淑琴　马卫东　哈丽娟　祁巧英
丁月梅　范椿林　盛玉凤　吴士兵
张少华　贺庆忠　任　吉　马晓东
保旭锋　黄云川　陈洪彦　杨凤琴
孙　庆　徐彦宁　穆远华　葛国礼
吕小蓉　杨　宁　李建军　张晓圆
韩　旭　杨春燕　马　越　蒋淑萍
刘建新　任　晨　魏建设　徐婷婷
王爱华　李　旺　张　瑞　胡明红
陆建忠　刘　灵　何　斌　李彦芳
刘于雷　陆佳钰　王　昭　胡　洁
苏丽萍　张国斌　马丽亚娜
黄　琛

2017年度“学雷锋百名标兵”

贺兰一小　赵　阳　盛　鑫　李恩泽
　　　　　陈格尔　刘　硕　罗晨钰
　　　　　卢　越　孙雅蕊
贺兰一中　陆　烨　李心婕　孙　岩

李　昕　薛旭柯　刘可欣
贾抒曼　杨　璞
贺兰二小　李嘉宇　吴　琪　杨　蓝
李晓璇　马昀焘　熊　琪
太阳城小学　袁昊楠　常　乐　丁文俊
王佳妮
暖泉小学　苏文毓　何小琴　马永瑞
欣荣小学　刘　杰　王晓蕊　马　梅
经济桥小学　张雅琪　杨　鑫
贺兰回中　李增川　候莹莹　董浩楠
孙荣红　郑佳思
民乐回民小学　谢　媛　杨浩鹏
立岗小学　张亚宁　徐佳欣
贺兰三中　宋京璟　杨桂桂　王生强
潘昶小学　陶　虹　朱　彤
五星小学　李　治　殷　瑞
兰光小学　杨佳钰　马　莉
金山小学　张继远　王萌萌
南梁台子小学　杨虎平　田　歌　马静芝
常信小学　陈志莹　孙　杰
如意湖中学　杨国娜　段　丽　马新茹
马　赛　俞苗苗　马　媛
铁西小学　喜兆梅　马　林　田海涛
贺兰四中　刘文妍　李　丹　李青岭
罗依依　李佳心　沙　昊
姜梦真　吕瑞雪
金贵镇银光小学　王雪纯　王　淼　田　园
韩　茹
贺兰六小　章彤彤　王　昊　马思亮
樊　博　保雅楠　张　媛
贺兰县回民小学　高雅楠　宫禹凡　金　璐
韩甜甜　叶心如　马金梅
贺兰三中小学部　焦　梦　康元馨　张变玲
新渠回民小学　杨舒媛　康　颖
德胜小学　朱星科　董　玄　太耀州

2017年贺兰县国民经济和社会发展统计公报

贺兰县统计局

2017年，贺兰县委、政府深入贯彻落实党的十九大精神和自治区第十二次党代会精神，积极应对经济下行大环境，以“富民强县、跨越发展”为总目标，科学推进“四个并重”，坚持“五个发展”，打造“五个生态”，加快建设“五个贺兰”，全县经济呈现稳中趋缓、质效提升的发展态势。

一、综合

初步核算，2017年全县实现地区生产总值127.71亿元，按可比价计算，比2016年增长6.0%，增速位居全市第三、川区六县第五。其中，第一、第二、第三产业增加值分别为17.488亿元、62.958亿元、47.28亿元，分别增长4.4%、4.9%、8.8%。按常住人口计算，人均地区生产总值48942元。三次产业结构比由2016年的12.2:56.4:31.4调整为13.7:49.3:37.0，第三产业占比提升5.6个百分点，产业结构逐步优化。三次产业对经济增长的贡献率分别是27.2%、46.0%、44.8%，分别拉动经济增长0.5、2.7和2.8个白分点。

表1　2017年全县地区生产总值及增速

指　标	绝对值（亿元）	比2016年增长（%）
全县生产总值	127.71	6.0
第一产业	17.48	4.4
第二产业	62.95	4.9
工业	43.33	2.5
建筑业	19.62	13.7
第三产业	47.28	8.8
交通运输、仓储和邮政业	6.01	4.9
批发和零售业	7.27	6.7
住宿和餐营业	0.95	10.4
金融业	5.09	1.2
房地产业	6.31	17.9
其他服务业	20.97	10.2
农林牧渔服务业	0.68	6.3
金属制品、机械和设备修理业	0.006	2.5

2017年贺兰县总人口（常住人口）260941人，比2016年增加4946人，其中城镇人口145866人，比2016年增加10829人；乡村人口115075人，比2016年减少5883。城镇化率55.90%，同比提高3.15个百分点，比全区平均水平低2.08个百分点。人口出生率14.05‰，比2016年提高1.12个千分点；人口死亡率5.42‰，比2016年提高0.87个千分点；人口自然增长率8.63‰，比2016年提高0.25个千分点。

表2　2017年贺兰县年末常住人口数及其构成

指　标	年末数(人)	增速(%)	比重(%)
年末总人口	260941	1.9	100.0
#城镇人口	145866	8.0	55.9
乡村人口	115075	-4.9	44.1
#汉族人口	195513	1.5	74.9
回族人口	64038	3.1	24.5
其他少数民族	1389	3.0	0.5
#男性	131119	1.8	50.2
女性	129822	2.1	49.8

全年居民消费价格比2016年上涨1.7%，其中，其他用品和服务上涨2.3%，衣着类上涨1.7%，医疗保健上涨6.3%，教育文化和娱乐类上涨2.7%，居住类上涨3.0%，生活用品及服务类上涨2.1%，交通和通信类上涨2.9%。工业生产者出厂价格指数上涨12.3%，工业生产者购进价格指数上涨13.4%，新建住宅价格指数上涨2.5%，商品零售价格指数上涨1.5%。

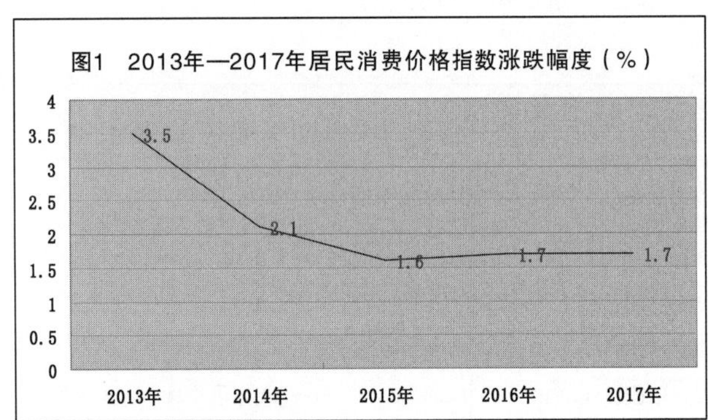

二、农业

据初步核算，全年完成农林牧渔业总产值35.03亿元，同比增长5.2%，实现增加值18.16亿元，同比增长4.5%。其中农业增加值13.45亿元，同比增长2.3%；林业增加值0.01亿元，同比增长11.6%；牧业增加值2.23亿元，同比增长11.9%；渔业增加值1.74亿元，同比增长11.5%；农林牧渔服务业增加值0.68，同比增长6.3%。农林牧渔业所占的比重分别为农业74.0%、林业0.4%、牧业12.3%、渔业9.6%、农林牧渔服务业3.7%。

据初步核算全年粮食播种面积40.4万亩，与2016年基本持平：其中小麦10.5万亩，同比增长3.4%，水稻19.5万亩，同比下降3.0%，玉米10.1万亩，同比增长4.3%；全年设施蔬菜6.0万亩，同比下降8.4%。全年粮食总产量21.2万吨，较2016年同期增长3.8%：其中小麦产量为3.9万吨，较2016年同期增长1.3%；水稻产量为11.2万吨，较2016年同期增长0.6%；玉米产量为6.1万吨，较2016年同期增长12.3%。

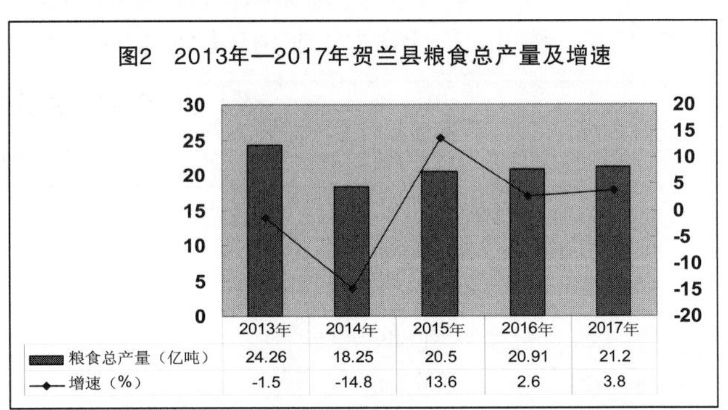

全年肉类总产量7939吨，其中，猪肉产量1936吨，同比增长0.6%；牛肉产量3532吨，同比下降2.9%；羊肉产量1717吨，同比下降0.1%。生猪年末存栏2.0万头，同比增长7.0%；生猪出栏2.47万头，与2016年基本持平。牛奶产量17.52万吨，同比增长15.5%。据渔业部门初步统计全年水产品产量4.57万吨，增长8.1%。

据农业部门统计，年末农业机械总动力为42.35万千瓦时；农用大中型拖拉机4486台，小型拖拉机11651台；农村用电量4616万千瓦时，同比增长0.2%；农用化肥施用量（实物量）5.97万吨，同比下降0.4%。

2017年末，全县共有4个镇，1个乡，1个县属农场，1个管委会，2个区属农场，1个街道办事处，65个村委员会，13个社区居委会。

三、工业和建筑业

2017年贺兰县119家规模以上工业企业增加值同比增长1.5%。全年销售产值同比下降5.1%，产销率达到95.4%，比2016年同期提高2.4个百分点。工业企业实现出口交货值3.09亿元，同比增长199.1%。

按经济类型分，国有工业企业工业增加值同比增长3.8%，股份制工业企业同比增长1.9%，外商及港澳台投资企业同比下降2.9%。全县规模以上非公有制工业企业同比增长6.3%。

按轻重工业分，轻工业占比略高于重工业，增速同比下降，全县轻工业增加值同比下降6.2%，重工业增加值同比增长8.6%。轻重工业增加值占全县比重为52%和48%。

按行业分，八大行业两升六降，纺织业同比增长5.1%、医药制造业同比增长4.6%；而金属制品业，农副食品加工业，电气机械和器材制造业，非金属矿物制品业，食品制造业，酒、饮料和精制茶制造业分别同比下降2.8%、2.2%、0.7%、0.6%、0.5%和0.3%，对增加值的下拉作用较大。

2017年全县规模以上工业资产总计237.1亿元，同比增长3.6%，负债总计144.5亿元，同比增长5.8%，资产负债率达60.9%，同比增长1.2个百分点。主营业务同比增长1.9%，主营业务成本同比增长1.3%，每百元主营业务收入中的成本为84.58元，同比减少0.47元。利润总额达到4.9亿元，同比增长8.9%，主营业务收入利润率为3.63%，同比2016年增长0.23个百分点。规模以上工业企业应收账款28.4亿元，同比增长21.4%，且应收账款平均回收期达到37.9天，同比2016年增加6.1天。企业年末存货23.4亿元，同比增长1.7%，产成品存货周转天数为13.9天，同比2016年减少2.4天，企业存货变现能力得到提高，销售状况相对改善。

表3　2017年规模以上工业主要工业产品产量及增长速度

产　品	计量单位	产量	比2016年增长（%）
饲料	吨	152979.68	15.3
化学药品原药	吨	12456.17	321.5
纱	吨	63868.91	62.8
试验机	台	94	-76.3
钢化玻璃	平方米	288335	-38.7
涂料	吨	1719	-5
精制食用植物油	吨	44008	-23.4
家具	件	81990	-27.6
塑料制品	吨	49554.95	47.3
电工仪器仪表	台	3212	-11.6
硫酸（折100%）	吨	84087.03	30.8
商品混凝土	立方米	1719640.01	-1.2
饮料酒	千升	186506.7	-4.4
冷冻蔬菜	吨	1659	13.6
铝材	吨	4224.81	53.6
沥青和改性沥青防水卷材	平方米	2623979	22.8
饮料	吨	30128.72	-6.5

续表

产　品	计量单位	产　量	比2016年增长（%）
工业自动调节仪表与控制系统	台（套）	597215	-35.4
大米	吨	47105	37.9
化学试剂	吨	13090.4	1.6
盐酸（氯化氢，含量31%）	吨	45472	4.9
鲜、冷藏肉	吨	2368.5	-13.6
乳制品	吨	33319.09	21.1
石墨及碳素制品	吨	10960.63	24.9
钢结构	吨	24560	2.9
通信及电子网络用电缆	对千米	487	-13
起重机	吨	4277	-7.9
工商用制冷、空调设备	台（套）	1111	-3.1
钢材	吨	42769.26	218.5
小麦粉	吨	3460	6.1
化学农药原药（折有效成分100%）	吨	199.14	-1.3
罐头	吨	715	-3.9
高压开关板	面	7733	-59
低压开关板	面	8741	-48.5

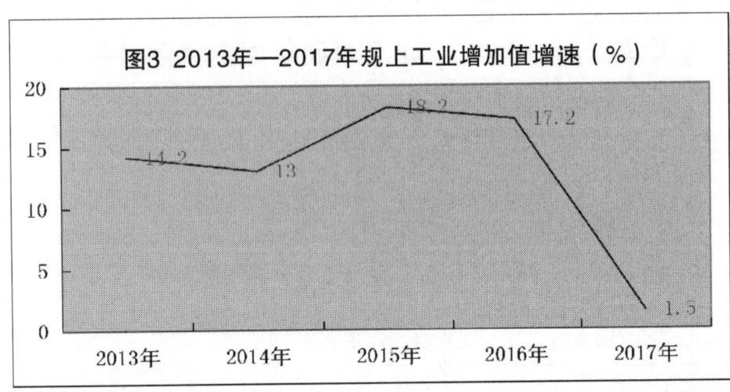

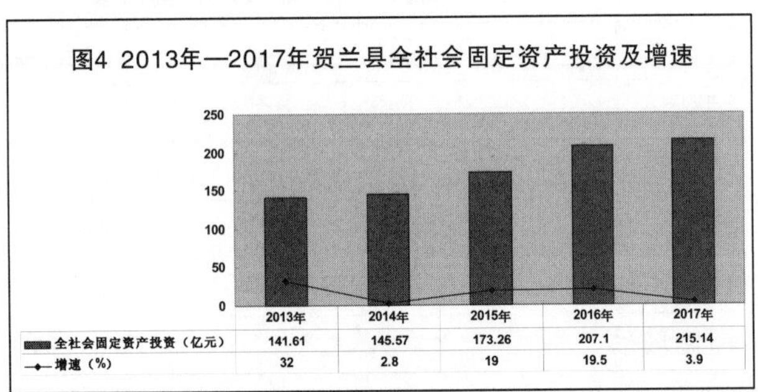

2017年，全县具有资质等级建筑业企业31个，实现建筑业总产值32.75亿元，同比下降1.4%；其中国有及国有控股企业实现产值25.45亿元，同比下降2.5%。房屋建筑施工面积68.55万平方米，同比下降62.3%；房屋建筑竣工面积20.3万平方米，同比下降42.5%。

四、固定资产投资

全年完成全社会固定资产投资总额215.14亿元，同比增长3.9%，其中，生产性领域完成投资139.73亿元，同比下降5.7%，占全县投资的65%，较2016年下降6.9个百分点；建筑安装工程投资140.11亿元，增长4.8%。

从投资主体看，民间固定资产投资完成167.19亿元，同比增长16.5%。从投资结构看，第一产业完成29.75亿元，增长169%；第二产业完成投资79.33亿元，同比下降17.3%，第三产业完成106.07亿元，增长5.9%。第一、二、三产完成投资占总投资的比重分别为13.8%、36.9%、49.3%。

全年完成房地产开发投资46.25亿元，同比增长23.6%，其中住宅开发投资28.35亿元，同比增长1.6%。全年购置土地面积10.87万平方米[1]，同比下降44.3%。全县在库房地产企业房屋施工面积570.6万平方米，同比下降2.9%；商品房销售面积

93.75万平方米，同比增长5.8%，其中住宅销售面积79.84万平方米，同比增长20%。商品房待售面积117.8万平方米，同比下降7.7%。全年商品房销售额46.37亿元，同比增长36.5%，其中住宅销售额36.9亿元，同比增长19.8%。

五、交通、邮电和旅游

境内通车里程1194.353公里，其中国道104.51公里，高速 55.005公里，省道80.384公里，县道85.944公里，乡道325.111公里，村道507.797公里，专用公路90.607公里。全年道路客运量102.21万人次，乘客周转量1840.34万人公里。全县营运汽车拥有量5227辆，其中载客汽车594辆[2]，载货汽车4633辆。

全年完成邮政业营业收入1880.93万元，全年订销报刊59.96万份，完成邮政函件业务5162件。全年交通运输、仓储和邮政业实现增加值6.01亿元，同比增长4.9%。全年电信业务收入1.72亿元，年末本地固定电话用户1.71万户，移动手机用户达34.14万部，互联网用户数7.4万户。

全年共接待各类旅游282万人次，实现旅游总收入5.6亿元，全县共有旅行社11家。四星级酒店2家，三星级酒店1家。

六、国内贸易

全年实现社会消费品零售总额143.93亿元，同比增长8.2%。按销售单位所在地分，城镇消费品零售总额137.29亿元，增长7.0%；农村消费品零售总额6.64亿元，增长39.6%。按行业分，批发业、零售业、住宿业和餐饮业分别实现零售总额12.29亿元、124.61亿元、0.43亿元、6.60亿元，分别增长25.0%、5.9%、24.1%、26.4%。按经济注册类型分，国有经济实现零售230.7万元，增长39.6%；集体经济实现零售额1245.9万元，增长39.6%；私营经济实现零售额81.43亿元，同比下降1.1%；个体经济实现零售额34.57亿元，增长38.9%；股份制经济实现零售额17.53亿元，增长3.6%；其他各种经济实现零售额10.25亿元，增长17.4%。汽车销售实现零售额89.38亿元，同比下降2.9%，占全县消费品零售总额的比重达62.1%。汽车销售业企业达106家，其中4S店65家，限额以上汽车销售企业55家，比2016年减少2家。

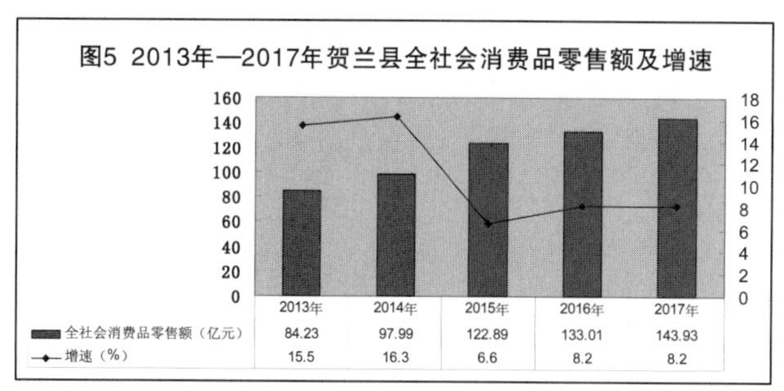

	2013年	2014年	2015年	2016年	2017年
全社会消费品零售额（亿元）	84.23	97.99	122.89	133.01	143.93
增速（%）	15.5	16.3	6.6	8.2	8.2

七、财政、金融和保险

全年完成县级财政总收入26.95亿元，比2016年增长13.4%，完成地方公共财政预算收入11.06亿元，同口径比较同比下降19.3%，其中税收收入7.75亿元，同比下降12.2%，税收占公共财政预算收入的比重为70.1%。税收收入中：增值税增长47.56%、营业税下降97.27%、企业所得税下降3.6%、个人所得税增长7.97%、契税下降3.44%。全年完成地方财政支出42.07亿元，同比增长15.1%，公共财政预算支出32.84亿元，增长1.8%。其中，一般公共服务支出增长8.41%、公共安全支出下降14.62%、教育支出增长9.83%、科学技术支出增长12.9%、社会保障和就业支出下降2.13%、医疗卫生支出增长13.49%、节能环保支出增长97.81%、城乡社区事务支出增长30.82%。

金融机构各项存款余额147.01亿元[3]，同比增长9.4%，其中，城乡居民储蓄存款余额104.67亿元，增长7.7%；各项贷款余额110.97亿元，下降0.8%；贷存比为75.5:100。

全年金融业实现增加值5.09亿元，同比增长1.2%，占第三产业比重10.7%，对第三产业增长的贡献率为1.5%。

全年实现保费收入9437万元，比2016年增长18.6%。全年支付各项赔款及给付额1928万元，下降41.4%。

八、教育和科学技术

全县有各级各类学校76所，在校学生47246人。其中：幼儿园43所，幼儿园、学前班学生10520人；小学26所，在校学生21676人；中学

5所（完全中学1所、高级中学1所、初级中学2所、九年一贯制学校1所），在校学生13345人（初中生9003、高中生4342），中等职业学校1所（自治区交通学校），在校学生1705人。初中学龄人口毛入学率117.15%，小学六年巩固率110.66%，初中三年巩固率95.68%。

全年县本级财政共投入科技经费47529万元，比2016年增长12.9%；举办科普宣讲活动23次，宣讲活动受众1400人次；开展实用技术培训14场，培训各类人员1120人次；推广农业新技术26项、新品种9个。新增1家国家级高新技术企业，累计达到8家。新增自治区科技型中小企业15家，累计达到52家。全县共有学会7个，企业科协11个，街道科协1个，乡镇科协7个，农技协26个，科普活动站17个，科普示范街道（乡镇）6个，科普示范社区（村）10个，农村科普示范基地60个，科普e站54个。

九、文化、体育和卫生

全县拥有艺术表演团体25个（其中：2个为文化馆馆办文艺团体，23个为群众业余文艺团队），文化馆1个，公共图书馆1个，非国有博物馆1个。广场5处，公园4个。电视台1个，广播电台1个，县城有线电视覆盖率100%，并全部实现数字化。

全年共举办各类体育活动16场次，参加人数达10万人。目前全县共有三级以上社会体育指导员586人，经常服务的社会体育指导员人数达到注册指导员人数的60%以上。全年在区、市比赛中获得金牌37个，银牌28个，铜牌26个。达到国家级一级运动员等级标准5人，二级运动员8人，破自治区记录2人，竞技体育成绩在全区继续名列前茅。

年末全县共有医疗卫生机构184个，其中：县级医院：5个，乡镇卫生院7个，诊所90个，次级卫生所和医务室70个，妇幼保健院1个，疾病预防控制中心1个，卫生监督所1个，其他卫生机构1个，床位762张。卫生技术人员1208人，其中，执业医师294人，执业助理医师126人，注册护士444人，药师74人、技师（士）62人。全县5岁以下儿童死亡率9.06‰，新生儿死亡率4.26‰，婴儿死亡率5.86‰，孕产妇死亡率0.53‰。人口出生政策符合率98.73%。城乡居民医疗门诊大病报销病种30种。全县定点零售药店增加至123个。

十、人民生活和社会保障

全年城镇居民人均可支配收入28641.2元，比2016年增长8.2%。城镇居民人均消费支出18375.5元，增长7.8%，其中增幅较大的是：生活用品及服务增长78.8%、衣着支出增长19.8%。城镇居民人均住房使用面积38.6平方米。

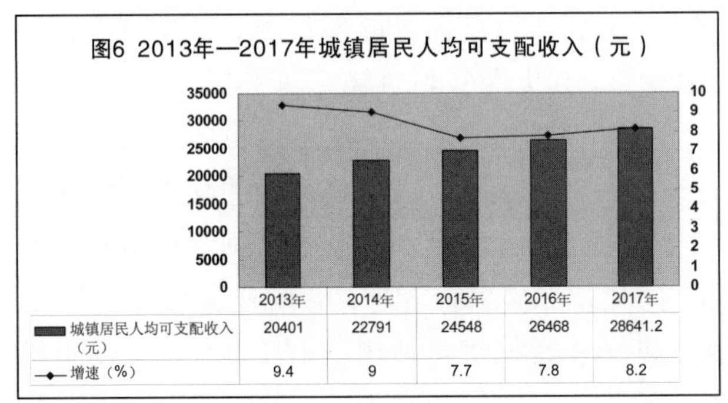

全年农村居民人均可支配收入13668.1元，增长8.8%，农民人均消费支出13278.2元，增长2.1%，其中，消费支出增幅较大的有：教育文化娱乐支出增长16.3%，交通通信支出增长12.3%。农村居民人均住房使用面积53.1平方米。

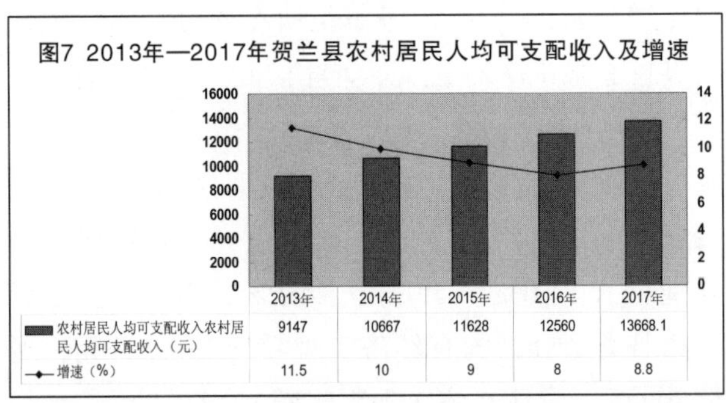

2017年底，全县参加城镇企业职工基本养老保险44398人；城镇职工医疗保险参保26986人；机关事业单位参保6494人；失业保险参保28065人；工伤保险参保21460人；生育保险参保20115人；城乡居民养老保险参保75620人；城乡居民医疗保险参保176165人。

2017年末全县拥有养老机构4个，共有床

656张；全县享受城镇最低生活保障人数为2621人，发放城镇居民最低生活保障金104.04万元；农村享受最低生活保障8985人，发放农村最低生活保障金310.71万元（城乡低保均以2017年12月发放的为准）。发放城乡医疗救助金628.90万元，接收城乡医疗救助3372人次。全县共有城乡社区服务站76个，城镇居家养老服务站11个。

全县城镇单位从业人员23104人，比2016年下降10.8%，从业人员劳动报酬总额12.84亿元，比2016年增长3.2%，单位从业人员人均劳动报酬56541元，比2016年增加5510元，增长10.8%，其中，城镇单位在岗职工年平均工资为64651元，比2016年增加4017元，增长6.6%。

十一、资源、环境保护与安全生产

全县国土面积1197.57平方公里。全县自然保护区1个，自然保护区面积3.14万亩。全年完成造林面积3848.4亩，森林抚育面积8000亩。年末全社会用水量1951.28万吨[4]。全行业销售电量10.83亿千瓦时，同比增长12.2%。

初步核算，全年全县能源消费总量（等价值）为80.8万吨标准煤，同比下降0.1%，单位地区生产总值能耗（可比价）0.566吨标准煤/万元，同比下降5.76%。

全年平均气温为10.0℃，比历年平均值偏高0.6℃，年总降水量为218.9毫米，比历年平均值偏多43.8毫米；年极端最高气温为39.6℃，出现在7月11日，年极端最低气温为–18.6℃，出现在1月20日；年日照时数为2959.0小时，较历年平均值偏少35.1小时。全县运行的污水处理厂2个，全年工业污水排放量1680万吨。

全县共发生生产安全事故9起（（工矿2起、道路交通7起，核销非生产安全事故1起），死亡4人（工矿2人、道路交通2人，核销非生产安全事故死亡人数1人），受伤7人，直接经济损失40.215万元（工矿1人，道路交通6人），事故起数、死亡人数、直接经济损失同比分别下降10%、33.3%、1.2%，受伤人数同比上升16.7%，四项指标呈“三降一升”趋势。

注释：

[1] 房地产开发全年购置土地面积，仅为贺兰县31家资质以上房地产企业购置，不含法人单位在贺兰县以外的企业在我县购置土地。

[2] 数据由县道路运输管理所提供，营运载客汽车中不含出租车。

[3] 金融机构存贷款余额采用人民银行永宁支行贺兰营业部报表数据。

[4] 全社会用水量为银川中铁水务集团贺兰供水有限公司提供，供水范围不含各乡镇场。

[5] 本公报中数据均为初步统计数。部分数据因四舍五入的原因，存在着与分项合计不等的情况。

[6] 地区生产总值、各产业增加值绝对数按现行价格计算，增长速度按可比价格计算。

[7] 所有部门统计数据均来源于各部门、各单位，由数据提供单位予以解释。

贺兰县规范撤销商品房买卖合同备案管理办法

为进一步规范商品房销售行为，加大商品房市场交易秩序监管力度，严格规范商品房买卖行为，遏止变相捂盘、炒作、投机性购房、逃避交易税收等扰乱市场的行为，促进我县房地产市场健康发展。根据住建部《关于进一步加强房地产市场监管完善商品住房预售制度有关问题的通知》(建房〔2010〕53号)和宁夏回族自治区人民政府《关于促进房地产市场平稳健康发展的若干意见》（宁政发〔2015〕88号）等规定，制定本管理办法。

一、撤销商品房买卖合同备案按下列规定办理

（一）买卖双方达成解除商品房买卖合同协议，共同申请撤销合同备案的，除应提交双方共同申请书、解除商品房买卖合同协议、商品房买卖合同、身份证明（本人不能到场的需提交委托公证或见证）、银行出具的贷款已结清证明等相关材料外，同时需按下列情形分别提交材料，方可办理：

1.因房屋质量问题申请撤销合同备案的，应提交县建筑工程质量监督站出具的认定书或鉴定书。

2.因房屋规划设计变更、共有公摊部位变更问题申请撤销合同备案的，应提交县规划部门出具的设计变更相关文件。

3.因买方工作调动离开本地申请撤销合同备案的（仅限于未竣工交付使用的房屋），应提交劳动人事关系证明或工作所在地社会保险缴纳证明等相关资料。

4.在商品房买卖合同签订之日起30个工作日内，权利人因购房贷款未获批准申请撤销合同备案的，应提交贷款机构未批准购房贷款的证明材料及征信报告等。

5.因买方本人或其直系亲属患重大疾病急需医疗资金申请撤销合同备案的（仅限于未竣工交付使用的房屋），应提交县级以上医院的诊断证明、病历及治疗费用明细单和亲属关系证明。

6.买房人因房屋面积或户型等原因在同小区进行调换的（仅限备案时间一年以内且未做预告登记），申请撤销原合同备案的，应提交买卖双方签订的换房协议、房地产开发企业出具的同意调换文件等。

7.因房地产开发公司资金紧张，导致工程进度缓慢，违反合同约定延期交房，可根据合同约定，予以办理。

8.因房地产开发公司原因，违反合同约定不能办理不动产证，由不动产登记中心出具不能办理不动产证证明，予以办理。

（二）买卖双方未达成解除商品房买卖合同协议，买方或卖方单方申请撤销合同备案的，不予办理。但持法院或仲裁机构撤销、解除商品房买卖合同或确认商品房买卖合同无效的生效裁判文书和协助执行通知书的，予以办理。

（三）已经办理商品房预告登记的，撤销商品房买卖合同，除上述情况外，均持法院或仲裁机构撤销、解除商品房买卖合同或确认商品房买卖合同无效的生效裁判文书和协助执行通知书，予以办理。

二、符合前述规定条件的，房产交易管理服务中心应当自受理之日起10日内予以办理。

三、房地产开发企业签订虚假合同而后又申请撤销备案，变相捂盘、炒作、套取贷款等或明知购房人投机炒房、与购房人编造虚假材料骗取撤销、注销登记的，房屋交易管理服务中心责令限期整改，拒不整改的，暂停其商品房网上签约，同时记入房地产信用档案并予以曝光，构成违法犯罪的，依法追究法律责任。

贺兰县人民政府

2017年4月18日

贺兰县安全生产行政责任规定

第一章　总　则

第一条　为加强对安全生产工作的领导，进一步明确各乡镇场、各部门安全生产监督管理职责，健全安全生产行政责任制，切实加强安全生产监督管理，根据《中华人民共和国安全生产法》《中华人民共和国职业病防治法》《生产安全事故报告和调查处理条例》《中共中央国务院关于推进安全生产领域改革发展的意见》《宁夏回族自治区安全生产行政责任规定》《宁夏回族自治区安全生产条例》和《银川市安全生产行政责任规定》等法律法规和有关规定，结合我县实际，制定本规定。

第二条　各乡镇场、街道办事处、县安全生产监督管理部门和对有关行业、领域安全生产工作实施监督的部门（以下统称“负有安全生产监督管理职责的部门”）未履行安全生产监督管理职责及对相关责任人进行行政责任追究，适用本规定。

第三条　各乡镇场、街道办事处和负有安全生产监督管理职责的部门，应当按照“属地管理和分级负责相结合、综合监管和行业监管相结合”的原则，承担本行政区域、本部门职责范围内安全生产工作的监督管理责任。

第四条　安全生产监督管理工作实行“一岗双责”制度，坚持“管行业必须管安全、管业务必须管安全、管生产经营必须管安全”和“谁主管谁负责、谁审批谁负责、谁监管谁负责”的原则。各乡镇场、街道办事处、各部门行政主要负责人是本行政区域、本部门安全生产工作的第一责任人，担任安委会主任职务，全面承担安全生产工作领导责任；分管安全生产的负责人对安全生产工作负直接领导责任；其他班子成员履行“一岗双责”职责，对分管范围内的安全生产工作负领导责任。

第五条　安全生产工作实行“三级全覆盖”，县政府、政府各部门、工业园区管委会、各乡镇场、街道办事处、行政村应当建立健全安全生产委员会或安全工作机构，建立健全“一岗双责”责任体系，明确工作职责，依法承担安全监管责任。年度向上级政府报告安全生产履职情况。

第二章　政府监督管理责任及职责划分

第六条　贺兰县人民政府安全生产委员会（简称“县安委会”）在县人民政府领导下开展工作，履行以下职责：制定贯彻落实国家、自治区、银川市安全生产工作部署的具体意见和措施；安排部署、指导、协调和督促检查全县安全生产工作；分析安全生产形势，及时研究解决安全生产工作中的重大问题；督促检查各乡镇场（街道）、政府各部门安全生产工作职责落实情况；分解下达年度安全生产控制考核指标，制定安全生产工作考核细则和考核办法，指导县安委会办公室做好安全生产考核工作，向本级政府提出奖惩建议。县安委会办公室设在县安全生产监督管理局，负责县安委会的日常工作，对县安委会成员单位履行安全生产工作职责情况实施监督；对县安委会各成员单位的行政主要负责人年度履职情况实施考评，对不履行工作职责的，向县人民政府提出处理建议。

第七条　各乡镇场、街道办事处和行政村（社区），依照有关法律法规和国务院安全生产责任“五级全覆盖”要求，履行下列安全生产监督管理职责：

（一）宣传贯彻国家、自治区、银川市、贺兰县安全生产工作方针政策，组织相关人员积极参加安全生产法律法规和技能培训。

（二）对本行政区域内的生产经营单位安全

生产状况进行监督检查，协助县人民政府有关部门，依法履行安全生产监督管理职责。

（三）建立本地区安全风险评估和论证机制，科学合理确定企业选址和基础设施建设、居民生活区空间布局。

（四）加强安全监管机构建设，配备专职（兼职）安全监管人员，保障必要的工作经费和装备。

（五）建立健全安全生产监督管理制度，督促、指导辖区企业进行隐患排查，完成安全生产信息系统建设，确保辖区内生产经营单位符合国家规定的安全生产条件。

（六）建立健全安全生产工作考核奖惩体系，落实安全生产“一票否决”制度。

（七）认真做好安全生产各类报表和信息统计上报工作。

第八条　各乡镇场、街道办事处设立安全生产委员会（以下简称“安委会”），在本级政府领导下开展工作：

（一）贯彻落实安全生产法律、法规、规章和上级安全生产工作部署；

（二）研究部署、指导协调本辖区内的安全生产工作，提出有关安全生产的制度、措施、建议；

（三）组织分析安全生产形势，研究解决安全生产工作中的重大问题；

（四）组织、指导年度安全生产考核工作，并向本级人民政府提出奖惩建议；

（五）督促检查辖区各有关单位（站所）安全生产工作落实情况，组织开展安全生产检查排查和专项整治；

（六）根据本级人民政府安排，向辖区各有关单位（站所）发出通报，对有关人员进行约谈；

（七）承办本级政府交办的其他事项。

第九条　各乡镇场、街道办事处要建立和完善网格化管理的安全生产监管体系，明确安全生产工作管理机构，对本辖区内安全生产工作进行监督检查，协助县直有关部门依法履行安全生产监督管理职责。

第十条　各乡镇场、街道办事处安监站对本辖区内的安全生产工作进行综合监督管理，履行下列职责：

（一）指导协调、监督检查本级人民政府有关部门的安全生产监督管理工作；

（二）分析和预测安全生产形势，协调解决安全生产中的相关问题；

（三）对辖区工矿商贸、危险化学品生产经营和储存企业、烟花爆竹零售点进行安全生产监督管理；

（四）对生产经营单位职业卫生工作进行监督检查；

（五）对建设项目安全设施和职业病防护设施与主体工程同时设计、同时施工、同时投入生产和使用情况进行监督检查；

（六）负责农用车辆非法载客的整治工作；

（七）参与、协调生产安全事故应急救援工作；

（八）做好安全生产各类报表和信息统计上报工作。

第十一条　各行政村（社区）主任为本辖区安全生产工作第一责任人，对本辖区安全生产工作全面负责，承担安全生产领导责任。各行政村(社区）要建立安全生产委员会，明确专兼职安全监管员。年度向上级政府安委会报告安全生产履职情况。

第三章　部门监督管理责任及职责分工

第十二条　安全生产监督管理部门对安全生产工作实施综合监督管理，指导、协调各乡镇场（街道办事处）、园区管委会和其他负有安全生产监督管理职责的部门对行政区域、本行业领域安全生产工作实施监督管理；对非煤矿山企业，危险化学品生产使用、经营和储存企业，烟花爆竹经营（零售）企业以及职业危害实施专项安全监督管理；对其他工贸企业安全生产工作实施综合监管。承担法律、法规规定的其他职责。

第十三条　其他负有安全生产监督管理职责的有关部门依法依规履行相关行业领域安全生产和职业健康监管职责。其他行业领域主管部门负有安全生产管理责任。

（一）县委组织部

1. 将安全生产工作纳入县党政领导班子和领

导干部年度考核指标体系，将考核结果作为评价各级党政领导班子和领导干部年度工作的重要内容，作为干部选拔任用、奖惩的重要参考依据。

2. 将安全生产工作纳入党政干部教育培训内容，提升各级领导干部抓安全促发展的能力。

（二）县委宣传部

1. 将安全生产宣传作为全县实施社会宣传教育的重要内容，纳入社会宣传的长远规划和年度计划。

2. 组织、指导建立我县安全生产公益宣传通道，开辟宣传安全生产方针政策和法律法规专栏；组织宣传报道安全生产先进典型及重大安全生产活动。

3. 指导新闻媒体客观、真实报道安全生产领域的突发事件，加强舆情引导和监测处置，正确把握舆论导向。

4. 加大安全生产在精神文明建设考核中的权重，将安全生产纳入文明单位创建工作考核，落实安全生产“一票否决”制度。

（三）县人民检察院

监督全县生产安全事故的调查处理工作，对在事故中存在严重失职、渎职等违法行为的人员依法追究其刑事责任。

（四）县人民法院依据法律法规，履行工作职责。

（五）县人武部发生重特大安全事故或重大灾害事故时，根据县人民政府或县安委会的指令，按有关规定组织官兵参加应急救援和事故抢险。

（六）县委办公室

1. 将安全生产工作纳入全县绩效考核，加大安全生产在经济社会发展考核中的权重，落实安全生产“一票否决”制度。

2. 督促各乡镇和部门落实县委有关安全生产文件、会议决定等。

（七）县人民政府办公室（法制办、应急办）

1. 负责有关安全生产方面的规范性文件审查和发布。

2. 督促各乡镇和部门落实县政府、县安委会（县安委办）有关安全生产文件、会议决定等。

3. 协调处置重大突发生产安全事故，并按规定程序及时上报。

4. 负责将安全生产工作纳入法制建设的重要内容，支持全县安全生产法制建设。

5. 协同有关部门开展安全生产执法检查，依法受理和指导安全生产行政诉讼案件。

6. 负责对全县安全生产监督管理人员进行法律执法资格培训。

7. 负责安全生产应急管理的综合监管，组织指挥和协调安全生产应急救援工作，会同有关部门加强安全生产应急能力建设，健全完善安全生产应急救援体系。

（八）县监察局

1. 依照行政监察法的规定，对负有安全生产监督管理职责的部门及其工作人员履行安全生产监督管理职责实施监察。

2. 参加安全生产事故调查处理，调查核实有关监察对象的责任，提出处分建议或作出处分决定，并对事故调查工作和事故责任追究情况进行监督。

3. 适时通报或通过新闻媒体公布重大安全事故案件行政责任追究情况。

（九）县委政法委将安全生产工作纳入平安单位创建，加大安全生产在社会治安综合治理考核中的权重。

（十）县编办

明确各相关部门安全生产监督管理职责，根据经济社会发展及安全生产需要适时提出安全生产机构编制调整意见。

（十一）县妇联

将安全生产宣传教育纳入“五好文明家庭”创建活动，组织广大妇女同志开展形式多样的安全生产宣传、教育、监督等活动，做好职责范围内的其他安全生产工作。

（十二）团县委

配合各负有安全生产监督管理的部门，组织广大青年开展形式多样的安全生产宣传、教育、监督等活动，做好职责范围内的其他安全生产工作。

（十三）县总工会

1. 组织开展群众性安全生产宣传教育和安全技能竞赛活动，教育广大职工依法行使安全生产权利，履行安全生产义务。

2. 组织各企业工会开展安全生产群众监督，对生产经营单位不履行安全生产职责、违反安全生产法律法规、侵犯从业人员合法权益等行为提出纠正建议。

3. 指导企业工会依法监督建设项目安全设施与主体工程同时设计、同时施工、同时投入使用的“三同时”制度执行情况。

4. 参与生产安全事故调查处理。

（十四）县经济发展和改革局（科学技术局）

1. 负责安排安全生产监督监察基础设施、支撑条件、应急救援建设和隐患治理所需的预算内投资，并对投资计划执行情况进行监督检查。

2. 运用宏观经济调控手段支持工艺技术先进、危险有害因素较小的建设项目，淘汰工艺技术落后及无法达到基本安全生产条件的建设项目。

3. 对重大和限制类建设项目核准时，指导

相关单位严格执行建设项目安全设施与主体工程“三同时”制度，并保证安全设施纳入建设项目概算。

4. 负责组织、协调、指导、督促全县重大基础设施和长输油气管线的隐患排查和治理工作。参与对不符合工业发展规划和总体规划、不符合产业政策、布局不合理等项目停止实施是否到位情况监督检查。

5. 负责监督园区以外规模以上工业企业安全生产主体责任的落实，指导符合条件的企业完成隐患排查治理信息系统建设，并检查所属企业安全隐患自查自报工作落实情况。

6. 做好安全生产科普宣传工作。

7. 指导企业采用先进的安全技术提高安全生产本质水平。

8. 做好职责范围内的安全生产工作。

（十五）县教育体育局

1. 负责全县中小学、幼儿园（含教育行政部门批准备案的民办学校）的安全管理。指导督促本系统各单位贯彻安全法律法规，落实安全防范措施、消除事故隐患。监督各类学校履行安全管理责任，组织查处学校安全管理方面失职或违法行为。

2. 负责校车安全和教育系统在建项目的安全管理。组织、指导学校对校园教学、实验场所，特别是各类建筑物或构筑物的危房、易燃易爆、压力容器、用火用电场所进行安全检查，及时发现安全隐患，并组织、督促整改。

3. 将安全教育纳入全县中小学、幼儿园的课程安排，定期组织师生、员工开展防火、溺水、触电、交通等事故警示教育活动，向师生员工普及事故防范知识，增强学生自我保护能力。

4. 组织编制校园火灾、地震等应急预案，并组织演练。组织校园安全事故的应急救援，并参与事故调查处理。

5. 配合有关部门做好体育场所、设施及大型体育活动的安全管理。

（十六）县民族宗教局

1. 督促、指导宗教活动场所进行安全监督管理工作，开展消防等安全知识宣传教育。

2. 督促、指导宗教场所落实安全生产主体责任，并进行监督检查。

3. 组织编制宗教场所安全事故应急预案，并组织演练。组织宗教场所安全事故救援，并参与事故调查。

（十七）县公安局

1. 履行全县危险化学品公共安全管理职责。负责指导、监督全县公安机关按照《危险化学品安全管理条例》《剧毒化学品购买和公路运输许可管理办法》等法律法规的规定，履行相应监督管理职责。

2. 履行全县民用爆炸物品公共安全管理职责。负责指导、监督全县公安机关按照《民用爆炸物品安全管理条例》有关规定，履行相应工作职责；负责民用爆炸物品、烟花爆竹道路运输等环节和各类宾馆的安全监督检查职责。

3. 负责焰火晚会烟花爆竹燃放和大型群众文化、体育、商业或集会游行等活动的安全监督管理工作。负责制止、查处、取缔擅自燃放、非法生产、销售孔明灯的行为。

4. 负责指导、督促全县公安机关查处违反危险化学品、民用爆炸物品和烟花爆竹安全管理法律法规的行为，打击非法制造、买卖、运输、储存、使用民用爆炸物品和非法生产、储存、运输、邮寄

烟花爆竹的行为。依法监管检查“九小场所”的安全，年度抽查率不低于50%。

5. 履行全县道路交通安全监督管理职责。根据全县道路交通安全形势，提出防范道路交通事故的措施和对策；组织实施道路交通安全专项整治和公路危险路段安全隐患排查，提出整改措施建议；依法查处道路交通违法行为和交通事故，维护道路交通秩序和治安秩序；负责全县道路交通安全事故的综合统计、分析、报告及信息发布工作；组织开展道路交通安全宣传教育活动；参与城市道路交通和安全设施的规划，组织开展交通安全科研工作。

6. 履行消防安全监督管理职责。根据全县消防安全形势，提出防范火灾事故的措施和对策；组织实施消防安全专项整治和隐患排查，提出整改措施建议；依法查处消防安全违法行为；负责人员密集场所消防安全的隐患整治，督促完成区、市、县挂牌督办的火灾隐患整治工作；负责全县火灾事故的综合统计、分析、

报告及信息发布工作。

7. 组织编制全县道路交通和消防重大安全事故应急预案，并组织演练；统一指挥道路交通安全和火灾事故的应急救援，并负责事故现场的处理工作；参与重大道路交通和消防安全事故的调查处理。

8. 依法查处涉及安全生产的刑事犯罪案件和治安管理案件，参加全县安全事故的应急救援和调查处理。

9. 加大对故意破坏市政公用设施官网犯罪案件的打击和查处力度，确保城镇居民正常供水、供电、供气管道和设施的安全。

（十八）县民政局

1. 负责全县重点公墓、陵园、殡仪服务中心等殡葬场所的安全生产监督管理工作，配合相关部门做好群众祭祀活动期间的安全保障工作。

2. 负责所属福利企业的安全生产监督管理工作。

（十九）县司法局

1. 将安全生产法律法规列入全民普法内容，会同有关部门宣传普及安全生产法律法规。

2. 监督、指导律师、公证员等法律服务工作者采取多种形式为生产经营单位提供安全生产法律服务，对经济困难的安全生产事故伤亡人员及其家属提供必要的法律援助。

（二十）县财政局

1. 根据安全生产工作需要，保障安全生产监督管理专项整治活动、事故调查、考核、奖励行政执法所需经费。

2. 设立安全生产专项资金，实行专款专用，用于安全生产支撑体系建设、政府购买服务资金保障、安全生产宣传、应急演练、应急救援体系建设以及公共安全的重大事故隐患整治，并对资金使用情况进行监督检查。

3. 将安全生产监督管理必需的经费列入财政预算，落实政府安全生产资金投入，支持安全生产监管能力、支撑体系建设。

4. 研究完善安全生产经济政策，配合有关部门对安全生产经济政策落实情况进行监督检查。

5. 设立安全生产应急管理专项资金账户，保障应急管理经费。

（二十一）县人力资源和社会保障局

1. 将有关安全生产法律法规列入行政机关、事业单位工作人员教育内容和培训学习计划，并组织实施。

2. 将安全生产责任履行情况作为行政机关、事业单位工作人员录用、晋升、奖惩、考核的重要内容。会同有关部门制定安全生产管理人员责、权、利方面的相关政策。

3. 负责全县女工、未成年工的特殊劳动保护工作，依法查处损害女工、未成年工劳动健康行为，维护女工、未成年工合法权益，依法查处生产经营单位使用童工的违法行为。

4. 加强劳动监察与职业卫生监督监察。监督检查生产经营单位劳动合同实施情况，执行工伤保险政策情况，督促用人单位依法签订劳动合同，参加工伤保险，确保工伤事故或患职业病的职工得到医疗救治和经济补偿。负责督促、责令发生伤亡事故的用工单位按有关规定对伤亡人员给予赔偿。

5. 负责事故伤害职工的工伤认定，协调劳动能力鉴定委员会对因事故遭受伤害或患职业病的职

工进行劳动能力鉴定，对已参加工伤保险的工伤职工依法及时兑现工伤保险待遇。

（二十二）县国土资源管理局

1. 规范和监督管理全县矿业权市场，对矿业权人勘查、开采活动进行监督管理，负责查处、取缔无证开采、越界开采、以采代探等非法采矿行为，维护全县正常的矿产资源勘查、开发管理秩序。

2. 配合有关部门组织开展非煤矿山安全专项整治，对依法关闭的企业，按规定及时注销采矿许可证。

3. 指导、督促国土资源生产经营单位履行安全生产管理职责，落实安全生产主体责任及安全生产保障措施。

4. 负责全县地质灾害、非煤矿山环境的监测和治理、预防工作，督促非煤矿山企业对采矿活动造成的地质灾害进行治理，负责向相关部门通报泥石流、山体滑坡等地质灾害预警信息。

5. 负责监督、指导非煤矿山企业安全生产主体责任的落实，指导符合条件的企业完成隐患排查治理信息系统建设，并检查矿山企业安全隐患自查自报工作落实情况。

6. 参与非煤矿山安全事故应急救援和调查处理。

（二十三）县环境保护局

1. 负责本辖区内放射性污染防治安全监督检查工作。

2. 履行全县废弃危险化学品和医疗废弃物处置环境安全监督管理职责。参与重大危险化学品污染事故调查；负责生态破坏事件调查；负责有毒化学品事故现场环境应急监测。

3. 履行全县“三废”排放安全监督管理职责，对辖区重点环境风险单位进行排查，监督风险单位是否做到风险源底数清楚、环境安全隐患清楚、检查记录清楚、整改落实情况清楚等环境安全工作，特别关注重金属、饮用水源等敏感点、高风险源。检查重点企业环境应急设施、设备是否完整，储备所需环境应急物资是否齐备，是否开展环境应急演练。依照有关环境保护法律法规，依法查处污染和破坏环境行为。

4. 负责对企业防治污染设施是否正常运行进行检查，确保企业排放的污染物达标排放。

（二十四）县住房和城乡建设局

1. 履行全县建筑行业安全生产监督管理职责。根据全县建筑行业安全生产状况，依照有关法律法规和技术标准，制定防范建筑安全事故对策措施，并组织实施。

2. 履行全县建筑工程施工安全监管职责。负责辖区内建筑工程施工现场安全生产情况监督管理，并对施工企业安全生产许可进行监督管理，督促指导辖区建筑行业的安全管理工作。

3. 履行全县城市道路桥梁、燃气供应、供水、污水处理等单位的安全监督管理职责，组织、协调、指导、督促产权单位对重大基础设施进行安全隐患排查和治理。

4. 协助有关部门做好城市铁路道口的安全监管和事故防范工作。

5. 负责全县城市燃气行业的安全监督管理职责，督促产权单位加强城市燃气行业的安全管理，进行安全隐患的排查和治理。

6. 组织编制建设系统各行业安全事故应急救援预案，并组织演练。组织建设系统安全事故救援，配合开展事故调查处理工作。

7. 负责建筑工程职工伤亡事故统计、报告工作，发布建筑工程安全生产工作信息。

8. 负责监督所属企业安全生产主体责任落实，指导符合条件的企业完成隐患排查治理信息系统建设，并检查所属企业安全隐患自查自报工作落实情况。

9. 做好物业、供热的安全监管，做好各小区喷泉以及月亮湖南平台等公共设施安全监管，排查治理危旧房屋、玻璃幕墙、建筑施工现场渣土场所事故隐患，严防安全生产事故发生。

10. 负责监督人防工程建设及防汛、防火的安全工作，监督检查所属单位贯彻安全生产法律法规情况，督促所属单位建立安全管理制度和应急预案，落实安全防范措施，消除事故隐患。

11. 发布事故灾情警报，制定人民防空通信及警报网的建设规划和保障方案并组织实施。

12. 利用人防系统现有指挥平台、资源、设施和队伍，参与防灾救灾和突发性事件应急处理。

13. 履行全县地震监测预报、地震灾害预防管理职责，做好地震紧急救援组织工作。

14. 负责地震应急管理，建立地震应急机制，承担震害预测与调查评估工作，会同有关部门防范地震次生灾害。

15. 负责组织防震减灾宣传，开展防震减灾科普知识教育；负责制定破坏性地震应急预案，组织开展地震应急演练。

16. 负责在城乡建设规划中，将生产安全、消防安全、公共安全作为规划和建设的前置条件，以及作为审批规划和批准建设的重要依据。

17. 负责城市规划区内油气管线、工业园区储油罐、储气罐等建设工程和城市道路桥梁、给水、排水、燃气、供热、电力等市政工程的规划安全审查工作，涉及专业安全审查内容报相关机构审核，配合有关部门做好安全检查工作。

18. 负责对城市空间和地下空间整体规划中的安全规划工作。

19. 负责对城市规划区内的园外企业搬迁的安全规划工作。

（二十五）县交通运输局

1. 履行全县城市客运（包含公共交通）和水上交通安全管理职责。负责把好水上运输行业市场准入关、营运船舶技术状况关、从业人员从业资格关，加强渡口安全管理。

2. 负责全县水上交通安全监督以及船舶等水上设施的检验工作。

3. 履行全县所管养县乡道路和农村公路、桥梁工程建设安全监督管理职责。负责交通基础设施安全监督检查，组织开展隐患排查治理工作。严格执行建设项目安全设施与主体工程“三同时”制度，严把市场准入关，落实工程质量安全责任制。负责实施安保工程和县级危险路段治理工作。

4. 负责监督所属企业安全生产主体责任的落实，并进行监督检查。

5. 负责统计、分析和报告公路建设、城市客运、水上交通安全事故，发布交通安全事故信息。

6. 组织编制全县重大公路建设、城市客运、水上交通安全事故应急预案，组织交通安全事故应急救援和善后处理，并参与事故调查处理。

（二十六）县水务局

1. 履行全县河道、水系、排水干沟、拦洪库、滞洪区等水域及其岸线的安全监督管理工作。负责县属艾依河水系、拦洪库、滞洪区、排洪排水干沟的安全监控工作。

2. 负责全县防洪（凌）汛、抗旱的安全管理工作，负责向相关部门通报河流、拦洪库水位警报及病险水库、堤坝险情、泄洪、山洪等预警信息。

3. 负责全县水利建设工程质量监理和施工安全监督管理工作。

4. 负责组织编制全县防洪（凌）汛应急预案并组织实施。

（二十七）县农牧渔业局

1. 履行全县农业种植业、沼气使用和外来有害生物的安全监督管理职责，指导、监督农村基层组织和农民做好植物耕种、沼气使用的安全事故防范工作。

2. 负责全县农药、兽药（渔药）、饲料生产、经营、使用环节安全管理和事故防范工作。

3. 履行全县水产畜牧行业安全生产管理职责。指导、监督相关企事业单位落实安全生产管理责任，加强对养殖业的安全管理，宣传和推广安全养殖知识，防范养殖过程中各类安全事故发生。

4. 履行全县农业机械安全监督管理职责。负责开展农业机械使用安全宣传教育及农机安全专项整治。

5. 负责监督监管（许可）企业安全生产主体责任的落实，指导符合条件的企业完成隐患排查治理信息系统建设，并检查所属企业安全隐患自查自报工作落实情况。

6. 参与农业生产、沼气使用、农机管理等伤亡事故的调查处理。

（二十八）县供销社（商务局）

1. 指导、督促商场、成品油销售网点的安全生产工作，负责物流行业和商贸行业的安全生产监督管理。

2. 协调、配合有关部门对大型商务活动进行安全监督管理，配合有关部门指导、管理外商投资企业的安全生产工作。

（二十九）县文化旅游广播电视局

1. 履行全县文化系统和行业安全管理职责。组织开展文物保护单位、图书馆、影剧院、文化馆、网吧、歌舞厅以及音像市场安全检查，指导、督促相关单位排查和消除事故隐患，做

2. 负责监督所属企业安全生产主体责任的落实，并进行监督检查。

3. 配合公安消防等部门开展文化市场、文化娱乐场所等公众聚集场所消防安全专项整治工作。

4. 依照国家、自治区、银川市旅游安全法规、政策、标准，制定全县旅游安全政策、标准，并组织实施。

5. 履行全县旅游行业安全管理职责。会同有关部门对旅游安全实行综合治理，协调处理旅游安全事故。

6. 指导、检查和监督辖区内旅游企业落实安全管理“一岗双责”制度，组织排查景区景点事故隐患，制定旅游安全突发事件应急预案，建立旅游突发事件的信息报告和备案制度，旅游安全预警发布制度。

7. 负责监督所属旅游企业落实“五个全覆盖”和安全生产主体责任的落实，并进行监督检查。

8. 配合有关单位做好大型游览、游乐设施的检查、检测工作。

9. 负责全县旅游安全管理的宣传、教育、培训工作。

10. 负责全县旅游行业安全生产情况的统计分析工作。

11. 配合县政府有关部门开展各种形式的安全生产宣传教育活动，将安全生产宣传纳入社会公益性宣传范畴，制作安全生产专栏（专题片）。

12. 宣传国家和区市县有关安全生产法律法规、方针政策和部署，报道安全生产先进典型及安全生产活动；刊播全县安全生产公益广告、重大事项公告和通报。

13. 对各级政府及有关部门履行安全生产行政责任和生产经营单位执行安全生产法律法规、重大隐患整改情况进行舆论监督。

（三十）县卫生和人口计划生育局

1. 指导、督促卫生监督机构对公共场所进行卫生安全监督检查。

2. 负责会同有关部门拟订职业病防治规划，组织贯彻实施国家职业卫生标准；负责监督管理职业病诊断与鉴定工作，组织落实重点职业病监测和专项调查，开展职业健康风险评估，研究提出职业病防治对策；规范职业病预防、保健、检查和救治；会同有关部门加强职业病防治机构建设；负责医疗卫生机构放射性危害控制的监督管理；组织开展职业病防治法律法规和防治知识的宣传教育，开展职业人群健康促进工作。

3. 负责全县职业病发生情况综合统计、分析和报告工作，提出预防职业病发生的措施和对策。（食物中毒的统计、预防工作由县市场监督管理局负责）。

4. 负责协助有关部门开展全县公共安全事故的紧急医学救援和医疗救治工作，对安全事故现场进行卫生防疫处理。参与全县食品、职业中毒等公共安全事故的调查处理。

5. 负责指导、监督县属各医疗卫生机构落实安全生产主体责任，做好安全管理工作。配合有关部门指导、监督全县各级各类医疗机构做好医疗废弃物、放射性物品等危险化学品的安全处置管理工作。

6. 编制全县公共卫生突发事件应急预案，并组织演练，指导各级医疗卫生组织机构制定相应的公共卫生突发事件应急预案，并组织演练。

（三十一）县市场监督管理局

1. 履行食品安全监督管理职责，监督实施餐饮服务环节食品安全管理规范，开展食品安全状况调查和监测工作；组织开展食品安全专项整顿，打击制售食品假冒伪劣行为。

2. 履行药品、医疗器械行政监督职责，监督实施药品和医疗器械研制、生产、流通、使用方面的质量管理规范；加强放射性药品、麻醉药品、毒性药品、精神药品的监督。

3. 监督实施国家药品、医疗器械标准，组织

开展药品不良反应和医疗器械不良事件监测；组织实施处方药和非处方药分类管理制度，配合有关部门实施国家基本药物制度；组织开展药品专项整治工作，打击制售假冒伪劣药品、医疗器械等违法行为。

4. 监督实施保健食品和化妆品标准，负责保健食品、化妆的有关许可和监督管理工作。

5. 组织查处食品、药品、医疗器械、保健食品以及化妆品的研制、生产、流通、使用环节的违法违规行为，防范安全事故的发生。

6. 会同有关部门开展食品安全和药品、医疗器械、保健食品化妆品重大安全事故的应急救援工作；依法参与有关安全事故的调查处理。

7. 严格执行法律、法规规定的有关将安全生产条件作为市场准入前置条件的相关规定，将规范安全生产行为作为整顿市场的重要内容纳入市场监督管理工作计划，并组织实施。

8. 监督管理危险化学品、易燃易爆品等危险物品的市场经营活动，取缔和打击非法、违法经营危险物品行为。

9. 负责取缔全县非法生产经营企业或生产

经营点；规范全县劳动保护用品生产和销售市场；配合有关部门开展安全生产专项整治，对不具备安全生产基本条件或未经安全生产（经营）许可的企业，依法吊销其营业执照。

10. 配合相关部门打击非法生产、运输、储存和销售烟花爆竹以及违规生产、销售孔明灯等行为。

11. 履行全县各类交易市场安全监督管理职责。指导、督促各类交易市场加强安全管理，及时消除事故隐患，严防火灾和其他安全事故发生。

12. 履行全县工业产品质量监督职责。负责设备和仪器计量监管职责；负责汽车、特种设备、汽车油改气燃气系统的安全监督管理工作；组织打击、取缔职能范围内的非法生产点；查处使用特种设备的违法行为；依法做好涉及有关质量安全指标的设备、仪器、仪表的监管工作。

13. 对《中华人民共和国特种设备安全法》规定的特种设备实施安全监察，并监督特种设备作业人员进行考核和取证。

14. 负责危险化学品包装物、容器的质量监督检查工作。

15. 负责全县特种设备重大事故隐患和重大危险源监督管理工作，督促有关单位对重大事故隐患进行整治，对重大危险源实施监控，编制特种设备重大生产安全事故应急预案并组织演练。

16. 负责监督、指导特种设备生产、经营、使用单位的安全生产主体责任落实，指导符合条件的企业完成隐患排查治理信息系统建设，并检查所属企业安全隐患自查自报工作落实情况。

17. 负责全县特种设备安全事故统计、分析和报告工作；依法组织全县特种设备事故应急救援，参与事故调查处理。

（三十二）县安全生产监督管理局

1. 贯彻实施有关法律、法规，执行国家、区、市、县安全生产监督管理的方针、政策，拟订安全生产相关规划并组织实施，指导、协调全县安全生产工作，分析和预测安全生产形势，发布安全生产信息，协调解决安全生产工作中的重大问题。

2. 承担全县安全生产综合监督管理责任。依法行使综合监督管理职权，指导、协调、监督、检查县安委会各成员单位安全生产工作，监督考核并通报安全生产控制考核指标执行情况，监督责任追究落实情况。

3. 承担全县非煤矿山、危险化学品、烟花爆竹生产经营单位的安全生产监督管理责任。

4. 负责作业场所职业卫生的监督检查，组织查处职业危害事故和有关违法违规行为。

5. 负责组织全县安全生产大检查和专项督查，根据县人民政府授权，依法组织对安全生产事故进行调查处理，并监督事故责任追究落实情况。

6. 负责组织协调安全生产应急救援工作，负责全县生产安全伤亡事故统计分析工作。

7. 负责监督检查职责范围内新建、改建、扩建工程项目安全设施、职业病防护设施与主体工程同时设计、同时施工、同时投产使用情况。

8. 组织、指导并监督特种作业人员的考核工作和安全生产管理人员安全资格考核工作。

9. 组织、协调、监督全县安全生产行政执法工作，组织、指导安全生产科学技术研究和推广工作，组织开展安全生产方面的对外交流与合作。

10. 承担贺兰县安委会办公室工作。

（三十三）县行政审批服务局负责做好行政审批项目的安全生产准入条件审核；做好与有关部门安全生产监督管理的衔接工作。

（三十四）县道路运输管理所

1. 负责全县道路农村班线客运、旅游包车客运经营、货物(危货)运输经营、道路运输相关业务包括运输（站）场、机动车维修和机动车驾驶员培训行业的安全监管工作。

2. 监督道路运输企业落实安全生产主体责任，指导符合条件的企业完成隐患排查治理信息系统建设；组织实施运输企业安全监督检查，监督企业开展隐患排查治理工作。

3. 负责监督道路运输企业组织本企业从业人员开展安全生产知识培训教育。

4. 组织编制行业安全事故应急预案，并组织演练；配合有关部门进行行业安全事故救援，并参与事故调查处理。

（三十五）县统计局

1. 将亿元 GDP 生产安全事故死亡率纳入国民经济和社会发展综合指标体系，纳入县效能目标管理重点考核指标体系和经济发展统计监测快报。

2. 做好职责范围内的安全生产工作，为全县安全生产提供必要的统计分析数据。

（三十六）县林业局

1. 履行全县森林防火安全管理职责。根据全县森林火灾发生的特点和规律，提出防范森林火灾措施对策，制定全县森林防火规划并组织实施。

2. 指导、督促有关部门和单位做好辖区森林防火安全管理工作；指导、监督森林公园、有林风景区（点）履行防火安全管理职责；负责所属林业企事业单位的森林防火及安全管理工作。

3. 组织森林火灾的救援灭火工作；负责全县森林火灾事故统计、报告工作，向县人民政府及县安委办等部门报告森林火灾事故信息。

4. 负责监督所属企业安全生产主体责任的落实，并进行监督检查。

5. 承担贺兰县森林防火指挥部日常工作，组织制定森林火灾事故应急预案，并组织演练；负责全县森林火灾救援机构以及救援队伍的建设和调度指挥。

（三十七）县信访局

负责接待、协调、转办、交办、督办安全生产领域信访案件，督促责任单位落实办理结果。

（三十八）金山自保局

负责辖区林区安全监控与管理和林区经营单位以及在建、在用项目工程安全监督管理工作。

（三十九）县城市管理监察大队

1. 负责定期进行安全生产大检查，适时开展安全生产专项整治行动。突出抓好市区街巷、广场占道经营户、在人行道流动经营、校园周边的治理，突出户外广告安全管理、垃圾处理安全管理，加强烟花爆竹销售布点和安全管理。

2. 配合有关部门做好春节期间烟花爆竹临时销售点的管理。打击非法运输、储存和销售烟花爆竹以及违规生产、销售孔明灯行为。

3. 加强环卫工人安全教育，提高安全意识，严防安全生产事故发生。

4. 负责、协调相关部门对渣土车的安全进行监管检查。

5. 组织编制城市拆违工程安全事故应急预案，并组织演练。组织城市拆违工程安全事故的应急救援，并参与事故调查处理。

（四十）各园区管委会

1. 负责入园企业安全生产和职业卫生监管工作；

2. 督促入园企业履行安全生产“三同时”手续，开展安全生产标准化、“六化”建设和其他安全生产创建活动，做到合法合规生产经营；

3. 成立园区管委会安全生产委员会，配备专职人员，负责入园企业日常安全生产监督检查工作；

4. 负责建立园区安全风险评估制度，每年开展一次整体性安全风险评估，提出消除、降低或者控制安全风险的措施，并督促有关单位整改落实到位；

5. 督促入园企业建立安全生产风险防控和隐患排查治理信息系统建设，完成隐患网上自查自报自改工作。

（四十一）气象局

1. 负责全县重大灾害性天气监测、预报、警报工作，及时对重大气象灾害作出评估，并提出防御措施；及时向县有关部门通报暴雨、暴雪、寒潮、大风、高温、雷电等预警信息；参与重大项目的气候环境影响论证。

2. 指导全县雷电灾害公共安全防御工作，组织全县防雷设施安全检查。对开展可能遭受雷击的高层建筑物、构筑物和其他设备的雷电防护装置检测的中介服务公司进行监督检查，依法查处无资质开展防雷检测的行为。监督全县企事业单位完成防雷隐患的检测和整改工作。

3. 负责全县气象探空气球的统一规划与管理，确保探空气球不影响航空安全；负责系留气球、自由气球悬挂、施放安全监督。

4. 负责全县人工影响天气工作的规划、管理和指导工作，做好人工影响天气作业期间的安全检查和事故防范工作。

5. 依法组织或参与雷电灾害事故调查处理。

（四十二）邮政局

1. 履行全县邮政系统的安全生产管理职责；根据全县邮政系统的安全状况，制定防范安全事故的措施和对策，并组织实施；

2. 组织开展本系统安全大检查，指导、督促全县各邮政单位加强安全管理，建立健全安全职责制，及时消除事故隐患，严防各类安全事故的发生；

3. 建立规范的邮件安全检查制度，落实邮件的安全检查职责，严防危险物品或其他危及人民群众生命安全健康的邮件进入邮政通信渠道，配合有关部门查处涉及安全的相关案件。

（四十三）供电局

1. 负责所属范围的安全生产管理职责，对直管范围内的输变电、配电以及电力工程建设单位的安全生产工作实施监督检查；指导有关单位建立健全安全生产责任制，保证安全投入，完善安全生产保障体系，强化系统内部安全监督机制，排查和整治事故隐患，防范生产伤亡事故发生。

2. 负责所属电力线路走廊的安全监督检查工作，维护所属电网运行安全。

3. 落实企业安全生产主体责任，完成隐患排查治理信息系统建设，落实企业安全隐患自查自报工作。

4. 负责所属单位伤亡事故的统计、分析和报告工作。

5. 配合相关部门对违反《安全生产法》的单位，经批准实施停电。

6. 编制、完善全县供电系统安全事故应急预案，并组织演练。负责企业安全事故应急救援，参与事故调查处理。

7. 加强全县安全用电监管，监督指导各乡

镇场、街道办事处、工业园区管委会、行政村（社区）开展安全用电隐患排查，定期维护电力设施，及时处理电力线路缺陷。禁止私拉乱接、违章用电等行为，依法严厉打击破坏、盗窃电力设施等违法违规行为。

（四十四）烟草公司

1. 负责行业内的安全生产监督管理工作。

2. 向县安委办上报行业安全生产工作。

（四十五）银川中铁水务集团贺兰供水有限公司

1. 保障全县居民安全用水和全县供水管网安全运行；

2. 负责本系统在建在用项目工程和有限空间作业安全监管；

3. 加强危险化学品使用安全管理。

（四十六）宁夏凯添天然气公司落实天然气管网和燃气设施、设备安全监管工作职责，保障全县居民用气安全。及时修订完善事故应急救援预案，定期开展应急演练，确保应急处置到位。做好燃气安全宣传、培训教育工作、做好本单位职业健康防治工作。

（四十七）电信、移动、联通等通信管理机构依照有关法律、法规和规章的规定，负责本行业领域的安全生产监督管理工作。

（四十八）其他驻县区属单位和事业单位负责本单位安全生产监督管理和职业卫生防治监督检查工作；负责本单位在建在用项目工程、有限空间作业和各种易燃易爆输送管线及城市管网安全监

管；负责本单位安全生产宣传教育培训。

第十四条 负有安全生产监督管理职责的部门的主要负责人对本部门监督管理的安全生产工作负下列领导职责：

（一）贯彻执行安全生产的法律法规，将安全生产纳入本部门、本系统整体工作规划，研究解决工作中涉及安全生产的重大问题，组织审定加强安全生产监督管理的政策和措施；

（二）支持、督促分管负责人做好安全生产工作，协调解决工作中存在的重大问题；

（三）健全完善本部门、本系统安全生产监督管理机构，建立健全安全生产责任制，严格安全生产履职绩效考核和失职责任追究；

（四）加强安全生产监管执法能力建设，严格安全准入标准，推进安全科技创新。健全安全生产应急救援体系，保障经费、装备和培训到位；

（五）发生事故时，及时赶赴现场组织救援；

（六）配合、参与相关事故调查处理。

第十五条 负有安全生产监督管理职责部门的分管安全生产的负责人负下列领导职责：

（一）贯彻落实政府关于安全生产工作的政策和措施，研究解决本系统、本行业安全生产工作中存在的突出问题；

（二）制定安全生产工作计划、工作目标和工作措施，并组织实施；

（三）定期组织安全生产检查，督促生产经

营单位落实安全生产主体职责，建立健全安全生产管理机构和管理制度，加强安全生产保障，改善安全生产条件，排查治理事故隐患；

（四）按照规定上报生产安全事故。发生事故时，及时赶赴现场组织救援；

（五）配合、参与相关事故调查处理。

第四章 责任落实措施

第十六条 各乡镇场、街道办事处、园区管委会、县直有关部门除履行前面规定的职责外，还承担以下责任：

（一）法律法规规定涉及安全生产事项需要审查批准（包括批准、核准、许可、注册、认证、颁发证照等）或验收的，严格依照有关法律法规和国家标准或行业标准规定的安全生产条件和程序进行审查，不符合规定的，不得批准或验收通过。

（二）对未依法取得批准或验收合格的单位，擅自从事生产经营活动的，发现或接到举报，经核实后应立即予以制止或取缔，并依法予以处理；对已取得批准的单位，发现其不再具备安全生产条件的，积极协调安监部门依法暂扣或吊销其安全生产许可证。

（三）建立安全生产与职业卫生一体化监管执法机制，依法对生产经营单位进行监督检查，监督生产经营单位落实安全生产主体责任，纠正、制止影响安全生产的行为，消除事故隐患。

（四）依法实施安全生产行政强制措施，发现安全生产违法行为，及时予以查处。

（五）开展安全生产宣传教育工作，依法组织和监督生产经营单位开展安全生产教育培训，提高从业人员的安全素质。组织开展安全文化建设，营造良好的安全生产氛围。

（六）依照有关规定报告和统计、分析生产安全事故。建立安全生产值班制度和生产安全事故举报奖励制度。

（七）制定本部门生产安全事故应急救援预案，定期组织演练，组织或参与事故应急救援。

（八）根据授权或委托，组织安全生产事故调查或作为事故调查组成员参加调查，依法追究事故发生单位和有关责任人员的行政责任。

（九）认真执行安全生产履职情况报告制度，自觉服从县安委会的领导、协调和监督。

（十）法律法规规定的其他责任。

第十七条 各级安委会应当每季度召开一次安全生产工作会议，分析、部署、督促、检查本行政区域防范安全生产事故工作。会议应当作出决定并形成纪要，报上一级安委会办公室备案，会议确定的各项防范措施由同级人民政府监督落实。

第十八条 县人民政府、安委会对县政府有关部门和下级人民政府安全生产工作进行指导和督促，对安全生产监督管理工作落实不力的进行通报，并建议政府督查机构将其列入重点督查对象。安委会各成员单位应当积极参加安委会组织的各项检查、督查、宣传活动，按季度向安委会报告履行工作职责情况。

第十九条　各乡镇场、街道办事处、园区

管委会应当按照职责分工对本区域易发生生产安全事故的单位、设施和场所进行严格检查，采取防范措施。

第二十条　负有安全生产监督管理职责的部门应当依法对生产经营单位贯彻安全生产法律法规和国家标准、行业标准情况进行监督检查。有关部门在监督检查中，应当互相配合，需共同开展检查的，实行联合检查；分别进行检查的，应当互通情况，对发现的问题应当由相关部门处理的，应当及时移送相关部门并形成记录备查，接受移送的部门应当及时进行处理。有关部门在安全检查时，应当将检查的时间、地点、内容、发现的问题以及下达的执法文书、督促整改的情况作出书面记录，采用录音、录像、照相等方式留下证据，并由检查人员和被检查单位的负责人签字；被检查单位的负责人拒绝签字的，检查人员应当记录在案，及时向本单位负责人报告。

第二十一条　建立重大安全隐患整改指令督办制度。对生产安全事故暴露出来的以及安全生产督查、检查中发现的生产安全重大隐患，县安委会应当根据有关规定向各乡镇场、各部门下达《整改指令书》，提出整改要求，收到整改通知的乡镇场及政府有关部门应当及时整改落实。重大安全隐患排除前或者排除过程中无法保证安全的，应当责令其从危险区域内撤出作业人员，责令暂时停产停业或者停止使用；重大安全隐患排除后，经验收同意，方可恢复生产经营和使用；未排除的，不得恢复生产经营和使用。

第二十二条　建立隐患整改综合执法制度。对拒不执行隐患整改指令或整改后仍达不到要求的，根据隐患所在单位的具体情况由安监、公安、住建、市场监督管理局等相关部门及时依据有关法律、法规规定处理。各级安委会办公室对隐患整改指令落实情况进行监督，对执行受阻的，要立即向县人民政府或当地人民政府报告。凡不按上述要求履行职责、导致事故发生的，依法进行查处，严肃追究有关单位、部门和责任人的责任。

第二十三条　各级人民政府应当建立完善安全生产和自然灾害预报预警预防体系，制定和完善自然灾害应急预案。气象、应急办、安监、交通、农牧、国土资源、水务、林业、住房和城乡建设局、民政等部门应当建立灾害性天气、地质灾害和生产安全事故监测和预警预报机制，形成部门联动、信息共享的联合灾害预防和救助体系，并加强灾害性天气尤其是局部地区、极端气候及地质灾害的监测预报，及时准确发布各类灾害预警信息。

第二十四条　乡镇人民政府及县政府有关部门落实安全生产监督管理责任的情况，纳入领导干部年度政绩考核体系，作为领导干部、领导班子能力评价和任用的重要依据。县人民政府按年度考核政府有关部门及乡镇人民政府落实安全生产监督管理责任的情况，凡未落实安全生产责任并由此造成事故的责任单位和责任人员，依法依规追究责任。

第二十五条　实行安全生产“一票否决”。政府及其有关部门突破年度生产安全事故控制指标，取消单位及相关责任人年度评先评优资格。政府及其有关部门凡涉及相关表彰奖励的，应当事先征求安全生产监督管理部门的意见。

第五章　责任追究

第二十六条　相关责任人有下列情形之一的，应当实行问责：

（一）因工作失职，致使本辖区、本部门、本系统或者本单位发生重大、特别重大生产安全事故，或者一年内发生多起较大生产安全事故的；

（二）违反规定干预安全生产，造成生产安全事故发生的；

（三）未能有效组织抢救致使人员伤亡或者财产损失加重的；

（四）拒报、瞒报、谎报、拖延不报生产安全事故的；

（五）其他不履行安全生产监督管理职责的行为。

第二十七条　相关责任人有下列行为之一的，依照有关法律法规规定给予警告、记过或者记大过处分；情节较重的，给予降级或者撤职处分；

情节严重的，给予开除处分。

（一）不执行国家和自治区安全生产方针政策和安全生产法律、法规、规章以及上级机关、主管部门有关安全生产的决定、命令、指示的；

（二）制定或者采取与国家和区、市安全生产方针政策以及安全生产法律、法规、规章相抵触的规定或者措施，造成不良后果或者经上级机关、有关部门指出仍不改正的；

（三）未按规定召开安全生产工作会议，造成严重后果的；

（四）未按规定督促落实相关生产经营单位依法设置安全生产管理机构、配备安全生产管理人员、保证经费投人，造成严重后果的。

第二十八条　相关责任人有下列行为之一的，依照有关法律法规规定给予警告、记过或者记大过处分；情节较重的，给予降级或者撤职处分；情节严重的，给予开除处分。

（一）违法委托单位或者个人实施有关安全生产行政许可或者审批的；

（二）批准向合法的生产经营单位或者经营者超量提供剧毒品、火工品等危险物资，造成后果的；

（三）批准向非法或者不具备安全生产条件的生产经营单位或者经营者，提供剧毒品、火工品等危险物资或者其他生产经营条件的。

第二十九条　相关责任人有下列行为之一的，依照有关法律法规规定给予警告、记过或者记大过处分；情节较重的，给予降级或者撤职处分；情节严重的，给予开除处分：

（一）对发生的生产安全事故拒报、瞒报、谎报、拖延不报或者组织、参与拒报、瞒报、谎报、拖延不报的；

（二）生产安全事故发生后，不及时组织抢救的；

（三）拒绝接受调查或者拒绝提供有关情况和资料的；

（四）阻扰、干涉事故调查工作的；

（五）在事故调查中作伪证或者指使他人作伪证的。

第三十条　相关责任人有下列行为之一的，给予降职或者撤职处分：

（一）对不符合法定安全生产条件的涉及安全生产的事项给予批准或者验收通过的；

（二）发现未依法取得批准、验收的单位擅自从事有关活动或者接到举报后不予取缔或者不予处理的；

（三）对已经依法取得批准的单位不履行监督管理职责，发现不再具备安全生产条件而不撤销原批准或者发现安全生产违法行为不予查处的；

（四）在监督检查中发现重大事故隐患，不依法及时处理的。

第三十一条　有下列情形之一的，依照有关法律法规从重处罚：

（一）在两人以上的共同违法行为中起主要作用的；

（二）隐匿、伪造、销毁证据的；

（三）串供或者阻止他人揭发检举、提供证据材料的；

（四）包庇同案人员的；

（五）法律、法规、规章规定的其他从重情节。

第三十二条　有下列情形之一的，依照有关法律法规从轻处罚：

（一）主动交代违法行为的；

（二）主动采取措施，有效避免或者挽回损失的；

（三）检举他人重大违法行为，情况属实的。主动交代违法行为，并主动采取措施有效避免或者挽回损失的，应当减轻处分；违法行为情节轻微，经过批评教育后改正的，可以免予处分。

第三十三条　对相关责任人的行政责任追究实行跟踪追究制度。已调离工作岗位的相关责任人在任职期间有责任追究情形的，应当依法追究责任。

第三十四条　安全生产监督管理行政责任追究的权限和程序，依照《中华人民共和国行政监察法》《行政机关公务员处分条例》《宁夏回族自治区安全生产行政责任规定》等法律法规及有关规定执行。

第六章　附则

第三十五条　法律、法规授权的具有管理公共事务职能的组织和行政机关依法委托的组织履行安全生产监督管理职责及对相关责任人进行行政责任追究，参照本规定执行。

第三十六条　本规定未列入的其他单位负责本单位的安全生产管理和事故防范工作。

第三十七条　本规定所称主要负责人，系指政府及其有关部门的正职负责人，以及主持工作、代行正职职责的副职负责人。

第三十八条　本规定所称“企业五个全覆盖”，系指企业董事长、党委书记、总经理必须对安全生产同时担责；企业安委会主任必须由董事长或总经理担任；企业领导班子成员必须承担相应的安全生产工作职责，做到一岗双责；企业安全生产情况必须定期向董事会、企业考核部门报告，向社会公示；企业内部必须配齐配强专门的安全生产机构和专业人员。

第三十九条　本规定自 2017 年 5 月 12 日起实施。

贺兰县人民政府

2017 年 4 月 11 日

贺兰县综合防灾减灾规划
（2016—2020年）

为贯彻落实自治区、银川市关于加强防灾减灾救灾工作的决策部署，进一步提高“十三五”时期综合防灾减灾能力，最大限度保障人民群众生命财产安全，依据《宁夏回族自治区综合防灾减灾规划（2016—2020年）》等法规规章，结合我县实际，制定本规划。

一、现状与形势

（一）“十二五”时期全县综合防灾减灾工作成效

“十二五”时期，县委、政府高度重视防灾减灾工作，把综合防灾减灾作为构建公共安全体系的核心和国民经济发展的重要保障，列入工作计划，摆上议事日程。县、乡、镇两级各涉灾职能部门及有关企事业单位加强综合防灾减灾项目建设，各灾种的测、报、防、抗、救、援措施得到进一步强化，自然灾害损失明显下降，人为致灾因素得到有效遏制，综合防灾减灾能力和灾害综合管理水平得到大幅度提升。通过防灾减灾示范社区创建活动，我县共有6个社区被评为“全国综合减灾示范社区”。

——防灾减灾管理体制和协调机制不断健全，部门职能作用有效发挥。“十二五”时期，县减灾委员会认真贯彻区市有关防灾减灾决策部署，政府统一领导、部门分工负责、社会共同参与、属地管理为主的防灾减灾管理体制和协调机制逐步完善，工作合力显著增强。应急指挥、抢险救援、医疗救护、灾后重建、灾害救助、军地联动等机制进一步健全。在《突发公共事件总体应急预案》框架下，我县在乡、镇、村三个层级都已经建立了《自然灾害生活救助应急预案》体系。全力推动、做实减灾委工作平台，使减灾委真正成为了协调统领涉灾各部门及防灾减灾救灾工作的指挥机构。减灾委各成员单位积极履行部门工作职责，民政部门充分发挥县减灾委办公室的参谋助手作用，指导协调开展防灾减灾工作。防汛抗旱、防震救灾、气象防灾减灾、农业生产救灾、地质灾害应急、林业应急等涉灾机构的指挥或综合协调作用不断强化，部门间应急联动机制不断健全。

——防灾减灾法规规章政策不断完善，依法应对灾害观念明显增强。“十二五”时期，县政府印发了《贺兰县自然灾害救助应急预案》《贺兰县防汛抗旱应急预案》《贺兰县气象灾害应急预案》等多项自然灾害专项应急预案，形成了相对完整的灾害应急预案体系，逐级完善了应急工作规程，防灾减灾能力得到进一步提升。

——自然灾害监测预警体系不断完备，应急信息推送快速敏捷。“十二五”时期，气象灾害、河流水位、城市内涝、地质灾害、地震灾害、农业病虫害、森林火灾、野生动物疫病、空气污染等预警预报、信息发布机制不断完善。气象观测、雨量水位自动观测、农情调度、地震监测台网、林业灾害监测、环境空气质量监测等网络体系基本建成，全县灾害信息渠道畅通，应急信息报送快速敏捷，覆盖城乡的预警预报体系在防灾减灾救灾中发挥了重要作用。

——重点工程建设项目不断增加，灾害防御功能得到加强。“十二五”期间，实施防汛抗旱、饮水安全、交通道路灾害防治、中小学校舍安全工程、地质灾害隐患点治理等多项重大工程，防灾抗灾救灾基础设施不断夯实。民政公共服务事业、气象现代化及基础设施建设、抗旱应急水源工程、人防重点城市（地域）疏散基地等一大批重点工程项目顺利实施，灾害防御功能得到明显加强。

——自然灾害应急救助投入不断加大，灾害应对能力明显提升。“十二五”时期，县政府建立了以应急指挥、抢险救援、运输保障、生活救助、医疗救助、卫生防疫、恢复重建为主要内容的自然灾害应急救助体系。防灾抗灾能力不断增强，年均因灾直接经济损失占国内生产总值的比例控制在1.5%以内。各类保障、补助标准和能力水平不断提升，全县救灾物资储备网络体系不断完善，灾害应对能力明显提升。

——防灾减灾专业人才队伍不断壮大，科技支撑平台基本形成。“十二五”时期，全面推进防灾减灾人才战略，防灾减灾专业人才队伍结构不断优化，已经建成以防灾减灾管理和专业人才队伍为骨干力量，以各类灾害应急救援队伍为突击力量，以防灾减灾社会工作者和志愿者队伍为辅助力量的防灾减灾队伍。驻贺部队、公安民警、民兵预备役、人防专业队伍和基层灾害信息员在防灾减灾中发挥骨干作用。县减灾委成立专家组，为全县防灾减灾提供决策咨询服务。灾害监测预警、风险评估、应急处置等技术水平不断提高，遥感、卫星导航与通信广播等技术在应对重特大自然灾害中发挥了重要作用。

——防灾减灾宣传教育不断深入，社会动员机制稳步推进。“十二五”时期，防灾减灾宣传教育深入人心，社会动员能力和社会资源整合能力明显提高。社会各界积极参与抢险救援、生活救助、生命救治和恢复重建等工作，形成了合力防灾减灾的良好氛围。以全国“防灾减灾日”和“国际减灾日”为平台，积极开展系列减灾科普宣传教育活动，每年汛期前和重要节点开展应急演练。通过宣传教育，社会公众防灾减灾意识和自救互救技能普遍增强。

（二）“十三五”时期防灾减灾工作面临的形势

“十三五”时期，全县防灾减灾救灾形势仍然十分严峻。在全球气候变化的影响下，自然灾害风险进一步加大。干旱、洪涝、风雹、低温、冰雪、病虫害等灾害风险呈现高发态势。同时，在新型工业化、信息化、城镇化和农业现代化进程中，县城高风险、农村不设防的状况尚未得到根本改变，尤其是城市人口快速增长给城市基础设施建设带来较大压力；农村主要劳动力外出务工，农房建筑质量标准普遍不高，抵御自然灾害的能力有限，受灾害影响程度不断加深。此外，综合防灾减灾能力建设还存在短板，公众防灾减灾意识和自救互救能力仍显不足，宣传教育长效机制需要进一步完善，社会力量参与防灾减灾动员机制和支持政策未能及时跟进，市场机制作用发挥不够。

“十三五”时期，防灾减灾工作面临诸多挑战，防灾减灾体制机制改革需要推进，重特大自然灾害风险防范能力需要提升，城乡公共基础设施和建筑物防灾能力需要强化，基层防灾减灾能力需要进一步增强，应急救灾物资储备需要进一步加强和优化，装备科技水平有待进一步提高，防灾减灾人才队伍建设、防灾减灾宣传教育和社会力量参与救灾等需要强力推进。面对严峻的形势和挑战，必须进一步增强做好防灾减灾工作的责任感和使命感，以更高的标准、更严的要求、更实的措施、更大的力度，科学谋划，统筹推进，全力推动新时期防灾减灾工作快速发展。

二、总体要求

（一）指导思想

全面贯彻落实党的十八大和十八届三中、四中、五中、六中全会，以及习近平总书记系列重要讲话精神，围绕“五位一体”总体布局和“四个全面”战略布局，牢固树立创新、协调、绿色、开放、共享的发展理念，深入贯彻落实国家、区、市防灾减灾决策部署，坚持“以防为主、防抗救相结合”的工作方针，坚持常态减灾和非常态救灾相统一，努力实现从注重灾后救助向注重灾前预防转变，从应对单一灾种向综合减灾转变，从减少灾害损失向减轻灾害风险转变，深化防灾减灾救灾体制机制改革，努力提升自然灾害应急救助能力，提高全民防灾减灾意识，推进扶贫开发，增强全社会抵御自然灾害的综合防范能力，切实保障受灾群众基本生活，为建设美好贺兰而努力奋斗。

（二）基本原则

——以人为本，持续发展。坚持生命至上，以维护人民群众生命财产安全为着力点，以保障受灾人员基本生活为出发点和落脚点，以服务全面建成小康社会需求为导向，遵循自然、经济和社会规律，通过降低灾害风险促进经济社会可持续发展。

——预防为主，综合减灾。坚持应急优先、以防为主、防抗救结合。加强自然灾害监测预警、风险评估、工程防御、宣传教育，提高全民风险防范意识。加强防灾减灾基础设施和应急救援指挥体系建设，最大程度减少人员生命和财产损失。

——依法应对，科技支撑。坚持法治思维，严格在法律框架内开展工作，提高防灾减灾救灾工作规范化、制度化和法治化水平。运用科技应对灾害，有效提高防灾减灾工作的科技支撑能力和水平。

——政府主导，社会参与。坚持政府在防灾减灾工作中的主导地位，充分发挥社会力量和市场机制的重要作用，强化政府与社会协同配合，形成防灾减灾救灾合力。

——分级管理，属地为主。坚持中央、区和市统筹指导、县就近指挥，分级负责、相互协同的抗灾救灾应急机制，强化地方政府在防灾减灾救灾工作中的主体责任。

——军民融合，共建共享。坚持军地协调、需求对接，充分发挥各自优势，促进信息互通、资源共享、良性互动，在抢运物资、转移群众和抗洪抢险等急难险重任务中发挥人民军队的中流砥柱作用，发挥民政部门在保障战时难民基本生活的兜底作用。

（三）规划目标

1. 防灾减灾救灾体制机制进一步健全。进一步理清各级政府在防灾减灾救灾中的事权和工作责任，防灾减灾救灾体制机制更加科学、完善，建立健全完善的综合防灾减灾救灾协调办事机构。到2020年，基本建成满足我县经济社会发展需求的结构合理、功能完善、集约高效、保障有力的综合防灾减灾体系。

2. 规划衔接和协调有效加强。将防灾减灾工作纳入县域经济和社会发展总体规划。在土地利用、资源管理、能源供应、城乡建设和扶贫开发等规划中体现防灾减灾的要求。制定实施本级综合防灾减灾规划。

3. 重大项目设防水平进一步提高。以气象、水利、农业、国土、交通、卫生、林业、地震、人防、电力、通信等重大项目建设为重点，提高重要基础设施和基本公共服务设施的灾害设防水平，有效降低学校、医院等设施的损毁程度。

4. 灾害造成的损失进一步减少。年均因灾直接经济损失占地区生产总值的比例控制在1.3%以内，年均每百万人口因灾死亡率控制在1.3以内。

5. 受灾群众基本生活得到保障。自然灾害发生12小时之内，受灾群众基本生活得到初步救助。自然灾害保险理赔款占自然灾害直接经济损失的比例明显提高。灾后重建基础设施和民房普遍达到规定的设防标准。

6. 救灾物资储备网络进一步健全。建成“县－乡（镇）”二级救灾物资储备网络。新建救灾物资储备库。完善自然灾害救助项目和救助内容，达到与全县经济社会发展相适应的自然灾害救助水平。

7. 防灾减灾救灾工作信息化水平进一步提高。健全县减灾救灾委统一的多灾种预警和信息管理平台，自然灾害预警信息发布的准确性、时效性和社会公众覆盖率显著提升。自然灾害监测预警、统计核查和信息服务能力全面提高。

8. 全社会防灾减灾意识进一步增强。防灾减灾宣传教育形式多样化，基层防灾减灾演练制度化，全民防灾减灾意识明显增强。在中小学校、乡镇（街道）建成一批基层防灾减灾科普教育示范点，社会公众防灾减灾知识普及率显著提高，在校学生普及率达到100%。

9.“综合减灾示范社区”创建不断深化。创建10个“全国综合减灾示范社区”，建设12个应急避难场所。每个村（社区）至少有1名灾害信息员。

10.人才队伍建设深入推进。全县防灾减灾人才队伍规模不断扩大，人才结构趋于合理。各类应急救援、志愿者进一步壮大，社会力量参与救灾形成规模。

三、主要任务

（一）提高依法开展防灾减灾救灾能力

贯彻实施国家综合防灾减灾相关法规和《贺兰县自然灾害救助应急预案》，推动以相关部门专项法规为骨干、相关应急预案为配套的防灾减灾法规制度体系建设，明确政府、企业、社会组织和社会公众在防灾减灾工作中的责任和义务；加强自然灾害监测预警预报、灾害防御、应急准备、紧急救援、转移安置、生活救助、医疗救治、恢复重建等过程性制度建设，统筹推进综合防灾减灾和单一灾种地方性法规的制定和修订工作；完善自然灾害总体和行业各级应急预案，进一步健全和完善防灾减灾法规制度体系，为防灾减灾提供法治保障。

（二）健全防灾减灾救灾体制机制

坚持“统一领导、分级负责、相互协同、属地为主”原则，深化防灾减灾救灾体制机制改革，完善灾害管理体制机制。加强各级减灾救灾委员会及其办公室统筹指导和综合协调作用，发挥主要灾种防灾抗灾指挥机构防范部署与应急指挥作用。明确灾害管理事权划分，强化政府的主体责任。防灾方面，加强灾害主管部门与地方间协调配合和应急联动，完善自然灾害监测预警预报和群测群防机制，健全灾害监测预警、灾害风险、灾害损失、救援救助、资源环境、人口、房屋、基础设施和社会经济等综合防灾减灾信息资源的获取和共享机制。减灾方面，完善防灾基础设施建设、生活保障安排、物资装备储备等方面的综合投入机制，健全恢复重建资金筹措和应急征用补偿等机制。救灾方面，建立和完善军地协同联动、救援力量调配、物资储运调配等应急联动机制；健全灾后救助、灾害损失评估、恢复重建规划编制与实施等长效机制。

（三）进一步增强自然灾害监测预警与风险管理能力

加快气象、水文、地震、地质、农业、林业、野生动物疫病疫源等灾害监测地面站网和防灾减灾信息基础设施建设，建设多灾种和灾害链综合监测系统，提高自然灾害早期识别能力。建立健全自然灾害预警及发布系统，加强自然灾害早期预警、风险信息共享与发布能力，显著提高灾害预警信息发布的准确性、时效性和社会公众覆盖率；推进自然灾害风险隐患与减灾能力普查，深入推进自然灾害风险隐患排查治理，充分利用自然灾害风险数据，形成支撑自然灾害风险管理的全要素数据资源体系。推进自然灾害风险信息应用，完善县、乡镇、社区自然灾害综合风险评价指标体系和技术方法；依托“互联网+”战略，推进三级综合灾情和救灾信息报送与服务网络平台建设，提高政府情信息报灾送与服务的全面性、及时性、准确性和规范性；充分发挥社会力量在重大灾害应对中的作用，应用大数据理念，建立集采集、共享、服务、查询、应用于一体的面向社会组织和公众的综合灾情和救灾信息资源共享平台。完善重特大自然灾害损失评估制度和技术方法体系，探索建立重特大自然灾害社会影响评估制度和技术方法体系，建立健全综合减灾能力的社会化评估机制。

（四）进一步增强自然灾害应急处置与恢复重建能力

加快发展灾害评估、专业救援、应急救助等专业队伍建设，推动建立以人民武装部、武警部队和公安现役部队等专业救援队伍为突击力量，以地方和基层应急救援队伍为主要力量，以社会应急救援队伍为补充力量的灾害应急处置人才队伍体系。加快推进防灾减灾装备更新换代，加强基层应急装备设备的储备、管理和使用，优先为多灾易灾乡镇（街道）配备应急装备；完善救灾物资储备管理制度及运行机制，完善救灾储备模式，科学规划、稳步推进救灾物资储备库（点）建设，提升物资储备调运信息化管理水平。适时调整完善自然灾害救助政策，各级政府建立健全与经济社会发展水平相适应的自然灾害救助保障体系；统筹做好恢复重建需求评估、重建规划、技术保障、政策支持等工作，让灾区建设得更美好。坚持科学重建、民生优先，将城乡居民住房恢复重建摆在突出和优先位置，大力推广绿色建筑标准和节能节材环保技术，加大恢复重建住房质量监管力度。加快完善公共服务体系，有效提升灾后恢复重建能力和水平。健全产学研协同创新机制，推进军民融合，促进减灾救灾产业集聚发展。

（五）进一步增强重大工程防灾减灾能力

加强防汛抗旱、防震减灾、生态环境治理等防灾减灾骨干工程建设，提高自然灾害工程防御能力。加快河流治理骨干工程建设，继续实施重要中小河流治理，加快病险河流除险加固，加强城市防洪排涝建设，加强抗旱应急水源工程建设；继续实施公共基础设施安全加固工程，重点提升学校、医院等人员密集场所安全水平，中小学校舍达到重点设防类标准，提高重大建设工程和生命线工程的抗灾能力和设防水平。实施交通设施灾害防治工程，提升重大交通基础设施抗灾能力；结合扶贫开发、保障房建设、危房改造、灾后恢复重建等，推进实施自然灾害高风险区农村困难群众危房改造工程，提升农村住房设防水平和抗灾能力。推进实施自然灾害隐患点治理和居民搬迁避让工程。

（六）进一步增强科技防灾减灾能力

落实创新驱动发展战略，加强防灾减灾科技资源统筹和顶层设计。以科技创新驱动和人才培养为导向，推进监测预警、工程防治、应急救援、恢复重建等灾害风险防范全链条科技发展，充分发挥科技在防灾减灾中的支撑作用。借力科研机构加强灾害监测预警、风险与损失评估、社会影响评估、应急处置与恢复重建等关键技术研发。推进互联网+、大数据、物联网、云计算、遥感、导航定位、移动通信等新理念新技术新方法的应用，加强灾害监测预警、风险与损失评估、社会影响评估、应急处置与恢复重建等关键技术研发。

（七）进一步增强基层防灾减灾能力

开展社区灾害风险识别与评估，编制社区灾害风险图，新建或改扩建社区应急避难场所，加强社区灾害应急预案编制和演练。加强社区救灾应急物资储备和志愿者队伍建设。推进基层综合减灾示范社区、综合减灾示范乡镇试点创建工作。推动制定家庭防灾减灾与应急物资储备指南或标准，鼓励和支持以家庭为单元储备灾害应急物品，提升家庭和邻里自救互救能力。强化各级人民政府和领导干部的防灾减灾责任，提高各级领导干部灾害风险管理水平，提升全民防灾减灾意识。统筹做好全国“防灾减灾日”和“国际减灾日”等主题活动的宣传教育。加强对在校学生和基层群众的宣传教育，将防灾减灾知识和技术普及内容纳入学前教育、在校教育，文化、科技、卫生“三下乡”活动以及文明城市（县、乡镇）创建等活动。加强防灾减灾宣传教育设施与平台建设，建设防灾减灾数字图书馆，借助防灾减灾宣传教育基地和基层综合性文化服务中心等文化平台，广泛开展防灾减灾知识普及和宣传教育活动，积极推进减灾中心机构建设，提升减灾救灾能力。

（八）进一步增强社会力量参与防灾减灾能力

完善社会力量参与防灾减灾政策，健全社会力量动员机制和协调机制，建立社会力量参与防灾减灾工作平台。加强对社会组织参与防灾减灾救灾的引导和支持，充分发挥公益慈善组织的作用。加强救灾捐赠管理，健全救灾捐赠需求发布与信息导向机制，完善救灾捐赠款物使用信息公开、使用效果评估和社会监督机制。发挥金融、保险等市场机制作用，进一步完善农房保险、农业保险政策，探索研究巨灾保险制度和再保险制度。鼓励引导企业投保财产险，提高自身应对自然灾害能力。加快研究和推进政府向社会力量购买防灾减灾救灾服务事项，提升灾害治理水平。

（九）进一步加强防灾减灾人才队伍建设

继续推进防灾减灾人才战略实施，扩充队伍总量，优化队伍结构，完善队伍管理，提高队伍素质。加强抢险救灾队伍建设，定期开展针对性训练和技能培训，培育和发展“一专多能、一队多用、专兼结合、军民结合、平战结合”的抢险救灾专业队伍。注重灾害管理人才队伍建设，加大政策支持力度，加强对外交流合作，尝试委托专业机构对管理人员开展自然灾害紧急救援专业培训，提升队伍整体防灾减灾业务能力。加强应急专家队伍建设，完善专家参与预警、指挥、救援和恢复重建等突发事件应急决策咨询工作机制，充分发挥专家在防灾减灾工作中的参谋咨询作用。

四、重大项目

（一）贺兰县自然灾害灾情报送系统平台建设工程

县减灾救灾委、民政局依托国家救灾减灾中心现有基础设施，按照标准统一、接口完善、协同配合、运转高效的原则，建立健全贺兰县自然灾害灾情报送系统；充分发挥应急管理一体化系统平台功能，构建通信网络、信息处理、决策调度、预警信息接收发布、人才建设等平台，与国家、区、市有关部门和县、乡（镇）互联互通，拓宽信息传送渠道，实现信息资源共享，全面提升减灾救灾信息化水平，为物资储备、环境监测、灾害预防、灾害调查、灾情报送、灾情评估、救灾抢险、灾后重建与灾害防治提供基础资料和决策支撑；推动减灾救灾委办公室实体机构建设，解决灾情报送时限问题，及时为领导救灾决策提供可靠依据。充分发挥自然灾害灾情报送应急管理一体化系统平台功能。与国家、区、市减灾中心和县直有关部门互联互通，实现信息资源共享。推动县、乡（镇）灾情报送系统建设与市相匹配的减灾救灾指挥系统。

（二）救灾物资储备体系建设工程

加强统筹规划，注重资源整合，加强综合防灾减灾能力建设；因地制宜，采取新建、改扩建和代储等方式，进一步完善救灾物资储备网络体系，形成科学完备的救灾物资储备体系；加强对救灾物资的管理，合理确定救灾物资储备库储备物资建议品种和数量，全面提升应急物资保障能力；拓宽救灾物资储备方式，通过协议储备、依托企业代储、生产能力储备和家庭储备等多种形式，构建多元、完整的救灾物资储备方式。

（三）综合减灾示范社区与应急避难场所示范工程

继续开展全国综合减灾示范社区创建工作，提高综合减灾示范社区创建、评价水平；开展社区风险识别和隐患排查，加强应急避灾自救互救演练，按标准配备必要的救助物资和救助装备。推动开展示范性应急避难场所建设，根据人口分布、城市布局、区域特点和灾害特征，建设若干能够覆盖一定范围，具备应急避险、应急指挥和救援功能的大型综合应急避难场所。结合人口和灾害隐患点分布，新建或改扩建城乡应急避难场所。建设应急避难场所信息综合管理与服务平台，实现对应急避难场所功能区、应急物资、人员安置、运行状态等管理与评价，面向社会公众提供避险救援、宣传教育、引导服务。创建全国综合减灾示范社区、争创全国综合减灾示范县。建设大型综合应急避难场所。

（四）防灾减灾宣传教育与科普工程

将防灾减灾教育纳入全县教育体系，推进专业人才培养和大中小学生防灾减灾科普教育；推动试点新建或改扩建融宣传教育、展览体验、演练实训等功能为一体的综合防灾减灾宣传教育示范基地；依托“全国防灾减灾日”“国际减灾日”等，打造宣传教育平台，组织形式多样的防灾减灾知识宣传活动和专业性教育培训，注重加强各级领导干部防灾减灾教育培训，增强公众防灾减灾意识，提高自救互救技能。防灾减灾宣传教育与科普工程，建成一批基层防灾减灾科普教育示范点。创建1个防灾减灾宣传教育基地，支持有条件的乡镇场创建防灾减灾宣传教育基地。打造防灾减灾宣传教育平台。

（五）农村住房保险工程

发挥金融、保险等市场机制作用，完善农村住房灾害保险制度。进一步完善农房保险政策；鼓励各级政府、企业、个人通过购买保险分散风险，充分发挥保险经济补偿优势，逐步提高自然灾害保险赔偿标准；将保险业纳入防灾减灾体系，充分发挥保险业在防灾防损中的积极作用，建立健全多部门防灾防损协作机制；政府及相关部门和保险机构探索研究巨灾保险制度和再保险制度，共同建立大灾风险档案，不断提高大灾风险管理水平。加大农村住房保险工程，推动农村住房试点工程。在试点的基础上，进一步扩大农房保险在多灾易灾地区覆盖范围。探索建立巨灾保险制度。

五、保障措施

（一）强化组织领导，落实工作责任

各乡镇场、街道办要切实加强对综合防灾减灾工作的组织领导，建立健全组织协调机制和实施保障机制；减灾救灾委员会成员单位要抓好规划目标、主要任务和重大项目的落实；要高度重视，落实责任，因地制宜，强化实施，确保规划目标完成好，主要任务落实好，重大项目实施好

（二）强化统筹协调，做好规划衔接

本规划由县减灾救灾委员会统筹协调，通过优化整合各类防灾减灾资源，做好组织协调和实施保障工作。县减灾救灾委员会各成员单位要贯彻落实本规划的总体部署和要求。有关规划提出的发展目标、主要任务要与本规划相协调，提出的重大工程和项目要与本规划相衔接，并认真抓好规划任务的分解落实。

（三）强化资金保障，拓宽投入渠道

建立健全防灾减灾救灾资金多元化投入机制，拓宽资金筹措渠道，统筹发挥好政府资金和市场资金的作用。建立与当地经济社会发展水平和防灾减灾相适应的防灾减灾救灾保障能力，完善防灾减灾经费分担机制，加强防灾减灾资金管理和使用，健全救灾补助项目，规范补助标准。

（四）强化跟踪评估，严格监督检查

县减灾救灾委员会要建立规划实施跟踪评估制度，强化规划实施情况的跟踪分析和监督检查。县减灾救灾委员会成员单位要加强对规划相关内容落实情况的评估，切实提高规划实施成效。减灾救灾委员会办公室负责规划实施评估工作，编写规划实施中期和末期情况报告，为政府防灾减灾工作决策做好服务。

贺兰县粮食应急保障预案

1. 总则

1.1 编制目的

为应对特大自然灾害、战争或突发性事件等原因造成的粮食供应紧张、粮价大幅度上涨和市场动荡，确保全县粮食安全和供应，建立粮食安全预警机制，特制定本预案。

1.2 编制依据

根据国务院《粮食流通管理条例》《宁夏回族自治区地方储备粮管理条例》《宁夏回族自治区粮食应急预案》和《贺兰县突发事件总体应急预案》等法律法规。

1.3 适用范围

本预案适用于粮食供应出现的一般（Ⅳ级）、市场异常波动保障应急工作和响应较大（Ⅲ级）、重大（Ⅱ级）、特别重大（Ⅰ级）市场异常波动保障应急工作。

1.4 工作原则

1.4.1 以人为本，减少危害。保障粮食市场供应提供符合质量标准的粮食商品，最大限度地避免和减少因缺粮而造成的人员伤亡。

1.4.2 统一领导，分级负责。在县粮食应急工作领导小组统一领导下，县直各部门各司其职，按照职责分工开展粮食应急管理工作，及时向上级和粮食主管部门报告工作。

1.4.3 科学检测、预防为主。提高防范突发公共事件的意识，加强对粮食市场的跟踪检测，出现前兆及时预报，提前做好应对准备，防患于未然。

1.4.4 协同应对，果断处理。各有关职能部门协调行动，局部服从整体，一般工作服从应急工作。

2. 组织体系

2.1 贺兰县粮食应急指挥部

贺兰县人民政府突发事件应急委员会（以下简称贺兰县应急委）下设贺兰县粮食应急保障指挥部。在贺兰县委、政府统一领导下，负责领导、组织、协调粮食应急保障方面的应急管理工作，统一指挥粮食应急保障突发事件及其次生、衍生灾害的应急处置工作。

发生较大及以上突发事件，或者突发事件出现复杂情况，超出单个专项应急指挥机构处置能力和工作职责时，由贺兰县应急委负责指挥应对处置工作。

贺兰县粮食应急指挥部按照职责分工和协同联动工作需要，将各成员单位按照职责分组开展

粮食应急突发事件及其次生、衍生灾害的应急处置工作。

2.2 贺兰县粮食应急指挥部办公室

贺兰县粮食应急指挥部办公室是粮食应急指挥部的日常工作机构，设在贺兰县农牧局。办公室主任由徐建忠兼任，办公室副主任由郭春莹兼任。办公室常设值班电话 8062275，传真号 8062275 。

主要职责：在贺兰县应急办的统一领导下，按照贺兰县粮食应急指挥部的工作部署，分类管理粮食应急突发事件。协调组织成员单位排查、治理和监控突发事件风险隐患；落实突发事件预防、预警措施；编制和执行粮食应急保障预案；依据贺兰县应急体系总体规划落实应急体系建设任务和目标、预案演练活动、业务培训和科普宣教工作；指导、监督基层组织和单位加强应急管理工作；总结评估应急管理工作和突发事件处置工作；指导各单位、各部门对应的专项应急指挥机构做好相关突发事件应对工作；承担贺兰县粮食应急指挥部交办的其他工作。接到监测、预测和预警信息，或发生较大及以上突发事件后，贺兰县粮食应急指挥部办公室要立即组织各成员单位开展会商或分析研判灾害发展趋势、灾害影响程度和范围；及时向贺兰县委、政府、粮食应急指挥部报告情况，提出启动或终止应急响应级别和处置措施等工作建议；根据贺兰县粮食应急指挥部的决定，协调组织各成员单位到指定地点集结或赶赴突发事件现场；落实事件处置工作中综合协调、信息报送和值守应急工作。

2.3 贺兰县粮食应急指挥机构职责

2.3.1 综合协调组

县委宣传部：负责协调新闻宣传报道和舆论导向工作。

发改局：负责加强粮食市场价格的监督检查，依法查处价格违法行为，必要时根据《价格法》等法律、法规的规定采取相关价格干预措施。

公安局：负责应急粮储备调拨加工和供应场所的治安秩序，保障粮食运输的道路畅通。积极预防和依法处置因粮食供应引发的群体性治安事件，配合有关部门及时打击扰乱粮食市场秩序的违法犯罪活动。

电信公司：负责应急状态下的通讯和网络传输的畅通。

2.3.2 监测预警组

农牧局：负责粮食供应应急工作的综合协调；负责组织指导检查和监督全县粮食应急工作；会同物价部门掌握粮食市场价格动态，加强价格监测，及时有效的检测粮食市场供求变化情况；负责检查、统计粮食库存量及粮食经营企业执行自治区政府规定最低和最高库存量的情况；分析预测市场行情，提出预警意见，负责组织实施应急粮食采购加工和销售。

民政局：负责及时通报灾情，提供救济人员数量、救济标准等信息，协助做好救济粮食供应工作。

住建局：负责地震灾害信息的监测预报。

统计局：负责统计检测粮食应急工作相关生产和消费数据。

气象局：负责影响粮食生产安全的重特大气象和灾害性天气的预警预报。

2.3.3 粮源供给组

农牧局：负责粮食供应应急工作的综合协调；做好粮食市场调控和供应工作；及时提出动用贺兰县、自治区应急成品粮的建议；负责组织指导检查和监督全县粮食应急工作；负责组织实施应急粮食采购加工和销售。负责储备粮动用计划的执行，负责组织恢复粮食生产，确定粮食生产规模和品种，组织农用物资供应和技术指导。

供电局：负责应急状态下的电力供应，确保粮食调运、加工、供应等用电需求。

2.3.4 应急加工调运组

交通局：根据粮食应急工作的需要，做好运力调度，优先保证用于粮食运输。

供销社：负责协调组织辖区内具有一定规模的连锁超市做好成品粮进货、销售工作及主要粮食熟制品供应，同时提供关于粮食供应的相关信息。

2.3.5 市场监管组

市场监管局：负责对粮食市场及流通环节粮油食品监管，依法打击囤积居奇欺行霸市等违法经营行为，维护市场秩序；负责成品粮加工销售等环节的质量检测，严肃查处以假充真、以次充好、掺杂使假等违法行为。

卫计局：负责对粮食加工销售环节及成品粮储存的卫生监督检查。

公安局：负责应急粮储备调拨加工和供应场所的治安秩序，保障粮食运输道路畅通。积极预防和依法处置因粮食供应引发的群体性治安事件，配合有关部门及时打击扰乱粮食市场秩序的违法犯罪活动。

2.3.6 资金核算组

财政局：负责安排审核应急成品粮储备及实施本预案所需经费，及时足额拨付到位。

3. 预报预警

3.1 监测预报

农牧局安排专人对全县粮油市场进行监测预报，随时掌握粮食市场供求和价格动态变化情况，为启动本预案和本县粮食生产流通、消费政策实施提供依据。每周向银川市农牧局上报市场监测情况，加强粮食市场供求形势的监测和预警，及时向县政府报告预警信号，特别是要加强对重大自然灾害和其他突发公共事件的跟踪监测，出现紧急情况随时报告。

3.2 分级标准

按照粮食应急的严重性、可控性和影响范围，应急状态分为四级：特别重大、重大、较大、一般。

3.2.1 特别重大：全县粮食供应极度紧张，成品粮油价格一周内持续上涨 100% 以上，群众严重抢购成品粮油并造成脱销的紧急状态。

3.2.2 重大：全县粮食供应十分紧张，成品粮油价格一周内持续上涨 75% 以上，群众抢购成品粮油造成部分脱销并出现恐慌的紧急状态。

3.2.3 较大：全县粮食供应趋于紧张，成品粮油价格一周内持续上涨 50% 以上，出现一般性成品粮油供需不平衡、争购成品粮油引起市场不稳定的紧急状态。

3.2.4 一般：全县成品粮油价格一周内持续上涨 25% 以上，出现粮食供应紧张，并可能引发较大区域粮食市场波动的紧急状态。

3.3 预警信息报告与发布

贺兰县粮食应急指挥部办公室接到信息报告后，要组织会商或进行分析研判，对可能引发一般和较大级别的社会突发事件的监测、预测、预警信息，向指挥部成员单位和有关部门通报，督促和指导按照相应预案做好处置工作；对可能引发特别重大、重大级别的社会突发事件的监测、预测、预警信息，相关单位或贺兰县粮食应急指挥部要及时报告贺兰县应急委，并按照《宁夏回族自治区突发事件预警信息发布管理办法》，提出预警信息发布方案，配合做好预警信息发布工作。同时，向贺兰县粮食应急指挥部各成员单位通报有关情况。

3.4 预警行动

贺兰县粮食应急指挥部办公室接到可能导致较大及以上社会突发事件的监测预测预警信息后，要密切关注事态进展。按照贺兰县应急委或粮食应急指挥部的统一安排和部署，组织、协调贺兰县粮食应急指挥部成员单位和有关部门，按照预案做好应急准备和预防工作，并及时向贺兰县应急委和贺兰县粮食应急指挥部报送有关信息。

4. 应急处置

4.1 信息报告

4.1.1 对一般级以上突发事件或者事件本身比较敏感，可能演化为特别重大、重大、较大的突发事件，事发地乡镇场人民政府和行业主管部门、责任单位及应急工作机构接到事件报告后，要严格按照有关法律法规和相关规定，及时向贺兰县粮食应急指挥部办公室和贺兰县委总值班室（总值班电话：8061329，传真 8061329），县政府总值班室（总值班电话：8061346，传真 8067453），县政府应急办（总值班电话：8062301，传真 8537356）报告信息。一般突发事件信息报告不超过 2 小时，较大及以上突发事件信息报告不超过 1 小时。信息报告内容主要包括：事件发生单位概况，事件发生的时间、地点、简要经过，可能造成的危害程度、影响范围、伤亡人数、直接经济损失，已采取的应急处置措施，目前事件处置进展情况，下一步拟采取的措施。

4.1.2 事件发生后，事发地乡镇场和贺兰县粮食应急指挥部各成员单位在向县委、政府首报突发事件信息的同时，要按照规定报告联络员姓名、职务、联系方式、出发时间、到达现场时间或拟到达现场时间。事发地乡镇场赶赴现场指挥先期处置工作的单位负责人为先期处置联络员，贺兰县粮食应急指挥部办公室主任为现场处置联络员、善后处置联络员。

4.1.3 突发事件信息续报和终报。在对突发粮食应急事件的处置过程中，各工作组要对突发事件及处置的新进展、可能衍生的新情况及时续报，在每天下午 4 点以前由贺兰县粮食应急指挥部办公室向县委、政府报告前 24 小时救援总体情况。

4.2 先期处置

4.2.1 县 110 指挥中心接警后，指令 120、119（综合救援队伍）迅速赶赴事发现场，同时将突发粮食应急事件信息上报县委、政府（应急办），并通报粮食应急指挥部办公室。

4.2.2 粮食应急指挥部办公室主任要第一时间赶赴现场，查明情况报上级部门启动相应应急预案。达到一般级以上突发事件或者事件本身比较敏感，可能演化为特别重大、重大、较大的突发事件，应按照粮食应急保障预案规定成立现场指挥部，组织开展先期处置，并密切注意防止次生、衍生等灾害发生，避免事件扩大控制事态发展。

4.2.3 粮食应急指挥部办公室（或现场指挥部办公室）书面首报信息不得超过 1 小时，并及时跟踪续保事故抢险救援和处置情况，直至事件抢险救援工作结束。

4.2.3 超出县级粮食应急指挥机构处置能力时，请示上级粮食应急指挥部研判后，根据上级指挥部采取的相应处置措施，县政府及有关部门配合，进入上级专项应急预案启动模式。必要时，上级粮食应急指挥机构派出工作组和上级指挥部牵头负责的单位领导赶赴事件现场，现场指导事发地政府开展抢险救援工作。

4.3 应急响应

按照粮食应急突发事件的可控性、严重程度和影响范围，应急响应分为Ⅳ级、Ⅲ级、Ⅱ级、Ⅰ级四级，依次分别对应一般、较大、重大、特别重大级别的突发事件。应急响应启动后，可视事态发展及其情况变化对响应级别及时进行相应调整，避免响应不足或响应过度造成损失。事件有扩大趋势或已扩大，需启动高级别应急响应时，应及时报告银川市粮食应急救援指挥机构。

4.3.1 Ⅰ级响应

发生特别重大粮食应急突发事件时，自治区粮食应急指挥部办公室组织指挥部成员单位紧急会商或对事件影响及其发展趋势进行进行分析研判后，会同自治区政府应急办（总值班室）向自治区应急委提出预案启动和响应级别建议。经批准，由自治区应急委宣布启动Ⅰ级响应，并向各有关单位发布启动相关应急程序的命令。自治区应急委员会统一领导和指挥自治区粮食应急指挥部和有关地区、部门、单位组织开展应急处置各项工作；视情况，自治区应急委向国务院或有关部委提出支援或委派工作组来宁指导应急处置工作。

4.3.2 Ⅱ级响应

发生重大粮食应急突发事件时，组织指挥部成员单位紧急会商或对事件影响及其发展趋势进行分析研判后，会同自治区政府应急办（总值班室）向自治区粮食应急指挥部提出预案启动和响应级别建议，由自治区粮食应急指挥部宣布启动Ⅱ级响应，并向各有关单位发布启动相关应急程序的命令。自治区粮食应急指挥部统一领导、指挥和协调事发地人民政府和有关部门按照职责分工开展应急处置工作。

4.3.3 Ⅲ级响应

发生较大粮食应急突发事件时，银川市人民政府或其粮食应急突发事件应急指挥部办公室组织指挥部成员单位和专家进行会商和分析研判，对事件及其发展趋势进行综合评估后，会同银川市政府应急办（总值班室）向银川市应急委或银川市粮食应急指挥部提出预案启动和响应级别建议，由银川市应急委或银川市粮食应急指挥部宣布启动Ⅲ级响应，并向各有关单位发布启动相关应急程序的命令。银川市粮食应急指挥部统一领导、指挥和协调事发地人民政府和有关部门按照职责分工开展应急处置工作。必要时，银川市粮食应急指挥部派出工作组赶赴事件现场，指导事发地政府开展相关应急处置工作。

4.3.4 Ⅳ级响应

发生一般粮食应急事件时，由贺兰县人民政府或粮食应急事件应急指挥机构组织各成员单位和专家进行分析研判，对事件影响及其发展趋势进行综合评估后，由贺兰县应急指挥机构决定启动Ⅳ级应急响应，并向各有关单位发布启动相关应急程序的命令。必要时，银川市粮食应急事件应急指挥机构派出工作组赶赴事件现场，指导贺兰县人民政府开展相关应急处置工作。

4.4 响应措施

4.4.1 贺兰县粮食应急指挥部紧急处置措施

一是发生特别重大、重大级别的粮食应急事件由自治区确定启动省粮食应急预案。在区、市粮食应急指挥部领导下，县粮食应急指挥部统一指挥、协调县粮食应急办公室及成员单位对粮食应急突发事件及其次生、衍生灾害的应急处置工作。

二是发生较大级别的粮食应急事件由市确定启动市粮食应急预案。配合市粮食应急指挥部立即了解情况，确定应急具体方案，组织实施应急救援，并将情况报告市粮食应急指挥部及其成员单位。县粮食应急指挥部县粮食应急指挥部统一指挥、协调县粮食应急办公室及成员单位对粮食应急突发事件及其次生、衍生灾害的应急处置工作。

三是发生一般级别的粮食应急事件启动县粮食应急预案。县粮食应急指挥部立即了解情况，确定应急具体方案，组织实施应急救援，并将情况报告市粮食应急指挥部及其成员单位。市粮食供应保障应急指挥部进入预备状态，做好指导和应急支援准备工作，并将情况报告自治区粮食应急指挥部。

4.4.2 贺兰县粮食应急指挥部办公室紧急处置措施

一是发生特别重大、重大粮食应急突发事件，贺兰县粮食应急指挥部办公室及时向贺兰县委、政府、粮食应急指挥部报告情况，由自治区粮食应急指挥部启动相关应急程序命令后，在自治区粮食应急指挥部的统一领导、指挥下，根据出现的粮食应急事件，县粮食应急指挥部办公室协调组织成员单位排查、治理和监控突发事件风险隐患，并及时报送应急信息。

二是发生较大级别粮食应急突发事件，贺兰县粮食应急指挥部办公室及时向贺兰县委、政府、粮食应急指挥部报告情况，由银川市粮食应急指挥部启动相关应急程序命令后，在银川市粮食应急指挥部统一领导、指挥和协调下，根据出现的粮食应急事件，县粮食应急指挥部办公室协调组织各成员单位排查、治理和监控突发事件风险隐患，并及时报送应急信息。

三是发生一般级别的粮食应急突发事件时，贺兰县粮食应急指挥部要及时组织各成员开展会商或分析研判灾害发展趋势、影响程度和范围，及时向贺兰县委、政府、粮食应急指挥部报告情况，提出启动应急响应和处置建议，由贺兰县粮食应急指挥部启动相关应急程序命令后，在贺兰县粮食应急指挥部的统一领导、指挥和协调下，根据出现的粮食应急事件，县粮食应急指挥部办公室组织各成员单位赶赴突发事件现场，并协调县发改、市场监督管理局、物价所监测我县市场供求变化，随时掌握粮食市场变化情况，及时向县粮食应急指挥部报送市场监测情况，并协调县气象局、卫计局、环保局等有关部门对可能出现的次生、衍生灾害进行跟踪监测，并及时发布预警信息。

4.4.3 各成员单位或工作小组紧急处置措施

事发地乡镇人民政府：组织当地居民进行搜救人员、转移安置人员。

农牧局：事件发生时负责组织实施粮食供应保障应急粮源调动，协调县级储备粮企业向事发地调用储备粮。

财政局：负责会同有关部门审核实施粮食供应保障应急所需合理费用，并及时足额拨付到位。

交通局、供电局：负责电力和运力协调调度，优先保证粮食加工和调运的需要，对事发地的电力设施进行抢修。

公安局：负责维护事发地治安秩序，防止因粮食供应紧张引发群体性治安事件和社会骚乱。

卫计局、环保局：组织医护人员对受伤人员进行医疗救治，保证医疗药品充足，医疗器械到位；对事发地卫生环境进行监测，防止产生次生、衍生灾害。

民政局：负责及时通报重大灾情，确定救济对象，组织应急救济款和救济物资发放工作。

4.5 现场处置

粮食应急事件发生后，由县人民政府设立粮食应急事件应急处置现场指挥部，粮食应急指挥部办公室主任任现场总指挥，查明情况，启动县级应急预案，负责指挥现场的应急处置工作。事发地乡镇人民政府先期组织当地居民进行搜救人员、转移安置人员。

达到一般级时，需要县政府响应时，启动县级粮食应急保障预案，按照粮食应急保障预案规定成立现场指挥部。粮食应急指挥部副总指挥担任现场指挥长，开展抢险救援和人员救治，组织相关单位开展先期处置工作，上报市委、政府，通报银川市粮食应急指挥部办公室和事发地政府应急办，县公安局负责维护事发地治安秩序，疏散、撤离受到威胁的人员，防止因粮食供应紧张引发群体性治安事件和社会骚乱；县发改局、交通局、供电局对事发地的电力设施进行抢修，负责现场电力和运力协调调度，优先保证粮食加工和调运的需要；县农牧局组织实施粮食供应保障应急粮源调动，协调县级储备粮企业向事发地调用储备粮。赶赴现场的县粮食应急指挥办公室工作人员为现场联络员，负责及时上报突发事件情况、人员伤亡情况和灾害影响程度。

事件达到较大及以上时，需要市政府启动应急响应时，上报银川市政府启动银川市粮食应急预案，按照银川市粮食应急预案规定设立现场指挥部，实行现场指挥官制度。现场指挥长由县级粮食应急指挥部副指挥长担任。成员由专家组组长、抢险救援组组长、医疗救援组组长、新闻信息组组长等组成。现场指挥长有权决定现场处置方案，指挥调度现场应急救援队伍和应急资源。贺兰县粮食应急指挥部在市级粮食应急指挥部统一领导下，按照职责分工开展应急处置工作。必要时，银川市粮食应急指挥部派出工作组赶赴事件现场，指导应急处置工作。

事件达到特别重大、重大粮食应急突发事件时，由市应急委负责处置。现场指挥长由市级粮食应急指挥部总指挥长担任，副指挥长由分管副秘书长、事发地县级政府主要负责人、牵头处置事件的部门负责人担任。现场指挥长决定现场处置方案，指挥调度现场应急救援队伍和应急资源，市级、县级粮食应急指挥部在区级粮食应急指挥部的统一指挥下，协调事发地人民政府和有关部门按照职责开展应急指挥工作。必要时，自治区专项指挥机构派出工作组和自治区级指挥部牵头负责的单位领导赶赴事件现场，现场指导事发地政府开展抢险救援工作。

4.6 响应扩大

因突发事件次生或衍生出其他突发事件，已经采取的应急措施不足以控制事态发展，需要多个专项指挥机构、多个部门（单位）参与处置的，先期牵头处置的专项应急指挥机构，应及时报告市应急委，由市应急委负责指挥应对工作。因突发事件将要波及周边城市（地区）的，由市政府协调周边城市（地区）启动应急联动机制。当突发事件造成的危害程度超出本市自身控制能力的，由市委、政府报请自治区党委、政府协调相关资源和力量参与事件处置。

4.7 社会动员

4.7.1 事发地各级人民政府或贺兰县粮食应急指挥部根据粮食应急事件的性质、危害程度和范围，广泛调动社会力量参与事件处置，紧急情况下可依法征用、调用车辆、物资、人员等。

4.7.2 粮食应急事件发生后，事发地各级人民政府或相应应急指挥机构组织各方面力量开展应急处置工作，组织基层单位和人员开展自救、互救；邻近的县（市）区人民政府根据灾情组织和动员社会力量，对事发地提供援助。

4.8 响应终止

4.8.1 应对特大、重大粮食应急突发事件工作基本结束、紧急转移和安置工作基本完成、次生灾害的后果基本消除，以及交通、电力、通信和供水等基本抢修抢通、群众生活秩序基本恢复后，自治区粮食应急指挥部办公室会同自治区政府应急办（总值班室）提出建议，由自治区应急委员会决定终止应急响应。

4.8.2应对较大粮食应急突发事件工作基本结束后，银川市应急办提出建议，由银川市人民政府或粮食应急事件应急指挥机构决定终止应急响应。

4.8.3应对一般粮食应急突发事件工作基本结束后，贺兰县人民政府应急办提出建议，由贺兰县人民政府或粮食应急事件应急指挥机构决定终止应急响应。

5. 后期处置

5.1 善后处置

粮食应急工作结束后，各相关部门及乡镇人民政府应当及时总结本级粮食应急预案实施情况，对实施中出现的问题要认真研究，提出改进意见，进一步完善本级的粮食应急预案；县人民政府按《国家赔偿法》及突发公共事件的补偿、赔偿制度，组织有关部门对因参与粮食供应保障应急处理工作致病、致残、死亡的人员，按照国家有关规定给予补助和抚恤；对参加应急处理工作的工作人员应给予适当补助；对因应急处理调集、征用有关单位的物资和劳务给予适当补偿。县财政部门会同有关部门对应急动用县级储备粮发生的价差、贷款利息和费用支出进行审核后，及时进行清算；审计部门要对应急工作中的各项经费支出进行监督；中国农业发展银行贺兰分行营业部及其分支机构要会同同级财政、粮食等有关部门，对应急动用的储备粮占用的贷款及时清算、收回。县发改、粮食、财政等有关部门应当在6个月内，安排补充已动用的储备粮。环保、卫生会同有关部门对事发地环境进行监测，监控并治理环境污染源、危险源，防止事件造成次生、衍生危害，确保社会稳定。

5.2 社会救助

5.2.1积极倡导和鼓励企事业单位、社会及个人按照《中华人民共和国公益事业捐赠法》等有关法律法规的规定进行捐赠和援助。社会救助活动由县民政局统一组织实施，审计、监察部门对捐赠资金与物资的使用情况进行审计和监督。

5.2.2根据粮食应急突发事件发展情况，向社会公布志愿服务需求指南，明确专门人员，及时开通志愿服务联系电话，统一接收志愿者组织报名，做好志愿者派遣和相关服务工作，引导志愿者有序参与救援工作。

5.3 保险

针对于发生的粮食应急事件的粮食企业具体投保火灾责任险、建筑意外伤害险、财产保险、工程保险、货物运输保险等的不同险种进行确认，保险公司要认真做好灾后损失勘察及理赔兑现工作，并不断建立适应新形势需要的突发事件保险机制，并在工作中对投保人进行突发事件的宣传教育。

5.4 调查和总结

5.4.1重特大粮食应急事件，由自治区应急委派出调查组进行调查总结；较大及较大以下粮食应急突发事件，由银川市粮食应急事件应急指挥机构报请市人民政府同意组成调查组进行调查。

5.4.2粮食应急事件善后处置工作结束后，贺兰县粮食应急指挥部办公室要组织各成员单位，及时对粮食应急处理的效果进行评估、总结，提出改进工作的意见建议，形成处置突发事件专项工作报告，报贺兰县人民政府应急管理办公室备案，并抄送各成员单位。同时，上报银川市粮食应急指挥部办公室。

5.5 信息发布

突发事件信息发布工作由贺兰县人民政府新闻发言人或现场指挥指定的新闻发言人负责发布。重大以上粮食应急突发事件一般以自治区人民政府名义、较大粮食应急突发事件以银川市人民政府名义、一般粮食应急突发事件以贺兰县人民政府名义发布。新闻媒体主要负责信息发布，粮食应急指挥办公室负责对信息进行审核确认，对突发事件的信息发布应当做到及时、准确、客观、全面，在突发事件发生第一时间向社会发布简要信息随后发布初步核实情况、政府应对措施和公众防范措施等，宣传部、公安局等部门要密切关注舆情信息，及时做好舆情管控、引导工作，并对新闻报道提出适当建议。

6. 保障措施

6.1 通信保障

为确保信息畅通，公布县粮食供应保障应急指挥部组成人员的联系电话和应急指挥部办公室的电话号码和传真号码及手机号码。在粮食市场异常波动应急处置期间，应急指挥部要坚持24小时值班，移动通信、值班电话、传真电话要保持24小时通讯畅通，特别是指挥长、办公室主任以及各成员单位负责人要随呼随通，确保指挥系统信息畅通、指挥科学、处置及时。

6.2 工程保障

根据我县实际，依托我县粮食储备库粮食产业化龙头企业，指定具有一定能力和技术条件的粮食加工单位作为粮食应急加工定点企业。在粮食供应紧张时，电力部门必须保障粮食加工用电需要。

6.3 应急队伍保障

贺兰县粮食应急指挥部定期、不定期地对贺兰县粮食应急指挥部办公室、各成员单位或工作小组人员、承储我县应急储备粮油的粮油管理人员进行培训与考核，针对于人员的专业结构与数量进行适时调整，对承储我县应急储备粮油企业的设备、设施进行定期检查，及时更新相关设施、设备，确保随时处于良好的备战状态。

6.4 交通运输保障

根据粮食储备、加工设施、供应网点的布局，科学规划、建设粮食应急储运体系，由粮食、交通等部门选择一些经营信誉好、运力调度能力强的运输企业，委托其承担应急运输任务，提前确定好运输工具、运力、时间、线路等，确保在应急条件下的粮食运输。

6.5 医疗卫生保障

县卫计局负责组织医护人员对受伤人员进行医疗救治，保证医疗药品充足，医疗器械到位。

6.6 治安保障

县公安部门负责维护事发地治安秩序，对事发地实施治安防治、警戒和交通道路管制，防止因粮食供应紧张引发群体性治安事件和社会骚乱。

6.7 物资保障

根据事发地驻军、城镇居民及城乡救济需要，健全粮食应急销售网络或发放点。根据我县粮食供应网点的现状，依托我县涉粮企业供应网点的同时，充分利用当地信誉好、实力强的大型商场、超市、连锁店等作为应急供应点，并保证粮食供应网点的数量和合理布局。

6.8 经费保障

强化落实粮食应急突发事件应对工作所需经费落实制度，县人民政府将应急工作资金纳入财政预算。应急工作资金主要用于应急商品的储备、调运、投放，应急宣传、培训、演习等所需的经费及合理的差价、劳务补贴。

6.9 其他保障

严格保护耕地与粮食生产能力，保证稳定和发展粮食生产，保障国家粮食安全；要保证粮食播种面积和必要的粮食自给率，并与省内、国内主要粮食产（销）区建立长期稳定的粮食购销协作关系，确保在正常及应急情况下的粮源供给。

7. 宣传、培训和演练

7.1 公众宣传教育

贺兰县粮食应急指挥部办公室，应当向社会宣传粮食供应保障应急预案，向社会公布报警电话，组织各成员单位学习县突发公共事件总体预案、粮食供应保障应急预案，应对粮食市场异常波动的预防知识和相关法律、法规和政策，切实提高应急处置能力。充分利用广播、电视、互联网、报纸等各种媒体向社会宣传国家粮食市场管理的相关法律、法规和政策及粮食应急管理工作，每年宣传教育活动不得少于1次，不断提高公众的安全意识和自救互救能力。

7.2 培训教育

县农牧局要建立健全粮食应急管理培训制度，对应急工作管理人员和救援人员要进行应急工作相关专业知识培训，定期组织储粮企业学习《粮食流通管理条例》《粮库安全生产守则》，监督企业安全生产、安全储粮。

7.3 预案演练

贺兰县粮食应急指挥部办公室牵头，县农牧局具体负责，定期组织开展本预案应急演练，检验应急队伍的快速反应能力和协同作战能力，并通过演习评估本预案的可行性与操作性，每年演习不少于1次。

8. 附则

8.1 责任与奖励

对在应对粮食应急突发事件工作中玩忽职守

造成损失的，严重虚报、瞒报事件情况的，依据国家有关法律法规追究当事人的责任，构成犯罪的，依法追究其刑事责任；对在粮食应急突发事件处置工作过程中作出突出贡献的先进集体和个人，按照贺兰县有关规定给予表彰和奖励。

8.2 预案管理

8.2.1 各乡镇人民政府及其有关单位、群众自治组织、企事业单位等要按照本预案的规定履行职责，并制定、完善相应的应急预案后，报贺兰县粮食应急保障指挥部办公室和贺兰县人民政府应急办公室备案。

8.2.2 县农牧局要根据预案演练时发现的问题、机构变化等情况，适时组织修订完善本预案。

8.3 预案解释

本预案由县农牧局负责解释。

本预案自印发之日起实施。2017年1月12日印发的《贺兰县粮食应急保障预案》（贺政办发〔2017〕12号）自即日起废止。

贺兰县人民政府办公室
2017年7月28日

贺兰县“十三五”易地扶贫搬迁资金管理办法实施细则

第一章　总　则

第一条　为加强和规范“十三五”易地扶贫搬迁资金的使用和管理，切实保障资金安全，提高资金使用绩效，确保“十三五”易地扶贫搬迁工作顺利进行。根据自治区人民政府《关于印发宁夏“十三五”易地扶贫搬迁规划的通知》（宁政发〔2016〕66号），自治区财政厅、发改委、扶贫办《关于印发宁夏“十三五”时期易地扶贫搬迁资金管理办法的通知》（宁财（农）发〔2016〕1009号）等有关规定，结合我县实际，制定本细则。

第二条　本细则所称易地扶贫搬迁资金包括区市县统筹安排的用于易地扶贫搬迁的资金。

第三条　资金用途按照项目资金性质、来源，易地扶贫搬迁资金专项用于《宁夏“十三五”易地扶贫搬迁规划》确定的住房建房、配套基础设施、公共服务设施、土地权属处置、产业发展、生活补助、生态建设、工程前期费用。

第四条　本细则适用于贺兰县“十三五”易地扶贫搬迁资金的筹集、拨付、偿还和管理等。在中国农业发展银行贺兰县支行设立贺兰县“十三五”易地扶贫搬迁项目资金专户，资金实行分账核算、专户管理、专款专用，任何单位和个人不得截留、挤占、挪用。

第二章　资金来源

第五条　易地扶贫搬迁资金通过以下渠道筹集：

（一）自治区财政统筹安排的资金。自治区统筹安排的用于非建档立卡贫困人口易地扶贫搬迁资金。

（二）易地扶贫搬迁农户自筹资金。搬迁农户按照政策性要求自筹的建房资金。

第三章　资金管理

第六条　县移民办制定详细的资金使用总体规划及年度计划，并按项目进度向自治区财政、扶贫部门申报项目资金申请书、资金审批表、资金用途及相关工程招投标等资料。

第七条　项目实施主体单位要将易地扶贫搬迁安置实施方案、具体实施办法、建设方案、年度计划等及时报送自治区有关部门及扶贫开发公司备案，作为拨付资金的重要依据。

第八条　项目实施主体单位应严格按照资金使用计划、工程进度，经县财政局、审计局、移民办分别审核同意后拨付使用资金。对易地扶贫搬迁资金建立台账进行管理。

第九条　易地扶贫搬迁资金严格按照宁夏“十三五”易地扶贫搬迁规划使用，严禁超概算增加投资。

第十条　易地扶贫搬迁资金报账审核通过后，由实施主体单位直接支付到施工企业账户。

第十一条　农户自筹资金由迁出县组织向搬迁移民收缴，并由迁出县扶贫办划拨至贺兰县易地扶贫搬迁资金专户。

第十二条　项目实施主体单位要将易地扶贫

搬迁安置实施方案、具体实施办法、建设方案、年度计划等及时报送自治区有关部门及扶贫开发公司备案，作为拨付资金的重要依据。

第十三条　易地扶贫搬迁农户搬迁后头两年的取暖费和水费补助等，由县移民办拨付到所在乡镇场并由乡镇场通过“一卡通”直接支付到户。

第十四条　易地扶贫搬迁任务完成后，资金如有结余，需请示自治区相关部门同意后，依据调剂使用方案用于搬迁移民后续产业发展等。

第四章　资金报账程序及原则

第十五条　在易地扶贫搬迁资金县级报帐过程中，县财政局主要负责项目资金的审核及项目资金使用管理；县移民办负责项目的实施管理、资金支出原始凭证的审核、按规定对项目资金计划和范围进行核算。

第十六条　县移民办根据项目实施单位申请、项目计划和项目完成情况按程序拨款或报账。流程为：项目实施单位按进度申请—项目监理审核—移民办审核—财政局审核—审计局审核—县政府分管领导审批—拨付资金。拨款或报账比例为首次30%，竣工后40%，验收合格后20%，预留10%的质量保证金，质量保证金待项目交付使用一年无质量问题后再予以拨付。

第十七条　易地扶贫搬迁资金报帐人申请拨付资金或报账时，必须向县移民办提供下列真实有效的凭据和材料：

（一）县发改局批准项目建设方案的正式立项批复；

（二）项目实施单位拨款或报账申请文件；

（三）项目实施单位资金拨款申请单；

（四）项目监理出具的工程形象进度单；

（五）项目资金审批表；

（六）项目支出合法、有效的原始发票；

（七）项目投资完成情况及检查验收材料；

（八）其他需要说明的情况材料。

第十八条 凡存在下列情况之一者不予拨款或报账：

（一）无项目批复擅自实施的项目；

（二）未经县发改局、财政局、审计局、移民办批准同意，擅自变更建设内容、建设地点和合同约定内容的项目；

（三）存在质量问题，未及时采取补救措施的项目；

（四）原始凭证不真实、不合法以及超范围开支的项目；

（五）尚未进行或未通过竣工验收的项目；

（六）其他不符合财政扶贫资金管理规定以及不按本细则提供相关资料的项目。

第十九条　凡存在下列情况之一者暂缓拨款或报账：

（一）超项目批复资金，未履行追加审批手续的项目；

（二）不按时上报项目建设进度的项目；

（三）停建或缓建的项目；

（四）应验收而未经验收的项目。

第五章 资金监管

第二十条 易地扶贫搬迁资金按照“专账管理、分账核算、专款专用、封闭运行”的原则管理，依据规定的项目和指定的用途使用。

第二十一条 易地扶贫搬迁资金筹集、拨付、使用、管理应严格执行中央及自治区相关规定。财政局主要负责资金筹集、拨付及专户使用情况的审核监督；移民办负责资金的申报、筹集、拨付等方面的报账审核；审计局负责贺兰县“十三五”易地扶贫搬迁项目资金进行专项定期审计和年度审计；监察局负责责任落实、政策执行、专项资金使用和监管情况的监督和巡察工作及对违规违纪等问题进行查处。县财政、审计、监察、移民等部门按照职责分工，加强对易地扶贫搬迁资金的监管，建立健全项目实施、资金审批、拨付、台账及资金支付等管理制度，确保资金使用安全规范、手续合规。

第二十二条 建立健全监督考核机制，定期或不定期对项目实施、资金使用情况进行检查。

第二十三条 任何单位或个人不得骗取、截留、挤占、挪用易地扶贫搬迁资金或者造成浪费。对资金使用管理中发现的违法违规违纪行为，按照相关法律法规及《中央财政专项扶贫资金管理办法》《自治区财政专项扶贫资金管理办法》等规定严肃追究单位主要负责人和直接责任人的责任。

第六章 附则

第二十四条 本细则由贺兰县人民政府办公室负责解释。

第二十五条 本细则自发布之日起实施。

贺兰县人民政府
2017年9月8日

贺兰县医疗救助与城乡居民大病保险有效衔接实施方案

根据《宁夏回族自治区医疗救助办法》（自治区人民政府令78号）要求及《关于做好农村最低生活保障制度与扶贫开发政策有效衔接的实施意见》（宁政办发〔2016〕195号）精神，进一步加强全县医疗救助、城乡居民大病保险（以下简称大病保险）的制度衔接，发挥两项制度对脱贫攻坚的保障作用，维护困难群众基本医疗权益，结合我县实际，制定如下实施方案。

一、重点任务分工

（一）资助困难群众参加基本医疗保险。各相关单位要全面落实资助困难群众参保政策，确保其纳入城乡居民基本医疗保险和大病保险范围。按照相关政策规定，对特困供养人员、贫困家庭二级以上重度残疾人员、贫困高龄人员、重点优抚对象实行全额资助参保，在每年城乡居民基本医疗保险缴费结束前由民政部门向医疗保险经办机构提供全额资助全额资助对象花名册及补助金额，实行批量参保缴费。对城乡低保人员、低收入家庭未成年人、因病致贫、因病返贫的农村建档立卡贫困人员（指县卫计局、扶贫办共同确定的特定人群，人数随着贫困患者死亡、治愈、新进、退出，是动态变化的、以下简称农村因病返贫人员）实行定额资助参保。加强对纳入定额资助范围人员的政策宣传和参保动员工作，加大保费征缴力度，提高参保意愿，可由其先行全额缴纳参保费用，民政部门再将资助资金支付本人。扶贫、卫计、民政、人社等部门要加强医疗救助对象信息资料的共享互通，及时提供资助对象花名册、未参保的人员名单等信息资料，做好排查对比，确保人费对应、足额缴纳，及时参保。

责任部门：民政局

配合部门：财政局、扶贫办、人社局、卫计局、各乡镇场、街道办

（二）拓展重特大疾病医疗救助对象认定范围。各单位要贯彻落实《宁夏回族自治区医疗救助办法》，对《办法》中明确的7类救助对象实施重特大疾病医疗救助，并将农村因病致贫人员全部纳入重特大疾病救助范围。民政部门要会同相关部门综合考虑家庭经济状况以及医疗费用支出等因素，进一步规范、完善低收入救助对象和因病致贫家庭重病患者的认定办法，准确认定救助对象，有效落实重特大疾病的医疗救助政策。

责任部门：民政局

配合部门：扶贫办、卫计局、人社局、各乡镇场、街道办

（三）提高重特大疾病医疗救助水平。提高特困供养人员和孤儿门诊大病救助、住院救助的报销比例，在年度最高救助限额内，报销比例由原来的90%提高到100%。提高7类救助对象重特大疾病年度最高救助限额，由原来的8万元提高到16万元，对农村因病致贫人员的重特大疾病救助比例在原有的基础上，再提高10个百分点。同时结合基本医疗保险、城乡居民大病保险报销水平以及医疗救助资金筹集、救助对象数量、患病率、医疗费用增长情况等因素，积极探索降低重特大疾病医疗救助门槛，拓展重特大疾病医疗救助费用报销范围等，合理调整医疗救助资金支出结构，提高重特大疾病医疗救助资金占比。

责任部门：人社局

配合部门：民政局、财政局、扶贫办、卫计局、各乡镇场、街道办

（四）制定大病保险倾斜性支付办法。将城乡居民大病保险人均统筹水平由32元提高至37元，普惠性提高大病保险报销水平5个百分点。将

农村因病致贫人员大病保险起付标准由现在的8400～9500元下调至3000元，在普惠性提高的基础上报销水平再提高5个百分点。同时，对患有20个特殊病种的农村因病致贫人员，在上述待遇调整基础上在提高2个百分点报销。

责任部门：人社局

配合部门：民政局、财政局、扶贫办、卫计局、各乡镇场、街道办

（五）实行县域内农村困难群众住院先诊疗后付费。根据自治区卫计委、人力资源和社会保障厅、扶贫办、民政厅联合下发的《宁夏农村贫困住院患者县域内“先诊疗后付费”工作实施方案》要求，农村贫困患者在县域内的所有公立医院和乡镇卫生院、城市社区服务中心就医，实行“先诊疗后付费”服务新模式。民政、扶贫部门要进一步完善工作方案，积极探索将服务对象扩大到城乡低保对象、特困人员、低收入重度残疾人等困难群众(含低收入老年人、未成年人、重病患者)，各县级公立医院和乡镇卫生院、社区服务中心对困难群众执行分级转诊和“先诊疗后付费”结算机制。

责任部门：卫计局

配合部门：民政局、扶贫办、人社局、残联、妇联、各乡镇场、街道办、各级医疗机构

（六）规范医疗费用结算程序。医保经办机构要按照精准测算、无缝对接的工作原则和“保险在先、救助在后”的结算程序，准确核定结算基数，按规定结算相关费用，避免重复报销、超费用报销等情况。对年度内单次或多次就医，费用均未达到大病保险起付线的，要在基本医疗保险报销后费用达到大病起付线的，应即时启动大病保险报销，并按规定对经基本医疗保险、大病保险、“扶贫保”大病补充医疗保险支付后的剩余合规费用给予医疗救助。对于年度内多次就医经基本医疗保险报销后费用累计达到大病保险起付线的，要分别核算大病保险和医疗救助费用报销基数，其中大病保险应以基本医疗保险报销后超出大病保险起付线的费用作为保险基数；原则上，医疗救助以基本医疗保险、大病保险、“扶贫保”大病补充医疗保险支付后的剩余多次累计个人自负合规总费用作为救助基数，对照医疗救助起付线和年度最高救助限额，分类分档核算救助额度，并扣减已按次支付的医疗救助费用。

责任部门：人社局

配合部门：卫计局、民政局、扶贫办、残联、妇联、各乡镇场、街道办

（七）建设医疗综合保障“一站式”信息平台。加快推进基本医疗保险、大病保险、“扶贫保”大病补充医疗保险、医疗救助“一站式”费用结算信息平台建设，尽快实现资源协调、信息共享、结算同步。根据自治区卫计委、人力资源社会保障厅、民政厅、扶贫办拟定的“一站式”结算平台建设方案，将大病保险、医疗救助、“扶贫保”大病补充保险和财政兜底算法等嵌入医保基本医疗保险结算系统，最终实现在医疗机构“一站式”结清。民政、人社、扶贫、卫计等部门要加强部门之间的协调对接，及时准确提供救助对象信息，为“一站式”信息平台建设提供数据支撑。

责任部门：人社局

配合部门：卫计局、民政局、扶贫办、残联、各乡镇场、街道办

（八）建立财政专项资金，实行政府兜底保障。

为实现我县“因病致贫、因病返贫”人员尽快脱贫，经县卫计局、扶贫办共同筛查的健康扶贫对象为此次政府兜底的保障对象。根据《自治区人力资源和社会保障厅、财政厅关于做好建档立卡贫困人口城乡居民大病保险工作有关问题的通知》（宁人社发〔2017〕94号）、《关于认真做好特困人员医疗保障工程有关问题的通知》（银人社发〔2017〕401号）文件精神，通过上调报销比例、下调门槛费及财政部门以本辖区内医保住院报销后为标准，每年保障资金50万元，通过城乡居民基本医疗保险+大病保险+扶贫保+医疗救助+临时救助+特困人员救助+医疗机构减免+疾病应急救助+残联+财政的保障形式，确保个人年度内个人自负不超过10%。

责任部门：财政局

配合部门：人社局、残联、妇联、卫计局、扶贫办、民政局、各乡镇场、街道办

（九）规范诊疗秩序，实行即时结算。

1. 实行分级诊疗，规范就医秩序，积极推行临床路径管理与按病种付费，严格规范医疗机构诊疗行为，严控不合理检查检验、药品、耗材等费用。

2. 对未履行转诊转院手续越级诊疗的或不服从转诊转院安排的，不享受与农村贫困人口就医相关的报销优惠政策。因患者及其家属个人行为导致的过度医疗而发生的医药费用由患者自付；因医疗机构不合理检查、施治、用药等导致的过度医疗而产生的医药费用，由医疗机构承担，不纳入兜底保障范围。

3. 对农村贫困人口一律实行县域内先诊疗后付费，实行城乡居民基本医疗保险、大病保险、商业保险赔付、医疗救助、临时救助和兜底专项补助资金“一站式”信息交换和即时结算服务。相关部门和经办机构应及时审核结算医疗机构垫付的资金，并可预付部分资金以缓解定点医疗机构资金垫付压力。

责任单位：卫计局

配合单位：扶贫办、财政局、民政局、人社局

（十）建立监督机制，做好资金管理。

成立监督小组，定期对定点医疗机构落实工作情况进行监督检查，重点对存在是否存在过度医疗、过度用药等情况；定期对兜底资金使用情况进行监督检查，确保经费专款专用。

责任单位：卫计局、审计局

配合单位：扶贫办、财政局、民政局、人社局

二、实施步骤

（一）调查摸底阶段。各相关部门要指导乡镇场、街道办对医疗救助7类救助对象、农村因病致贫人员及其他特殊困难人员享受基本医疗保险、大病保险、医疗救助情况进行一次全面摸底调查，掌握政策落实情况，为做好医疗救助与大病保险有效衔接奠定基础。

（二）制定实施办法。各相关部门要以提高制度可行性、精准性以及群众满意度为出发点和落脚点，共同研究制定本县医疗救助与大病保险有效衔接的具体实施办法，进一步明确工作任务，细化衔接内容，落实保障措施，明晰操作步骤，确保制度稳健运行和可持续发展。实施办法出台后报自治区相关部门备案。

（三）推进工作落实。各相关部门要依照实施办法，抓好政策落实，加快推进医疗救助与大病保险的有效衔接，有效缓解困难群众因病致贫、因病返回问题。每年12月底前，要对医疗救助与大病保险有效衔接情况进行总结，并将工作成效、存在问题、整改措施、亮点工作等报送各相关部门。

三、保障措施

（一）加强组织领导。民政、财政、人力资源社会保障、卫计、扶贫等部门要切实加强对大病保险与医疗救助有效衔接工作的组织领导，落实管理责任，明确进度安排。各部门要各负其责，加强沟通协调，定期会商交流情况，研究解决存在的问题，协同推进衔接工作。财政部门要做好资金保障工作，确保衔接工作的顺利开展。

（二）强化运行监管。监管部门要做好医疗服务行为质量监督和规范管理，定期对基本医疗保险、大病保险、医疗救助经办（承办）机构的资金使用、管理服务等情况开展监督检查。防控不合理医疗行为和费用。对衔接工作中出现的违法问题，要依法依纪严肃追究有关人员责任。

（三）做好绩效考评。2017年，医疗救助将被纳入县社会救助工作绩效考评体系，重特大疾病医疗救助开展情况是其中重要的考评内容，并将考评结果作为出发点和落脚点，充分利用报纸、电视等传媒和便民服务窗口、医疗机构、社区（村）公众场所，通过发放宣传单、办事流程图、政策咨询、现场办公等形式，组织开展有效针对性的政策宣传活动，确保广大群众对政策的知晓度。

贺兰县人民政府办公室

2017年12月19日

索引

Suoyin

说　明

一、本索引采用分析索引方法，按标引词第一字汉语拼音（同音字按声调）顺序排列；第一字相同，按第二字音序排列。依次类推。

二、类目、分目、次分目用黑体字标示。标引词后阿拉伯数字表示内容所在页码。数字后的拉丁字母a、b、c分别表示从左至右第一、二、三栏。

三、标引词后有多个页码，表示互见、内容所在位置。

四、本年鉴的“彩页”“特载”“大事记”“附录”“内文表格”等均未做索引。

C

D

E

F

G

H

J

M

N

R

S

Y